U0142942

# 研究方法
## 社會科學與生醫方法論（附光碟）

Research Methodology

張紹勳 著　張博一、張任坊 研究助理

五南圖書出版公司 印行

# 自　序

　　研究是為獲得知識，對證據加以調查、記錄、分析的一種程序或過程。研究可說是一種發現事實的活動，可分為基礎研究（basic research）及應用研究（applied research）。其中，定性研究（qualitative research）是與定量研究（study on measurement, quantitative research）相對的概念，也稱質化研究，是社會科學領域的一種基本研究典範，也是科學研究的重要步驟和方法之一。

　　研究方法是針對研究目的及其衍生出可行的解答方式。科學研究的方法可分為兩個層次，即方法論（methodology）的層次與研究方法（research method）的層次。科學研究的方法論，所涉及的主要是科學研究方法的基本假設、邏輯、及原則，目的在探討科學研究活動的基本特徵；至於研究方法（或簡稱研究法）所指的則是從事某種研究工作所實際採用的程序或步驟。科學方法論所指的是所有科學在方法上的共同基本特徵；研究方法的層次較低，所指的是進行研究所實際運用的程序，各門科學的研究方法可能互有不同，乃因其所研究的對象不同（如生物或無生物）及現象不同（如行為或非行為）。依據所探討問題的性質，各門科學的研究者可能採用相同的研究方法，但卻必須符合科學方法論上的若干基本要求。

　　本書「研究方法」旨在讓你深入了解社會學者、生醫研究者如何使用科學方法來促進我們對人類行為和思維的理解。

　　研究係針對特定問題，經過系統性及組織性的方法，獲得答案。其中，系統性是指明確的執行步驟。組織性是指研究進行的架構或方法。因此，熟讀「研究方法」已成社會科學研究者、生醫研究必備的基本學養。大家若從各大學必修課程中，幾乎都將研究方法列為校定必修課程，亦可看出「研究方法」在學界及實務界已日漸扮演重要的角色。

　　有鑑於此，本書重點擺在「理論、研究、方法、統計分析」四者關係如何連結。對研究方法中文教材的需求而言，本書無疑是一個正面與及時的回應。

　　本書適合領域有：運輸、社會科學、農業、生物、生化、基因、分子生物、免疫、微生物、醫學、藥學、製藥、電腦科學、工程、能源、技術、環境科學、材料科學、管理、會計、心理學、商學、經濟、計量經濟、財務等。尤其適合對

「人文、社會科學、生物醫學、農學、財經」理論或實務有興趣之研究者、管理者、升學考試者或自修者。

張紹勳　謹識

# Contents

## Chapter 02　理論的意義及在研究中的角色　　91

# Contents

# 抽樣的設計及分析　　　　185

# Contents

# Contents

**Chapter 08** 　**參與者觀察法**　　441

# Contents

## Chapter 11

# 實驗研究法
## （experimental research approach） 557

# Contents

## Chapter 14　比較研究法　635

## Chapter 15　統計、開放資料庫（open data sources）有 50 種　655

## Chapter 16　參考文獻（references）之格式　667

# 科學研究法

本書適用一般科學範疇：自然科學、社會科學、生醫科學及財經四大類。

研究（research）是用主動和系統化過程，發現、解釋或校正事實、事件、行為或理論，或把這樣事實、法則或理論作出實際應用。研究也是獲得知識，對證據加以調查、記錄、分析的一種程序或過程。「研究」一詞源自中古法語，原意就是徹底檢查，常用來描述關於某一特殊主題的資訊蒐集。

## 研究的意涵？（What、Why、How）

研究是用有組織的方式解決問題及發現事實的過程。有時，研究是在挑戰並為可推廣知識做出貢獻。誠如愛因斯坦所說：「如果我們知道我們在做什麼，它就不會被稱為研究，不是嗎？」

研究的目的及價值在發掘知識並解決問題，解決前人未曾解決的問題。「什麼」（What）是研究？研究是事實的說明，說明前人未曾說明清楚的事實，仔細檢閱、分析問題的各種因素，尤其是學術或科學性質的調查，徹底分析問題的情境因素以尋求解決方案的過程。我們「為什麼」（Why）要從事研究？研究旨在做出更準確（正確）的決定，進而減少個人偏見（成本損失）。易言之，研究旨在辨正訛誤，改正前人訛誤，例如：前人發現太陽系有九大行星，然而 2006 年國際天文學聯合公會最新定義為八大行星才對。對管理者而言，須仰賴大量且正確的資訊，作為決策的依據。

研究的最終目標（goal），旨在解釋及回答問題，並解決人類問題。那麼，該如何透過研究來解決問題呢？步驟依序為：(1) 蒐集（gathering）一手（如實驗法）及二手資訊（如 Meta 分析），其中，樣本蒐集本質須與問題有相關；(2) 統計分析；(3) 拒絕／接受研究假設（hypothesis）；(4) 產生新的理論（模型）。

研究是「如何」（How）產生推論？係透過理論建構（研究方法、思想系統等），來建構新方法或新理論，研究結果是用來說明、解釋或預測我們所生存及生活的世界及其現象。通常，**研究過程**係經由發展假設、蒐集實際資料而給予驗證（假設檢定），企圖以一組客觀的現象（變數）去說明另一組客觀的現象，建立其間的一般性命題（proposition），最後發展出一個較完整的理論系統。

就方法論（methodology）而言，人們從事的研究，不外乎異中求同及同中求異，前者是在大量資料中發現共同性（nomothetic），例如：烏龜、蛇、蜥蜴等爬蟲類都有相同特徵──鱗片。而後者則是發現異質性（idiographic），例如：華人地區，分成對立二陣營──中共極力推動共產集權主義；臺灣則推行

自由民主社會。

總之，學術研究旨在：(1) 學會適當的研究方法論；(2) 透過文獻研究等方式自行發掘某一學術領域的空缺或謬誤；(3) 設法填補該空缺或糾正該謬誤。

## 1-1 科學研究

「科學研究」（scientific research）是預先假定自然界存在某種關係或現象，再根據理論或假設，進行「有系統」、「可控制的」、「實證性」及「批判性」調查。

首先，根據這些觀察透過歸納來形成假設（hypotheses），再從實驗及測量的推論來檢定假設的真偽，再基於實驗結果對假設進行精緻化（或消除）。

| 科學法的要素 |
| --- |
| 提問題（**question**） |
| 假設（**hypothesis**） |
| 實驗法 **vs.** 觀察法 **vs.** 調查法 |
| 統計 **vs. AI**分析 |
| 結果（量化）**vs.** 發現（質性研究） |

圖 1-1　科學研究法

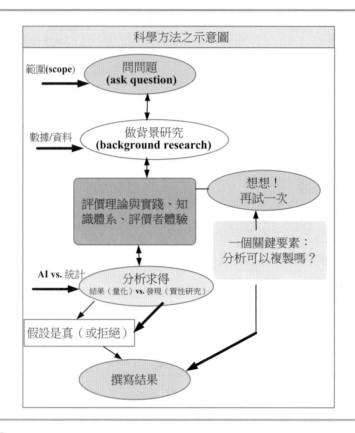

科學方法之示意圖

範圍(scope) → 問問題 (ask question)

數據/資料 → 做背景研究 (background research)

評價理論與實踐、知識體系、評價者體驗

想想！再試一次

一個關鍵要素：分析可以複製嗎？

AI vs. 統計 → 分析求得 結果（量化）vs. 發現（質性研究）

假設是真（或拒絕）

撰寫結果

**圖 1-1** 科學研究法（續）

　　科學方法也是一種獲取知識的實證方法（empirical method）。它涉及仔細觀察，因為認知假定（assumption）可能會扭曲人們如何解釋觀察，故對觀察的內容採取嚴格且懷疑態度。

　　科學方法是進行科學研究的常用方法。旨在提高對社會科學、生醫、工程學、物理化學、財金及許多其他領域的理解。透過這種研究，科學家們可以了解世界，並發現更有用的東西。

定義：實證方法（**empirical method**）
實證研究是使用經驗證據（empirical evidence）的研究。是透過直接及間接觀察獲取知識的一種方式，可採用定量或定性分析經驗證據（一個人的直接觀察或經歷記錄）。透過量化證據或定性形式理解證據，研究者可以回答經驗問題，這些問題應該被明確定義並且與蒐集的證據（通常稱為數據）相關聯。研究設計也會因領域及被調查的問題而異。最終，研究者會將定性及定量分析結合起來，以更好地回答在實驗室環境中無法研究的問題，特別是在社會科學及教育領域。

## 1-1-1a 科學是什麼？

### 一、科學的定義

科學（science）被定義為對自然現象的觀察、識別、描述、實驗研究及理論解釋，是研究自然事物的本質及行為以及我們獲得關於它們的知識。物理、化學或生醫學等學科都只是科學的分支。

科學的靜態定義是「現有的定律、知識、假設與原理」；動態定義不只是指知識定律的本身，更是指符合「某些條件」的方法論，所謂「某些條件」係指科學的兩大支柱：(1) 言之成理，要邏輯思考；(2) 符合我們的觀察或實證（empirical）研究。所以，科學沒有特定研究的主題實質內容，科學本身代表著「方法」。所謂「子不語怪力亂神」，科學是一個用來實證的方法，而科學的知識，指的是經由科學方法所獲得的知識。

### 二、科學的本質（nature）（Maslow,1954）

1. 具有尋求問題、提出問題、鼓勵預感（hunch-encouraging）、產生假設的功能。
2. 具檢定、檢查、認證功能：試誤和檢定假設；重複和檢查實驗；可堆積的事實。
3. 有組織、理論、結構功能；它尋求越來越大的概化（generalizations）。
4. 具有歷史收藏，學術功能。
5. 技術方面：工具（instruments）、方法、技術。
6. 行政、執行和組織方面的效果。
7. 宣傳教育功能。

## 三、科學研究的步驟

Mouly（1978）認為實證科學有 5 個步驟：

Step 1. 經驗（experience）：最基礎的科學起點。

Step 2. 分類（classification）：否則無法理解大數據的正式系統化（formal systematization）。

Step 3. 量化（quantification）：更複雜的階段，其中測量的精確度允許透過數學手段對現象進行更充分地分析。

Step 4. 關係發現（discovery）：現象之間功能關係的識別和分類。

Step 5. 逼近真理（approximation to the truth）：科學透過逐步逼近真理來進行。

---

**定義：真理**

真理（truth）最常被用來表示符合事實（fact）、真實（reality），或忠於原始（original）、標準（standard）。有時在現代也被定義為「對自己的真理」或真實性（authenticity）的觀念。

通常與虛假（falsehood）是相反的，虛假也相應暗示著邏輯、事實或倫理意義。包括哲學、藝術、神學和科學的多種環境中，都有人討論和辯論「真理概念」。大多數人類活動都依賴此概念，其中假定其作為概念的性質，而不是討論的主題。其中包括大多數科學、法律、新聞和日常生活。一些哲學家認為真理的概念是基本的，無法用比真理本身更容易理解的術語來解釋。在某些情況下，真理有時被認為是語言或思想與獨立現實的對應，有時也稱為真理的對應理論。

迄今，學者、哲學家和神學家之間仍在辯論各種關於真理的理論和觀點。語言是人類之間傳遞資訊的一種手段。用於確定某物是否為真的方法稱為真標準。關於什麼構成真理的問題，存在著不同的立場：什麼東西是具有真假能力的真主？如何定義、識別和區分真相，信仰和經驗知識有什麼作用？真理可以是主觀的還是客觀的？（換句話說，相對真理與絕對真理）

---

## 四、科學的典範（paradigm）有 4 種

### 1. 科學實驗

以記錄方式來呈現實驗結果，並描述自然現象。

**2. 理論推演**

發展理論，建立模型，歸納驗證。

**3. 模擬仿真（simulation）**

透過電腦，對複雜現象進行模擬。

**4. 數據密集**

對數據探索（data exploration，又稱 eScience）。

其中，大數據就屬於上述科學研究的第 4 種典範。詳情請見作者《大數據》一書。

## 五、科學方法有六要素

**1. 特徵化（characterizations）**

科學方法取決於調查對象日益複雜的特徵。（受試者也可稱為未解決的問題或未知問題）

例如：機器學習中的人臉辨識。我們知道一張圖片是由許多像素隨意組成的，但人臉有結構（structure）是對稱的，眼睛鼻子嘴巴都在特定的相對位置上，為了利用這些特徵找出人臉，我們可以撰寫一支程式去鑑定是否有這些特徵態樣（pattern）的存在，這就是一個態樣辨識的例子。又如：無監督學習法，用於市場區隔（根據共同特徵聚類客戶群），即可根據購物者的歷史購買行為提供產品推薦。

系統地蒐集測量值或相關數量的計數通常是偽科學（如鍊金術）及科學（如化學或生物學）的差異之處，科學會對測量進行製表或繪圖，並對其進行統計檢定（例如：相關性及迴歸）。測量是在受控的環境中進行，例如：實驗室，或者在難以接近或不可操作的物體（例如：恆星或人群）上進行。測量通常需要專門的科學儀器，例如：溫度計、分光鏡、電壓表，或心理 / 行為量表。

例如：特徵化及分析（analytical）技術都是用於辨識、分離或量化化學品及材料，或特徵化其物理特性的方法。包括顯微鏡、輻射散射、光譜學、量熱法、色譜法、重量分析及其他材料科學使用的測量。

**2. 假設發展（hypothesis development）**

假設是對現象的建議解釋，或是一個推理的提議，表明一組現象之間可能存在相關性。

通常假設具有數學模型的形式（有時，但並非總是如此），也可以被表述

為存在性陳述（existential statements），指出正在研究的現象某些特定實例具有一些特徵及因果解釋，這些解釋具有普遍陳述的形式，表明該現象的每個實例都有特別的特點。

**3. 假設的預測（predictions from the hypothesis）**

任何有用的假設都可以透過推理（包括演繹推理）來實現預測。可以是實驗室環境中的實驗結果或自然觀察現象，也可以是統計的並且僅處理概率。

重要的是，檢定此類預測的結果目前尚不清楚。只有在這種情況下，成功的結果才會增加假設為真的概率。

如果透過觀察或經驗無法獲得預測，則該假設尚不可檢定，因此在嚴格意義上將保持不科學的程度。

**4. 實驗（experiments）**

一旦做出預測，就可以透過實驗來尋找。如果檢定結果與預測相矛盾，那麼所提出的假設就會受到質疑。如果實驗結果證實了預測，那麼假設被認為可能是正確的，但仍可能是錯誤的，並繼續受到複驗。實驗控制是一種處理觀察誤差的技術。該技術使用不同條件下的多個樣本（或觀察）之間的對比來查看變化的內容或保持相同的內容。我們改變每次測量的條件，以幫助隔離已發生變化的情況。例如：因子（factor）分析就是發現效果中重要因素的一種技術。

**5. 評估及改進（evaluation and improvement）**

科學方法是疊代法的，在任何階段都可以提高準確性及精確度，因此一些考慮將導致科學家重複該過程。假設未能產生有趣且可檢定的預測，可能導致重新考慮假設或主體定義。實驗未能產生有趣的結果也可能導致科學家重新考慮實驗方法、假設或主題定義。

**6. 確認（confirmation）**

科學是一門社會企業，科學界在確認後才會被學界接受。重要的是，實驗及理論結果都必須由科學界的其他人複製。

為了防止不良科學及欺詐性數據，政府研究授權機構（如國家科學基金會及科學期刊，包括自然及科學），研究者必須存檔他們的數據及方法，以便其他研究者可以複驗數據及方法。這類科學數據存檔可在美國的許多國家檔案館或世界數據中心找到。

## 1-1-1b 研究是什麼？

研究（research）是使用科學方法仔細考慮特定的問題或疑問（particular concern or problem）。是一種系統的探究，用於描述、解釋、預測及控制觀察到的現象。

### 一、研究是什麼？

研究是對某個主題進行詳細研究，特別是為了發現新資訊或達成新理解。

研究本身具有下列特性：

1. 探索現有知識無法回答的問題，連結過去的知識。
2. 採用系統的方法。規則及程序是研究過程中不可或缺的一部分，旨在確定研究過程的目標。研究者需要在進行觀察或得出結論的同時實踐道德規範及行為準則。
3. 基於邏輯推理，涉及歸納法及演繹法。
4. 得出的數據或知識是即時的，在自然環境中的實際觀察。
5. 對從研究中蒐集的所有數據進行深入分析，以確保沒有與之相關的異常。
6. 本質上是分析性（analytical in nature）。利用所有可用的數據，因此推理沒有**模稜兩可**（ambiguity）。
7. 準確性（accuracy）是研究的特徵之一，在進行研究時獲得的資訊應該是準確及真實的。例如：在實驗室的受控環境中進行研究，準確度是使用儀器、校準器的測量及實驗結果。

### 二、研究的本質（nature）

是要深入探索的意思，探索過程必須有其目的性及方法論（方法的方法），才能事半功倍，因而學術界所言「研究」最根本的定義就是「一種有系統的探索以提供資訊、解決問題為目的」。Kerlinger（1986）對「研究」所下的定義為：「以定義或研究假設對自然現象有系統的、控制的、實證的及關鍵性的調查。」易言之，研究係從問題（problem）出發，經由證據為基礎的理解（evidence-based understanding）與理論化（theorizing），進而發現（非創造）有用的知識。

### 三、研究的目的

1. 理論研究：旨在結合現存知識，使某事物更新進，但非為解決某些問題。
2. 實務研究：旨在解釋一些管理現象，是以現實世界的事實作為研究材料。研

究者的角色是在發現新知識，使研究模型／理論更精確，並以此幫助管理者決策；相對地，管理者分析利用研究衍生的資訊，來改善管理決策的品質。儘管研究者及管理者兩者角色不同，但兩者都必須了解「研究法」。

## 四、研究的基本原則

任何研究應該是：

1. 系統性：根據假設或工作目標，研究者根據預先制定的計畫蒐集數據。他們使用數據來改變想法或添加新知識。研究中使用的方法是科學方法。
2. 有組織的：研究組的成員使用相同的定義、標準及原則。這是詳細計畫的一部分。
3. 目標：研究結論必須基於觀察及測量的事實，而不是基於主觀印象。結論應該是公正客觀的。

## 五、社會科學研究三大基礎

1. 理論：提供邏輯演繹的基礎，使之能「言之成理」。

理論（theory）是對現象抽象的思維結果，或概括性思考的沉思及理性，其過程往往與觀察研究等過程有關。理論可以是科學的或較低層次的科學。例如：根據具體情況，結果可能包括對自然如何運作的廣義解釋。

在現代科學中，理論是指科學理論，一種經過充分證實的自然解釋，以符合科學方法的方式來製造，並符合現代科學所要求的標準。科學測試應該能夠提供經驗支持，或者在經驗上與之矛盾。科學理論是最可靠、最嚴格、最全面的科學知識形式，不同於假設（hypothesis）是個體經驗可測試的猜想，也不同於科學定律（scientific laws）是在某些條件下自然行為方式的描述性說明。

2. 資料蒐集：處理觀察的事宜。
3. 資料分析：為邏輯推論所得的假設，利用觀察所得的資料加以證實（檢定），以尋找可能的模型。

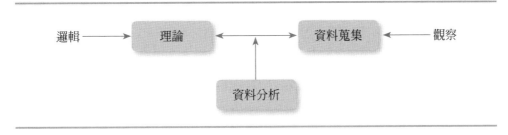

**圖 1-2** 社會科學研究三大基礎

## 1-1-2 科學的基本假定

　　科學運作的假定（assumption）是用自然原因來解釋自然現象，來自自然界的證據可以告訴我們原因，並且這些原因是一致的。

　　科學過程建立了關於自然世界的可靠知識。要了解這種可靠性的證據，人們可以瀏覽日常的科學知識產品：從飛機到抗生素，從電池到橋梁。這些技術只有基於科學才有用。

　　建立科學知識的過程依賴於科學運作的 6 個假定，對所有學科都是共通的：

1. 自然界有規律而非隨機：宇宙萬物不會無中生有，科學家是假定事物之間存在一定的規律或關係。至於為何會有關係，在科學上並不重要，重要的是去「發現」它，使人類能因此獲知此類規律及關係。萬物的變遷是有模型可循且可被理解的。此外，自然界法則是不採規範性命題的形式，而是根據事實來描述事情。

2. 我們可以了解自然：人類、其他物體、狀況、事件皆為自然界的一部分，而個人與社會現象所呈現的重複性、秩序性、可驗證性模型，是可透過科學調查來加以分析。人的「理解」可分為兩種：(1) 同理心的理解：定性研究之詮釋主義的理解，強調同理心的理解，主張自然科學家與社會科學家，基於研究主題本質的不同，應各自採取不同的研究方法。社會科學家必須對其他人的實際觀點及採用的符號、價值、態度進行了解，並設法將自己投入於研究主題情境中。(2) 預測型理解：這種經驗主義的理解，主張社會科學家亦可像自然科學家一樣獲得客觀的知識。認為同理心有助於發現事實，但我們要將它整合至科學知識主體時，仍需以經驗觀察為基礎來進行驗證。

3. 事件有自然原因，可以根據自然法則來確定：科學方法「排斥」自然事件是由超自然力量所主導的，故反對宗教、唯心論及神祕來產生知識。

4. 沒有不證自明（self-evidence）的事：兩個相互矛盾的陳述不可能都是真的。事實論點都須經客觀驗證，而非不證自明。故不能完全依賴傳統、主觀信念或常識來檢定科學知識；相反地，科學思維是抱持著懷疑、批判的態度。

為何研究結果要公開發表，並接受同行的**批評**？論文發表是要引起大家的討論。批判（論文評論）是要有一套明示法則及程序系統，論文審查者再依據此系統進行評論、評估作者所宣稱的「知識」。易言之，論文論述者（論文審查、研究所考試）是不應根據個人的「感覺」來評論，而是應就文章的結構及程序來評論。故論文評述的「主要焦點」包括：(1) 文獻探討及理論基礎（相關性、重要性、嚴謹性……）；(2) 研究設計（內部效度、研究方法的適當性……）；(3) 抽象概念型定義及操作型定義（測量工具的信度、效度）；(4) 推理及論據（正當性、完整性、合理性……）；(5) 研究目的與問題界說（清楚度、未來結果貢獻性）；(6) 分析單位是否有區位謬誤（locus problem），例如：研究時分析單位是「個體」，但結果解釋或推論卻以「群體」為單位。或以「群體」分析單位來解釋「個體」行為。易言之，大家有一套明示的法則與程序，依此方法來進行系統性學術研究，並評估其聲稱的知識。

綜合來說，**論文評論**的「準則」包括下列十項（Straub, 1994）：

(1) 研究設計（research design）：適當的研究方法、取樣（sampling）適切與否、統計方法有否考量誤差異質性、衡量變數的操作型定義（內容效度、建構效度、信度）、研究設計之內外部效度。

(2) 專業寫作技巧：文章簡潔扼要、有力。

(3) 題目選擇（重要性、市場性、跨領域整合……），題目選擇及資料分析技巧盡量是讀者（產業界、學術界）所關心的。

(4) 對理論建構或實際應用有貢獻性（問題解決）。

(5) 遵循研究倫理：是否有不人道實驗、受訪者資料的保密、欺騙受訪者……。

(6) 能提供後來學者做知識累積，即研究能重複做，理論（模型）不斷精緻化。

(7) 對於本研究限制、能力不足之處，對後續研究做方向性建議。

(8) 文獻探討要相關性、完整性、重要性、嚴謹性……。

(9) 邏輯推演要清楚嚴謹（logic rigor）：描述概念／構念的邏輯結構要明確，並與文獻、研究方法及分析結果相呼應。

(10) 慎選統計分析或數學模型，統計結果之顯著性的解釋，受理論或假設引導。科學的研究，不論其研究假設或研究模型（model），其背後都要有

　　理論基礎來支持。

5. 知識源於人們的經驗：強調科學知識應基於經驗上可觀察之假設。反對單憑人類天賦或純推理，就足以產生知識。故知識產生有賴認知、經驗及觀察，並以經驗作爲依據來理解眞實世界。

6. 知識優於無知（knowledge is superior to ignorance）：科學家所假定的知識都是暫時的，且持續發生變化。人類不斷追求以獲取知識，這種過程是漸近的、相對的。所有現象及原因，都可經過實證方法來察明其原因及關係。而科學家以目前採用的證據、方法及理論，所提出的暫時性知識，將有可能隨時被修正。

## 1-1-3 科學方法的特性

　　科學方法是科學家用於探索數據、生成及檢定假設，開發新理論並確認或拒絕早期結果的系統。儘管不同科學中使用的確切方法各不相同（例如：物理學家及心理學家以非常不同的方式工作），但它們具有一些可稱爲科學方法特徵的基本屬性。

　　「科學方法」主要作用有三：(1) 提供研究者共通的語言；(2) 提供資料推理的依據；(3) 訂定研究者之間的客觀標準。

　　一般所謂「特性」（characteristics）旨在補充某「定義」（definition）無法完整描述的細節，通常「定義」是越簡單明瞭越好，故定義無法完全交代的詳細概念，就由「特性」來補充。「科學研究」有以下 5 個特性：

**1.** 經驗觀察（empirical observation）

　　實證研究是使用經驗證據的研究，透過直接、間接觀察或透過經驗獲取知識的一種方式。

　　科學方法也是經驗性的，依賴對世界的直接觀察，並且蔑視與可觀察事實背道而馳的假設。這與依賴純粹理性的方法（包括柏拉圖提出的方法）以及依賴情感或其他主觀因素的方法形成對比。

**2.** 可複製的實驗（replicable experiments）

　　在工程、科學和統計學中，複製（replicate）是實驗條件的重複操作，因此可以估計與該現象相關的可變性。複製的定義是「在實驗中要比較的所有處理組合的集合的重複。每個重複稱爲複製」。

　　科學實驗是可以複製的。也就是說，如果另一個人用同樣條件複製實驗，亦將獲得相同的結果。科學家應該發布足夠的方法，以便經過適當培訓的另一

個人可以複製結果。這與依賴特定或少數個體獨有的體驗方法形成對比。

**3.** 臨時結果（provisional results）

透過科學方法獲得的結果都屬臨時的，後人可再提出質疑及辯論。如果出現與理論相矛盾的新證據，則必須修改該理論。

**4.** 客觀的方法（objective approach）

對問題採取客觀方法意味著適當考慮與該問題有關的已知有效證據（相關事實，邏輯含義和觀點以及人類目的）。如果相關的有效證據被拒絕，則不可能是採取客觀的方法。

科學方法是客觀的。它依賴事實及世界，而不是信仰或願望。科學家在進行觀察時嘗試消除其偏見（取得不同程度的成功）。

**5.** 系統觀察（systematic observation）

嚴格來說，科學方法是系統的；也就是說，它依賴精心策劃的研究而不是隨意或偶然的觀察。然而，科學可以從一些隨機觀察開始。艾薩克·阿西莫夫（Asimov）說，科學中最令人興奮的一句話不是「Eureka!」而是「That's funny」。在科學家注意到一些有趣的東西之後，會繼續系統地進行調查。

## 1-1-4　研究思考的過程（推論方法）：歸納法 vs. 演繹法

研究思考的過程可分為歸納法（induction）與演繹法（deduction）兩種。演繹推理（自上而下邏輯）與歸納推理（自下而上邏輯），二者是對比式的（圖1-3）。

**演繹推理**使用給定的已知資訊、前提或接受的規則，來得出可靠的結論；相對地，**歸納推理**基於在特定情況下觀察到的行為進行概化，再演繹論證有效或無效。但是歸納推理允許結論是錯誤的，即使它所基於的前提是正確的。

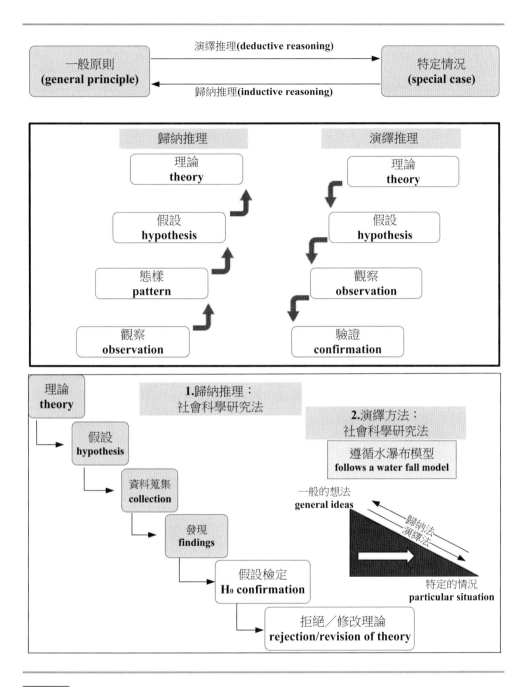

圖 1-3 歸納推理 vs. 演繹推理

其中：

(1) 理論（theory）是一個沉思及理性型的抽象或泛化思維，或者這種思維的結果。根據具體情況，結果可能包括對自然如何運作的廣義解釋。

(2) 假設（hypothesis）就是對現象提出解釋。假設是指科學假設，科學方法是要求人可以對它進行檢定。

### A. 歸納推理（inductive reasoning）

**歸納法**，又稱歸納邏輯，是論證的前提，支持結論但不確保結論的推理過程。基於對特殊的象徵（token）有限觀察，把性質或關係歸結到類型；或基於對反覆再現的現象態樣（pattern）有限觀察，再由公式表達其規律。

歸納法是由資料中找出一般性法則；相對地，演繹法是由已知事實或理論來推導出新的理論或個案。我們常見的個案研究法、調查研究法、實驗研究法及彙總法均屬歸納法的一種，而數學模型推導、系統建構則屬演繹法。

| 歸納推理(inductive reasoning)<br>從一些觀察(observations)中，得出了一般性結論。 | 演繹推理(deductive reasoning)<br>從一般性前提出發，預測具體結果。 |
|---|---|
| **觀察(observations)**<br>1.物種(species)的成員並不完全相同。<br>2.個體(individuals)爭奪資源。<br>3.物種通常適應其環境(species are generally adapted to their environment)。 | **一般性前提( general premise)**<br>最適應環境的個體更有可能生存並將其特徵傳遞給下一代(individuals most adapted to their environment are more likely to survive and pass their traits on to the next generation)。 |
| **結論**<br>最依賴環境的個人，更有可能生存並將他們的特質傳遞給下一代。 | **預測具體結果**<br>如果生態系統中的平均溫度因氣候變化而增加，那麼適應溫度升高的個體將勝過那些沒有的溫度。 |

**圖 1-4** 推理的二個型態（two types of reasoning）

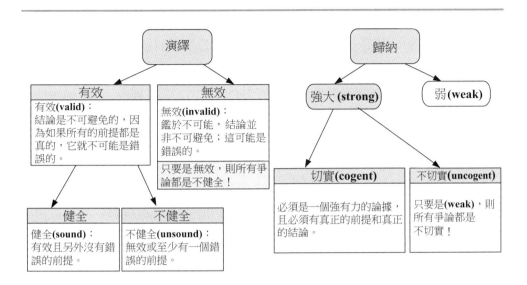

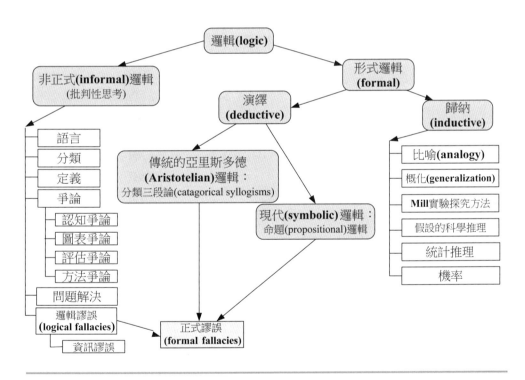

圖 1-5 演繹及歸納決策樹（deductive & inductive decision tree）

　　**歸納法**的推論程序：觀察→尋找模型→達成結論→結論解釋事實→事實支持結論。相對地，**演繹法**是從一項通則的陳述出發，再根據邏輯推論之法則，

來獲得一項「個別性」的陳述（強調「通則→個別」），例如：物體拋向空中，就會再掉落地面，這是基於重力法則（若前提為真，則結論必為真）。歸納法是先由觀察蒐集資料及記錄若干事例，探求其間之共同特徵或特徵之間的關係，進而將研究結果推廣至其他未經觀察之類似事例，而且獲得一項「通規性」的陳述（強調「個別→通則」）。舉例來說，藉由觀察經濟現象，凱因斯歸納出經濟法則或理論，以財貨市場而言，供應越多市場價格就越低、供應越小市場價格就越高。市場需求越多價格就越高、需求越少市場價格就越低。歸納性解釋另一例子，「政府常在經濟艱困時，增加其支出，但不一定所有政府都會這樣做」。值得一提的是，並非所有科學解釋（例如：社會科學）都是基於普遍性法則。

- **數學歸納法之例子**

**例 1** 求證 $1^3 + 2^3 + \cdots + n^3 = \dfrac{n^2(n+1)^2}{4}$

**證明** 若 $n = 1$，左式 $= 1^3 = \dfrac{1^2(1+1)^2}{4} = $ 右邊

若 $n = 2$，左式 $= 1^3 + 2^3 = 9 = \dfrac{2^2(2+1)^2}{4} = $ 右邊

若 $n = 3$，左式 $= 1^3 + 2^3 + 3^3 = 36 = \dfrac{3^2(3+1)^2}{4} = $ 右邊

若 $n = 4$，左式 $= 1^3 + 2^3 + 3^3 + 4^3 = 100 = \dfrac{4^2(4+1)^2}{4} = $ 右邊

若 $n = 5$，左式 $= 1^3 + 2^3 + 3^3 + 4^3 + 5^3 = 225 = \dfrac{5^2(5+1)^2}{4} = $ 右邊

以此類推，可知對於任意正整數 $n$，原式都成立。

- **數學歸納法之要點**

1. 證明 $n = 1$ 時原式成立。
2. 若 $k$ 是任意正整數，證明「若 $n = k$ 時原式成立，則 $n = k + 1$ 時原式亦成立」。

現在我們把上例的正確的證明寫在下面。

**證明** (1) 若 $n = 1$ 時，左式 $= 1^3 = 1 = \dfrac{1^2(1+1)^2}{4} = $ 右邊

(2) 設 $k$ 是任意正整數。證明：若 $n = k$ 時原式成立，則 $n = k + 1$ 時原式亦成立。

假設 $n = k$ 時，原式成立，則 $1^3 + 2^3 + \cdots + k^3 = \dfrac{k^2(k+1)^2}{4}$。

考慮 $n = k + 1$ 的情形。

$$左式 = 1^3 + 2^3 + \cdots + k^3 + (k+1)^3$$

$$= \frac{k^2(k+1)^2}{4} + (k+1)^3$$

$$= \frac{k^2(k+1)^2 + 4(k+1)^3}{4}$$

$$= \frac{(k+1)^2(k^2 + 4k + 4)}{4}$$

$$= \frac{(k+1)^2[(k+1)+1]^2}{4}$$

$$= 右邊，故 n = k+1 時原式成立。$$

(3) 組合 (1) 與 (2)，可知：對於任意正整數 $n$，原式皆成立。

**B. 演繹推理（deductive reasoning）**

**演繹推理**在傳統的亞里斯多德邏輯中是「結論，可從叫做『前提』的已知事實，『必然地』得出的推理。」**若前提為眞，則結論必然為眞。**這同於溯因推理及歸納推理：**前提可以預測出高機率的結論**，但是不確保結論為眞。

「演繹法」還可以定義為結論在普遍性上不大於前提的推理，或「結論在確定性上，同前提一樣」的推理。其目的乃獲得一個結論，而該結論必須跟隨於已設定之前提。若演繹正確，則必須是前提為眞且結論有效，亦即已告知的前提（理由）必須與眞實世界一致（為眞）。同時，結論必須依附於該前提之下，若前提不眞，則結論是無效的。如果有一個或更多的前提不眞（untrue），或辨識的推理過程是無效的，則結論非邏輯的辯護（亦即無理論基礎）。然而也有可能是前提不眞而結論仍為眞，這時應有某些其他前提存在，但研究者並未將其納入考量，此時必須進一步確認其他前提之正確性。易言之，演繹法的推論程序：理論→假設→接受或駁斥假設。可見，演繹法是指觀察現象，以取得基本認識，進而建立經濟法則或理論。例如：亞當‧史密斯（Adam Smith）觀察，人類都有利己之心（greedy），進而發現最大效用理論。

• **小結**

歸納法與演繹法有根本上的不同。歸納法必須經由一個以上的特定事實，抑或一些證據（evidence），歸納出結論。結論乃在解釋事實，而事實支持結論。換句話說，演繹法的推理是從整體出發來建立獨特性，是從邏輯或理論上

預期的模型中，為測驗其是否確實存在而進行的觀察。即演繹法是從「為什麼」推到「是否」，而歸納則反之。值得一提的是，歸納法與演繹法兩種方法係允許同時採用，例如：杜威（John Dewey）就曾提出「雙軌反射思考方式」（double movement of reflective thought），即是結合歸納法與演繹法的思考方式。易言之，科學方法兼具歸納法及演繹法的優點。三者之比較，見圖 1-6 所示。

科學方法之步驟，常常穿插著歸納法及演繹法，例如：其步驟依序為：(1) 建立假設（用演繹法）；(2) 蒐集資料；(3) 分析資料；(4) 獲得結論；(5) 用歸納法建立新理論或修改舊理論；(6) 再演繹；(7) 再歸納。如此重複循環，使得理論更精緻。

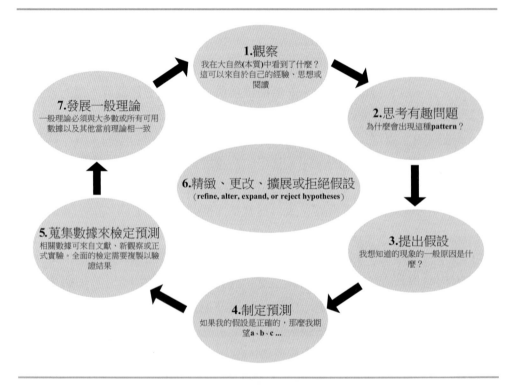

**圖 1-6** 科學方法和持續的過程（the scientific method and ongoing process）

在邏輯推論中，我們常用的三段論法（syllogism），其實是演繹法的一種。其法則如下：

| 1. 大前提 | ➡ | 2. 小前提 | ➡ | 3. 結論 |
| 1. 命題 | ➡ | 2. 知識論之變數（ECV） | ➡ | 3. 假設 |
| 1. 人皆會死 | ➡ | 2. John 是人 | ➡ | 3. 所以 John 會死 |

其中，「大前提」做通則性陳述，「結論」做個別性陳述。

### (一) 數學的證明形式分為演繹法與歸納法

由一些已知的普通事理成立，經由推理算出某種特殊事理或結論的推理過程，我們謂之「演繹法」。例如：若 $\langle a_n \rangle$ 為等比數列，首項 $a_1$，公比 $r$，則前 $n$ 項和 $S_n$ 的公式的推導過程如下：

$$S_n = a_1 + a_1 r + a_1 r^2 + \cdots + a_1 r^{n-1} \tag{1}$$

等式左右兩邊各乘上 $r$ 可得 $rS_n = a_1 r + a_1 r^2 + a_1 r^3 + \cdots + a_1 r^n$ \hfill (2)

$(1) - (2)$ 得 $(1 - r) S_n = a_1 (1 - r^n)$

若 $r \neq 1$，可得公式 $S_n = \dfrac{a_1(1 - r^n)}{1 - r}$，這樣的推論過程，我們稱之為演繹法。

凡是經由一系列有限的特殊事例成立，藉由推理過程推論出一般普通事理或是結論的證明模式，我們稱之為歸納法。一般而言，歸納法可以幫助我們由具體事例中發現一般性的規律或通則。例如：若 $\langle a_n \rangle$ 為等差數列，首項 $a_1$，公差 $d$，則第 $n$ 項 $a_n$ 的公式的推導過程為

$a_2 = a_1 + d \times (1)$

$a_3 = a_2 + d \times (2)$

$a_4 = a_3 + d \times (3)$

⋮

$\Rightarrow a_n = a_{n-1} + d \times (n - 1)$，如此尋找規律的過程，我們稱之為歸納法。

相對地，數學**歸納法**，它的推論原理如下：

設 $P_1$、$P_2$、$\cdots$、$P_n$、$\cdots$ 為一系列的命題，假設：

(1) $P_1$ 成立。 （基本步驟）

(2) 對任一 $k$ 為自然數，若 $P_k$ 成立，我們推論出 $P_{k+1}$ 亦成立 （基本步驟）

則對任意自然數 $n$，可推論出 $P_n$ 都成立。

### (二) 演繹法、歸納法 vs. 科學方法

表 1-1　演繹法、歸納法及科學方法之比較表

| | 演繹法 | 歸納法 | 科學方法 |
|---|---|---|---|
| 事實 | 不重視 | 重視（可調查） | 重視 |
| 假設 | 不重視 | 重視（再去檢定） | 重視研究假設及檢定 |
| 推論過程 | 重視 | 沒有 | 文獻探討配合統計分析 |
| 研究策略 | 模型推導、系統展示、應用概念、闡述、概念導向。多數採用定性研究。 | 個案法、彙總／後設（meta）法、次級資料分析、文本分析。採用定性或定量研究。 | 個案法、調查法、實驗法、彙總／後設（meta）法。多數採用定量研究。 |

　　我們常見的個案研究法多屬歸納法，調查研究法、實驗研究法及彙總法（meta）均屬科學方法。而數學模型推導、邏輯推論及系統建構則多屬演繹法。

## 1-1-5 科學與價值的關係

　　科學及價值觀（value）都是科學哲學中的多方面，因為有兩種方式可以理解兩者的結合：(1) 科學探究，而不是簡單的證據及邏輯或規則治理推理，需要各種價值判斷。(2) 社會（道德、審慎、政治）等價值觀在科學探究中有一定作用。

　　科學的目的不是改變人的信仰或信念（belief）。科學旨在發現事物之間的關係，無關乎價值，也就是價值中立（value free），不提供道德性對與錯、是與非的答案。社會科學的終極目的是確定社會生活規律性的邏輯及持續的模型。易言之，科學是以有系統的實證性研究方法來獲得有組織之知識。迄今，我們可以說，「最好的知識」及「完備知識」是不存在的。

　　價值是指好壞、對錯、善惡等規範性問題，是一個判斷標準。商業方面價值，泛指客體對於主體表現出來的正面意義及有用性。可視為能夠公正且適當反映商品、服務或金錢等值的總額。在經濟學中，價值是商品的一個重要性質，它代表該商品在交換中能夠交換得到其他商品的多寡，價值通常透過貨幣來衡量。例如：下列幾項事情都涉及了價值判斷：(1) 科學滿足好奇，這是價值。(2) 自己要不要當科學家亦是價值判斷的問題。(3) 研究主題的選定也牽涉到價值判斷。(4) 研究的過程可能受到誘惑（研究過程是否誠實及客觀），例如：民意調查機構是否受制於政黨或派系經費支援，在電話訪問時有意無意暗藏引導性題目來捏造結果，以當作政治宣傳。(5) 研究結論若與社會主流價值相衝突時怎麼辦？發表研究成果時，非主流價值能不能刊登？例如：從前有人研究發

現黑種人 IQ 比白種人及黃種人低，此種會激怒社會大衆的文章要不要發表呢？上述幾個都牽涉到個人價值的判斷。

值得一提的是，「價值」本身也可成爲研究主題，例如：工作價值觀也是一個研究主題。

## 1-2 研究法的種類及比較

方法（method）係指蒐集資料、進行推論、解釋及預測之工具或技巧。例如：社會科學研究是用「問卷」來調查個體對某件事情之看法；自然科學研究可用顯微鏡來觀察生物細胞。

「方法論」是「方法」的另一個相關詞。**方法論**是 (1) 關於認識世界、改造世界的根本方法的學說。(2) 在某一門具體學科上所採用的研究方式及方法的綜合。所涉及概念主要是「科學研究」的基本假設、邏輯及原則。

常見的社科研究方法包括：調查法、觀察法、訪談法、實驗法、扎根理論法、內容分析法、個案法、質性研究法等。

人類求知的方法可以分爲實證方法（empirical method）以及非實證方法（nonempirical method）兩大類。實證亦即建立在人類感官所獲得**經驗**（experience）的基礎上，而實證的方法包含了科學方法（McBurney, 1994）。可見科學研究是人類追求知識或解決問題的一種活動，從事這種活動所用的手段便是科學方法。因此想要正確理解科學研究的性質與成果（科學知識），必須先探討科學研究的方法，而科學研究法可以分爲方法論（methodology）以及研究方法（research method）兩個層次。**方法論**主要涉及的事物是科學研究方法的基本假定（assumption）、邏輯以及原理。**研究方法**所指的則是從事研究工作所實際採用的程序或步驟（楊國樞等人，1990）。

**科學研究有 8 個步驟**

由於科學提供了清晰、合理的方式來回答有關宇宙的問題，並有證據支持它，因此有必要採用可靠的程序來獲得最佳資訊。該過程通常稱爲科學方法，包括以下 8 個步驟：**觀察、提出問題、蒐集資訊、形成假設、檢定假設、得出結論、報告、評估。**

科學方法的第一步是觀察現象，第二步是指出爲什麼會出現這種現象的問題。在蒐集了足夠數量的適當資訊之後，就可以提出一個假設（有根據的猜測）。

另外，也有人認為科學方法分為以下 8 階段：

Stage 1. 提出假設、預感和猜測。其中，假設檢定是推論統計中用於檢定統計假設的一種方法。而「統計假設」是可透過觀察一組隨機變數（X）的模型進行檢定的科學假設。一旦能估計未知參數，就會希望根據結果對未知的真正參數值做出適當的推論。

統計上對參數的假設，就是對一個或多個參數的論述。而其中欲檢定其正確性的為虛無假設 $H_0$（null hypothesis），$H_0$ 通常由研究者決定，反映研究者對未知參數的看法。相對於 $H_0$ 的其他有關參數之論述是對立假設 $H_1$（alternative hypothesis），它通常反應了執行檢定的研究者對參數可能數值的另一種（對立的）看法（換句話說，對立假設通常才是研究者最想知道的）。常見的假設檢定的種類包括：t 檢定、Z 檢定、卡方檢定、F 檢定等。

Stage 2. 實驗設計；取樣；孤立的變數（variables isolated）。

Stage 3. 觀察到相關性；認定態樣（patterns identified）。

Stage 4. 形成假設來解釋規律（regularities）。

Stage 5. 解釋或預測檢定（explanations and predictions tested）；可證偽性（falsifiability）。其中，可證偽性是科學哲學的重要概念。它是一個原則（principle），即在假設檢定中，命題或理論如果不承認被證明是 false（偽），就不能被認為是科學的。

可證偽並不意味著 false。為了使一個提議是可證偽的（falsifiable），在原則上，至少必須做到該提議是 false 的觀察，即使該觀察實際上並未進行。例如：透過觀察一隻白色烏鴉，「所有烏鴉都是黑色」的命題將被證偽。偽造的命題或理論必須以某種方式定義該命題或理論所禁止或將要禁止的事物（例如：在這種情況下，禁止白烏鴉）。從原則上講，觀察白烏鴉來反駁這一主張的可能性使其可證偽。

Stage 6. 開發法則／定律（laws developed）或否定法則（拒絕假設）。

Stage 7. 概化（generalizations）。

Stage 8. 新理論（regularities）。

## 1-2-1a 研究類型的要素

實務上，像商業研究方法可定義為「與任何商業問題有關的數據蒐集、匯總、分析、解釋和蘊涵的系統化科學程序」。根據研究的性質和目的與其他屬

性，研究方法的類型可以分為幾類。在論文的方法論一章中，應根據以下分類指定和討論研究類型。

表 1-2　研究類型的要素（elements of research styles）

| 模型<br>model | 目的<br>purposes | 焦點<br>Focus | 關鍵名詞<br>key terms | 特性<br>characteristics |
|---|---|---|---|---|
| 1. 調查法 | 蒐集大規模數據以進行概化（generalizations）、統計上，產生可操縱的數據（manipulable data）、蒐集上下文無關（context-free）的數據 | 意見（opinions）、計分（scores）、結果（outcomes）、條件（conditions）、等級（ratings） | 測量（measuring）、檢定（testing）、代表性（representativeness）、普遍性（generalizability） | 描述和解釋、代表廣泛的母群、蒐集數值數據、大量使用問卷、評估／測驗（assessment/test）資料 |
| 2. 實驗法 | 在受控條件下進行比較、對功效進行概化、客觀衡量治療、建立因果關係 | 初始狀態，介入（intervention）和結果、隨機對照試驗（RCT） | 前測—後測、識別、隔離和控制關鍵變數、概化、實驗組—控制組比較，case 組—contorl 組比較、因果關係 | 對照組 vs. 實驗組、像實驗室一樣對待情況、實驗介入的原因、不判斷價值（worth）、簡單化 |
| 3. 民族誌 | 用主題詞描述事件、主觀和報告多個觀點、對特定情況的描述、知曉（understanding）和解釋 | 參與者的看法和見解、隨著時間的推移出現的問題 | 主觀性、誠實、真實、不可概化、多種觀點（perspectives）、探索並豐富的特定背景報告、緊急問題 | 上下文脈絡（context specific）、形成性（formative）和緊急性、應對新興功能（features）、為判斷和多角度預留空間、廣泛型資料庫（wide database）、長時間聚集（gathered）、耗時的資料處理 |
| 4. 行動／行為研究 | 計畫、實施、審查和評估旨在改善實務／解決當地問題的介入措施、透過研究參與和意識形態批判來賦予參與者權力、發展反思性（reflective）實務、促進平等民主、將實務（practice）與研究聯繫起來、促進合作研究 | 日常實務、介入的結果、參與者授權、反思性實務、社會民主與平等、做決策 | 行動、改善、反射、監控方式、評價、介入、解決問題、賦權、規劃、Reviewing | 上下文脈絡、參與者對實務干預專家的反思、導致解決「實際」問題並滿足「實際」需求、賦予參與者權力、協同合作、促進實務與平等、利益相關者研究 |

| 模型<br>model | 目的<br>purposes | 焦點<br>Focus | 關鍵名詞<br>key terms | 特性<br>characteristics |
|---|---|---|---|---|
| 5. 個案法 | 透過可訪問的客戶，來描繪、分析和詮釋真實個體和情況的獨特性（uniqueness）、捕捉行為的複雜性和位置性、為行動和介入做出貢獻、呈現和代表真實——賦予「being there」（在那裡）的感覺 | 個人和當地情況、唯一實例（instances）、某一案例、有界現象和系統，分析單位有：個人、群組、角色（roles）、組織機構、社區 | 個體性，獨特性、深入分析和描繪、詮釋性和推論性分析、主觀性（subjective）、描述性 vs. 分析型、了解具體情況、誠意 vs. 複雜 vs. 特殊性 | 來自廣泛資料源的深入詳細資料、參與者與非參與者的觀察、非介入主義者、善解人意的、現象的整體（holistic）處理、從特殊個案中學到什麼 |
| 6. 測驗與評量（assess-ment） | 衡量成就和潛力、診斷優點和缺點、評估表現和能力 | 學術 vs. 非學術、認知、情感和心理運動領域——低階到高階、績效、成就、潛力、能力、人格特徵 | 信度 vs. 效度、準則（criterion）參照 vs. 常規（norm）參照 vs. 域（domain）參照、項目反應理論、形成性 vs. 總結性評量、診斷、標準化、適度（moderation） | 旨在提供可匯總（aggregated）分數的材料、使個人和群體能夠進行比較、深度診斷、衡量績效 |

## 1-2-1b 研究的類型（research type）有 18 種

科學研究種類繁多，例如：實驗和比較分析、觀察研究、調查或訪談……。類研究型的選擇取決於研究問題的本質。

**1.** 探索性研究（exploratory research）：準確描述特定個人、情境或群體的特徵

常對尚未明確（無清晰）定義的問題進行探索性研究。探索性研究有助於確定最佳的研究設計。探索性研究是指對先前極少或沒有特定相關研究的議題或問題進行探索，由於資料與認識皆不足，因此其重點並不在驗證假設或證實理論，而是希望對該議題或問題有初步認識與理解，或建議可能的假設。

探索性研究常用方法包括：觀察法（observation）、調查法（survey）、次級資料分析（secondary data analysis）、個案研究法（case study method），以及質性分析的先導研究（pilot studies for qualitative analysis）。當以調查法進行探索性研究時，又可區分為文獻的調查（literature survey）、經驗的調查（experience survey）與激發頓悟的個案分析（analysis of "insight-stimulating" example）等。

　　探索性研究的形式主要包括文獻綜述、二手數據分析，以及針對消費者、員工、管理層及競爭者的非正式訪談，及正式方法如深入訪談、焦點群組座談、案例分析及試驗研究等。

　　探索性研究的結果常常無助於決策，但卻可對特定情況提供重要的見解。況且，探索性研究通常不能概化到一般母群。

**2. 診斷（diagnostic）研究**

　　旨在確定事物發生的頻率或與事物相關的頻率。

　　它是多個自變數之預測研究（multivariable, prediction research）。

**3. 假設―檢定（hypothesis-testing）研究：檢定變數間因果關係的假設**

　　統計假設（有時稱為驗證性數據分析），可透過觀察一組隨機變數之建模過程的基礎來進行檢定。統計假設檢定是一種統計推論（inference）方法。通常，比較兩個統計數據集，或者將透過採樣獲得的數據集與來自理想化模型的合成數據集（synthetic data set）進行比較。針對兩個數據集之間的統計關係提出了假設，並且將其作為理想化虛無（null）假設 $H_0$ 的對立假設 $H_1$ 來進行比較，$H_0$ 是：兩個數據集之間沒有關係。若閾值（threshold）概率（顯著性水準 $\alpha$），數據集之間的關係是拒絕 $H_0$，則表示接受 $H_1$（比較被認為是統計上顯著的）。

**【檢定力（$1-\beta$）vs. Type I 誤差 $\alpha$ 及 Type II 誤差 $\beta$】**

　　假設檢定的目的就是利用統計的方式，推測虛無假設 $H_0$ 是否成立。若虛無假設事實上成立，但統計檢定的結果不支持虛無假設（拒絕 $H_0$ 虛無假設），這種誤差稱為第一型誤差 $\alpha$。若虛無假設事實上不成立，但統計檢定的結果支持虛無假設（接受 $H_0$），這種誤差稱為第二型誤差 $\beta$。

(1) 顯著水準 $\alpha$（significance level $\alpha$）：$\alpha$ 指決策時時所犯第一型誤差的「最大機率」所以依據統計研究的容忍程度，一般我們在檢定前都要先界定最大的第一型誤差，再進行檢定。

(2) 第一型誤差 $\alpha$（type I error）：當虛無假設 $H_0$ 為真，卻因抽樣誤差導致決策為拒絕 $H_0$，此種誤差稱為型 I 誤差。型 I 誤差 = 拒絕 $H_0$ | $H_0$ 為真，$\alpha$ = P（Reject $H_0$ | $H_0$ is true）

(3) 第二型誤差 $\beta$（type II error）：當虛無假設 $H_0$ 為假，卻因抽樣誤差導致決策不拒絕 $H_0$，此種誤差稱為型 II 誤差。型 II 誤差 = 不拒絕 $H_0$ | $H_0$ 為假，$\beta$ = P（Non-Reject $H_0$ | $H_0$ is false）

(4) 當虛無假設 $H_0$ 為假，經檢定後拒絕 $H_0$ 的機率稱為檢定力（power）。（也就是正確拒絕 $H_0$ 的機率）。power = P（Reject $H_0$ | $H_0$ is false）

(5) 顯著水準即是型 I 誤差的最大機率，當 $\alpha$ 越大則 $\beta$ 越小 power 越大。

(6) 當 $\alpha$ 為零則根本無法拒絕 $H_0$ 則根本不會有 power。

(7) 樣本數 $n$ 越大則 $\alpha$、$\beta$ 越小 power 越大。

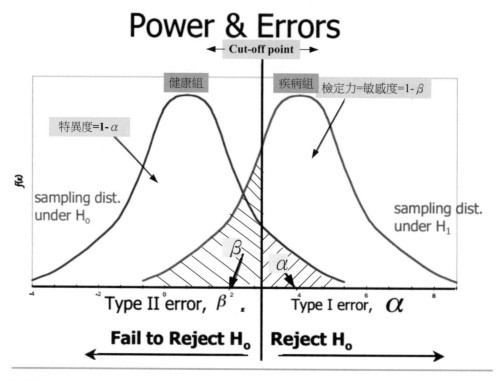

**圖 1-7** 檢定力（$1 - \beta$）vs. Type I 誤差 $\alpha$ 及 Type II 誤差 $\beta$

第一型誤差（$\alpha$）、第二型誤差（$\beta$）與 ROC 分類之關係，如下表：

| | 真實情況／工具檢定結果 | |
|---|---|---|
| 決定 | $H_1$ 為真（結果陽性），即 $H_0$ 為假 | $H_0$ 為真（工具檢定結果為陰性） |
| 拒絕 $H_0$<br>（判定為有病） | 疾病組正確檢定結果為有病（陽性）<br>機率 $p = 1 - \beta$<br>敏感度（True Positive, TP）：a | Type I error：健康組誤診為陽性<br>機率 $p = \alpha$<br>False Positive（FP）：b |
| 接受 $H_0$<br>（判定為沒病） | Type II error：疾病組誤診為無病<br>機率 $p = \beta$<br>False Negative（FN）：c | 健康組正確檢定結果為無病（陰性）<br>機率 $p = 1 - \alpha$<br>特異度（True Negative, TN）：d |

**4. 描述性（descriptive research）研究：包括調查及事實調查**

描述性研究是指能夠準確描述特定個人、情況或群體的特徵的研究。旨在描述或解釋目前所存在的現象和事實，以為改善現況或策劃未來之參考。簡單的描述研究，僅在描述現象或事實的發生或分配。

在描述研究中，研究者都不能操縱研究的變數。雖然如此，人類的許多行為較適合採用描述研究的方法來進行。例如：影響城市兒童的最常見疾病有哪些？如何預防這種疾病，從而使更多的人過上健康的生活。

該方法的主要特點是研究者無法控制變數；他只能報告發生的事情或發生的事件。例如：武漢封城、228 事件。

**5. 分析性（analytical）研究**

在生醫領域中非常常見，研究者必須使用已有的事實或資訊，並對這些事實或資訊進行分析，以對材料進行批判性評估。

醫學期刊常見的研究設計，大致可分成前瞻性研究（prospective study）及回溯性研究（retrospective study）兩個類別，其中前瞻性研究至少包括兩種主要的研究設計：①臨床實驗（clinical trials）②世代研究（cohort study），而回溯性研究則至少包括最常見的病例──對照研究（case-control study）。

流行病學的研究方法，可分為實驗性 vs. 觀察性二大類，如圖 1-8。

**6. 觀察性研究（observational research）**

又稱非實驗性研究或對比研究，確切地說，應是非隨機化對比研究。該研究的研究者不能人為設置處理因素，同時受試物件接受何種處理因素或同一處理因素的不同水準，也不是由隨機化而定的。

如研究母乳餵養與人工餵養兒童的生長發育情況，兒童是否餵養不是由研究者所確定的，其餵養方式也不是隨機決定的，而是根據母親的實際情況確定的。該研究進一步可以細分為描述性研究及分析性研究，它可對接受治療對受試者的可能效果進行常規觀察研究，其中，治療組中（實驗的 case 組、或世代研究的暴露組）受試者再與對照組（控制的 control 組、或世代研究的非暴露組）形成效果的對比。

它與實驗研究是不同類型，在實驗研究中，係將每個受試者隨機分配到治療組（case 組）、對照組（control 組）。

**觀察型研究（observational study）之特性**

(1) 研究者不介入，站在旁觀者的立場來觀察。

(2) 較易操作且省經費。

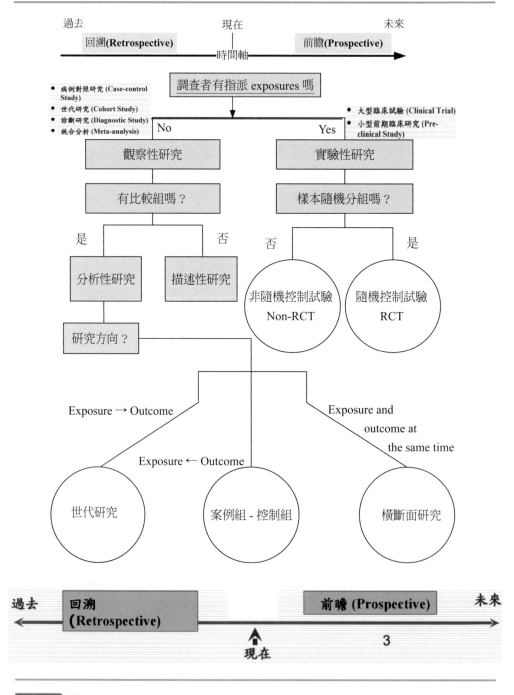

**圖 1-8** 醫學研究設計之示意圖

(3) 較無倫理問題之限制。

(4) 無法控制變因，不像實驗法有控制「處理（treatment）」變數。

(5) 難以因果關係作結論。因很難排除「因—果」二者之共同變數。

(6) 常用於臨床及流病、社會現象……。

**7. 實驗研究法（experimental research）**

實驗研究法是指研究者在控制足以影響實驗結果的無關干擾變數之下，探討自變數（independent variables）與依變數（dependent variables）之間是否存在有因果關係的一種研究方法。旨在探究自變數與依變數之間的因果關係，其作法是操縱自變數，然後檢討其對依變數的影響。因此在設計過程中，會把受試對象區分為實驗組（或 case 組）和控制組（control 組），再依不同組別施以不同的實驗處理，然後藉由操縱自變數來觀察依變數所受到的影響，以探究其因果關係。

實驗研究法是一項客觀、系統和受控的研究，旨在於預測和控制現象並檢查所選變數之間的概率和因果關係。

(1) 最簡單的實驗研究包括兩個變數和兩組參與者：

這兩個變數（依變數與自變數）：IV 是預測變數，而 DV 是結果變數。研究者透過操縱和控制 IV 來研究其對 DV 的影響。

(2) 兩組參與者（對照組 vs. 實驗組）：

在開始實驗之前，研究者將樣本隨機分配到兩個不同的組：對照組和實驗組。對照組不接受靜脈注射（未經治療），而實驗組接受靜脈注射。

其優點可能是它建立了因果關係。但缺點包括人為的、不道德的和不可行的。

**實驗型研究（experimental study）之特性**

(1) 研究者介入。

(2) 較難操作（因要控制外生變數很多）且多花經費。

(3) 較有倫理問題之限制。

(4) 可「控制」一個或多個變因（自變數）。

(5) 內部效度最高，可證明出因果關係來作結論。

(6) 適用於人、臨床、動物及細胞。

**8. 基本研究（basic research）vs. 應用研究是研究法兩大類型（type）**

研究方法區分為兩大類型：基本研究（basic research）、應用研究（applied research）。前者通常指涉純粹的、理論性的、科學性的研究，用來探討並取得新知識，闡述概念及概念之間的關係、驗證假設與理論，基本研究不必然也冊

須與技術或實際的問題有直接關聯。應用研究則是相對於基本研究，通常強調的是在真實的、特定的情境中為問題找出解決之道。然而基本研究與應用研究並非完全相反的概念，兩者之間甚或有密切關係；例如：基本研究的結果可能帶來實用價值；而應用研究的結果可能發展出理論或基本研究的基石。

為了知識而蒐集知識，稱為基本（basic）研究，它又稱「純（pure）」研究，常常涉純粹的、理論性的、科學性的研究，旨在探討並取得新知識、闡述概念（concepts）或概念之間的關係、驗證假設與理論。它是由科學家對科學問題的好奇心或興趣推動的一項調查。

主要動機是擴大個人的知識，而不是特別創建或發明某些東西。基礎研究所產生的發現，往往沒有明顯或商業價值。

基本科學研究常常尋求以下問題的答案：

(1) 宇宙是如何開始的？

(2) 質子，中子和電子是由什麼構成的？

(3) 黴菌菌株如何繁殖？

(4) 果蠅的具體遺傳密碼是什麼？

基礎研究不必然也毋須與技術或實際的問題有直接關聯。

**9. 基礎研究（fundamental research）**

旨在增加一門學科的應用領域來解決問題。

通常，一些學科可以共同解決特定的問題。這些調查通常是用通用語言而不是科學或技術語言所編譯（compiled）。

調查者通常在沒有 generalizing 目的的情況下來調查 individual cases。這項研究旨在說明事物如何發生變化，並認識到其他變數在不斷變化。

**10. 應用（applied）研究**

旨在解決實際問題的研究和科學研究，以增進科學知識為主，利用新知識做某事，將現有科學知識應用於實際應用，如技術或發明。

這種類型的研究將積累的理論、知識、方法和技術的某些部分用於特定目的。

它通常使用 empirical 方法。由於研究是在現實世界中進行的，因此通常需要放寬嚴格的研究協定（protocols）。

例如：應用研究可調查（investigate）出：

(1) 提高農作物的產量。

(2) 治療或治癒特定疾病。

(3) 提高家庭、辦公室或交通方式的能源效率。

又如，流行病學應用生物學及統計學方法，其特性，包括：

(1) 針對某公司或某單位發生之問題而延生出來的研究。

(2) 強調實務問題的解決（real-life problem）。

(3) 研究結果可直接影響決策。

(4) 研究結果涉及行動或政策（actions or policy）。

**11. 一次性（one-time）研究（橫斷性）vs. 縱向（longitudinal）研究 vs. panel-data 研究**

其中，縱向研究作者《STaTa 在總體經濟與財務金融分析的應用》一書。panel-data 研究請見《Panel-data 迴歸模型：STaTa 在廣義時間序列的應用》一書。

**12. 實地研究（field-setting）、實驗室研究 vs. 模擬研究**

實地研究法（field study method）又稱現場研究法是指在眞實、自然的社會生活環境中，綜合運用觀察、訪談及實驗等方法蒐集數據，以探討客觀、接近自然及眞實的心理活動規律的方法。實地研究法又分三類：

(1) 實地觀察研究法

研究者可相應地獲取三類資訊：一是偶發事件及歷史事件的資訊；二是有關頻率分佈的資訊，如參加入數；三是有關衆所周知、約定俗成的資訊，如權力及地位的資訊等。實地觀察研究法比較適用於變數關係還十分模糊的課題，以及研究人們的某些態度、行爲因素的相互作用的課題。

(2) 實地調查研究法

實地調查研究法是指一種到調查對象所在地蒐集實際資料的分析研究方法。

(3) 實地（field）實驗法

實地實驗法具有兩大特點：(1) 與實驗室實驗研究法相比提高了研究的外部效度；(2) 與實地非實驗研究法相比，能揭示心理現象之間的因果關係。這種方法較適用於研究對象是複雜的社會影響因素及其變化過程的研究及應用性研究。爲了保持實地的自然性，實地實驗最好不被被試者察覺。爲此，實地實驗研究法常採用自然測量法、假主辦單位法及僞裝測量法等。

模擬又稱仿眞（Simulation），泛指基於實驗或訓練爲目的，將原本的眞實或抽象的系統、事務或流程，建立一個模型以表徵其關鍵特性（key characteristics）或者行爲、功能，予以系統化與公式化，以便進行可對關鍵特徵做出模擬。模型表示系統自身，而模擬表示系統的時序行爲。

計算機試驗常用來研究模擬模型（simulation model）。模擬也被用於對自然系統或人造系統的科學建模以獲取深入理解。模擬可以用來展示可選條件或動作過程的最終結果。模擬也可用在眞實系統不能做到的情景，這是由於不易

接近（accessible）、太過於危險或不可接近的後果、或者設計了但還未實現、或者壓根沒有被實現等。模擬的主要論題是獲取相關選定的關鍵特性與行為的有效資訊源，模擬時使用簡化的近似或者假定，模擬結果的保眞度（fidelity）與有效性。例如：模型驗證（verification）與效度（validation）的過程，都是學術學習、改進、研究、開發模擬技術的重點，特別在計算機模擬。

**13. 相關研究（correlation research）**

相關研究法是敘述研究的一種，在社會科學研究中應用得很普遍，主要的原因是易於設計和實施。凡是經由使用相關係數而探求變數間關係的研究，都稱爲相關研究法。它無須確定原因和結果，而是在兩個或多個不易於進行實驗操作的變數之間建立關係／關聯／相關性。

例如：要檢定「聽音樂可以降低血壓」的假設，可以透過兩種方式進行研究：

(1) 實驗性：將樣本分派至 case-control 二組，case 組聽音樂，control 組則無音樂，然後比較二組的血壓水準。

(2) 調查：詢問人們的感受以及他們聽音樂的頻率，然後進行比較。

相關研究優點包括：

(1) 能夠同時從多個主題蒐集更多資訊。

(2) 爲了能夠研究各種變數及其相互關係。

(3) 研究在實驗室中不容易產生的變數。

相關研究缺點包括：

(1) 相關性並不表示因果關係（因果關係）

(2) 自我報告方法仍存在一些問題。

**14. 臨床或診斷研究（clinical or diagnostic research）**

(1) 臨床試驗（clinical trial）是根據研究方案來對比上市藥物 vs. 安慰劑的療效。研究者要先決定所要檢定的療法，例如：新藥物或裝置，再決定用哪種療法與它比較，以及須要找哪一類型的病人來作爲測試對象。治療用藥物的話要證明它能有效延長病人的生命、減輕特定症狀或降低不良事件之發生以改善病人生活品質。

(2) 診斷是識別某種現象的性質及原因。診斷用於許多不同的學科，使用邏輯，分析及經驗的變化來確定「因果關係」。在系統工程及計算機科學中，它通常用於確定症狀，緩解及解決方案的原因。

**15. 歷史研究（historical research）**

歷史研究旨在對遙遠或最近發生的事件的分析。歷史是記錄人類有史以來

生活的事蹟，尤其是記錄人類有意義的成就，其記載的方法不僅是按著時間發生先後次序登載，更重要的是結合歷史演進中的重要人物、時間、地點和事件，給予有意義的描述和評論，使得人類過去所發生的事情，能提供現代的人類參考，當他們向未來邁進時能有所依循。

這種類型的研究為社會科學家做出現實的決策提供了更好的環境。

應用這項研究可以顯示過去發生的態樣（patterns），隨著時間的推移，這些態樣可以幫助人們了解我們的來歷和過去使用的解決方案。

歷史研究的進行步驟包括：

(1) 確定研究主題並製定研究問題或問題。

(2) 資訊蒐集或文獻回顧。

(3) 材料評估。

(4) 綜合資訊。

(5) 報告的準備或敘述性敘述的準備。

優勢包括提供歷史趨勢的全面描述，使用現有資訊以及提供當前趨勢和問題的證據。

但它仍存在一些局限性：需要花費大量時間、資源可能會發生衝突，並且可能難以找到資源，有時無法確定問題的原因，數據僅限於已經存在的數據，並且資訊可能不完整、過時、未完成或不足。

**16. 研究現象學（investigation phenomenological）**

質的研究和人誌學研究（ethnographic research）、自然研究（naturalistic research）、參與觀察研究（participant observation research）、個案研究（case study）、現象學研究（phenomenological research）、符號互動論研究（symbolic interactionist research）、建構論研究（constructivist research）等相類似的研究方法同屬於詮釋性研究（interpretive research）的一家族（family）。

這種描述性和歸納性研究是從現象學哲學發展而來的。目的是描述一個人所經歷的經歷。此分支是從個人的角度關注對經驗的研究。

現象學研究是基於個人知識和主觀性的典範（paradigm），並且強調個人觀點和解釋的重要性。

因此，他們有能力理解主觀經驗，了解人們的動機和行動，並拋掉那些理所當然（taken for granted）的假定。

**17. 結論導向（conclusion-oriented）**

結論導向（結論導向）係指在進行導向結論的研究時，研究者可以自由地

解決問題，在他進行時重新設計調查，並準備按照自己的意願進行概念化。

**18. 決策導向（decision-oriented）**

　　決策導向的研究目標是為了決策者的需要，在這種情況下，研究者根據自己的指示不能自由地開展研究。例如：作業研究（OR）就是決策導向研究，因為它採科學方法，且為執行部門提供有關其資源限制（控制）下為運營決策的找最佳解。

## 1-2-2 量化研究（定量）vs. 質性研究（定性）

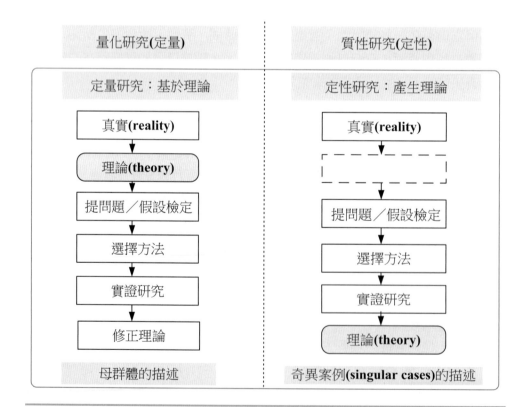

**圖 1-9** 量化研究（定量）vs. 質性研究（定性）之示意圖

定量與定性兩個陣營都有一個共同的錯誤，都假定自己是另一個陣營的反面。事實上，兩個陣營都有許多研究設計（優缺點）可供彼此使用。

**1. 量化研究（定量）**

定量研究係採實證主義的觀點，以統計分析探究社會的現象，企圖建立放諸四海皆準的原理原則，更進一步解釋、預測及控制社會的現象。量化的研究者皆認為社會的現象可透過觀察而得，強調價值中立的態度，以達成客觀。

「量化研究」的前提是你有一個對因果關係的假設（hypothesis），例如：抽菸會致癌、結婚會長命、養狗會快樂等等；「量化研究」的目標是用數字證明這個假設「很有可能」成立。換句話說，有人抽菸後致癌，亦有人抽一輩子菸都沒致癌，甚至有人不抽菸也致癌。不過，抽菸後致癌的機率遠遠比普通人致癌的機率高。（當然，兩個變數有關聯，即經常一起出現，也不一定等於有因果關係；「抽菸後致癌」也可能是因為「壓力」同時增加了「抽菸」與「致癌」的機會）。

另一問題來了，那假設怎樣得來？那就要做文獻研究（literature review），看看前人有做過什麼研究。譬如說，有人在美國做過抽菸會致癌的量化研究，你可以在香港重做，只要成功證明香港也有同樣的現象，便可以完成，甚至刊登在學術期刊裡。但，問題還是存在：美國最早的「抽菸會致癌」的假設，又從那裡來？

**2. 質性（定性）研究**

質性研究，或稱定性研究，是一種在社會科學及教育學領域常使用的研究方法。質化方法不是以數字或統計來進行測量，也不會事先以結構性的問卷來取得相關資料。相反的，定性研究依據的是多元化、多面向的資料間，互相交叉分析來增強研究的信度與效度。例如：產業研究，蒐集這些資料的來源有很多種，包含政府單位的出版品、相關研究機構的調查報告、相關學術或產業期刊、新聞報導、公司正式或非正式資料、網站資料、訪談與實地調查等。

定性研究實際上並不是指一種方法，而是許多不同研究方法的統稱，由於他們都不屬於量化研究，被歸成同一類探討。其中包含但不限於民族誌研究、論述分析、訪談研究等。定性研究者的目的是深入了解人類行為及其理由。定性研究方法調查人類決策制定的理由及方法，而不只是人做出什麼決定、在何時何處做出決定而已。因此，相對於定量研究，定性研究專注於更小但更集中的樣本，產生關於特定研究個案的「know how」、「know why」資訊或知識。

### 1-2-3 社科研究法的分類架構

探討研究法分類的文章與著作爲數不少，其中以 Alavi & Carlson（1992）研究策略分類架構最出名。

Alavi 曾針對 918 篇資管的相關文章，研究分析其研究主題以及各文章中所使用研究方法，提出一個資管研究策略的分類架構，首先把文章分爲實證（empirical）研究及非實證（nonempirical）研究這兩大類，然後把實證類分爲事件或過程（event/process）以及事物（object）兩類；而把非實證類分爲概念導向（conceptual orientation）、闡述（illustrative）及應用概念（applied concepts）三類。整個架構如圖 1-10 所示。

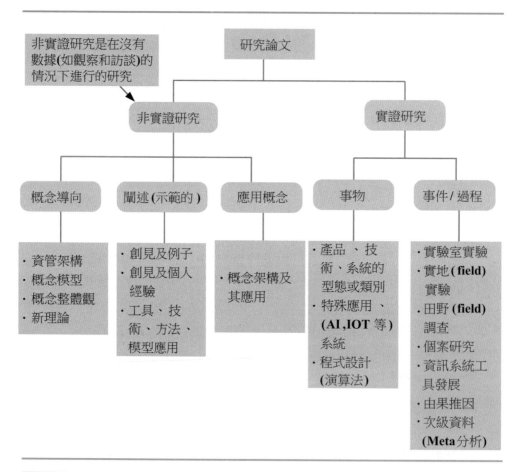

**圖 1-10** Alavi 及 Carlson 之資管研究策略分類架構

從 Alavi 及 Carlson 分類架構可以發現偏重在事物方面的實證文章通常都會敘述一個系統、產品、安裝或者公司的資管功能，有時也可能包含一些產品、技術、系統、程式等相關型態或類別的敘述。而偏重在事件或過程方面的實證文章一般都會有一些研究方法，就像實驗室（lab）實驗法、實地（fiield）實驗法、個案研究法等。有時會包含一些資管工具（例如：使用者滿意量表）或者設計方法的發展。

至於非實證方面的文章都比較著重在概念、架構以及推論，而不是有系統的觀察，因此非實證方面的文章可以包括一些實證的觀察或資料，但是這些只能處在次要或者支援的角色而已。換言之，**非實證**方面的文章主要在**強調概念**而不是資料與觀察，是故偏重在概念導向的文章都會敘述一些架構、模型、理論，並且提供一些說明及理由。而**闡述**（illustration）方面的文章就比較強調實務，因此這一類的文章通常會包含與真實環境有關的一些行為或步驟的建議，可見是強調在「what」或「how」而不是「why」。至於應用概念的文章通常對於概念與闡述方面的強調幾乎相等（Alavi & Carlson，1992）。

## 一、意見（opinions）調查研究

如果研究者所尋求的是其他人員對於研究問題的觀點、意見或者評論，這種研究是屬於意見調查的研究。可以分為個別或群體的意見，通常比較喜歡把群體的意見當作意見調查研究的定義域，因為它定義了資料源以及其環境。

調查研究是社會科學中常用的研究方法。它涉及通常使用問卷（或調查）或訪談從參與者蒐集定量及／或定性數據。問卷可能透過郵件，面對面或網路線上方式提供。面談可以透過電話、面對面或 Internet 進行。

一般調查法「自我報告的信仰或行為」量表，適合於：行為（behavior）、態度／信念／意見（attitudes/beliefs/opinions）、特徵（characteristics）、期待（expectations）、自我歸類（self-classification）、知識（knowledge）等研究問題。

## 二、實證研究（empirical research）≠醫學之實證研究（evidence-based research）

什麼是社會科學「實證研究」呢？凡是「可被人類經驗接受」（susceptible of experience by man）的研究，謂之實證研究。一般，可被接受經驗的類型，包括：視覺（眼看為證，小孩眼神比大人更能引發憐憫性）、聽覺（警察通話錄

音可當法院證據）、觸覺（熱湯／茶比冷湯／茶好喝）、味覺（森林散步比平地散步更芳香）……。例如：古代祖先，在打雷引發森林大火過後，無意間發現「被火燒過的鳥蛋／蛇／羊／兔等肉類，比生食更好吃」，於是此「味覺經驗」接受了「熟食比生食」好吃的烹飪課程……。

實證研究是指從大量的經驗事實中透過科學歸納，總結出具有普遍意義的結論或規律（rule），然後透過科學的邏輯演繹方法推導出某些結論或規律，再將這些結論或規律拿回到眞實中進行檢定的方法論思想。

實現這種方法論思想的研究目的，也是分析經濟問題「know what」，側重於釐清經濟活動的過程及後果，以及經濟運行的發展方向及趨勢，其間不使用任何價值標準去衡量「know what」是否可取。

## 三、實證研究法的特徵

實證研究法有狹義及廣義兩種：(1) 狹義實證研究法是指利用數量分析技術，分析及確定有關因素間相互作用方式及數量關係的研究法。研究的是複雜環境下事物間的相互聯繫方式，要求研究結論具有一定程度的廣泛性。(2) 廣義實證研究法以實踐爲研究起點，認爲經驗是科學的基礎。廣義實證法泛指所有經驗型研究法，如調查研究法、實地（field）研究法來蒐集樣本，再透過統計分析來驗證假設的眞僞。廣義的實證法重視研究中的第一手資料，但並不刻意去研究普遍意義上的結論，在研究法上是具體問題的統計分析，在研究結論上，只作爲經驗的積累。鑑於這種劃分，再將實證研究區分爲數理實證研究及案例（case）實證研究。

## 四、數理實證研究

數理實證研究比較適合較爲複雜的問題。例如：社會經濟制度之間存在著極爲複雜的相互作用機制，而運用計量經濟工具可將有關影響因素予以固定，從而把握複雜現象之間的內在聯繫，消除變數內生性（endogenous）、誤差異質性（heteroscedasticity）及多重共線性問題。但數理實證研究對於數據質量相對要求較高，有鑑於數據輸入及編碼（recode）錯誤都會導致分析結果的偏誤（bias）。此時就需要研究者在輸入中保持高度警覺（注意變數是離散型 vs. 次序型 vs. 連續），來避免編碼的失誤。有關計量經濟分析的實作，請見作者《STaTa 在財務金融與經濟分析的應用》、《Panel-data 迴歸模型：STaTa 在廣義時間序列的應用》兩本書。

值得一提的是，統計分析結果若達到顯著水準（p<0.05），並不保證二個（組）變數真的存在顯著關係。例如：太陽黑子在過去 20 年間逐年增長，美國經濟在過去 20 年間逐年增長，但如果有人從中得出美國經濟增長導致了太陽黑子增多，或者太陽黑子增多導致了美國的經濟增長之類的結論，大家會感到可笑。因這結論只不過是把兩個同樣有時間趨勢的事情聯繫在一起，從趨勢上兩者確實是一起隨機移動的，但實際上卻沒有什麼關係。這種現象在計量經濟學中被稱作**偽迴歸**或**偽相關**。

## 五、案例實證研究（case study）

案例研究可以分為單個案研究及多個案研究。個案研究不僅有助於積累不同廣泛而深入的個案資料，形成對於「know why、know how」問題的實感，也可為調查者獲得第一手資料，從真實獲取靈感源泉。

社科之實證性研究法包括：調查研究法、個案研究法、實驗研究法、統合 / 後設研究法等研究策略都算。

相對地，醫學之實證研究（evidence-based research, EBR）≠社科的實證（empirical）研究，EBR 則是「用系統化而且透明的方式來使用以往的研究成果，以形成新的研究，用有效果、高效率且可行的方式回應待確認的問題」（Robinson, 2009）。依 EBR 的作法，新研究需要有系統的確認目前已有的證據，以確認其需求、設計以及作法（Hans, et. al, 2016）。

基本上，社科使用實證策略的研究者必須自行觀察或親歷其事，並不能假手於他人，換言之，研究者必須進入活動場所以便自己親身經歷各種現象，或者觀看所發生的事件。實證研究法又分成：(1) 個案研究。(2) 實地研究。(3) 實驗室研究等三種，而這三種研究最主要的差別在於實驗設計與控制（Van Horn, 1973; George, 1956）。其中，實驗設計，它會有一個正式的先前假設，同時也有一些研究程序。而實驗**控制**（變數），它必須具有能夠以一種特定的方法來隔離及操縱那些變數的能力，以便研究各變數間的因果關係。通常個案研究沒有實驗設計與實驗控制，而實地（field）研究就有實驗設計，但是沒有實驗控制；相對地，實驗室研究，不但有實驗設計，同時也有實驗控制。

## 六、檔案（archival）研究

檔案研究是從檔案記錄中尋找及提取證據。這些記錄可以存放在收藏機構，如圖書館及博物館，或由組織（無論是政府機構、企業、家庭或其他機構）

保管，最初生成或積累它們，或者在繼承機構（轉移或內部檔案）保存。

　　檔案是針對一些記錄事實的調查，它的定義域可以分為：(1) 其他類型的初級研究及實證調查（如實地考察及實驗）。(2) 次級資料是「其他調查者所蒐集資料的一些出版刊物」，可見得前面兩種是處理已經寫好的記錄、磁帶，以及其他形式的文件（在圖書館或在線進行）。(3) 實物等三種。Murdick（1969）把初級的檔案定義為「一些原始文件或辦公檔案與記錄」，而次級資料（sources）則另外，資料也可能儲存在實物環境中，例如：雪中的腳印、兇槍上的指紋等，這就屬於檔案研究的第三種型態了。

## 七、分析（analytical）研究

　　有些問題的解決並不直接採取意見、實證或者檔案研究，而是以分析的方式來解決，亦即把問題細分成其組成部分，以便發現其真實特性以及各變數間的因果關係。

　　分析研究旨在假設檢定，並透過分析來界定及解釋因果關係。分析研究是一種特定類型的研究。涉及批判性思維技能，以及正在進行的研究相關的事實（及資訊）的評估。透過分析研究，人們可以發現關鍵細節，為正在生產的材料添加新的想法。

　　分析研究相當依賴研究者的內部邏輯，換言之，研究者本身事前必須具備相當的知識與能力等等資源以便解決問題。由於內部邏輯是分析研究的定義域，因此以哲學、邏輯及正式的推論為基礎是必要的，就正式的推論而言，一般使用最為廣泛的有歸納推論與演繹推論兩種，這兩種方法最主要的區別在於：歸納是理論的產生過程，而演繹則是理論的驗證過程（Buckley, Buckley & Chiang, 1976）。

## 八、意見及例子

　　其他人員、專家有時候會以建議方式給予研究者一些相關的實務意見與指導，甚至會提供一些例子及應用（Alavi,1985; Gerrity & Rockart, 1986），或者敘述某些相關背景的經驗（Leonard-Barton, 1987）。而這些相關研究問題的觀點、意見、評論、例子及應用的提供或經驗的敘述，可以藉由個別的調查、訪問取得，或者由群體的專家透過 Delphi 的程序，甚至腦力激盪、協議的方式達成。可見得意見調查研究方法所使用的資料蒐集技巧主要有調查以及 Delphi 這兩種方法，而調查又可以分為郵寄調查與實地（field）調查兩種方式，甚至也有

使用電話訪問的方式，這些資料蒐集方法的使用跟資料蒐集的品質與成本有相當大的影響（吳錦波、蔡崇盛，民 86）。

## 九、調查法（survey method）

評估「調查研究」的品質有三個指標：(1) 研究設計；(2) 抽樣程序；(3) 資料蒐集方法。換言之，意見調查研究方法必須要注意到這三個原則（Pinsonneault & Kraemer 1993）。因此，基本上一個「意見調查」的研究必須包含下列幾個屬性（attributes）（Grover, Lee & Durand,1993）：

(1) 要敘述樣本選擇的方法。

(2) 要說明樣本框架（sample frame），即樣本的性質比較，對比的母群體為何。

(3) 要說明回答者的特性。

(4) 使用一個多重的資料蒐集方法（例如：績效是自評 vs. 他評；企業公布 vs. 官方統計⋯⋯）。

(5) 附帶部分或完整的問卷。

(6) 採用一個有效的工具（validated instrument）或做效度與信度分析。

(7) 做一個工具的前測（pretest）。

(8) 說明回收率。

(9) 做統計檢定，對於沒回答所造成的資料損失做說明。


• 小結

　各研究法之定義與特性比較

除了上述研究方法的架構，另有學者將各種研究方法之定義與特性彙總如表 1-3 所示（吳錦波、蔡崇盛，民 86）。

表 1-3　各研究方法之定義與特性彙總表

| 研究法 | 定　義 | 特性或注意事項 |
|---|---|---|
| 1. 意見調查 | • 如果研究者所尋求的是其他人員對於研究問題的觀點、意見或者評論，這種研究是屬於意見調查的研究（Buckley et al., 1976）。 | • 要敘述樣本選擇的方法。<br>• 要說明樣本框架。<br>• 要說明回答者的特性。<br>• 使用多重的資料蒐集方法。<br>• 附帶部分或完整的問卷。<br>• 採用一個有效的工具或做效度與信度分析。<br>• 做一個工具的預測。<br>• 說明回收率。<br>• 做統計檢定，對於沒回答所造成的資料損失做說明。 |
| 2. 個案研究 | • 在自然環境中從事當前現象的研究。<br>• 使用多種的資料蒐集方法。<br>• 蒐集的對象可能是一個或多個實體。<br>• 沒有變數操控、實驗設計或控制。<br>• 比較適合運用在問題仍屬探索性階段，尚未有一些前人研究可循的情況下（Benbasat et al., 1987）。 | • 研究主題與目的的確立。<br>• 分析單位的設計。<br>• 單一個案或多個案的研究設計。<br>• 選擇對象的研究設計。<br>• 資料蒐集方法的研究設計。 |
| 3. 實地研究 | • 在自然環境中從事現象的研究。<br>• 使用多種的資料蒐集方法（Thomas & Bouchard）。<br>• 蒐集的對象可能是一個或多個實體（組織）。<br>• 有實驗設計，但是沒有實驗控制，也不會企圖去控制研究環境的變數。 | • 實地研究能夠讓研究者以一些方法來探討邊際的條件，這是實驗室無法做的，如：<br>1. 強度、範圍、次數與延遲時間等四種邊際因素。<br>2. 自然時間常數、自然單位以及複雜度等三種環境或結構因素。<br>• 其缺點為受環境影響大及容易造成不具代表性。 |
| 4. 實地測驗／實驗 | • 在自然環境中從事現象的研究。<br>• 使用多種的資料蒐集方法（Thomas & Bouchard）。<br>• 蒐集的對象可能是一個或多個實體（組織）。<br>• 有實驗設計及實驗控制，也會企圖去控制研究環境的變數。 | • 隨機化的失敗。<br>• 未知變數數值臆測的錯誤。<br>• 所有變數的測量都可能發生誤差。<br>• 有偏差的中途退出，因而損害了樣本的代表性。<br>• 由於混染而破壞各實驗組互相獨立的原則，以致混雜其效果。 |

| 研究法 | 定　義 | 特性或注意事項 |
|---|---|---|
| 5. 實驗室實驗 | • 在控制的實驗室環境中從事現象的研究。<br>• 有實驗設計，同時也有實驗控制。<br>• 會有意地去隔離與操縱變數以便研究某種可能的因果關係。<br>• 包含模擬、小群體、人機以及雛形等四種實驗。<br>• 使用定量分析的技術。 | • 有計畫、有系統的操控自變數，亦即有意的安排刺激情境（實驗變數）。<br>• 預先設計好觀察、測量、記錄依變數（反應變數）。<br>• 設法控制自變數以外一切可能影響結果的所有變數，包括外擾變數及中介變數。 |
| 6. 檔案 | • 針對一些記錄事實的調查，它的定義域可以分為：(1) 初級。(2) 次級。(3) 實物等三種（Buckley et al., 1976）。 | • 統計的資料：例如：財務資料、財務資料庫、次級資料等等。<br>• 非統計的資料：例如：圖書館研究、過去出版品的集成與延伸、文獻搜尋或調查、實物環境上的資料等等。 |
| 7. 分析法 | • 以分析的方式來解決問題，目的在發現它的真實特性以及各變數間的因果關係。<br>• 相當依賴研究者的內部邏輯、哲學以及推論能力。<br>• 只能建立理論，但無法證實理論。<br>• 數學分析、模擬與模型建立、理論架構及假說的發展、哲學分析等等都屬於它的範疇。 | • 邏輯流程必須要足夠明顯與詳細，使得其他的人可以一步一步跟著執行及檢視。<br>• 所敘述的結論（果）要讓別人能夠檢定。 |
| 8. 方法論（方法的方法） | • 探討各研究技術如何做或有關的改進。 | • 研究方法架構能夠幫助定義與指導各種研究並且協助提出研究問題，同時研究方法架構也可以提供結構性的分類，以及有效地定義出有價值研究資源的主要範圍。 |

## 1-2-4 運輸與區域規劃之研究法

運輸規劃與區域規劃是「區域研究」學門的兩個研究領域，二者均屬於應用科學，由於涵蓋的研究課題相當廣泛，因而使用許多研究方法。這些方法之理論基礎互異，適用問題亦各不相同，故常令新進研究者不知如何取捨。

馮正民等人（民 91）彙總〈運輸與區域規畫之研究方法〉時，曾以「非解

析式」且較爲「廣泛」應用之「量化」研究方法爲主。將該領域常用的量化分析方法，歸納成 6 大類 22 種（圖 1-10），內容包括：其基本特性、假設前提與應用限制、發展趨勢以及應用領域（馮正民等，民 91）。

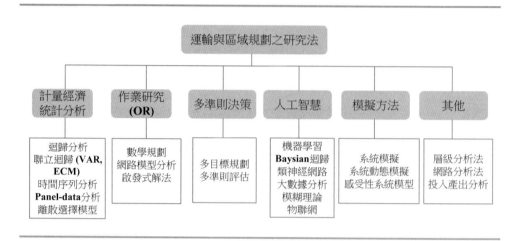

**圖 1-11** 運輸與區域規劃之研究法有 6 大類 22 種

　　除了作業研究及模擬法之外，其他 4 大類研究法（統計實作）都可在五南及全華書局找到，因爲本書受限篇幅長度，在此不再詳述。

　　感測器爲 AI（機器學習）添柴火。在 AI、工業 4.0、物聯網、無人車、金融／股市交易等情況下，系統讀入的即時資料是大數據（例如：下圖感測器），可惜 OLS 模型的重點是特徵數據（X）與結果變數（Y）之間的線性關係，而不是對未來數據（樣本外）進行預測，此過程謂之統計推論（inference）（是否拒絕研究假設？），但仍不算預測（未來的走勢）。可惜，人們若仍然無視 OLS 七項假定（assumption）就直接對該模型進行預測，自然會產生無法想像的偏誤。即使 OLS 有納入穩健性（robust）、多層次模型、加權最小平法、panel-data……，評估模型的方式，但仍缺乏測試集（多次交叉驗證）、及有效「控制」外來變數的干擾，OLS 充其量只能做到：校正模型迴歸參數（截距，$\beta$）的顯著性（significant）、穩健性（robust）的改善。相對也 AI 的機器學習，像 Lasso 因果推理旨在克服上述缺點。

## 1-2-5 研究模型譜

我們常用模型來研究或分析某一系統。何謂模型（model）？它是一種系統的表達方式，同一個系統中，其模型不是唯一的。例如：不可能有一個理論模型或管理技術都適用於所有的企業系統（放諸四海皆準）。故在研究時，我們需要選擇一個適當的「模型」來解釋「系統」。

模型分析的過程包括：模型建立、模型求解，若所得解答與原模型不符則修正原模型。

陳文賢（民86）從模型基礎、管理學門等角度，來探討模型與系統的概念，整理出研究架構模型譜（research framework of model spectrum）。由下表可看出「模型」大約可分為下列 7 種：(1) 解析（analytical）模型；(2) 模擬（simulation）模型；(3) 經驗法則（heuristic）模型；(4) 直覺（intuitive）模型；(5) 數量（quantitative）模型；(6) 對局（gaming）模型；(7) 演習（exercise）模型：

1. 解析模型通常有一套演算法（algorithm）來求解，求解的過程可用電腦或人腦的分析。例如：AHP、ANP、TOPSIS、Receiver operating characteristic（ROC）分析檢驗工具的準確性。

2. 模擬模型是決策者提出幾種可行方案。求解過程可利用電腦來評估各種方案。例如：設計模擬、損益預估與毛利模擬解決方案、Moldex 3D 塑膠模流分析方案。

3. 對局模型是在模型求解過程中允許決策者以互動的方式尋求解答。例如：賽局理論（game theory），以對局理論與模擬模型研析護航作戰燃燒基準點之最佳戰術策略。又如，圍棋與蒙地卡羅演算法（Monte Carlo algorithm）、機器學習與對局遊戲。

4. 演習模型是決策者完全參與求解的過程。例如：防災、國軍演習，來檢定與評量現有計畫、政策與程序是否適當。

研究架構模型譜適用於管理學門（表 1-4），是由下列幾個層面分析所構成：研究的本體論（ontology）、研究的知識論（epistemology）、研究方法論（methodology）、研究目標（objective）、研究方法（research）、研究技術、研究結構（structure）、研究法之主題、研究過程、研究結果的表示法（presentation）、學院研究（college research）。

1.「研究方法」則包括：發展演算法、模擬法、實驗法、檔案分析、調查法、個案法、參與式研究、解釋、意見等。

**表 1-4** 研究架構模型譜（陳文賢，民 86）

| 模型分類 | 解析模型 vs. 模擬模型 vs. 經驗法則模型 vs. 直覺模型 ←——————————————→ |
|---|---|
| 本體論 | 世界是真實、客觀 vs. 人類認知；知識的發現是發明 vs. 開發。 |
| 知識論 | 知識獲取是事先注定 vs. 互動獲取。<br>知識獲取是觀察者不介入 vs. 親身參與。<br>實證主義 vs. 詮釋主義。 |
| 方法論<br>（研究設計） | 理論證明、工程方法、實證研究、探索性研究、概念架構等。<br>或者是：探索性研究、描述性關係研究、相關性研究、邏輯關係研究、發展性研究、因果關係研究。 |
| 研究目標<br>問題本質<br>模型認定 | 驗證 ←→ 創新 ←→ 偵測發現 ←→ 解釋意義<br>know-why、know-how、know-what、how and why<br>結果唯一解 vs. 結果是多樣化<br>←——————————————→ |
| 研究方法 | 發展演算法、模擬法、實驗法、檔案分析、調查法、個案法、參與式研究、解釋、意見等。 |
| 研究技術 | 數學、統計、類神經、機械學習、系統動態、實驗設計、田口方法、多變數方法分析、問卷設計、分析層級程序法（AHP）、Delphi 法、Q 方法、行動研究、語意分析、內容分析、重點小組、深度訪談等。 |
| 研究結構 | 系統觀念、階層關係結構、5W1H5M、矩陣關係結構、因果關係結構、關鍵因素、網路關係結構等等。 |
| 研究法主題 | 研究技術如何改善、調查法的應用、研究法的解釋、研究法的整合（e.g. Meta 分析、Panel-data 迴歸等）、研究法的批評／誤用等。 |
| 研究過程 | 解析模型採用前導法（forward）、研究方向是橫斷面研究，著重「深度」研究。模擬模型採用後推法。經驗式採用循環法（cyclic）。直覺模型採用同步法／聯立法，研究方向是縱向研究，著重「廣度」研究。 |
| 研究結果<br>表示法 | 數學公式、表格、流程圖、階層圖、網路圖、類比圖、平面圖（2×2 四格圖）、圖形、相片、漫畫。 |
| 學院研究 | 理←→工←→醫←→農←→法←→文←→管理／企業 |

2. 「研究技術」是指細部的研究方法，由定量方法到定性方法依序為：數學、統計、類神經、機器學習、系統動態、實驗設計、田口方法、多變數方法分析、問卷設計、分析層級程序法（AHP）、Delphi 法、Q 方法、行動研究、審查分析（protocol）、內容分析、焦點群體（focus group）法（是一個由主持人〔moderator〕帶領的團體訪談研究方法，屬於質化研究）、深度訪談等。

3. 「研究目標」有：解析／分析（analytical）模型旨在驗證、探討 know-why，其所得結果是唯一解。模擬模型旨在創新，探討 know-how。經驗模型旨在偵測發現（detect），探討 know-what。直覺模型旨在解釋 how and why，其研究結果是多樣化的。

4. 「研究結構」是從概念架構到實證架構，旨在定義因素與變數、因果與假設，包括：系統觀念、階層關係結構、5W1H5M〔Who、Why、What、Where、When、How，5 Management（人管、生管、財管、行銷、研發）〕、矩陣關係結構、因果關係結構、關鍵因素、網路關係結構等。

5. 「研究法之主題」包括：研究技術如何改善、調查法的應用、研究法的解釋、研究法的整合、研究法的批評／誤用等。或者研究法是採用：由上往下式（top-down）、由下往上式（bottom-up）、水平式（horizontal）、螺旋式、U 形式（U-turn）。

6. 「研究過程」是指從文獻探討、資料蒐集、資料分析，到統計分析之整個過程。解析模型採用前導法（forward），研究方向是橫斷面（cross-section）研究，著重「深度」研究。模擬模型採用後推法。經驗法則（heuristic）模型則採用循環法（cyclic）。直覺模型採用同步法／聯立法（simultaneous），研究方向是縱向（longitudinal）研究，著重「廣度」研究。

7. 「研究結果的表示法」從定量到定性研究，依序排列，包括數學公式、表格、流程圖、階層圖、網路圖、類比圖、平面圖（2×2 四格圖）、圖形、相片、漫畫等。

8. 「信度與效度」包括：模型的敏感度、研究工具（量表）的信度（穩定度、內部一致性等兩種）、研究工具的效度〔建構效度、關聯（criterion）效標效度、內容效度等三種〕、研究設計的內部效度／外部效度等。

## 1-2-6 研究方法 ≠ 研究設計

研究設計（research design）的相關名詞如下表：

| 名詞 | 選項 |
|------|------|
| 1. 資料蒐集方式 | 初級資料：觀察法、實驗法、分析法…… <br> 次級資料：Meta 分析法…… |
| 2. 研究控制解釋變數的能力 | 實驗性是研究者實驗控制著；若無法實驗操弄研究變數則採用事後回溯（由果反推因） |
| 3. 研究目的（問題具體化的程度） | 1. 探索性 <br> 2. 描述性 <br> 3. 相關性 <br> 4. 發展性 <br> 5. 因果關係 |
| 4. 時間構面 | 橫斷面 vs. 縱斷面 |
| 5. 研究環境 | 實地（field）研究、實驗室、模擬 |
| 6. 分析單位 | 1. 個人（心理學、醫學） <br> 2. 團體（管理學） <br> 3. 組織（管理學、社會學、政治學） <br> 4. 國家（國際貿易、比較教育學） <br> 5. 社會互動（人管學、社會學、政治學） |

　　**研究方法**的目的是要解釋你如何回答整個研究的問題。而**研究設計**所涵蓋內容有：(1) 如何選擇研究對象及變數、(2) 你怎麼操作或觀察這些元素、(3) 如何蒐集數據 (4) 如何分析所有前述資料。研究設計可利用 5W1H 法則（Who、What、When、Where、Why、How）來做系統性的規劃，全面概述研究重點任務，以利需要複製研究的其他人理解。

　　以**實驗法**來說，其研究設計的考量因素如下：

1. 研究架構：這部分應該要解釋你打算如何達成你的研究結果，及如何回答研究問題，當然也必須包含其他預期的實際操作可行性問題。你的目標是強調這個研究架構在解決隨機及系統誤差上有多成功，如此一來，大家對研究結果的可信度及正確性更有信心。

2. 實驗對象（selection criteria and methods）：討論這些內容的目的是為了解決大家對於研究結果可能產生的疑問。

3. 資料蒐集：透過列出資料蒐集的方法及內容，可以讓大家輕易判別你是否充分的解決或控制可能存在的偏見或變數，以提高該研究方法的可信賴度。

4. 資料分析：讓大家了解你如何分析資料，可以解決讀者對於研究結論的疑問。

| 實驗法 | 研究設計考量因素 |
|---|---|
| 1. 研究架構<br>（通常是介紹性段落） | 1. 我們目前對該研究課題了解多少？<br>2. 你從事什麼類型的研究（描述性、分析性、比較性、介入性、觀察性等）？<br>3. 你將使用哪些變數，以及哪些主題將曝露於哪些變數？<br>4. 數據的蒐集頻率及時間？<br>5. 你如何控制可能影響預測模型及結果的所有因素？<br>6. 由於一些可行性問題，你是否需要調整設計？如果是這樣，有哪些因素？ |
| 2. 實驗對象<br>（選擇準則及方法） | 1. 道德考慮（所有動物或人類研究必須討論道德委員會批准研究方案，人類受試者的知情同意等因素）。<br>2. 研究設置（時間，地點等）。<br>3. 對於活體（人及動物）：母群及臨床條件、性別、體重、種類、年齡、特徵、生活條件等。<br>4. 在開始實驗之前進行的任何受試者準備。<br>5. 採樣方法，包括目標母群、抽樣框架、使用的工具以及任何分層、聚類或加權。<br>6. 招聘方法及其有效性，包括拒絕的任何科目的概況。<br>7. 比較研究：分組指派及隨機化程序。<br>8. 縱向研究的後續程序。 |
| 3. 資料蒐集 | 1. 測量變數（僅確定關鍵預測因子及這些變數的所有結果）。<br>2. 用於蒐集數據的方法及工具（包括：儀器製造商及型號、校準程序以及允許其他人複製實驗結果所需的其他資訊）。<br>3. 偏差控制（例如：雙盲程序）。 |
| 4. 資料分析 | 1. 描述性統計（例如：平均值、中位數、標準差等）。<br>2. 推理方法（包括信賴區間、假設檢定方法、迴歸模型或其他建模程序）。<br>3. 用於解決混雜觀察研究法。<br>4. 中期分析方法。<br>5. 對抽樣方法及加權程序的調整。<br>6. 缺失（missing）數據。<br>7. 樣本數。<br>8. 檢定力（power）$= 1 - \beta$ 檢定。<br>9. 使用的軟體。 |

• 研究方法 ≠ 研究設計

在一個研究專案（project）中，可以確定某些差異之間的兩個重要因素是研究設計及方法。有許多研究方法為開展研究專案提供了寬鬆的框架或指導方針。人們必須選擇一種適合專案要求的方法，研究者對此感到滿意。另一方

面，研究設計是追求及完成專案的具體框架。許多人對研究方法及研究設計之間的差異感到困惑。

研究方法 vs. 研究設計的對比，如下表：

| | 研究方法 | 研究設計 |
|---|---|---|
| 1. 定義 | 研究者用於蒐集資訊的技術。 | 使用所選研究方法準備的藍圖，並描述了你需要採取的步驟。 |
| 2. 特點 | 鬆散的框架或指導原則，人們必須從中選擇一個。 | 然後對該方法應用研究設計以獲得所需的結果。 |
| 3. 功能 | 研究方法是用於蒐集及分析數據的程序。 | 研究設計是研究的整體結構。 |
| 4. 焦點 | 數據蒐集上，研究方法側重於哪種方法更適合蒐集及分析我們需要的證據。 | 研究設計側重於計畫的研究類型，以及研究預期的結果類型。 |
| 5. 基礎 | 研究方法依賴於研究設計。 | 研究設計基於研究問題或疑問。 |

## 一、什麼是研究方法（research method）？

研究方法涉及各種研究過程、程序及工具（蒐集資訊的技術，各種分析方法）。訪談方法、調查、觀察，都是社會科學常用的方法。如果研究者希望深入了解有關個人態度及生活經歷的資訊，研究者將使用深入訪談。但是，如果研究的目的是獲得整體的，更具統計意義的資訊，研究者將使用調查。

研究問題可分為兩個基本部分：定性研究及定量研究。研究者可以在他們的研究中使用這些方法中的一種或兩種（混合方法）。選擇的研究法類型取決於研究問題（或疑問）以及研究設計。定性法有助於研究者獲得豐富的深入數據，而定量法允許研究者蒐集更具統計意義的數據。方法是提供框架的概括概述，並且根據你選擇的研究領域縮小選擇範圍。選擇特定的研究法後，你需要以最佳方式將其應用於專案。

此外，研究目的旨在產生新知識或加深對實地（field）的理解，它可透過下列三種形式來完成：

(一) 探索性研究：認定（identifies）並概述問題（或疑問）（problem or question）。

(二) 建構性研究（constructive research）：檢定理論並提出問題（或疑問）的解決方案。

(三) 實證研究（empirical research）：使用實證（empirical）證據來檢定解決方
　　案的可行性。

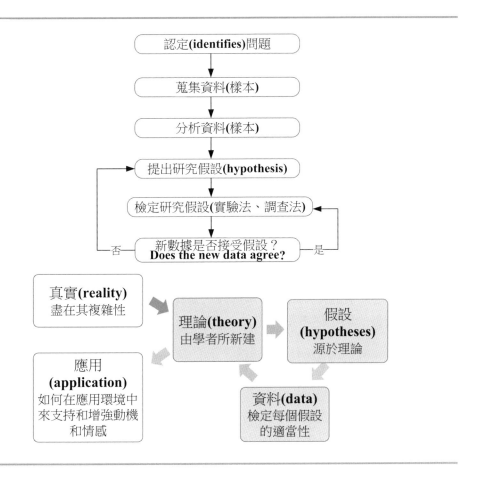

**圖 1-12**　研究方法之示意圖

　　研究方法總是以研究為基礎。例如：案例研究就有不同的數據蒐集方法（如
調查、訪談、觀察、文件分析）。

## 二、研究設計是什麼？

　　研究設計是研究專案的總體計畫或結構，它表明了計畫的研究類型以及該
專案預期的結果類型，即使用所選研究方法準備的藍圖，與研究所需要採取的步
驟。因此，研究設計講述如何實現研究專案的目標，任何研究設計的主要特徵包
含：樣本的方法、蒐集及分配，數據的蒐集及分析以及要使用的程序及工具。

　　如果在選擇研究設計及研究方法時不夠謹慎，從研究專案獲得的結果可能不會令人滿意或可能是異常的。在這種情況下，當研究設計存在缺陷時，你可能需要尋找替代研究方法，來改變你的研究設計。

　　研究設計又分：

- 描述性（案例研究、調查、自然觀察）
- 相關性（病例組──對照組研究、觀察性研究）
- 實驗（experiments）
- 半實驗（實地實驗、準實驗）
- Meta 分析
- 評論（review）：文獻綜述、系統性評價（systematic review）

## 1-2-7　方法論 ≠ 研究方法

　　要知道研究的性質與成果（科學知識），必須先認識科學研究法，而科學研究法可以分為方法論以及研究方法兩個層次。**方法論**（methodology）所涉及的主要是科學研究方法的基本假設、邏輯以及原理，**研究方法**（research method）所指的則是從事研究工作所實際採用的程序或步驟（楊國樞等人，1990）。

　　**方法論**是一種宏觀的方法，與哲學的本體論（ontology）以及知識論（epistemology）都是相關的研究法。兩者都是研究最根本的哲學根基，也是論文選擇什麼樣方法論的原因。**方法論**不是你用什麼樣的問卷，還是什麼樣的訪談或者案例分析，而是宏觀的方法，是決定要選擇定性分析（qualitative analysis）還是定量分析（quantitative analysis），這兩者區別就是一個是從垂直角度不斷深挖，而一個是從量上面鋪陳資料獲得結論。舉個例子，如果你選擇問卷調查，那就是屬於定量研究，因為要涉及取樣數要達一定數量，否則不具有代表性，但旨在「know what」的調查（survey）就屬於具體的研究法；如果你選擇旨在「know why」、「know how」訪談（interview），就是垂直深入的研究方法，屬於定性分析，因為你選擇了一個代表來深化分析每一句話及回答，而不是像調查法一樣鋪陳問卷來獲得淺層答案。

## 1-2-8　各研究法的適用性

　　當人們在考量該選用哪種研究法來解決問題時，研究策略選擇之評估有下列幾項準則（梁定澎，民 86）：

**1. 研究問題的本質**（What is nature of the problem in research?）

不同性質的問題往往需要不同的研究方法，特定例子之間的共同性及對比（commonalities as well as contrasts）都是識別問題的重要元素。故在分析問題及相關概念的例子時，須注意：(1) 問題的形成，即要執行的任務的定義；(2) 嵌入問題的背景（the context in which the problem is embedded）；(3) 一組合適的解決方案（the set of suitable solutions）；(4) 可用於解決問題的方法。

例如：研究某一文化對於男女的價值觀問題，若只是透過問卷或者測量的方式，並無法全面性的將其問題背後所隱藏的最高文化價值問題給描述出來，也就是說，若採取量化的方式，似乎只能夠淺層的藉由數據資料，來闡述其身處文化的人，大部分對於男女價值觀的問題，並非透過各種文獻，對於其研究進入最核心的本質問題。

**2. 相關研究資料的可取得性**

不論採用什麼研究法都必須配合可取得的資料特性。例如：歸納法就需充裕的原始資料，而演繹法則需足夠的事實前提或理論。

**3. 研究程序的嚴謹性要求**

不同研究法其程序結構性及控制度自然不同，因此選擇研究法時亦需考慮研究法的嚴謹性。

**4. 研究結果的效度**

不同研究法有其不同的內部、外部效度，研究者可根據研究目標與需求來設定適當的效度，並據此挑選適當的研究法。

## 一、個案研究法的適用性

所謂「個案」就是個別的案例，既為個別就有特殊性，亦自失其概括性，因為完全相同的案例不可能重複發生。那麼個案研究的目的是什麼呢？一般研究的功能有四個層次：了解、解釋、預測及控制。因此個案研究的功能偏重在「客觀事實的了解」及「主觀的解釋」。由於個案研究係指某一事件的所有相關事實，其蒐集的資料事先並無一定的排列順序，甚至可能會資料不足、不明與失真，因此個案研究大多是屬探索性研究。研究者要花大量精力去發掘、了解、認清、衡量事實，並進行分析與驗證，以便找出事實真相，提供他人對該事件的「客觀了解」。故個案研究法較適合當前較新的、未曾有許多人研究過或無堅強理論的研究問題，且是自然真實環境所衍生的問題。

Benbasat 等人（1987）認為個案研究法的優點有下列三項：(1) 研究者可在

自然而非操弄的環境下了解現況，並可從實務觀察中衍生理論；(2) 個案研究較易於明白整個事件過程發生的本質與複雜；(3)面對迅速變化的研究領域（例如：資訊科技），個案研究法較能洞燭機先。

依據 Yin（1989）的定義，個案研究法本身包括下列 9 項特色：

1. 研究的環境爲天然的而非操縱的環境。
2. 可使用多種資料蒐集方法，例如：問卷調查、訪談、閱讀記錄文獻、實地觀察。
3. 研究對象可能爲一個或多個對象，例如：公司、公司次級單位、團體或個人。
4. 就每個研究對象深入了解其複雜性。
5. 個案研究較適合運用在仍屬探索性階段的問題，尚未有許多前人研究的情況下，或者用在假說衍生之階段，但亦可用在否定（質疑階段）或確認假說之階段。
6. 研究中不操控變數。
7. 研究重點爲當前問題。
8. 個案研究對研究「爲什麼」以及「如何做」的研究問題較有用，可作爲追蹤未來相關研究變數之基礎。
9. 研究的結論與研究者的整合能力有極大的關係。

## 二、調查研究法的適用性

調查研究法又稱直接實地（field）調查法，是透過嚴格的抽樣設計來尋找事實，以探討社會現象諸多變數之間的關係，此種研究法適用於大大小小的各種群體，透過群體來選取樣本進行調查，以發現社會的與心理的諸多變數彼此影響的情形、分配狀況及相互關係，因此又可稱「樣本調查法」（林東清、許孟祥，民 86）。

Pinsonneault（1993）認爲調查研究法本身具有下列五種特性：

1. **調查研究含有決定論的意義**：研究者探討社會現象所提出的理由，以及資料的來源、特性及相關，都要擬定一個可驗證的研究假設，用統計來檢定其結果的「眞僞」。
2. **調查研究具有追求普遍性的事實**：調查研究的最終目的不僅可以描述所調查的樣本，還可從所顯示的情況來了解母體的特性。
3. **調查研究法是屬定量的分析**：非「定性分析」。
4. **調查研究法是化繁爲簡**：從研究母體抽取部分的樣本，並以選定的樣本爲對

象，採取訪問或郵寄問卷的方式獲得資料，從中選取分析的變數，期以較少變數了解較多的現象。

**5. 調查研究法是可驗證的。**

## 三、實驗法的適用性

　　實驗研究法又稱為實驗觀察法，是在妥善控制的情境下，探討自變數對依變數的影響，因此可說是各種實證研究法中最科學的方法。換句話說，實驗研究是為了某種特定目的而設計的情境之中進行觀察（或資料蒐集）的過程。例如：進行物理實驗時，基本上是控制某些因素（例如：溫度），並測量另一些變數的變化（例如：液體的密度）。在實驗的過程中，必須將室溫、壓力、溼度等環境變數記錄下來，並盡可能將所有其他外界的影響因素消除（范錚強，民 86）。舉例來說，研究者擬探討教師稱讚行為與學生創造力之關係，而決定從事「教師稱讚與批評行為對學生創造力影響」的實驗研究。在應用操作性定義清楚而明確的界定「稱讚」、「批評」及「創造力」三項變數之後，研究者便從學校中以隨機分派的方式分為兩組，一組接受「稱讚」的實驗處理（experimental treatment），另一組接受「批評」的控制處理（control treatment）；再經一段期間的實驗後，研究者以一個測量創造思考力之測驗分別測量兩組學生的創造力，然後應用變異數分析來比較兩組學生創造力分數的差異顯著性。在這個例子中，研究者所操弄（manipulation）的變數為「稱讚」及「批評」，此變數稱為實驗變數，通常又稱自變數。因這個變數的操弄而發生改變的變數（創造力）則稱為依變數（dependent variable），亦即實驗的結果。

　　實驗研究最早係應用在自然科學中，後來才推廣到社會科學之研究。社會科學研究中的實驗法可分為實驗室實驗與實地實驗兩種。實驗室實驗是在一個為了排除研究主題之外的變數對結果產生影響，而設計出來的人工實驗室環境中進行，完全避免干擾。實地研究則是選擇真實的環境來進行，情境上比較真實，而在干擾變數的處理上則比較差。

　　實驗研究本身具有下列兩項優點（林信惠，民 86）：

### (一)最適用於因果關係的探討

　　個案研究法、調查研究法、後設／彙總研究法等研究法較適合回答變數間的相關性，而實驗研究法如能對外在環境及變數做嚴謹的控制，則非常適用於有因果（causal）關係之研究問題。因果關係的建立不是靠確定性來證明，而是

以實驗變數與其他變數建立關聯性的機率來支持，因此實驗法比其他研究法更能達到此一目標。

### (二)最嚴謹、最科學

　　一般實驗研究的主題大多範圍較小、變數關係明確、實驗環境穩定，因此研究過程較為嚴謹，資料蒐集、轉換、分析過程中失真的程度亦較低，有些問題還可做重複性的實驗。

　　Cooper 及 Emory（1995）指出實驗法的主要優點有下列五項：(1) 可操控自變數；(2) 可控制外生變數，即研究者可隔離出與實驗不相干的變數；(3) 便利性，實驗研究法的便利及成本均較其他研究法佳；(4) 可複製性，即可針對不同的受試者在不同的情境下重複進行實驗，以了解不同受試者在不同情境與不同時間下的平均效果；(5) 降低研究者的干擾：研究者還可應用自然的事件或進行實地實驗以降低研究者介入所造成的干擾，甚至可降低實驗情況與日常生活的差異性。

　　概括來說，實驗法的主要優點有：(1) 可發掘因果關係；(2) 能有效控制外在及環境變數；(3) 實驗的便利性與低成本；(4) 可重複驗證結果；(5) 可探究自然發生的事件。研究者在進行實驗時必須考量的重點有：(1) 選擇相關的變數；(2) 確認處理的層級（levels）；(3) 控制實驗的情境；(4) 選擇適當的實驗設計；(5) 挑選並指派受試者；(6) 預試、修訂、再測驗；(7) 分析資料。

　　實驗研究可根據實驗設計的內、外效度來評估何種實驗設計較適合主題。其中影響實驗法內部效度的主因有七項：(1) 歷史；(2) 成熟（受試者本身隨著時間在變化）；(3) 測驗（第二次測驗受到第一次測驗影響）；(4) 衡量工具（受到量表效度降低、觀察者或受試者的疲勞、對結果的預期等）；(5) 實驗組與控制組如何選擇；(6) 統計資料的迴歸效果（即極端量數趨向平均數）；(7) 實驗的死亡率（或受測者流失）。相對地，外部效度則指該實驗結果可以被應用到某些更大的母群體，其中影響實驗法外部效度的主因有三項：試驗者的反應、受測者的挑選及變數互動、其他環境因素的影響。常見的實驗設計可分為三大類：前實驗（pre-experiment）、真實驗、實地實驗三類。

## 四、個案研究、調查研究及實驗研究的比較

　　Gable（1994）將個案研究法、調查研究法及實驗研究法三者的六種特徵整理成下表。由此表可見這三種方法各有其優缺點，例如：實驗法本身「可控

「制」的實驗變數／過程、「演繹性」（即從邏輯或理論來預測模型「是否」存在）及操弄變數「可重複」實驗等特性就比個案法、調查法來得高。相對地，由於調查法資料蒐集方式，除了個別訪談外，尚可透過電話、電腦網路（internet），或郵寄問卷方式來做跨組織的分析比較。由於調查樣本分布的幅員最廣，因此這些樣本數據再經過統計分析之結果，最能外推到母群體的特性，故調查法的「一般性」可說最高。對個案研究而言，由於本身較適合「探索」新問題的發生或探討問題本質變化情形，個案研究法的探索性及研究問題背後所蘊藏可能模型的複雜度亦相對較高。

**表 1-5　個案研究、調查研究及實驗研究三者之比較**

|  | 個案研究法 | 調查研究法 | 實驗研究法 |
|---|---|---|---|
| 可控制性 | 低 | 中 | 高 |
| 演繹性 | 低 | 中 | 高 |
| 重複性 | 低 | 中 | 高 |
| 結果的「一般化」 | 低 | 高 | 中 |
| 發現性（可探索性） | 高 | 中 | 低 |
| 定量 vs. 定性分析 | 定量或定性分析 | 定量分析 | 定量或定性分析 |
| 代表性（潛在模型的複雜度） | 高 | 中 | 低 |

## 1-2-9　各研究法的限制性

### 一、個案研究法的限制性

　　個案研究法是以特定事件或個體為對象，因此有別於一般所謂的「深度報導」。個案研究法的研究設計必須採科學方法，必須應用推理、判斷等思考過程，有系統尋求事實的解釋。在研究的個案中往往是根據現有的理論去做證據的串聯，換言之，事實之間的因果關係需用公認的理論而非研究者的自由聯想去解釋或比較。由於個案研究的結論是根據研究者的主觀知識歸納出來，因此，個案研究的貢獻就是對這些假設性結論的創新性（尤克強，民 86）。

　　個案研究法通常以回溯的方式，僅少部分研究（Barley, 1990）採用人類學或社會學之實地調查方式，長時間進行現場資料的蒐集，而且大多數的個案均是在事件發生後，才由研究者訪問當時事件的當事人並蒐集當時的相關文件，

個案研究法最大的限制就是，人的記憶常會有遺忘、扭曲、失真的現象。此外，個案研究法尚有另一缺點，Aronson（1973）指出由於人是理性的動物，對成功的事件大多持正面評述，但對失敗的事件，大多不願承認。Kerlinger（1966）則認爲個案研究法尚有三個缺點，分別爲 (1) 無法操弄自變數；(2) 不適當解釋的風險較高；(3) 無法隨機化。

## 二、調查研究法的限制性

一個理論的形成與成熟度可分爲兩階段：探索階段（假設的形成）及驗證性階段（假設／模型的驗證）。調查研究法是屬驗證性研究，因此它非常強調：理論基礎的發展、假設模型的正確建立、變數正確可靠的衡量、適合且正確的統計方法及邏輯嚴謹結果的推理（Lucas, 1991）。

調查法的主要缺點是資料的品質受制於受訪者的合作意願與能力程度。通常受訪者除了會拒絕接受訪談或對郵寄問卷置之不理，也可能因爲個人的理由排斥訪談，或認爲訪問主題過於敏感。此外，即使受訪者能回答問卷，但亦有可能他們本身沒有具備我們要探尋的知識，或是對於研究主題沒有自己的主見。也因此，調查者很難區別受訪者答案的正確性與可靠性。

## 三、實驗研究法的限制性

實驗研究法固然具有強力的說服力，但在研究過程亦有下列三個陷阱存在：
1. 內部效度及外部效度的解釋。
2. 心理因素的克服：在實驗的過程中，無論是實驗者或受測者難免會出現異於平常的心理或行爲的反應，此外，實驗者亦應避免有先入爲主的觀念存在。
3. 研究精神及研究倫理：實驗研究法是一種最易產生人爲控制的研究法。例如：捏造事實、刻意忽略、不人道之人體實驗等等問題都曾發生過。

實驗研究法最大的敗筆常出現在變數的操弄及測量上（范錚強，民 86）。例如：研究「態度或能力的改變」，其所操弄的實驗變數的「劑量」就值得認真考量。在變數的測量方面，也必須考量工具的效度及信度。此外，實驗研究法亦與其他研究法一樣，有其先天的限制性，例如：在研究個人、小群體時，實驗研究法就顯得非常有效，但若是研究問題擴及到組織層級，則實驗研究法由於外部效度的缺乏，此時就應配合其他研究法一起使用。

實驗研究法的主要缺點有下列五項：
1. 係人爲的操控（非自然的現象）。

2. 可能從不具代表性的受試者得到結果，研究結果較難推論到一般的情況。

3. 雖然實驗法研究成本不高，但實際結果應用到實際生活的成本卻很高。

4. 問題的重要性只局限在現在或立即未來方面，實驗法通常是處理現在或即將發生的問題，它對過去變數的解釋或預測則較爲薄弱。

5. 對人的操控會有道德問題可能有違反道德的實驗（Cooper & Emory, 1995）。

• 小結

　　研究「研究法」是件相當重要的工作，畢竟現代社會正處於快速變遷環境中，人們隨時隨地都可能面對各種挑戰。此外，加上社會科學管理日益複雜，管理者在面對這些問題時，大多已無法憑著過去經驗或主觀直覺來進行決策。相對地，必須改用系統性的思考模型，利用科學的方法來蒐集相關資料，並且利用適當的分析工具，將原始資料化爲有效且可靠的管理資訊，以供決策者參考。這套系統化的研究知識、資料蒐集程序及分析方法的探討，正是「研究法」的主要內容。大家若能正確且深入地了解研究法的精要內涵，想必可以促進管理者對問題分析及問題解決的知識與能力。

　　社會科學研究法日益複雜，連帶著大家對研究法亦日益重視，是非常可喜的事。本書配合研究者從事「理論研究」之需要而撰寫，此種研究乃建立於「科學研究方法」上，因此本書內容依照一般科學研究步驟給予有系統的講解，介紹重點著重於「理論、研究、方法及統計」四者關係如何連結。講解內容包括：科學研究之邏輯及性質、理論建構與研究、假設發展與驗證、測量理論及方法、研究設計、樣本設計、個案研究法、調查研究法、實驗研究法、內容分析法、比較性研究、定性研究、次級資料分析（Meta 分析）、結構模型分析（LISREL）……。藉由上述內容講解，期能對往後研究者在觀念上有所助益，俾使研究的整體過程、每個環節都有脈絡可循，進而提升研究的信度與效度。

　　研究方法固然重要，但研究者所擬定研究問題本身是否創新且有價值也是非常重要的，空有一個嚴謹的方法但沒有配合重要的問題或結論，仍是白白浪費研究精力。相同地，研究者要產生一篇好論文，論文本身除了須具備「重要性」及「貢獻性」外，其研究程序是否具「嚴謹性」亦是大家所重視的。一篇論文嚴不嚴謹，取決於研究者所採用的研究法是否適切、研究過程是否恰當。基於上述理由，要產生一篇品質良好的論文，研究者可自我審核的準則有下列六項：(1) 研究目的及問題陳述：應做明確的定義並盡可能描述清楚，研究範圍、研究架構及研究限制亦應詳細說明；(2) 採用的研究程序應描述清楚；(3) 研

究程序應該小心規劃，期以能夠達到預定目標；(4) 研究者應坦白地報告其研究設計的缺點，並以「研究限制」來敘述；(5) 資料分析結果應有充分討論，並說明其意義；(6) 結論應以調查資料爲基礎，發現多少證據就說多少話。

# 1-3 知識是什麼？

知識表示（knowledge representation）是人工智慧（AI）領域的核心研究問題之一，目標是讓機器儲存相應的知識，並且能夠按照某種規則推理演繹得到新的知識。有許多需要解決的問題需要大量對世界的知識，這些知識包括事先儲存的先驗知識及透過智慧推理得到的知識。事先儲存的先驗知識指：人類透過某種方式告訴給機器的知識。透過智慧推理得到的知識指：結合先驗知識及某種特定的推理規則（邏輯推理）得到的知識。首先，**先驗知識**可以指：**描述目標、特徵、種類以及目標之間的關係**的知識，也可以描述**事件、時間、狀態、因果**，以及你想要機器儲存的任何知識。

AI 常見的預測模型之建構：一般會考慮三種預測模型：**最大概似估計**（maximum likelihood estimation, ML）、**最大後驗估計**（maximum a posteriori estimation, MAP）、**貝葉斯模型**。前兩者屬於先驗點估計（point estimation），又稱**事前機率**。詳情請見作者《人工智慧（**AI**）與貝葉斯（**Bayesian**）迴歸的整合：應用 **STaTa** 分析》一書。

## 1-3-1 「知識」的定義

何謂「知識」？知識是指事物特性的一般關係，代表事物特性之規律性（regularity），旨在將事物特性一般化（generalized）及觀念化（conceptualized），故在觀念轉變成知識時，會有些命題（proposition），如圖 1-12 所示。

### 一、被證實的真實的信念

柏拉圖將知識定義爲被證實的真實的信念（被相信的事物），它必須是被證實的，並且必須被我們相信是真的。蘇格拉底認爲這還不夠，人們還必須爲之找到理由或證明。

這個定義暗示我們不能因爲「相信一件事並且那件事是真實的」便說我們了解這件事。一個沒有任何醫學知識的病人相信他很快會康復，即便日後事實

如此，但不能說這個病人知道他會好，因爲他的相信在當時缺乏證實。

因此知識由於證實而區別於人們所相信其爲眞實的事物。認識論所解決的問題就是怎樣恰當地證實眞實的相信。人們有時將這稱爲實證理論。

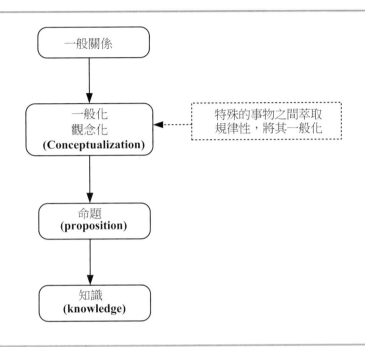

**圖 1-13** 知識產生的過程

## 二、先驗 vs. 後驗的知識論

先驗（a priori，又稱先天）及後驗（a posteriori，又稱後天）兩詞著重於知識的來源問題，「先天的」意指「天生的」，而「後天的」意指「後驗的或經驗的」。

**先驗**意味著僅憑推理得到的知識（先於經驗觀察），而不受直接或間接經驗（這裡經驗通常指透過感官對於世界的觀察）的影響。先驗意指「不從經驗而來並帶有必然性的」，例如：數學及邏輯等方面的知識。「後驗的」意指「來自經驗而不帶有必然性的」。經驗主義者（例如：洛克及休謨等人）也肯定人有先驗的知識。像 $3 \times 6 = 18$，休謨認爲我們只要運用理性的思維作用，比較觀念 3 及觀念 6 的乘的關係，就可得知結果 18，而不必訴諸經驗。

**後驗**指其他種類的知識，也就是知識的得來及證實需要藉助經驗（經驗觀

察之後），也被稱作經驗性知識。

　　人雖然天生都有理性或理智，但它是一種能力，其本身不是知識，因此，在先驗或後驗知識上，理性主義（笛卡兒之先天論）及經驗主義（培根之後天論）的對立是不尖銳的。不過，有些極端的經驗者會否定先驗知識，認爲一切知識，包括邏輯及數學，都是後驗的，如果是這種立場，則與理性主義就有尖銳的對立。

　　**知識論**討論的問題之一——是否存在**先驗**綜合知識。概括地說，**理性主義者**認爲存在，因而就要面對「先驗綜合知識如何可能」的問題。相反的，**經驗主義者**認爲所有的知識在一定程度上都是外界經驗的體現，並**不存在先驗**綜合知識。

　　經常被認爲有著先驗地位（priori status）的知識領域是**邏輯及數學**，旨在探討抽象的、形式上的對象（客體）。

　　經驗主義者否認這些領域有先驗知識。兩個較著名的反駁是這些知識都是透過經驗得來的（如 John Stuart Mill）及這些領域不構成眞正的知識（如休謨）。

---

**哲學的演進史**

整體來說，哲學體系共經歷五個階段的演進：(1) 希臘時代，代表人物包括：蘇格拉底、柏拉圖提倡理性主義及亞里斯多德所提「邏輯之三段論法」及「經驗主義」，此種理性主義對自然科學產生重大影響力。理性主義批評經驗主義者之論點，認爲「感官不一定正確」。(2) 培根、洛克、休謨所提倡之經驗主義，它採用歸納法來產生知識。經驗主義批評理性主義之論點，認爲「人不是生而知道，知識不是與生俱來的」。(3) 康德提出「先驗哲學」來綜合理性主義之演繹法及經驗主義之歸納法兩種知識論，以彌補笛卡兒之理性主義及培根之經驗主義，這兩派知識論的不足。康德認爲知識是來自「經驗」，人類蒐集這些經驗需要理性的運用。舉例來說，人類最早祖先，無意中，從打雷所引起森林大火之烤焦飛禽，體驗出熟食比生食美味，此經驗就是烹飪知識。(4) 批判經驗論。(5) 杜威提倡之實用主義，強調「從做中學」。

---

　　**貝氏推論之重點整理：後驗 ＝ 先驗 × 概似**

1. 先驗分布是在觀測數據前的參數分布 $p(\theta|\alpha)$。

2. 先驗分布可能不容易確認，此時可以用傑佛里斯事前分配在更新較新的觀測值時，先獲得後驗分布。

3. 抽樣分布是以觀測數據的條件，其參數的分布 $p(X|\theta)$。這也稱爲概似函數，尤其是視爲參數的函數時，有時會寫成 $L(\theta|X) = p(X|\theta)$。

4. 邊際（marginal）概似率（有時也稱爲證據）是觀測數據在參數上的邊際分布：

$$p(X|\alpha) = \int_\theta p(X|\theta)p(\theta|\alpha)d\theta$$

5. 後驗分布是考慮觀測數據後的參數分布。可以由貝葉斯法則確認，也是貝葉斯推論的核心：

$$p(\theta|X, \alpha)d\theta \frac{p(X|\theta)p(\theta|\alpha)}{p(X|\alpha)} \propto p(X|\theta)p(\theta|\alpha)$$

若用文字表示，即爲「後驗及先驗及概似率的乘積成正比（符號 $\propto$）」，有時也會寫成「**後驗 = 先驗 × 概似**，在有證據的情形下」。

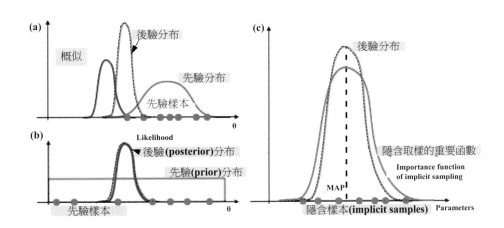

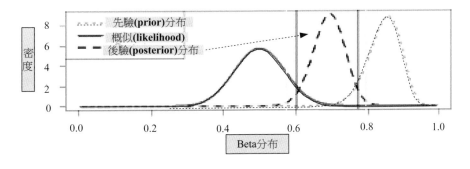

Prior: beta(2.22,9.52); Data: B(50, 25); Posterior: beta(77.22, 34.52)

**圖 1-14** Prior,Likelihood 及 posterior 分布，三者關係圖

## 三、獲得知識的方法

1. 直覺（intution）：第一種認識方法是直覺。當我們運用直覺時，我們依靠自己的膽量，情感及／或直覺來指導我們。直覺不是檢查事實或使用理性思考，而是相信什麼是眞實的。依賴直覺的問題在於直覺可能是錯誤的，因爲它們是由認知及偏見驅動，而不是邏輯推理或科學證據。雖然你朋友的奇怪行爲可能會導致你認爲他對你說謊，但可能只是因爲他特有的一些氣質，或者專注於與你無關的其他問題。然而，權衡替代方案及思考所有不同的可能性可能會使一些人陷入癱瘓，有時基於直覺的決策實際上優於基於分析的決策（Gladwell, 2007）。

2. 知覺（perception）：感覺知覺的方法，例如：色、聲、香、味、觸等方面的知識就需依靠感官的知覺。

3. 權威或信仰（authority or faith）：常見的獲取知識的方法之一是透過權威。這種方法涉及接受新的想法，因爲一些權威人士認爲它們是眞實的，包括父母、媒體、醫生、牧師、政府、教授及其他宗教當局。在一個理想世界中，我們應該能夠信任權威人物，歷史告訴我們，許多暴行是人們毫無質疑地追隨權威的結果（例如：塞勒姆女巫審判、納粹戰爭罪行）。在一個更溫和的層面上，雖然你的父母可能告訴你，你應該在早上鋪床，如果讓你的床提供溫暖潮濕的環境，塵蟎會茁壯成長；保持床單打開爲塵蟎提供了一個不太好客的環境。這些例子表明，使用權威獲取知識的問題在於它們可能是錯誤的，它們可能只是利用自己的直覺來得出結論，而且他們可能有自己的理由誤導你。然而，我們獲得的大部分資訊都是透過權威，因爲我們沒有時間質疑及獨立研究我們透過權威學習的每一條知識。但我們可以學習評估權威人物的證書，評估他們用來得出結論的方法，並評估他們是否有任何誤導我們的理由。

4. 理性主義（rationalism）：使用邏輯及推理來獲取新知識。使用這種方法，陳述了前提，並遵循邏輯規則以得出合理的結論。例如：如果給我的前提是所有的天鵝都是白色的，並且這是一隻天鵝的前提，那麼我可以得出這樣一個理性的結論：這隻天鵝是白色的而沒有眞正看到天鵝。這種方法的問題在於，如果前提是錯誤的或邏輯中存在錯誤，那麼結論將無效。例如：所有天鵝都是白色的前提是不正確的，因爲澳大利亞有黑天鵝。此外，除非在邏輯規則中受過正式訓練，否則很容易出錯。然而，如果前提是正確的，並且恰

當地遵循了邏輯規則，那麼這是獲取知識的合理手段。

5. 經驗主義（empiricism）：經驗主義透過觀察及經驗獲取知識。有許多人可能都相信所有的天鵝都是白色的，因為人們只見過白天鵝，或是幾個世紀以來，人們認為這個世界是扁平的。這些例子以及欺騙我們感官的視覺幻像說明了依靠經驗主義來獲取知識的問題。經驗及觀察能力有限，感官可以欺騙我們。此外，之前的經歷可以改變我們對事件的看法。然而，經驗主義是科學方法的核心。科學依賴於觀察。但不僅僅是任何觀察，科學依賴於結構化觀察，這被稱為系統經驗主義。

6. 科學方法（scientific method）：是系統地蒐集及評估證據以測試想法及回答問題的過程。雖然科學家可能會使用直覺、權威、理性主義及經驗主義來產生新的想法，但他們並不止於此。科學家更進一步，利用系統的經驗主義在各種受控條件下進行仔細觀察，以檢驗他們的觀點，並利用理性主義得出有效的結論。雖然科學方法最有可能產生有效知識，但所有獲取知識的方法都有缺點。主要問題是使用科學方法並不總是可行，需要相當多的時間及資源，另一個問題是它不能用於回答所有問題。科學方法只能用於解決經驗問題。

　　人類求知的基本動機是「to know」，發現知識，而非創造知識。人類求知的方法可以分為實證的方法及非實證的方法兩大類。實證亦即建立在經驗（experience）的基礎上，而實證的方法包含了科學方法。可見科學研究是人類追求知識或解決問題的一種活動，從事這種活動所用的手段便是科學方法。

## 四、知識產生的來源（source of knowledge generation）

### 1. 來自「神祕」說（mystical approach）

　　透過靈媒、宗教、祭祀（超自然事件）、傳說……來產生知識。此種知識的追求是建立在「超自然」的權威上。何時人才較會相信「神祕知識說」呢？通常人處於沮喪、無助或興奮情況下。相反地，當反駁例證增加、社會大眾教育程度越高，或心理狀態改善時，人們對神祕的信心就會下降。

### 2. 來自「權威」說（authoritarian approach）

　　例如：古代「趙高指鹿為馬」、「孔子曰」、「國父說」、君主制度的皇帝、官僚體系中官大學問大等，都是以資訊來源來決定知識的產生。此種知識產生是透過社會賢達或政治強人來產生知識。

### 3. 理性推演（pure rationality）

理性產生知識須嚴格遵循邏輯的形式及規則以獲取知識的整體性。理性主義者關注的焦點是「什麼在理論上才是真實的」、「什麼在邏輯上才是可能成立的」。理性主義亦是規範性的主流科學，它是透過所制定的規則，來區分科學論點與錯誤思維。故理性主義者強調「知識是存在先驗」的論點。此外，古典理性主義者認爲知識是獨立於人類經驗之外，而現代科學之理性主義者認爲「極端的形式是抽象的、純數學的」。理性主義的基本假設是：(1) 人心靈能了解世界，但不限可觀察的現象。(2) 知識形式的存在是與個人經驗無關的。由於經過某些先驗（priori）的公理（axioms）、原則（數學演算法）、邏輯推論而得，此種推論仍是未驗證的，因此，Goode & Hatt（1981）認爲，無論一個知識的本體是多麼的系統性，如果知識的本身不是從「公理」或「不驗自明的命題」（proposition）出發，並且從這些公理加以推演獲致結論，那麼這些知識都不能稱爲科學。

### 4. 科學方法

它是動態的觀念，科學研究是建立在一系列的基本假設之上，科學家透過這些假設的驗證來產生知識。所謂「科學方法」是指方法論（methodology）上，凡是符合某些條件的方法。它只是一種「方法」觀念，本身並沒有實質內容。科學方法具有下列四項特性：

(1) 要避免主觀，確保客觀。

(2) 強調可重複性來確保結果的可信，或利用足夠的樣本以避免因小樣本推論之過度概化。

(3) 避免違反邏輯的思考。

(4)「重複」是爲了要使往後每次研究可做些微的變動，來逐漸擴展原理論的範圍，或者在重複時發現前人沒有發現的問題，以避免研究結果過度概化。例如：前人的研究只發現「個人收入會影響其消費金額」，後來發現該模型中，「個別差異亦會影響到其消費金額」。

下圖乃以邏輯的觀點，將過去知識的來源依據存在主義理論及理性理論這兩個維度將知識來源加以分類，水平軸分成理想主義及實證主義兩大類，垂直軸是以知識論的基礎分成理性主義及經驗主義兩大類。實證主義認爲知識須從感官經驗或歸納邏輯經驗（含數學與統計的推論）爲基礎，進行觀察及命題界說。相對地，理性主義強調知識是從已知的法則（laws）或事實的本質所演繹得來的，笛卡兒是此學派的代表人物。

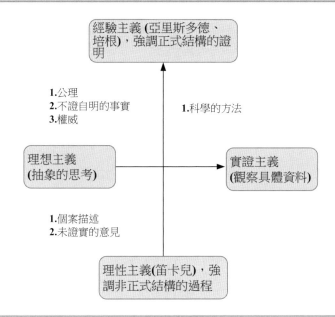

經驗主義 (亞里斯多德、培根)，強調正式結構的證明

1.公理
2.不證自明的事實
3.權威

1.科學的方法

理想主義
(抽象的思考)

實證主義
(觀察具體資料)

1.個案描述
2.未證實的意見

理性主義(笛卡兒)，強調非正式結構的過程

**圖 1-15** 思考的型態（Cooper & Emory, 1995）

　　個案描述（literary）常應用在人類學、精神學、企業管理及社會學等研究，例如：心理學中馬斯洛（Maslow）的動機理論，或管理類書本常談的「個案教學」。

　　科學方法儘管是獲取實證資料之最佳方法，但不是唯一的手段，圖 1-15 所列的其他方法亦可能是我們建立理論或解決實際問題的基礎。

## 1-3-2　知識論

　　知識論（epistemology），又稱認識論，是探討知識的本質、起源及範圍的哲學分支。目前知識論及認識論之間的關係存在爭議，有人認為它們是同一個概念，也有人認為它們其實是存在密切聯繫的兩個不同概念。

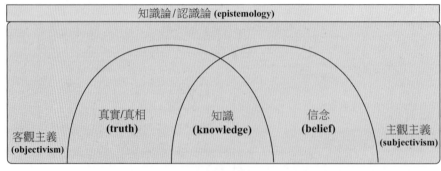

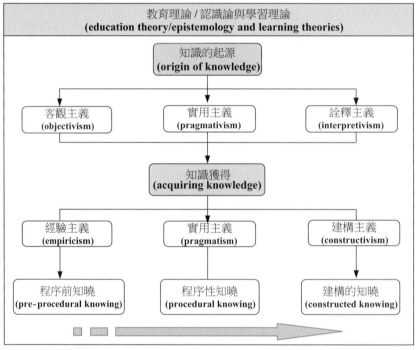

**圖 1-16** 認識論、知識論模型（epistemological models）

## 一、什麼是知識論

知識論（epistemology; theory of knowledge）這個字來自希臘話 episteme（知識）同 logos（詞／演講），係哲學一支，是一種關於認識（或知識）的學說。知識論是關於認識的本質及產生發展規律的哲學觀。即是探討人類認識的本質、結構、認識與客觀現實的關係、認識的前提及基礎、認識發生、發展的過程及其規律等哲學觀。

　　知識論在哲學研究領域中，占有相當重要的地位。它所要探討的知識，並非「**個別**」的知識，而是「**普遍意義**」。諸如：有關知識的起源、性質、限制、條件與方法等，都是知識論所關心的課題。例如：我們常說「我知道 8 + 5 = 13」、「知道地球是圓的」、「多數物質具有熱脹冷縮的特性」……哲學家研究的知識，並不是「8 + 5 是多少」、「地球是圓還是扁的」、「物質熱脹冷縮」等「個別」的知識，雖然「8 + 5 = 13」是數學知識、「物質熱脹冷縮」是物理學知識，但是它們有一共同點──都是「知識」。哲學家所要研究的就是這個「共同的」問題。即上述普通意義之知識（knowledge in general），或者從「知識」一詞之動詞意義「know」（知道）或「knowing」（知曉）來說，哲學家們所要研究的是「普遍」意義的知曉（knowing in general）問題，我們所要研究的就是三者所共同的「知道」。

　　廣義的「知識論」包括廣義邏輯學（即方法論，包括範疇論及科學方法）與知識論，其中，科學方法又包括歸納法及演繹法，易言之，我們可用「知識學」（science of knowledge）來統稱。相對地，狹義的「知識論」只是指知識論或認識論本身，它將研究知識的方法學或其形式原理予以排除。不管怎樣，由於哲學研究範圍已涵蓋宇宙及人生的總體，因此，透過人心靈內之「認識能力」所把握，所研討的結果，我們都可稱作是「知識」（knowledge）。

　　西洋哲學體系中的知識論，基本上是探討有關知識的理論（thoery of knowledge）。此種知識論如何源起？我們可從歷史的發展角度來看，知識論歷經了五個學派：(1) 理性主義唯理論（rationalism），笛卡兒是代表人物，此學派學者認為：人的理性（reason）為一切知識的來源，而其認知能力亦是與生俱來的，故又稱「先天論」（apriorism）。易言之，理性主義者強調用演繹法來產生知識。此學派學者的論調，若以「物種」觀點來看，認為「臺灣芭樂不論再怎樣施肥灌溉，由於先天物種的限制，它就是無法長得像泰國芭樂那麼多的果肉」。(2) 經驗主義（empiricism），培根是其代表人物，此派學者基本上認為：人的經驗就是知識的本源。亦即人的知識是全屬後天經驗所使然，故又稱「後天論」（aposteriorism），換句話說，人沒有與生俱來的知識，先天的知識有如「白板」一樣，它只提供經驗之認知能力罷了，知識是要靠後天的經驗來產生。此學派學者的論調，若以「物種」觀點來看，認為「同一品種玉米，將它種在同等肥沃的同一塊土地上，同一農夫用同樣的施肥及灌溉，最後由於後天成長的差異，每一棵玉米長出的玉米粒的大小就不一樣」。(3) 批判論（criticism），又稱「先驗哲學」，康德是代表人物，他首先將演繹法及歸納法

整合來產生知識，認為理性主義及經驗主義兩者都有其共存的價值。(4) 批判的經驗論（empirical criticism）。(5) 實驗的經驗論（experimental empiricism），此理論兼容經驗主義及理性主義之優點，重視原始的經驗，並視真理知識為一相對性及實用性，亦即由研究假設（hypothesis）出發，凡能透過反覆的經驗或實驗者，才算是真知識。此學派認為：①知識是來自人的感官知覺。②知識是源自偶發的內在經驗，例如：數學公式、自然科學的原理及人生哲學的道德法則等，都屬於知識。其中，杜威（J. Dewey）是該學派的代表人物，強調「從做中學」。例如：食譜書上寫了一道菜如何烹調，學習者就需自己「做」一遍以上，若成功就成為自己知識，此即「從做中學」的精神。

## 二、知識論的理論

### 1. 經驗主義

經驗主義者聲稱知識是人類經驗的產物。樸素經驗主義者認為我們的思想及理論需要在真實中論證，然後依據它與事實的匹配度來決定是否應該持有此理論，自此，經驗哲學的核心問題變成了檢驗這種相符度。

所謂樸素（naïve）是指的對於模型中各個特徵（feature）有強獨立性的假定，並未將 feature 間的相關性納入考慮中。

經驗主義與科學有密切關係。雖然科學的效力無庸置疑，在哲學上科學怎樣以及為什麼起作用引起了爭論。科學方法一度因為其保證科學實驗的成功而被人所鐘愛，但現在科學哲學所遇到的問題使人們更加偏向於連貫主義。

經驗主義經常與實證主義相混淆，但後者更強調人對真實的看法，而不是人在真實中的經驗本身。

### 2. 觀念主義

觀念主義認為我們感知到的世界只是我們的觀念構造。喬治·貝克萊、康德及黑格爾持不同的觀念主義觀點。

### 3. 樸素真實主義

樸素真實主義，也就是通常意義上的真實主義。認為存在一個真實的外在世界，並且我們的感覺由那個世界直接引起。它以因果關係基礎，認為一件事物的存在導致我們看見它。這樣，世界在被人們認知的同時保持著原樣，與它沒有被人們感知時一樣。相反的理論是唯我論。樸素真實主義沒有將心理學上的感知考慮進去。

**4. 現象論**

現象論從喬治・貝克萊的觀點「感知到的便是存在的」中發展而來。根據他的觀點，我們不能認為我們看到的事是獨立於我們感官存在的個體。他認為真正存在的只有感官本身。

**5. 理性主義**

理性主義者相信有並不來自感官經驗的前知或先天思想。這一點可從很多經驗中看出。這些思想可能來自於人類腦的結構，或者它們獨立於大腦存在。如果它們獨立存在，當它們達到一個必要的複雜程度時就能夠被人類所理解。

理性主義者的觀點可以被濃縮在笛卡兒的我思故我在，在這裡懷疑論者可以看到他們懷疑這一單純的行為暗示著有懷疑者存在。斯賓諾莎建立了其中只有上帝一件事物的理性體系。萊布尼茲建立了一個有無限多他的單子的體系。

**6. 具象主義**

具象主義或表現真實主義，與樸素真實主義不同，只可以感知到它的表現。換言之，我們看到的世界及事物並不是它們本身，只是內在虛擬真實的複製品。所謂的感官之紗使我們不能直接感知世界。

**7. 客觀主義**

客觀主義，是艾茵・蘭德的認知理論，與樸素真實主義相類似。她也認為我們透過感官從外在世界獲得知識。客觀主義未經加工的感覺資訊會自動地被大腦融入感知的對象，這時意識去感知資訊，而不是以任何方式創造或發明。一旦我們意識到兩個實體彼此相像，而與其他不同，我們就可以將它們看作一個種類，這個種類可以將同種類的所有實體囊括，這樣我們的意識就可用一個詞將本無限的實體包含。客觀主義拒絕純粹的經驗主義，它認為我們可以藉助客觀的概念而超越感官的層次。它也不承認純粹的具象主義及理想主義，它認為我們感知到的才是真實，談論感知不到的知識是沒有意義的。

## 三、唯物論與唯心論在知識論上的對立

認識的主體及客體是知識論的一對基本範疇。認識就是在主體及客體之間的交往作用中，主觀對客觀的反映。而要對認識的主體及客體進行規定，就必須以對哲學基本問題的回答為前提及基礎。從客觀事物到主觀感覺及思維的唯物論認識路線；從主觀感覺及思維到客觀事物的唯心論認識路線；這兩條路線之間的鬥爭，形成了唯物論與唯心論在知識論上的根本對立。

**1.** 一切唯心論的知識論本質上都是先驗論

唯心論認為：認識的主體並不是人本身，認識的客體也不是物質，兩者在本質上都是精神性的東西，認識不過是從精神到精神，即精神對自身的認識。唯心論把認識當成先於物質、先於經驗及實踐的東西，主張認識是從天上掉下來的，或是頭腦中固有的。

**2.** 一切唯物論（庸俗唯物論除外）的知識論都是反映論

反映論是唯物論知識論的基本原理，它同唯心論的知識論根本對立。唯物論知識論從物質第一性、意識第二性出發，認為客觀世界是認識的根源，認識是人腦對客觀事物的反映。

## 1-3-3 建立科學知識的原則

科學知識的建立，有下列四個原則：

1. 知識是普遍主義（universalism），而非特定主義（particularism）：科學知識的建立是強調「就事論事」，非「因人而異」。科學知識的評估應就知識本身是否合乎科學方法的要求，而不看這是「誰做的」研究（Robert Merton, 1968）。

2. 知識是共有主義（communism），而非專屬主義（proprietary）：知識是人類共有的，研究結果是要經過公開的批判才算數，就像國科會計畫或博碩士論文，研究結果並非是個人，或某一機構專有的。

3. 中立性（disinterestedness）：科學的建立應排除利害關係的考量，即不考慮真實利益也不受利益誘惑。科學知識具有中立性及獨立性。

4. 有系統性、有組織的合理懷疑主義（organized skepticism）：科學方法之研究過程是有「章法」的。

# 1-4 科學 vs. 哲學

通常，人們應用科學方法來研究自然現象之間的關係，或解決自然科學／社會科學或技術問題。

1. 科學（science）可依據研究對象，分為自然科學及社會科學兩大類，自然科學著重「人與物」及「物與物」之間的關係研究，而社會科學著重「人與人」及「人與物」之間的關係研究。其中，強調理論層面之社會科學者，認為可

依功能別來將社會科學細分為：政治學、經濟學、社會學、人類學、心理學、地理、歷史。相對地，強調事實層面之社會科學者，認為在相對時空、非決定論、時間不可逆性與矛盾、衝突的混沌因果中的秩序等前提下，非常強調實存社會歷史事實的解釋及其動態變遷的因果分析。其最終目的或可稱為是整體實存人類社會歷史的重構。他們認為，人類社會與歷史透過糾纏、綿延卻連貫的因果網絡關係，串聯其在時間面向上的過去、現在與未來。而假如科學的意義是在分析、解釋甚至預測事實，則其關鍵當在掌握隨時與相對時空下的事實絕對相關的因果關係，因為在時空相對而且時間不可逆下，所有的人類歷史都不會重演（故在開放系統中絕對沒有超時空者），但是所有的「現在」都根源於「過去」，而所有的「未來」亦都由「過去」與「現在」發展而來，其間必然具有因果上的關聯。

2. **哲學**是語言的邏輯分析及明瞭字詞及觀念的意義。哲學是提出一系列的問題，以及關於這些問題之解答的各種理論。

---

**定義：哲學（Philosophy，源於希臘語：φιλοσοφία）**

1. 哲學，按照詞源有「愛與智慧」的意思。在學術界中，對於哲學一詞並無普遍接受的定義，也預見不到有達成一致定義的可能。單就西方學術史來說，哲學是對一些問題的研究，涉及等概念。哲學是有邏輯系統的宇宙觀。哲學是定性、定邏輯地認識宇宙整體變化規律的學問。而科學則是在哲學對宇宙的定性、定邏輯的基礎上分科認識宇宙中的各部分即萬事萬物的定量變化規律的學問。廣義的哲學是對普遍而基本的問題的具體定性研究，這些問題多與實在、存在、知識、價值、理性、心靈、語言等有關。

2. 哲學是對於實在界及人所進行的整體性、基礎性及批判性的探究。哲學的真正意義是做為一種探究的方式，而不只是做為一種特定的、專門的知識的體系。

3. 哲學是自然知識及社會知識的概括及總結。哲學的根本問題是思維及存在、精神及物質的關係問題，根據對這個問題的不同解釋而形成兩大對立派別：唯心論（實證主義）vs. 唯物論（現象論）哲學。

---

(1) 哲學所追問的問題是**最基礎性**的，像德國哲學家康德（Kant）所問的：「人能知道什麼？」「人應該做什麼？」「人能希望什麼？」「人是什麼？」這

些問題都是非常基本的，不是其他專門性的學科所能回答的，這種基礎的問題必須在哲學才能得到解答。

(2) 哲學也是一種**批判性**的研究。所謂「批判」，並不是隨意批評或漫罵，而是追問所研究對象的可能性條件。除此以外，批判的意思亦有如黑格爾所講的「棄劣揚優」，把壞的揚棄，把好的優點加以發揮，所以批判也有「棄劣揚優」的過程的意思。

(3) 整體上，哲學所具備的特性，就如同上面所提到的整體性、基礎性與批判性。從古希臘哲學開始，就區分一般的意見（doxa）與真知（episteme）。真知必須對一般的意見加以批判及反省，而不能停留在一般常識所接受的意見，就這點而言，哲學的批判精神可以說是最重要的。

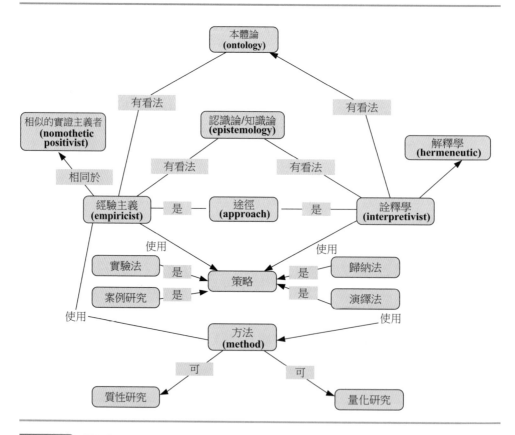

**圖 1-17** 哲學對研究方法選擇的影響

學習網：https://www.youtube.com/watch?v=wXFVNlDPdB4（Outer layer research philosophy）

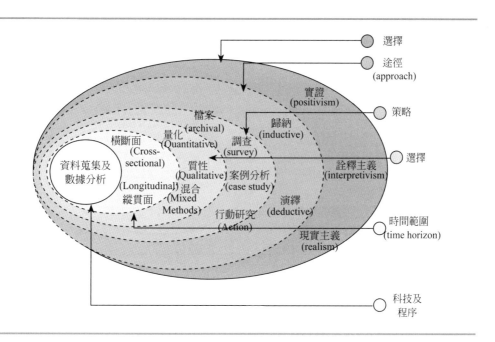

**圖 1-17** 哲學對研究方法選擇的影響（續）

學習網：https://www.youtube.com/watch?v=wXFVNlDPdB4（Outer layer research philosophy）

　　由於哲學是研究整體的、基礎的及批判的概念，這些往往可說是人類文化裡**最普遍的概念**，如「真理」、「美」、「善」、「自由」、「平等」、「正義」、「仁愛」等等。這些概念，其他學科也涉及，比如政治學、社會學必須談「自由」、「正義」，但都沒專門來處理什麼是「自由」、什麼是「正義」。這些普遍概念是在哲學裡討論的。就此而言，哲學也可以說是對普遍概念的研究與實踐的學問。

## 1-4-1 唯物論 vs. 唯心論

　　本體論就是討論「這世界最基本的存在」的理論。而唯心論、唯物論皆是「本體論」的主張。物質及意識之間「誰決定誰」才是唯物論（idealism）與唯心論（materialism）之間的根本差別。

　　笛卡兒提出二元論（**dualism**），主張物質及精神是同等公平地存在的，世上存在彼此獨立的兩種實體（substance）：一種是心，一種是物。人的心靈可以脫離物理的身體而存在，存在可以脫離身體而存在的靈魂。

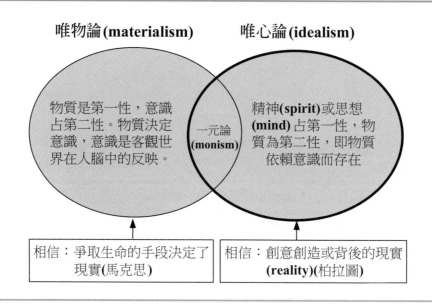

唯物論(materialism)　　唯心論(idealism)

物質是第一性，意識占第二性。物質決定意識，意識是客觀世界在人腦中的反映。

一元論(monism)

精神(spirit)或思想(mind)占第一性，物質為第二性，即物質依賴意識而存在

相信：爭取生命的手段決定了現實(馬克思)

相信：創意創造或背後的現實(reality)(柏拉圖)

**圖 1-18** 唯物論（materialism）vs. 唯心論（idealism）

1. **唯心論**，它與唯物論是對立，在哲學基本問題上，主張精神或意識為第一性，物質為第二性，相信最後決定存在的是心靈（mind）、精神（spirit）或思想（thought）。即物質依賴意識而存在，物質是意識的產物的哲學派別。它是哲學中：思想、心靈、語言及事物等彼此間有關係。唯心論強調，「心」是世界上的唯一基本存在物，而我們所看到的物質世界都是心的幻象。如果沒有心，則沒有任何物的存在。也就是說：物質依賴意識而存在，物質是意識的產物的哲學派別。

2. **唯物論**，哲學理論，認為世界的基本成分為物質，所有的事物（包含心靈及意識）都是物質交互作用的結果。物質是第一性，意識占第二性。該理論的基礎是，所有的實體（和概念）都是物質的一種構成或者表達，且所有的現象（包括意識）都是物質相互作用的結果，在意識與物質之間，物質決定了意識，而意識則是客觀世界在人腦中的生理反應，也就是有機物出於對物質的反應。因此，物質是唯一事實上存在的實體。作為一個理論體系，唯物主義屬於一元本體論。但其本身又不同於以二元論或多元論為基礎的本體論。
唯物論又分機械唯物論及辯證唯物論兩種。(1) 機械唯物論認為物質世界是由各個個體組成的，如同各種機械零件組成一個大機器，不會變化，代表人物是費爾巴哈。(2) 辯證唯物論認為物質世界永遠處於運動與變化之中，是互相

影響，互相關聯的，代表人是馬克思。

唯物辯證法包含：對立統一規律、質量互變規律、否定之否定規律以及本質與現象、內容與形式、原因與結果、必然性與偶然性、可能性與眞實性等範疇。由於唯物辯證法的規律及範疇，是從自然界及社會生活本身抽象出來的，因而它們既是客觀事物本身運動發展的普遍規律，也是認識的普遍規律，既是世界觀又是方法論。唯物辯證法不是一種僵硬的體系，它隨人類的實踐運動的發展，不斷有新的含義、新的範疇、規律產生出來。

例如：物理學家就認爲，世界最基本的存在是夸克，其他我們所看到的所有東西都是由這些基本的粒子組成。對於哲學家而言，這些物理學家的觀點就是唯物論的立場。

　　總之，唯心論反對眞實主義的哲學觀；唯物論認爲在人類的認知中，我們對物體之理解與感知，與物體獨立於我們心靈之外的實際存在是一致的。


• 小結

1. 實證主義（唯物論）與現象論（唯心論）這兩種典範對「知識貢獻」的看法亦不同。實證論研究無法適當地解釋新知識是如何發現的，因爲實證論取向在驗證已被其他方法發現的知識。相對地，現象論取向則傾向藉著仔細觀察及檢查「資料呈現的類型」來發現命題。

2. 爲什麼科學家常將自己局限於唯物論的解釋呢？有幾個原因：(1) 現代科學的經驗主義，對解釋的檢定，太依賴於自然的規律性、自然確實遵循規則或法則；否則，就無法相信觀察是證據。我們怎麼知道觀察是否不是某種超自然（supernatural）的突發奇想的結果？如果不假定（assuming）超自然實體不干預違反自然規律或法律，那麼你就無法進行受控的、可重複的實驗，並且得結論亦不可靠。(2) 依靠超自然的解釋只是加深對我們對自然世界的理解的一種譴責或死胡同。當理論或技術不足而無法解答非常困難的謎題時，我們不會舉手說「上帝做了」並將其留給後人。如果不知道某事的自然原因，那麼科學的方法就是說「I don't know yet.」並繼續尋找。

3. 「科學方法不足以檢定涉及超自然力量的解釋」（Scott, p.50）。如果其中某控制變數是無所不能的力量，則很難進行對照實驗。科學家通常透過「對照」實驗來學習自然，一次只改變一件事來確定「特定情況、特徵或環境」是否可被確定爲觀察到的效果的原因。

## 1-4-2 科學之哲學三個層次（本體論—知識論—方法論）

哲學旨在研究普遍的、根本的問題的學科，包括：存在、知識、價值、理智、心靈、語言等領域。哲學與其他學科的不同是其批判的方式，通常是系統化的方法，並以理性論證為基礎。

### 一、人工智慧（AI）與哲學的關係

哲學對 AI 也是非常重要的，因為它試圖回答重要的問題，如「一台機器能夠聰明地行動嗎？」「它能像人類一樣解決嗎？」「電腦智慧是否像人類一樣？」等。

AI 與哲學有著密切聯繫，它們共享幾個概念，包括：智力、行動、意識、知識論（epistemology），甚至是自由意志（McCarthy, 2018）。此外，該技術涉及人造機器或人造動物的創造，因此該學科對哲學家來說具有相當大的意義（Bringsjord, 2018）。這些因素促成了 AI 哲學的出現。

總之，哲學就是「邏輯（logic）、推理方法（methods of reasoning）、思維作為物理系統、學習基礎、語言、理性（rationality）」的綜合體。

Q1.什麼是知識？(What is knowledge?)
這指的是以下幾類問題：我們怎樣才能知道任何事情（即激進懷疑論者的起始位置）？ 是否存在絕對的，超越的，普遍真實的知識（例如：數學真理或柏拉圖式的理想），或者所有知識都是實用的，本地的，並且取決於特定的知識和背景？內心世界（經驗／感性或理性）與外部世界的實際狀態之間的關係是什麼，我們如何才能知道這種關係？

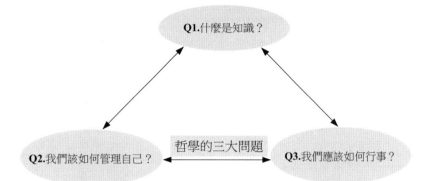

Q2.我們該如何管理自己？(How should we govern ourselves?)
這個問題涉及人類狀況的本質問題，因為它涉及道德和什麼構成「善」的問題。相關的問題是：什麼是有價值的生命和有價值的存在方式？我們應該如何處理這些問題？是否存在可用於判斷美德的道德絕對，或者相對於歷史和背景，它是否都是一種社會建構？我們應該以何種方式確定我們想要的方式？

Q3.我們應該如何行事？(How should we conduct ourselves?)
這將Q1和Q2二者合併為實際和社會角度。也就是說，鑑於我們的知識狀況並且我們對於什麼構成了善的價值，我們的社會和政治組織應該是什麼樣子？我們應該圍繞哪些原則組織社會結構？誰應該擁有權力？為什麼？什麼是最重要的社會價值觀（例如：平等、自由、正義、安全），我們應該如何構建社會以使其最大化？

圖 1-19 哲學的三大問題

## 二、科學之哲學三個層次（本體論—知識論—方法論）

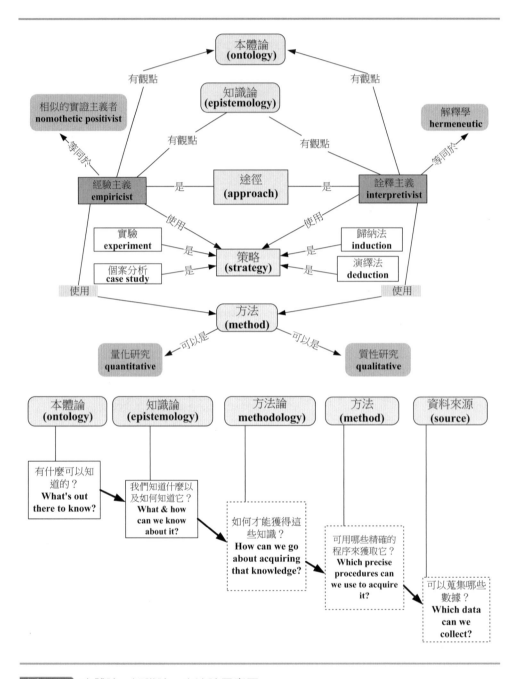

圖 1-20　本體論、知識論、方法論示意圖

1. **本體論**：探討一些關於現象本質的「基本假定」（fundamental assumptions about the nature of the phenomenon）。它又稱存在論、存有論，是形上學的基本分支，本體論主要說明研究的世界是**真實體客觀**或是人類認知的：人類知識的發現（discovery）是透過人的**發明**（invention）或是人的**開發**（development）而達成。也就是，事物特性的「真相」如何？科學的方法是建立在這些「假定」之上。

   哲學家柏拉圖學派認為：任何一個名詞都對應著一個實際存在；但一些哲學家則主張有一些名詞並不代表存在的實體，而只代表一種集合的概念，包括事物或事件、也有抽象的（由人類思維產生的事物）。例如：「社團」就代表一群具有同一性質的人組成的集合；「幾何」就代表一種特殊知識的集合等。本體論就是「研究到底哪些名詞代表真實的存在實體，哪些名詞只是代表一種概念」。所以本體論成為某些哲學分支的基礎。近年來，AI 及資訊技術相關領域的學者也開始將本體論的觀念用在知識表達上，即藉由本體論中的基本元素：概念及概念間的關聯，作為描述真實世界的知識模型。針對此一趨勢，W3C 組織也開始定義了許多本體論的相關語言，如 RDF、DAML+OIL、OWL 等。

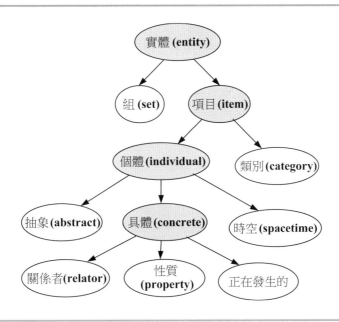

**圖 1-21** 本體論（ontology）將知識表示為一個領域內的一組概念以及這些概念之間的關係

2. **知識論**（認識論）：這些現象的「知識本質」是如何知道的（nature of knowledge about those phenomenon）？知識是透過觀察者感同身受的參與或在旁獨立觀察、知識是先天注定的或研究者積極介入的、知識是透過實證研究或主觀詮釋而獲得。故知識論有實證主義及詮釋主義兩大學派。大家熟悉的定性研究（參與、融入）與定量研究（觀察並蒐集其資料）都是基於知識論來進行。強調經由人類感官經驗去發現，認識現象的知識本質。

3. **方法論**：研究這些現象的「方法本質」（the nature of ways of study those phenomenon），即研究現象的方式。方法論也是探討研究策略，包括理論證明、工程方法、實證研究、探索性研究、概念架構等，或者是邏輯關係研究、因果關係研究、描述性關係研究。

方法論也是知識的科學。科學家常常依據研究現象的方式來從事研究活動以獲得經驗，可說是尋求解答的科學，他們採用科學的方法來產生科學的知識。方法論就是去發現認識之方法哲學。

因此，方法論有三個角色：

(1) 提供溝通：透過方法之明確性、公開性、可接近性，來建立具有可複驗性、建設性批評的研究架構。

(2) 提供論證：藉由邏輯推理、假設驗證之科學思維，來提升知識科學論證之內部一致性（信度）。

(3) 提供主觀互證（**intersubjectivity**）：因為只靠邏輯推理是無法保證經驗的客觀性，故主觀互證有其必要性。由於知識必須是可以溝通，所以科學家須具備可以了解、評估他人採用方法的能力，來進行類似觀察，以驗證事實與結論。易言之，不同的研究者，可以用相同的步驟操作，得到相同的結果。換句話說，科學家可將自己特殊的經歷，提升至大家所共同認可的意義，使知識能在環境中彼此溝通。

概括來說，本體論及知識論是不可做驗證的，只可以假設。相對地，在本體論及知識論之上，我們如何操作以獲得知識，即為方法論。知識能否被接受，是要視其方法論而定。

所以綜合以上的定義，本體論是關於一些現象的本質之基本假說，知識論是關於這些現象的知識之本質，方法論則是研究這些現象的方法之本質。舉例來說，哲學學派上述這三者的比較，如表 1-6 所示。

表 1-6　以哲學學派研究取向評價之比較

| 哲學學派 | | 取向 |
|---|---|---|
| 實證主義（positivism）：是一種以「實際驗證」為中心的哲學思想。廣義而言，任何種類的哲學體系，只要求知於經驗材料，拒絕、排斥先驗或形上學的思辨，都為實證主義。狹義而言，實證主義則指法國哲學家孔德的哲學，認為對真實之認識只有靠特定科學及對尋常事物的觀察才能獲得。 | 演化史 | 源自 14 世紀為排除人類對「科學」的看法大多是迷信、道聽塗說，鼓勵人們以實際的觀察與經驗從事科學研究，建立有系統的知識。後來演變為測量（measurement）的狂熱。 |
| | 本體論 | 有序的宇宙是由具體可觀察的事件所組成，而且可以用普世的法則來呈現，只有可被觀察的事物才能被視為真的（real, truth science）。 |
| | 知識論 | 知識是從感官經驗所驅使，透過實證分析而來，科學是取得預測性及探索性的外在世界知識。 |
| | 局限 | 研究人類可以像研究樹或蔬菜、牛、狗。 |
| 詮釋主義（interpretivism）人與神鬼溝通：解釋學（hermeneutics），又稱詮釋學、闡釋學，是關於文本解釋的理論，尤其是解釋《聖經》等宗教經文、經書典籍、哲學文獻。 | 本體論 | 社會寫實（social reality）是社會演員共同協商行動意義與處境的歷程之產物。 |
| | 知識論 | 知識是每日社會生活而來，可以抓住社會上已建構的意義，並以社會科學語言重新建構這些意義。 |
| | 局限 | 互為主觀，是誰在詮釋事實（fact），你不會知道你不知道的（內隱知識），人們也傾向於信靠所信的，有時，你所看所感常常不是所是。 |
| 批判理性主義（critical rationalism）：英國哲學家卡爾‧波普（Karl Popper, 1902～1994）提出「科學發現的邏輯」，主張對理性應該採取批判的態度，認為普遍有效的科學理論並不來自經驗歸納，科學理論是透過不斷的證偽、否定、批判而向前發展的。他把「猜測與反駁」方法套用於社會、歷史及政治的研究，認為社會歷史的發展及變化沒有規律，因此社會的未來不可預測，而且，歷史學不是一種理論科學，其理論假設完全是有選擇地取自其他學科，它自身不能獨創關於普遍規律的理論體系。 | 本體論 | 社會科學的目的不應只在建構因果定律。社會現象是由一連串的事件所組成的，事件與事件之間雖有關聯，但不一定是因果關係，研究者若要徹底了解真相則應該分析現象的三個層次：經驗領域、真理領域、真實領域。 |
| | 知識論 | 科學家是在錯誤嘗試的歷程，以觀察來拒絕錯誤的理論。所有的知識是可驗證的，並且需要持續的批判評價。 |
| | 局限 | 你如何拒絕你想要拒絕之事？因此，現在輪到我來拒絕我的理論，用社會科學拒絕普世法則。 |

方法論類型又細分：新古典方法論（neoclassical）、發展方法論（development）、除錯方法學（debugging）、設計方法論（design）、測試方法學（test）。

# 1-5 教育哲學之學派

教育哲學是對教育問題的哲學思考，用哲學的方法和語言來研究教育問題。研究的物件包括教育的本質、目的、學習的歷程、知識的架構、人類的課題、權威的問題、教育和社會之間的關係、教育的方針等等。

著名的教育哲學，如表 1-7、1-8 及下圖所示。

**表 1-7　教育哲學之學派**

| | |
|---|---|
| 觀念論<br>理想主義<br>唯心論<br>（idealism） | 柏拉圖──唯心論、笛卡兒、巴克萊、康德。<br>以宇宙為中心，宇宙與世界的存有，本質是精神或觀念。<br>教育的目的在於將潛藏在人心的真知及智慧，以教育的方式引出。自我實現是教育的主要目標。所以人盡其材，盡其本分，個人的品德，是內在思維，反省的外在表現（注重品德修持）。意志的訓練，也是道德教育的一種教育目的，重視有固定而崇高的理想，重視文雅教育而非實用教育。 |
| 唯實論<br>實在論<br>實在主義<br>（realism） | 亞理斯多德（著有倫理學，為演繹法創始者）、洛克、懷德海、斯賓賽。<br>演繹法：亞理斯多德、笛卡兒。認為本體論中的真實（reality），是獨立於人類感官、信仰、概念與想法之外的。<br>洛克堅持重視外在環境的觀察、探索、了解。這是知識的主要來源。知識來自於經驗學習，應從感官經驗開始，實物的觀察及教學媒體的應用，產生直接的印象。強調經驗、客觀與實驗。<br>洛克：健康的心靈，寓於健康的身體。<br>可以分為：人文唯實（以古典研究為主）、社會唯實（孟登，強調旅行教育）、感覺唯實（康米紐斯）。<br>實在主義對教育理論的影響：培養學生適合自然法則與社會環境，重視科學教育。 |

| 存在主義<br>（existentialism） | 代表人物齊克果、雅斯培、馬色爾、海德格、沙特（首創存在主義一詞）。是一個哲學的非理性主義思潮，它認為人存在的意義是無法經由理性思考而得到答案的，以強調個人、獨立自主和主觀經驗。<br>嚴格說來並不算是哲學一派，因沒有一致的主張。<br>主要以人為中心，關注「人之存在」的關心及研究。把人存在作為最占分量的研究。關心、反省，人因為 20 世紀工業科技高度發達，物質生活提升，造成社會發展失衡及精神空虛。強調人性的價值與環境。人具有選擇的自由。<br>所以教育的目的在於培養學生獨立自我的發展，參與社會及保持自主，自由獨立的個體，真正的存在要選擇真正的自我，自覺的存在才是真正的自我。協助學生了解世界、生命、及生存的本質特性。 |
|---|---|
| 實用主義<br>（pragmatism）<br>實驗主義<br>試驗主義 | 代表人物皮爾斯、詹姆斯、杜威。<br>當代哲學劃分為兩種：一種是非理性主義者，是唯心的、柔性重感情的、理智的、樂觀的、有宗教信仰和相信意志自由的；另一種是經驗主義者，是唯物的、剛性不動感情的、憑感覺的、悲觀的、無宗教信仰和相信因果關係的。實用主義則是要在上述兩者之間找出一條中間道路來，是「經驗主義思想方法與人類的比較具有宗教性需要的適當的調和者。」<br>把舊的知識改造、重組以便解決問題此時所得的結果便是知識，便是真理。但是此一知識，並不能適應下一次的情境，所以所謂知識及真理，並非一成不變，其性質並非永恆。故關心個體與環境的互動，以及培養發展解決問題的意志及智慧，並有能力重組經驗。<br>杜威後期據以建立他自己的試驗主義。 |

來源：宋時豪（2003），http://www.cte.fju.edu.tw/ctest/educon.htm

表 1-8　哲學學派的代表

| 理性主義<br>（rationalism） | 康德、笛卡兒（懷疑論，理性主義創始者）。是建立在承認人的理性可以作為知識來源的理論基礎上的一種哲學方法，高於並獨立於感官感知。<br>理性主義都是演繹法，人具有理性的天性，需教育發展出來。知識來自於理性，天賦觀念，注重人的理性思維。重視學生心智的訓練，例如文雅教育課程，學習普遍概念。<br>杭士基提出語言天賦能力。 |
|---|---|
| 經驗主義 | 洛克（Locke）、休謨（Hume）。<br>經驗主義關注在表象世界，從經驗出發，從你的感官出發，感官跟感官所接觸的東西叫做「感官材料」，兩者結合後產生感覺，如同眼睛是感官，顏色是感官材料，對應出來的是「感覺」。<br>感官→經驗→觀念、知識。所以以實物教學，讓感官藉由實物的呈現、把玩，而得到訓練，藉由外物的刺激，使心智活絡。 |

| 自然主義<br>（naturalism） | 盧梭、裴斯塔洛齊、福祿貝爾、蒙特梭利。<br>自然本身就是自然而然，每個人的自然而然都會不一樣，我尊重你的自然而然，也尊重他的自然而然，自然而然就變成個別化了，這也是個人主義思潮的脈絡。 |
|---|---|
| 實驗／試驗主義<br>工具主義<br>（experimentalism） | 杜威、克伯屈。<br>融合達爾文進化論的觀點及實用主義的教育哲學主張，形成自己的試驗主義。著有「民主主義與教育」。<br>實驗主義是透過實驗和經驗主義來實現真理。<br>知識來自於活動。「教育即生長」、「教育是經驗的改造」、「做中學」。學生在認知過程中，必須善於運用理性與經驗，觀念與感覺的功能，共同組織形成觀念與知識。所以學校提供實際的生活環境。對後世相當具影響，教育是經驗不斷的重組與繼續不斷的改造。習慣是生長的表現。哲學是教育的普通原理，教育是哲學的實驗室。<br>問題教學法。 |
| 進步主義<br>（progressivism） | 裴斯塔洛齊、盧梭、佛洛伊德（以上屬自然主義）、杜威（實用主義）。<br>「知識是經驗不斷的累積跟重組」，之所以導引到這裡，是因為杜威的追隨者非常多，在美國形成「進步主義運動」，為什麼其中有關聯性呢？知識不斷累積和重組的關聯性是什麼？就是進步。 |
| 文化學派 | 斯普朗格。<br>將人格分為六型，使個人人格在社會文化中，獲得發展與完成的活動。教師最好是宗教型或是社會型。 |
| 實利主義 | 斯賓塞（Spencer）。<br>生活預備說，視教育為預備的歷程，預備將來完美的生活。 |
| 本質主義<br>（essentialism）<br>精粹主義 | 是一種認為任何的實體（如一隻動物，一群人，一個物理對象，一個觀念）都有一些必須具備的本質的觀點。這種觀點同時會認為無法對現象作出最終解釋的理論都是無用的，因為其不能反映客觀事實。<br>進步主義教育而興起。 |
| 永恆主義<br>（perennialism） | 赫欽斯、艾德勒、布魯姆。<br>認為人是理性的動物，學校以啟發人的理性與心理智能為目的。 |

來源：宋時豪（2003），http://www.cte.fju.edu.tw/ctest/educon.htm

自然主義 (Naturalism) 與實用主義 → 進步主義 → 精粹主義

**進步主義**

源頭為自然主義與實用主義注意學生的需求與興趣，兒童順其本性，自由發展。教師為引導者，學校與家庭密切配合，學校是教學改革與實驗的實驗室。

**精粹主義**

以新的方式教育，主張教育回返本源：教師的權威，課程的價值，基本的學習技能。

注重基本能力的訓練，知識的學習，遵守紀律，專心學習。以學科為中心。

↑↓

**永恆主義**

不滿進步主義的主張，反對學術專門化與職業技能的訓練，認為教育的目的在追求真理與傳播真理，教育應該是普及與具恆常性。以學科為中心。

**圖 1-22** 各型主義的發展過程

# 理論的意義及在研究中的角色

## 2-1 理論

理論（theory）這詞起源來自希臘 thorós, a spectator，強調所有理論都是感知現實的心理模型這一事實。理論是一組假定（assumptions）、命題（propositions）或公認事實（accepted facts），試著對一組觀察現象之間的因果關係（因果關係）提供合理的解釋。

著名理論

1. 心理學：古典制約、操作制約、學習理論。
2. 哲學：思辨理性（speculative reason）。
3. 數學：集合論、混沌理論、圖論、數論和概率論。
4. 統計學：極值理論（extreme value theory）。
5. 物理學：牛頓力學、相對論、量子力學、標準模型、弦理論、超弦理論、大統一理論、M 理論、聲學理論（acoustic theory）、天線理論（antenna theory）、萬物理論（theory of everything）、Kaluza-Klein、圈量子引力理論（loop quantum gravity）。
6. 教育學：教育的理論基礎（哲學、心理學、社會學）。其中，學習理論又分：行為主義、認知主義、人本主義、建構主義四種。
7. 氣象學：全球暖化理論（global warming）。
8. 地理學：大陸漂移學說、板塊構造學說。
9. 生物學：自然選擇理論、演化論、內共生學說、中性理論。
10. 計算機科學：算法資訊理論、計算機理論。
11. 經濟學：微觀經濟、宏觀經濟、博弈論、理性選擇理論（rational choice theory）。
12. 管理學：x 理論、y 理論、z 理論。激勵理論就可舉出 Maslow 需求層級理論、Herzberg 雙因子理論、McGregor X 與 Y 理論、Alderfer ERG 理論。
13. 性科學：樓梯理論（ladder theory）。
14. 社會學：批判社會理論（critical social theory）、價值論（value theory）。
15. 人類學：批判理論。
16. 文學：文學原理（literary theory）。
17. 音樂：樂理（music theory）。
18. 其他理論：模糊理論，請見作者《模糊多準則評估法及統計》一書。

## 2-1-1 理論是什麼？

　　理論是有條理且相互連貫的敘述（statements），用來多解釋某些觀察現象之間的關係，解釋社會生活的特定面向。它是概念、變數、定義及命題（proposition）之系統組合（Zikmund, 2003）。

　　理論也是對現象或這種思維結果的抽象或概括性思考的沉思（contemplative）和理性類型（rational type）。沉思和理性思考的過程往往與觀察研究，研究等過程有關。

　　理論是可以被驗證和精緻化（refine）的，但理論並非代表真理（truth）。理論的定義有下列幾種：

1. 理論係由一相互關聯（interrelated）命題所組成的一個廣泛體系，而這些命題則與一些社會的運作有關。命題是由構念所形成，命題說明構念之間的關係（只限因果關係但不能證明），由此可得，理論⊃命題⊃假設。

2. 所謂理論是一組有條理的命題，這些命題與行為或結構有關，而且在相當廣泛的範圍內均可適用，但不是放諸四海皆準。易言之，每一個理論的適用性是有限度的，但要有一定的廣泛度。

3. 理論是一組相互關聯的構念（construct）、定義與命題所組成，它們表現出對社會現象的系統觀，此系統觀表明了變數間的基本關係，而其目的則用來解釋、預測社會現象。理論本身亦是可被檢定的，具有實證意義的邏輯結構。如果因為成本因素或因為人類能力未及，而不能現在就檢定該理論，它仍不失為理論。

4. 理論是科學的終極目標，其他一切都來自理論（Theory is the ultimate aim of science, all else flows from theory）。

## 2-1-2 理論的構成要素

　　研究旨在尋找「事實真相」，以了解、解釋及預測現象。而理論則是對這些真相之關係提出規則化（一般化）的結論。實證研究的過程，先是指出研究假設，再蒐集資料予以驗證該理論是否受到支持。例如：當我們想要問「工作滿意對工作績效有何影響時」，首先應對這些研究名詞有一致的定義，此時就須使用概念（concept）、構念（construct）、操作型定義等相關要素，接著運用（具有學理依據的）變數（epistemcologically corresponding variable, ECVs）來界定研究假設，下一步再驗證這些研究假設的真實性。易言之，理論的構成包

括下列五項要素：

1. 概念：概念是有關某些事件、事物（objects），或現象的一組特性，它是代表事件、事物，或現象的一種抽象意義是建立科學的基石。概念的來源，常常來自個人的經驗及觀察，任何一個人都會從類似的事物中歸納出一些獨立之共同屬性。這種從類似的個體中所抽離而出之共同屬性的活動，謂之抽象化歷程。透過這種歷程所獲得之共同屬性，便是概念。概念可分為三類：事物概念、物體概念、關係概念。

2. 構念（construct）：構念是被賦予一組具體語意之有意義名詞（A term which has been assigned some specific semantic meaning）。為研究所創造或「發明」的抽象概念，具有多維度（dimensions）的特性，且不能直接測量。所以每一構念都是一個概念，但每一概念則未必是一個構念。在科學研究中，構念的界定，必須有理論上的意義，我們必須對意義本質下一構念的定義。在實證研究中，為了能有效表達研究架構，常常是將構念放入某種理論架構中，以探討各構念彼此之間的關係及影響方向。例如：資管的理論架構可取自財務學、經濟學、行銷學、心理學、社會學、政治學等領域的理論來疊床架屋。譬如，由「滿意」衍生組織行為「工作滿意」、資訊系統「使用滿意」、人管學「溝通滿意」、行銷學「消費者滿意」、教育學「學習滿意」。

3. 操作型定義：進行科學研究時，我們須定義構念的各個維度，各維度中的概念也要定義成可操作的型態，以便能加以測量。易言之，操作化是將構念定義為幾個可測量之項目，這些項目又可分為物理特性及高度抽象構念等兩種。

4. 變數：凡是賦予數值之符號，謂之變數（或稱變項）。例如：工作滿意度、智商、身高、生產力、績效……。

5. 命題≠假設（hypothesis）：命題是兩個或多個構念之間關係的敘述，並以關係形式來連接構念（A statement about the relationships between two or more constructs, it connects constructs in relational forms）。命題也是對概念的描述，此一描述如依據可觀察的現象可以判定其真偽，但它不一定要做實證。相對地，假設是為實證所建立之命題，若將命題加以明確陳述以供實證之統計檢定，則此一命題謂之「假設」。假設是一敘述性的陳述，本質上是暫時性及猜測的。

　　常見的「假設」有兩種：(1) 敘述性假設：旨在說明某一變數之存在、大小、情況或分配情形之命題。例如：60% 的臺灣人帶有 B 型肝炎。(2) 關係性假設：是指敘述兩個變數間對某案例之某一關係的陳述，例如：工作壓力高者其工作

滿意度低。一個研究能否以科學方法進行，關鍵在於有無研究假設之設立，有了研究假設，我們才能知道該使用何種統計分析技術及資料整理方式。

## 一、理論的性質

1. 理論是由構念和命題所構成的。理論命題（theoretical propositions）是敘述（以句子或方程的形式）構念之間的關係。反過來，構念包括變數之間關係的符號表示，其由事物、事件或其屬性的類別所組成（consist of classes of objects, events, or their properties）。

2. 普遍性（generality）是理論的一個重要特質，但理論也不能太廣。理論的普遍性有不同層次，換句話說，理論具有高層次的理論性及低層次的理論性。例如：人類吃東西之研究中，「口腔行為」是屬高層次的普遍性；「嚼食動作」則屬中層次的普遍性，「吃飯」則屬低層次的普遍性。故高層次的理論是描述高抽象概念之關係的系統，這種高抽象的概念可將以前認為無關的定律（laws）加以組織（定律在未建立理論之前是沒有關係的）。在社會科學中迄今尚未有高層次的理論出現，多數學者認為社會科學的研究主要以中層次的理論為主，主要原因是社會科學理論複雜，且構念定義不同。而自然科學的發明則以高層次的理論為主。相對地，中層次的理論存在於一些次要但卻是必要之研究假設中，這些假設常牽動我們的研究，並且是為了發展出一致性理論之全面系統而努力。

3. 理論是建立在一系列的假定（assumption）之上。假定是基於其他人所說或所做的猜測（guesses）；而假設（hypothesis）是科學猜測，可用科學實驗或研究來驗證（test）它的真偽。理論是有條理且相互連貫的敘述（statements），這些敘述用來說明理論發展可應用的範圍及情境，它們並不會是理所當然（take it for granted）。

4. 理論不必有嚴格的實證對應，只需根據命題／假設加以驗證，沒有被推翻即可接受此理論。易言之，我們只須驗證實際資料是否支持（符合）「理論」。若研究假設未被否認時，我們就可接受該理論。

5. 理論必須得到實證資料的支持。

## 二、理論的功能

Zmud（1991）認為研究活動中，理論基礎是相當重要的，它具有下列四項功能：

1. 理論基礎可累積前人研究的知識，並與目前將進行的研究做整合，以便對現象做更佳的解釋。
2. 理論基礎可以連結研究者及前人的研究，以發展更成熟、更精緻的理論。
3. 理論基礎可以提供研究主要構念及各構念之間關係的來源，使研究者能更深入地以這些構念來探討新現象。
4. 理論基礎可提供研究者一個概念架構，以便組織整篇文章之理念；並且讓研究者發展其心智模型（mental model），以便詮釋整篇論文。

概括來說，理論具有下列三項功能：

1. 理論可幫助我們「了解」現象，其中了解（understanding）又可分為兩種情境：(1) 預測性的了解、經驗主義的了解，它是站在客觀的立場加以觀察所獲得的了解（客觀的、旁觀的了解），強調的是「觀察」。(2) 同理心（empathic）的了解、詮釋主義的了解，它是站在參與者地位去感受，是主觀的、參與式的了解。
2. 理論可用來「解釋」現象之間的關係。例如：涂爾幹用「感覺孤獨的程度」來解釋為何新教徒國家的自殺率比天主教徒國家來得高的現象。在我們學過的理論中，有些理論的解釋力較強，有些則較弱，衡量理論解釋力高低之準則有下列三點：(1) 結構的精簡性（parsimony），通常理論的結構越簡單越好。(2) 解釋的精確性（accuracy），解釋越精確者是越好的理論。(3) 適用的普遍性，該理論適用於各種社會現象越普遍越好。
3. 理論可用來預測行為：「先前發生的事情」（antecedent）與「結果」（consequences）之因果關係就可透過理論來描述。

## 2-1-3 一般人對理論常見的誤解

1. 一般人常將理論與實務視為對立：理論的發展常常是藉由實務（practice）觀察而來（歸納法），或是需要藉由實務來驗證（演繹法）。因此理論與實務是息息相關的。理論是來自實務，它將事物特性觀念化、一般化、抽象化、知識化。換句話說，沒有任何東西比理論更實務（practice）。
2. 將理論視為規範性的哲學（what ought to be）：其實不然，理論只是描述事物關係的特性，它是「what it is」而非「what ought to be」。例如：有人誤將柏拉圖、馬克斯、亞里斯多德等哲學家的著作視為理論，這是錯誤的，因這些道德哲學旨在說明價值判斷，由於它是無法加以實證來檢驗，因此無所謂真實或虛假。易言之，理論並不牽涉「應不應該」、「對錯」等價值判斷，

而只關注經驗現象到底是「如何」及「為何會」發生（Nachmias & Nachmias, 1996）。理論並非是道德哲學，道德哲學本身是無法加以檢證的經驗，故無真偽。例如：社會主義「應是」世界上最差的經濟體系，此道德哲學並無經驗證據可證明或駁斥。

3. 將理論視為真理（truth）：其實科學家不是在建立真理，而是在追求真理的「方法」，理論只是暫時性的真理，故許多理論經過不斷修正、重新建立，使該理論更接近真理。易言之，科學家建立的理論，即使是真理也是短暫的。誠如 Kuhn（1970）所說：「真理並不適合成為科學的目的，而科學旨在創造真實。」（Truth is an inappropriate objective for science. Science creates many realities.）科學家旨在建立理論而非真理，理論亦不代表真理。在批判主義（critical relativism）的本體論（ontology）中，真理並未扮演任何角色。換句話說，真實的真理是已經超越了方法論的範圍。

## 2-2 理論的角色、理論的來源

### 2-2-1 理論的角色扮演

理論的定義分為兩種，狹義的定義是指「理念、變數及其他變數之間關係的一般化」，廣義的定義是指「概念、定義及命題交互關係之系統組合，並以這種關係來解釋或預測現象」。理論的角色扮演有下列五項：

1. 理論代表研究的導向（orientation）：理論可縮小研究範圍，給予研究的方向。例如：領導理論，至少歷經特質論、行為論、權變論、及近代領導理論（交易型領導、轉換型領導）的演進。

2. 理論代表研究概念化過程（conceptualization）：有理論才能將具體現象抽象化。例如：在資訊科學中，概念化是世界某些選定部分的抽象簡化視圖，包含對於某些特定目的而被認為感興趣的事物、概念和其他實體以及它們之間的關係。

3. 理論代表研究的分類（classification）：例如：控制通貨膨脹就有兩個學派，貨幣理論及市場供需理論。常見的分類理論有：科學的、數學模型理論、生物學……。

4. 理論代表研究的總結（summarization）：理論將複雜的現象加以簡化。總結是為獲取大量資訊並建立涵蓋要點的精簡版本。

5. 理論代表研究的方向（direction）：若現有的理論在某個問題上出現理論的缺口，未能提供合理的解答，即形成另一新的研究方向。

## 2-2-2 如何尋找理論來源

尋找理論有二種方法：

1. 從既有的文獻（資料庫、期刊、專書、教科書）中歸納整理，以持續、累積、有目的地來發展要研究之模型。例如：Lucas（1981）曾以資訊系統的實作進行一系列的研究，這些結果發現迄今已逐漸成為資訊系統建置的兩大學派：影響因素理論（factor）及流程理論。

   **文獻回顧**（literature review）並不是一系列的註解也不是心得報告，文獻回顧必須要具有綜合（synthesize）、分析（analyze）、還要能夠進一步批判（criticize）現有文獻的功能，並指出目前文獻的優缺點、有何不足之處，並由這些不足來發展出研究者自身研究的理論方向與命題。

   文獻的功用：選題、定義、架構、方法、設計、工具、發現、書目。

   簡言之，文獻回顧的功能有：(1) 研究問題的性質與背景；(2) 相關概念或變數的定義與意涵、研究主題或問題相關的理論基礎；(3) 他人研究中所採用而可借鏡使用的研究方法、設計、工具及分析程序；(4) 他人的研究結果而可供參考佐證者；(5) 提供豐富的參考書目，作為繼續搜尋的線索。

2. 類推法：從其他相關領域的理論來發展自己的研究方式。例如：從組織行為之公平理論來探討使用者抗拒電腦系統的原因（Joshi, 1991），從經濟學之「資源相依理論」來探討策略資訊系統之競爭優勢的維持，或從財務之「投資組合理論」來探討資管投資組合。由此可知，第二種尋找理論的方法，旨在說明某一新興學域（例如：資管）如何根據相關學域來疊床架屋，架構自己的理論基礎。又如，由物理學「壓力」公式 $P = \dfrac{M}{A}$，衍生出管理學「工作壓力」或行銷學「購屋壓力」（即以當地公務人員薪資水準，購買 30 坪住宅平均所需年數）。

## 2-2-3 理論發展注意事項

一旦研究者發現感興趣的題目，就必須從心理學、組織行為、哲學、經濟學、醫學，或社會學中尋找相關的理論。實證研究的主旨是驗證假設，而假設的建立則有賴理論的演繹發展。理論與假設的關係是「理論→研究模型→假設

檢定」。從理論發展至建立研究模型，再至假設的形成，可有下列幾個指導方
針可循（Zmud, 1995）：

1. 如果一個概念、構念、關係與本研究核心沒有直接相關，則就不應該出現在
   研究模型中。
2. 不論是概念模型或理論模型中，每一個構念的意義要清楚、互斥，且所用術
   詞要與現有理論的名詞保持一致，以便研究的彙總比較、整合驗證知識的累
   積。
3. 理論發展應配合研究模型的架構。
4. 研究模型內構念間彼此關係之文獻引證，應做說明、過濾，並排除不相關的
   文獻。但要記得，文獻介紹要簡短扼要，不必太詳細、冗長。
5. 每一假設之前，都應有一段強而有力的理論支持，來說明「爲何」要提出這
   個研究假設、其理論基礎及往昔文獻在何處，此缺點是國內研究論文最常忽
   略的要點（林東清、許孟詳，民 86）。

## 2-2-4 理論與研究的先後關係

社會科學旨在：觀察及經驗之世界。或在觀念、理論及模型的世界之間有
系統的建立連結，以提升社會科學的目標（解釋現象及問題解決）。此種連結
如何達成呢？大約可分成兩種途徑：(1) 先建構理論及模型，再尋求經驗世界。
(2) 經驗研究是理論建構之前。因此有下列兩個方法，分別是驗證性研究及探索
性研究。

### 一、理論先於研究（theory before research）

此屬於驗證性研究、研究過程採演繹法，此學派學者主張理論應先被建構
後，才能繼續後面的研究。驗證性研究的代表人物包括：

1. Karl Cooper（1968, p.1902-1994）認爲科學的知識開始於想法／創意，然後再
   經過研究予以拒絕承認（而不能支持），想法是內心的意象（picture），然
   後拿經驗的事實來驗證此意象。他不認同「研究」可以促進新理論的產生。
   理論只能靠直覺獲得，而這種直覺就類似對某種知識經驗的熱愛。
2. 胡適：大膽假設，小心求證。

「理論先於研究」的實施步驟如下：

Step 1　首先建構一明示的理論或模型。
Step 2　根據該理論或模型推導出命題。

Step 3 設計研究專案來驗證該項命題。

Step 4 若實證結果，該命題被拒絕，則修正原來的理論或模型再形成新命題，然後再回到第 2 步驟。

Step 5 若命題未被拒絕，則應進一步發展其他命題，使該理論更加精緻。

## 二、研究先於理論

屬於探索性研究、研究過程採歸納法，此派學者認為在研究進行之前不應該有先入為主的理念。例如：Robert Merton（1968）認為研究的角色不只是為了被動的驗證理論，反之，研究可以扮演積極的角色來建構理論。易言之，研究可建立在理論之前，但不應有先入為主的觀念。Reynolds 認為「研究先於理論」的研究步驟（探索性研究之步驟）如下：

Step 1 選擇某一現象，並發現與該現象有關的所有特徵（指多維度）。

Step 2 衡量在不同情況下的這些特徵。

Step 3 分析資料，發現該特徵之間是否存在特定的系統性態樣（pattern）。

Step 4 進一步蒐集更詳細的資料加以理論化。

在實務上，上述兩種主張應可折衷使用，研究可先有初步的理論，亦可理論指導著研究的進行。易言之，我們可採用驗證性研究，亦可採用探索性研究，或者兩者混合一起採用。實務上，研究是「驗證」及「探索」的折衷。研究過程若採用演繹法，它是由普遍命題來推論、預測特殊的事理或事項；相對地，歸納法是由許多特定的事理或事項，來發現普遍性的命題或關係。此外，有時理論的發現是靠運氣（serendipity），例如：研究 A 與 B 的關係，卻意外發現 A 與 C 有關係，換句話說，研究本身是無法嚴格控制的，是容許浪費的。

## 2-2-5 態樣的種類

### 一、態樣（pattern）是什麼？

Pattern 這個英文字，翻譯為態樣、模型、樣式、範式。就字面的意義，可以解釋為「一再重複出現的東西、事件、或現象」。例如：LV 包包上面的幾何圖形（重複出現的東西、圖樣）；每四年舉辦一次總統選舉（重複出現的事件）；吃了地瓜很容易放屁（重複出現的現象）。又如，最常見之交通違規態樣，包括：紅線停車、併排停車、人行道違停、占用身心障礙專用停車位、未依順行方向停車。

從研究中發現「態樣」再建立理論，其常見歸納推理（inductive reasoning）之方法有五種：

1. 異中求同（method of agreement）：所有的受訪者均有同一狀況（特性）。例如：所有人都要吃飯。該態樣具有「一致性」是指所有觀察的個案都表現相同的特質。凡是哺乳類（獅、人、黑猩猩、海象等），雌性的都會把基因留給最強的雄性，來傳宗接代。

2. 同中求異（method of difference）：所有的受訪者在不同情況下，都會有不同的反應。強調「差異法」，它是指不同樣本在不同的狀況下，有不同的對應特質。例如：國內生產毛額（Gross Domastic Product）代表一國國內人民在某一單位時間中，生產的所有最終商品和勞務的市場價值，**GDP = [C（民間消費）+ I（投資）+ G（政府）]（D：國內需求）+ [X-M]（F：國外淨需求）**。差分公式：

$$經濟成長率 = \frac{本期實質\,GDP - 前期實質\,GDP}{前期實質\,GDP} = \frac{本期實質\,GDP}{前期實質\,GDP} - 1$$

又如，某股票「量價關係圖」中，短期會賺錢個股，都有一共同態樣，即當天「量 × 價」超過 2 億，且「量價圖」中呈現暴大量且價升的現象（主力做多），謂之大吉，此時你可買進；反之則要停損。

3. 混合求同及求異（join of agreement and difference）：不同的受訪者具有某些不同的性質，即組內相同、組間不同。該態樣所強調「聯合法」是指有兩組樣本在特質上有所不同，即有對應的不同性質之樣本。

4. 變異相伴（concomitant variation）：指某一現象的改變時，另一現象跟著改變，兩者有因果關係（可能是線性，亦可能是非線性 / 共整合關係）。

5. 殘差法（method of residual）：在同類事例中，除了一個事例外，其他的事例都已知時，則可知此一個事例與其他之關係。例如：A + B = 20，當 A 為 17 時，推出 B 值應為 3。又如，開槍後殘留物與共伴罪證的關係？或者，某藥物殘留的副作用，例如：降高血壓藥的副作用有那些特徵？

## 2-3 研究與理論的關係

研究與理論兩者呈現螺旋型的發展，其關係如下圖所示，看研究者從那個角度切入，切入角度不同所看到的程序的起始點亦就不同。易言之，理論

的建構（從無到有）是一個螺旋型（非直線的）的程序，包括：①「觀察個案（observed）→ ②描述（description）其態樣（pattern）→ ③推論到母群（deduction）→ ④理論化的解釋 → ⑤以理論化推出新假設 → 實驗 → 理論 → 再觀察實際資料……」，如此不斷地循環。

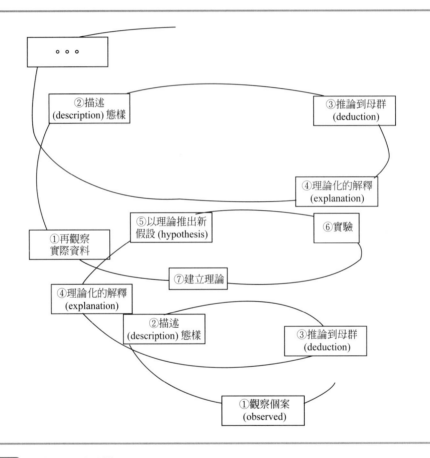

**圖 2-1** 螺旋型理論建構

## 一、研究的程序

科學之知識是建立在經驗（觀察）或邏輯推理之上。科學家採用經驗的驗證性及邏輯之有效性這兩個準則，來評估其知識的論點。這兩個準則可透過研究的程序轉換成爲研究活動。研究程序是整個研究活動的架構，經由科學家的參與產生知識，它也是科學調查的藍圖。研究程序可分解成下列八個階段（如下圖）：(1) 問題界定。(2) 從理論歸納／演繹來發展抽象的命題。(3) 由命題的

操作來形成假設。(4) 研究設計。(5) 衡量工具。(6) 資料蒐集。(7) 資料分析。(8) 理論化（通則化）。這八個階段都會影響理論的形成，同時也都會受到理論的影響。

**階段 1** 問題界定：任何科學研究，都必須有一個以上待解決的問題，作為研究的主題。

**階段 2、3** 發展命題／研究假設：對待解決的問題，提出暫時性的答案，以進行邏輯上、經驗上的檢定。

**階段 4** 研究設計（第 7 章）：目的在計畫與創造適當的驗證情境，使所欲研究的現象可以出現或變化，並能「有效測量」，且盡量控制無關的因素，以免影響研究成果。

**階段 5** 衡量工具：決定衡量自變數和依變數的工具及方式為何。

**階段 6** 資料蒐集：蒐集與假設直接相關的資料，以驗證假設的真偽。常見資料蒐集的四種方法，即調查法、登記、實驗法與次級資料之蒐集。

研究程序之八個階段的最大特性，在於研究程序具有循環的本質，它通常以問題當作研究的起始點，以暫時性之經驗通則為研究的終點。其中通則化是一輪循環的結束，同時也是另一循環的開始，此種循環的過程會無止盡地持續進行，自我修正，再創新的通則。因此理想的研究程序並非一成不變。

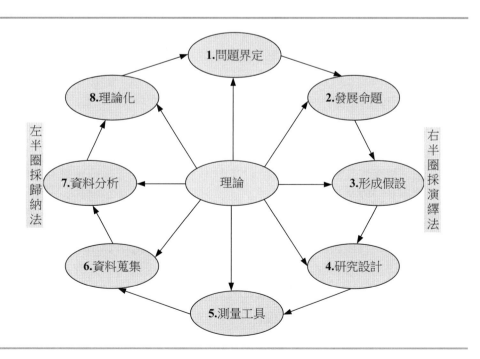

**圖 2-2** 科學之輪

## 二、建構理論所面臨的困難

理論建構常面臨的問題，就是理論如何與研究互通？常見的困難有下列幾點：

1. 抽象的理論與實際驗證之間存有無法整合的缺口（gap），理論語言與操作語言兩者無法整合，其解決之道，要靠學者約定俗成（convention），或彼此間的同意（行規的規定）。

2. 科學家暫時忘記真實的世界，而「work with model」。就像拼積木一樣，模型（model）是根據想法所拼出來的，代表一種對真實的意象。

## 三、例如：護理理論、研究與實務的關係

護理理論、研究與實務的關係是非常密切且複雜，理論由實務中產生，經由研究使其完善，之後必須再回到臨床實務中。Slevin（2003）將護理理論、研究與實務之關係比喻為三位一同跳舞的舞者，為了使舞蹈一致與展現美感，三位舞者必須有很好的互動、默契與協調，任何一方若錯了節拍、亂了腳步都會影響其他人，因此三位舞者都需具備足夠的技巧與能力，才能共同舞出漂亮的舞蹈；同樣地，沒有理論基礎的研究或沒有研究基礎的實務都可能扼殺了護理專業，因此，唯有護理理論、研究與實務三者能緊密連結相互應證，護理知識與專業得以提升。

Parahoo（2006）指出「研究沒有實務如同在空氣中建立城堡；只有實務而沒有研究如同將城堡建立在濕滑的地板上」。Meleis（2007）強調理論引導研究、研究測試與修正理論、量測由理論衍生而來的概念，修正後的理論引領更多的研究，而發展或修正後的理論必須使用在實務中。

McKenna（1997）提出四種研究與理論的關係：研究發展理論（theory-generating research, TGR）：使用質性研究方法如扎根理論研究法、現象學，這些方法可以產生新的理論、支持現存理論、否定現存理論或使現存理論更為適用；研究測試理論（theory-testing research, TTR）：使用量性研究方法，藉由研究問題之產生、建立研究假設、進行實證測試，研究結果將支持理論或反駁理論；理論引導研究（theory-framed research, TFR）：使用現有理論成為研究架構，可以反駁現存理論或使現存理論經修正後更適用；研究評值理論在臨床實務之使用（theory-evaluating research, TER）：針對現有理論在臨床上的使用進行評值。如評值歐倫自我照顧缺失理論於急性醫院之老年患者（Glasson et al., 2006）。目前強調的實證照護就是應用現今最好的臨床研究證據來照顧病患

（Worral, Randolph, & Levin, 2008）。

**連結護理理論、研究與實務之策略**

　　我們或許會質疑「護理眞的需要理論嗎？」、「理論眞的有用嗎？」，從文獻中得知護理確實需要理論、理論確實可以呈現護理專業，進一步，護理理論可以造就臨床實務的改變與提升，研究者、理論學家以及臨床實務工作者不斷的努力縮短彼此的差距，雖然理論與實務間的間隙永遠的存在，但可以盡量縮短其差距或建立連結的橋梁，以下四個策略可以有效的連結護理理論、研究與實務。

1. **字彙的選擇與溝通**：整合護理理論、研究與實務三者最大的障礙來自使用之字彙與如何達成溝通，護理理論學家常使用一些較爲抽象、模糊的語言，有些用語來自心理學或社會學領域，尤其是大型理論即指範圍廣泛、概念較抽象、內容廣博的護理理論，如 Roger（1994）的獨特單一人類科學（a science of unitary human beings）及 Parse（2007）的人類轉成理論（theory of humanbecoming），這些字彙是臨床護理人員不熟悉的，因此造成理論難以在實務中推行。雖然理論的本質即是試圖以簡約的詞句描述一現存複雜的現象，需使用抽象的字句，因此需先與臨床人員溝通、教導臨床人員了解、並在推展於臨床的過程中持續的進行討論。

2. **以實務爲基礎的護理理論**：通常選用理論於實務，但卻沒有和臨床實務者溝通，選用的理論無法眞實反映臨床情境且爲實務者所了解與接受，因此，即使臨床已使用理論卻難以提升護理品質。如某醫學中心使用歐倫自我照顧缺失理論於臨床實務，此措施立意甚佳，然而歐倫自我照顧缺失理論較適用於社區中機構安置或居家照護的個案，對於急性照護爲主的醫學中心應選擇更適當的理論作爲急性照護的依據。因此，護理理論必須以實務爲基礎（下圖），唯有如此，理論才能眞正適用於臨床，且爲實務者接受並運用。以實務爲基礎之理論選擇與發展：是否有合適之護理理論可提供選擇？如羅式適應模式、歐倫自我照顧缺失理論、帕西人類轉成理論、超連結系統理論（陳筱珮，2008）、扁擔理論（Shyu, 1998），如果答案爲「是」，則選擇一個或多個理論使用於實務並藉由護理研究進行理論評值；如果答案爲「否」，則需發展新的理論，之後再使用於護理實務並藉由護理研究進行理論評量與測試。然而，臨床使用的理論大多由醫院管理者階層進行選擇，因此不難了解爲何無法縮短理論與實務間的鴻溝了。

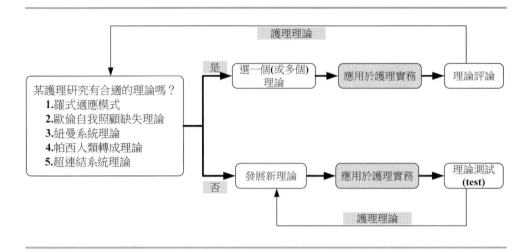

**圖 2-3** 以護理實務為基礎之護理理論選擇與發展
來源：陳筱珮（2010）。建構護理理論、研究與實務之橋梁，慈濟護理雜誌，9(2),63-70。

3. **發展中型理論**：中型理論指的是範圍比大型理論小一些，多針對特定現象或領域具體描述其現況、如何發生及發生原因，主題清楚且範圍明確，概念較具體，多由臨床實務中產生，可以反映護理實務的價值，多以研究方式建立，若使用質性研究如扎根理論發展之中型理論強調理論的建構來自資料，而所有的資料均來自實務，其使用之語言較不抽象，護理人員可以從理論中真實反映自己的工作內容，這些理論成為架構引導護理人員思考與實踐實務，有效的縮短了理論與實務的差異，因而有越來越多的中型理論被發展。葉莉莉、陳清惠（2008）也提出必須放棄大型理論的追求發展特殊情境護理實務之中型理論。

4. **將護理理論融入護理課程**：理論與實務鴻溝的議題一直為護理教育所重視，然而，如果護理理論學家非來自實務或者教導理論的教育者不了解臨床的實際狀況，如何讓將來成為實務的學生應用所學的理論？因此，護理教育必須與理論及實務緊密結合（Pilson, 2009），理論與實務的鴻溝才可以縮短，因此護理教育需教導的是現今實務所使用的理論，此外，蓬勃發展的中型理論也必須教授給實務者，藉由實務經驗使用研究評值理論，再進一步修正理論，直到理論與實務緊密聯繫。

chapter

# 03

## 理論建構（≈ 模型）、 中介變數與干擾變數

# 3-1 典範

　　典範（paradigm）在方法論上是指當某個人在從事研究行為或解決問題等活動時，其背後所蘊含的整套相關觀點（related perspectives），換言之典範包括此人在進行活動時所使用的一切概念（concepts）、假定（assumption）、價值觀（values）、方法及證驗與真理的準則。某個學門中之所以有不同的思想派別，常是由於各派背後有不同的典範支配之故。

## 3-1-1 典範是什麼？

　　Paradigm 源於希臘文 paradeigma，有模式／態樣（pattern）、模型（model）或計畫（plan）的意義。柏拉圖（Plato, 427～347 B.C.）將此詞用於其理念（ideas）或形式（forms）的觀念中，以顯示它們在世界中的地位。而當代部分哲學學者，在論及所謂「範例」（paradigm case）時，則將範例的表現視為是解決爭端的方式之一。「典範」，依據孔恩（Thomas Kuhn, 1970）的說法，包含特定的假定、概念、理論、分析方法、問題解決（problem solving），而且適用於特定的科學社群（scientific community）。換句話說，典範是對現象本質的基本信念與假定的一般觀點或思維方式之反映（A paradigm is a general perspective or way of thinking that reflects fundamental beliefs and assumptions about the nature of the phenomenon.）。

　　在科學和哲學中，典範是一組獨特的概念或思維模式（a distinct set of concepts or thought patterns），包括構成領域合理貢獻的：理論、研究法、假定和標準（theories, research methods, postulates, and standards for what constitutes legitimate contributions to a field.）。

　　典範並不局限於一種理論或學派，而是科學研究者一段時間內，所共同接受的一種最高指導原則的科學成就，其中包括定律（law）、學說、應用、實驗工具與方法等。典範一方面開創了一套特殊的、統一的科學研究傳統，另方面也為常態科學（normal science）提供了所有必需的及可用的理論工具、實驗方法及研究問題。孔恩典範概念的提出，主要是從動態的觀點來闡釋科學的起源與發展，依孔氏之見，自然科學中常有一種為某一科學社群所共同認定的概念及方法論上的「典範」，而處於該社群內的科學家即依此典範從事專業性的研究。

　　在建構理論前，要先確認研究所在的典範。典範是屬於一種認知架構

（cognitive structure），它是研究者用以代表某種事物之具體意象（picture）。我們發展典範，並非針對理論本身，而是提供理論之構成要素，以便作為建構理論之基礎。易言之，典範代表一種導向（orientation）或背景觀點（perspective）。迄今，我們所做研究仍深受自然科學影響，強調「客觀」、「常規」。因此，在不同的典範基礎下，對不同的科學領域而言，就有不同的理論發展。

總之，典範的意義自從早期理念的「模式（patern）」或「模型」或「計畫」的意義開始，已逐漸轉變為一套支配某段時期科學研究的標準程序或方法，最後甚至成為一種隱含價值判斷的科學理論中的「後設理論」。在此意義轉變的過程中，典範原有的「不可取代性」成為「典範的暫時性」，「典範轉移」（paradigms-shift）甚至成為科學理論發展的必要過程。特別是當人文社會科學運用到典範的概念時，仍無法脫離一種對於社會現象的特殊評價，教育理論或教育研究中典範即具有此等性質。

**圖 3-1** 典範的發展程序

舉例來說，Burrell 和 Morgan（1979）將社會科學研究的典範區分為四類（下圖），這些都和組織分析及管理實行有關聯，每一種典範都有一般基本有關於真實的假設並且每一種典範的假設都不同。可分成以下四種：

1. 功能主義：假設「社會是一個有形的、真實的存在，而且有系統的特性以產生有條理和規則的事態為方向」。他們假設社會科學是客觀的，而且他們派遣觀察者去研究真實。研究發現真實是可以被設計、規定和控制的。社會科學是去產生有用且有經驗的知識以發現社會關係的規則性。

2. 詮釋主義：認為社會真實不是具體存在的，真實是個人主觀經驗的產品。社會被了解的立場是去行動而不是觀察。詮釋的理論家不分享功能主義假設中認為社會科學可能是客觀的。此派的典範將科學看成是「基於幾套主觀決定的概念和規則，是科學的開創者創造和跟隨的。科學知識被看成是每個人生

活中有問題的普通常識」，換句話說，眞實是社會化創造的。

3. 根本的人本主義：人們會被他們自己創造和維持的眞實束縛，眞實創造的過程是受會限制和控制人類思想的超自然和社會的過程影響。根本的人類學家相信這些過程會使每個人離他們的潛力越來越遠。

4. 根本的結構主義：假設眞實可以被定義爲堅固的、有形的和眞實的結構。眞實具有相反成分之間的內部的緊張和矛盾的特徵。根本的結構主義關心的是了解這些內部的緊張和掌握控制的各種方法。

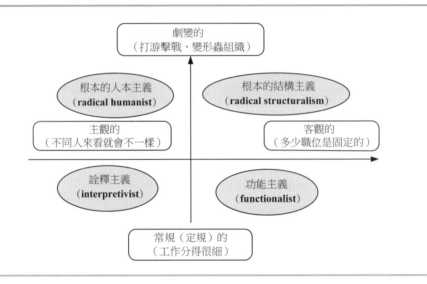

**圖 3-2** 組織研究的典範移轉

　　每一種典範都定義不同的分析方式及組織研究的暗示（如表 3-1）。典範不會被判定是對或錯，而是看是否有用，以及它們提供的眼光是如何的有用。

**表 3-1** 探究社會實相的兩種典範

|  | 科學典範<br>（scientific） | 人文典範<br>（humanistic） |
|---|---|---|
| 實相的本質 | 客觀存在的事實（discovered） | 主觀建構的現象（constructed） |
| 探究的方法 | 描述與解釋（explanation） | 敘說與詮釋（interpretation） |
| 探究的技術 | 量化的統計分析 | 質性的深厚描述 |
| 探究的成果 | 因果關係的法則（law） | 整體脈絡的意義（meaning） |

又如，資訊科技的研究，亦歷經三個不同典範的移轉：集中式大型主機（1950 年至 1970 年，產業結構強調垂直整合）→個人電腦時代（1971 年至1990 年，產業結構強調垂直分工）→ Internet 時代（1991 年至今，產業結構強調超分工整合）。此外，社會科學常見的典範，常包括巨觀與微觀理論（例如：總體經濟 vs. 個體經濟）、社會進化論、衝突理論、符號互動理論、角色理論、民俗方法論、結構功能理論、女性主義典範、再論理性的客觀性……（Babbie, 1998）。

如圖 3-1 所示，要能稱得上典範者，它的研究成果必須空前的、承先啟後的，並且具有充分的開放性。換句話說，典範具有兩大特徵：

(1) 其見解是空前（但未絕後）的：它能吸引許多忠誠的歸附者，來脫離原本對立的科學活動。(2) 具有充分的開放性：新誕生的典範仍留有許多研究問題等待這群研究者來解決。接著可能有人要問「典範的發展程序」是什麼？如圖 3-1 所示。

1. 新典範裡的理論，往往指引新問題的解決方式，並建立新的常態科學（normal science）。

2. 在典範的生命週期之末，敏銳的科學家會發現有些異常現象，無法依原來典範的規則來解決該問題，結果可能是下列三種情況之一：(1) 原典範已不再奉為準則：(2) 該問題暫時被擱置，等待後人來解決；(3) 新典範產生。

## 3-1-2 典範與常態科學的關係比較

常態科學（normal science）是指任何歷史期間，「主流理論」所做的例行性驗證。它是基於一個或多個過去的科學成果，並經過某些特定科學社群的承認，故常態科學可定義其研究問題的種類、研究假設、概念及研究方法的類型。凡是從事研究的科學家，都須根據其共通的典範、心理認同之規則、規範、標準，來產生外顯的共識，這點是常態科學的基本要件。

孔恩將常態科學社群，視為一群支持與保衛某一已建立典範的學者。整體而言，常態科學的優點是：若缺乏典範，則科學研究無法得以知識累積。相反地，由於常態科學將自我延續，故限制了本身的改變與研究創新。

相對於常態科學，就是革命性科學（revolutionary science），它是指對某一對立典範，有著突破性的發展（但在現實世界中相當罕見）。典範的改變，本身就是革命。故革命性科學是一放棄主流典範的過程，來嘗試檢驗另一典範，當新舊典範發生不一致時，結果會隨著後續驗證而越來越明顯時，新舊典範就

會發生衝突，人們最後才接受新典範，接著又回到常態科學的活動。

總而言之，典範與常態科學的關係比較有下列幾個：

1. 典範是開放（open）世界的探索架構，適當的問題會在適當的時機被提出來，此時若恰有能量提供支援，則典範移轉就會發生。傳統科學（即常態科學）研究架構則是藉由努力的累積，將原有的理論模型加以精煉，但它並不會造成重大的科學革命。

2. 傳統科學之研究架構，如圖 3-3 所示。傳統科學研究是封閉（closed）世界模型，它是用理論來解釋現象，採用演繹法及歸納法兩種研究策略。傳統科學研究的兩大支柱：(1) 邏輯推演，要能「言之成理」；(2) 實證研究法，利用觀察所得資料來歸納。

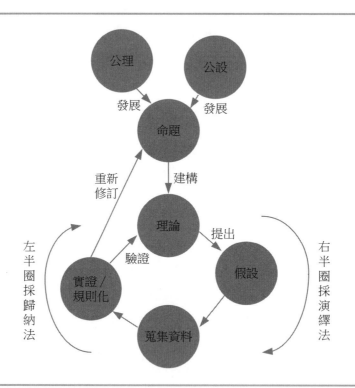

**圖 3-3** 傳統科學之研究架構

3. 傳統科學研究之程序，是透露圖 3-3 所示之程序來精煉其理論。

 (1) 公理（axiom）：凡是作為演繹前提的定律，謂之理論的公理，它是不證自明之理（self evident truth）。

(2) 定理（theorem）：這是由一組定義（definition）所推演出來的東西，定理可作為結論的定律。科學理論至少應包含公理、定理、定理證明及定義。

(3) 定律（law）：在目前已知的「適用的範圍」內，人們每次使用，每次都對；易言之，到現在尚未發生例外者，謂之「定律」。自然科學較著名的牛頓運動三大定律外，尚有，折射定律（laws of refraction）：當光線從一種介質進入另一種介質時，入射波的傳播方向、反射波的傳播方向和法線都在同一個平面上；入射角正弦與反射角正弦的比為常數（斯涅耳定律）。社會科學較著名定律，例如：帕金森定律（Parkinson's law）：闡述官僚機構人員膨脹現象，包括：

(a) 組織主管偏愛廣增員工，顯示其權勢，以建立王國（empire building）的現象，故組織久而久之，冗員就越來越多。

(b) 機關成立年代越久，其成員的素質便越低。因為首長用人多數會選比自己能力差的人，以免造成日後職位上的威脅。

(c) 機關開會時間的長短，與議題的重要性成反比。因為小事無關痛癢，且大家都懂，所以發言踴躍，然遇大事則或因不懂，或因關係重大為免負責，故噤若寒蟬。

(d) 機關內部的行政效率日趨低落，但外面的建築及辦公設備卻日趨壯麗豪華。故凡是大興土木地建築華麗的辦公廳處之機關，便可推測機關正在日趨腐敗之中。

(4) 命題：命題用來描述概念（構念）之間的關係，命題中各概念（構念）有了操作型定義，才稱得上「假設」。「命題」可憑研究者對個案事實或理論邏輯的推演，來驗證其真偽，故「命題」並不需統計分析來檢定。相對地，已操作化之各構念（即量表）彼此關係所描述的「假設」，則須統計分析來檢定其真偽。

(5) 理論（theory）：提供社會現象的解釋。理論涉及了一些觀念及一系列的觀點與主張。

(6) 假設（hypothesis）：假設經過文字轉換為結構化的標題，它有具體可衡量的變數（ECVs），研究假設只當研究問題之暫時性答案。更進一步細分，假設又可分成三種:(1) 預測性假設：預測某一變數為某一特定值;(2) 比較性假設：在人、組織、產品、系統，或事物（分析單位）之間做比較;(3) 關係性假設：用來描述變數之間的關係，此種關係性假設我們最常見到。

## 3-2 模型（model, 模式）≒理論

我們常聽到研究者提出某一研究「模型」（model）來表示欲研究變數群之關係及架構。所謂模型是指對一個系統的表達，包括這個系統內的物件、行為及功能的描述，其目的是研究該系統某一層面或全體。基本上模型與理論是不同的，理論旨在解釋某種現象，而模型則是表達某一系統中一些現象的關係，模型可算是理論的分身。研究者是可用某一模型來描述、解說或模擬該系統對外部刺激所產生的反應。研究模型可以用數學函數、結構形式或符號來建構，自然科學所建構的模型不一定需要有理論基礎，亦即可用於實務性研究或理論性研究，例如：存貨模型、等候模型，都是以解決實務問題為主，它們是屬非理論性的研究。但一連串相關理論所形成的系統卻可以用模型來表達。

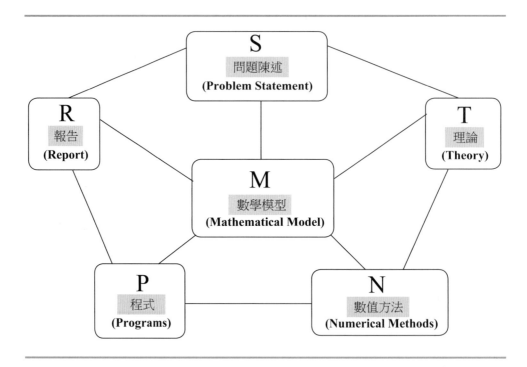

**圖 3-4** 數學模型（mathematical models）

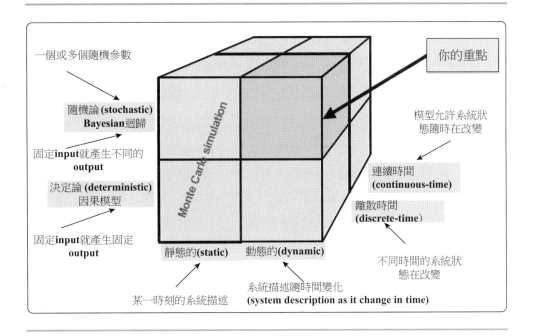

**圖 3-4** 數學模型（mathematical models）（續）

　　社會科學中，所謂模型或建模（model, modeling）意指：

1. 概念模型（conceptual model），使用一般規則和概念的系統的表示。

2. 科學模型（scientific model），對物理系統的簡化和理想化理解。

　　易言之，模型是用來表示欲研究變數群的關係與架構。在調查研究中，研究者感興趣的是有哪些變數及它們之間的關係，而研究模型不僅可以表示變數的輪廓，並協助假設的建立，故模型在研究的規劃、組織及結論報告上，均可提供很大的幫助。

　　在設計模型時，我們應該注意的事項包括：

1. 變數之間關係的確實觀察與掌握。

2. 注意使用不同性質的變數，包括自變數、依變數、外生（extraneous）變數（如 2SLS）、中介（intervening or medicate）變數、干擾（moderator）變數等。至於如何分析？請見作者《多層次模型（**HLM**）及重複測量：使用 **SPSS** 分析》、《多變量統計之線性代數基礎：應用 **SPSS** 分析》、《有限混合模型（**FMM**）：**STaTa** 分析（以 **EM algorithm** 做潛在分類再迴歸分析）》、《高等統計：應用 **SPSS** 分析》等書。

3. 社會科學研究模型，其背後的理論基礎要清楚交代。

模型的定義有下列兩種：(1) 模型是許多資料來源與假定之間持續對話的組織工具；(2) 模型可將我們從不同情境、不同期間對個體或社會群組所觀察到的模態做動態現象的彙總。

## 一、模型的三大功能

研究目的（或類型）以深度（嚴謹度）來看，可歸納成五個層次：

1. 報告：僅對蒐集資料加以說明，鮮少有統計分析，例如：新聞報告。
2. 描述（實然的狀態）：試圖解答何人、何時、何地、何物、如何等問題，此種研究通常涉及兩個以上相關問題的推論，它不需回答「為什麼」這類問題。
3. 解釋：法則之推論／詮釋（意義之理解），來解釋現象產生的原因。
4. 預測（預知未然）：用在解釋當某些事件發生後預測其可能產生的結果，解說和預測這兩種研究型態均以理論為基礎，來描述一群變數之間的關係。
5. 控制（價值性實現）：控制是解釋與預測研究的最終目標，當我們可以解釋或預測某一現象時，我們就可以控制該現象。科學實驗中，所謂**控制變數**（control variable）或科學常數（scientific constant）是整個研究過程中恆定和不變的實驗要素。控制變數強烈影響實驗結果，並且在實驗過程中保持不變，以測試從屬和自變數的相對關係。控制變數本身不是研究者的主要興趣。

相對地，**研究模型**亦具有下列三項功能：描述、說明、預測。模型並不代表真理，也不代表理論，它只是一個拼圖盤，在經濟學中最常談模型。換句話說，理論是屬於上層次的概念，模型是屬於下層次的概念。在社會科學中，模型通常由符號而非實際物體所組成，也就是說，某些經驗現象的特性，包括它的成分與成分之間的關係，它是由概念之間的邏輯安排來呈現。

模型在研究上的功能主要有兩項：(1) 可幫助研究者提出問題及回答這些問題；(2) 可發展出可驗證的問題。此外，研究者常遇到的困惑，就是自己所提的「研究模型」中，到底要不要加入「個人資料變數」（如性別、職業、月收入、年齡層……）？答案就是：要視研究主題所引用的理論基礎（心理學、社會學、經濟學……）是否需要而定，通常研究目的涵蓋「個人因素對某依變數的影響效果」時，問卷調查（或統計 ANOVA、HLM、panel-data、AI 統計）就需納入人口變數。

## 二、模型的要素

1. 簡化明白（simplification）：將複雜的現象簡化，讓我們對問題有焦點，至於簡化到何種程度，則涉及研究者個人的價值判斷。

2. 明示（explicit）：對於相關變數的關係加以明示出來，所謂關係可分為因果關係及相關。

3. 再形成（reformulation）：一個模型並非是「最終的」（final），它是由一個簡單的模型出發，經過後人不斷地加入新變數，使該模型更接近理論，換句話說，模型是可不斷地修改、擴增及精緻化。例如：有一個模型「自尊高低→角色壓力→工作滿足」，經過模型的修改後才變成下圖所示之擴增模型。

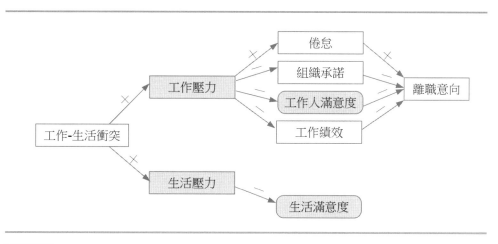

圖 3-5　工作壓力模型

## 三、因果模型

研究模型中有一種稱為因果模型（causal model），它有下列幾個值得注意的事項：

1. 「原因」（自變數 X）是指一件事（或幾件事）會促使（force）某件事情（依變數 Y）的發生。

2. 因果模型具有兩個特性：(1) 關係是不對稱性的，即逆定理不成立。若 X 產生 Y，則並不代表 Y 產生 X。(2) 當不知道「結果」的所有原因時（因為人的求解是屬有限理性），研究者就以「其他條件不變下」或誤差項來處理。

3. 因果關係可分為必然性（deterministic）及或然性（stochastic）兩種。

4. 因果模型的研究方法可採實驗設計及非實驗設計兩種，前者有較多的研究者採用，後者則較少人採用。

5. 因果模型僅代表科學家的「工作假設」或「工作工具」，它是以工作假設（working hypothesis）來建構理論，而非代表眞實世界中眞正的因果關係。

## 四、模型（理論）的類型

Easton（1966）認爲理論（模型）可依其範圍、功能、結構，或層次等加以分成下列四類：

### (一)臨時分類系統

臨時分類（ad hoc classification）模型爲特定類別所組成，用以組織與彙整經驗的觀察資料。臨時分類模型只針對某一構念建立不同的分類、價值或等級，例如：性別分成男女兩類。此種分類並未提到構念之間的關係，是屬非普遍性理論，只用來發展理論用途。例如：因紐特人對雪就有十幾種分類。又如人格特質、社會階級等分類，均屬此類型模型。

又如，人類需求（need）的層次，從低層次（屬於外在動機）的保健、生理與生存等需求到高層次（屬於內在動機）的激勵、自我實現與生長等需求；後兩者則顯示，高成就需求驅使人們有效地完成工作目標，高隸屬需求驅使人們與他人建立伙伴關係。

例如：若以員工方面來看，現今的員工不僅是靠一份薪資不錯的工作來提升工作表現，員工更重視的是工作滿意度、激勵和發展性，故由策略性人管實務搭配 Maslow 的需要層級理論、Herzberg 的雙因素理論、Alderfer 的 ERG 理論，即可繪出員工的需求（圖 3-6）。

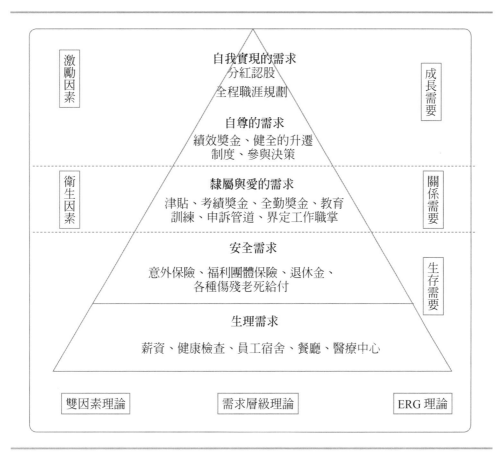

**圖 3-6** 激勵理論

## (二)分類模型

分類／拓樸（taxonomical／typological）模型是由多類別體系所建構而成，藉此描述各類別之間的關係。分類學模型將兩個或以上的構念加以分類，例如：Passon T.（1962）在研究社會互動時，曾根據溝通管道（有企圖的 vs. 情境的）及制裁方式（正面 vs. 負面），將社會互動分成四大類：勸說、誘因、刺激承諾、制止力量（圖 3-7）。當行為表現出所有這些屬性時，它就構成一個社會體系。自從 Passon 提出這個分類學架構後，經驗觀察就以這類來區分。分類學模型的功能有兩個：(1) 提供一個對分類與描述井然有序的架構；(2) 總結或激發描述性的研究。分類學模型本身並未具有解釋的功能，只是將經驗現象適當地歸納分類，以簡化、描述這些經驗現象。以此種模型來了解概念所代表的現象（例如：我國貿易）及其分布（與美、日、中國進出口金額），並非一定能解釋或預測該現象

**119**

（例如：為何對日的出超一直高居不下、下一期的貿易量是增加／減少呢？）。

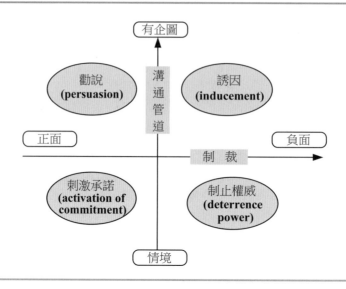

**圖 3-7** 社會互動模型

又如 Merton（1968）研究個人在社會中的適應行為時，根據文化目的（心理的接受 vs. 排斥）及對制度的手段（接受 vs. 排斥行動）兩個維度，將個體適應行為分成：順從、形式順從、創新、退縮（圖 3-8）。

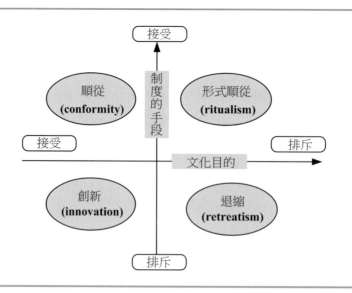

**圖 3-8** 適應行為模型

由上述例子可看出分類學模型（多維標度法，multidimensional scaling）仍舊不算是一個嚴謹的理論系統，它是用幾個變數進行交叉分析所求得的模型。多維標度法的實作，請見作者《**多變量統計之線性代數基礎：應用 SPSS 分析**》一書。

### (三) 概念性架構

最出名的概念性架構，就屬 Maslow 需求層級理論。

所謂概念性架構（conceptual framework）是指「描述性類別」有系統納編到某一廣泛的命題結構中，此結構包括明示（explicate）或假定（assumed）命題及兩種以上經驗性質之關係說明，以作為命題被接受或拒絕的根據。此種模型中引用的命題可以是明示的或隱含的，兩者都有其學理的根據。但觀念架構中各個節點的連接不一定有理論基礎，是屬於較機械式的（形式上意義較大，實質意義不大），且理論上的解釋及預測能力較有限。換句話說，概念架構的特性有下列四點：

1. 概念架構是一種將真實事件縮小的複製品，以供實驗與驗證用。
2. 從真實狀況的抽象化，目的在將真實世界的觀點做排列及構念的簡化，雖然它代表個人的觀點（view），但仍盡可能代表其最基本的特性。
3. 概念架構並非理論，只是便於驗證理論。
4. 不必與現實現象一致，但概念架構是理論建構與評估的工具。

概念架構作為理論評估工具有三點作用：

1. 從其中的某些面（aspects）勾畫出真實世界某些與已研究問題有關的面。
2. 將面之間的重要關係明示出來。
3. 使研究者可形成命題，且該命題可實證，這裡所講「命題」是指有關各個面之間性質關係的命題，命題是概念架構而來的。

概括來說，命題的產生有兩個途徑：(1) 由研究問題，透過概念架構來產生命題；(2) 或由研究問題直接產生命題，本身並不透過概念架構。

舉例來說，會計報表旨在提供資方做決策，財務報表的觀念架構如圖 3-9。

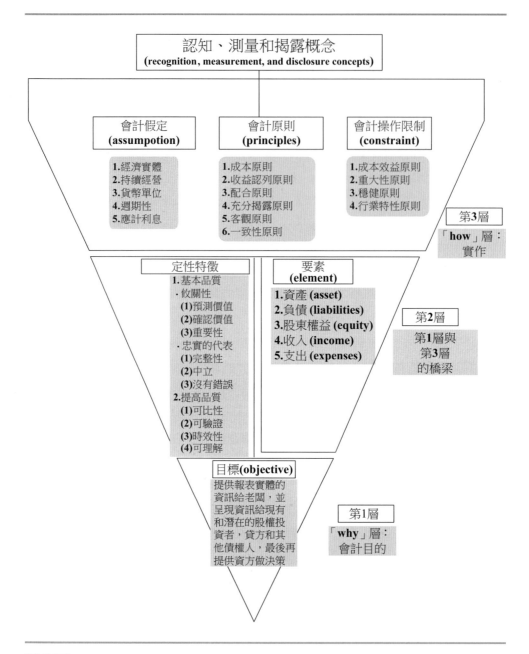

**圖 3-9** 財務報表之觀念架構

又如，Parasuraman, Zeithaml 和 Berry（1985）所提出服務品質（圖 3-10）
亦是觀念性架構的一種，他們認為影響服務品質的缺口有五個，缺口一到缺口
四受服務業者的影響，而影響消費者認知的則是缺口五。

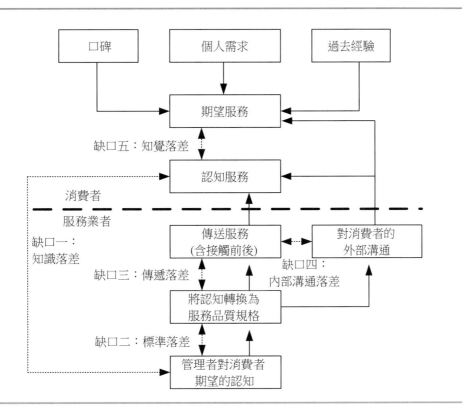

圖 3-10　服務品質之觀念性架構

## (四)理論系統

　　理論系統（theory system）係透過系統化程序，進行描述、解釋及預測。此種模型綜合了上述之分類學架構及概念模型，模型中各個節點的連結有一定的理論關係，是屬有機式的（有理論生命的），所以其預測能力較強。一個理論體系係由一組互有關聯的命題所組成，這些命題本身包含推演之規則（自成一個演繹體系），故研究者可以操弄這些規則，從其他命題演繹出另一不同的命題。這些被演繹出來的命題，本身已具有解釋及預測功能。舉例來說，若我們不知道某一理論模型的確實關係時，則可先根據「已建立的關係」來推論延伸「未建立的關係」，然後再蒐集資料來驗證新的「推論關係」，縱使有推論不符原理論時，亦不代表該理論是錯的。舉例來說，早期員工行為的理論研究已發現的關係，包括 (1) 分工程度（division of labor）影響向心力（solidarity）；(2) 向心力影響共識（consensus）；(3) 向心力影響「異常否決的次數」（No. of rejection of deviants）；(4) 成員交友的數目（No. of associates per member）影響分工。此刻我們可利用這四個已建立的關係，將該理論模型擴展為圖3-11所示。

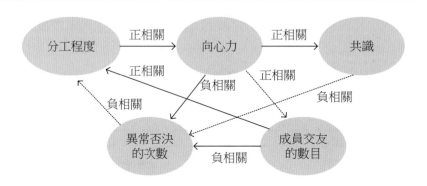

$\longrightarrow$　　　代表已知的關係，且具有理論基礎
········▶　　　代表等待推論的關係，有待驗證的假設

**圖 3-11**　組織分工模型

# 3-3 理論建構的途徑有二（多重因果關係之建構法）

　　所謂「建構」（construction），英文的意思就是「無中生有」。而理論的建構，顧名思義就是從無到有建立某理論。理論建構旨在探討為人類之社會、心理與行為等建構理論的意義與途徑。理論建構是一種過程，它同時發展出觀念、構念及命題，用來說明至少兩個以上定理或命題之間的關係。此種關係可能存在，亦可能不存在，故關係的真假可以透過經驗來證明。理論的建構途徑如前一章所說，有兩種途徑：一種是內伸法，一種是外延法，理論建構所面臨的基本問題（即理論與研究問題如何互通）常見有下列兩項：

1. 通常理論較為抽象，而研究則必須實際蒐集資料來驗證，故抽象理論與實際研究之間存有無法整理的缺口（gap），所以要靠學者來約定俗成（convention）的慣例，或彼此之間的同意（行規）來連結這個缺口。

2. 科學家利用理論模型來解決此缺口，並發覺模型，所以科學家在操作模型時要暫時忘記真實世界，只需探討該模型即可。研究模型是根據想法拼出來

的，宛如積木一樣，它代表真實的印象（image）。

理論建構是一個過程，在建構的過程中所發展出來的構念（概念）與假設（命題）是用來說明至少兩個定理或命題的關係，這種關係是可以存在；也可以是不存在。Kaplan（1964）提出理論建構有兩個途徑（intention vs. extension）：

## (一)內部細緻化／內伸法（knowledge growth by intention）

在一個完整的領域內，使內部的解釋更加細緻、更適當化。Intention 有 3 種方法：

**1.** 增加中介（intervention）變數

在「自變數 X 影響依變數 Y」關係中，添增一個中介變數 I，使原來的「X → Y」變成「X → I → Y」的關係，假設原來的 $r_{XY} = 0.75$，加入中介變數（intervention）後，$r_{XY.I} = 0.04$。例如：原來「刺激 S → 反應 R」的變成「刺激 S → 有機體 O → 反應 R」。

**2.** 尋找「共同」外生變數（exogenous variable）

例如：「抽菸 → 癌症」關係中，發現抽菸（X 變數）是因為心情不好（E 變數），癌症（Y 變數）也是因為心情不好，此時「X → Y」關係變成下圖的關係。原來「X → Y」的虛假關係不見了，後來發現 E 才是 X 與 Y 的共同原因（common cause）。

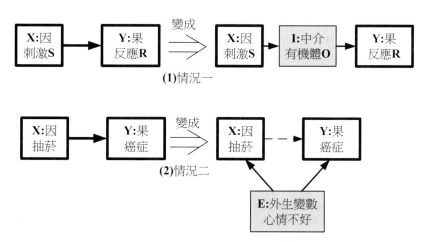

**圖 3-12** 內伸法（中介變數 vs. 共同原因之外生變數）

### 3. 增加干擾（moderate）變數（次族群，subgroup）

例如：「工作滿意影響工作績效」的模型中，後來發現年齡層（次族群之干擾變數 M）亦會影響工作績效（Y 變數），此時原來的「X → Y」關係，就變成下圖，即 X 與 Y 的關係是有條件性的，隨著干擾變數的不同，其關係強度亦會隨著不同。例如：原來「父母社經地位→子女成績」其關係強度係隨著「不同縣市城鄉差距」而變動。

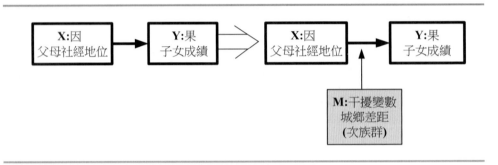

图 3-13　父母社經地位 vs. 子女成績（次族群當干擾變數，又稱調和變數）

## （二）外延法（knowledge growth by extension）

在一個較小的領域，先求取完整的解釋，然後將此結論延伸至相似的領域，此種 extension 模型有三種不同的做法：

### 1. 增加內生變數（endogenous variable）

由已知「X → Y」延伸為「X → Y → Z」，即從已知 X 與 Y 的關係中延伸至 Z 的知識。例：原來「個人態度→意向」的變成「個人態度→意向→實際行為」。

图 3-14　個人態度（因果鏈是外延法之一型態）

### 2. 增加另一原因之外生變數

由已知「X → Y」延伸為下圖關係，即由原先發現 X 會影響 Y，後來又發

現 Z 也會影響 Y。例如：除「學生 IQ →成績」外，「家長社經地位→成績」。

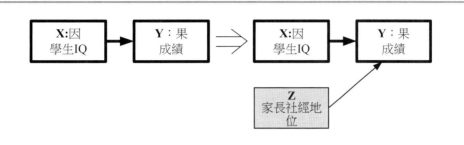

圖 **3-15** 學生 IQ（多因一果架構是外延法之一）

### 3. 增加另一結果之內生變數

由已知「X → Y」延伸為下圖關係，即由原先發現 X 會影響 Y，後來又發現 X 也會影響 Z。例如：原來「地球氣候→糧食產量」，又發現「地球氣候→河川水文」。

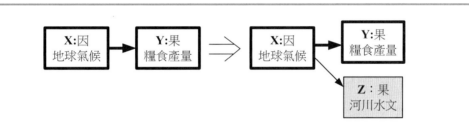

圖 **3-16** 地球氣候（一因多果之研究架構）

• 小結

實務上，我們在進行理論建構時，都會混搭內伸法與外延法這兩種做法（intention vs. extension）來建構新理論。例如：在行為科學中，早期的學者發現「學童的學前準備→學童的幼兒園畢業成績」，後來學者再根據「intention」或「extension」，將此模型擴展為圖 3-17。

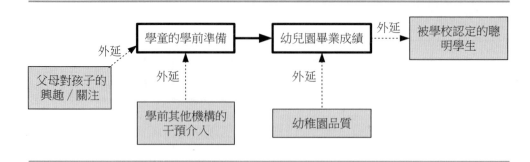

**圖 3-17** 兒童的學習發展模型

上述幾個因果模型圖，「→」箭頭代表「前因後果的方向」，其統計值即是「方向的強度」。在橫斷面研究設計，其統計值包括：$\chi^2$ 檢定、t 檢定、F 檢定、Pearson r 檢定、迴歸係數 b 等幾種。這些統計值都可用本書 Excel 程式，來做單位變換成「fisher's $Z_r$ 效果量」，並做總平均效果量及其顯著性檢定。

甚至，縱貫面研究之時間序列（time series），亦可套入 Meta 公式，以「機率 p 值、迴歸係數 b 之 t 檢定」，做單位變換成為「效果量」或機率組合法。

## 3-4 因果關係的第三者：調節／干擾變數（moderator）、中介變數

本節重點，只談有調節變數（moderator / moderation），它又稱干擾變數。有關中介變數是否存在的證明，可見作者《Pandel-data 迴歸分析》2SLS 介紹、《多層次模型（HLM）及重複測量：使用 STaTa》書的實作。

### 3-4-1 組織研究的中介檢定之緣起

在組織研究中，中介模型（mediation model）可以說是最廣為運用的研究取向，也是近年來備受囑目的實證研究趨勢（Collins, Graham, and Flaherty, 1998; Frazier,Tix, and Barron, 2004; MacKinnon, 2008），不論是探討現象形成的機制（mechanisms），或者是不同構念（construct）之間直接及間接的連結關係（linkage relationships），中介模型都是必要的實證架構。近年來，由於研究議題與統計方法的日益精進，如何理解中介研究的理論觀念，透過適當的研究設計並正確使用統計分析程序，已然是研究方法學者所關心的重要課題。

## 一、中介變數的歷史淵源與基本觀念

論文 Baron & Kenny（1986）及 James & Kenny（1986）都是中介模型的啓蒙者。也因此，我們進行中介變數檢驗時，最常引用的就是 Baron & Kenny 的文章。追溯中介變數的源頭，一般認爲起於心理學家 Tolman（Mathieu, DeShon, Bergh, 2008）與 Edward Chace Tolman（1886-1959）都是行爲論者，幾乎一生都在柏克萊加州大學心理系任教。他長年進行老鼠在迷宮找尋出路的實驗，企圖研究老鼠怎樣學會逃脫困境，進而了解人類如何做行爲的抉擇（Tolman,1932）。一般而言，行爲心理學家認爲外部刺激（S）與反應（R）之間（stimulus-response, S-R）的連結是一般行爲的構成基礎，如果能夠對 S-R 提出合理解釋和驗證，就是對人類行爲的變化找到了答案（張春興，1991）。換言之，他們在自然科學實證主義（positivism）的大旗之下，主張心理學要成爲符合科學的學術領域，必須專注於可以直接觀察的「行爲」，那些不能觀察的情感、知覺、意識等等心理活動都應排除；也就是說，心理學不研究「心理」而應研究「行爲」。根深蒂固的行爲論者，如 B.F. Skinner 都採取這樣的觀點。身爲行爲論的一員，Tolman 的貢獻就在於提出一個修正的觀點，認爲刺激不必然產生自然的行爲反應，往往在刺激之後生物體（organism）有一段心理過程，之後才產生因應的行爲，亦即形成 S-O-R。

其實 Tolman 的觀點源自於 Woodworth（1928）。Robert Woodworth（1869-1962）認爲過度強調先天特質（例如：智力 IQ）或後天環境（例如：行爲論說的外部刺激）都有重大盲點，因此他提出了動態心理學（ Dynamic Psychology）的觀點，主張要了解人的行爲，既要看先天條件，也要看後天環境，Woodworth 可以說是互動論（interactionist）的先驅。很自然的，他認爲行爲論的 S → R 有所不是，刺激之後，生物體會決定如何反應，中間的過程（O）可能是知覺或動機等（Woodworth，1928）。

Tolman 多次引述 Woodworth 的觀點，並輔以有力的實驗數據，顯示動物受到環境刺激，產生的不一定是機械的、自然的反射行爲反應，而是「目的性行爲」（purposive behavior;Tolman,1932）。所謂目的性行爲，表示動物（老鼠或人）會從環境的刺激，產生辨識、記憶、思考、自然的學習，從而做出欲達到目的的行爲。也就是說，Tolman 主張要了解行爲，必須先要了解心理，因爲行爲的最終決定者是心理，不是外部的刺激。這一觀點，當然受到許多行爲論者的攻擊，如 Skinner（1950），但卻也間接影響了後來的潛在學習（latent learning），也對後來取代行為心理學而成為主流的認知心理學產生了重要的作用。

可以想像，Tolman 的異議難以見容於 1930 年代的許多行為論的心理學家，他必須很努力地闡述並捍衛自己的研究結果和立論。他於 1932 年探討內在決定因子（immanent determinant）一詞，說明前因和結果（行為選擇）之間的功能性關係（Tolman, 1932），並在隨後幾年發表二篇論文（Tolman, 1935,1938），稱中介變數為 intervening variable。他再三解釋自己的觀點，並駁斥反對者的論述。1938 年這篇論文還是他 1937 年任 American Psychology Association 學會會長時的年會演講稿。綜合來說，Tolman（1938）認為：

1. 在任何一個時、空狀態下，老鼠（人）是否能夠逃出迷宮（走出困境）。受到許多自變數的影響（例如：環境刺激和個別差異）。

2. 在自變數和行為結果之間還有一組中介變數（a set of intervening variables），亦即前述的一段心理過程。至於該有多少個中介變數，則由實驗所探討的理論來決定。

3. 每一個中介條件的存在（intervening condition），會產生某一種行為選擇。也就是說，每一個 condition（動物本身的一段心理過程），代表一個研究假設。

4.「一個理論就是一連串中介變數」（A theory is a set of "intervening variables"）。

綜合上述，Tolman 認為行為的選擇（即結果變數），可能有四種前置變數：外部環境的刺激（stimulus，簡稱 S）、行為者的先天特質（heredity，簡稱 H）、行為者過去的訓練（trainig，簡稱 T）、行為者的生理狀態（physiological state，簡稱 P）。

Tolman 的觀點提出後，激發了十幾年的論戰，大約從 1948 年延伸到 1960 年。論戰焦點在於中介變數是否只是假設性構念（hypothetical construct）或是可觀察變數（observable variable）？以「正統」行為論的觀點，前者不能被客觀的觀察，因此不能被實證檢驗（empirically tested），也因此不能視為「科學」，而後者則可。換句話說，他們當時爭論的是心理學研究的標的應該限於看得到的行為，抑或也應包括內在的心理過程，因此論點也涉及：心理過程是否可以轉換成公式並加以測量。Tolman 長期在實驗室觀察老鼠，多少也解決了測量的問題。例如：測量飢餓這個中介變數，可以用前一次進食的時間點到現在進行觀察老鼠行為的時間長短來推估。由於心理測量不易精確（今天所謂的信、效度問題），我們可以理解這場論戰何以持續這麼久。從今天來看，這些爭論

已完全不是問題，中介變數既是研究構念（在概念端），也是可具體測量的變數（在實證端）。對此論戰有興趣的讀者，可參閱 Meissner（1960）的一篇總結論文或 Mathieu 等人（2008）的重點敘述。

　　Mathieu 等人（2008）對 Hyman 這一部分論述作了很精要的解釋，包括：
1. 自變數（X）要和中介變數（M）相關（X → M），而 M 要在 X 之後發生。
2. 中介變數和依變數（Y）相關（M → Y）。
3. 三個變數同時檢定時，原來的 X → Y 相關性會變小。

　　在此，我們比較 Tolman 和 Hyman 兩位學者對中介的論述。(1) 兩人都從各自的研究中發現了解中介過程的必要，因此以大量論述來說服同儕，這是學者專業求真精神（scholarship）的展現。(2)Tolman 顯然面對比較多的挑戰，包括行為論和認知論之爭，以及中介變數是否可以是觀察變數之事，而這些對 Hyman 的學術社群而言都不是議題。(3)Tolman 認為中介是行為選擇（依變數）之前的心智程序（mental processes），包括需求、知覺和行為，同樣地，對 Hyman 而言，中介可以是前因之後產生的心理狀態（psychological states），也可以是產生的行為特徵（behavioral characteristics），兩人見解可謂相同。(4)兩人都體會 X 和 Y 之間可以有許多個中介變數，Tohnan 認為由探討的議題來決定。Hyman 則建議先考量最接近（proximal）依變數的中介變數，兩者見解都恰當，相較下現今對此多元中介議題的討論深刻很多。

　　調節和中介兩種變數在理論的建構上各有所司，簡言之，**調節變數**是回答 when、who、where（**在不同的人、事、時、地下，X 與 Y 的關係是否有所不同**）的問題，也就是對理論適用與否的邊界條件（boundary conditions）加入探討，而**中介變數**則在回答理論的 why（**為何 X 影響 Y**）和 how（**X 透過何種途徑影響 Y**）的問題。在研究組織現象時，不論是 OT 或 OB 領域，如果理論模型是 X → M → Y，但檢驗時如果只簡化成 X → Y 來測，由於沒有測 M；即使得到實證支持，也不能反推 X → Y 由 M 造成。也就是說，檢驗過程中，如果少了中介變數，即使沒有其他錯誤，充其量也只能知其然而不知其所以然。

　　這兩篇文章對中介變數的定義和分析沒有重大相左。James 和 Brett（1984）認為中介作用立基於明確的理論基礎時應用驗證性（confirrnatory confirrnatory）分析檢定各變數間的因果關係，而 Baron 和 Kenny（1986）建議用迴歸分析檢驗中介作用，並以 **Sobel test 檢**定間接效果的顯著性，如果變數屬於潛在變數，則可用 SEM 檢驗其因果關係。在 2008 年發刊的 Organizalion Research Methods 第 11 卷第 2 期是以中介效果為主題的特刊，特別邀請 David Kenny

和 Lawrence James 回顧當年的論述背景和對當前相關研究的看法。Kenny（2008）表示，他依稀記得 1969 年上研究方法課時，聽過老師討論 Hyman（1955）的中介觀念，但對此一觀念沒有特別的熱情，後來各種因緣際會才和 Reuben Baron 合寫了那篇論文，先投到 American Psychologist 被拒絕，之後轉投 Journal Personalityof Social Psychology 還是被拒絕，退稿的理由是論文所述並無新意，價值有限。後來 JPSP 換了主編，他們再投一次請求再給一次機會，新來的主編欣賞這篇文章，力排眾議同意刊登。

## 二、中介變數（直接效果、間接效果）≠ 調節變數（交互作用效果）

討論介於自變數（X）與依變數（Y）間的介入變數（Z）的效果已有很長的歷史。至 2009 年止引用 Baron and Kenny（1986）的 SSCI 論文超過 12,688 篇（Zhao et al., 2010）。其中很重要的理由是，檢定中介效果可以了解自變數（X）對依變數（Y）影響，將感興趣的因果關係做分解，找出造成因果關係的可能機制，對許多因果模型或結構模型分析做中介部分是研究者最感興趣的。這些模型對心理學、社會學與管理學等領域之理論發展和檢定可能的介入問題是有幫助的。

研究者考慮自變數（X）與依變數（Y）間之關係，是否會因加入第三個變數而有所不同，所加入的第三個變數一般稱為介入變數（interventor）。如果此介入變數預期會受自變數的影響，也預期此介入變數會影響依變數，則此種介入變數稱為中介變數。自變數對依變數的影響是透過中介變數所引發，我們稱此種影響的作用為間接效果（indirect effect）（ Shrout & Bolger, 2002）。如果自變數對依變數的影響會隨著介入變數水準而變，則此介入變數稱為調節 /干擾變數（moderator variable）。但干擾變數對依變數的影響除主效果外，最重要的是討論干擾變數與自變數對依變數的交互作用，因此交互作用也稱為干擾效果（Baron & Kenny, 1986;James & Brett, 1984）。

干擾變數會改變自變數（X）對依變數（Y）影響的大小，也可能改變影響的正負方向。在 Baron & Kenny 的模型發表之後，相繼有很多依據此模型發展之後續研究，例如：探討多元中介變數之中介模型（Cheung, 2007; Preacher & Hayes, 2008）、中介與干擾效果整合檢定之模型（Edwards &Lambert, 2007; Fairchild & Mackinnon, 2009）、有關潛在變數（latent variable）之中介與干擾效果模型（Kenny & Judd, 1984; Ping, 1996; Bollen & Paxton,1998; Marsh et al., 2004）、縱斷面（longitudinal）時間序列下中介效果之模型（Farrell, 1994;

Maxwell & Cole , 2007）、多階層資料（multilevel data）下中介效果模型與類別資料（categorical data）下中介效果之研究（Kenny et al., 2003; Bauer, et al., 2006）等。在這些後續研究中，多個中介模型雖然在應用領域有大量而強烈的需求，然而卻相對受到較少關注（Preacher & Hayes, 2008）。故本章節特別介紹中介及調節效果給大家認識。

## 3-4-2 中介變數

### 一、何謂中介變數（mediator variable）？

定義：中介變數

　　顧名思義，係指自變數（IV）對依變數（DV）的影響，這個部分影響是透過 mediator 的。換言之，mediator 可解釋一部分 IV 對 DV 的影響。這三個變數的關係如下圖所顯示。要測試是否有 mediation，必須用 multiple regression 或 path analysis。步驟如下：

(1) 先要有「IV → DV」的關係（還沒放 mediator 進去），如果 IV 對 DV 沒影響，沒必要想中介變數的。

(2) IV 跟 mediator 之間要有顯著關係（下圖 b 的地方）。

(3) mediator 和 DV 之間有顯著關係（下圖 c 的地方）。

(4) 同時把 IV、DV 和 mediator 放進方程式中，三者的關係都要呈顯著。

寫成迴歸方程式的話，依次為：

(1) $DV = b_0 + a \times DV$

(2) $Mediator = b_1 + b \times IV$

(3) $Mediator = b_2 + c \times IV$

(4) $DV = b_3 + a \times IV + c \times IV$

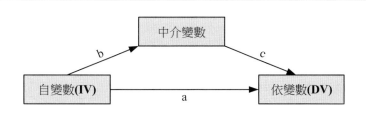

**圖 3-18** 中介變數分析步驟

假設，只看 IV 和 DV 的關係時，這個直接效果之迴歸係數（coefficient）比較大。若將 mediator 放進來，「IV → DV」的迴歸係數變小了（但有可能還是顯著）。這就說明了其中有 mediation 效果。

中介變數扮演 IV 對 DV 關係的中繼角色。它出現在自變數（IV）與依變數（DV）之間，出現在比較複雜的因果關係中。Mediator 是 IV 的 DV，而又是 DV 的 IV。中介變數解釋 IV 和 DV 兩變數之間關係的過程。

因果鏈（causal chain）亦是中介變數的延伸，例如：

家庭瓦解→小孩低自尊→憂鬱→成績不佳→低工作期望→成年後低收入

健康知識→態度→社會期待→行為動機→健康行為

## 二、中介變數之研究架構

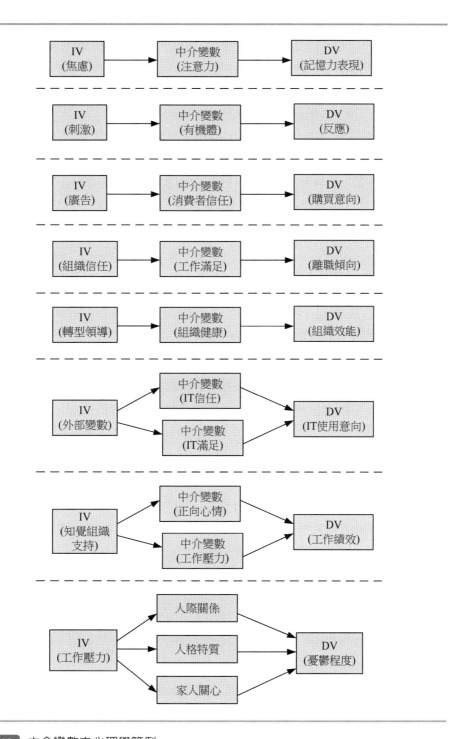

圖 **3-19** 中介變數之心理學範例

### 三、中介變數存在與否的 4 種檢定法

中介變數是否眞存在，還是假存在呢？其統計檢定法有四：

方法 1 因果法（**The Baron and Kenny's Approach, B-K method**）

方法 2 直接與間接效果法

　　方法（2a）：係數差異法（difference in coefficients）

　　方法（2b）：係數乘積法（product of coefficients）

方法 3 信賴區間法（**Bootstrap Distribution of Effects**）

方法 4 **2SLS** 法

「中介變數」存在與否，另一檢定法 2SLS（Two-Stage least squares），請見作者《Panel-Data 迴歸模型》、《高等統計：應用 SPSS 分析》二書的範例說明。其餘；前三種方法的實作，請見《多層次模型（HLM）及重複測量：使用 STaTa》。

## 3-4-3　調節變數，又稱干擾變數

### 一、調節變數（moderator variable）

1. 在社會科學的研究中，自變數（IV）與依變數（DV）的影響關係經常會受到第三變數的混淆（obscured）與干擾（confounded）。
2. 忽視一個重要的第三變數，不僅會造成迴歸係數估計的偏誤，也可能因爲忽略第三變數與 IV 之間的交互作用（interaction effect），而無法正確的解釋 IV 對 DV 的條件化關係（單純主要效果，simple effect）。
3. 調節變數又稱干擾變數。
4. 可以讓 IV → DV 的效果有系統的產生（強度或形式）上的變化。
5. 由於 IV 與**調節變數**會對 DV 產生交互作用，使得在**調節變數**的不同水準之下，IV → DV 的效果有條件的產生變化。

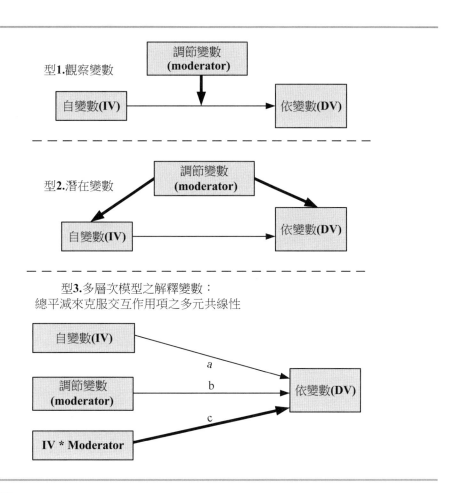

圖 3-20 調節變數之示意圖

## 二、中介效果（mediator effect）與調節效果（moderator effect）的差異

　　雖然兩者都是用來描述一個可以解釋人類行為差異的第三變數（即除了自變數、依變數之外的變數）的功能，但是中介變數是指自變數透過它的運作機制，便可以影響到依變數，使自變數、中介變數與依變數三者之間有強的因果關係存在。

　　調節變數是指，透過它可以將自變數切割成數個不同的子群（subgroup），以獲得各子群內自變數對依變數之最大影響，亦即調節變數與自變數、依變數之間並無因果關係，但是透過調節變數卻可以讓自變數與依變數之間的影響效

果改變。

舉例來說：

　　有社會心理學家研究發現，一個人的疾病嚴重度與其生活事件的改變有關，亦即生活中有重大事件變故（因），極有可能導致此人陷入某種嚴重病況（果）。但是，進一步研究顯示，對於不可控制的重大事件變故比可控制的重大事件變故更容易導致此人陷入某種嚴重病況，亦即重大事件變故的可控制程度成爲上述因果鏈中的調節變數。

　　請注意，重大變故是「因」，疾病嚴重度是果，但是這個「因」與另外一個變數「事故可控制與否」竟然產生交互作用，而影響該「因」對果的影響效力；不過，該「因」與「事故可控制與否」這個變數之間，無因果關係。所以「事故可控制與否」這個變數被稱爲調節變數。

　　又如，不同教學方法（因）的成效（果）會因種族（moderator）不同而不同，後來發現，原來眞正的爭議不在種族變數上，而是在個人的焦慮狀態（mediator）上，尤其是黑人與白人同在一間教室內上課考試時，黑人的考試焦慮感比白人高，因此導致黑人與白人的成績有差異。

　　此時「種族」這個調節變數，雖然與教學方法起交互作用，不過，因爲與教學方法和教學成效沒有特定因果關係，而被研究者剔除，研究者轉向尋找與教學方法和教學成效具有因果關係的「焦慮狀態」上，意即：

| 教學方法 ------（影響）→ 焦慮狀態 ------（影響）→ 教學成效 |
| --- |

此時，「焦慮狀態」就被稱爲中介變數。

---

**定義：調節變數（moderator），又稱干擾變數**

　　調節變數會影響「IV 和 DV」之間的關係。「IV 和 DV」之迴歸係數的強弱會因爲調節變數的值而改變，有可能是調節變數是 0 的時候，IV 跟 DV 的關係很強，但調節變數是 1 的時候，IV 跟 DV 的關係就不顯著了。

　　調節變數可以是質性（qualitative）變數（例如：性別、種族、階級），亦可以是量化（quantitative）的變數（例如：IQ、好人緣、學習成就……），這調節變數可能會影響到 IV 對 DV 影響的方向（e.g. 男生則有影響，女生則無影響）或是強度（對男生來說，IV 對 DV 的影響程度比對女生強烈，即男性

「IV → DV」影響比女性來得大）。如果熟悉 ANOVA 的話，調節變數就是 ANOVA 的交互作用（interaction）。用圖示的話，就像下圖一樣。在迴歸的方程式中，要將 IV、調節變數和 IV 與調節變數的乘積（對，就是兩個變數乘起來）放進去。如果要測試有沒有 moderation，只要看下圖 c 是否為顯著即可。a 或 b 可能為顯著或不顯著，這並不影響測試 moderation。另外，在 moderation 中，調節變數應該與 IV 或 DV 都沒有相關性的。

調節變數的另一特點是：調節變數與 IV 是在同一個層級的，也就是調節變數其實也可以當作是一個 IV 來看待。

• 小結

兩者比較一下：中介變數看的是 IV 透過何種機制（也就是調節變數）影響到 IV；調節變數看的是將 IV 分成幾個小組，各小組中 IV 對 DV 有不同的影響。

多層次模型的**調節變數**，係指「群組層解釋變數 Z」×「個體層解釋變數 X」的交互作用項（即 Z×X 項），其 HLM 迴歸係數是否達到顯著水準。

以性別為調節變數的例子，迴歸方程式如下：

減肥行為 = 截距項 + a× 減肥知識 + b× 性別 + c ×（性別 × 減肥知識）+ 殘差

這個時候「性別 × 減肥知識」就叫作交互作用項（interaction term），如果在迴歸方程式中的迴歸係數 c 達顯著水準，這個時候就代表調節效果獲得證實，所以表示男性的迴歸係數（$\beta_{c, 男性}$）與女性（$\beta_{c, 女性}$）的迴歸係數顯著的不同。通常期刊文章上的做法是直接畫圖表示，如下圖所示，男性與女性各別會有一條迴歸線，交互作用項達顯著就表示在統計上這兩條迴歸係數的斜率（slope）有顯著的不同，因此結論應該下：「就女性而言，減肥知識對減肥行為的影響效果比男性還要強」。

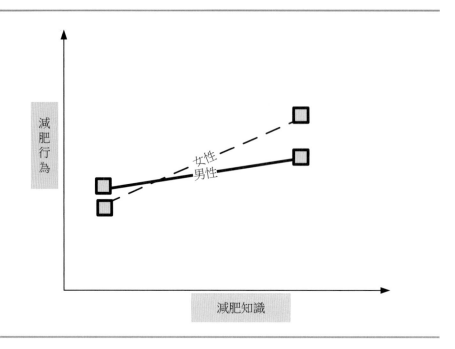

**圖 3-21** 性別（A）與減肥知識（B）在減肥行為之交互作用圖（調節圖）

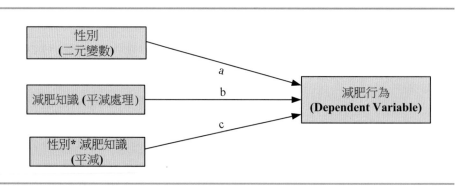

**圖 3-22** 調節變數於迴歸模型之調節示意圖

### 調節（干擾）變數與中介變數之存在時機

在一個模型中，任一個變數，本身既有自（因）變數的特性，又有應（果）變數的特性，那麼就必有「干擾」或「中介」的現象存在。

### 3-4-4 調節式中介效果（moderated mediation）

在研究社會科學、教育學和心理學等時，常探討變數間是如何互相影響，因而發展出中介變數和調節變數。**調節式中介效果**（moderated mediation effect）是其中一種中介效果和調節效果的組合，指的是一中介變數影響解釋變數和相依變數之關係，而此中介效果會隨著調節變數的值而改變。檢定調節式中介效果的方法有很多種，許多研究者偏好使用以迴歸為基礎的檢定方法，其中常見的為係數的乘積（the product of coefficients），假設此乘積服從常態性，以 Sobel 所提的一階標準誤較為被廣泛使用（first-order multivariate delta method），但事實上此乘積並非為常態分布，因此當樣本數不夠大時建議使用 bootstrap 方法。

若調節變數交互作用於中介變數，謂之**調節式中介變數**。常見的調節式中介變數有下列五種模型，這五種之實作，如下：

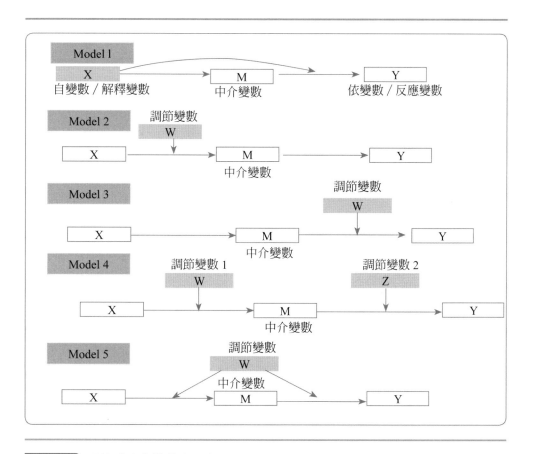

**圖 3-23** 調節式中介變數之示意圖

　　以上五種調節式中介變數之範例分析，請見作者《多層次模型（**HLM**）及
重複測量：使用 **STaTa**》一書。

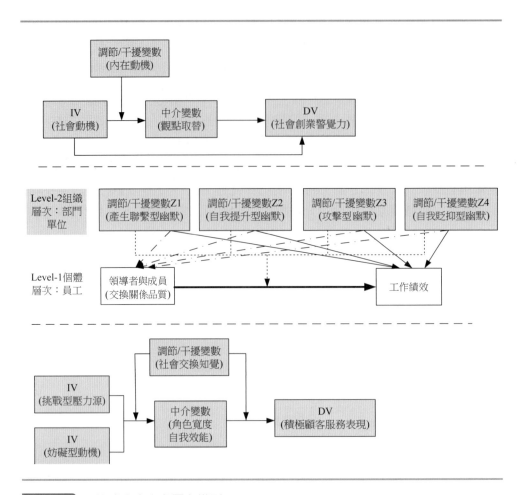

**圖 3-24** 調節式中介之多層次模型

# 研究議題及研究假設

　　針對某一特定的問題，撰寫研究報告與論文是訓練研究者獨立思考與判斷或評估學習成就的最佳方式之一，但一般研究者視為畏途，探究其原因有四：

1. 由於研究者對撰寫研究報告的性質與技巧不甚了解。

2. 往往缺乏良好的指導，以致一般研究者多視撰寫研究報告為苦事。

3. 研究生在學期間，大都課業繁重，除閱讀指定教科書與應付考試外，幾無暇執筆為文。

4. 缺乏系統教導研究生利用圖書館蒐集資料，以致對館中參考書、期刊、目錄卡片、電子資料庫與電腦檢索等之使用，不甚了解，無法有效從浩如大海的資訊中，有系統的整理與分析對自己有用的資料。

　　例如：「教育研究法」是從事教育研究所採用的一套有系統的程序或步驟。為使教育研究達到科學研究的水準，教育學者大都遵循杜威（John Dewey）的「思維術」約五個思考步驟，並擴充為下列幾個步驟：

1. **選定某議題**：尋找議題時可從有關教育理論中推演，或從教育實際工作中尋找，從過去研究中發現或從專家的建議中獲得。若無論從何處找議題，教育研究者必須考慮問題是否重要而值得研究，是否易於付諸實施或是否符合個人的能力和興趣等。

2. **評論相關文獻**：在選擇研究議題之前，最好先評論相關文獻之正反意見衝突處在那裡？進而凸顯自已研究議題的重要性。

3. **界定研究議題**：研究議題選定後，它所涉及的範圍可能過於廣大而無從研究。欲使選擇的問題具有可研究性，教育學者必須清楚而明確地界定問題的意義和範圍。一般而言，學術性的研究議題都以範圍狹小而明確的問題為主。

4. **建立研究假設**：它是研究議題的暫時解決答案。通常研究假設必須在開始蒐集資料之前建立，而不可在資料蒐集後才提出。此外，假設中所涉及的重要概念和操作型定義變數，均須給予清楚而明確的定義。

5. **擬定研究設計**：研究設計主要包括：(1) 受試者的抽樣方法。(2) 研究工具（量表、測驗）的選擇或編製、設計。(3) 研究變數的操弄和無關變數的控制（抽樣隨機法、納入統計來控制、配對法……）。(4) 資料的蒐集（初級 vs. 次級資料）以及 (5) 資料的分析（請見作者 20 本書）等。

6. **資料蒐集**：資料蒐集時，必須遵循研究設計所定的程序，以排除影響資料正確性的各種可能因素。

7. **資料統計分析**：蒐集的資料必須經過初步的整理（重新編碼……），然後採用適當的統計方法加以分析。統計分析的方法應配合研究議題的性質和資料

的類型，否則易失去正確性。資料分析後，應加以適當的解釋和說明，以解釋研究結果的可能原因和意義，並試圖回答研究議題和假設。

# 4-1 研究議題

研究是一種系統的調查過程，用於透過發現新事實來增加或修改當前的知識。研究可以分為兩大類：(1) 基礎研究，即旨在提高科學知識的探究；(2) 應用研究，旨在利用基礎研究解決問題或開發新的過程，產品或技術。

任何研究中的第一步也是最重要的一步是確定及描述研究議題：即研究人員想要解決的問題以及他／她希望回答的問題。研究議題可以被定義為關注的領域，現有知識的差距，或者標準或標準的偏差，這表明需要進一步理解及調查。雖然許多問題變成了幾種解決方案（縮小間隙或糾正偏差的方法），但是在這些方法不明顯或不能立即獲得的情況下會出現困難。這需要一些研究才能找到可行的解決方案。

計畫書撰寫的品質指標，包括：

1. 研究議題具重要性且過去的研究較為有限。
2. 研究議題具有理論上的創新性以及實務上的應用價值。
3. 研究模式與假說之導出具有理論基礎。
4. 研究方法與實驗設計具有嚴謹性，包括變數測量之信效度、實驗設計之內部效度、樣本資料蒐集方法之合理性、資料分析方法。

易言之，「研究」是「用有系統的方法與步驟，找出問題的答案」（a systematic approach to finding answers to questions）。在此定義裡，有三個重要的概念值得我們注意：

1. 所謂的「研究」是與「問題」（questions）息息緊扣（如下表），因為疑惑是人類尋求問題的原動力。如無疑惑問題產生，則無須解決問題，一旦有了可疑之處，就應本著「打破砂鍋問到底」的精神，進行深究，旁徵博引，才不致人云亦云，並突破不合時宜的「成見」，而有所創新。
2. 研究者要發揮這種原動力，就必須運用一套有系統的方法及步驟（systematic approach）。若以語言的運用而言，通常包括四步驟：(1) 觀察（observe）所蒐集之資料。(2) 從該語句的結構猜測（guess）其語言現象。(3) 然後大膽構思（formulate）一些假設性的規律來解釋這個現象。(4) 最後小心求證（check），在求證的過程裡，若遇有「反例」（counterexample）或「反證」

（counterevidence），則必須修正其假設性的規律，以符合語言的實際現象。前兩步驟，屬於發現的過程（discovery process），而後兩步驟則屬於驗證的過程（verification process）。

3. 任何問題的研究，研究者最好能提出解決問題的答案（answer），不管是肯定的、積極的或是否定的、消極的。

**表 4-1** 問題類型 vs. 研究方法

| 問題類型 / 研究方法 | 敘述性研究 | 互為相關性研究 | 因果性研究 |
|---|---|---|---|
| 實證性（empirical） | 歷史研究<br>調查研究<br>個案研究<br>發展研究<br>俗民誌研究<br>內容分析 | 1. 相關研究<br>2. 因果比法<br>3. 自然觀察研究<br>4. 跨文化（cross-cultural）研究 | 實驗研究<br>事後回溯研究（由果推因） |
| 非實證性（empirical） | 哲學研究、概念模型、闡述（方法、工具、技術）、應用概念 | | 理論分析 |

## 一、問題的發想

研究問題的靈感，你可來自：

1. 以往文獻的衝突是什麼？為何要做？
2. 以往文獻不知道（未注意的）是什麼？文獻沒有的（缺的）又是什麼？

故文獻回顧時，選定研究問題時要：

1. 避免過時（obsolescence）（e.g. 翻轉教育、雲端技術）。
2. 避免過度窄化（最好是大家都可適用的議題）。
3. 要即時符合現代趨勢。
4. 避免雜亂無章：只條列陳述別人的研究結果，而無提出自己的看法、或為何自己所採用某（次）觀念？
5. 題目要創新：近年來別人做過什麼，我與他們不同之處？
6. 題目在理論方面是可一般化／概化（generalization）：概化是這樣的概念：如果情境中的條件被視為相似，則人類和動物會在當前的學習情境中使用過去的學習。例如：如果某人過去每次吃一個芭樂，喉嚨就發癢和腫脹，他們可

能會認為自己對所有水果都過敏。當給這個人吃香蕉時，他們會認為所有水果都會引起相同的反應，因此拒絕接受香蕉，因為他們假設自己對香蕉也過敏。儘管基於對一種水果的經驗而對所有水果過敏的概括在某些情況下可能是正確的，但在所有情況下可能都不正確。透過博學的概括及其與之相反的觀念，在教育中既顯示出正面的影響，也顯示出負面的影響（歧視學習）。

概化被理解為與跨多種情況的知識轉移直接相關。概化使人類和動物能夠認識到在一種情況下獲得的知識的相似性，從而可以將知識轉移到新的情況下。這個想法與情境認知理論相抗衡，相反，它指出人們可以將過去的知識應用於新的情境和環境中的學習。

7. 題目可架構化（framework）：概念框架（conceptual framework）是用若干變型和環境中的分析工具。它可以應用於需要總體情況的不同類別的工作。它用於區分概念和組織思想。強大的概念框架可以捕捉真實的事物，並以易於記憶和應用的方式進行。

8. 題目是可批評（critical）：以往文獻／發現的好 vs. 壞在哪裡？壞的部分才引發我研究動機。例如：從那個理論來看，它是有問題的？所謂批判性思維（critical thinking）是對事實的分析以形成判斷。主題很複雜，並且存在幾種不同的定義，這些定義通常包括理性、懷疑、無偏的分析或對事實證據的評估。批判性思維是自我指導、自我約束、自我監控和自我糾正的思維。它需要有效的溝通和解決問題的能力，並致力於克服本土的自我中心主義和社會中心主義。

• 小結

「研究議題選定」及「研究假設建立」是研究程序的前兩個階段，兩者經常要連貫。在提出研究議題後，大致已知道研究範圍及方向，但還不能做驗證工作。觀察／調查研究能否以科學方法進行，尚須有研究假設的設立，它是不能憑空想像，必須有理論的基礎。研究議題一旦提出，必須進行文獻回顧來建立該研究假設。

## 二、問題的來源（source）

找問題有 2 個來源：理論性問題、實務性問題。像「為何引起通貨膨脹」、「組織氣候如何影響行政績效」、「電子商務對組織的衝擊」、「企業流程再造之關鍵成功因素」、「官僚對民主化的威脅」……均屬實務性問題。問題的構

成有三個要素：前因（cause）、後果（effect）及情境／條件。發掘研究議題之方法，概略來說有三種：(1) 經驗、事實。(2) 理論推演：理論的複製、修正、精緻化，由懷疑到推翻理論。(3) 文獻回顧。發掘研究議題之策略，有正式法（formal）及非正式法（informal）兩大類（Buckley 等人，1976），如下表所示。

**表 4-2 發掘研究議題之策略**

| 正式法 | 非正式法 |
|---|---|
| 1. 研導法（research）：傳統最常利用歸納法或演繹法來產生問題。 | 1. 猜想法（conjecture）：利用個人直覺或預感來產生問題。 |
| 2. 類推法（analog）：借用相關領域的研究議題來形成該領域之研究議題。 | 2. 現象法（phenomenology）：直接／間接觀察現象來產生問題。 |
| 3. 革新法（renovation）：取代某一理論之缺點部分，重建另一新理論。例如：由科學管理學派，演變至行為學派、管理科學學派、權變學派、系統學派。 | 3. 共識法（consensus）：以多數人的意見／觀點來形成問題。 |
| 4. 辯證法（dialectic）：對往昔理論或發現提出敵對的假設或理論。例如：孕婦產前導致早產，就有「少運動」及「多運動」正反兩派學者的看法。 | 4. 經驗法（experience）：憑個人工作上、知識上經驗所認知的徵兆，來產生問題。例如：行動研究就是由實務工作者，針對工作場所的特定問題進行研究，並結合學者專家的力量，採取有計畫的行動，來解決實際所遭遇的問題。 |
| 5. 外推法（extrapolation）：延伸目前研究趨勢，提出未來可能發生的問題。 | |
| 6. 形態法（morphology）：利用 matrix 表列方式，將所有相關變數一一分類納入表中，再從表中所有可能排列組合中尋找可能的研究議題。 | |
| 7. 分解法（decomposition）：將舊有問題細分成幾部分，只深入探討其中一個或多個。 | |
| 8. 聚合法（aggregation）：將往昔研究發現整合在一起，以擴大研究議題的複雜度。 | |

來源：林東清、許孟祥，民 86

其中：

**(1) 形態學（morphology，組織與形態）**

又稱詞法學、構詞學，是語言學的一個分支，研究單詞（word）的內部結

構及其形成方式（字形 word form vs. 字詞 vocabulary）。如英語的 dog、dogs
及 dog-catcher 有相當的關係，英語使用者能夠利用他們的背景知識來判斷此關
係，對他們來說，dog 及 dogs 的關係就如同 cat 及 cats，dog 及 dog-catcher 就如
同 dish 及 dishwasher。**形態學**正是研究這種單字間組成的關係，並試著整理出
其組成的規則。

**(2) 外推問題（extrapolation problem）**

在數學中，外推是在原始觀察範圍之外根據與另一個變數的關係估計變數
的值的過程。它類似於插值，它在已知觀測值之間產生估計值，但是外推會受
到更大的不確定性及更高的產生無意義結果的風險。假設類似的方法適用，推
斷也可能意味著方法的擴展。外推也可能適用於人類經驗，以將已知經驗投
射，擴展或擴展到一個未知或以前經歷過的區域，以便得出（通常是推測的）
未知的知識。例如：駕駛員推斷超出他的道路狀況開車時的視線。外推法亦可
應用於內部重建問題。

**(3) 辯證問題（dialectic problem）**

辯證是透過思考相反的理論來發現真相的方法（a way of discovering what is
true by considering opposite theories）。

辯證研究是採用辯證法之定性研究，旨在透過審視及質疑相互競爭的觀點
或論點來發現真相。辯證研究也被視為一種探索性研究形式，因為它沒有太多
的研究假設需要進行檢驗，而是需要開發新的理解。

辯證研究也可以被認為是實證研究的對立面，因為研究者正在研究論證及
思想，而不是數據。

**(4) 分解問題（decomposition problem）**

分解問題的精神，是大題小作。外解的方式包括：技術分解、計算思維
（computational thinking）分解、物體導向（object oriented）的分解、功能
（functional）分解圖……。

例如：分散式問題解決（distributed problem solving）被定義為問題解決者
（代理者）的分散及鬆散耦合集合的問題的協作解決方案，每個問題解決者都
知道如何僅執行一些必要的任務。這種方法認為問題解決過程分為三個階段：
問題分解、子問題解決方案及答案綜合。

**(5) 聚合問題（aggregation problem）**

若從形式上看，綜合（composite）指標是用所有維度、objectives、個別指
標（individual indicators）和變數的集合。這意味著，綜合指標是其數學性聚合

約定（mathematical aggregation convention）的一組屬性。

經濟理論經常用總體術語表述、命題與總體概念（諸如資本，勞動力，生產者的商品和消費者的商品），特別是，若這些理論是要尋找其結構的定量表述或作爲經濟政策的定性指南。經濟學中的聚合是描述市場或經濟的總結（summary）度量。聚合問題是找到一種有效的方法來處理實證或理論聚合（empirical or theoretical aggregate）的難題，好像它的反應就像一個較少聚合的度量，比如一般個體經濟理論中描述的個體代理人的行爲。在個體及總體經濟學中，聚合對於較少聚合的對應物的範例，如下表：

| 較多聚合問題 | 較少聚合問題 |
| --- | --- |
| (a) 食物（需求與供給面） | 芭樂 |
| (b) 物價水準及實際 GDP | 芭樂的價格及產量 |
| (c) 資本股市 | iPhone 價值 |
| (d) 貨幣供給（鬆 vs. 緊） | 紙幣（流動量） |
| (e) 全國失業率 | 建築工程師的失業率 |

**(6) 猜想法（conjecture problem）**

在數學中，猜想是基於不完整資訊的結論或命題，但尙未找到證據或證明。諸如 Riemann 假設（仍然是一個猜想）或 Fermat's Last 定理之類的猜想已經塑造了許多數學史，因爲新的數學領域是爲了證明它們而開發的。

> **定義：費馬最後定理（Fermat's Last）**
> 任何立方數不能分成兩立方數的和，任何四次方數不能分成兩四次方數的和，任何五次方數也不能分成兩五次方數的和，如此類推。這就是後世所稱的費馬最後定理（Fermat Last Theorem）：
> 令 $n$ 是大於 2 的正整數，則方程式 $x^n + y^n = z^n$，沒有正整數解

**(7) 共識問題（consensus problem）**

共識是一致的意見，一群人普遍接受的意見或決定（a generally accepted opinion or decision among a group of people）。

在計算機科學中，共識問題需要在多個進程（或代理）之間就單個數據值達成一致。某些進程（代理）可能以其他方式失敗或不可靠，因此共識協議必

須具有容錯能力或彈性。這些過程必須以某種方式提出他們的替代價值、相互溝通，並就單一的共識價值達成一致。

　　共識問題是控制多代理系統的基本問題。產生共識的一種方法是讓所有流程（代理）就多數價值達成一致。在這種情況下，多數人要求至少有一半以上的可用選票（每個進程都有投票權）。然而，一個或多個錯誤過程可能使得到的結果偏斜，從而可能無法達到或達不到共識。

　　解決共識問題的協議旨在處理有限數量的錯誤進程。這些協議必須滿足許多有用的要求。

## 三、問題可研究性的判斷準則

　　哪些問題才可以研究呢？有下列五個準則：

1. 問題探討的「事實」如何？而不是「應該」如何之問題，「應不應該」的規範性問題牽涉個人價值判斷，它不是研究法探討的範圍。

2. 該問題可否加以實證（但不一定要去做）？

3. 可否理論化：對科學知識增進有無貢獻？所得結果對實務有無貢獻？

4. 是否適合研究者本人來做？須考量個人的背景、經驗、個性、資料取得、時間限制、經費。

5. 本研究結果可否引導新的問題與研究方向？

　　相對地，到底有哪些問題「不適合」用研究法來探討呢？常見的包括：

1. 哲學問題，例如：本體論（ontology）。

2. 主觀見解的問題，例如：價值觀的判斷。

3. 過於廣泛的問題。

4. 方法論的問題。由於研究生學習「研究法」這門課，旨在「應用」研究法，並非探討方法論的問題。

## 四、誤用研究議題之分析單位

　　「分析單位」之問題又稱區位謬誤問題（locus problem）。例如：「外國出生者占當地人口比率高者，則當地識字率高」，其分析單位是「地區」；相對地，「外國出生者識字率低於本國出生者」，其分析單位是「個人」。大家耳熟能詳的心理學，其大多數的分析單位是「個體」，而社會學及政治學研究之分析單位多半是「群組」（group）；組織行為的分析單位為「個體」及「群組」；資訊管理的分析單位常常包括：「個體資訊系統」、「群組資訊系統」、「組織內資訊系統」、「跨組織資訊系統」。

常見研究誤用「分析單位」有兩類：

1. 以全概偏／生態謬誤（ecological fallacy）：區群謬誤（ecological fallacy），又稱生態謬誤，是一種在分析統計資料時常犯的錯誤。和以偏概全相反，區群謬誤是一種以全概偏，如果僅基於群體的統計數據就對其下屬的個體性質作出推論，就是犯上區群謬誤。這謬誤假設了群體中的所有個體都有群體的性質（因此塑型（stereotypes）也可能犯上區群謬誤）。這種誤將以「群體」分析單位之研究結果，應用到「個體」行為的解釋，常見案例有：

   (1) 有人將 Hefstede（1980）衡量「國家文化」量表四個構面（權力距離、不確定性避免、長期導向、男性作風）誤用在「個人」的解釋。

   (2)「平均所得高的地區，吸毒的比率高」這個主題，其分析單位是「地區」，但有人錯誤推論為「越富有的人，吸毒的比率越高」（分析單位是「個人」）。

   (3)「單親比率高的地區，中學生輟學比率高」這個主題，其分析單位是「地區」，此時就不能推論「單親家庭之中學生輟學率高」，因為後者的分析單位是「個人」。

   (4) 以團體為單位進行生態相關性研究時，當團體的經驗不能反應個人的經驗時，所產生研究推論的誤導。因為這種生態型研究的曝露或療效之有無的指標，乃是以整組人群來看的，而不是以個人作測量單位，所以它的發生率分母，有時並非真的分母。例如：以各國平均每天每人脂肪消耗量為橫軸，再以各國每十萬人乳癌死亡率為縱軸，可以看到兩者幾乎成正比。如果馬上下結論說，大量食用含脂肪食物是導致乳癌的原因，有可能發生錯誤；因為可能僅有少數人大量食用脂肪，而他們乳癌的發生率卻不見得高，這就是所謂的生態誤謬。

2. 以偏概全（individualistic fallacy）：誤將以「個體」分析單位之研究結果，應用到「群體」行為的解釋。例如：「各國國民贊成民主化某特定主題的比例高低」（分析單位是「個人」），來推論「該國政治民主化的程度」（分析單位是「國家」），就犯了個體上的謬誤。

## 五、研究議題在研究程序之重要性

一般之研究程序，如下圖所示有九個步驟，這些步驟均須以研究議題為執行的核心。

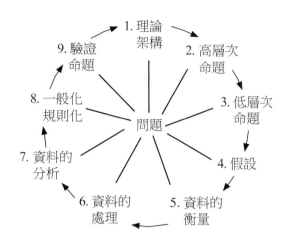

1. 理論架構
2. 高層次命題
3. 低層次命題
4. 假設
5. 資料的衡量
6. 資料的處理
7. 資料的分析
8. 一般化規則化
9. 驗證命題

問題

| 研究思路 research idea | 研究設計 research design | 蒐集數據 collecting data | 分析數據 analyzing data | 發表流程 publication process |

文獻檢索
挑一主題
將主題轉成問題
轉化為假設(架構)

選擇研究設計
操作型變數／材料
確定程序
確定樣本

核準研究
招募參與者
進行研究
數據編碼／輸入數據
述職**(debriefing)**

數據準備／篩選
分析數據
解釋結果

寫完研究
投稿研討會／期刊

**圖 4-1** 研究程序（research process）

## 4-1-1 選擇研究議題的準則

　　從事論文寫作，最困難的事是什麼？只要寫過論文的人大多會回答說：「選題難。」的確，選擇題目，似易實難，若想選小題，又想大作特作尤其困難。怎樣選擇一個適當的題目呢？

　　選擇題目既是影響論文成敗的關鍵，如何擬定適當的小題而大作呢？大致上可以從以下幾方面著手：

1. 先擬定一個自己有濃厚興趣的題目：即使所擬定的題目，研究範圍太大，其實無所謂，但務必要有濃厚的興趣，因為研究者瀏覽群書、蒐集資料、整理分析，到撰寫論文，樣樣都需要興趣配合，方能達事半功倍之效，而研究議題的衝刺力才會歷久不衰。

2. 盡量縮小題目研究範圍（小題大作）：至於把題目縮小到什麼程度，全靠蒐集的資料與個人處理這些資料的能力來做決定。通常研究生喜歡從大題著手，但在圖書館閱讀一些前人的文獻之後，發現資料太多不易細讀，才選定某一個問題的某一層面或選擇某種研究的觀點或方法，以逐步縮小題目範圍。因題目小，較易於蒐集資料並可整理詳盡的書目及資料卡。再者，觀念較易集中，精華較易摘取，往往可以深入問題中心，而不流於膚淺，研究者才有可能有個人的創見或新發現。

3. 對前人的類似研究做一徹底的文獻回顧：對所要撰寫的題目更進一步的認識，研究者必須檢討前人的文獻，其目的在了解迄今哪些已有圓滿的答案、哪些是細微末節的小問題、哪些問題太空泛目前不適合研究、哪些問題仍然眾說紛云等，如遇有懷疑的問題，當然應予深究。同時研究者藉此觸類旁通，發現一些靈感並了解所擬定的題目是否已有前人做過類似的研究，也可了解自己的興趣到底有多大。

4. 多問問題：在探討以往的相關文獻時，不妨多問問題，誠如大家常問的：「這個問題有無再加研究的必要？有無重新研究的可能？這個問題的知識，是否仍有缺陷，仍有待補充？我們若拿來再做的時候，又有多大的益處？」當然我們可以再問前人所研究的理論、方法、過程是否能加以修正、充實、擴充、甚至取代？在探討的過程中，我們的概念與所思考的問題都會隨著修正，所擬定一般性的題目也隨之縮小成特殊性的題目，一直到找到合適的研究議題為止。此即孔子所謂的「溫故而知新」。

5. 提出假設（hypothesis）：就是對所研究的問題提供可能有創意的答案，所謂「答案」應包含研究者需要證明的觀點及意見。以供往後學者從事後續研究之參考，以便測定該假設是否合理健全。最基本的理由就是一篇有價值的論文，並非拾人牙慧，綜合以往的相關文獻做摘要式的概述，而無新的創意。

根據 Straub（1994）的建議，研究者在「問題選擇」時可有下列幾個準則來遵循：

1. 相關性：文獻回顧的搜尋，所選的研究議題必須與該學域「有相關」，或與該研究架構範圍內的變數或現象「有相關」。

2. 非結構性的問題：盡量選擇尚未有具體解決方案、涉及變數尚未釐清、關係尚未建構完成、大部分未經採納、假設檢定耗時……的問題。

3. 盡量找「跨不同學域」之研究議題：研究者不要單找「單一領域」知識，或「單一研究法」就可解決的問題。但不可將類似的不同領域混淆，例如：數學及作業研究、電腦科學及管理資訊系統……。對專業研究涉及的相關學科的資料應盡可能搜尋「略讀」，例如：經濟、社會、政治、心理、教育、歷史、人類學、傳播、統計、法律、民族、民俗、哲學、文化、宗教、藝術、醫學、植物、動物、天文、地理、考古等等相關知識，不但可以避免讓自己太閉鎖，同時也可以增廣視野、觸發新思考，甚至開出新的方向或不同於前人的解答方式。

4. 挑選對有理論建構或實際應用有「貢獻」及「擴展性」：研究成果可作為後續研究之基礎。

5. 真實性（real）：必須是真實世界已存在或預期存在的研究議題，要避免無中生有、全憑想像之口頭報告（如紫微斗數命盤），或隨便提出一些變數來做統計遊戲。

6. 穩定性：至少研究期間內，現象會持續發生，該研究議題在進行的過程中，不會因環境變動而中止或改變了原資料的取得。

7. 非細枝末節（non-trivial）：避免微不足道之研究議題，每一個人皆知的答案。研究議題的答案需要一些思考，且要超越文獻回顧的文章之深度／廣度。

8. 可解決的：問題不應太客觀（例如：對事情的看法），所欲解決問題的範圍不宜太大或太複雜。該問題可以在合理時間及資源內獲得可信的答案。選題策略是「小題大作」，切勿「大題小作」。

9. 可驗證：此研究議題可自真實世界取得該資料，即資料是可蒐集得到的。

10. 有顧客：研究議題盡量避免太過於奇異或沒人感興趣，以便後人累積知識、驗證理論。最好能引起專業人員的興趣，該問題具有吸引資源的能力（例如：國科會贊助）。

11. 具學術性：必須是嚴謹學術研究之題目，探討主題並非是一般通俗刊物都可能出現之泛泛問題，且非通俗文章。

12. 原創性：盡量避免「炒冷飯」、了無新意的主題。

當確定研究議題後，接著還要評估其可行性，規劃的項目包括：(1) 資料來源。(2) 蒐集方式，例如：可否透過標準測驗／量表、觀察、實驗，或實地測量方式來獲得呢？(3) 配套的研究方法，研究議題適合採用個案法、調查法、實地

實驗、實驗室實驗，或彙總（meta）法等其中的一種。(4) 預期結果是否適當。(5) 研究議題可否清楚的定義。

## 4-1-2 制定研究議題的七步驟

**研究議題是什麼？**

研究議題意味著研究者想要回答的問題，或者我們想要挑戰或調查的任何假設或主張。這些問題可能成為你研究的研究議題或研究課題。

但請記住，並非所有問題都可能成為研究議題。有人可以找到一些極難研究的研究議題。重要的研究議題可能經常發生在我們身上。但是，以有效的方式將它們轉化為研究議題或研究課題的過程根本不容易。

如果你仔細研究一個問題，你會立即意識到將一個想法制定成一個可以研究的問題的複雜性。

例如：如果問題是「社交媒體對人們的想法有什麼影響？」

你如何將這個問題轉化為研究議題或研究課題？

首先，你應該指定這個問題。你喜歡什麼類型的社交媒體學習？指定人的年齡。那麼，有什麼樣的效果呢？是社會的，心理的還是經濟的？

但是，如果問題是「Facebook 的日常使用對 18 歲以下兒童的研究關注有何影響？」

這個問題清楚地定義了它的概念它可以透過定性及定量研究方法進行研究。

### 一、要考慮的關鍵因素

當你選擇研究議題時，應該考慮一些關鍵因素，這些因素將幫助你確保你的研究是可測量的並且仍將保持動力。這些考慮因素包括：興趣、幅度、概念測量、專業知識深度、研究的相關性、數據來源、道德問題。

### 二、制定研究議題的七步驟

你研究專案中最重要的部分是什麼？當然是研究議題的選定。換句話說，選擇你的研究主題。這是因為你的研究工作的質性及相關性完全取決於它。制定研究議題的過程需要一系列步驟。基本上，制定研究議題有七個步驟：

Step 1 選定主題「先泛廣後狹」的領域

考慮您感興趣的主題領域是第一步。你應選畢業後與長期工作有關的領域。它將極大地幫助你獲得一個有趣的研究課題。例如：如果社會學畢業，你

必須決定你的社會學研究領域。你可能會選擇失業、交通事故、社區健康、登革熱、長照等社會問題。

Step 2 將廣泛的研究區域分解成幾個子區域

在此階段，你需要剖析並將廣泛研究縮小到某些子區域。在這方面，你可以諮詢你的主管／教授。並記錄子區域有那些？例如：若選擇失業作爲你廣泛的研究領域，那麼將其分解爲失業及社會穩定、失業及犯罪、失業及個人挫折等。

Step 3 標記你的興趣

一個人時間及資源有限，想研究所有子區域幾乎是不可能的。這就是爲什麼你必須確定你感興趣的領域。你應該選擇你熱衷的問題。你的興趣必須是你研究的最重要決定因素。一旦選擇了感興趣的研究，應該刪除其他你不感興趣的子區域。

Step 4 評估研究議題之可行性

在這一步驟，將在前一階段決定的興趣範圍內指出你的研究議題。如果選擇失業作爲你的學習領域，你的問題主題選擇「失業對個人社會地位的影響？」、「它如何影響社會穩定？」、「它如何造成對個人的挫折？」。

Step 5 制定目標（goal）

制定你的研究主要目標及子目標。研究目標必然來自研究議題。如果你研究議題是「失業對個人社會地位的影響」，則列出你想要探索的內容。例如：你的主要目標可能是檢查特定社會或某行業的失業原因。

Step 6 評估你的目標

接著，再評估你的研究目標，來確保你的研究達成這些目標的可能性？根據你的時間、預算、資源及技術專長來評估你的目標。還應該根據現實評估你的研究議題，對你的學習可帶來什麼樣的成果。然後，再轉到下一步。

Step 7 檢查（制定研究議題的最後步驟）

在最後步驟，應該檢查在研究目的中所做的所有事情。問問自己你的熱情、你有足夠的資源嗎？如果對此非常滿意，那麼可正式啓動你的研究工作。

## 4-2 文獻回顧

文獻回顧（literature review）是指學術論文，如何彙整當前的知識，包括實質性的發現（substantive findings），以及對特定主題的理論和方法論貢獻。文獻探討都是次級來源（secondary sources），不寫新的或原創（original）的試驗。

「文獻回顧」是為了便於旁徵博引，引經據典某概念／理論。如果抄襲一個人的作品，那是剽竊；如果抄襲十個人的作品，那是做研究工作；如果抄襲一百個人的作品那就成為學者。參考資料的功能，是用以支持、印證研究者的基本論點。這裡的「抄襲」是指參考資料的「蒐集、引用與再創造」。只抄一篇文章的人是違法抄論文；若把許多人的文章加以摘錄、排比、寫成一篇文章，不註明摘錄文章出處的是文抄公；只有能夠註明來源的才是研究者。

文獻回顧旨在使研究熟悉目前知識，了解與研究主題有關的概念、理論、重要變數、各構念（constructs）的原創型定義及操作型定義，並掌握其他人已經研究過的問題、研究假設及研究方法。

想要了解自己的研究架構及研究假設之理論基礎，則必須要查閱往昔學者曾完成的研究結果，此時文獻回顧顯得特別重要。文獻回顧的目的有三：

1. 了解有關的理論背景，並與自己領域的理論連結，以決定本研究的價值所在。
2. 熟悉前人的研究（方法、統計分析、抽樣對象、分析單位……）是主題選擇與研究論文必經的歷練。
3. 避免重複前人的努力：為了使本研究能站在巨人的肩膀上，在研究前，應先將過去文獻整理成表。

文獻回顧是在確保研究議題的價值性、研究方向的正確性及研究模型的合理性。探討的「文獻」又可分：(1) 核心文獻，用來支持研究議題。(2) 背景文獻，用來反映前人特定研究的顯著性。(3) 分析工具之文獻。

換句話說，文獻回顧要養成先精讀原典再看相關資料的習慣：加強自己的判斷力，避免無意的抄襲或影響判斷水準。文獻回顧的功能有四項：

1. 可以了解前人觀點是否有再商榷的必要？（是說得對或僅能說得通？）
2. 可以了解前人成果是否值得加以吸收？（找出方法、論點、資料上的優點）
3. 可以了解其限制是否也是自己的問題？（明瞭其缺失，作為改正自己不足的借鏡）
4. 可以藉此省察自己的研究程度，了解自己是否具有研究的能力？（考驗自己的程度及能力，以確定未來研究的可能方向）

　　文獻回顧的來源，有下列幾種：學術性刊物【例如：Socail Science Citation Index（SSCI）、Business Perioidical Index 收錄論文】、博碩士論文（國內博碩士論文、國外 DAO 資料庫）、專業書籍、正在進行的研究計畫、研討會論文集、技術報告，或電腦資料庫（透過學術網路來搜尋資料庫）。

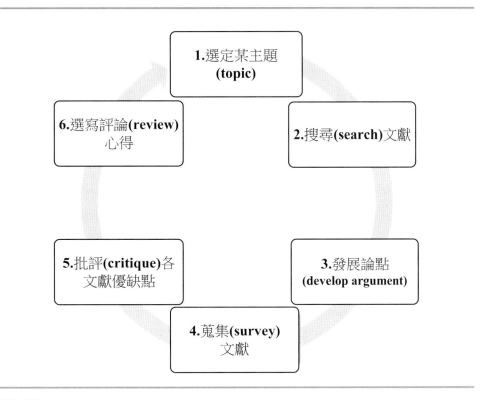

圖 4-2　文獻回顧（literature review）的步驟

### 如何做好文獻回顧

如何著手進行文獻回顧呢？有下列幾個準則可循：

1. 先從本領域最近幾年重量級期刊（journal）開始著手，再依它的「參考文獻」往前推，但不必太過火，至於教科書則當輔助教材。

2. 「引用」（cited）文獻至少是來自原著者之結果發現，非引用「原著所引用的文獻」。

3. 所找文獻要具有相關性、完整性、代表性、重要性。

4. 早期先從別人研究模型來延伸（疊床架屋），或同一模型落實到不同的情境重做。文獻回顧的初期重廣度、後期重深度。研究策略是「要小題大作，切忌大題小作」。

5. 先唸各論文摘要部分（非全文），或先彙總該論文重點及綱要，以判斷此論文是否有用。

6. 專業研究相關的資料（背景資料、二手資料、前人成果）要「詳讀」：做比較、知優劣、多吸收、用卡片記錄。不要馬上做筆記，先快速發現有用的章節，再做筆記。

7. 做筆記，整理成卡片，並標註每篇文章之「資料來源」及將來它們會用在什麼地方。

8. 引用的每篇論文，都要消化，變成自己的思想，並系統化來呈現論文架構。

總之，文獻回顧旨在檢查並評估關於某個主題的學術文獻。無論學科如何，所有研究都需要與該領域已經完成的工作相關聯。

整理文獻之目的，旨在幫助你：

1. 找出已發表的主題，避再重複一次論文研究，並找出彼此差距，以佐證正要進行的研究是正確的。

2. 找到重要理論家的重點有哪些？他們的想法將有助於研究疊床架屋。

3. 確保有用的方法論，有效的方法且合法論文來源。

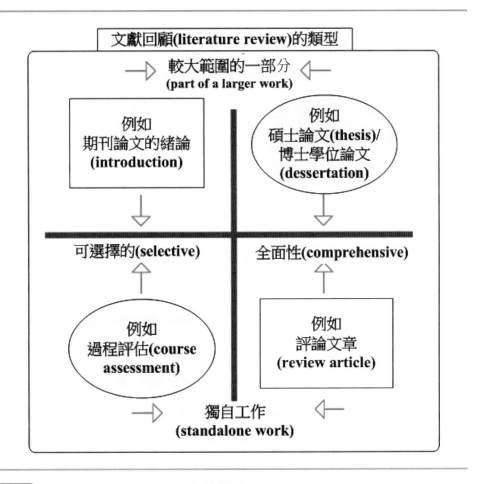

圖 4-3　文獻回顧（literature review）的類型

常見文獻評論的類型如表 4-3。例如：語言類型學（linguistic typology），語言學的分支學科，研究不同語言的特徵並透過這些特徵而對其進行分類。其理念是相信只有經過跨語言的比較研究才能了解人類語言的本質，並不相信透過對於單一語言的深入研究能達到這個目的。

**表 4-3** 文獻評論的類型學（typology of literature review）

| | 描述 | 方法 | | | |
| --- | --- | --- | --- | --- | --- |
| | | 搜尋 | 評價 Appraisal | 合成 Synthesis | 分析 Analysis |
| 1. 文獻評論（literature review） | 通用術語：提供最新或當前文獻檢查的出版材料。可以涵蓋各種完整性和全面性的主題。可能包括研究結果 | 可能（或未必）包括全面搜索 | 可能（或未必）包括質性評估 | 通常敘述（narrative） | 分析可以是時間順序、概念、主題等 |
| 2. 系統性評論（systematized review） | 嘗試在缺乏系統評價的同時納入系統評價過程的要素。通常作為研究生分配進行 | 可能包括全面搜索 | 可能包括質性評估 | 同時出現敘述與表格 | 眾所周知的、發現的不確定性、方法論的局限性 |
| 3. 定性系統評價／定性證據綜合 | 整合或比較定性研究結果的方法。它尋找個人定性研究中或之間的「主題」或「構造」 | 可以採用選擇性或有目的的抽樣 | 品質評估通常用於調解 inclusion/exclusion 的消息（messages） | 定性，敘事綜合 | 主題分析可能包括概念模型 |
| 4. Meta 分析 | 技術統計組合（combines）定量研究的結果，以提供更精確的結果效果 | 旨在進行詳盡，全面的搜索。可以使用漏斗圖來評估完整性 | 質性評估可以確定包含（排除）或敏感性分析 | 圖形和表格與敘述評論 | 假設沒有異質性的效果量的數值分析 |

| | 方法 | | | | |
|---|---|---|---|---|---|
| | 描述 | 搜尋 | 評價<br>Appraisal | 合成<br>Synthesis | 分析<br>Analysis |
| 5. 批評性評論<br>（critical<br>review） | 旨在證明作家對文獻進行了廣泛的研究，並對其質性進行了批判性的評價。超越單純的描述，包括分析程度和概念創新。通常會產生假設或模型 | 尋求識別該領域最重要的項目（items） | 沒有正式的質性評估。嘗試根據貢獻進行評估 | 通常是敘事（arrative），也許是概念性的或按時間順序的 | 重要組成部分：旨在確定體現現有或衍生新理論的概念貢獻 |
| 6. 混合研究評論／混合方法評論 | 指任何方法的組合，其中一個重要組成部分是文獻綜述（通常是系統的）。在審查背景下，它指的是審查方法的組合，例如將定量與定性研究或結果與過程研究相結合 | 需要非常敏感的搜索來檢索所有研究或單獨構思定量和定性策略 | 需要通用評估工具或單獨的評估流程以及相應的檢查表 | 通常，這兩個組成部分將以敘述和表格形式呈現。也可以採用圖形化方法整合定量和定性研究 | 分析可以突顯兩個文獻，並尋找特徵之間的相關性或使用差距分析來識別一個文獻中缺少但在另一個文獻中缺失的方面 |
| 7. 範圍評論<br>（scoping<br>review） | 範圍界定審查是一種相對較新的證據綜合方法，目前對於在綜合證據時選擇系統審查或範圍界定審查方法的決定，幾乎沒人教 | 搜索的完整性由時間／範圍約束決定。可能包括正在進行的研究 | 沒有正式的質性評估 | 通常以表格形式提供一些敘述性評論 | 通過研究設計和其他關鍵特徵來描述文學的定量和定性。試圖指定可行的評論 |

註：Meta 分析的實作，請見作者《Meta 分析實作：使用 Excel 與 CMA 程式（附光碟）》一書

本表參考來源：Maria J. Grant, Andrew Booth (2009). A typology of reviews: an analysis of 14 review types and associated methodologies. Health Information & Libraries Journal, 26(2), 91-108.

## 4-3 命題發展的原則

命題（proposition）旨在說明構念之間的關係，它可不必經過實證的檢定，但構念須與情境配合。命題發展有兩個原則：

1. 一致性（consistency），也就是說，其邏輯要一致，不可混淆。
2. 精簡（parsimony），研究時不需要的命題就要捨棄不用。

命題發展除了學術期刊中常看到那幾種外，尚有一種值得鼓勵的做法，就是「敵對」（rival）。

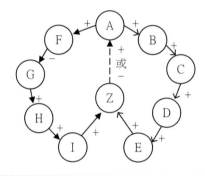

**圖 4-4** 正反兩派學理的驗證

「敵對」命題，例如：在心理輔導學領域中，對「問題兒童的輔導」，就有兩派對立的看法：(1) 樂觀派（optimal）正面認為：兒童的輔導將有助於行為偏差的校正；相反地，標籤（label）學派則持負面看法，認為：不切實際的期望，兒童會失去自我。諸如此類有兩種對立的理論產生時，就可發展出兩組模型、兩組命題來建構上圖所示之研究架構。(2) 有一派，提出命題假設是「A→B→C→D→E→Z」；另一派命題假設改成「A→F→G→H→I→Z」，最後我們再以辯證法（或 Meta 分析）來驗證「A → Z」的相關是正或負，即可知道哪一派理論較適合解釋事實。有關辯證法的統計實作，請見作者《Meta 分析》一書。

## 4-4 命題與假設

術語「命題（proposition）」和「假設（hypothesis）」都指的是對特定科

學問題的可能答案的表述（formulation of a possible answer）。特別是，命題涉及兩個現有概念之間的連結（connection）。兩者之間的主要區別在於假設必須是可檢定和可測量的（testable and measurable）；而一個命題涉及純概念（pure concepts），目前沒有實驗檢驗（laboratory test）。

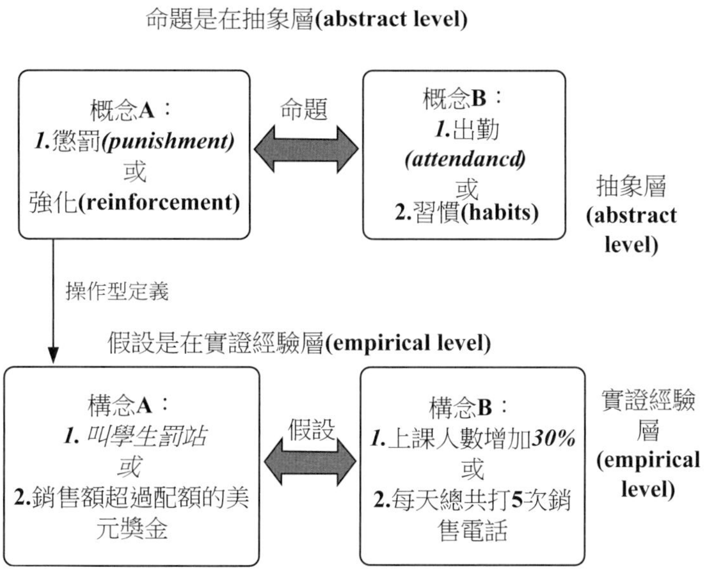

命題是在抽象層(abstract level)

假設是在實證經驗層(empirical level)

**圖 4-5** 從「命題（proposition）」演變成「假設（hypothesis）」

**1.** 假設與科學方法（hypotheses and the scientific method）之關係

構思（forming）假設是科學法發展理論的第一步。這是一項基於研究和工作知識的有根據的猜測。為了使假設被認為是有效的，它必須做出科學家可以使用可重複實驗進行測試的預測。如果一個假設不能透過實驗來驗真偽，它就不能被認為是有效（valid）科學理論的一部分。

**2.** 科學命題（scientific propositions）

命題類似於假設，但其主要目的是在無法透過實驗來驗證兩個概念之間的連結。因此，命題很依賴於：先前的研究、合理的假定（reasonable assumptions）及現有的相關證據。科學家可以使用一個命題來激發對某個問題的進一步研究（或提出一個問題），希望能夠發現更多的證據或實驗方法，使其成為可檢驗的假設。

## 一、假設（hypothesis）是什麼？

　　簡單來說，假設是研究者對於一個有待解決的問題所提出之暫時性或嘗試性答案。其形成的過程可能來自於研究者的猜想與推論、過去研究的引導與暗示、或從理論推導而來，以作為研究設計的依據。若以量化研究的術語來說，假設是指變數間的可能關係或對於變數關係的陳述，且其內容必須是具體而可以被客觀程序來驗證。假設之形式可分成：條件式陳述、差異式陳述、函數式陳述等三種不同方式來呈現。

1. 在條件式陳述中，假設是以「若 X 則 Y」的形式加以表達，其中 X、Y 分別代表兩個不同條件；X 代表先決條件（antecedent condition），Y 代表後果條件（consequence condition），以陳述性的語句表示之。例如 X 是指「父母使用民主的教養方式」，Y 則可能是「子女的學習行為傾向主動積極」，以若 X 則 Y 的形式所表示則為「如果父母使用民主的教養方式，則子女的學習行為傾向於主動積極」。在實驗研究中，由於涉及明確的條件設定與情境控制，因此實驗研究的假設多屬於條件式假設。藉由先決條件與後果條件相互作用的條件式假設，實驗研究得以推導出因果的結論。但是值得注意的是，條件式假設的兩個條件雖具有因果的設計與安排，但是並未排除兩組條件可能同時存在的可能事實，因此要以條件式假設去形成因果結論，必須提出更充分的證據。

2. 差異式陳述是在表現不同個體或事物之間是否存在差異的假設形式，內容多牽涉分類（classification）。在某個分類架構下，研究的對象被區分為不同的組別，假設的內容在說明各組間在其他變數上的可能差異。例如：不同性別的學生對於婚前性行為接受度不同。此一假設涉及的變數，包括「性別」與「婚前性行為的接受度」，而性別變數就是造成差異存在的決定因素，所形成的假設稱為差異性假設。一般在調查研究中，研究者蒐集各種不同的背景變數，將受測者區分成不同的群體來比較，即是一種差異性假設的實例。

3. 函數式假設多是以數學方程式的形式，表現變數之間的特定關係，其基本形式是「Y 是 X 的函數」，其中 X 稱為自變數（IV），Y 稱為依變數（DV），與條件式與差異式假設相較，函數式假設更能表現假設所涉及的變數關係。一般多個連續變數之間共變關係的檢驗，多以函數式的假設來表示。例如：「年齡越大，對資訊科技的接受越低」、「學習動機越強，學習成果越佳」。這類型的假設多用於多個量化資料變動趨勢的檢驗，因此又稱為關聯性假設，多出現於相關性研究中。

　　概括來說，假設具有下列二項功能：

1. 研究假設可引導研究的方向與內容、擴大研究的範疇。研究假設的擬定，除了具體指出研究所欲探究的變數內容與關係，更具有演繹推論的功能，研究者可自特定的假設中，延伸出更特殊現象或關係，擴大研究的範圍。

2. 假設有增進知識的功能。因為假設通常自某一個理論演繹推論而得，假設的支援或推翻，皆有助於科學知識的進步。如果某一個假設獲得證實，此時便成為被實證資料證實的一套命題或假設，也就是說，假設是具有實證證據支持的命題。

## 二、命題（proposition）是什麼？

　　「命題」只是表現構念之間的關係，但仍無法直接驗證它，故研究者須將命題內各構念（constructs），選擇一個情境，將其操作化（operational），變成知識論對應的變數（epistemcologically corresponding variable, ECV）。所謂「假設」就是各變數（ECV）之間的對應關係，假設代表科學研究的主要工具，沒有「假設」就沒有科學的產生。假設是研究議題的暫時性答案，假設只需經過「統計檢定」後，才能判定真偽。「好」的假設必須具備三個要件：

1. 能夠表現理論或命題中預期的變數關係。

2. 不應過於空泛，它必須是可以進行驗證與複驗。

3. 盡可能簡單扼要（simple & concise）。例如：「聰明」本身只是概念，但你操作型定義（≒量表／測驗）為「IQ」這個構念。易言之，沒有操作化之前「構念／概念之間的關係」叫做命題，它不需有統計來檢定，相對的，操作化之後「構念／概念之間的關係」叫做假設，它需要用統計來檢定其真偽。

　　此外，觀念架構可用來表現構念間之關係，但仍無法加以驗證，所以要將命題中之構念配合情境予以操作化，轉成 ECV 之對應關係（即「假設」），再蒐集資料，加以驗證。著名的操作型定義例子如下。

　　舉例來說，亞里斯多德所提倡「經驗主義」中，所採用的三段論法：

**例1** 大前提（命題）→小前提（ECV）→結論（假設）

　　大前提：凡人都會死（命題）。

　　小前提：張三是人，李四是人（張三、李四是 ECV）。

　　結　論：張三、李四都會死（假設）。

**例2** 有一命題：「人群體內互動與情感存在直接關係。」此命題是無法直接驗證的，所以要將命題轉成下列「假設」：

　　互動：ECV 用「打電話次數」來衡量。

情感：ECV 用「彼此擁抱次數」來衡量。

假設：「打電話次數與擁抱次數呈現正相關。」

例3 有一命題：「在不同的社會中，工業化程度與人際互動呈負相關。」將此
命題轉成：

工業化程度：ECV 用「每年汽車的生產量」來衡量。

人際互動：ECV 用「人與人面對面見面的次數」來衡量。

假設：「汽車生產量越高，人跟人見面次數就越低。」

例4 涂爾幹認為在任何社會群體中，自殺率高低與該國的宗教有關。故此一命
題可寫成：「各國自殺率與人民信仰（主義）有關」，同一個命題可轉成
兩種不同的假設：

分析單位：社會群體（social grouping）

個人主義：ECV 用「新教」。

集體主義：ECV 用「天主教」。

假設一：「新教徒普及的國家，自殺率比天主教國家高。」

假設二：「西班牙（天主教）自殺率比瑞典（新教）低。」

例5 有一「偏差行為」之模型：「社會整合程度低→心理壓力大→偏差行為較
多。」將同一命題轉成二階段之假設：

分析單位：可以是「社會群體」（社會學），亦可以是「個人」（心理學）

假設分二階段：(1)「社會整合程度→心理壓力」。

(2)「心理壓力大→偏差行為」。

若將心理壓力看成「黑箱」（控制變數），則用1階相關來分析整個模型；
若只看「社會整合程度→偏差行為」，則改用 0 階相關來分析。

1. 有時同一個命題可以有多種不同假設的組合。

例6 命題：「家庭的社經地位水準（socioeconomic）會影響青少年在不同社會
情境下之服從性（degree of conformity）。」此命題可轉成下列「假設」：

分析單位：「個人」

服從程度：ECV 用「對權威態度量表」來測量。

社會地位：ECV 用「父母學歷及父母收入（職級）來加權計算」。

社會情境：ECV 可以是「學校、家庭、辦公室、市場、百貨公司……」。

上述之服從程度、社會地位及社會情境，三者可以有不同的組合，來產生
不同的假設。

2. 兩個對立命題仍可容許用同一個假設。目的是讓不同理論者，能各自發展自

己 ECV（兩者不可混淆），看哪一種理論更能解釋現象。

**例7** 命題一：「理解力強的研究生，績效（performance）越佳。」

理解力：ECV 用「答對考題數」。

績效：ECV 用「學科成績」。

命題二：「研究生上課時獲得越多『增強』（enforcement），則反應越好。」

增強：ECV 用「自願幫忙」。

反應：ECV 用「該科成績」。

上述這兩個命題，都可用同一個假設：「上課點頭次數越多的研究生，分數越高。」

## 三、理論假設／對立假設（$H_1$）vs. 虛無（null）假設（$H_0$）

何謂「假設」，是指研究議題的暫時性答案，它可清楚描述自變數及依變數關係的形式。假設只有在研究者從事經驗性的考驗後，才算被驗證過。假設的形成有三種方式：(1) 理論的演繹。(2) 直覺的歸納。(3) 綜合演繹及歸納。

「假設」本身具有特性，它是變數間存在之可能關係的暫時性答案。「假設」扮演的角色，包括：它可代表研究方向、定義研究範圍、適當的研究設計、可能結論之架構。

此外，研究者所提「假設」要符合下列四個準則：

1. 清楚：假設須以原創型，或操作型的方式來界定所有變數。在提出假設前，研究者可先參考前人文獻回顧或專家意見，來協助自己所提假設與變數定義的建構。

2. 明確：假設要明確指出變數間所預期的正向／負向關係及關係成立的條件。

3. 描述事實：「假設」是用來描述事實，它要能被許多方法來檢定。

4. 價值中立：理論上，科學研究不應摻雜個人價值、偏見、主觀、偏好，可惜少數社會研究者仍會受社會環境的影響。

假設可分成理論假設、虛無假設（null hypothesis）兩種。「虛無假設」是可直接驗證的假設，研究者是不可以樣本資料來判定虛無假設為真，只有否決虛無假設（$H_0$）時，其對立假設才為真（站在對立立場來拒絕假設）。相對地，當虛無假設被拒絕時，其反面可被支持的假設，謂之「理論假設」（又稱，研究假設／對立假設），它是由命題發展而來的。我們若論文中直接採用「理論假設」，則可能會犯「以後果倒推肯定（結論）的謬誤」（the fallacy of affirming the consequence），所以應由反面來驗證，因爲正面假設可能有別的原因存在。舉例來說：

理論假設：「處於孤獨的人自殺率高」，倘若：

孤獨：ECV 用「單身」。

如果驗證屬實，我們是否可推論「單身的人自殺率高」呢？答案是「不可以」，因爲「單身」代表很多意義，例如：酗酒、照顧不周，我們只能說「此命題」沒有被拒絕。故我們論文中應改採用「虛無假設」，準備站在反面立場來拒絕。若「虛無假設」驗證結果「未被拒絕」，並不表示「虛無假設」被「接受」，可能是研究過程仍有瑕疵（內部效度不佳）。「虛無假設」是建立在邏輯的必要性上，通常採用 discrediting process，即「負負得正」觀念，拒絕「虛無假設 $H_0$」就獲得「對立假設」爲眞。舉例來說，某鈣片製造商，宣稱其鈣片對新生兒有效，假如新生兒年齡在 8 月以前會走路機率小於 4%，若某一新生兒服用該鈣片後在 8 月前就會走路，則我們可以「拒絕」虛無假設「鈣片對新生兒無效」推論，「負負得正」就得到「鈣片對新生兒有效」的結論。因此，科學的研究，是站在反面立場，不斷否決（下圖之右半部區），使研究結果越來越接近眞相。後人每做一次研究，就否決「不被拒絕」區之範圍，如此，一直循環來縮小範圍。我們是無法嚴格驗證理論眞假，只好透過驗證來增加理論的可信度。

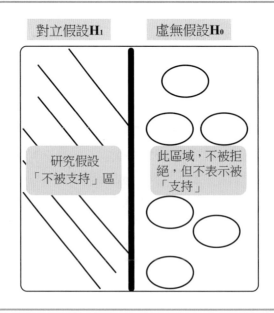

對立假設 $H_1$　　　虛無假設 $H_0$

研究假設「不被支持」區

此區域，不被拒絕，但不表示被「支持」

圖 4-6　假設分二個區

## 四、研究假設（$H_n$）撰寫之叮嚀

$H_n$ 常見有兩種寫法：

1. 在博碩士論文中，係先提出其相關的理論基礎，來強化構念之間爲何有關係之邏輯推論，以論述此研究假設（$H_n$）爲何成立。

2. 在期刊（研討會）中，由於論文長度的限制。故你直接在文獻回顧之論述過程中，邏輯推論各構念之間的關係（$H_n$），借此可節省論文篇幅。

# 4-5 命題的構成要素

每一個命題都有兩個主要的構成要素：構念及關係（relation）。

## 4-5-1 構念

### 一、概念（concepts）≒構念（constructs）？

「構念」是指某一操作化的概念。「概念」是有關某些事件、事物（objects），或現象的一組特性，旨在指出某個欲探討對象及本質，或解釋某行爲現象。概念也是建立科學的基石。在各研究領域中，每門學科都有其約定俗成所發展出來的概念，來當作大家溝通的專業語言。

「概念」的主要功能有四：

1. 當溝通的基礎：概念提供科學家共通的溝通語言。因具有共同的概念，大家方能傳達研究發現，或複驗彼此研究成果。

2. 提出某觀點（perspective）：概念使科學家將現實的某個層面連貫起來，並能辨別眞實世界所產生的不同案例，進而提出新的觀點。

3. 進行分類與形成通則：人們依據概念建構、分類、整理、通則化經驗及觀察。易言之，概念促使科學家對他們的經驗做分類，並從中進行通則化。

4. 理論的要素：概念定義了理論的內容與屬性。當概念以系統化、符合邏輯方式進行連結時，便構成了「理論」。此外，概念亦可作爲解釋與預測的要素，例如：供給、需求這兩個概念，便形成「經濟理論」的兩大支柱。由此可見，概念界定與理論建構兩者是有密切關係，故概念界定就必須是清楚的、精確的，且一致的。因此，任何科學的學科，本身都必須澄清其所使用的專業詞彙。

「構念」是指具有特定意義（meaning）的符號（symbol），代表人們共

同經驗，用來表示某種物體、現象、特性、認知，以作為人們溝通的工具或分類的基礎，它未必真實的存在，但它是可以衡量的，具有理論上的意義。概念則未必能衡量，構念是由概念演繹而來的。構念也是理論或典範之基本構成要素。例如：「聰明」是屬概念，其對應的「IQ」就屬一個構念。

　　構念產生的來源有四：(1) 經由想像。(2) 經由經驗。(3) 經由習慣，約定俗成。(4) 高層次構念（derived term）建立在低層次構念（primary term）之上。

　　學術上，理論容許可以不同，但構念希望一致，這樣大家才有共同的溝通名詞。因此構念的基本要求是：(1) 要有理論基礎（原創型定義）。(2) 可轉成能測量的操作型定義。

　　構念本身具有三個特性：

1. 內聚性（convergent）：例如：藍有深藍、淺藍、淡藍，它們是否都能表現出「藍」的特質。統計學上，探索性／驗證性因素分析之因素負荷量（factor loading）大小，即能代表該構念各項目（items）之內聚性。因素分析之實作，請見作者《**多變數統計之線性代數基礎：應用 STaTa 分析**》、《**多變數統計之線性代數基礎：應用 SPSS 分析**》、《**STaTa 在結構方程模型及試題反應理論**》三書。

2. 排他性（exclusive）：將別的不相干構念排除，例如：藍就不是黃、紅。這概念等同「建構效度」的區別效度，問卷某一答題不能同時與二個潛在變數（因素）有高相關。

3. 構面性（dimensions）：構念不一定是「單一構面」，像「性別」指的是男女，是屬單一構面；但疏離感、人格特質、價值觀等構念卻是多構面的。社會研究之量表幾乎都是多構面量表。相對地，人工智慧（機器學習的特徵萃取），例如：人臉辨識，臉部的特徵不僅是對稱性、多構面，特徵所代表自變數個數更高達上千個，光靠傳統因素分析來縮減維度仍是不夠的，故需要更高技術（演算法做變數變換）。易言之，機器學習特徵萃取／問卷或測驗開發的維度縮減，都是在選擇少量且具代表性的特徵（問卷答題）來縮減資料探勘所需的時間（複雜度）。有關維度縮減技術請見作者《**人工智慧與 Bayesian 迴歸的整合：應用 STaTa 分析**》、《**大數據**》、《**機器學習：使用 STaTa**》三書。例如：教育學中，疏離感就包含低層次之五個構面：無力感、無意義感、無規範感、孤立感及自我疏隔（self-extrangement）。人格特質又可分為 11 個低層次構念：挑戰性、情緒性、思考性、共感性、安定性、持續性、獨立自主性、感受性、行動果斷性、見機行事、領導性。

　　雖然具有多構面的構念更有信度（Cronbach's alpha）及效度（建構效度）之優點，但也有兩個問題要注意：(1) 在多構面情況下，構念的衡量會有問卷選題（sampling）的問題（代表性）。(2) 多個構面之權重是否都相同？答案是否定的。實務上，權重是應隨不同情境而異，例如：教授「權威」在學校很高，但教授在家裡的「權威」卻比女兒還低。可見「權威」定義會隨情境不同，其潛在因素的權重就略有不同。

　　構念也是會有可變性，其衡量值，又含：

1. 密集度（intensity density）：例如：「紅」是番茄紅或蘋果紅，兩者「紅」就有程度的差異。

2. 強度（strength）：例如：「品牌偏好」程度、「電腦態度」、「工作滿意度」。

3. 內在潛力（potency）：例如：購買傾向。

4. 發展程度：例如：自我統整（ego-identify）。

5. 有或無：例如：有或沒有購買無線電話機。

　　總之，概念及構念兩者，對研究者而言，它具有下列五種功用：(1) 賦予現實世界一種觀念或看法。(2) 溝通工具。(3) 可當作分類或一般化的基礎。(4) 理論的構成要素。(5) 社會科學研究的基本單位。

## 二、構念定義有兩類型

　　構念的定義有兩種層次：原創型（概念型，constitutive）定義、操作型（operational）定義。研究者引用／發明某一構念時，均要靠定下原創型定義及操作型定義。

### (一)原創型定義

　　所謂「原創型定義」為運用其他概念來描述某一概念的，例如：「態度」的原創型定義可能是「對某一刺激物做有利或不利的反應傾向，此項定義運用「反應傾向」及「刺激物」兩者來界定「態度」。故原創型定義並無「真偽」之分，僅是界定某概念的內容。

　　構念的形成有兩種來源：(1) 原始術語（primitive）：由於概念是可持續被其他概念所定義，倘若某「概念」無法被其他概念所定義者，謂之原始術語。例如：「個人」、「互動」、「有規則」三者都屬原始術語。(2) 延伸術語（derived term）：即由原始術語所定義的詞彙。例如：我們可將「兩個以上的

**173**

人有規則互動」定義為「團體」，這個概念就是延伸術語。

原創型定義具有兩個特性：(1) 須能指出被定義者的「獨特屬性」（涵蓋所有應有的案例）。(2)避免陷入循環的論證（即不能包含所要定義的組成元素）。

如何將概念具體表現在構念中？是靠原創型定義，它比操作型定義粗淺，仍保持有一般性及彈性（仍可用其他低層次構念來界定），通常不涉及定義該如何衡量，僅是一種概念，原創型定義並非像「構念」一樣有具體的操作型定義所對應的衡量。換句話說，原創型定義具有一般性，可用其他構念來界定，故必須符合下列條件（原創型定義的性質）：

1. 涵蓋完整（all inclusive），強調定義要完整性。

2. 不能自我定義（self-circular）。

3. 不能用負面排除法，例如：要定義「狗」，就不能用「狗不是貓，狗不是獅子」。

4. 該定義要能建立共識（shared meaning）。

舉例來說：

例1「威權」（power）的原創型定義：「是一種力量的作用，憑威權可以指揮他人。」

例2「相對剝削」（relative deprivation）的原創型定義：「人們對價值期望（value expectation）與價值能力（value capability）之認知差異程度。」此例中，「相對剝削」是較高層次的構念，它的底下又有兩個低層次構念：價值期望及價值能力。所以我們再對這兩個低層次構念做原創型定義：

(1) 價值期望：人們認為自己應有的生活目標和生活條件。（the goals and conditions of life to which people believed they are rightly entitle.）

(2) 價值能力：人們認為自己能夠設定和保持的生活目標和條件。（the goals and conditions of life to which people think they are capable of setting and keeping.）

### (二)操作型定義

概念所代表的經驗特質或事件，例如：知覺、態度、價值觀等非行為性的特質，通常是無法直接加以觀察，故在此種情況下，「原創型定義」的經驗應找一個情境加以操作化。舉例來說，「聰明」這個「概念」操作化的定義 IQ，它就是「在某種方式下施行的一種測驗，檢測受試者所產生的反應或量化的總及」。

　　所謂「操作型定義」是指一套描述活動之程序，這些活動是為了人們可以實證，以確立某一概念所描述的某一現象之存在程度。「操作型定義」旨在建立「概念」所描述的現象及該概念在經驗上存在的程度，使不具有直接可觀察特性的概念，得以確立其存在性，並使科學家可彼此複驗其結果。所以，當現象不能被直接觀察時，科學家須將此概念操作化。

　　由於構念的原創型定義仍舊無法直接觀察衡量，所以須將構念「操作化」，所謂「操作化」是將操作過程寫下來，並將抽象術詞（construct）轉換成實證用術詞（empirical terms），即一般人所稱的「變數化」，故操作型定義是把「概念－理論層次」及「實證－觀察層次」連接起來的橋梁。易言之，操作型定義係將某一構念轉換成「知識論上的對應變數」（epistemologically corresponding variables, ECVs），同一個構念轉成數個 ECV 才能讓研究可以有衡量尺度的標準。故一個無法進行「操作型定義」的概念，是不應該納入科學的研究中，因為它無法符合對主觀互證之驗證的要求。

　　操作學派（operational school）的學者（operationalist）認為：「構念」是空的，只有操作化才能作為研究對象。構念操作化具有三項功能：(1) 思考具體而清晰。(2) 互相溝通的正確性。(3) 減少概念或變數的個數。構念（例如：組織氣候、團隊績效……）如何操作化呢？方法有三種：(1) 依據文獻回顧來操作化。(2) 專家意見。(3) 研究者自己界說。

　　至於「原創型定義」與「操作型定義」之間的一致性（congruence）程度如何？研究者則須透過效度檢定來檢測。

　　命題（proposition）旨在描述兩個以上構念的關係，當我們將某一「命題」操作化，實質意義，就是將它轉成了「假設」（hypothesis），假設本身通常需要說明「它是落實在哪一特定的情境」。易言之，沒有操作化之前的構念稱為命題，操作化之後的構念稱為假設（ECVs）。構念要變成 ECVs，中間必須要有「情境」。

舉例來說：

例1 「國家工業化程度」（這是個構念），其操作型定義可以是「該國汽車數目」這個 ECV，亦可以是「平均每人鋼鐵的產量」這個 ECV。

例2 「群組的內聚力」這個構念，即可用「每天彼此打電話的次數」這個 ECV 來操作化。

　　「命題」被操作化後，就變成「假設」。「假設」是在某一特定的情境上來落實。例如：「威權」雖然原創型定義一樣，但「在公共場所」及「在

家裡」的情境就不同，所以兩者的操作型定義就不同。通常我們在撰寫論文時，第 1 章中，就要交代本研究的情境。

**例3** 「滿意度」（這是個構念），其原創型定義是：「對某事物期望績效之符合程度」，而操作型定義（ECV）則是「事前與事後期望績效的差異」。

**例4** 「品牌理解」（這是個構念），其原創型定義是：「對某一產品的屬性之了解程度」，而操作型定義則是「對特定產品屬性能回憶的程度」。

## 4-5-2 關係

命題組成有兩個要素：「構念」及「關係（relation）」。「關係」是命題的第二個要素。所謂「關係」，它是「兩個函數有秩序的配對之集合」（a set of ordered pairs）。例如：有人認為智商（IQ）高低與學業成績有「關係」，其實這兩個變數之數學的結構關係如下：

| | |
|---|---|
| 智商（變數） | $A = \{a_1, a_2, a_3, a_4, \cdots, a_m\}$ |
| 學業成績（變數） | $B = \{b_1, b_2, b_3, b_4, \cdots, b_m\}$ |
| 關係（relations） | $(a_1, b_1)(a_2, b_2)(a_3, b_3)\cdots(a_m, b_m)$ |

在統計上，求兩個變數之相關（或其他分析術）時，有可能兩個的「共變關係」是碰巧，做統計檢定時，常將碰巧機率定為 $P < 0.05$。

常見的「共變關係」（covariance）有下列三種類型：(1) 權變（contingency）關係：一個變數（現象）其特定值發生機率，是基於另一變數特定值的發生機率（已知 X，推論 Y）。(2) 關聯（associative）關係：變數 Y 隨著變數 X 而改變，兩者是線性關係，且逆定理亦成立。(3) 函數（functional）關係：即 Y = f（X）關係式，X 與 Y 的函數關係是非線性的，故逆定理不成立。此外，「關係」尚具有下列性質：

1. 具方向性，即哪個變數影響另一變數（工作壓力→工作滿意度）。

2. 關係的「強度」。

3. 屬因果關係或非因果關係：「有關係」不一定有因果關係，例如：冰淇淋銷售量與溺水人數有相關，可能兩者的前因是「天氣熱」，而非「冰淇淋銷售量→溺水人數」，此種例子，俯拾皆是。

4. 即使確定兩變數具有因果關係，但此種關係可能是「單一原因」亦可能是「多個原因」關係。

易言之，「關係」可分為「共變關係」及「因果關係」兩大類。前者是較低層次的過程；後者是科學研究的焦點（例如：群眾運動的原因、偏差行為的

原因、通貨膨脹原因……）。

　　要證明研究是屬「因果關係」，它有三個條件：(1) 兩變數有相關（不論正相關、負相關）。(2) 兩變數有時序性（證明有先後發生順序）。(3) 能有效排除其他「原因」變數（即有效排除其他「外生」變數），以防兩者關係是虛假的。

　　此外，我們常見的「因果關係」約略可分為下列五種類型：

1. 條件的（conditional）：一件事情的發生，必須其「原因」都發生（必須而不是充分）。例如：「溼度高」是不是一定「下雨」，答案是「未必」，還得看「溫度」而定，但溼度不高一定不下雨。易言之，都存在不一定會發生，不存在一定不會發生（必要條件）。

2. 充分非必要（disjunctive）：例如：特殊才藝（體育或音樂）好的學生可保送進大學，但進大學的學生不一定每人體力都是好的。易言之，一個原因就夠了（充分條件）。

3. 必須且唯一（necessary & sufficient）：必須具有所有「原因」，只要有這些原因就一定會發生「果」。例如：必須考聯考，而且只有考聯考才能進大學（充要條件）。

4. 且（conjunctive）：要發生這個現象（果），這個「原因」必須不能存在。例如：有犯罪前科（吸毒、偷竊……）者，一定不能進「警察大學」讀書，但沒有犯罪前科者，並不意味著他就可以進警察大學（排除某一條件才成立）。

5. 原因不明（delima）：有無這個「原因」（情況）與結果是無關的，例如：我「喜歡」讀書要參加「考試」，我「不喜歡」讀書也要參加「考試」，喜不喜歡與考試是兩回事。有無此狀況存在皆無所謂，都一定會發生（either 或 or 都會發生）。

## 4-5-3 「因果關係」X → Y 的結構

　　因果關係（causality 或 causation）是一個事件（即「因」）及第二個事件（即「果」）之間的作用關係，其中後一事件被認為是前一事件的結果。一般來說，一個事件是很多原因綜合產生的結果，而且原因都發生在較早時間點，而該事件又可以成為其他事件的原因。

　　通常，因果亦可指一系列因素（因）及一個現象（果）之間的關係。對某個結果產生影響的任何事件都是該結果的一個因素。直接因素是直接影響結果的因素，亦即無需任何介入因素（介入因素有時又稱中介因素）。從這個角度來講，因果之間的關係也可以稱為因果關聯（causal nexus）。

　　原因及結果通常及變化或事件有關，還包括客體、過程、性質、變數、事實、狀況；概括因果關係爭議也很多。

　　這裡的「關係」不只談因果關係「X → Y」，因與果的關係可能是「一對一」、「一對多」、「多對多」。常見的因果關係結構有三種：

1. 收斂（convergent）結構：對「果」（effect, consequence）而言，它（Y 變數）有多個「因」（causal），如圖 4-7 所示。

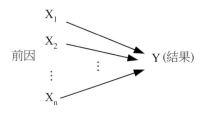

**圖 4-7** 收斂（convergent）結構：多因一果

2. 發散（divergent）結構：對「因」（causal）而言，它（Y1 變數）有多個「果」，如圖 4-8 所示。

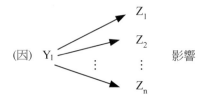

**圖 4-8** 發散（divergent）結構：一因多果

3. 「收斂／發散」（convergent-divergent）混合結構：即前兩結構的結合。例如：工業化程度（以 GNP、能量消耗、勞力多樣化為衡量指標）會影響到該國人民政治參與的興趣，而人民的政治參與興趣又會影響該國政治發展程度（以主管功能指標、政治團體組織、權力分散指標、政治代表性指標為衡量變數）。這種模型有三組變數前、中、後的因果關係（圖 4-9）。

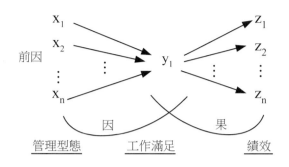

**圖 4-9** 「收斂／發散」（convergent-divergent）混合結構：具中介變數的結構方程
（SEM）

註：SEM 實作請見作者《STaTa 在結構方程模型及試題反應理論》一書

社會科學家常用的結構模型分析（structural equation modeling, SEM）技術，即是「收斂／發散」結構之一，它允許執行含有潛在變數（latent variables, LVs）之徑路（path）分析，此種方法又稱為第二代多變數分析。SEM 可提供研究者更有彈性的處理下列問題：(1) 多元預測變數及效標變數之間的關係模型。(2) 建構無法直接觀察之潛在變數。(3) 觀察變數（manifest variable）之測量誤差的模型化。(4) 統計檢定先前實際理論或實證資料之假設檢定（驗證性分析）。因此 SEM 係第一代統計程序的擴充，這意味著 SEM 分析的限制及假說（assumption）應用在理論的模型化方面，將比第一代統計程序來得有彈性。論文常見的 SEM 是指以共變數為主（covariance-based）的技術（例如：LISREL），只要我們正確的使用 SEM，它將比傳統的主成分分析、因素分析（factor analysis）、區別（discriminant）分析及複迴歸等統計分析法更有彈性。

## 4-5-4 法律「因果關係」

一般來說，因果關係（causal relation）是具體出現在兩個物體之間的必然關係。哲學家基於一些考量，會說因果關係是介於物體所處狀態之間的關係，或者兩個現象之間的關係，或者兩個事件之間的關係。「事件（event）」是指一個物體所處狀態的變化。例如「那顆棒球之以那種速度朝那個方向移動」就是一個事件：那顆棒球從靜止狀態變成以某種速度朝某個方向移動的狀態。「那窗戶玻璃之散碎一地」是另一個事件：那窗戶玻璃從靜止狀態變成破碎的狀態。所謂因果關係是具體出現的，意思是說，因果關係都是出現在某個特定時空

的，它不是抽象的關係。至於因果關係的必然性待會再談。

何謂「相當因果關係」？其實它及「客觀歸責理論」是差不多的。

何謂「**客觀之歸責理論**」？

1. 當行為人之行為造成一個法律規定所要加以防止之危險，而此危險足以發生構成要件該當之結果者，則此造成具體結果之行為，即係客觀可歸責。

2. 因此，行為人之行為只要有足以產生構成要件該當結果或有造成構成要件該當結果之危險，而在客觀上足以認定此等危險可歸責於該行為人者，則該行為與結果，即具有因果關係。

3. 亦即，其判斷標準為：

   (1) 製造不被容許之風險（製造風險）。

   (2) 不被容許之風險實現結果（風險實現）。

   (3) 危險與結果間之關係為構成要件之效力範圍。

何謂「因果關係」？就是「原因」及「結果」「有沒有關係」。重點在最後一個「有沒有關係」。只要有關係，縱使是「特例」、「意外」、「奇蹟」，都算是有因果關係。所以因果關係只有一種理論「條件說」。

何謂「條件說（等價說）」？就是「若無前者，即無後者」、「若有前者，即有後者」。這段敘述其實沒什麼錯，但很容易混淆。尤其在解答「累積的因果」、「超越的因果」等等，各式各樣的排列組合時。概括來說，條件說就是造成具體結果所不可想像其不存在的每個條件，倘可想像其不存在，而具體結果仍會發生者，即非刑法上之原因。而在本說中，因為將所有導致具體結果發生之條件等同視之；只要及構成要件結果有關的所有行為全部都一樣重要。故又稱為「等價說」。亦即，對於具體結果之發生，不能想像其不存在之所有條件，均為造成結果之原因。倘若某一行為或某一事實，可想像其不存在，而具體結果仍舊可能發生者，則該行為或事實即非造成結果之條件。

法學上關於因果關係的理論，主要有三種理論：

1. 條件因果關係理論，又稱「等價理論」。其定義是：在所有其他事態維持不變的假設下，如果 P 及 Q 現象之間有這樣的關係：「不可想像若 P 不存在，Q 還不會不發生」，便可認定 P 是 Q 的原因。這個定義較為直述的解釋是：「若 P 不存在，Q 就不會發生；或者就不會以它實際發生的樣貌發生，而是以其他樣貌發生」。

   (1) 此定義其實是邏輯學及哲學上所稱的「必要條件」，若 P 是 Q 的必要條件，就認定 P 是 Q 的原因（cause）。然而邏輯學及哲學上對因果關係的

定義是「充分必要條件（sufficient and necessary condition）」，條件因果關係理論當中缺乏了「充分條件」這部分。

(2) 由於此理論將結果的所有必要條件都認定為原因，且各原因之間沒有誰強誰弱的區分，故又稱為「等價理論」，即所有原因都有相同的價值。

(3) 各原因「等價」這性質在 20 世紀初期遭受批評，反對者認為使用這理論會無限往前回溯，使得應負法律責任的人的範圍過度擴張，例如：2026 年 1 月 1 日，30 歲的 M 開槍殺死了 O。殺人兇手 M 的父母親是對於 M 之存在而言「不可想像其不存在」的條件，所以 M 父母於 1995 年年初的性交行為是 O 被 M 槍殺的必要條件是原因。

(4) 為了限縮條件理論的責任無限前溯問題，遂有相當因果關係理論之提出。

2. **相當因果關係**（adequacy、adequateness）是法學理論中認定構成法律上的因果關係的一個學說，是指行為人行為與結果間要具有相當的因果關係，行為人才對結果承擔法律責任。這在刑法上屬於構成要件的一環，也是認定民法上侵權責任的一個步驟。

(1) 判斷犯罪成立與否的第一階段是判斷構成要件該當性（亦即符合犯罪之條件，如行為、情狀、結果），而在構成要件中，犯罪行為與犯罪結果必須具有因果關係，倘若兩者風馬牛不相及，則構成要件不該當，犯罪不成立。

因果關係的判斷，包括：第 1 步驟的條件關係，及第 2 步驟的相當因果關係。

(2) 條件關係

條件關係的判斷原則是：「若無行為 A，則無結果 B。」其等價命題（逆否命題）是：「若有結果 B，則有行為 A。」由此可見，行為 A 乃是結果 B 的必要條件。除了作為犯以外，尚有不作為犯（放任犯罪結果發生）的情況，即：「若有行為 A，則無結果 B。」

上述條件關係的判斷，是一種「若……則……」的邏輯假設，因此會有事實關係（假設性因果進程）與規範關係（擇一競合）的問題，例如：

情況 1  甲下毒達 1/2 致死量，乙又下毒達 1/2 致死量，2 人所下的毒合起來恰好殺害了丙。此時，在自然科學的法則、經驗假設下，甲、乙各自的行為本來都不至於殺害丙，該如何處理？這是事實關係的疏漏。

情況 2  甲下毒達全部致死量，乙又下毒全部致死量，殺害了丙。此時，

究竟是甲的毒殺害了丙，還是乙的毒殺害了丙，該如何處理？這是規範關係的疏漏。

因此，條件關係的判斷，必須結合事實關係與規範關係的判斷，先利用自然科學的法則、經驗去假設行為與結果的關係，再從法律的觀點，去期待迴避結果的可能性，如果行為與結果既有事實關係，又有規範關係，就是有條件關係。

3.「流行病學（疫學）的因果關係」理論，又稱「統計學的因果關係」、「機率論的因果關係」。

從這三種理論衍生許多變化版，例如：德國學者 Karl Engisch（1931）提出「合法則的條件關係」，是在條件理論之上添加了「P → Q 關係必須合乎自然法則」這個條件，也就是邏輯學及哲學上所稱的「充分條件」，使得只有「充分且必要條件」才被認定為原因。

## 4-6 研究議題變成研究計畫

研究開始於問題，故我們須先找尋有意義的問題才著手進行研究程序。「研究議題」旨在勾勒出一群變數之間關係的疑問，而「研究假設」則是假定一個暫時性、具體化且可檢定的答案。「研究程序」旨在將研究議題，轉換成一系列的研究假設，使研究者進行研究有遵循的步驟。

研究議題及研究假設均可透過理論、直接觀察及個人直覺等方式，以單一或混合的形態來建構。尋找研究議題及研究假設最佳途徑，就是親自找尋該領域重量級期刊、專業文獻。

研究程序的第一步，就是「研究議題」的擬定。研究議題約略可分為：理論導向問題（採實證研究法）及技術導向問題（採自然科學之演繹法）兩大類。一個研究議題要落實，則須靠「研究計畫（proposal）」來規範、指引。研究計畫旨在說明：研究背景及目的（「前言」部分）、文獻回顧（找理論基礎）、資料來源及研究方法（屬「研究設計」部分）、計畫經費、預期結果（對產、學、研的貢獻）。概括來說，研究計畫的組成有三個要素：觀念化（概念→構念→研究模型→研究假設→變數）、方法論及情境（在某一情境（context）下蒐集資料）；研究計畫有三個支柱：理論、研究設計及資料分析，這六者關係如圖4-10。

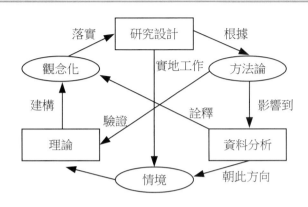

圖 4-10 研究計畫之概念圖

1. 觀念化（conceptualization）：有關理論、模型、構念、變數、架構的觀念化。
2. 方法論（methodology）：探討程序、問題界定、資料蒐集、分析。
3. 情境（situation, context）：蒐集資料必有一個情境（現場）來落實。

　　研究計畫的步驟，包括：(1) 理論構念的界定、測量或操弄（衡量構念效度）。(2) 選擇研究設計。(3) 資料蒐集及分析。(4) 解釋分析結果，並用來發展或修正理論（外部效度）。

# 抽樣的設計及分析

　　抽樣（sampling）是觀察或調查母體所有基本單位中的一部分，只選擇一部分的「基本單位（unit）」，進行觀察或調查的一種程序。

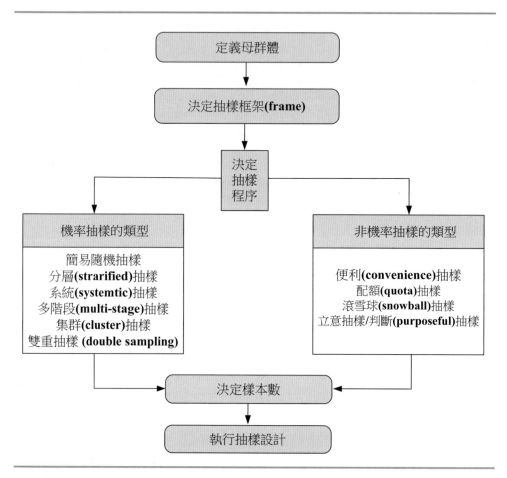

**圖 5-1** 抽樣設計（sampling design）的流程

1. 抽樣技術中，**概率抽樣**（probability sampling）是基於概率理論的方法選擇來自較大群體的樣本。在這種情況下，母群中每個成員被抽選的機率是一致，並可計算評估。最常見的包括簡易隨機抽樣、系統抽樣、分層抽樣和集體抽樣。

2. **非概率抽樣**（non-probability sampling）是根據研究者主觀來判斷選擇樣本而不是隨機選擇。

　　調查者常受限於人力、物力、財力、時間等資源的限制，無法對全部母體（population）的基本單位加以觀察或調查研究。僅能針對母體的部分基本單位

進行分析，藉此改以樣本的統計值推估（探索）母體（研究對象）參數分布的狀態。

　　通常，影響樣本統計值推估母體參數（parameters）的準確性（偏誤，bias），包括：抽樣法（隨機法優於隨機抽樣法）、樣本的代表性（樣本均勻分布在人口統計變數）、樣本數量 n 和母體（資料）中特定研究變數的分散程度（變異數）……。

# 一、資料蒐集方法（methods of collecting data）有三

**1.** 直接觀測（direct observation）

可能只能找到相關性，而非因果關係。

**2.** 實驗法（experiments）

設計周延的實驗，會比直接觀測，更能真正找到因果關係。

**3.** 調查法（surveys）

回應率若太低，統計分析結果的可信度會大打折扣。調查方式有：

**(1) 面談（personal interview）**

回應率（response rate）較高，但成本較高。

**(2) 電話訪談（telephone interview）**

回應率較低，但成本較低。

**(3) 問卷調查（self-administered survey）**

回應率最低，且因為可能誤解問題使得錯誤的回應比例較高。

**4.** AI（機器學習）抽樣來自感測器、行動裝置、社交媒體、科學儀器

　　通俗來講，多元（multiple）迴歸分析就是包含多個自變數（解釋變數、預測變數 regressor）之迴歸式；但在生醫統計領域，預測變數納入多元迴歸、存活分析、Lasso 迴歸時，又叫「共變數（covariate）」，醫學的共變數≠社會科學的單因子共變數。在經濟學、醫藥學等領域，也常用到非線性迴歸，它有別於傳統線性迴歸之求解法。總之，迴歸在「解釋」、「個體預測」、「趨勢預測」中都扮演著舉足輕重的地位。

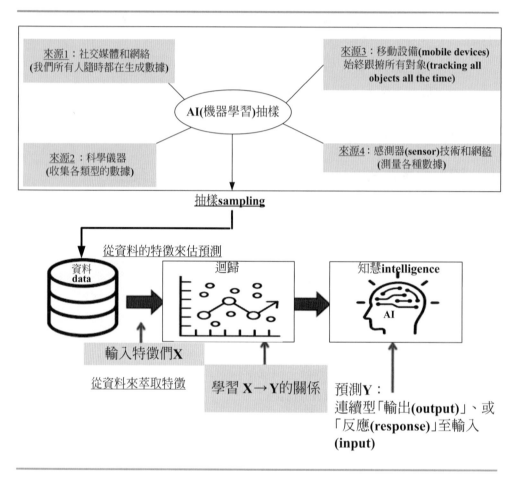

**圖 5-2** AI（機器學習）抽樣來自感測器、行動裝置、社交媒體、科學儀器

## 二、抽樣方法之選擇準則

1. 成本：隨機抽樣的成本大於非隨機抽樣。

2. 時間：隨機抽樣所花費時間大於非隨機抽樣。

3. 母體特性資訊。

4. 研究目的。

# 5-1 抽樣的本質

　　抽樣設計（sampling design）的主要重點有三項：

1. 有哪些機率抽樣方法？特性為何？

2. 有哪些非機率抽樣方法？特性為何？

3.「抽樣」（sampling）時應考慮哪些要素？抽樣是自母群體中選取部分元素／基本單位（elements）為樣本，並且認為從選取的樣本可推估母群體的特徵。在認識「母群體該如何抽樣前」？你先來認識抽樣相關重要名詞。

## 一、抽樣的重要名詞

1. 普查（census）：研究母體每一分子。例如：戶口普查。

2. 樣本（sample）：當名詞是指從母群體中所抽出的個體或元素的小集合體；相對地，動詞之抽樣是指從母群體中抽取一部分這些基本單位或元素的過程。

3. 抽樣單位（sampling unit）：一組基本單位中，經由抽樣程序選出數個單獨的基本單位（unit）。若是複雜的抽樣程序中，即可能會運用到很多不同層次的抽樣單位。

   例如：分層隨機抽樣，若以臺北市市民為母體，12 行政區先選一區當為樣本，再由選出的行政區內選 20 戶家庭，再由選出的家庭中，選出 2 位青年人作為樣本。

4. 行政區、家庭及青年人即分別三個抽樣程序中三個階段的抽樣單位。成年人是抽樣程序的基本單位。

5. 母群體／母體（population）：一組具有某種共同特性的集合。即特定研究議題下欲研究調查對象之集合，由一群具有某種共同特徵（characteristics）、屬性的基本單位（element）所構成的群體（group）稱為族群、研究族群、母體、群體（population or universe）、母群體（parent population or parent universe）或研究對象。特定研究議題下，其所有基本單位（元素）的集合體。可以視為研究觀察（可能）對象的全部集合。母體的基本單位數量一般利用 N 符號代表。

6. 母體參數（population parameters）簡稱母數：特性描述值，代表母體中特定特徵（characteristic）、屬性（attribute）或變數的數值。

7. 測量值稱為母數、母體參數、研究族群參數（population parameter）或參數（Parameter）。即研究調查欲獲得的核心數值。

8. 母體特定屬性的平均值（mean, M）、標準誤、標準差（standard deviation, SD）、變異數（variance, Var）、比例（proportion, p）等。

9. 目標族群（target population）：具有特定屬性或特徵之基本單位的集合體。

10. 基本單位（unit）：是指母體中個別分子、單獨（單一獨立）和無法再分割的個別成分（元素）稱爲基本單位、基本調查單位、研究個體、個體（individual）或元素（element）。在心理學的母體中幾乎個體（individual）皆是指『個人』；社會學基本單位（unit）是組織（公司）；資管基本單位是資訊系統；國貿／比較教育的基本單位是國家。

11. 抽樣框架（sampling frame）：抽樣單位的集合體，由此集合體選出樣本。故抽樣框架是對母體一種範圍、區域、大小和時間（人、事、時、地、物）的界定。抽出樣本越能代表母體，表示抽樣框架越接近母體的所有組成基本單位。

12. 隨機（random）：照均勻原則，任其自然出現。

13. 抽樣單位（sampling unit）：是指構成母群體之基本單位或元素。例如：社會學常以群組爲抽樣單位、心理學常以個體爲抽樣單位，企管常以公司／部門爲抽樣單位，資管常以資訊系統爲抽樣單位……。

14. 抽樣偏誤（sampling bias）：有意或無意抽到具有特殊特徵之基本單位。在統計學中，抽樣偏誤是一種偏誤，其中採集樣本的方式使得預期人口的某些成員具有比其他成員更低的抽樣概率。

15. 抽樣誤差（sampling error）：在抽樣檢查中，由於用樣本指標代替全體指標所產生的誤差可分爲兩種：(1) 由於主觀因素破壞了隨機原則而產生的誤差，稱爲系統性誤差；(2) 由於抽樣的隨機性引起的偶然的代表性誤差。抽樣誤差僅僅是指後一種由於抽樣的隨機性而帶來的偶然的代表性誤差，而不是指前一種因不遵循隨機性原則而造成的系統性誤差。

易言之，抽樣誤差是指樣本指標與全及總體指標之間的絕對誤差。在進行抽樣檢查時不可避免會產生抽樣誤差，因爲從總體中隨機抽取的樣本，其結構不可能和總體完全一致。

抽樣誤差也是衡量抽樣檢查準確程度的指標。抽樣誤差越大，表明抽樣總體對全及總體的代表性越小，抽樣檢查的結果越不可靠。反之，抽樣誤差越小，說明抽樣總體對全及總體的代表性越大，抽樣檢查的結果越準確可靠。在統計學中把抽樣誤差分爲抽樣平均誤差和抽樣極限誤差，下面就這兩種誤差分別進行闡釋。爲使推理過程簡化，這裡不對屬性總體進行分析，而僅對變數總體進行分析計算。

16. 抽樣偏誤（sampling bias）：抽樣有時（有意或無意）會抽到不是典型或代表性的基本單位或具有特殊特徵（超高、超低的異常數值）之基本單位，所

產生的研究偏誤。

## 二、抽樣的重要性

早在 1960 年，Demin 發現「抽樣」不但比普查來得經濟，且比普查所得結果的品質還好，Demin 認為抽樣的主要優點包括：(1) 可避免蒐集到有缺失、可疑、有誤的資訊。(2) 省時、快速地得到研究結果。

## 三、抽樣誤差與非抽樣誤差

抽樣調查是從所研究的母體中抽出部分的資料予以調查，由於所有可能出現的樣本中，各樣本的出現皆為隨機，哪一組樣本會被選出，研究者並無法得知。因此不同樣本的抽出，對母體的推論也會造成不同的分析結果，而此種不同結果乃起因於不同樣本所造成的一種誤差，稱為抽樣誤差。最常造成抽樣誤差之因素大致分為：

1. 樣本數大小：由於抽樣時的樣本太少，造成樣本的代表性不夠，便容易導致抽樣誤差。

2. 抽樣方法：有些抽樣方法所抽取的樣本，其組成成分與原來母體特性的差異太大，容易造成誤差。

儘管抽樣誤差不可能避免，但這種誤差卻可利用一些特殊的抽樣設計方法來加以避免及控制。在抽樣調查中還有另一種形式之誤差，即在調查過程中，因實地查訪的訪問員本身人為的疏忽，或者是回應者故意引導錯誤所造成的偏誤，以及登錄時登錄錯誤造成的誤差，稱之為非抽樣誤差（non-sampling error）。這種誤差在實際從事推論時是無法估計且無法完全避免的，但若能在抽樣前有充分的準備、嚴格訓練的訪問員，事後又能做妥善的規劃、督導及審核，則非抽樣誤差必能降低到最小。因此在從事統計分析時，此種誤差通常假設其不存在。

## 四、「好」的樣本之特性

檢驗一個樣本的好壞，有兩個指標（Cooper 和 Emory, 1995）：

1. 正確性（accuracy）：指樣本能否代表母群體特徵之程度。例如：位於街道角落的房屋通常較大而且價格較高，若研究者只選角落的房屋作為樣本，則可能高估該地段之房價。

2. 精準性（precision）：由於所抽樣的過程會有隨機變異產生，使得樣本與母群體之間有抽樣誤差，導致樣本與母群體很難完全一致吻合。所謂「精準性」

是指標準誤之估計值，值越小表示精準性越高。易言之，標準誤之估計值即是母群體之離散程度。

### 五、抽樣程序（samlping process）

　　研究者要獲取具有代表性之樣本，必須遵循下列主要抽樣步驟：(1) 先釐清研究的母群體。例如：要了解國內企業再造之成敗因素，首先要釐清界定企業再造之企業性質及範圍，究竟是泛指所有大中小企業呢？或僅指有引進資訊科技來改善企業作業流程者？(2) 設法取得一份完整且正確的抽樣單位之母群體名單。例如：從天下雜誌、中華徵信社所調查國內五百大企業名單，或從教育部獲得全國各級學校名單。(3) 根據這份母群體名單，採用適當的抽樣技術，抽取具有代表性的樣本。(4) 要抽取夠大的樣本，方能代表母群體的特徵。完整的抽樣程序如圖 5-3 所示。

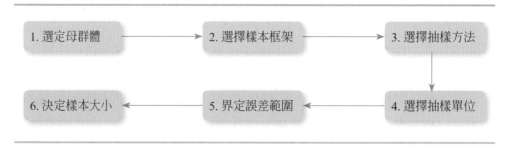

**圖 5-3** 抽樣程序

## 5-2 抽樣方法的種類

　　抽樣調查的目的，係利用樣本的資訊去推估母體中未知的特性，因此若要獲得好的推論結果，樣本的代表性就要足夠，而樣本代表性的好與壞，就牽涉到抽樣方法。基本上，要獲得具有代表性的樣本資料，則需要用較好的抽樣方法。

　　抽樣的方法，主要可分為兩大類：隨機抽樣（probability sampling）、非隨機抽樣（nonprobability sampling）。

1. **隨機抽樣、機率抽樣**（random sampling ;probability sampling）是指，採用隨機（randomness）方式從基本單位中獲得樣本的控制機制。易言之，隨機抽

樣中每個樣本被抽中的機率均相等且是獨立的。

2. **非隨機抽樣、非機率抽樣**（non-probability sampling; nonrandom sampling）

　(1) 以研究者、個人或條件判斷作為樣本選取的控制機制。

　(2) 無法說明每一抽樣單位被抽取的機率。故每個基本單位被抽中的機率不等。如此，無法、很難解釋樣本在母體中的代表性。

　　這兩大抽樣類型的比較如下表。

**表 5-1　抽樣的類型（種類）（Cooper 和 Emory, 1995）**

| 元素選擇 ＼ 抽樣基本型態 | 機率型 | 非機率型 |
|---|---|---|
| 未限制抽樣 | 簡易隨機抽樣 | 便利抽樣 |
| 限制抽樣 | 複雜隨機抽樣：<br>1. 系統（間隔）抽樣<br>2. 分層抽樣<br>3. 集群抽樣 | 計畫抽樣：<br>1. 判斷抽樣<br>2. 配額抽樣<br>3. 滾雪球抽樣 |

## 5-2-1　隨機抽樣法

　　隨機抽樣（probability sampling）最大優點就是可以獲得一個較具有代表性的樣本。常見的隨機抽樣有下列四種方法：

### 一、簡易隨機抽樣

　　簡易隨機抽樣（simple random sampling）不加入任何人為意志，完全依機遇的方式抽取，而且在 $N$ 個元素中，任一大小為 $n$ 的可能樣本被抽中的機會皆相同，此種抽樣方法即稱為簡易隨機抽樣。因此簡易隨機抽樣可採用摸彩法、或利用亂數表（random number tables）。此方法主要目的在消除人為偏誤、獲得客觀不偏之樣本資料，再依機率公式推估之，為所有抽樣方法的基礎。而按此方法抽出的樣本，因抽出每一個樣本之機會均相同，故稱為簡易隨機樣本。

　　簡易隨機抽樣的方法是自母體 N 個元素中取 n 個元素為一樣本，但抽樣時可能樣本結果之組數會因研究者所採取之抽取方式而不同，若每次抽取後，再放回母體中，則稱之為歸還抽樣（sampling with replacement）；但如果每次抽取後，並未放回母體，而從剩餘之部分再抽取即稱之為不歸還抽樣（sampling without replacement），此兩種抽取方式之樣本組數及各組樣本被抽取之機會皆

不同。因此簡易隨機抽樣僅限於構成群體的個體均屬於同質時使用較佳。

## 二、系統（間隔）抽樣

簡易隨機抽樣看似簡單，但執行上並不容易。但遇上元素數目龐大的母群，操作時更是相當繁瑣。正因如此，探究員較常採用系統抽樣。做法是系統地選擇抽樣名單的每 x 個元素來組成樣本。假設 1 至 20 之號碼爲母群元素，而抽樣間距（x）定爲 3，則相關的樣本便是 1、4、7 和 10。例如：你可能進行一項有關電影首映觀後感的探究。與其「隨意」抽取任何一個步出戲院的觀眾做訪問，你可做即場的系統抽樣，訪問每三個離開戲院的一位觀眾。這做法比「隨意」抽樣較爲科學，避免個人偏見可能導致的偏差。例如：你可能主觀地覺得某些人面目可憎，偏見地以爲對方一定會拒絕你訪問，而只「隨意」挑選一些看來較友善，或你主觀認爲會接受訪問的母群。這樣做會導致每個元素被選的機會不一致，減低樣本的代表性。

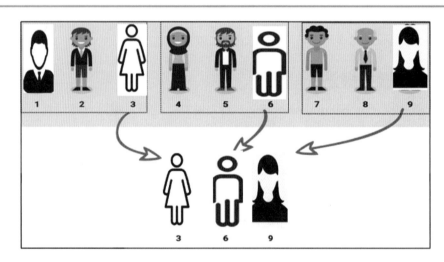

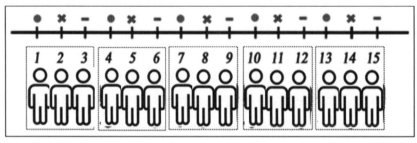

**圖 5-4** 系統抽樣（systematic sampling）之示意圖（間隔爲 3）

　　所謂系統抽樣（systematic sampling），是按規律在母體中抽取樣本，此方法是將母體 N 個元素給予編號，然後將母體分割成 n 個小區間，每個區間抽取一個即可，由於每個區間中所抽取之樣本位置距離相同，因此此種抽樣方法又稱為等距抽樣。茲將系統抽樣之抽取步驟分述於下：

1. 將母體 N 個元素給予編號排列，再將其分割成 n 個區間，每個區間有 k 個元素。

2. 將第一個區間中 k 個元素，採取隨機抽樣方式在 k 中取一個 1，以後每隔 k 個單位再取一個，依此類推。例如在第一區間中，若抽取號碼為 a，則下一個及以後所抽取的號碼分別為 $a+k$，$a+2k$，$a+3k$，……。

　　總而言之，系統（間隔）抽樣就是從抽樣名單中，有系統地每間隔若干個抽樣單位，就抽取一個樣本，如此一直等間隔抽樣。例如：從（某年／某地區）出生名單或電話簿中，每間隔二十名就抽一位。

　　基本上，系統抽樣方法較簡易隨機抽樣易於執行，其優點是作業方便簡潔，只要隨機抽取一個號碼，以後累加抽出手續簡便；且當母體中各個體之排列成隨機時，其統計推論之準確度與簡單抽樣差異小。但當母體名冊或個體單位數不完整或母體中各個體呈現週期排列時，此時抽樣誤差即變大，這是此方法之缺點。

　　系統抽樣看似比簡易隨機抽樣容易操作。然而，你需留意母群元素排序有否潛藏一種週期性。假設你需要在 K 中學 1～4 年級，每年級抽選一班做訪問，而以下是校方提供的母群名單：

母群元素

| 1A | 1B | 1C | 1D | 1E | 2A | 2B | 2C | 2D | 2E |
|----|----|----|----|----|----|----|----|----|----|
| 3A | 3B | 3C | 3D | 3E | 4A | 4B | 4C | 4D | 4E |

　　依照先前之範例，每五班選一班，你會選出四個年級的所有 A 班同學做訪問。這是否一個隨機的選擇呢？關鍵在於分班方法是否隨機，而 A 至 E 這排序有否呈現一定的系統形態。假設 K 中學是以成績來分班，則 A、B、C、D 的排列其實反映了學生表現之優劣。如是者，你抽選的樣本便出現週期性誤差（periodicity bias），而實際受訪的同學將只代表精英班的意見，無法做到隨機抽樣的效果。

### 三、分層抽樣（stratified sampling）

　　層（stratum）是根據母群中的個體屬性類分之互斥組別，如行政區、性別、種族、社會經濟地位（SES）、收入等。分層的概念是先將母群分為相關的層，才在每層中隨機抽取樣本。分層的好處是增加次母群之共通性，亦幫助你更有系統地探究不同變數之間的相互關係（階層線性模型，HLM）。

　　取樣前，先根據與研究目的有關已有的某種標準，將調查的對象（或元素）按其性質或某種分類標準，分為若干不重疊之部分全體，而此部分全體稱為層（strata），然後在各層內採用簡易隨機抽樣的方式抽取一組樣本，再將各層所抽出之部分樣本彙集為總樣本，而此種抽樣方式稱之為分層隨機抽樣（stratified random sample）（上圖）。故分層抽樣的原則就是使層與層間主要變數均數差異最大，層內變異數最小。

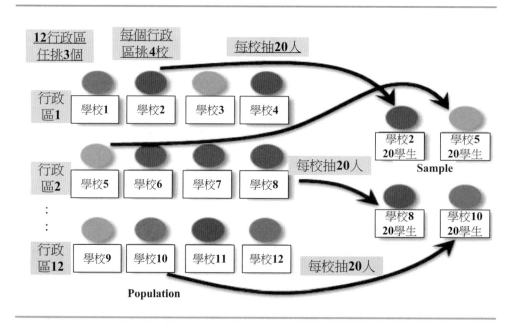

圖 5-5　分層抽樣（stratified sampling）之示意圖

　　舉例來說，要在臺灣地區舉行民意調查，可將該地區按各縣市中母群大小將其分為縣、鎮（區）、市、鄉鎮四層，進行選民電話訪問，然後從各層中抽取一組樣本成為總樣本，再集合此四樣本成為總樣本，即稱為分層隨機抽樣。又如，要調查大學生對「考招分離」的意見時，(1) 可先依所屬「院別」做分層之標準，每一個學院就當作一層（stratum）。(2) 計算出每一層占母體之人數百

分比，並以取樣總數乘以此百分比，即可算出每一層應抽出多少樣本數。(3) 最後才從每一層中隨機抽取應抽的人數。

　　事實上，分層抽樣中，在各層內所採用之抽取方式，皆以隨機抽樣為基礎，因此將此方法稱為分層隨機抽樣，但在各層內抽取樣本時，亦可採用其他不同之方法抽樣。

## 四、集群抽樣（cluster sampling）

　　分層隨機抽樣會遭遇到一個問題，即當抽樣範圍廣泛時，並不經濟，所耗費的成本較高，因此，可以利用集群抽樣方式來抽樣。將母體中之所有基本單位依據特定變數（如行政區、年齡層、班級、學校、學歷、社會經濟地位、信用卡級別……）區分為數個群體，針對所有群體進行隨機抽樣（抽樣單位：群體），抽取出少數群體為代表，稱為**集群抽樣**、**聚類抽樣**或**整群抽樣**。

　　集群抽樣是將總體中各單位歸併成若干個互不交叉、互不重複的集合，稱之為群；然後以群為抽樣單位抽取樣本的一種抽樣方式。

　　應用整群抽樣時，要求各群有較好的代表性，即**群內**各單位的差異要大，**群間**差異要小。

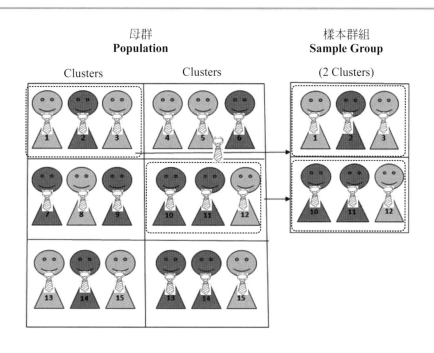

**圖 5-6** 集群抽樣（cluster sampling）之示意圖 1

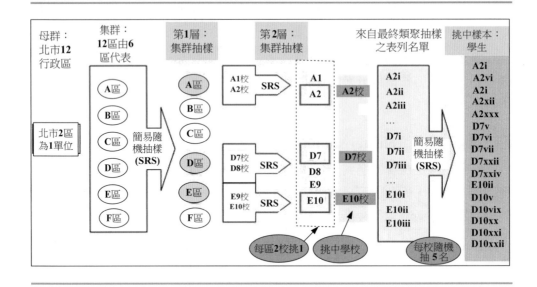

**圖 5-7** 集群抽樣（cluster sampling）之示意圖 2

　　集群抽樣法是將母體分割成數個小群體，且每個小群體與小群體間差異小、性質相似，但小群體內差異大，每一個小群體稱爲一集群（cluster），將這些小群體視爲抽出單位，再利用簡易隨機抽樣方式抽出部分小群體，而被抽中的小群體予以全面普查。易言之，當抽樣的母群體非常大，無法確知抽樣單位的數目時，或者母群體之抽樣單位分布非常廣且散時，研究者就非常適合採用集群抽樣法來抽樣。集群抽樣法的特性如下：

1. 以團（集）體爲單位，而不以個人爲單位。
2. 將群體按某種標準（如學校、班級、行政區）分爲若干類，稱爲團體，對各團體隨機取樣抽取若干小團體。
3. 對小團體中之各成員，全部加以訪問。

　　集群抽樣與分層隨機抽樣看起來很類似，但基本上是不同的，分層隨機抽樣是以層內各資料差異越小越好，而層間之資料差異卻越大越好；但集群抽樣卻完全相反，即集群內差異越大越好，而集群間差異卻越小越好。況且分層隨機抽樣主要目的是降低抽樣誤差，而集群抽樣由於樣本較爲集中，訪問員訪問區域半徑不大，因此較經濟，故此方法的主要目的爲降低抽樣成本。

　　舉例來說，在教育界研究中，基於現實環境考量，就常以集群（年級爲單位）抽樣來取樣。例如：先以「年級」（非個人）爲單位，再隨機從全校某年級中全面普查該年級學生。集群抽樣的示意圖如表 5-2 所示。

表 5-2 集群抽樣示意圖

| | 集群的成員 | 被抽取的樣本 |
|---|---|---|
| 集群一 | $S_1, S_2, S_3, S_4, S_5, S_6,\cdots,\cdots S_9, S_{10}$ | 沒有被選中 |
| 集群二 | $S_{11}, S_{12}, S_{13}, S_{14}, S_{15}, S_{16},\cdots,\cdots S_{19}, S_{20}$ | $S_{11}, S_{12}, S_{13}, S_{14}, S_{15}, S_{16},\cdots,\cdots S_{19}, S_{20}$ |
| 集群三 | $S_{21}, S_{22}, S_{23}, S_{24}, S_{25}, S_{26},\cdots,\cdots S_{29}, S_{30}$ | 沒有被選中 |
| 集群四 | $S_{31}, S_{32}, S_{33}, S_{34}, S_{35}, S_{36},\cdots,\cdots S_{39}, S_{40}$ | $S_{31}, S_{32}, S_{33}, S_{34}, S_{35}, S_{36},\cdots,\cdots S_{39}, S_{40}$ |
| 集群五 | $S_{41}, S_{42}, S_{43}, S_{44}, S_{45}, S_{46},\cdots,\cdots S_{49}, S_{50}$ | 沒有被選中 |

## 5-2-2 非隨機抽樣方法

非隨機抽樣的大優點就是省事方便，但所抽到的樣本缺乏代表性，故此種研究設計外部效度較差。常見的非隨機抽樣有下列四種：

### 一、便利抽樣（convenience sampling）

例如：街頭訪問、商場訪問或商品展覽會的訪問。

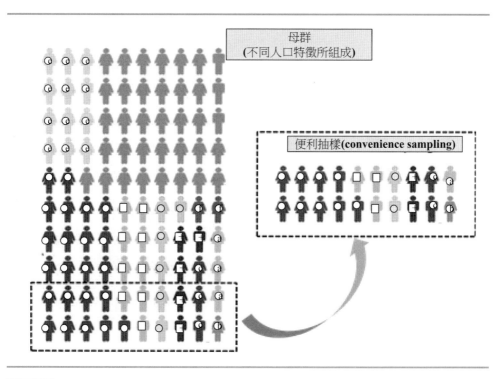

圖 5-8 便利抽樣（convenience sampling）之示意圖

便利抽樣、機遇抽樣（accidental sampling）就是以調查執行的便利性為主要原則的一種抽樣方法，樣本的選擇僅考慮就近、方便、省錢和省事，如街頭隨遇訪問、商場隨遇訪問。在街頭或店頭尋找受訪對象的方法。抽樣設計時需要考慮：假日、平日、時段、動線、場所等因素。

便利抽樣最為省錢省事，但抽樣偏差很大，結果可能極不可靠，通常不應利用便利抽樣之樣本資料來估計母體參數（母數）的數值。

若母體的所有基本單位屬性都很類似（同質性高），採用便利抽樣自無不可。問卷預試階段為了便利和經濟，常採用便利抽樣。

## 二、判斷抽樣（judgment sampling）、目的抽樣

又稱「立意（purposive）抽樣」，它是依據研究者的主觀認定，去選取最能適合其研究目的之樣本。研究調查者必須對母體的有關特徵具有相當程度的了解。在編製物價指數時有關產品項目的選擇及樣本地區的決定等常用判斷抽樣。

(1) 極易發生抽樣偏誤。

(2) 適用於母體的構成基本單位極不相似（異質性高），而樣本數量較少的情況。

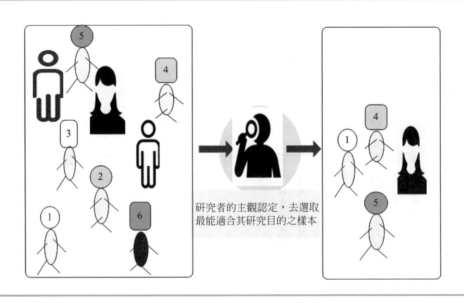

研究者的主觀認定，去選取最能適合其研究目的之樣本

**圖 5-9** 判斷抽樣（立意抽樣）之示意圖

## 三、配額抽樣（quota sampling）

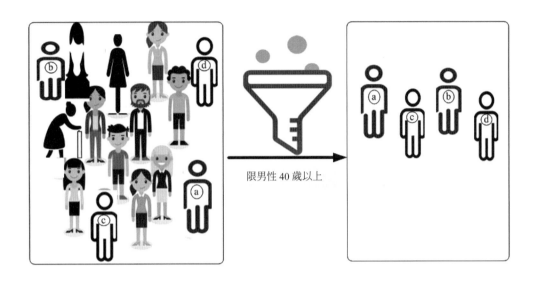

限男性 40 歲以上

圖 5-10 配額抽樣之示意圖

抽樣程序：

Step 1 選擇『控制特徵』（control characteristics）作為母體細分的標準（職業、年齡層、教育程度、收入、家庭大小）。依據：
控制特徵與所要研究的特徵具有相關性。
在母體內有關控制特徵之分配情形的最新資訊可以獲得。

Step 2 將母體按其控制特徵加以細分成幾個群體（層）。
細分群體時所依據的控制特徵可以有一個、兩個或兩個以上。

Step 3 決定總樣本數和各群體（層）的樣本數量。

Step 4 非隨機的選擇基本單位為樣本。

## 四、滾雪球抽樣（snowball sampling）

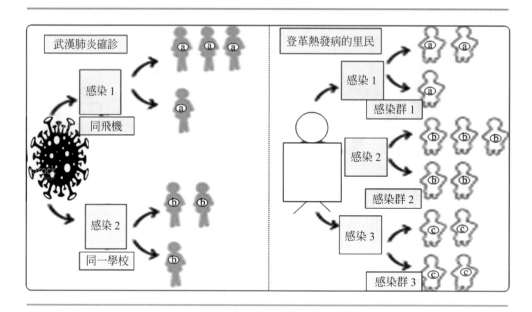

圖 5-11　滾雪球抽樣之示意圖

　　先利用隨機方法選出原始受訪者，然後從原始受訪者提供的資訊去找到其他受訪者。主要目的是為估計在母體中稀少的各種特性。

　　母體基本單位之間具有傳播性、傳染性、感染性等特性，採用滾雪球抽樣為宜。

　　**抽樣程序：**

Step 1 先找幾個「初始」樣本當抽樣的種子。

Step 2 再以這些「初始」樣本外推至相關樣本單位。

　　例如：研究者要追蹤 AIDS 病人之行為，可先找有得到 AIDS 病患者為「初始」樣本，再進一步找尋其性伴侶，如此滾雪球般的抽樣，以找出所有的樣本。

## 5-3 地區抽樣

　　常見的地區抽樣有三類：簡單一階段地區抽樣、簡單兩階段地區抽樣、單位大小不等的兩階段地區抽樣。

## 一、簡單一階段地區抽樣（simple, one-stage）

從一城市所有 $N$ 街道區，隨機抽選 $n$ 街道為樣本區後，進行普查（如表5-3）。

表 5-3 一階段地區抽樣

| | 街道中的住戶 | 被抽中的樣本 |
|---|---|---|
| 街道一（40戶） | $S_1, S_2, S_3, S_4, S_5, \cdots, S_9, S_{40}$ | $S_1, S_2, S_3, S_4, S_5, \cdots, S_9, S_{40}$ |
| 街道二（60戶） | $S_{61}, S_{62}, S_{63}, S_{64}, S_{65}, S_{66}, \cdots, S_{99}, S_{100}$ | 沒有被選中 |
| 街道三（50戶） | $S_{101}, S_{102}, S_{103}, S_{104}, S_{105}, \cdots, S_{149}, S_{150}$ | 沒有被選中 |
| ⋮ | ⋮ | ⋮ |
| 街道 N（56戶） | $S_{N1}, S_{N2}, S_{N3}, S_{N4}, S_{N5}, S_{N6}, \cdots, S_{NN}$ | $S_{N1}, S_{N2}, S_{N3}, S_{N4}, S_{N5}, S_{N6}, \cdots, S_{NN}$ |

## 二、簡單兩階段地區抽樣（simple, two-stage）

從一城市所有 $N$ 街道區，隨機抽選 $n$ 街道為樣本街道後，從樣本街道中抽取具有某一特性之樣本（例如：門牌號碼為雙號）（如表5-4）。

表 5-4 兩階段地區抽樣

| | 街道中的住戶 | 被抽中的樣本（只有雙號門牌被選） |
|---|---|---|
| 街道一（40戶） | $S_1, S_2, S_3, S_4, S_5, \cdots, S_9, S_{40}$ | $S_2, S_4, S_6, S_8, \cdots, \cdots S_{38}, S_{40}$ |
| 街道兩（60戶） | $S_{61}, S_{62}, S_{63}, S_{64}, S_{65}, S_{66}, \cdots, S_{99}, S_{100}$ | 沒有被選中 |
| 街道三（50戶） | $S_{101}, S_{102}, S_{103}, S_{104}, S_{105} \cdots\cdots S_{149}, S_{150}$ | 沒有被選中 |
| ⋮ | ⋮ | ⋮ |
| 街道 N（56戶） | $S_{N1}, S_{N2}, S_{N3}, S_{N4}, S_{N5}, S_{N6}, \cdots, S_{NN}$ | $S_{N1}, S_{N2}, S_{N3}, S_{N4}, S_{N5}, S_{N6}, \cdots, S_{NN}$ |

## 三、單位大小不等的兩階段地區抽樣

先以大地區（市或縣）為單位，從中隨機挑選幾個「大地區」（市或縣）中具有某特性之樣本。單位大小不等的兩階段地區抽樣的缺點，就是容易錯估母體。舉例來說，假如以臺灣16個縣市為單位，任意抽取 5 個縣市之選民，以作為各總統候選人之民意支持度，則可能無法正確反應民意，畢竟新北市等幾個大縣市除了母群比例遠多於像金門、臺東縣外，選民的社經水準亦相差懸殊，因為居住在大都市之中高階級（商、公、教）這類選民，本身較具有自主

性（選人不選黨），相對地，教育程度較低的選民（原住民、文盲⋯⋯），慣例上通常較傾向支持執政黨。

## 5-4 取樣的偏誤（selection bias）

抽樣調查設計，不單純只是統計上的問題，還要結合諸如心理學、社會學，及經濟學等方面的知識。

選擇性偏誤（selection bias, representative bias）是指人們常常根據自己對特定事件的代表性觀點，來估計某些事件發生的概率。這樣人們可能錯誤地相信了「小數定律」，將一系列的負相關歸因於一個確定的和獨立分布的隨機過程，從而出現偏誤。

選擇性偏誤是指你常常很容易用一些小範本的極端的例子，作為估計某些事件發生的概率的基礎，而忽視其他有關潛在可能性的證據。例如：投資行為模型中的 BSV 模型認為，人們進行投資決策時存在的兩種錯誤範式之一就是選擇性偏誤，即投資者過分重視近期資料的變化模型，而對產生這些資料的總體特徵重視不夠，這種偏誤導致股價對收益變化的反應不足（under-reaction）。

圖 5-12　取樣偏誤之示意圖

　　舉個簡單的例子。假設想知道某班 50 個學生的平均身高。一個辦法是經由簡易隨機抽樣，抽出 10 位學生，量其身高，然後求取平均值，以此當做全班平均身高的估計值。會不會抽出的 10 位學生，剛好是全班最高的 10 位？當然有可能。無可諱言，即使隨機抽樣，仍有可能得到相當偏差的樣本，這時估計的誤差便很大。但會取到很極端樣本的機率並不高。所以只要是採簡易隨機抽樣，「大部分的時候」，其估計並不會太離譜。

---

**例子：取樣偏誤**

Freedman et al.（1991）曾列舉著名的選舉民調，來說明對人的民調是不易精準。

1936 年值美國總統大選，現任民主黨籍的羅斯福（Franklin D. Roosevelt，1882-1945）準備競選連任，對手是代表共和黨的候選人，堪薩斯（Kansas）州的州長蘭登（Alfred Landon，1887-1987）。此時美國正從經濟大蕭條（great depression）中復甦，雖全國仍有 900 萬失業人口，人民的實際收入比 1929-1933 年那段時期少了約三分之一，但情況正開始好轉，人民對未來，逐漸有信心起來。蘭登提出政府經濟計畫的政見，而羅斯福則為其財務赤字而辯護。

大部分的政治觀察家，均預測羅斯福可輕易地連任，但文學文摘（Literary Digest）雜誌，卻力排眾議，預測蘭登會以 57% 比 43% 的懸殊比數，大勝羅斯福。他們依據的是高達約 240 萬份回收問卷的統計。文學文摘並非省油的燈，他們在美國總統選舉的預測，素負聲望。自 1916 年開始做預測以來，從未失手，只是這回卻栽了個大跟斗。選舉結果揭曉，羅斯福以 62.5% 比 37.5%，獲得壓倒性的勝利。

文學文摘何以會犯這麼大的錯？要知那幾乎可說是有史以來所做最大的一次民調，回收的問卷數也很多。那時蓋洛普（Gallup）公司才剛於前一年（1935）成立，僅使用了約 5 萬個樣本，便正確地預測羅斯福會贏，雖然得票率方面的估計有些誤差（預測羅斯福會得 56% 的票）。你先來看文學文摘是如何挑選樣本。你已一再強調，在抽樣調查裡，樣本的產生必須很公正，才能獲得有效的資料。若在選樣過程中，有排除（或多取）某一類樣本的傾向，便稱「選擇偏誤（selection bias）」。文學文摘共寄出約 1 千萬份的問卷，姓名及地址的來源是他們的訂戶、電話簿，及一些俱樂部的會員。訂閱他們雜誌者，顯然是一群特定的人。又在 1936 年，電話尚未那麼普及（平均每 4 戶才有一台）。此外，沒有參加任何俱樂部者也被排除了。換句話說，抽樣

過程中，有排除窮人的傾向。在 1936 年以前，這種選擇偏誤，對於預測的影響還不算大，因當時富人與窮人投票行為之差異並不太大。但在 1936 年，因經濟的因素，造成選民的政治傾向有很大的分野：**窮人較多選擇羅斯福，而富人則傾向支持蘭登**。選擇偏誤，是造成文學文摘這回的預測，會謬以千里的主因。這樣的錯誤一次便夠了，因選後不久，文學文摘就破產了。

切記：*當有選擇偏誤時，樣本數再多也可能無用。*

文學文摘還犯了另一嚴重的錯誤：一旦決定了受訪名單，就要盡量去獲得他們的意見，這部分工作卻一向是高難度。當取出的樣本中，有過多沒有回覆或拒絕受訪，將可能造成嚴重的扭曲，稱之「不回應的偏差（non-response bias）」。有時不回應者與回應者的意見，可能有很大的差異。舉例而言，文學文摘在芝加哥所發出的問卷數 240 萬，大約是當時芝加哥選民的三分之一，不可謂不多。但其中回覆者才約 20%！回收問卷中，支持蘭登的超過半數。但選舉結果，羅斯福在芝加哥獲得約三分之二的選票。文學文摘對全國所發出的 1000 萬份問卷中，只有比例不高的 24% 的回覆。這 24% 回覆者的意見，不見得能代表全部被挑選出來之選民。所以文學文摘既犯了選擇偏誤，又犯了不回應的偏差兩種做民調時的大忌，調查結果會準確才是奇怪。

一般而言，低收入與高收入者，不回應問卷之比例較高。也就是回收問卷中，來自中收入者，往往超過該有之比率。而中收入者的意見，與高收入或低收入者，並不見得會相同。由於有這種不回應的偏差，現代民意調查機構，對於重大或較敏感的議題，在時間及經費允許下，傾向採用面訪，而非郵寄問卷。面訪成功率通常可達 65% 以上，而郵寄問卷之回收率常不到 25%。不過即使採用面訪，不回應的偏差之問題仍然存在。那些面訪時不在家者，與面訪時在家者之習性，如工作類別、家庭狀況、社會背景等，可能會有很大的差異，想法因而將大不同。拒絕受訪者的情況也類似。好的抽樣調查設計，會正視不回應偏差的問題，而採用較巧妙的方法，以設法降低不回應率。

## 一、目標母群（target population）

目標母群是指研究者有興趣推廣結論的整個群體中的個人或對象。目標母群通常具有不同的特徵，也稱為理論母群。

電話調查中，可能選民有目標母群和抽樣母群（sampled population）。並

非所有家庭都有電話，因此可能選民的目標母群中的一些人將不會與抽樣框中的電話號碼相關聯。

在有電話的家庭中，美國居民若沒事前登記投票，就沒有資格參加調查。抽樣框架母群中的合格人員，可能電訪沒有回應，因為他們無法聯繫，有些人拒絕回應調查，有些人可能生病也無法回應。

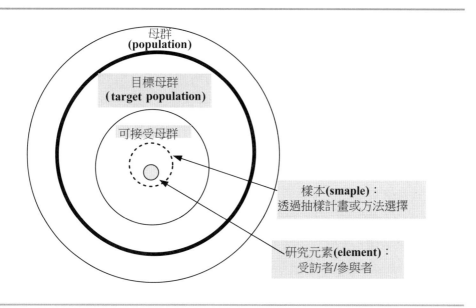

圖 5-13 樣本 vs. 母群

例1 若你想研究美國去年受到犯罪侵害的家庭總數，則要素是家庭，目標母群包括美國所有家庭；抽樣母群包括抽樣框架中的住戶；根據母群普查和建立許可證，形成「在家」並且同意回應的樣本。

例2 環保局進行全國農藥調查，其目的是研究全國飲用水井中的農藥和硝酸鹽。其中，目標母群是美國的所有社區供水系統和農村國內水井。抽樣母群是所有社區供水系統（均列在聯邦報告資料系統中）和政府保留之外的所有可識別的國內水井，屬於願意配合調查的家庭。

例3 民意調查，若想預測哪位候選人將贏得下一次選舉。那麼，目標母群是將在下次選舉中投票的人。抽樣母群是可以透過電話聯繫並說他們可能在下次選舉中投票的人。美國很少有全國民意普查，包括阿拉斯加或夏威夷或醫院、宿舍或監獄的人員，它們都不是抽樣框架或抽樣母群的一部分。

## 二、取樣的偏誤（selection bias）

　　一個好的取樣將盡可能沒有取樣偏誤。當目標母群的某些部分不在抽樣母群中時，就會出現選樣偏誤。例如：研究家庭收入（household income）的調查，省略了短暫的人（transient persons），那麼對家庭平均收入（或中位數收入）的調查估計可能高估。便利抽樣（convenience）很容易造成有偏誤（biased），因為最容易取樣或最有可能回應的單位（units），但樣本常常「不能代表」難訪樣本或無回應的單位。一般，常出現選樣偏誤，係下列七種原因造成的：

1. 研究者使用不清楚的樣本選擇程序，來取得自感興趣屬性相關的特徵。例如：調查者採取青少年的便利樣本，研究青少年與父母和老師談論愛滋病的頻率。但願意與調查者談論愛滋病問題的青少年也可能更傾向於與其他有關愛滋病的權威人士交談。研究者簡單地平均了樣本中青少年（adolescents）說他們與父母和老師的「交談時間」，更高估了母群中父母和青少年之間的交流量。

2. 有意或故意只擇「代表性」樣本。例如：若想估算購物者在美國購物中心花費的平均金額，但卻故意抽樣：花費金額在「平均值」的購物者，如此故意選擇某些樣本來確認你之前的意見。這種類型的樣本有時被稱為判斷樣本（judgment sample）：即研究者使用他的判斷來選擇要包含樣本的特定單位。

3. 錯誤指定目標母群。例如：1994 年在亞利桑那州民主黨州長初選中的所有民意調查都預測候選人 Basha 將在民意調查中領先至少 9%。開票結果，Basha 卻只獲得 37% 的選票（選前高估了）；其他兩名候選人分別獲得 35% 和 28% 的選票。造成高估的原因是：(1) 許多選民在民意調查時尚未決定。(2) 民意調查的目標母群是登記選民，他們在之前的初選中投票並對此感興趣。然而，早期在初選時，Basha 在農村地區得到了以前沒有投票的母群群體的大力支持，因此沒有成為調查的目標。

4. 未將所有目標母群納入抽樣框架（sampling frame），稱為覆蓋不足。許多大型調查使用美國十年更新一次的母群普查來當抽樣框架，但母群普查未能列舉大量住房單元，導致許多母群群體人數不足。Fay 等人（1988）估計 1980 年的母群普查錯過了所有黑人男性的 8%。因此，任何使用 1980 年母群普查資料當抽樣框架之唯一來源的調查，都將自動錯過 8% 的黑人男性，並且在調查前就會發生錯誤。

5. 將便利的母群成員替換為「不易獲得」的指定成員。例如：如果受訪家庭恰

巧沒人在家，改用隔壁當現場代表。又如，在野生動物調查，調查者可能會將道路旁邊的區域「替換」為較不易進入的區域，沿路的區域可能比較難到達的區域有更少的青蛙。在這種「替換」情況下，採樣單元很可能與不在樣本中的單元的許多特徵是不同的。

6. 自我選擇取樣（self-selected sampling），就是參與 call-in 民調的電台聽眾，因為對於該議題感興趣而參與調查，故未能獲得所有樣本的回應。這是聽眾的自我選擇。這種取樣方式幾乎總是有偏差的。

即使精心設計的調查，只要無回應（nonrespondents）問卷過多都會扭曲許多調查的結果，造成統計偏誤。一般情況下，無回應者與受訪者是偏誤關鍵，除非你以後可以獲得無回應者的資訊，否則這種差異程度是未知的。在報紙或研究期刊上報導的許多調查都有令人沮喪的問卷回收率。有時，回收率低至 10%，當 90% 的目標樣本是拒絕回應時，就很難將統計結果推估到母群。

7. 允許樣本完全由志願者組成。例如：網路調查或電視民意調查就是這種 call-in polls，這種統計調查的資料常常是不可信。例如 1992 年 1 月 28 日，Bush's 總統發表國情咨文之後，哥倫比亞廣播公司新聞立即進行電話投票。當時某家新聞主播就小心翼翼地提醒，這個樣本是「不科學的」。然而，大型廣播公司都用這種方式來公布候選人的支持度，說得好像它們統計是合理調查。當時有 315,000 名告狀者說：紐約時報「即時民意調查是史上最大的偏誤樣本」；還有更多人承認說：曾撥打 AT & T 電腦記錄的 2,500 萬次免費電話號碼。Nielsen 民調中心也說，大約有 900 萬個家庭之電視是轉看 CBS 節目，甚至許多個人（或組織）也試圖重複撥打 call-in 電話。這種 call-in 調查，始終存在重複撥的高估，因為某些特定組織會透過壟斷免費電話號碼來扭曲候選人支持度。

# 5-5 抽樣應注意事項

一般研究者在樣本抽樣時，常犯的毛病有下列三種（林東清、許孟詳，民86）：

## 一、樣本框架的問題

例如：有人宣稱「政治大學水準高」，那你就應注意其研究的樣本框架是國內各大學呢？或歐美各大學呢？易言之，政治大學水準到底是跟誰來做評

比？Pinsonnealt 和 Kraemer（1993）在評估 1980-1990 年一些資管（MIS）重要期刊中調查研究的現況時發現，有 60% 的 MIS 調查研究沒有討論說明為何要選擇這個樣本框架（亦即樣本的抽樣來源），大部分是以便利為原則來選擇當地協會的會員，某些廠商的顧客，或某些雜誌的訂閱者，或一些學生為樣本框架。如果沒有具說服力的理論來說服框架的代表性，從此以後此研究的概化將大有疑問。另外，Grover 等人（1993）在評估 1980-1989 年間一些 MIS 主要期刊中調查研究的現況時也發現相同的問題。

## 二、樣本代表性的問題

「樣本代表性」有兩類意義：

1. 是「統計學、計量分析思想」的意義。
2. 是「應用統計、抽樣實務」的意義。

就「統計學、計量分析思想」而言，樣本代表性的基礎就是「中央極限定理」，檢定方法是「顯著性考驗」，實則就是「事後樣本數檢定」。

實務上的「樣本代表性」，可從 4 個方向分析：

1. 樣本是否具備隨機性 / 機率相等？
2. 樣本數影響的程度？
3. 抽樣方法影響的程度為何？
4. 樣本在「調查 / 訪問實施」過程中，受到影響的程度為何？

前 3 項，在蒐集資料過程中已經決定，第 4 項就有待事後檢定。統計理論基本上假定每一個樣本均可被調查完成，但是以公眾為對象的研究，幾乎不可能完成百分之百的訪問。統計學家已經證明「訪問完成率」對資料的統計與推論影響很大，因此必須定出一個對未完成率可以容忍界限。

根據統計原理，當母群很大，而不符隨機性的樣本很少時，後者可以忽略不計。

就這方面過去與當前的研究文獻來看，理論與實務的差距很大。

例如：Pinsonneault 和 Kraemer（1993）發現有 70% 的 MIS 調查研究利用非系統性的抽樣方法。例如：採取便利型的有 2%，滾雪球型的有 4%，或沒有解釋的有 56%；而採取系統的方法中，簡易隨機抽樣法占 15%，分層隨機抽樣法占 2%，立意抽樣法占 15%。另外，Grover 等人（1993）也發現，只有 58.6% 的調查研究有樣本代表性的說明。

在調查研究中如果樣本的代表性有問題，則此研究的概化或所謂的外部效

度（external validity）會受到很大的質疑，即使樣本數目再多都沒有用。

## 三、樣本大小的問題

　　樣本數（sample size）指一個樣本的必要抽樣單位數目。在組織抽樣調查時，抽樣誤差的大小直接影響樣本指標代表性的大小，而必要的樣本單位數目是保證抽樣誤差不超過某一給定範圍的重要因素之一。因此，在抽樣設計時，必須決定樣本單位數目，因為適當的樣本單位數目是保證樣本指標具有充分代表性的基本前提。

　　研究幾乎都會遇到的困難，就是樣本到底要多大才夠？根據 Pinsonneault 和 Kraemer（1993）的調查，MIS 以個人為分析單位的有 50% 的樣本數小於 100 人，以公司為分析單位的則有 2/3 少於 100 人。一般來說，樣本數越多越好，但 Flower（1984）表示樣本數若增加至 100 與 200 中間，則衡量的精準性將提高很大，樣本數提高至 200 以後，增加的邊際量就下降了，因此研究者應盡量達到樣本數 200 的目標。

　　樣本到底要多大？要考量的準則有下列幾項：

1. 研究的特殊性。
2. 研究的類型：是屬相關性、比較性、實驗 vs. 多個案 vs. 調查研究，其所需樣本數就不同。又如，試探性研究、預測（pilot study）、前測（pretest）所需的樣本就比驗證性、正式研究來得少。
3. 研究假設：當你預期的實驗處理差異越小時，則樣本就要越大。
4. 經費來源、可用人力的限制。
5. 研究結果越具重要性，則樣本就要越大。
6. 研究變數的個數越多，或無法控制的變數越多時，則所需的樣本就要越大。例如：因素分析（factor analysis）所需的樣本數至少要是變數個數的 5 倍，假如你的變數有 40 個，則樣本數至少要 200 筆。
7. 資料蒐集的樣本異質性越高，或不一致性越大，則所需的樣本就要越大。易言之，當母群體之變異數越大時，所需的樣本就要越多。例如：同一研究主題，調查情境為各產業的比較，其所需樣本數必須多於同一組織內各部門的比較。
8. 要求的研究結果之正確性／精準度越高，則所需的樣本就要越大。
9. 母群體的大小：母群體越大，則所需的樣本比例就會顯得較小。

# 5-6 樣本數如何決定？

有關樣本數多少才夠？其背後之統計檢定力（power）該如何計算，請見作者《**STaTa** 與高等統計分析的應用》一書。

## 一、樣本數

一個經常困擾新手研究者的問題是他們的研究樣本應該多大。迄今，仍沒有明確的答案，因為正確的樣本數取決於研究目的和接受審查的母群的性質。但是，可以在此問題上提供一些建議。一般來說，樣本越大越好，因為這不僅可以提供更高的可靠性，還可以使用更複雜的統計資訊。

因此，如果研究者計畫對他們的資料使用某種形式的統計分析，則很多人認為樣本數量最少為 30，儘管這是一個很小的數目，我們提供更多的建議。

研究者需要在蒐集任何資料之前先考慮希望在其最終樣本的子組中探索的各種關係。研究者著手控制分析的變數數量以及要進行的統計檢定的類型，必須在實際研究之前告知他們有關樣本數的決定。通常，將每個變數至少預期的 30 個案例用作「經驗法則」，即，必須確保每個變數至少具有 30 個案例，儘管這確實是一個非常低的估計。如果樣本中包含人口的不同群組，則該數字會迅速增加，這是經常發生的情況。

此外，根據要執行的分析類型，某些統計檢定將需要更大的樣本。例如：更少的我們想像一個人希望計算卡方（$\chi^2$）統計量，這是一種使用交叉表資料的常用檢定。例如：查看一所小學中的 60 個 10 歲的學生和 20 個老師的利益相關者的兩個子組，以及他們對問題的 5 個程度來回答（請參見下表）。在這裡，你可以注意到樣本大小為 80 種情況，這顯然是大小合理的樣本。但是，10 個反應單元中的 6 個（60%）包含的案例少於 5 個。

變數：12 歲的學生應該在每日晚上做 1 小時的家庭作業

|  | 非常不同意 | 不同意 | 無意見 | 同意 | 非常同意 |
|---|---|---|---|---|---|
| 學校的 12 歲學生 | 25 | 20 | 3 | 8 | 4 |
| 學校的老師 | 6 | 4 | 2 | 4 | 4 |

卡方統計要求 80% 的交叉細格中有 5 個或更多的案例（即，10 個交叉細格中有 8 個）。在此範例中，只有 40% 的交叉細格包含 5 個以上的案例，因此，

即使使用相對較大的樣本，也無法滿足對具有簡單統計量（例如卡方）的可靠資料的統計要求。資訊很清楚，一個人需要盡可能地預測資料的一些可能分布，並查看這些分布是否會阻止適當的統計分析；如果分布看起來不太可能夠計算出可靠的統計資料，則應該增加樣本數，或者由於可靠性問題而在解釋資料時要格外謹慎，或者不使用特定的統計資料，或者，如果無法實現樣本數量的增加。

這裡的要點是，可能需要確保每個變數都具有相當大的樣本數（至少 6 至 10 種情況）。實際上，戈拉德（Gorard，2003：63）提出，可以從每個交叉細格所需的最小案例數開始，再將其乘以交叉細格數量，然後將總數加倍。在上面的範例中，每個單元中有 6 個案例，最小樣本應為 120（6×10×2），但是為了安全起見，為了確保每個單元中有 10 個案例，最小樣本應為 200 也許會更好（10×10×2），儘管即使這樣也不能保證。

樣本是從總體中抽出的部分單位集合，這個集合的大小就叫做樣本數。一般來說，樣本的容量大的話，樣本的誤差就小。反之則大。通常樣本單位數大於 30 的樣本可稱為大樣本，小於 30 的樣本則稱為小樣本（無母數，無母群參數）。在實際應用中，你應該根據調查的目的認真考慮樣本數的大小。

誠如 Flower（1984）樣本數若增加至 100 與 200 之間，則衡量的精確性（precision）將提高很大，樣本數提高至 200 以後，增加的邊際量就下降，因此應盡量達到樣本數 200 的目標。

在**預測類型**的研究中，採用複迴歸分析、logistic regression 時，樣本數量應該在自變數數量的十倍以上。

樣本數的大小涉及到調查中所要包括的單元數。確定樣本數的大小是比較複雜的問題，既要有定性的考慮也要有定量的考慮。

從**定量**方面考慮樣本數的大小，其考慮因素有：決策的重要性、調查的性質、**變數個數**（因素分析，SEM）、資料分析的性質、同類研究中所用的樣本數、發生率（病症）、完成率、資源限制等。具體地說，更重要的決策，需要更多的資訊和更準確的資訊，這就需要較大的樣本；**探索性研究**，樣本數一般較小，而**結論決定性**研究如描述性的調查，就需要較大的樣本；蒐集有關許多變數的資料，樣本數就要大一些，以減少抽樣誤差的累積效應；如果需要採用多元統計方法對資料進行複雜的高級分析（HLM, FMM, panel-data，機器學習法……），樣本數就應當較大；如果需要特別詳細的分析，如做許多分類等，也需要大樣本。針對子樣本分析比只限於對總樣本分析，所需樣本數要大得多。

概括來說，決定樣本數多寡有二大因素：

1. 統計因素

(1) 母群中的變化性（variability）：資料越異質，樣本數就越多。

(2) 精準度的要求：精準度越高，樣本數就越多。

(3) 結果要求的信賴度（confidence）：要求高精準度且高信賴度，所需樣本數就高於高精準度且低信賴度。意即精準度與信賴度是取捨兩難（trade off）。

(4) 對樣本子集（subsets）的分析程度（extent of analysis）：對子組進行的分析越多，所需樣本越大。

2. 其他因素

(1) 你可用資源多寡（時間、金錢、人力）。

(2) 期望無回應率。

(3) 預期的減員率（attrition rates）。

(4) 不同規模樣本提供的資訊的預期價值與其成本相比較。

概括來說，樣本大小n的決定，尚要考量成計量資料與計質資料二種情況。

## 二、計量資料

以常用的平均值估計為例。

定理一：誤差值計算

以樣本平均數 $\overline{X}$ 估計母體平均數 $\mu$ 時，有 $(1-\alpha)100\%$ 信賴度認為其誤差

$$e = |\overline{X} - \mu| \leq z_{\frac{\alpha}{2}} \sqrt{Var(\overline{X})}$$

定理二：變異數計算（$N$ 為母體總數）

1. 當抽樣時，若資料為抽出後再放回，則 $Var(\overline{X}) = \dfrac{\sigma^2}{n}$

2. 當抽樣時，若資料為抽出後不放回，則 $Var(\overline{X}) = \dfrac{N-n}{N}\dfrac{\sigma^2}{n}$

定理三：樣本數大小

1. $\sigma^2$ 已知時，若需要有 $(1-\sigma)100\%$ 信賴度，以 $\overline{X}$ 估計 $\mu$ 時，其誤差不超過 $e$ 時，所需之樣本大小至少為：

(1) 當抽樣時，若資料爲抽出後再放回，則 $n_0 = \left( \dfrac{Z_{\frac{\alpha}{2}} \sigma}{e} \right)^2$

---

證明：在計算單一樣本的估計時，若因各種限制，僅能進行一次抽樣，則必
　　　須盡量降低抽樣誤差（$e$），再進行點估計及區間估計。根據中央極限
　　　定理：

$$Z = \frac{\overline{X} - \mu}{\dfrac{S}{\sqrt{n}}} = \frac{e}{\dfrac{S}{\sqrt{n}}}$$

　　　其中，$Z$ = 標準常態分配値，若你欲使研究推論達到 95% 的信賴水
　　　準，則 $Z = 1.96$。

　　　　　$S$ = 樣本標準差
　　　　　$n$ = 你所需抽取之樣本個數
　　　　　　 = 母群體平均數
　　　可忍受的誤差（$e$）= 樣本平均數減去母群體平均數
　　　故由上述公式，可以推導出所需樣本個數 $n$ 的大小：

$$n = \frac{Z^2 \sigma^2}{e^2}$$

---

例題：假定你想估計 5,000 個學生的平均身高，並希望誤差不超過 5 公分，
　　　可靠性在 99.7%，已知母體標準差 $\sigma = 12$，請問需抽多少樣本，方能滿
　　　足這些條件？

**解**：所需樣本個數 n 的大小爲 $n = \dfrac{Z^2 \sigma^2}{e^2}$

　　　因爲可靠性在 99.7% 表示其常態分配的面積應該爲 0.997/2 = 0.4985，經
　　　查表 $Z = 2.96$，且 $\sigma = 12$，$e = 5$，所以代入公式：

$$n = \frac{2.96^2 \times 12^2}{5^2} = 50.467$$

　　　即樣本要 51 方能滿足條件。

(2) 當抽樣時，若資料為抽出後不放回，則 $n = \dfrac{n_0}{1 + n_0 \big/ N}$

值得一提就是，當 $n_0/N \le 0.05$ 時，樣本大小直接取 $n_0$ 即可。

2. $\sigma^2$ 未知時，若需要有（1-$\sigma$）100% 信賴度，以 $\overline{X}$ 估計 $\mu$ 時，其誤差不超過 $e$，所需之樣本大小的計算，則需採二階段抽樣法（1945 年 Stein 提出，所以又稱 Stein's method two-stage sampling），其步驟如下：

階段一：先隨機從母體中抽出一組大小為 $n_1$ 的樣本，並計算此組樣本之樣本變異數

$$S^2 = \sum_{i=1}^{n_1} X_i \Big/ n_1 - 1$$

階段二：需要再抽之樣本數 $n_2$ 至少為

(1) 當抽樣時，若資料為抽出後再放回，則 $n_2 = n_0 - n_1$，其中

$$n_0 = \left( \dfrac{t_{\frac{\alpha}{2}}(n-1)}{e} S \right)^2$$

(2) 當抽樣時，若資料為抽出後不放回，則 $n_2 = n - n_1$，其中

$$n = \dfrac{n_0}{1 + n_0 \big/ N}$$

## 三、計質資料

以常用的比例值估計為例。

定理四：誤差值計算

以樣本比例值 $\hat{P} = X \big/ n$ 估計母體比例值 $P$ 時，有（$1 - \alpha$）100% 信賴度認為

其誤差 $e = \left| \hat{P} - P \right| \le z_{\frac{\alpha}{2}} \sqrt{Var(\hat{P})}$

定理五：變異數計算（N 為母體總數）

1. 當抽樣時，若資料為抽出後再放回，則 $Var(\hat{P}) = \dfrac{P(1-P)}{n}$

2. 當抽樣時，若資料為抽出後不放回，則 $Var(\hat{P}) = \dfrac{N-n}{N} \dfrac{P(1-P)}{n}$

定理六：樣本數大小

1. $P$ 已知時，若需要有 $(1-\alpha)100\%$ 信賴度，以 $\hat{P}$ 估計 $P$ 時，其誤差不超過 $e$，所需要之樣本大小至少為：

(1) 當抽樣時，若資料為抽出後再放回，則：

$$n_0 = \left(\frac{Z_{\frac{\alpha}{2}}}{e}\right)^2 P(1-P)$$

> 例題 1：假設在進行生產線之不良率的研究，經初步預試樣本，發現不良率 q
> 為 0.1，則良率 p = 0.9，若工廠可容忍誤差比率 e = 0.03，信賴水準
> 取 95.42%（即兩個標準差），代入上面公式，可得所需樣本數 n 為
> 400 個：
>
> $$n = \frac{(1.96)^2(0.1)(0.9)}{(0.03)^2} = 400$$
>
> 假設你事先未對不良率做檢測，則以最大可能的樣本數來算，取 q = 0.5, p =
> 0.5，代入上式，可知你所需最大樣本數，n = 1112 個。

(2) 當抽樣時，若資料為抽出後不放回，則：

$$n = \frac{n_0}{1 + {n_0}/{N}}$$

值得一提就是，當 $n_0/N \leq 0.05$ 時，樣本大小直接取 $n_0$ 即可。

2. $P$ 未知時，若需要有 $(1-\alpha)100\%$ 信賴度，以 $\hat{P}$ 估計 $P$ 時，其誤差不超過 $e$，所需要之樣本大小的計算有二種方法：

(1) 方法一：同定理六，$P$ 已知時之計算方式，但取

$$n_0 = \left(\frac{Z_{\frac{\alpha}{2}}}{e}\right)^2 \times \frac{1}{4}$$

> 接上題：在可容忍誤差（e）為 0.05、信賴水準為 95% 下，即可發放 384 份
> 樣本，因為 N = $(Z_{a/2}/e)^2 \times$ P $\times$ $(1-P)$ = $(Z_{0.025}/0.05)^2 \times 0.5 \times 0.5 = 384$。

(2) 方法二：採二階段抽樣法，其步驟如下：

階段一：先隨機從母體中抽出一組大小為 $n_1$ 的樣本，並計算此組樣本之樣本比例值 $\hat{P}_1 = X/n_1$。

階段二：同定理六，$P$ 已知時之計算方式，其中 $P$ 以 $\hat{P}_1$ 取代，由此可獲得滿足上述條件之總樣本數。

---

例題 2：某大學欲明瞭全校 15,000 個學生對學校圖書館的滿意比例，擬舉辦抽樣調查，試問需調查多少學生的意見，才能使其擁有 95% 的信心，認為此組樣本的滿意比例與真實之滿意比例相差小於 0.05？

解：公式 $n = \left(\dfrac{Z_{\frac{\alpha}{2}}}{e}\right)^2 \times \dfrac{1}{4}$

因為信心為 95% 表示其常態分配的面積應該為 0.95/2 = 0.475，經查表可得 $Z = 1.96$，所以代入公式：

$$n = \left(\frac{Z_{\frac{\alpha}{2}}}{e}\right)^2 \times \frac{1}{4} = \frac{1.96^2}{0.05^2} \times \frac{1}{4}$$
$$= 384.6$$

即須調查 385 個。

---

總體來說，Roscoe（1975）認為樣本大小介於 30～500 之間，對大多數的研究都是適當的。

# 5-7 新抽樣方式：物聯網的感測器、機器學習

## 5-7-1 機器學習（ML）≠統計：機器學習是基礎於統計

機器學習（ML）及統計學之間的差別在於它們的目的。機器學習模型旨在做出最準確的「預測」；ML 是一種不依賴於規則（rule-based）設計的數據學習演算法。統計模型旨在推論「變數間的關係」；統計模型是以數學方程形式顯示變數之間關係的程式化表達。但自從 STaTa 推出 Lasso 推論模型之後，ML 本身就兼具預測及因果推論的功能。

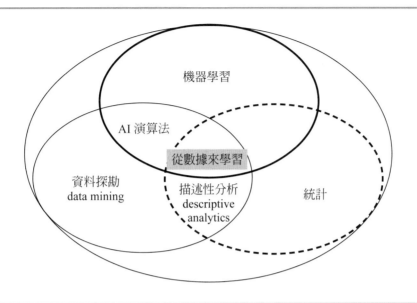

機器學習

AI 演算法

從數據來學習

資料探勘
data mining

描述性分析
descriptive
analytics

統計

**圖 5-14** 從數據來學習的架構

(1) ML 是一種無須依賴基於規則的編程，即可從數據中學習的演算法。
(2) 統計建模是以數學方程式的形式（form of mathematical equations）對數據中變數之間的關係進行形式化。

## 一、ML 與統計模型有什麼不同

　　一般來說，這兩個技術所研究的目標相近，不同的是使用的背景不同。ML 是資工領域發展的議題；統計模型是統計學所探討的領域。下圖即可說明資料科學中之間錯綜複雜的交織關係。

　　首先，必須了解統計數據（data）≠ 統計模型（model）。統計是對數據的數學研究，有數據，才可進行統計推論。統計模型是基於數據的模型，旨在推論有關樣本內（訓練組）關係的某些資訊、或用於建立可預測（test 組）未來值的模型。

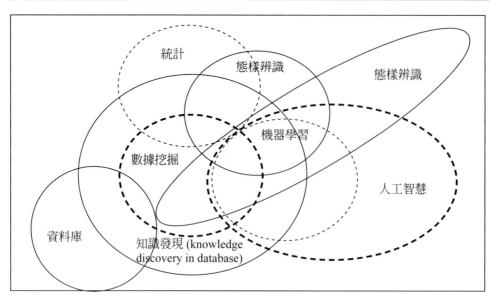

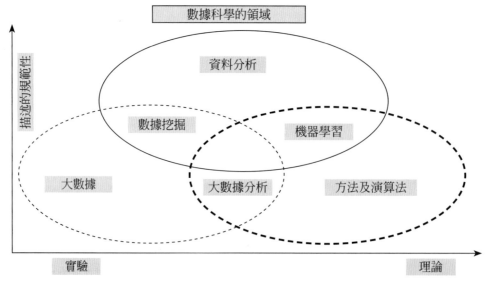

**圖 5-15** 機器學習與統計模型的交織關係

## 二、機器學習與統計在方法論的差異

　　兩者之間的差異在於，機器學習強調優化及 performance 勝於推論，而統計學重點在推論（inference）。

　　統計專家及機器學習從業者，將透過以下方式描述同一模型的結果：

(1) ML 專家：「在給定特徵自變數 a、b 及 c 的情況下，該模型在預測 Y 上的準確度為 88%」。

(2) 統計學家：「在給定特徵自變數 a、b 及 c 的情況下，該模型在預測 Y 上的準確度為 88%；我 92% 肯定你會獲得相同的結果」。

機器學習不需要事先假定變數之間的潛在關係。只需要輸入所有數據，演算法便會處理數據並發現 patterns，你可以使用這些 patterns 對新數據集進行預測。機器學習將演算法視為黑盒，它常常用於大數據「高維數據集」分析，當讀入數據越多，預測就越準確。

相反，統計專家必須了解：

(1) 數據的蒐集方式（隨機 vs. 非隨機），estimator 的統計屬性（p 值、unbiased estimators）、研究母群的基本分布。如果是多次進行實驗，希望得到的屬性種類（kinds of properties）。

(2) 需要精確地知道自己在做什麼？並提供可以提供預測能力的參數。這種統計建模技術常常應用於低維數據集。

## 三、監督機器學習（ML）

監督機器學習旨在最準確的「預測、分類」，外加 Lasso 推論模型之「預測 + 推論」功能，令人非常驚奇。

(1)ML 旨在求得可以可重複預測的模型。儘管你個人建議進行測試來確保模型預測確實有效性，但我們並不關心模型是否可以解釋。機器學習是關於結果的一切，ML 可能應用在某家公司的工作中，ML 的價值僅取決於 ML 表現。相對地，(2) 統計建模多數在尋找變數之間的關係及關係強度的顯著性，同時還要滿足預測的需要。

機器學習是基於統計。統計學既是機器學習的理論基礎也是工具之一。機器學習導向的統計學知識，不僅包括古典的統計學理論，並在此基礎上，發展新的統計學理論和方法。機器學習 ≠ 統計學，機器學習模型旨在做出最準確的預測及推論（inference）；統計模型則在推論變數之間的關係。然而，除非你精通這些概念，否則說機器學習全都與準確的預測有關，統計模型是為推理而設計，這種說法是毫無意義。早期，機器學習方法並不直接適用於計量經濟學和相關領域的研究問題，但自從 STaTa 提供很棒的 Lasso 因果推理，情況就改觀。

假設你是環境、公衛專家、物聯網專家，主要處理遠處感測器（sensor）傳來的數據（圖 5-16）。假如你試圖證明感測器能夠對某種刺激（例如：氣體濃

度、溫度）做出反應，那麼使用統計模型來確定信號反應是否具有統計意義（可當預測變數）。你將嘗試理解這種（線性／非線性）關係並 test 其可重複性，以便可準確地求得感測器反應的迴歸式，並根據此建模來進行推論。測試反應是否可以歸因於氣體濃度而不是感測器的隨機噪音所造成。

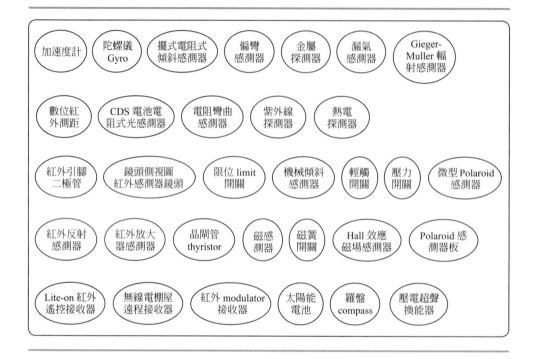

**圖 5-16** 感測器隨處可見

　　相比之下，你還可以求得 100 個不同類型（溫度、濃度、密度、速度、距離、陀螺傾斜度⋯⋯）感測器的陣列，並用它來預測你的新特性感測器的反應。假設有 100 個不同變數來預測感測器反應結果的預測模型，但你不會認為它有特別可解釋性。由於化學動力學及物理變數與氣體濃度之間的非線性關係，該模型可能更像神經網路那樣深奧。

　　(1) 統計學家透過建立嚴謹的統計模型來做預測，所以它能給出預測的可信性、信賴區間。若試圖證明你的數據變數之間的關係具有一定的統計意義，以便可以將其發表到科學論文中，那麼該用統計模型而不是 ML。因為你更關心變數之間的關係，而不是進行預測。(2) 早期大多數 ML 演算法都缺乏解釋性，因此很難證明數據之間的關係（研究者使用的演算法無法理解及獲取虛假推論）。

早期 ML 法並不直接適用於計量經濟學和相關領域的研究問題，但自從 STaTa 提供很棒的 Lasso 因果推理，情況就改觀了。

可見，「OLS、ML」兩者使用類似的方法來實作，但它們的目標是不同的。(1)ML 目標是搭建一套高效可靠的系統，能夠持續的預測未來並且穩定的工作。ML 演算法使用測試集（樣本外）來評估、驗證其準確性。相對地，(2)統計模型須一系列的事前假定，統計模型可以透過信賴區間（CI）、迴歸顯著性檢定對參數進行分析，來評估模型的合理性。

## 5-7-2 物聯網的感測器

多年來，物聯網（IoT）一直在工廠及石油平台，船舶，卡車及火車中成長；悄然改變著長期存在的工業流程。它已經進入幾乎所有行業：農業、航空、採礦、醫療保健、能源、交通、智慧城市等等。

IoT 範疇之大，遠遠超出你的想像，一切你能想到的物體，在感測器（感應器，sensor）、RFID 標籤以及 GPS 晶片等的幫助下，都能變成一個個可以感知周邊物體以及環境物體參數的感知節點，從而變成 IoT 大家庭的一分子（圖 5-17）。

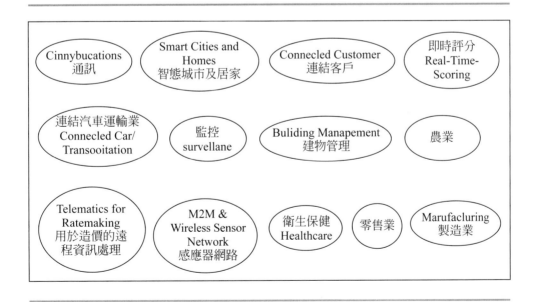

**圖 5-17** IoT 示意圖

上圖，物聯網（IoT）是透過利用從嵌入式設備及通信技術到 Internet 協定，數據分析等各種先進技術，將傳統物體（object）轉變為智能物體（smart object）。

## 一、物聯網（IoT）的應用

下圖為物聯網的應用。

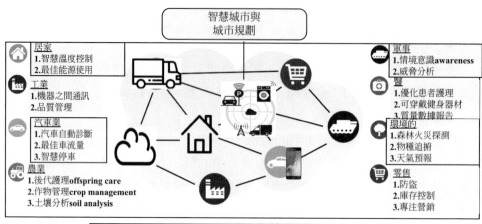

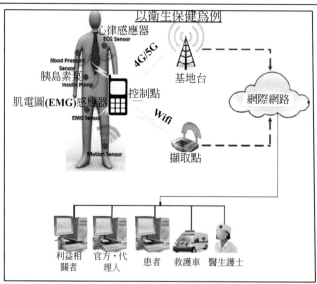

圖 5-18 物聯網

## 二、IoT 智慧化

人工智慧（AI）是機器或軟體展示的智能。這是一個學術研究領域，通常研究模仿人類智能的目標。

在物聯網的情況下，人工智慧可以幫助公司獲取他們擁有的數十億個數據點，並將其歸結為眞正有意義的數據點。總體前提與零售應用程式相同，審查及分析你蒐集的數據，以查找可以從中學習的模式或相似之處，以便做出更好的決策。爲了能夠解決潛在問題，必須根據正常情況及不正常情況分析數據。需要基於即時數據流快速辨識相似性，相關性及異常。蒐集的數據與 AI 相結合，透過智能自動化，預測分析及主動干預使生活更輕鬆。

圖 5-19，總結了物聯網應用程序開發過程。

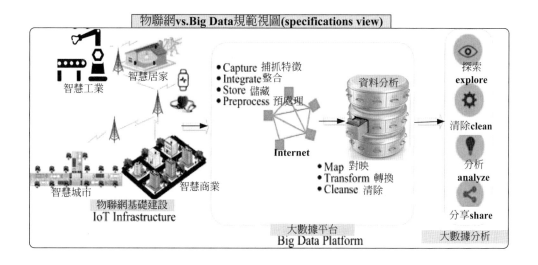

**圖 5-19** 物聯網 vs.Big Data 規範視圖（specifications view）

## 5-7-3 物聯網的支援技術（enabling technologies for IoT）

如下圖所示，物聯網及對應支持技術的 4 階段。

## 階段1.資料擷取及感應(sensing)

1.**WSN**:無線感測網路**(Wireless sensor network)**
2.**RFID**:無線射頻辨識**(Radio Frequency IDentification)**
3.**Bluetooth**:藍牙是一種無線技術標準
4.**NFC**:近距離無線通訊**(Near-field communication,NFC)**
5.**UWB**:是指一種無載波通信技術

## 階段2.數據傳輸(data transmission)

數據傳輸(也稱爲數據通訊或數位通訊)是通過點對點或點對多點通信信道傳輸數據(數位 位元流或數位化模擬訊號)。這種信道的示例是銅線,光纖,無線通訊頻道,存儲介質和電腦總線。數據表示爲電磁訊號,例如電壓,無線電波,微波或紅外訊號。
模擬或模擬傳輸是使用連續信號傳輸語音,數據,圖像,訊號或視頻資訊的傳輸方法,該連續訊號的幅度,相位或某些其他性質與變量的性質成比例地變化。消息透過線路代碼(基頻傳輸)由一系列脈衝表示,或者由一組有限的連續變化波形(帶通傳輸)表示,使用數位調製方法。帶通調製和相應的解調(也稱爲檢測)由數據機設備執行。 根據數位訊號最常見的定義表示比特流的基頻和帶通訊號都被認爲是數位傳輸,而另一種定義僅將基頻訊號視爲數位,而數位數據的帶通傳輸則視爲數位類比轉換的形式。
發送的數據可以是源自數據源的數位消息,例如電腦或鍵盤 。它也可以是模擬訊號,例如電話呼叫或視頻訊號,數位化爲位元流,例如:使用脈衝編碼調製(PCM)或更高級的原始編碼(類比數位轉換和數據壓縮)。計劃。該原始編碼和解碼由編解碼器設備執行。

## 階段3.數據處理和資訊管理(data processing and information management)

1.**雲端運算(cloud computing)**:是一種基於網際網路的運算方式,透過這種方式,共用的軟硬體資源和資訊可以按需求提供給電腦各種終端和其他裝置。
2.**大數據(big data)**:指的是傳統資料處理應用軟體不足以處理它們的大或複雜的資料集的術語。大數據也可以定義爲來自各種來源的大量非結構化或結構化資料。

## 階段4.公用和行動(utilization and action)

1.語義**(semantic)**
2.**執行器(Actuators)**又稱爲促動器、致動器、操動件、執行機構、驅動器或驅動件,是一種將能源轉換成機械動能的裝置,並可藉由執行器來控制驅使物體進行各種預定動作。這類機能能把能量轉化爲運動。據能量來源分爲 :電動執行器、油壓執行器及空壓執行器等。按尺度來分可爲普通執行器、微執行器和奈米執行器等。
3.應用:**IoT**拉近分散的資訊,統整物與物的數位資訊,**IoT**的應用領域主要包括以下方面:運輸和物流領域、工商業 ......

**圖 5-20**　物聯網及對應支持技術的 4 階段

其中

1. WSN:無線(wireless)感測網路,是在空間中許多自動裝置組成的無線通訊電腦網路,這些裝置用感測器共同作業,來監控不同位置的物理或環境狀況(比如溫度、風力、聲音、振動、壓力、運動或汙染物)。無線感測器網路的發展早期用於戰場軍事監測等應用。迄今 WSN 應用在很多民用領域,如環境與生態監測、交通控制、健康監護、家居自動化等。

2. RFID：無線射頻辨識（Radio Frequency IDentification）是新的辨識技術，主要是利用接收器（Reader）發射 RF 來讀取：植入或貼附在物件上電子標籤（Tag），進行無線資料辨識及存取的工作。

3. Bluetooth：藍牙是一種無線技術標準，用於在固定及移動設備的 2.4M 至 2.485 GHz 的 ISM 頻段內使用短波 UHF 無線電波短距離交換數據，以及建立個人局域網（PAN）。它最初被認爲是 RS-232 數據線的無線替代品。

4. 近距離無線通訊（near-field communication, NFC），又稱近場通訊，是通訊協定之一，讓兩個電子裝置（其中一個是行動裝置，例如：智慧型手機）在相距幾公分之內進行通訊。

5. 超寬頻（ultra-wideband, UWB）UWB 是一種無線載波通信技術，它不採用正弦載波，而是利用奈秒級的非正弦波窄脈衝傳輸數據，因此其所占的頻譜範圍很寬。它具備低耗電與高速傳輸的無線個人區域網路通訊技術，常應用在無線個人區域網路（WPAN）、短距離雷達及家庭網路連接等領域。

# 5-8 無回應誤差

　　進行調查研究時須知，調查研究有哪些潛在的誤差（error），雖然無任何一份調查研究是完全沒有誤差的，但是一份好的調查研究必須設法克服導致誤差出現的因素，盡可能降低其誤差，以提高其準確度。此外，了解調查研究有哪些誤差也可以幫助你在解讀一份調查研究的結果時，做出比較中肯的判斷與結論；也可以讓你知道一份調查研究結果的限制所在，避免被結果誤導（Blogspot, 2009）。

**1.** 涵蓋率誤差（coverage error）

　　執行抽樣調查時，手上會有一份涵蓋母群體中所有個體的名單或框架（sampling frame），然後才能從中抽出一些個體來組成樣本。比如要用電話訪問調查某家醫院的病人滿意度，你必須有一份這家醫院所有病人的電話號碼表，才能抽出一定數量的病人電話號碼，來進行電訪。可是如果其中有些病人沒有電話，那麼使用電訪的方式便會發生「涵蓋誤差」，也就是你所用的母群體名單並未涵蓋母群體中所有的個體。

**2.** 抽樣誤差（sampling error）

　　抽樣誤差是指當你是透過樣本去了解母群體時，所必然出現的誤差。如果你是進行普查，則可以避免這項誤差。由於樣本只是母群體的一部分，當你要

用這部分的個體去描述整個母群體的某些特徵時，必然會有失真，因此你不敢根據一份或有限數量的樣本就斬釘截鐵地說由樣本所得到的結果絕對跟母群體的情況完全一樣。不過如果你所使用的樣本相當有代表性的話，則失真的程度可以控制到一定的範圍，通常，當你是用隨機抽樣的方式去抽取樣本中的個體，並且所用的樣本中的個體數越大時，樣本能夠代表母群體的程度就越大（Blogspot, 2009）。

統計學對抽樣誤差的探討與計算有直接的貢獻，你可以根據統計學原理，估算出一個給你一定程度信心的結果區間值。比如遠見雜誌的民意調查曾指出所得到的結果在 95% 信賴水準時的**抽樣誤差**理論值為 ±3.1%，而結果指出馬總統的施政滿意度是 28.6%，較完整的陳述應該是：如果你用同樣的方法進行 100 次的隨機抽樣調查，大約有 95 次的結果會落在 28.6%±3.1% 之間（也就是 25.5% 與 31.7% 之間）。[25.5%, 31.7%] 便是這次調查所得到的 95% 信賴水準區間值。

### 3. 無回覆誤差（non-response error）

假如你有一份涵蓋母群體中所有個體的名單，從中抽出具有能夠代表母群體的樣本，並對樣本中的個體進行調查，可是在實際的狀況中，經常是樣本中的一部分對象願意接受調查或回填問卷，另一部分的對象不願回覆，因此你所收到的實際調查回覆數並不齊全，與樣本數有落差。在這種情況下，如果未回覆的對象與樣本中其他對象有不同的特徵或組成，便會導致無回覆誤差。

### 4. 測量誤差（measurement error）

測量誤差是所有研究都會遇到的問題，不只是調查才有的。在調查研究中，測量誤差與有否抽樣無關，不僅抽樣調查有測量誤差，普查也同樣有測量誤差。測量誤差是指調查的回覆者所提供的回答錯誤或不準確所造成的誤差。測量誤差有可能是故意或非故意的，比如病人在住院期間填寫醫院服務的滿意度調查時，擔心負面的意見會被醫療人員知道，因此故意只提供正面的評價。有時候問卷的填寫人或調查的受訪者不了解問題的意思，於是隨便找個答案回答，或者對問題理解錯誤，而填入錯誤的答案。這些都是屬於調查的測量錯誤。

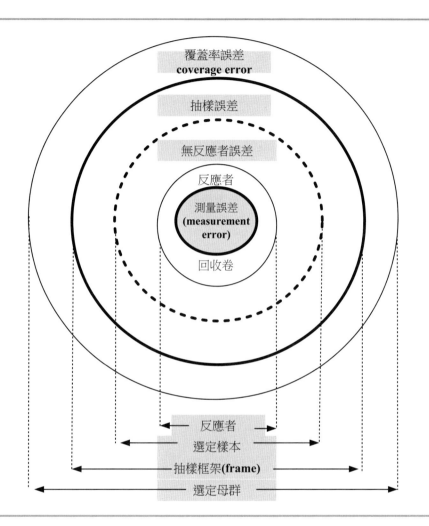

**圖 5-21** 無回應誤差（nonresponse error）之示意圖（Blogspot, 2009）

**調查誤差的處理**

　　一份調查研究的整體誤差，是由上述這四類的誤差所累計起來的。調查研究學者與統計學家針對每一種誤差都設法發展能夠降低或評估誤差的方式。通常完善的調查設計與規劃有助於降低誤差的程度，而統計模型則可以幫助研究者了解誤差的程度（Blogspot, 2009）。

　　前三種誤差還可以透過加權處理（weighting）的技術稍予以校正，由於前三種調查誤差（涵蓋誤差、抽樣誤差與無回覆誤差）其實都是關於取樣的代表性問題，而加權處理就是某種程度上，根據你所用的取樣名單、所得到樣本以

及最終回收的樣本，其中每一分子從母群體中被選擇到的機率，去還原其對母群體的代表性。基本上最終回收的樣本中，有可能每一個體到達此最後階段樣本的機率都不一樣。假設有一個體 A 從母群體進入此最後階段的樣本的機率是 0.002，另一個體 B 的機率是 0.004，這時的加權處理是給個體 A 放大 500（= 1/0.002）倍，給個體 B 放大 250（= 1/0.004）倍，也就是用個體 A 代表母群體中與其類似的 500 個個體，並用個體 B 代表母群體中與其類似的 250 個個體。透過加權處理，你建立了一份模擬的母群體，用此來估算母群體的特徵值。

但是要進行加權處理前，研究者必須對取樣的各個階段的每一類個體被選擇到的機率有所掌握，才能夠計算每一個樣本個體的加權值。

## 5-8-1 忽略無回應的影響

1. 無回應誤差（nonresponse error）是指當無法從樣本成員取得某些調查回應而產生的誤差（或偏差）。
2. 反應誤差（response bias）並非無反應誤差的相反詞。它是指受訪者由於各種原因，傾向提供不準確或不誠實的答案。
3. 無回應之檢測法

常見的方法是比較四分位數（quartile）之間，在人口特徵及主要指標上的差異。所謂四分位數是統計學中分位數，即把所有數值由小到大置換並分成四等份，處於三個分割點位置的數值就是四分位數。

假設你調查已經事先掌握受訪者的部分數值（例如：調查前已經知道員工的年齡分布），以此比較成功回收樣本之間的數值是否存在明顯差異，來推算無反應誤差是否存在。

在郵寄／電郵調查中，你可有系統地致電少量未答覆者，詢問少量問題，並再比較其答覆與成功回收樣本之間的數值是否存在明顯差異，亦可推論無反應誤差是否存在。

實務上，無回應者「意見」可能與回應者不同？可惜這問題易受到忽視。例如：1969 年挪威中央統計局調查選民之投票行為，共進行三次電話調查（Siring, 1983），求得無回應率（nonresponse rate）為 9.9%。通常 9.9% 會被認為是很低的無回應率。

在挪威的投票登記冊（樣本框架）中，有可能找出：某一人是否有來投票。然後，將投票人員的百分比與受訪者和未回應者進行比較，整理成下表。此次所選樣本都是選自樣本名冊的所有人，包括來自挪威投票登記冊的受訪者和未

回應者的資料。

結果發現，無回應者與選定樣本（selected sample）之間的投票率是有差異，在較年輕的年齡組中最大。在無回應者中，投票率隨著無回應的類型而變化。拒絕參與調查的人的總體投票率為 81%，非在家的投票率為 65%，有精神或身體疾病的投票率為 55%，這意味著沒有疾病都是無回應偏誤（bias）的主要原因。

**表 5-5　投票人數的百分比**

|  | 20-24 歲 | 25-29 歲 | 30-49 歲 | 50-69 歲 | 70-79 歲 | 全體 |
|---|---|---|---|---|---|---|
| 無回應者 | 59% | 56% | 72% | 78% | 74% | **71%** |
| 選定的樣本 | 81% | 84% | 90% | 91% | 84% | 88% |

通常，無回應（**no response**）的四種處理方法：

1. 防止它：設計調查，使無回應率低。這是迄今為止最好的方法。
2. 採取無回應者的代表性子樣本：使用該子樣本來推斷其他無回應者。
3. 使用模型預測未回覆者的值。權重隱含地使用模型來調整單位無回應。插補通常針對項目無回應進行調整，參數模型可以用於任何類型的無回應。
4. 忽略無回應（作者不推薦，但不幸的是在實踐中很常見）。

## 5-8-2　設計調查以減少非抽樣誤差（nonsampling errors）

1. **抽樣誤差**（sampling error）是指，因抽樣時樣本可能會偏離母體，其間的差距，可用統計方法估算其差距大小（The degree of error to be expected for a given sample design）。抽樣經分析獲得的統計值（statistic）與母體參數（parameter）的差距。樣本中包含某些特殊屬性的基本單位，破壞樣本的代表性。可能是由碰巧（chance）、抽樣方法（sampling method）、抽樣框架及推論方法所致。

2. **非抽樣誤差**（non-sampling error）是指，因抽樣誤差以外的因素，所導致的差距。主要是由人為因素所導致，可能是資料填寫不實、遺漏、錯估，或資料整理分析時輸入錯誤、計算錯誤、反向問題數值未導正等。

　　非抽樣誤差的大小無法精確估算，操作上會假設非抽樣誤差很小，可忽略不計。惟實際操作層面若研究者無經驗、粗心、無人教導提醒、請他人代工

等，可能會使非抽樣誤差變大，甚至於高過抽樣誤差，成為研究的主要誤差來源，致使研究結論的推估完全偏誤。

實務上，無回應會對調查結果產生巨大影響。在上表中，無回應率低於 10% 導致挪威的投票率過高。Holt 和 Elliot（1991）認為無回應，與以下特徵有關：當地居民、無車的家庭、單身人士、無子女夫婦、老年人、離婚 / 喪偶的人、新的英聯邦起源、較低的教育程度、自營職業。

多數小型調查都會忽略追蹤後（callbacks, follow-ups）仍無回應者，只根據一次性調查回應者記錄來統計結果。

對一次性完整記錄的分析都有一基本假定（assumptions）：無回應者與受訪者是相似，缺少項目（items）的單位。很多證據都顯示，這種假定在實務中並不成立。例如：如果在 NCVS 中忽略無回應，則低估了受害率。Biderman 和 Cantor（1984）發現，累積三次連續訪談中，回應者的受害率低於「至少一次訪談中未回應者」或在小組研究完成前遷移的人。

僅對完整記錄進行分析報告的結果，應對思考有反應的母群的代表性，因該調查很少與目標母群是相同。如果你堅持僅使用完整記錄來估算母群平均值和總數，且不對未回覆者進行調整，那麼至少應報告無回應率。畢竟，無回應係會造成母群估計的潛在偏誤。

## 5-8-3 遺漏資料（missing data）插補法

多重插補法（multiple imputation, MI）可以說是以模型基礎法來插補（imputation）的延伸，是屬於利用迴歸模型進行插補的一種方法，由於該方式是從預測值的合理分配中隨機抽取數個數值進行插補，因此稱之為多重插補，此一方法可適用於縱貫性資料或單一觀察資料，也可處理多變數資料結構。

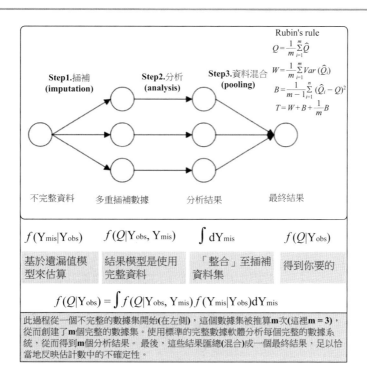

此過程從一個不完整的數據集開始(在左側)，這個數據集被推算m次(這裡m = 3)，從而創建了**m**個完整的數據集。使用標準的完整數據軟體分析每個完整的數據系統，從而得到**m**個分析結果。 最後，這些結果匯總(混合)成一個最終結果，足以恰當地反映估計數中的不確定性。

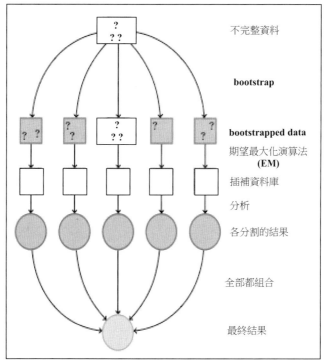

**圖 5-22** 多重插補法

　　目前多重插補法主要的演算法分為 (1) 最大期望值法（expectation maximization, EM）與 (2) 馬可夫鏈蒙地卡羅法（Markov Chain Monte Carlo, MCMC），而 STaTa、SPSS 軟體中所提供的 AI 演算法即為後者，是透過貝氏定理的方法，以先驗機率分析資料，再以條件後驗分配進行重複抽樣，直至近似分配收斂至目標分配為止。至於 EM 及 MCMC 演算法的實作，請見作者《**有限混合模型（FMM）：STaTa 分析（以 EM algorithm 做潛在分類再迴歸分析）**》、《**人工智慧（AI）與貝葉斯（Bayesian）迴歸的整合：應用 STaTa 分析**》二書。

**處理遺漏資料的方法有四種**

　　處理遺漏資料的方法有很多種，下面列出常用的幾種方法：

**1. 名單刪除（listwise deletion）**

　　名單刪除就是把分析模型中的變數，沒有資料的都移除。這種方式的好處是：(1) 各種統計資料分析都適用；(2) 不需要特殊的方式處理遺漏資料。目前有的統計軟體（STaTa, SPSS），都會自動採用名單刪除。

　　如何判定它是不是個好方法呢？

　　如果原始樣本是完全隨機遺漏（missing completely at random, MCAR），那名單刪除等於是隨機從樣本之中，再抽取一個 sub 樣本，你的分析還是無偏誤。雖然次樣本跑出來的標準誤（standard error）會比原始樣本大（假設原始樣本沒遺漏資料的話），但至少你不用擔心你的結果。

　　如果原始樣本是隨機性遺漏（Missing at Random, MAR），那採用名單刪除之後，你的結果仍會是沒問題的。舉例來說，如果你的依變數是一年儲蓄多少（saving），自變數是一年賺多少（income），可是 income 就有 35% 遺漏，而 income 的遺漏值亦跟另外一個自變數「受教程度（schooling）」有關係。只要把這兩個自變數放進分析模型，而且 income 的遺漏與依變數無關，則你的分析就是無偏誤（unbiased）的。

　　這樣的原理是因為利用迴歸的分析模型，如果你不同比例地在自變數分層抽樣（disproportionate stratified sampling on the independent variable），這並不會影響到你的結果。所以你自變數有遺漏，其實就相當於針對自變數做了一次 sub sampling。所以只要你沒有違反迴歸分析的假定，並且你的自變數的遺漏與依變數無關，在迴歸分析時用名單刪除就沒有問題。

**2. 成對刪除（pairwise deletion）**

　　**成對刪除**又稱為 available case analysis，顧名思義，就是用所有的資料來進

行分析。舉例來說，你有 3 個變數 a、b、c。你總共有 1000 筆資料，a 這個變數有 5 筆沒資料，b 變數有 7 筆沒資料，c 變數有 3 筆沒資料，而這些沒資料的人不重複（在現實情況下，有可能沒填 a 的也沒填 b。這裡為了說明方便，就假設沒資料的人不重複）。

如果你要看 a 與 b 之間的關係，那你會有 1000 – 5 – 7 = 988 筆資料；如果你要看 b 與 c 之間的關係，你會有 1000 – 7 – 3 = 989 筆資料；如果你要看 a、b、c 三者之間的關係，你會有 1000 – 5 – 7 – 3 = 985 筆資料。

這跟名單刪除有什麼不同？如果你最終要分析的是 a、b、c 三者之間的關係，那在分析 a 與 b 之間的關係時，如果採用名單刪除，你只會採用所有資料都有的，也就是用 1000 – 4 – 8 – 3 = 985 筆，而不是用 a 與 b 的所有資料 988 筆。

如果你的資料是 MCAR，那你的資料分析不會有偏差；但如果你的資料是 MAR，你的結果就會有所偏頗。由於你分析的時候你的樣本數會有所不同，這會造成你計算標準誤的時候出現誤差，沒有一組數字可以讓你算所有分析模型的標準誤，你的分析也容易不一致。

**3. 虛擬自變數調整**（dummy variable adjustment）

虛擬自變數調整，是用 non-missing 的平均值補上缺失資料（所以也叫 mean substitution），這種方法雖然看起來簡單又符合直覺，但在 simulation 研究中做出來的結果則是誤差太大。

**4. 插補**（Imputation）

很多處理資料缺失的辦法，都屬於資料插補（imputation）這個類別。這種做法的基本概念就是：將遺漏值用「合理」的數字補上，而合理的數字就是資料插補的結果。

# 測量：量表信度（可靠性）及效度

地形測量、經緯測量、大地測量、天體測量、野外（field）測量、航空測量……，都涉及測量（measurement）。

Measure 英文是指：測量、測定、量測、方法、對策、措施。Measurement 英文意思是：丈量、測量、（量得的）尺寸、大小、品質。

# 6-1 測量的定義

「測量」（測量、評估）是針對某一特定對象、人或組織，有關某種特徵或行為（消費行為、所得、人格特質、組識行為……），賦予其一個值，使其數值能代表（或符合）構念中所代表的概念或狀況。它是屬於測量的問題。

「測量」與操作型定義概念是有直接關係。操作型定義是銜接「概念—理論」層次、「經驗—觀察」層次的測量程序。「測量」就是研究者根據一定「規則」將數值（或其他符號）指派給物體或事物（變數）身上之一種程序。所謂「變數」只是賦予數值之符號。此種「測量」定義隱涵它有三個程序：

(1) 選擇可觀察的「個體或事物」（即「對象」）。

(2) 以數字或符號代表事件的特性，即數值系統（numerical system）。

(3) 依據指派「規則」賦予觀察值一個符號或數字，此種「規則」就是操作型定義。

數值系統 [ 即「測量尺度」（measurement scale）] 本身沒有意義，僅是符號，故你要打破傳統之四則運算觀念。例如：消費者「品牌偏好」調查，常用 1 代表「國際牌」、2 代表「日立」、3 代表「東元」、4 代表「大同」。此外，數值有時亦可代表「等級」（ranking）。例如：像 Likert 五點量表之計分方式，某人喜歡「大同」品牌可能多一點。所以問卷 / 量表所談的數學觀念，有些觀念是要打破傳統的四則運算。

## 6-1-1 測量尺度

測量尺度（scale of measure）或稱測量水準（level of measurement）、測量類別，是統計學及定量研究中，對不同種類的資料，依據其尺度水準所劃分的類別，這些尺度水準常分為：名目（nominal）、次序（ordinal）、等距（interval）、等比（ratio）。就依變數而言，Binary（名目）變數最有名就是邏輯迴歸（OR,RR）及存活分析（含 ROC）；次序變數最有名就是離散選擇模型；等距變數最有名就是 SEM、OLS（含 panel-data 迴歸）。等比變數最有名就是時

間序列（計量經濟）……。當然，若是名目變數與「次序、等距」的組合，最有名就是 HLM、FMM、AI 統計、大資料、物聯網＋雲端……。這些統計的實作例子，請見作者「STaTa」及「SPSS」一系列統計分析 20 本書。

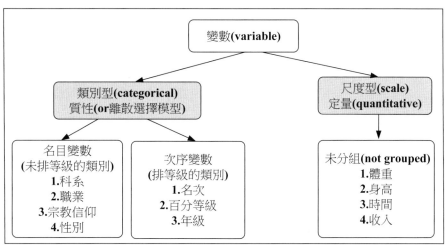

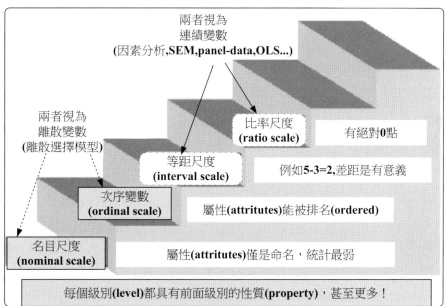

**圖 6-1** 測量尺度（scale of measure）之示意圖

分組（**grouping**）

如何對參與者進行分組的選擇取決於研究假設以及參與者的抽樣方式。在典型的實驗研究中，將存在至少一個「實驗」條件（例如：「治療」及一個「對照」條件（「無治療」），但是適當的分組方法可能取決於諸如持續時間的因素、測量階段及參與者特徵：

1. 世代研究（cohort study）
2. 橫斷面研究（cross-sectional study）
3. 交叉順序研究（cross-sequential study）
4. 縱向研究（longitudinal study）

廣義的來說，統計資料的量測水準（levels）即表示你在蒐集資料時，是以何種類型的方式來分類及量測資料之特性，並將資料的特性給予一個數值來表示，但又因變數的特性不同，所以產生不同的測量尺度，而不同的尺度。其資料的特徵值計算方式及如何彙總與進行統計推論，皆有所不同。而最常見測量資料尺度的方法，為依照 Stevens 所提出之概念，由最弱到最強分成下列四種不同性質的尺度，茲分述如下：

1. 名目尺度（nominal scale）：名目尺度係為了標示目的而指定之任意數值，亦即當研究者使用數值來辨認任何事物或類別時，這些數值便稱為名目變數或類別尺度。例如：科系、職業、宗教信仰、性別……。此種數值彼此間並無大小、順序及比率的關係，也就是說 1 表示男性，2 表示女性時，1 與 2 並無順序大小之分，也無順序關係，即不能說成 1 小於 2，故女性比男性大或好。又種族分成白種人、黑種人、黃種人。因名目尺度數值本身無任何意義，因此其加減乘除之運算毫無意義，是四種尺度中最弱者。

圖 6-2 「名目依變數」對應：邏輯輯迴歸、類別迴歸、計數迴歸（STaTa 軟體）

註：請見作者《邏輯斯迴歸及離散選擇模型：應用 STaTa 統計》、《邏輯輯迴歸分析及離散
選擇模型：應用 SPSS》、《機器學習：使用 STaTa 分析》、《人工智慧與 Bayesian 迴
歸的整合：應用 STaTa 分析》等書

2. 順序尺度（ordinal scale）：順序尺度是次高階的測量資料尺度的一種方法，
此尺度不僅可表示類別，也可表示出事物間之等級或順序，即每筆資料有明
顯的順序排列，如由最壞到最好、最小到最大……，但這不表示不同順序或
等級間之差異大小及程度，換言之，它只能指出等級與順序，不能測量不同
等級間的距離。例如：名次、百分等級、年級……。故順序變數可比大小及
前後，但前後距離不一定相等。例如：$5 > 4$，但 $5 - 4 \neq 1$。例如：研究者常
用 Likert 五點計分量表所得資料，可能是 $1\sim5$ 分，亦可能是 $-2\sim+2$ 分，這
種資料屬於順序變數。然而，在實際上，Likert 量表所代表的順序變數進行統
計分析時，常將這些順序變數提升為區間變數來處理，因而可以執行因素分
析、迴歸分析、集群分析、結構模型分析……。

**圖 6-3** 「順序（ordinal）依變數」對應：邏輯輯迴歸、類別迴歸、計數迴歸（STaTa軟體）

註：請見作者《邏輯輯迴歸分析及離散選擇模型：應用 SPSS》、《STaTa 與高等統計分析的
應用》、《邏輯斯迴歸及離散選擇模型：應用 STaTa 統計》、《機器學習：使用 STaTa
分析》、《人工智慧與 Bayesian 迴歸的整合：應用 STaTa 分析》等書

3. 等距尺度（interval scale）：等距尺度又稱為區間尺度，不僅可表示名稱及順序或等級，還可表示不同等級間之距離。區間資料具有前兩者的資料特性，且可以比較差距。前後距離相等，但沒有倍數關係，所以沒有絕對的 0（有距離，但沒有絕對的 ≠）。例如：5 – 4 = 1，但 4 ≠ 2×2。例如：年度、智商、溫度、明暗或音強等皆屬於此類尺度。此種尺度已可測量各數值間之差異，如 15ºC 及 20ºC 與 30ºC 及 35ºC 之溫差皆為 5ºC，但此變數在測量時並無真正之原點（任意選定），故不能做倍數之解釋。例如：你不可說溫度 30ºC 為 10ºC 熱度之 3 倍。

**圖 6-4** 「等距（interval）依變數」對應：線性迴歸、HLM、SEM、Panel-data 迴歸、Bayesian 迴歸、Lasso 推論模型（STaTa 軟體）

註：請參考作者《多變量統計：應用 STaTa 統計》、《多變量統計：應用 SPSS 統計》、《多層次模型 (HLM) 及重複測量：使用 STaTa》、《STaTa 在結構方程模型及試題反應理論》、《Panel-data 迴歸模型：STaTa 在廣義時間序列的應用》、《機器學習：使用 STaTa 分析》、《人工智慧與 Bayesian 迴歸的整合：應用 STaTa 分析》等書。

4. 比率尺度（ratio scale）：比例資料具有前三者的資料特性，且可以做倍數比較。有距離，有絕對的零點。例如：4 = 2×2。比率尺度為最好的測量尺度，其與等距尺度的區別在於比率尺度有絕對之原點「0」，亦即所使用之數量須代表從自然原點（natural origin）開始起算的一段距離。例如：距離、時間、長度、體重、價格及薪資等。而此種尺度各數字間可做任何加減乘除之運算，亦可做倍數的解釋，如身高 160 公分的人是身高 80 公分的 2 倍。

上述變數可供選擇之統計方法，整理成表 6-1 所示。

**表 6-1　四種不同尺度之統計方法**

| 變數類型 | 數值運算 | 敘述統計 | 推論統計 |
|---|---|---|---|
| 名目尺度 | 計數 | 次數分析、眾數 | 列聯表分析、卡方檢定、Logistic 迴歸分析等 |
| 順序尺度 | 計數、排列順序 | 次數分析、眾數，並可排列順序、計算百分等級 | 列聯表分析、卡方檢定、等級相關分析、離散選擇模型＊等 |
| 等距尺度 | 可作算術的加、減運算 | 平均數、變異數、標準差 | t 檢定、ANOVA、OLS 迴歸分析、因素分析、集群分析、多層次模型（HLM）、有限混合模型（FMM）等 |
| 比率尺度 | 實數值（有小數點）可作任何運算 | 適合各種統計方法 | 適合各種統計方法（含 AI 統計） |

註：＊實作請參考作者《邏輯斯迴歸及離散選擇模型：應用 STaTa 統計》一書。
　　請參考作者《STaTa 在生物醫學統計分析》、《邏輯斯迴歸及離散選擇模型：應用 STaTa 統計》、《機器學習：使用 STaTa 分析》、《人工智慧與 Bayesian 迴歸的整合：應用 STaTa 分析》一書。

「測量」的良窳如何評估呢？其實可用「同形」（isomorphism）觀念來測量。所謂「同形」就是結構同形，大小比例沒有關係，只要同比例放大縮小即可。「同形」概念，宛如你評估某一「地圖」繪製的好不好，是看該地圖是不是按原來比例做放大縮小，答案若是「肯定」，則你說該「測量」（地圖）是好的。換句話說，同形是指「事實」如何同比例對應到「數值系統」。

## 一、變數種類

若以變數（variable）來陳述「實驗設計」，它是在控制的情境下（即除了使自變數做系統性變化外，還須對其他可能影響實驗結果的因素加以控制），

實驗者有系統的操弄自變數（X），使其依照預定計畫改變之後，觀察其改變對依變數（Y）所發生的影響。

1. 自變數（解釋變數）：在實驗法中又稱「因」（cause）變數或實驗變數，它是經由實驗者安排或操弄的變數。

2. 依變數（外生變數）：在實驗法中又稱「果」（effect）變數或反應變數，它是實驗者企圖觀察測量的行為或反應。

研究設計除了上述自變數會對依變數（實驗結果）產生影響外，尚有下列因素也會影響：

3. 外生（extraneous）變數：extraneous 英文意指：無直接關係的、無關的。在**結構方程式**，係指內生變數以外，凡是可能影響結果（依變數）之因素。以 SEM 結構模型而言，即沒有箭頭指向它之潛在變數，它是其他潛在依變數的「因」。

4. 中介（intervening）變數（因果變數的第三者）：指介於自變數與依變數之間，凡是會對研究結果產生作用的內在歷程。通常是不能直接觀察辨認的，只能憑個體外顯行為的線索來推知。你研究架構中，真的存在中介變數？它有四種檢定法，詳情請見作者《**多層次模型（HLM）及重複測量：使用 STaTa**》一書。

## 二、統計資料的種類

統計資料之種類甚多，首先就蒐集者之立場而言，可區分為初級資料（primary data）與次級資料（secondary data）；而就資料本身性質而言，可區分為靜態資料（static data）與動態資料（dynamic data）；又依資料調查及涵蓋範圍分為普查資料（census data）及抽查資料（sampling data）；而依資料本身呈現的特性又分屬質資料（qualitative data）及屬量資料（quantitative data）。茲將其意義分述如下：

1. 原始（raw）資料：為研究者直接從資料來源處，利用不同的方法所蒐集得到的或其他機構蒐集而未經任何簡化與整理的資料。

2. 次級（secondary）資料：研究者所蒐集之資料為經其他機關或團體整理簡化或分析後所得之結果，該資料對研究者而言即為次級資料或稱兩手資料。次級資料實證研究，請見作者《**Meta 統計分析實作：使用 Excel 與 CMA 程式**》一書。

3. 靜態資料：表示某現象在某一特定時刻之靜止狀態資料，強調瞬間標準時刻。

以臺灣人口數比例，任何時刻均有人出生與死亡，如何了解臺灣人口數呢？因此必須以某一特定時刻為標準計算之。例如：2023 年 2 月 1 日凌晨 6 點臺灣人口總數。此類資料大多由調查得之。這類實證研究，請見作者《**多變數統計之線性代數基礎**》等書。

4. 動態資料：表示某現象在某特定時期內繼續發生之演變情形的資料，強調一段時間。例如：2023 年 2 月 1 日凌晨 6 點澎湖人口移出數。此類資料大多由登記得之。這類實證研究，請見作者《**STaTa 在生物醫學統計分析**》、《**Panel-data 迴歸模型：STaTa 在廣義時間序列的應用**》、《**有限混合模型（FMM）：STaTa 分析（以 EM algorithm 做潛在分類再迴歸分析）**》、《**STaTa 在總體經濟與財務金融分析的應用**》、《**計量經濟**》、《**多層次模型（HLM）及重複測量：使用 STaTa**》等書。

5. 普查資料：表示針對調查對象所構成之母體中的每一個體皆進行調查訪問所獲取的資料。例如：人口普查、農漁業普查、工商普查等。

6. 抽查資料：在調查對象中，利用抽樣方法抽出調查對象中少部分資料來訪問而獲取之資料。

7. 定性資料：統計資料不以數值方式來表示，而以某種類別做區分者，又稱之為屬質資料。例如：血型有 A、B、O 及 AB 型四種，而性別有男性及女性兩類，又如品牌、汽車顏色、政黨偏好等皆屬於此類資料。這類實證研究，請見作者《**邏輯斯迴歸及離散選擇模型：應用 STaTa 統計**》一書。

8. 定量資料：統計資料以數值方式來表示者，稱之為屬量資料，而屬量資料又區分成間斷型及連續型資料。間斷型資料通常以整數之方式來呈現，例如：中華民國一天平均癌症死亡人數、一週內感冒次數等；而連續型資料是表示某區間內之任意數值，且數值間還可細分無限個數值。例如：IQ、身高、體重、血壓、存活分析、產品壽命等。

## 6-2 數值指派的「規則」

數值指派的「規則」（rule for assigning numerical）牽涉到如何將測量的結果（以 a 表示），能推論到構念層次（以 A 表示）。假設研究者提出某一構念 A，其測量結果（指派數值規則）所對應 ECV 為 a，推論的結果，可能有四種情況（下圖所示），其中，**情況 2**，測量變數 a 與構念 A 最「同形」，變數 a 這個 ECV（知識論對應的變數）最能同比例代表構念 A，它是四種情況中最好

的測量結果，相反地，**情況 4** 則是最差的。理想上，在測量／問卷編製上，你的目標是朝**情況 2** 邁進，它具有高的信度及效度。**情況 1** 是有信度，但效度低；**情況 3** 是信度低，且效度低；**情況 4** 是沒有信度，且沒有效度。

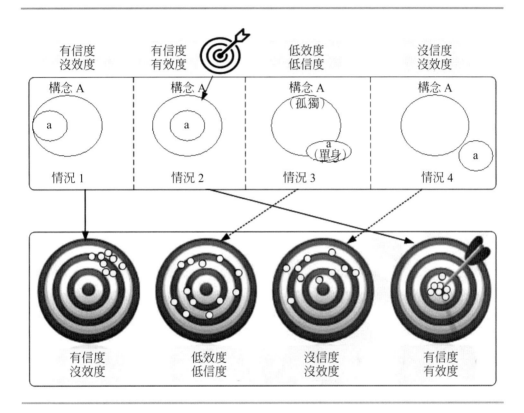

**圖 6-5** 構念與 ECV 之四種關係

　　若另一構念 B，其測量變數為 b（ECV），研究者經過資料蒐集及分析變數 a 及變數 b 兩者的相關後，分析產生的結果（如圖 6-6）所示的三種情況）很可能都沒有效度的。

情況 1 測量變數 a 與 b 之統計分析結果有相關，但實際上，這兩個 ECV 都無法代表構念 A 與 B，整個測量缺乏信度及效度。

情況 2 測量變數 a 與 b 統計分析結果有相關，但實際上，構念 A 與 B 是不相干的。

情況 3 測量變數 a 與 b 統計分析結果沒有相關，但實際上，構念 A 與 B 是有關係的。

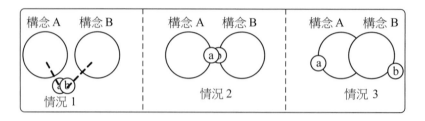

**圖 6-6** 兩個構念操作化之三種情況

# 6-3 誤差與信度

## 一、數據的不確定性（uncertainty of data）

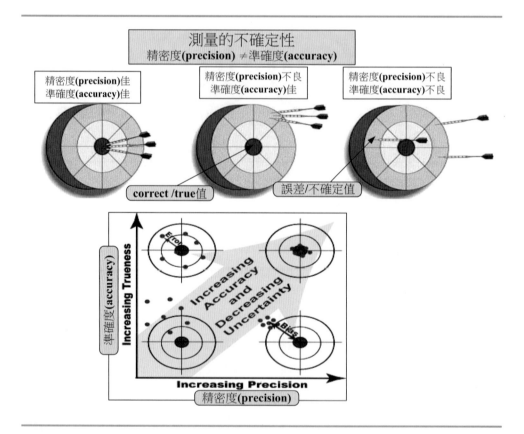

**圖 6-7** 數據的不確定性

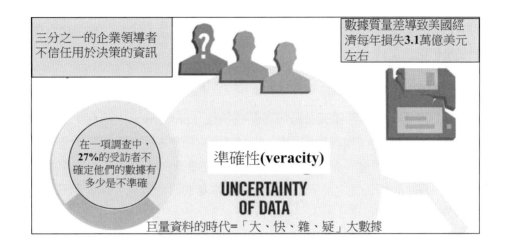

三分之一的企業領導者不信任用於決策的資訊

數據質量差導致美國經濟每年損失3.1萬億美元左右

在一項調查中，27%的受訪者不確定他們的數據有多少是不準確

準確性(veracity)

UNCERTAINTY OF DATA

巨量資料的時代＝「大、快、雜、疑」大數據

**圖 6-7** 數據的不確定性（續）

　　不確定性（uncertainty）是指涉及不完整或未知資訊的情況。它適用於未來事件的預測，已經進行的物理測量或未知事件的預測。不確定性出現在部分可觀察及／或隨機環境中，以及由於無知，懶惰或兩者兼而有之。它出現在許多領域，包括保險學、哲學、物理學、統計學、經濟學、金融學、心理學、社會學、工程學、計量學、氣象學、生態學及資訊科學等。

## 二、誤差（errors）是什麼？

　　誤差是實驗科學術語。指測量結果偏離真值的程度。對任何一個物理量進行的測量都不可能得出一個絕對準確的數值，即使用測量技術所能達到的最完善的方法，測出的數值也與真實值存在差異，這種測量值及真實值的差異稱為誤差。數值計算分為絕對誤差及相對誤差。也可以根據誤差來源分為系統誤差（又稱可定誤差、已定誤差）、隨機誤差（又稱機會誤差、未定誤差）及毛誤差（gross error）。

**絕對誤差 vs. 相對誤差**

1. 絕對誤差（absolute error）＝ 測量值－真值，是測量值（單一測量值或多次測量值的均值）與真值之差。若測量結果大於真值時，誤差為正，反之為負。

2. 相對誤差（relative error）＝ 絕對誤差 ÷ 真值，為絕對誤差與真值的比值（可以用百分比（%）、千分比（ppt）、百萬分比（ppm）表示，但常以百分比表示）。一般來說，相對誤差更能反映測量的可信程度。

例如：測量者用同一把尺測量長度為 1 公分及 10 公分的物體，它們的測量值的絕對誤差顯然是相近的，但是相對誤差前者比後者大了一個數量級，顯示後者測量值更為可信。

## 三、測量誤差是什麼？

測量程序是一個將數值或分數賦予某些特性（property）之過程。一旦數值被指派某些意涵，則在重複觀察期間，就有兩個來源使得實際測量值及真正分數產生某種程度的差異。第一來源是變數及研究概念（或構念）之間存有「真正差異」（real difference）；第二來源是測量本身或測量環境，兩者對測量活動產生了影響。

在古典測驗理論中，假設受訪者在某測量工具上的觀察值（obtained scores），等於實際值（true score）加上誤差分數（error score）。它們之間的關係可由下列公式來表示：

---

$X_o$（觀察值）$= X_T$（實際值）$+ X_S$（系統誤差）$+ X_R$（隨機誤差）

$\Rightarrow X_o = X_T + X_E$（誤差分數）

$\Rightarrow$ 觀察值之變異數 = 真實值之變異數 + 誤差值之變異數

$\Rightarrow Var(X_o) = Var(X_T) + Var(X_E)$

$\Rightarrow$ 信度 $(r_{xx}) = (r_{xx}) = \dfrac{Var(X_T)}{Var(X_O)}$

由此可見，信度值越接近 1，表示信度越高。

---

受訪者在測量工具上的得分稱為觀察值，將觀察值減去誤差分數，即為實際值。實際值是一個理想的數值，係很難正確測得出來，因此它僅能以統計方法來推估。

所謂「測量誤差（measurement errors）」係指測量結果（即測量值 measured value）與實際數值（或稱為「真確值」true value）之間的差距。測量誤差（誤差分數）的來源有兩大類：

1. 系統性誤差：它會對測量結果產生一致性固定的影響。當進行測量時，若對所有觀察值的測量誤差很一致的出現高估（誤差大多為正值）或低估（誤差大多為負值），則此種一致性的測量誤差值是為系統性誤差。例如：以一個有問題的碼錶測量學生的跑步成績所出現的誤差就是一種系統性誤差。

2. 隨機性誤差：主要是來自受訪者身心狀況（意向、情緒、性格、動機……）、情境因素（噪音、太太在場、趕飛機、太熱……）及測量試題（內容太長、太難……）的干擾影響。

**(一)系統性誤差**

只要使用測量工具系統性誤差（systemtic errors），就會產生。系統誤差分為固定誤差與比例誤差，原因可能有工具本身誤差（instrumental errors）、採用方法的誤差（method errors）、個人誤差（personal errors）、環境誤差（environmental error）。理論上系統誤差可以透過一定的手段（如：校正）來消除。舉例而言，天平的兩臂應是等長的，可實際上是不可能完全相等的；天平配置的相同重量的砝碼應是一樣的，可實際上它們不可能達到一樣。

系統性誤差對個案間及研究間的影響方式都是「固定」不變的。換言之，對相同情境受訪者或不同情境受訪者的同一位受訪者，均產生同樣的影響。例如：拿一支尺重複測量一個學生的身高多次，此時所出現的誤差即是一隨機誤差。隨機誤差有幾個重要的特性，一是它的平均數為零；其次是它與真實分數之相關為零；最後，隨機誤差本身間相互之關係也為零（即沒有自我相關）。

系統誤差又叫做規律誤差。它是在一定的測量條件下，對同一個被測尺寸進行多次重複測量時，誤差值的大小及符號（正值或負值）保持不變；或者在條件變化時，按一定規律變化的誤差。

相同待測量大量重複測量的平均結果及待測量真值的差。一般而言，由於測量步驟的不盡完善會引起測量結果的誤差，其中有的來自系統誤差，有的來自隨機誤差。隨機誤差被假設來自無法預測的影響量或影響的隨機的時間及空間變異。系統誤差及隨機誤差一樣無法刪除，但是通常可以降低，如果系統來自影響量對測量結果的可辨識效應。

**系統誤差中個人誤差（personal errors）與毛誤差（gross error）的差異**

個人誤差又稱人員誤差，是由於測定人員的分辨力、反應速度的差異及固有習慣引起的誤差。這類誤差往往因人而異，因而可以採取讓不同人員進行分析，以平均值報告分析結果的方法予以限制。

毛誤差主要是由於測量者的疏忽所造成的。

用等式可以表達，隨機誤差中可能存在的結果為，**單獨測量值 = 精確值 + 隨機誤差**。

而系統誤差中，則結果為：**單獨測量值 = 精確值 + 偏度 + 隨機誤差**。

### (二)隨機性誤差

隨機誤差（random error），是無法控制的變因，會使得測量值產生隨機分布的誤差。它服從統計學上所謂的「常態分布」或稱「高斯分布」，它是不可消除的，在這個意義上，測量對象的真值是永遠不可知的，只能透過多次測量獲得的均值盡量逼近。系統誤差以相同的方式影響所有測量值，將它們推向同一個方向；隨機誤差，則隨著不同次的測量而變化，有時候向上或向下。

隨機性誤差（random error, $S_R$）：每一次以「不同」方式來影響測量工具的使用。隨機性誤差（又稱非系統性誤差）及系統性誤差之主要來源，可分成下列 6 種因素，這些因素是施測者無法控制的，它們對測量分數的影響是不可預測的。

1. 受測者特質的誤差：因受測者本身特質（例如：隨及性）不同、當時個人的情緒好壞，都會導致測量結果的不同。例如：有三個不同特質的兄弟，對觀察到同一事情的反應就不同：

   老大「愛問」：「番茄為何有紅有綠？鵝為什麼叫聲大？岳母為什麼眼睛紅？」

   老二「愛答」：「番茄因為晒到太陽、鵝因為脖子長、岳母沒睡好。」

   老三「愛質疑」：「胡蘿蔔也會晒到變紅、青蛙脖子短但叫聲也很大、豬每天睡，眼睛也會紅。」

2. 情境因素：訪談時任何外力的影響。例如：受訪者知覺到「隱私權」是否被保障。街頭（機場）訪談比在家裡（公司）更易受情境因素的影響。當時外在環境的影響。例如：要求趕飛機的人填問卷、環境吵雜、環境熱或太太在場等等。

3. 施測者誤差：有許多種。例如：訪談者的解釋、重述、語氣、態度和藹可親、肢體動作、草率的資料處理……等等。故實證醫學流行採**雙盲試驗**（double-blind studies）是為了要避免人為因素對試驗的影響，受試者隨機分配的資料由第三方保管，受試者與研究者均不知道誰是試驗組、誰是對照組，使研究結果更具科學性。相對地，參與**單盲試驗**的受試者不知道自己是被分到試驗組（服用新藥）或是對照組（服用目前的標準用藥或安慰劑），但可能會產生研究者的偏差（例如：對服用安慰劑的受試者特別照顧）。

4. 量表的使用方式：是由訪問員代填，還是受訪者親自填答。

5. 資料的分析處理之影響。

   測量工具誤差（systemic error, $S_S$）：量表的設計及形式，包括：

1. 測量工具內容：混淆（區別效度不佳、雙關語）、語義不清（信度不佳）、編排不良（內容效度、建構效度不佳）……。

2. 測量項目（items）不足：未能涵蓋所欲測量的特性（即內容效度不佳）、項目的篩選（sampling）。

3. 有沒有引導作答（leading）的嫌疑……。

　　上述三種誤差改善的焦點，多數科學家仍舊放在該如何編製一個好的測量工具，致力於研究如何提升量表的信度、效度，其他誤差的改善則較少人努力。

　　易言之，測量工具（量表）是否測到你實際欲測量的特性（效度），所測量的結果是否穩定、波動不大（信度），這兩個問題是科學家最關心的。因為，「信度」過低，就沒有「效度」可言；「效度」過低，「信度」就沒意義（答對、答錯都沒有用）。

　　總之，隨機性誤差是屬「信度」的問題，系統性誤差是屬「效度」的問題。這兩者可能同時存在。此外，常用來評量某一測量工具（量表）好壞的準則有四個：

1. 效度（validity）：又稱有效性，代表評量工具（問卷）與評量程序在評量研究變數中的正確性及準確性程度。評量工具（問卷）確實能夠測出其所欲測量（評量）的特質、特徵或功能之程度。評量工具（問卷）與其執行過程能否達到原先研究所設定的評量目標、效果及效益。因此，效度可以視為評量結果進一步進行推論時的價值性、適當性及意義性指標。易言之，效度是該量表是否真能測量到你欲測量的特性（效度），使得量表：

$$S_O\,(\text{observed score}) = S_T\,(\text{true score})$$

2. 信度（reliablity）：又稱可靠性，該測量工具所測量的結果是否具有穩定性、一致性。

3. 敏感度（sensitivity）：事物起了變化，該測量工具是否能顯現出差異。

4. 實用性（practicality）：即考量該測量工具的經濟性、便利性、可詮釋性。

## 6-4 量表的設計

　　社會科學有些研究的概念或構念，不僅複雜且非常抽象，在操作型定義時，就不易將構念轉成多數指標變數（ECVs）來測量。故如何精確且有效地將抽象的概念或構念轉成正確之測量分數，是研究程序中一個重要課題。所謂「量

表化」（scaling），它是一種測量的程序，旨在將測量對象或欲測量的特性指派某些數值，以便將測量對象之特性數值化。

測量「變數」可用單一問項來量，但測量「構念」則要用量表（scale）來量。量表是用一個以上的指標（indicant, item, manifested）來測量某個體／事物的特性。換句話說，量表是由多個項目／題目或指標所構成的。例如：想要測量人的血壓，就直接用血壓計放在人的手臂上，再觀察其數值升降，以作為血壓變化的指標。

### 量表分類方法

量表分類方法，包括下列六種：

1. 以量表的目的：可分為「特質量表」（例如：人格特質是屬潛在變數）或「態測量表」（例如：電腦態度是屬外顯變數）兩種。

2. 以量表填答方式，可分為兩種：以等級（ranking）評量式之比較量表。例如：兩種以上洗髮精的偏好比較。以評分（rating）評量式之類別量表。例如：在 Likert 五點量表上回答「工作滿意度」、「觀值觀」、「工作壓力」……。

3. 偏好程度：可分成有關個人偏好之量表（生活型態量表）及無關個人偏好之量表（道德觀量表）。

4. 所用的資料尺度：是名目、順序、等距、比率變數。資料尺度會牽涉到該用那種統計方法。若是名目變數，常用次數分配、卡方檢定。若是順序變數，則可採無母數統計或將它提升到（視為）連續變數，而改用一般統計分析法（相關分析、因素分析……）來分析，典型的 Likert 五點量表，就常改用有母數統計來分析。

5. 構面（dimensions）多寡，分為單一構面及多構面量表。例如：員工的升遷潛力（高層次構念），就可用三個低層次構念來測量：管理績效、團隊合作態度及技術績效。態測量表（多構面）至少包括認知（cognitive）、情意（affective）及行動傾向（connative）三個成分。又如，品質成本可分為預防成本（prevention cost）、鑑定成本（appraisal cost）、內部失敗成本（internal failure cost）及外部失敗成本等四類。

6. 量表建構的技術（程序），可分為：(1)Likert 量表，採用「評分加總」（summated rating scale）之計分方式。(2)Thurstone 量表，又稱共識（consensus）量表。(3) 語義差異法，是屬因素（factor）量表之一。(4) Guttman 量表，採用累計量表（cumulative scale）計分方式。接下來，下一節將詳細介紹這些量表的設計程序。

# 6-5 「量表」設計的技術有五種

這裡所談「量表」設計是指量表設計的「程序」，而非設計的內容。量表內容的設計，讀者可閱讀本書第 13 章（調查問卷的設計）。量表設計幾乎是實證研究者都會遇到的困難。所謂「量表」，它包括很多指標來測量某一構念（人格特質、組織氣候或工作滿意度），這些指標的組成就是一個量表。因此，不同人對某一構念若彼此操作型定義不同，則設計出來的量表內容就會不同。學界與實務界所公開發行的（標準）量表，通常在使用手冊內提及：(1) 構念的定義。(2) 描述該量表有幾個項目。(3) 發展的經過。(4) 發展的樣本為誰。(5) 效度及信度。(6) 常模（norm）。(7) 文獻的直接來源。(8) 其他有關效度的證明。(9) 參考文獻有哪些。(10) 量表如何使用及施測（時間限制否等）。

量表設計的技術，可分為下列五大類：Likert 量表、Thurstone 量表、語義差異量表（semantic differential scale）、Guttman 量表、配對比較量表（scale of paired comparison）。

## 6-5-1 Likert 量表

李克特量表（Likert scale）是一種心理反應量表，常在問卷中使用，而且是目前調查研究（survey research）中使用最廣泛的量表。當受測者回答此類問卷的項目時，他們具體的指出自己對該項陳述的認同程度。

李克特量表是屬「評分加總式量表」最常用的一種，顧名思義，屬同一「構念」的「這些項目」是用「加總」方式來計分，單獨或個別項目是無意義的。「評分加總式量表」是對某一概念／構念所設計的數個項目，測量每位受訪者對它們的態度反應（同意程度）。每一個反應都給一個數值，以代表受訪者對該項目的贊同程度，將每位受訪者在這些項目的得分加總，即是受訪者對該題的態度。

加總式量表有兩個假說或特徵：(1) 每一個態度項目都具有相同量值，但項目之間則沒有差別量值。(2) 對同一項目而言，受訪者的反應程度是不同的（具有差別量值）。表 6-2 就是典型 Likert 量表的範例。

Likert 量表最常在學術論文之問卷調查中出現。Likert 量表的計分方式，最多人採用五點量表（例如：從 1 代表「非常不同意」，到 5 代表「非常同意」），次之才是七點量表計分方式。倘若研究者要引用偶數（4 或 6）點計分方式，則要在論文中交代為何要採用偶數點計分方式，故採用 Likert 技術所編製的量表

時，盡可能避用偶數點來計分。舉例來說，作者曾親自編製設計一個「團隊之授權賦能」（team empowerment）量表，如表 6-2 所示，各項目均採 Likert 五點量表作答，其中 1 代表「非常不同意」，2 代表「不同意」，3 代表「普通」，4 代表「同意」，5 代表「非常同意」。本量表以國內 200 名企業主管 / 資訊團隊成員為施測對象，經因素分析求得「工作意義」、「團隊自主權」、「團隊潛力」、「團隊成果」等四構面，其中大部分 Cronbach's α 信度係數值均大於0.7，可見此自編之資訊團隊授權量表的信度非常高。

Likert 量表設計的步驟如下：

| Step 1 | 建立大量有關某一「態度」構念之題庫，每一個項目等於一個項目（item），並隨機式排列這些項目。 |
| Step 2 | 邀請一組樣本，請各受訪者對上述態度各敘述表達立場【預試（pilot study）】。 |
| Step 3 | 若施測的是「測驗」則進行項目分析（item analysis）；若施測的是「量表」則進行建構效度（如進行因素分析）。 |

表 6-2　資訊團隊授權之量表

| | 非常不同意 | 不同意 | 普通 | 同意 | 非常同意 |
|---|---|---|---|---|---|
| 1. 資訊團隊對自己很有信心。 | 1 | 2 | 3 | 4 | 5 |
| 2. 資訊團隊相信自己能有好的工作品質。 | 1 | 2 | 3 | 4 | 5 |
| 3. 資訊團隊期望自己被認為是有好的表現。 | 1 | 2 | 3 | 4 | 5 |
| 4. 資訊團隊感到自己能解決任何出現的問題。 | 1 | 2 | 3 | 4 | 5 |
| 5. 資訊團隊相信自己深具生產力。 | 1 | 2 | 3 | 4 | 5 |
| 6. 資訊團隊認真工作時，可以完成很多工作量。 | 1 | 2 | 3 | 4 | 5 |
| 7. 資訊團隊相信沒有太難的工作。 | 1 | 2 | 3 | 4 | 5 |
| 8. 資訊團隊期望自己有很大的影響力。 | 1 | 2 | 3 | 4 | 5 |
| 9. 資訊團隊在乎自己的作為。 | 1 | 2 | 3 | 4 | 5 |
| 10. 資訊團隊認為自己的工作是有價值的。 | 1 | 2 | 3 | 4 | 5 |
| 11. 資訊團隊認為自己的工作是重要的。 | 1 | 2 | 3 | 4 | 5 |
| 12. 資訊團隊認為團隊的共同目的是重要的。 | 1 | 2 | 3 | 4 | 5 |
| 13. 資訊團隊覺得自己的工作是有意義的。 | 1 | 2 | 3 | 4 | 5 |

| | 非常不同意 | 不同意 | 普通 | 同意 | 非常同意 |
|---|---|---|---|---|---|
| 14. 資訊團隊感到自己的辛苦是有代價的。-------------- | 1 | 2 | 3 | 4 | 5 |
| 15. 資訊團隊可以選擇不同的方式去做自己的工作。-------- | 1 | 2 | 3 | 4 | 5 |
| 16. 資訊團隊可自己決定團隊內的事該如何完成。---------- | 1 | 2 | 3 | 4 | 5 |
| 17. 資訊團隊對自己的作為有自由感。------------------- | 1 | 2 | 3 | 4 | 5 |
| 18. 資訊團隊可決定團隊內有什麼事需要先完成。---------- | 1 | 2 | 3 | 4 | 5 |
| 19. 資訊團隊可自己下決定，並不需要管理階層來指導。---- | 1 | 2 | 3 | 4 | 5 |
| 20. 資訊團隊對自己的工作有很大的選擇空間。------------ | 1 | 2 | 3 | 4 | 5 |
| 21. 資訊團隊在工作上有很大斬獲。--------------------- | 1 | 2 | 3 | 4 | 5 |
| 22. 資訊團隊對依賴他的員工有正面影響力。-------------- | 1 | 2 | 3 | 4 | 5 |
| 23. 資訊團隊對於公司顧客有正面影響。----------------- | 1 | 2 | 3 | 4 | 5 |
| 24. 資訊團隊可完成自定的目標。----------------------- | 1 | 2 | 3 | 4 | 5 |
| 25. 資訊團隊從事對公司有意義的工作。----------------- | 1 | 2 | 3 | 4 | 5 |
| 26. 資訊團隊能使組織產生一些變革。------------------- | 1 | 2 | 3 | 4 | 5 |

　　項目分析旨在對量表之題庫做篩選，它是假定每一項目都具有相同的量值。項目的好壞是依據其是否具有區別力（power of discrimination）判定，被判定為較差區別力之項目，則刪除它。根據受試者的反應給予分數，以所有項目分數之總和，表示受試者在該量尺上連續函數上的位置，此即代表受試者在量尺上感受的程度。

　　Murphy（1989）曾建議兩種方法來做項目分析，一是相關分析法（correlation analysis），另一為內部一致性效標（correlation of internal consistancy）分析法。前者是計算每一項目與總分的積差相關（以符號 $R_{ti}$ 表示），當作該題的「區別指數」（discrimination index），區別指數偏低者，即表示該題未能區分受試者的反應程度，沒有區別效果，可予剔除。此外，Likert 是另尋計算較便捷的方法，即是內部一致性效標分析法。此方法是將所有受試者在預試量表得分的總和依高低排序，然後由最高分者起算總人數的 25% 為高分組；由最低分者起算，總人數的 25% 為低分組。爾後以高分組受試者在某一項目（題）得分之平均數減低分組受試者在同一題得分之平均數，其差即代表此題的鑑別力

（discriminatory power）。此方法雖然較相關分析法簡單，唯應以多大的鑑別力數值為選題的依據，並無一標準可循。此法後經改良（Green, 1954; Edwards, 1957）即為目前常用的決斷值（critical ratio, CR）。

　　現在你可能有個疑問，為何 Likert 量表一定要態度差異大的項目才是好題目？理由是：Likert 量表中，同一構念之眾多相似的項目，在經濟原則的考量下，無法有效區別受測者的項目，則可優先刪之。

　　**項目（item）分析在理論上的分析步驟**

　　假定研究者初擬了一份測驗卷，內含 10 個項目，先經預試（樣本為 32 人）後，再檢定這 10 個項目是否具有鑑別作用，分析步驟如下：

1. 先計算每一受試者在這 10 個項目得分的總分。

2. 將所得的總分由低至高排序。在同一題得分平均數之差異顯著性檢定，即 t 檢定（t-test）。以關係式表示，即如下式：

$$CR = (\overline{X_H} - \overline{X_L})/\sqrt{(S_H^2/N_H)+(S_L^2/N_L)}$$

上式中，$\overline{X_H}$ 及 $\overline{X_L}$ 分別代表高分組及低分組在某題得分之平均數，$S_H^2$ 及 $S_L^2$ 分別代表高分組及低分組變異數，$N_H$ 及 $N_L$ 分別為高、低分組的人數（總分前 25% 者是高分組，總分最後 25% 者是低分組）。此數學公式，可使量表編製者以兩組平均數做 t 檢定（t-test），當作篩題的準則。

列出排序後的總分，如表 6-3 所示。

3. 選取總分在「前 25%」的人為高分組；總分在「最後 25% 者」為低分組。以表 6-2 樣本為例，它抽取 32 人為樣本，總分前 25% 有 8 名（即總分 26 分以上者），總分最後 25% 有 8 名（即總分 19 分以下者）。確定高、低兩組後，將這兩組的平均數、變異數代入上面數學公式，即可算出每一個項的 CR 值（即 t 值），再將（高、低兩組）t 檢定值未達到顯著差異者刪除。

　　以相關分析法（區別指數，$R_{ti}$ 值）或內部一致性效標（CR 值）做項目篩選，那一種方法較好，過去一直有爭議，根據 McIver 及 Carnimes（1981）研究發現，這兩種方法所得結果頗為相似。有關項目分析進一步之電腦統計分析法，讀者可參閱作者在「滄海書局」所著《SPSS for Windows 初等統計分析》、《項目分析》的詳細解說。

表 6-3　原始資料檔

| 受訪者 | Item1 | Item2 | Item3 | Item4 | Item5 | Item6 | Item7 | Item8 | Item9 | Item10 | 總分 | 分組 |
|---|---|---|---|---|---|---|---|---|---|---|---|---|
| 27 | 1 | 1 | 1 | 1 | 1 | 1 | 3 | 1 | 1 | 1 | 12 | 低分 |
| 25 | 2 | 1 | 3 | 3 | 1 | 1 | 1 | 1 | 1 | 1 | 15 | 低分 |
| 26 | 2 | 1 | 1 | 2 | 1 | 1 | 1 | 1 | 3 | 2 | 15 | 低分 |
| 22 | 3 | 1 | 1 | 1 | 2 | 1 | 2 | 3 | 1 | 1 | 16 | 低分 |
| 24 | 1 | 2 | 3 | 1 | 1 | 1 | 2 | 1 | 1 | 3 | 16 | 低分 |
| 16 | 3 | 3 | 2 | 2 | 1 | 1 | 3 | 2 | 1 | 1 | 19 | 低分 |
| 21 | 2 | 3 | 1 | 2 | 1 | 2 | 4 | 1 | 1 | 2 | 19 | 低分 |
| 23 | 2 | 1 | 2 | 2 | 1 | 1 | 2 | 5 | 2 | 1 | 19 | 低分 |
| 11 | 2 | 2 | 2 | 1 | 2 | 1 | 2 | 3 | 2 | 3 | 20 | 、 |
| 12 | 2 | 1 | 4 | 2 | 2 | 1 | 3 | 2 | 1 | 2 | 20 | 、 |
| 13 | 3 | 1 | 1 | 4 | 1 | 2 | 1 | 3 | 1 | 3 | 20 | 、 |
| 14 | 2 | 1 | 2 | 3 | 1 | 2 | 2 | 3 | 2 | 2 | 20 | 、 |
| 8 | 3 | 2 | 1 | 3 | 2 | 1 | 2 | 2 | 2 | 3 | 21 | 、 |
| 9 | 3 | 1 | 1 | 3 | 1 | 1 | 3 | 3 | 2 | 3 | 21 | 、 |
| 10 | 2 | 1 | 2 | 3 | 2 | 1 | 3 | 2 | 1 | 4 | 21 | 、 |
| 15 | 2 | 3 | 2 | 3 | 2 | 1 | 2 | 3 | 2 | 1 | 21 | 、 |
| 19 | 3 | 1 | 3 | 2 | 1 | 1 | 3 | 2 | 3 | 3 | 22 | 、 |
| 20 | 1 | 2 | 3 | 2 | 4 | 1 | 4 | 2 | 2 | 1 | 22 | 、 |
| 18 | 3 | 3 | 2 | 4 | 2 | 1 | 2 | 2 | 2 | 2 | 23 | 、 |
| 4 | 1 | 2 | 2 | 3 | 3 | 3 | 3 | 4 | 2 | 1 | 24 | 、 |
| 5 | 1 | 1 | 4 | 3 | 4 | 1 | 4 | 2 | 2 | 2 | 24 | 、 |
| 6 | 3 | 2 | 3 | 3 | 2 | 2 | 3 | 2 | 2 | 2 | 24 | 、 |
| 7 | 4 | 3 | 1 | 2 | 3 | 1 | 2 | 2 | 2 | 4 | 24 | 、 |
| 17 | 3 | 1 | 2 | 3 | 2 | 1 | 3 | 3 | 2 | 4 | 24 | 、 |
| 32 | 3 | 3 | 2 | 4 | 2 | 1 | 2 | 3 | 2 | 4 | 26 | 高分 |
| 3 | 5 | 3 | 2 | 2 | 3 | 2 | 2 | 3 | 2 | 3 | 27 | 高分 |
| 30 | 3 | 3 | 3 | 4 | 4 | 1 | 4 | 2 | 1 | 2 | 27 | 高分 |
| 29 | 3 | 3 | 3 | 4 | 3 | 1 | 3 | 3 | 1 | 4 | 28 | 高分 |
| 2 | 3 | 2 | 2 | 2 | 5 | 3 | 2 | 3 | 3 | 4 | 29 | 高分 |
| 28 | 2 | 1 | 3 | 2 | 4 | 4 | 3 | 3 | 2 | 4 | 29 | 高分 |
| 31 | 3 | 3 | 3 | 5 | 3 | 1 | 3 | 3 | 2 | 3 | 29 | 高分 |
| 1 | 3 | 4 | 2 | 3 | 4 | 1 | 3 | 4 | 4 | 5 | 33 | 高分 |
| $R_{ti}$ 值 | 0.60* | 067* | 046* | 0.61* | 0.87* | 0.38 | 0.41 | 0.60* | 0.51* | 0.83* | | |

* $p < 0.05$

## 6-5-2　瑟斯頓量表

在心理學及社會學領域，瑟斯頓（Thurstone）量表是測量態度的第一項正式技術。它是由路易斯·萊昂·瑟斯頓（Louis Leon Thurstone）於 1928 年開發的，用於測量對宗教的態度。它由特定問題的相關陳述所組成，每個陳述都有一個數字值，該數字指示該陳述被認爲是有利還是不利。人們檢查他們同意的每個陳述，並計算出平均分數，以顯示他們的態度。

瑟斯頓量表（scale）俗稱「共識量表」，是由 L. L. Thurstone 及 E. J. Chave（1929）所創，最早用來測量大家對教會的態度。瑟斯頓量表顧名思義，是由一群「專家」依據下列三個準則來篩選項目：(1) 與研究主題有關聯性。(2) 題意是否模糊（即專家對該題去留意見不一致者）。(3) 項目所表達之態度層次。瑟斯頓量表能否編製成功之關鍵點，是在編製過程，專家們要能去除個人情感好惡來表達其對每一項目去留之意見，接著再將專家意見（該題去留）不一致者的項目刪除。瑟斯頓量表本身是以「等距表現法」（method of equal appearing interval）來製作某一「態度」測量量表，故又稱「等距量表」。整個瑟斯頓量表編製步驟如下：

1. 根據「研究主題」尋找相關的句子（項目）來建立量表之題庫。至於初始量表應包含多少項目、項目的安排先後均交由一組專家來決定。

2. 這組「專家」（通常是 50 人以上）對這些項目「去留」逐條表達意見，即對「該項目能否眞正表達出研究主題」表示其態度，採 11 點計分方式（正強→正弱→……→負強→負弱）。例如：在專家勾「1」表示「非常不滿意」，勾「6」表示「無意見」，勾「11」表示「非常滿意」。易言之，專家勾選「非常不滿意」給 1 分，勾選「非常滿意」給 11 分，依此類推。

3. 以這些專家所回收的資料，計算每一題的累積百分比圖，再累積百分比算出每一題之四分差（$Q_3 - Q_1$），即第三四分位數減第一四分位數。四分差（Q值）不是一個數字，而是代表「某一段距離」。

4. 再根據每一題目（項目）的四分差（$Q_3 - Q_1$）、中位數（median）來選題。選題的準則是：(1) 只保留四分差（Q）較小者（即專家對該題「去留」意見較一致者）之項目 12 到 18 題（其餘題目刪除），當作未來的正式量表。至於正式量表內各題目的安排順序，可依 Q 值大小排序，亦可採用隨機方式來排序。

5. 求出專家們對這 12 到 18 題，每一題「去留」評分之平均數（或中位數），此平均數就當作正式問卷之該題目之得分（加權）。

6. 編製瑟斯頓量表的最終「目標」是：該量表中每一個題目的中位數要能均勻分配至 1 到 11 每一格，而且專家們對該題目的意見非常一致（即四分差小者優先保留）。

7. 經過上述步驟之後所編製成的正式量表，即可對受訪者施測。施測時每位受訪者只勾選 2 至 3 題（非全部的 2 到 18 題）最能代表自己態度之選項。最後再依這 2 至 3 題所對應之 2 至 3 個平均數，求其中位數來表示該受訪者的態度得分（表 6-4）。

　　瑟斯頓的配對比較方法可視為基於常態分布的比例控制矩陣方法的原型。即使此方法背後的理論非常複雜，該算法本身也很簡單。對於基本情況 V，將頻率優勢矩陣轉換為比例，並與標準分數連接。然後，以該標準分數矩陣的左調整列邊際平均值來獲得標度（Thurstone, 1927b）。測量「任何兩個刺激之間的心理分離」的方法及基礎的基本原理源自瑟斯頓的比較判斷定律（law of comparative judgment）（Thurstone, 1928）。

　　舉例來說，某瑟斯頓量表，原來題目共有 40 題，經專家們逐條評分每一題是否應該「去留」（11 點計分方式）後，只保留四分差（變異數）較小之 12 題，來當作正式問卷的問項，表 6-4 所示，這 12 題的排列是隨機的。假設受訪者 A 勾選第 2 及第 19 題（原題號），其態度的得分（中位數），即為（6.2 + 4.4）/2 = 5.3 分；相對地，假設受訪者 B 勾選第 30, 2, 19, 12 題等四題，則態度的得分（中位數），亦為（6.2 + 4.4）/2 = 5.3 分，這兩人態度視為相同的。

**表 6-4　某態度之瑟斯頓量表**

| 專家評分之平均數 | 四分差（Q） | 原題號 | 項目 |
| --- | --- | --- | --- |
| 10.7 | 0.9 | 18 | 我認為…………。 |
| 9.8 | 1.7 | 31 | 如果…………。 |
| 9.2 | 2.8 | 38 | 一般人…………。 |
| 8.2 | 3.0 | 22 | 我應該…………。 |
| 7.9 | 3.2 | 24 | 我聽到…………。 |
| 7.8 | 3.1 | 13 | 有人說…………。 |
| 6.9 | 1.8 | 30 | 為了要…………。 |
| 6.2 | 4.0 | 2 | 我認為…………。 |
| 4.4 | 2.7 | 19 | 好的做法………。 |
| 3.2 | 1.2 | 12 | 如果我…………。 |
| 3.0 | 3.3 | 20 | 我願意…………。 |
| 2.4 | 4.6 | 28 | 我想我會………。 |

• 小結

由於瑟斯頓量表須找出一批大量專家，初始量表編製都要算出每一題之四分差及專家評分之平均數，即使正式量表之計分方式亦採用被勾中「2 至 3 題」之專家平均數來當作該受訪者之態度得分，過程繁雜，現已很少出現在現代的論文中，但它卻是其他量表（例如：Likert 量表、語義差異量表）編製技術的先驅（基礎）。

Likert 量表及瑟斯頓量表雖然都是態測量表，但 Likert 量表比較受到研究者歡迎之理由，包括：(1)Likert 量表編製過程簡單。(2) 態度項目不像瑟斯頓量表易受到專家好惡的限制，凡是與研究主題有關的題目均可納入量表中，所以測量的範圍較廣。(3)Likert 量表內項目若越多，則其 Cronbach's 值就越高，但瑟斯頓量表是以中位數來計分，沒有所謂的信度可量。(4)Likert 量表比瑟斯頓量表較有深度及精確性。

## 6-5-3 語義差異量表

語義差異（semantic differential, SD）是一種等級量表，旨在測量對象、事件及概念的內涵。這些含義用於得出對給定對象、事件或概念的態度。

語義差異量表（semantic differential scale）是由 Osgood（1957）所創，旨在了解受訪者對事物的認知（形象、競爭優勢……）。奧斯古德（Osgood）的語義差異法是用更普遍的嘗試來測量單詞（尤其是形容詞及其指稱概念）的語義或含義的一種應用。要求受訪者在兩個極性形容詞之間（例如：「足夠不充分」，「善惡」或「可寶貴」）選擇自己的位置。語義差異可用於在心理控制範圍內測量意見、態度及價值觀。

語義差異是假設事物的義涵可能有多種層面，而這些特質層面之空間，謂之語義空間（semantic space）。此種量表之設計步驟有三：

Step 1 研究者先建立題庫（一組項目），並對「態度」目標物，就受訪者可能的反應，選擇其兩極化的形容詞，來橫跨「1 至 7」之選答區，以便受訪者填答（圈選）。例如：「聰明的←→愚笨的」給予「1 分←→ 7 分」。此種量表選項的形式如下。

| 好的 | 1 | 2 | 3 | 4 | 5 | 6 | 7 | 差的 |
| 快的 | 1 | 2 | 3 | 4 | 5 | 6 | 7 | 慢的 |
| 強的 | 1 | 2 | 3 | 4 | 5 | 6 | 7 | 弱的 |

Step 2 對受訪者所回收資料進行資料分析，計算出每題（變數）的平均數。

Step 3 依據項目順序，將每題（變數）平均數集結起來，以形成整個量表之特徵輪廓（profile）。

語義差異量表常用來測量：商業品牌、形象、政治議題、組識研究、人格特質等主題。並列兩者之品牌特性、企業形象、候選人形象、組織間競爭優勢……，繪出兩者的特徵輪廓（如圖 6-8），以圖形比較這兩者在各概念／構念上之勢力消長。

若研究者係從傳統量表中選擇「兩極化的形容詞」，則須兼顧三個原則：

1. 兩極化形容詞的組合，應均勻涵蓋：評估性（evaluation）、力量性（potency）、活動性（activity）等三種成分之形容詞。且每個形容詞計分之權重都一視同仁。常見的形容詞如表 6-5 所示。

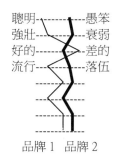

聰明--------愚笨
強壯--------衰弱
好的--------差的
流行--------落伍

品牌 1　品牌 2

**圖 6-8** 兩品牌形象之剖面圖

**表 6-5** 兩極化形容詞的組合

| 評估性 | 力量性 | 活動性 |
| --- | --- | --- |
| 好的－壞的 | 強的－弱的 | 快速的－緩慢的 |
| 樂觀－悲觀 | 重的－輕的 | 快的－慢的 |
| 正面的－負向的 | 固執的－服從的 | 快樂的－悲傷的 |
| 時髦的－落伍的 | 硬的－軟的 | 關心的－冷漠的 |

2. 形容詞應與研究概念（或構念）息息相關，並且受訪者容易理解爲原則。

3. 選用量表對不同受訪者之重測信度要高、不同概念（或構念）之間要有區別效度。

### 語義差異量表之範例

表 6-6 是一個典型語義差異量表，它用來測量企業「內外環境」之優勢。

**表 6-6　公司內外環境評估之量表**

一、整體而言，本公司在以下各種環境的穩定性（environmental stability）如何？

| | | 1 | 2 | 3 | 4 | 5 | |
|---|---|---|---|---|---|---|---|
| 1. 技術上的改變 | 多 | 1 | 2 | 3 | 4 | 5 | 少 |
| 2. 通貨膨脹率 | 高 | 1 | 2 | 3 | 4 | 5 | 低 |
| 3. 需求變動程度 | 大 | 1 | 2 | 3 | 4 | 5 | 小 |
| 4. 競爭性產品的價格範圍 | 寬 | 1 | 2 | 3 | 4 | 5 | 窄 |
| 5. 市場進入障礙 | 少 | 1 | 2 | 3 | 4 | 5 | 多 |
| 6. 競爭壓力 | 高 | 1 | 2 | 3 | 4 | 5 | 低 |
| 7. 需求價格彈性 | 高彈性 | 1 | 2 | 3 | 4 | 5 | 低彈性 |

二、整體而言，本公司在以下各種產業強度（industry strength）如何？

| | | 1 | 2 | 3 | 4 | 5 | |
|---|---|---|---|---|---|---|---|
| 1. 成長潛力 | 低 | 1 | 2 | 3 | 4 | 5 | 高 |
| 2. 獲利潛力 | 低 | 1 | 2 | 3 | 4 | 5 | 高 |
| 3. 財務穩定度 | 低 | 1 | 2 | 3 | 4 | 5 | 高 |
| 4. 技術上的 know-how | 簡單 | 1 | 2 | 3 | 4 | 5 | 複雜 |
| 5. 資源的使用程度 | 無效率 | 1 | 2 | 3 | 4 | 5 | 有效率 |
| 6. 進入市場的容易度 | 容易 | 1 | 2 | 3 | 4 | 5 | 困難 |
| 7. 生產力、產能使用程度 | 低 | 1 | 2 | 3 | 4 | 5 | 高 |

三、相對於主要競爭對手，你認為本公司在以下各種競爭優勢如何？

| | | 1 | 2 | 3 | 4 | 5 | |
|---|---|---|---|---|---|---|---|
| 1. 本公司的市場占有率 | 小 | 1 | 2 | 3 | 4 | 5 | 大 |
| 2.「產品／服務」的品質 | 低 | 1 | 2 | 3 | 4 | 5 | 高 |
| 3.「產品／服務」的生命週期 | 晚期 | 1 | 2 | 3 | 4 | 5 | 早期 |
| 4.「產品／服務」的替代週期 | 變動的 | 1 | 2 | 3 | 4 | 5 | 固定的 |
| 5. 顧客忠誠度 | 低 | 1 | 2 | 3 | 4 | 5 | 高 |
| 6. 競爭性的產能使用程度 | 低 | 1 | 2 | 3 | 4 | 5 | 高 |
| 7. 技術上的 know-how | 低 | 1 | 2 | 3 | 4 | 5 | 高 |
| 8. 垂直整合程度 | 低 | 1 | 2 | 3 | 4 | 5 | 高 |
| 9. 員工的生產力 | 低 | 1 | 2 | 3 | 4 | 5 | 高 |
| 10. 對產業環境改變的敏銳知覺 | 低 | 1 | 2 | 3 | 4 | 5 | 高 |
| 11. 顧客對本公司「產品／服務」的滿意度 | 低 | 1 | 2 | 3 | 4 | 5 | 高 |
| 12. 本公司「產品／服務」的創新能力 | 低 | 1 | 2 | 3 | 4 | 5 | 高 |
| 13. 本公司的營運效能 | 低 | 1 | 2 | 3 | 4 | 5 | 高 |

四、相對於主要競爭對手，本公司在以下各種財務強度（financial strength）如何？

| | | | | | | |
|---|---|---|---|---|---|---|
| 1. 投資報酬率 | 低 | 1 | 2 | 3 | 4 | 5 高 |
| 2. 財務槓桿 | 不平衡 | 1 | 2 | 3 | 4 | 5 平衡 |
| 3. 流動性 | 不平衡 | 1 | 2 | 3 | 4 | 5 平衡 |
| 4. 資本額 | 高 | 1 | 2 | 3 | 4 | 5 低 |
| 5. 現金流量 | 低 | 1 | 2 | 3 | 4 | 5 高 |
| 6. 退出市場的容易度 | 容易 | 1 | 2 | 3 | 4 | 5 困難 |
| 7. 企業風險 | 高 | 1 | 2 | 3 | 4 | 5 低 |

## 6-5-4 葛特曼（Guttman）量表

　　前述三種量表都是談如何建構一個多維度（multi-dimension）之量表，而葛特曼量表則可用來檢定具有不同強弱程度之一組項目是否都屬「單一維度」（uni-dimension），所謂「單一維度」是指受訪者對項目所反應的態度，均集中在某一方向上。葛特曼量表係屬累計量表（cumulative scale）的一種，它可推估受訪者回答某個題目（項目）是正面的或負面的。此種量表較適合於測量高結構化行為（構念）。例如：組織階層（hierarchy）、社會差距（distance）、種族歧視、自主性（反權威、反傳統、開放性）……。葛特曼量表中這些項目間的關係及排列方式是有次序性。

　　葛特曼量表的分析是將一組題目依其難易程度進行排列，這些題目之間具有累加性質，即當受訪者同意較困難（或較不易被接受）的陳述時，必然也會同意其他較簡單（或較易被接受）的陳述（Thorpe & Favia,2012）。接著，再根據受訪者的作答結果來找出其潛藏能力或特質的方法，通常潛藏能力或特質假定為單一向度（unidimensionality）（Feick 1989）。葛特曼量表具備有當受訪者同意某一個不容易被接受（或較困難）的陳述時，必然也同意其他較容易被接受的陳述之累加性質。此種量表的設計可確保對一個以二元計分的量表分數而言，僅有一種獨特的回答類型（response pattern）（Bailey 1994），除了特定的組合外，具有相同量表分數的其他回答組合則被視為錯誤回答。另外，此種獨特類型的論點亦隱含了群體同質性的假定（Clogg and Sawyer 1981），如果有過多的「錯誤」或非預期的類型出現時，則該量表會被視為不合適的量表。

　　檢定葛特曼量表適合度的常用指標包含了再生係數（coefficient of reproducibility, CR）與量表係數（coefficient of scalability, CS）。再生係數的概念是用來測量研究者能將受試者定位正確的程度（Guttman, 1950），可以檢測

問題是否符合葛特曼決定模式的特性。在一般原則下，CR 值應該至少要達到 0.85，方可視為符合葛特曼量表。然而 Menzel（1953）質疑再生係數檢測量表結構的正確性，並提出了量表係數的概念來取代，量表係數意指量表整體可能改善的比率，一般認為 CS 的數值需至少 0.6。

例如：有一個用來測量「種族歧視」之三個項目，歧視強弱依序：把女兒嫁給黑人、到黑人家中作客，與黑人一起上課。找一批人對這三道項目填答，資料回收後，有三種情況是合理的（表 6-7 左側），理由是：若某人贊同「把女兒嫁給黑人」，則必會贊同「到黑人家中作客」及「與黑人一起上課」；有三種情況的回答是不合理的（如表 6-7 右側）。

葛特曼量表編製步驟如下：

Step 1  首先建立可以用來測量某事實之具體句子或項目。

Step 2  選取一組樣本進行前測，將那些被80%受訪者填答「同意」或「不同意」的項目刪除。前測最好能有 12 個項目以上的題庫，測完後只需保留 3～6 題左右。

Step 3  後測（post-test）時，約找 100 人以上受訪者對葛特曼量表 3～6 題勾選意見。

Step 4  整理後測回收資料，將它整理成表 6-7 所示格式，再將彙總後的資料代入下列公式，以求出「再製係數」（coefficient of reproducibility, CR 值），若 CR 值在 0.85 以上者，才可以說：「這些強烈程度測量題確實屬於同一維度。」

**表 6-7** 「種族歧視」一致性之統計表

| 強弱程度 | | 受訪者填答 | | | | | | | |
|---|---|---|---|---|---|---|---|---|---|
| | | 回答一致性者 | | | | 不合理情況 | | | |
| 強 | 把女兒嫁給黑人 | ✓ | × | × | × | ✓ | ✓ | × | × |
| ↕ | 到黑人家中作客 | ✓ | ✓ | × | × | ✓ | × | ✓ | × |
| 弱 | 與黑人一起上課 | ✓ | ✓ | ✓ | × | ✓ | × | × | × |
| 分數 | | 3分 | 2分 | 1分 | 0分 | 2分 | 2分 | 1分 | 1分 |
| 人數 | | 18人 | 20人 | 7人 | 11人 | 13人 | 10人 | 13人 | 8人 |

$$CR = 1 - \frac{\sum e}{n(N)}$$

其中，$e$ 代表（誤差）的人數，即受訪者回答「不合理」的人數，$n$ 為項目數（item），$N$ 為受訪者總人數。以上面例子為例，其 CR = [1 -（44 人／3 題 ×100 人）]，結果 CR 值為 0.853，由於它已大於 0.85，故你能宣稱上述三個強烈程度不同的項目，是屬單一維度（種族歧視）。

實務上，研究往往難獲得完美的葛特曼量表組合，即這一組測量題目的組合並不符合單一維度的假定，而是存在多元維度，這可以用對應分析（correspondence analysis）或多元尺度（multidimensional scaling）等多維度分析技術來檢查。當然，不完美的量表組合也有可能是測量誤差所造成的，可以透過：再製係數（coefficient of reproducibility, CR）、量表係數（CS）兩種方法來檢視某一題組符合累積量表的程度。

再製係數（CR），在一般原則下，再製係數若低於 0.85，表示有一些不符合預期的答案出現，此一係數至少應達到 0.9 以上才能視為葛特曼量表的確存在，具有單一維度及可累加的性質。不過，再製係數的問題是對於極端的邊際分布較為敏感，無論是在題目或受訪者方面，即使是隨機的資料，也有可能得到較高的係數（Guest 2000,351），亦即如果題目太簡單或太困難，導致絕大多的受訪者都回答正確答案或回答錯誤答案，仍然可以計算出相當高的係數（Gothwal et al. 2009, 4498）。

Step 5　量表係數（coefficient of scalability, CS）

量表係數（CS），係指量表整體可能改善的比率，即能夠將類別及受訪者從最高到最低做有意義的排列，及只需要以邊際分布為基礎就可以正確預測順序，此一測量亦屬於「誤差降低比例」（proportion reduction in error, PRE）的統計家族，其公式如下，一般認為量表係數至少應達到 0.6 以上才能視為是好的量表。

$$CS = 1 - \frac{pi}{1 - mmr}$$

其中

　　$mmr$ = 最小的邊際可再製性，或每一個題目的邊際總和除以總回應數。

　　$pi$ = 改善比例，或再製係數及最小的邊際可再製性之間的差距。

**Guttman 量表的限制**

1. 量表的題目很少超過 8 題以上，此一題目數的限制可能導致此一量表無法區分受訪者之中更為細微的差異。

2. 量尺分析有過多的限制，以致於只有部分內容可以利用，即其所測量的構念不允許有足夠大的變異，大多是二分類的題目設計。

3. 量表屬於順序尺度，沒有資訊可以用來推論題目及受訪者之間的間距（Gothwal et al. 2009, 4500）。

　　此外，研究者在從事量表編製時，最關心的是建完題庫後，該如何快速有效地篩選項目呢？有幾個下列步驟及準則大家可以學習：

1. 根據理論基礎及研究架構草擬題庫，將自編量表分預試及複試兩階段來修訂。

2. 多數研究者在進行問卷編製時，是以因素分析所得因素負荷量大小來當作刪題的準則，其中多數研究者係仍以 0.50 當刪題的臨界值。進行一連好幾回合的因素分析時，每回合之因素分析過程中，其刪除問卷項目的準則，有下列四項：

(1) 若某一項目自成一個因素者（無信度），則刪之。

(2) 該項目在所屬因素之因素負荷量（loadings）必須大於 0.50，否則刪除。

(3) 每一個項目，其所對應的因素負荷量，必須接近 1.0（收斂效度），但在其他因素之因素負荷量必須接近 0（區別效度）。此意味著，若該項目在所有因素之因素負荷量小於 0.5 或該項目因素負荷量有兩個以上是大於 0.5（橫跨兩個因素以上）者，都須刪除。

(4) 若刪除該項目可提升分量表信度（Cronbach's $a$）0.1 者，則刪之。

## 6-5-5 配對比較量表

　　層級分析法（analytic hierarchy process, AHP）係利用配對比較（paired comparison）的方式來測量人們決策評估的一種量表。在生活周遭，當你在進行策略規劃、評估／評鑑、教育行政或政策方面的研究，就會遇到如何選擇出最佳的方案、怎麼去建立適當的評定指標權重等問題，簡單方法是直接歸納或兼用簡單的統計量數（如平均數），去整合專家們提出的方案順序評定值及指標權重值，此法雖稱簡便，但是卻無法有效消除因評定者刻意偏見（如評分懸殊）、評定者間嚴重歧見等問題，而影響到整體評定結果的客觀及穩定。對於這種多準則評估的問題，論者已研創出多種採取計量取向，運用配對比較（paired comparison）方式，以整合出客觀的最佳結論。其中，AHP（fuzzy

AHP）法廣為被應用在各個領域，包括：

1. 教育／行政：以多準則來建構校務評鑑模型、教師教學效能之評鑑、校長領導能力之指標建構、學生推薦入學之評估準則、社區取向的藝術教育課程設計策略因子。
2. 人管：高階管理才能評鑑模型、傑出獨立發明人新產品開發關鍵成功因素、建構流通業管理人員之遴選工具。
3. 土木／建築：岩體之分類、建設公司住宅企劃方案優先順序選擇、最有利標之選商決策與標價審查模型。
4. 財經：不動產證券化估價技術、台股選擇之多準則決策。
5. 企管：食品業的行銷資源最適化配置模型、國際會議選址評估模型。
6. 決策科學：汽車營業據點之選擇、策略聯盟夥伴的選擇、科技專案評選的多準則決策、風力發電潛能評估。
7. 工業管理：使用者中心的電玩角色設計、最佳產品設計方案之決策分析模型。
8. 行銷：產品開發關鍵因素之評估模型、臺灣出版業書系發展之關鍵成功因素。
9. 資訊管理：企業電子化策略方案評選、養護機構服務品質改善、拍賣網站服務品質。

有關 AHP 或 Fuzzy AHP 的實作，請見作者《模糊多準則評估法及統計》一書。

## (一)AHP 基本假定

1. 一個系統可被分解成許多種類（classes）或成分（components），並形成有向網路的層級結構。
2. 層級結構中，每一層級的要素均假設具獨立性（independence）。
3. 每一層級的要素可以用上一層級內某些或所有要素作為準則（criterion），進行評估。
4. 進行比較評估時，可將絕對數值尺度轉換成比例尺度（ratio scale）。
5. 成對比較（pairwise comparison）後，可使用正倒值矩陣（positive reciprocal matrix）處理。
6. 偏好關係滿足遞移性（transitivity）。不僅優劣關係滿足遞移性，同時強度關係也滿足。例如：評估準則的三個權重 A、B 及 C，若 A > B，且 B > C，則可得 A > C。例如：你若回答：準則「A = 2B」，「B = 3C」，則準則 A 是 C 的幾倍？你若填答：A 是 C 三至五倍，則一致性指標 CI/RI 就不是 0；只有回

答「A = 6B」才是完美答案。

7. 完全具遞移性不容易，因此容許不具遞移性的存在，但需測驗其一致性（consistency）的程度。

8. 要素的優勢程度，經由加權法則（weighting principle）而求得。

9. 任何要素只要出現在階層結構中，不論其優勢程度是如何小，均被認為與整個評估結構有關，而並非檢核階層結構的獨立性。

### (二)AHP 分析步驟

使用層級分析法（AHP）進行分析時，必須先將目標問題做問題的描述，再從中找出可能的影響因素並建立起層級關係，採用兩兩因素成對比較兩因素之間的優劣程度，並依此建立成對比較矩陣，利用矩陣之特徵值與特徵向量的計算，求得各屬性與方案之權重值，最後再透過綜合評判的方式得到最終的方案排序，其重要步驟說明如下。

**Step 1** 問題描述

進行層級分析時，對於問題所處之系統應該盡量詳加了解分析，將可能影響問題之因素均納入問題中，同時決定問題之主要目標。

**Step 2** 建立層級架構

在此一階段，必須決定問題之目標以及總目標之各項指標，決定各指標之評估準則及列入考慮之替代方案，而其評估準則以及方案之產生可應用腦力激盪法、Delphi 法等。

利用層級來將決策目標明確化，在這個階段中包含了形成問題、確立定義、確立要素及層級三個小步驟。然後將複雜的問題系統化，匯集專家學者及決策者的意見來進行評估並建構層級架構，在此階段每一層的要素都應是相互獨立的，依據 Saaty 的建議，同一層級的要素數目，最好不要超過 7 個，超出者可再分層解決，以免影響層級的一致性。

**Step 3** 各層級要素間權重的計算

主要由同一層級中各個要素兩兩成對比較而建立比較矩陣，藉此一矩陣計算出各個要素之權重。此階段可分為以下三個步驟進行：

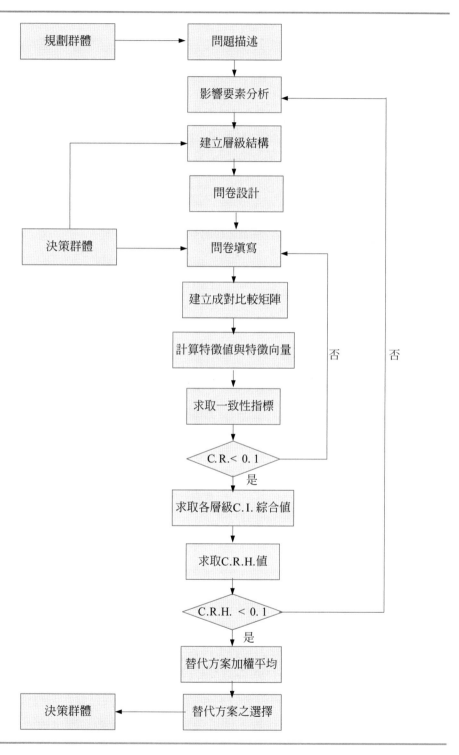

**圖 6-9** AHP 流程圖（鄧振源 & 曾國雄，1989）

**1. 建立成對比較矩陣** $A = [a_{ij}]$

某一層級的要素，在以其上一層級的要素作為評估基準下，進行該層級要素間的成對比較。若有 $n$ 個要素時，則需進行 $n(n-1)/2$ 個成對比較。在進行各要素間的比較時，AHP 所使用的基本評估尺度是由文字敘述評比（verbal judgements ranking）而來，包括「同等重要」、「稍重要」、「頗重要」、「很重要」、「極為重要」；與其相對應產生數值尺度（numerical judgments）為（1、3、5、7、9），及介於其中的折衷數值（2、4、6、8）。成對比較時所使用的數值，分別是 1/9，1/8…1/2，1，2…8，9（尺度內容與意義說明如表6-8）。

表 6-8　**AHP 評估尺度語義表**（**Saaty, 1980**）

| 評估尺度 | 定義 | 說明 |
|---|---|---|
| 1 或（1:1） | 同等重要<br>（equal importance） | 兩項計畫的貢獻程度具相同重要性<br>⊙ 等強（Equally） |
| 3 或（3:1） | 稍微重要<br>（weak importance） | 經驗與判斷稍微傾向喜好某一計畫<br>⊙ 稍強（Moderately） |
| 5 或（5:1） | 頗為重要<br>（essential importance） | 經驗與判斷比較傾向喜好某一計畫<br>⊙ 頗強（Strongly） |
| 7 或（7:1） | 極為重要<br>（very strong importance） | 實際顯示非常強烈傾向某一喜好某一計畫 |
| 9 或（9:1） | 絕對重要<br>（absolute importance） | 有足夠證據肯定絕對喜好某計畫<br>⊙ 絕強（Extremely） |
| 2,4,6,8 | 相鄰尺度之中間值<br>（intermediate values） | 需要折衷值時 |
| 倒數 | $u_{ij} = \dfrac{1}{u_{ji}}$ | 經驗與判斷符合一致性 |

評估尺度選擇「9 等」主要是因為，Miller（1956）研究發現，人類無法同時對 $7 \pm 2$ 種以上的事物進行比較，為避免混淆，故 Saaty 採取九等尺度作為最高限，將人類對於值的區別能力，以「等強」、「稍強」、「頗強」、「極強」及「絕強」等五個屬性，加以區分表示較好，而為了更精確起見，在相鄰的兩個屬性間有一折衷屬性，使得到更好的連續性，因此總共需要九個屬性值。

將兩兩因素間進行成對比較，即可得到一個成對比較矩陣 $A$。因成對比較有倒數性質（reciprocal property），若因素 $i$ 與因素 $j$ 的比值為 $a_{ij}$，則要素 $j$ 與

要素 $i$ 的比值即為原來比值的倒數即 $1/a_{ij}$。同理，成對比較矩陣 $A$ 的下三角形部分，即為上三角形部分的倒數。假設某一層級的要素 $A_1, A_2, \cdots, A_n$，在上一層某一要素為評估基準下，求取每一個要素的權重 $W_1, W_2, \cdots, W_n$。此時，$a_i$ 與 $a_j$ 的相對重要程度以 $a_{ij}$ 表示，而且要素 $A_1, A_2, \cdots, A_n$ 的成對比較矩陣為 $A = [a_{ij}]$ 有關成對比較矩陣的元素如下所示：

$$[A] = [a_{ij}] = \begin{bmatrix} 1 & a_{12} & \dots & a_{1n} \\ 1/a_{12} & 1 & \dots & a_{2n} \\ \vdots & \vdots & \ddots & \vdots \\ 1/a_{1n} & 1/a_{2n} & \dots & 1 \end{bmatrix}$$

例如：策略聯盟夥伴選擇之 AHP（圖 6-10），陳善民（2008）共找 16 位專家，若第一位專家對「評選次準則」合作的文化「C21～C24」的評分如表 6-9（$n = 4$）。

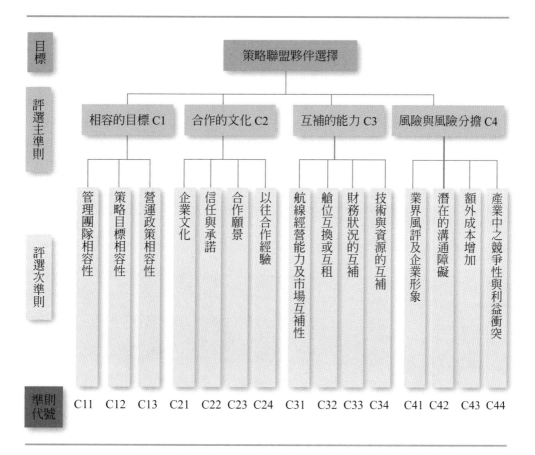

圖 6-10 策略聯盟夥伴選擇之層級架構圖（陳善民，2008）

**表 6-9** 準則 C21 ~ C24 之配對量表

| 成對比較值＼項目 | 絕對重要 9：1 | 極重要 7：1 | 頗重要 5：1 | 稍重要 3：1 | 相等 1：1 | 稍不重要 1：3 | 頗不重要 1：5 | 極不重要 1：7 | 絕對不重要 1：9 | 成對比較值＼項目 |
|---|---|---|---|---|---|---|---|---|---|---|
| 企業文化 C21 | | | | | | ✓ | | | | 信任與承諾 C22 |
| 企業文化 C21 | | | | | | | ✓ | | | 合作願景 C23 |
| 企業文化 C21 | | | | | | | | ✓ | | 以往合作經驗 C24 |
| 信任與承諾 C22 | | | | | | ✓ | | | | 合作願景 C23 |
| 信任與承諾 C22 | | | | | | ✓ | | | | 以往合作經驗 C24 |
| 合作願景 C23 | | | | | ✓ | | | | | 以往合作經驗 C24 |

則其對應的成對矩陣 A 如下：

$$
A_{ij} = \begin{bmatrix} 1 & a_{12} & \ldots & a_{1n} \\ 1/a_{12} & 1 & \ldots & a_{2n} \\ \vdots & \vdots & \ddots & \vdots \\ 1/a_{1n} & 1/a_{2n} & \ldots & 1 \end{bmatrix} = \begin{bmatrix} 1 & 0.333 & 0.200 & 0.200 \\ 3.000 & 1 & 0.333 & 0.333 \\ 5.000 & 3.000 & 1 & 1.000 \\ 5.000 & 3.000 & 1.000 & 1 \end{bmatrix}
$$

　　成對矩陣 A 亦使用 Excel 試算表建立之資料檔（在書中的「附贈 CD」中），因為決策專家有 16 人，故 Excel 建立 16 個工作表，第 17 個工作表再整合「評選專家給予各聯盟夥伴評估準則權重值」（如圖 6-11）。

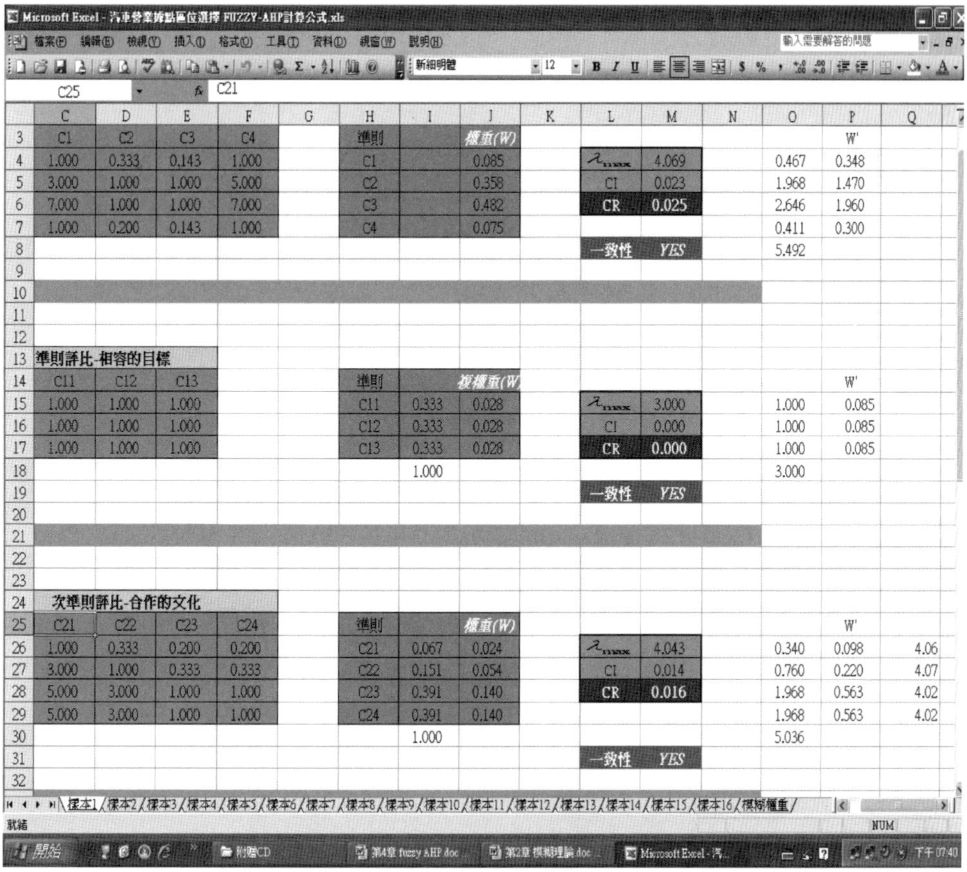

**圖 6-11** Excel 試算表建檔（見 CD 光碟「AHP & Fuzzy AHP 之 Excel 程式」）

**2. 計算特徵值與特徵向量**

成對比較矩陣 $[a_{ij}]$ 建立以後，即可求取各層級要素的權重 $[W_{j \times 1}]$。使用數值分析中常用的特徵值（eigen value）解法，找出特徵向量或優勢向量（priority vector）$[W_{j \times 1}]$；由於成對比較矩陣為正倒值矩陣，而不是對稱矩陣，因此可用的特徵向量值解法有乘冪法與 house-holder 法，而後者的計算速度又較前者快許多。

**(1) 特徵向量的計算**

特徵向量（eigenvector）或稱優先向量（priority vector）或權重（weight），Saaty 提出下列四種近似法的計算，依其精確度之順序排列分別說明如下：

A.列向量幾何平均值常態化，又稱 NGM 法（normalization of the geometric mean of the rows）。將各列元素相乘後取其幾何平均數，再進行常態化求得（FAHP 最常用此公式）。

$$W_i = \frac{\sqrt[n]{\left(\prod\limits_{j=1}^{n} a_{ij}\right)}}{\sum\limits_{i=1}^{n}\sqrt[n]{\left(\prod\limits_{j=1}^{n} a_{ij}\right)}}, i, j = 1,2,\cdots,n. \qquad （公式 6-1）$$

以本例來說，其對應的特徵向量 $W_i$ 求解如下：

| C21 | C22 | C23 | C24 | $\left(\prod\limits_{j=1}^{m} a_{ij}\right)^{1/m}$ | $W_i = \left(\prod\limits_{j=1}^{m} a_{ij}\right)^{1/m} / \sum\limits_{i=1}^{m}\left(\prod\limits_{j=1}^{m} a_{ij}\right)^{1/m}$ |
|---|---|---|---|---|---|
| 1 | 0.333 | 0.200 | 0.200 | $(1\times 0.333\times 0.2\times 0.2)^{1/4} = 0.34$ | $0.34/5.036 = 0.024$ |
| 3.000 | 1 | 0.333 | 0.333 | $(3\times 1\times 0.333\times 0.333)^{1/4} = 0.76$ | $0.76/5.036 = 0.054$ |
| 5.000 | 3.000 | 1 | 1.000 | $(5\times 3\times 1\times 1)^{1/4} = 1.968$ | $1.968/5.036 = 0.140$ |
| 5.000 | 3.000 | 1.000 | 1 | $(5\times 3\times 1\times 1)^{1/4} = 1.968$ | $1.968/5.036 = 0.140$ |
| | | | | $\Sigma = 5.036$ | |

B.行向量及倒數常態化。將各行元素予以加總，再求其倒數進行常態化。

$$W_i = \frac{\left(\dfrac{1}{\sum\limits_{i=1}^{n} a_{ij}}\right)}{\sum\limits_{i=1}^{n}\left(\dfrac{1}{\sum\limits_{i=1}^{n} a_{ij}}\right)}, i, j = 1,2,\cdots,n. \qquad （公式 6-2）$$

C.行向量平均值常態化，又稱 ANC 法（average of normalized columns）。首先將各行元素常態化，再將常態化後之各列元素加總，最後再除以各列元素之個數（傳統 AHP 最常用此公式）。

$$W_i = \frac{1}{n}\sum\limits_{j=1}^{n}\frac{a_{ij}}{\sum\limits_{i=1}^{n} a_{ij}}, i, j = 1,2,\cdots,n. \qquad （公式 6-3）$$

D.列向量平均值常態化，又稱 NRA 法（normalization of the row average）。

將各列元素加總後，再進行常態化。

$$W_i = \frac{\sum_{j=1}^{n} a_{ij}}{\sum_{i=1}^{n}\sum_{j=1}^{n} a_{ij}}, i,j = 1,2,\cdots,n. \qquad （公式 6-4）$$

Saaty（1980）認為若配對矩陣之一致性夠高時，則四種方法所算得的特徵向量會很接近。

**(2) 最大特徵值（$\lambda_{\max}$）的計算**

將成對比較矩陣 $A$ 乘以所求出的特徵向量 $W$，可得到新的特徵向量 $W'$，$W'$ 的每一向量值分別除以對應原向量 $W$ 之向量值，最後將所求出的各數值求其算數平均數，即可求出 $\lambda_{\max}$。

$$A \cdot W = \lambda_{\max} \cdot W \qquad （公式 6-5）$$

$$A = \begin{bmatrix} w_1/w_1 & w_1/w_2 & \cdots & w_1/w_n \\ w_2/w_1 & w_2/w_2 & \cdots & w_2/w_n \\ \cdot & \cdot & \cdot & \cdot \\ \cdot & \cdot & \cdot & \cdot \\ \cdot & \cdot & \cdot & \cdot \\ w_n/w_1 & w_n/w_2 & \cdots & w_n/w_n \end{bmatrix} \begin{bmatrix} W_1 \\ W_2 \\ \cdot \\ \cdot \\ \cdot \\ W_n \end{bmatrix} = \begin{bmatrix} W_1' \\ W_2' \\ \cdot \\ \cdot \\ \cdot \\ W_n' \end{bmatrix} \qquad （公式 6-6）$$

其中

$$\lambda_{\max} = \frac{1}{n}\left( \frac{W_1'}{W_1} + \frac{W_2'}{W_2} + \cdots \frac{W_n'}{W_n} \right)$$

若當因素的權重值已知時，亦可用下列方式來表示之：

$$A = [a_{ij}] = \begin{bmatrix} 1 & a_{12} & \cdots & a_{1n} \\ 1/a_{21} & 1 & \cdots & a_{2n} \\ \cdot & \cdot & \cdot & \cdot \\ \cdot & \cdot & \cdot & \cdot \\ \cdot & \cdot & \cdot & \cdot \\ 1/a_{n1} & 1/a_{n2} & \cdots & 1 \end{bmatrix} = \begin{bmatrix} w_1/w_1 & w_1/w_2 & \cdots & w_1/w_n \\ w_2/w_1 & w_2/w_2 & \cdots & w_2/w_n \\ \cdot & \cdot & \cdot & \cdot \\ \cdot & \cdot & \cdot & \cdot \\ \cdot & \cdot & \cdot & \cdot \\ w_n/w_1 & w_n/w_2 & \cdots & w_n/w_n \end{bmatrix}$$

其中 $a_{ij} = W_i/W_j, a_{ij} = 1/a_{ij}, W = [w_1, w_2, \cdots\cdots, w_n] = \begin{bmatrix} w_1 \\ w_2 \\ . \\ . \\ . \\ w_n \end{bmatrix}$

$w_i$：因素 $i$ 的權重：$i = 1, 2, \cdots, n$

$a_{ij}$：兩兩因素間的比值：$i = 1, 2, \cdots, n, j = 1, 2, \cdots, n$

以本例來說，由 $AW = \lambda W$ 公式，左邊若將成對比較矩陣 $A$ 乘上所有求得之特徵向量 $w_i$，可得到一新向量邊 $w'_i$，之後再求算（$W'_i/W_i$）兩者之間的平均倍數即爲 $\lambda_{\max}$。

因此，左邊求得：

$$\begin{bmatrix} 1 & a_{12} & \dots & a_{1m} \\ a_{21} & 1 & \dots & a_{2m} \\ \vdots & \vdots & \ddots & \vdots \\ a_{m1} & a_{m2} & \dots & 1 \end{bmatrix} \times \begin{bmatrix} W_1 \\ W_2 \\ \vdots \\ W_m \end{bmatrix} = \begin{bmatrix} W'_1 \\ W'_2 \\ \vdots \\ W'_m \end{bmatrix}$$

$$\begin{bmatrix} 1 & 0.333 & 0.200 & 0.200 \\ 3.000 & 1 & 0.333 & 0.333 \\ 5.000 & 3.000 & 1 & 1.000 \\ 5.000 & 3.000 & 1.000 & 1 \end{bmatrix} \times \begin{bmatrix} 0.024 \\ 0.054 \\ 0.140 \\ 0.140 \end{bmatrix} = \begin{bmatrix} 0.098 \\ 0.220 \\ 0.563 \\ 0.563 \end{bmatrix}$$

公式 $\lambda_{\max} = \left( W'_1/W_1 + W'_2/W_2 + \cdots + W'_m/W_m \right)/m$

上述結果再代入 $AW = \lambda W$（即 $W' = \lambda W$）公式，得

$$\begin{bmatrix} 0.098 \\ 0.220 \\ 0.563 \\ 0.563 \end{bmatrix} = \lambda \begin{bmatrix} 0.024 \\ 0.054 \\ 0.140 \\ 0.140 \end{bmatrix}$$

$\lambda_{\max} = [ (0.098/0.024) + (0.220/0.054) + (0.563/0.14) + (0.563/0.14) ]/4$

$\qquad = (4.06 + 4.07 + 4.02 + 4.02)/4 = 4.043$

**Step 4** 一致性檢定

　　為了確認決策者在做成對比較時要能達到前後一貫性，因此需要進行一致性的檢定，作成一致性指標（consistency index, C.I.）及一致性比率（consistency ratio, C.R.），檢查依決策者所回答的答案而構成的成對比較矩陣是否為一致性矩陣。一致性指標主要的功能與目的是檢定決策者在決策比較的過程中所作的比較判斷合理的程度，是否一致或是否有矛盾等現象，以即時修正，避免作出不良的決策，造成各要素間權重的計算產生不合理現象。一致性的檢定也可用於整個層級結構。由於各層級間的重要性不同，所以要測驗整個層級結構是否具一致性。而 Saaty 建議當 $C.I. \leq 0.1$ 時，為最佳可接受之誤差，若 $C.I. \leq 0.2$ 時，亦為可接受之誤差。以下為檢定公式：

$$C.I. = \frac{\lambda_{\max} - n}{n - 1}$$ （公式 6-7）

其中 $n$：評估準則的個數，$\lambda_{\max}$ 是矩陣 A 的最大特徵值。若 $\lambda_{\max} = n$，則成對比較矩陣 A 具有一致性。

　　以本例來說：

$$C.I. = \frac{\lambda_{\max} - n}{n - 1} = \frac{4.043 - 4}{4 - 1} = 0.014$$

　　當 C.I. = 0 時，表示前後判斷具有一致性；當 C.I. > 0 時，表示前後判斷有誤差不連貫；當 C.I. < 0 時，表示前後判斷是不太一致的，但是還在可接受範圍內。

　　然而，當問題變複雜時，所要比較的要素也會變多，成對矩陣的階數就會增加，因此要維持一致性的判斷也會更加困難。Saaty 另外提出「隨機指標」（random index, R.I.），用以調整不同階數下所產生出不同程度 C.I. 值變化，得到的值即為一致性比率（consistency ratio, C.R.），若 C.R. ≦ 0.1，則矩陣的一致性程度令人滿意，意味著該成對量表具有一定程度的「信度」。公式如下：

$$C.R. = \frac{C.I.}{R.I.}$$ （公式 6-8）

而每個成對比較矩陣可依階數 $n$ 來對應隨機指標值（random index, R.I.）。

　　以本例來說：

$$C.R. = \frac{C.I.}{R.I.} = \frac{0.014}{0.90} = 0.016$$

表 6-10　一致性檢定之隨機指標表

| 指標 | 公式 | 評估準則 |
|---|---|---|
| 一致性指標（consistency index, C.I.） | $C.I. = \dfrac{\lambda_{max} - n}{n-1}$ | C.I. > 0.1，表示前後判斷不一致性<br>C.I. = 0，表示前後判斷完全一致性<br>C.I. ≦ 0.1，表示可容許的偏差 |
| 一致性比率（consistency ratio, C.R.） | $C.R. = \dfrac{C.I}{R.I}$，其中，R.I. 係要查表 | C.R. ≦ 0.1 表示一致性達到可接受水準 |

表 6-11　隨機指標表

| N | 1 | 2 | 3 | 4 | 5 | 6 | 7 | 8 | 9 | 10 | 11 | 12 | 13 | 14 | 15 |
|---|---|---|---|---|---|---|---|---|---|---|---|---|---|---|---|
| R.I. | 0 | 0 | 0.58 | 0.9 | 1.12 | 1.24 | 1.32 | 1.41 | 1.45 | 1.49 | 1.51 | 1.48 | 1.56 | 1.57 | 1.59 |

資料來源：Saaty（1980）

　　以上所述為單一層級的一致性計算，若層級數大於 1 時，則需求出整體層級的一致性指標（$C.I.H$）及一致性比率（$C.R.H$）。公式如下：

$$C.R.H = \frac{C.I.H}{R.I.H}$$

（公式 6-9）

其中：

$C.R.H = \sum$（每一層級的優先向量）×（每一層級 C.I. 值）

$R.I.H = \sum$（每一層級的優先向量）×（每一層級 R.I. 值）

（若 $C.R.H ≦ 0.1$，表示整體層級矩陣具一致性，即為可接受之矩陣）

Step 5　整體層級權重的計算：計算方案的優先順序

　　各層級要素間的權重計算後，再進行整體層級權重的計算。最後依各替代方案的權重，以決定最終目標的最適替代方案。若為群體決策時，各替代方案的權重可加以整合。

　　在層級串聯方面，係將每一層級特徵向量（eigenvector）對應上一層級之特徵向量相乘，求得每一層級的整體權重值（綜合特徵向量），此為最底層各方案對目標的優先值，讓決策者了解評估結果優先順序來下決策。

　　評估完各層級要素間的權重之後，即可進行整體層級權重的計算，來決定

最終目標的最適替代方案，其方法如同前述各層級要素權重的運算過程。

以本例來說，算完第一位專家的特徵向量 $W_1$ 特徵值 $\lambda_1$，接著重複以上動作，再算出第 2～16 位的 $W_i$ 及 $\lambda_i$，並整理成表 6-12，或用 Excel 建檔（圖 6-12）。

表 6-12　16 名專家給予各聯盟夥伴評估準則權重值

| 準則<br>專家 | C11 | C12 | C13 | C21 | C22 | C23 | C24 | C31 | C32 | C33 | C34 | C41 | C42 | C43 | C44 |
|---|---|---|---|---|---|---|---|---|---|---|---|---|---|---|---|
| 1 | .028 | .028 | .028 | **.024** | **.054** | **.140** | **.140** | .080 | .309 | .023 | .070 | .002 | .033 | .033 | .006 |
| 2 | .030 | .015 | .021 | .036 | .062 | .142 | .142 | .079 | .304 | .020 | .079 | .039 | .007 | .007 | .018 |
| 3 | .023 | .023 | .023 | .026 | .058 | .149 | .149 | .083 | .283 | .021 | .094 | .007 | .007 | .026 | .026 |
| 4 | .028 | .028 | .028 | .028 | .063 | .163 | .163 | .074 | .238 | .020 | .084 | .008 | .008 | .037 | .029 |
| 5 | .023 | .023 | .023 | .024 | .053 | .136 | .136 | .034 | .229 | .087 | .150 | .010 | .009 | .030 | .034 |
| 6 | .027 | .027 | .027 | .026 | .052 | .153 | .174 | .072 | .278 | .019 | .072 | .008 | .009 | .031 | .027 |
| 7 | .028 | .028 | .028 | .028 | .063 | .163 | .163 | .072 | .245 | .019 | .082 | .015 | .015 | .020 | .034 |
| 8 | .039 | .019 | .009 | .026 | .058 | .149 | .149 | .080 | .308 | .023 | .070 | .008 | .007 | .029 | .025 |
| 9 | .058 | .017 | .008 | .028 | .063 | .163 | .163 | .071 | .260 | .022 | .063 | .010 | .010 | .031 | .031 |
| 10 | .028 | .028 | .028 | .028 | .063 | .163 | .163 | .068 | .263 | .018 | .068 | .010 | .010 | .031 | .031 |
| 11 | .049 | .013 | .004 | .026 | .058 | .149 | .149 | .079 | .294 | .019 | .090 | .007 | .008 | .029 | .025 |
| 12 | .062 | .017 | .005 | .028 | .063 | .163 | .163 | .076 | .242 | .024 | .076 | .052 | .020 | .007 | .004 |
| 13 | .051 | .019 | .004 | .027 | .061 | .158 | .158 | .074 | .271 | .020 | .074 | .009 | .007 | .017 | .048 |
| 14 | .028 | .028 | .028 | .024 | .071 | .161 | .161 | .072 | .245 | .019 | .082 | .007 | .007 | .035 | .035 |
| 15 | .026 | .026 | .026 | .027 | .060 | .154 | .154 | .077 | .282 | .021 | .077 | .007 | .007 | .031 | .024 |
| 16 | .028 | .028 | .028 | .028 | .063 | .163 | .163 | .069 | .231 | .027 | .089 | .008 | .008 | .032 | .035 |

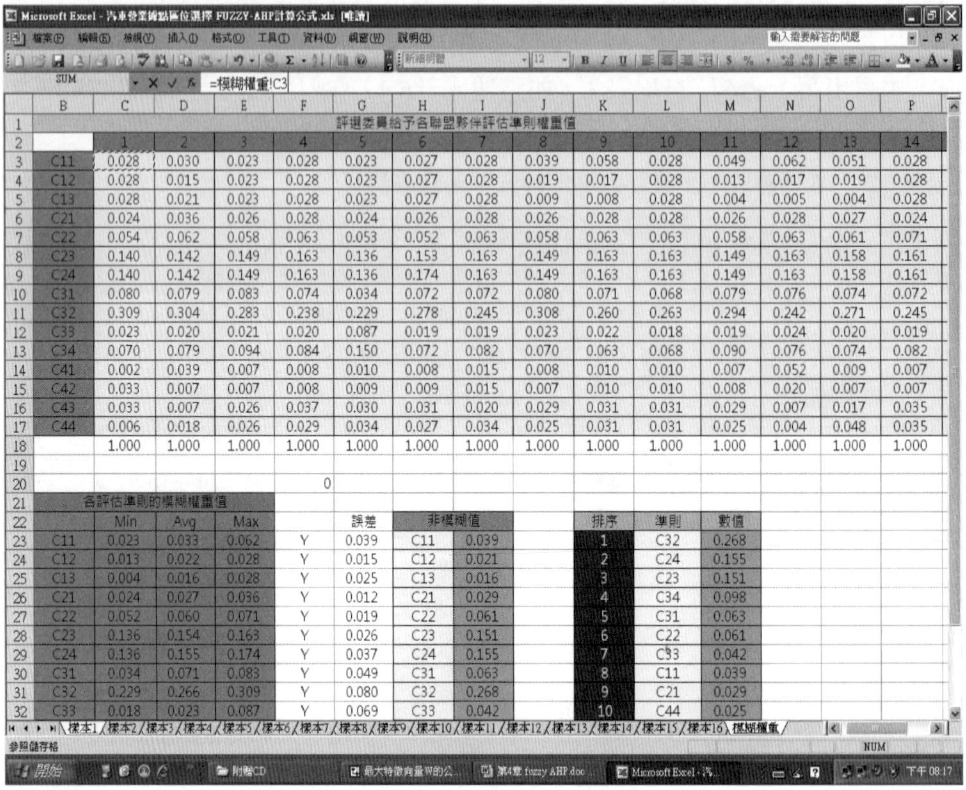

Microsoft Excel - 汽車營業據點區位選擇 FUZZY-AHP計算公式.xls [唯讀]

SUM =模糊權重!C3

評選委員給予各聯盟夥伴評估準則權重值

| | 1 | 2 | 3 | 4 | 5 | 6 | 7 | 8 | 9 | 10 | 11 | 12 | 13 | 14 |
|---|---|---|---|---|---|---|---|---|---|---|---|---|---|---|
| C11 | 0.028 | 0.030 | 0.023 | 0.028 | 0.023 | 0.027 | 0.028 | 0.039 | 0.058 | 0.028 | 0.049 | 0.062 | 0.051 | 0.028 |
| C12 | 0.028 | 0.015 | 0.023 | 0.028 | 0.023 | 0.027 | 0.028 | 0.019 | 0.017 | 0.028 | 0.013 | 0.017 | 0.019 | 0.028 |
| C13 | 0.028 | 0.021 | 0.023 | 0.028 | 0.023 | 0.027 | 0.028 | 0.009 | 0.008 | 0.028 | 0.004 | 0.005 | 0.004 | 0.028 |
| C21 | 0.024 | 0.036 | 0.026 | 0.028 | 0.024 | 0.026 | 0.028 | 0.026 | 0.028 | 0.028 | 0.026 | 0.028 | 0.027 | 0.024 |
| C22 | 0.054 | 0.062 | 0.058 | 0.063 | 0.053 | 0.052 | 0.063 | 0.058 | 0.063 | 0.063 | 0.058 | 0.063 | 0.061 | 0.071 |
| C23 | 0.140 | 0.142 | 0.149 | 0.163 | 0.136 | 0.153 | 0.163 | 0.149 | 0.163 | 0.163 | 0.149 | 0.163 | 0.158 | 0.161 |
| C24 | 0.140 | 0.142 | 0.149 | 0.163 | 0.136 | 0.174 | 0.163 | 0.149 | 0.163 | 0.163 | 0.149 | 0.163 | 0.158 | 0.161 |
| C31 | 0.080 | 0.079 | 0.083 | 0.074 | 0.034 | 0.072 | 0.072 | 0.080 | 0.071 | 0.068 | 0.079 | 0.076 | 0.074 | 0.072 |
| C32 | 0.309 | 0.304 | 0.283 | 0.238 | 0.229 | 0.278 | 0.245 | 0.308 | 0.260 | 0.263 | 0.294 | 0.242 | 0.271 | 0.245 |
| C33 | 0.023 | 0.020 | 0.021 | 0.020 | 0.087 | 0.019 | 0.019 | 0.023 | 0.022 | 0.018 | 0.019 | 0.024 | 0.020 | 0.019 |
| C34 | 0.070 | 0.079 | 0.094 | 0.084 | 0.150 | 0.072 | 0.082 | 0.070 | 0.063 | 0.068 | 0.090 | 0.076 | 0.074 | 0.082 |
| C41 | 0.002 | 0.039 | 0.007 | 0.008 | 0.010 | 0.008 | 0.015 | 0.008 | 0.010 | 0.010 | 0.007 | 0.052 | 0.009 | 0.007 |
| C42 | 0.033 | 0.007 | 0.007 | 0.008 | 0.009 | 0.009 | 0.015 | 0.007 | 0.010 | 0.010 | 0.008 | 0.020 | 0.007 | 0.007 |
| C43 | 0.033 | 0.007 | 0.026 | 0.037 | 0.030 | 0.031 | 0.020 | 0.029 | 0.031 | 0.031 | 0.029 | 0.007 | 0.017 | 0.035 |
| C44 | 0.006 | 0.018 | 0.026 | 0.029 | 0.034 | 0.027 | 0.034 | 0.025 | 0.031 | 0.031 | 0.025 | 0.004 | 0.048 | 0.035 |
| | 1.000 | 1.000 | 1.000 | 1.000 | 1.000 | 1.000 | 1.000 | 1.000 | 1.000 | 1.000 | 1.000 | 1.000 | 1.000 | 1.000 |

各評估準則的模糊權重值

| | Min | Avg | Max | | 誤差 | 非模糊值 | | 排序 | 準則 | 數值 |
|---|---|---|---|---|---|---|---|---|---|---|
| C11 | 0.023 | 0.033 | 0.062 | Y | 0.039 | C11 | 0.039 | 1 | C32 | 0.268 |
| C12 | 0.013 | 0.022 | 0.028 | Y | 0.015 | C12 | 0.021 | 2 | C24 | 0.155 |
| C13 | 0.004 | 0.016 | 0.028 | Y | 0.025 | C13 | 0.016 | 3 | C23 | 0.151 |
| C21 | 0.024 | 0.027 | 0.036 | Y | 0.012 | C21 | 0.029 | 4 | C34 | 0.098 |
| C22 | 0.052 | 0.060 | 0.071 | Y | 0.019 | C22 | 0.061 | 5 | C31 | 0.063 |
| C23 | 0.136 | 0.154 | 0.163 | Y | 0.026 | C23 | 0.151 | 6 | C22 | 0.061 |
| C24 | 0.136 | 0.155 | 0.174 | Y | 0.037 | C24 | 0.155 | 7 | C33 | 0.042 |
| C31 | 0.034 | 0.071 | 0.083 | Y | 0.049 | C31 | 0.063 | 8 | C11 | 0.039 |
| C32 | 0.229 | 0.266 | 0.309 | Y | 0.080 | C32 | 0.268 | 9 | C21 | 0.029 |
| C33 | 0.018 | 0.023 | 0.087 | Y | 0.069 | C33 | 0.042 | 10 | C44 | 0.025 |

樣本1／樣本2／樣本3／樣本4／樣本5／樣本6／樣本7／樣本8／樣本9／樣本10／樣本11／樣本12／樣本13／樣本14／樣本15／樣本16／模糊權重

**圖 6-12** N = 16 決策專家之準則權重值

　　最後，將傳統 AHP 所算出「次準則」之權重值，整理成表 6-13 之次準則「C11～C44」幾何平均數再標準化的權重（k=16 人）。

**表 6-13** 傳統 AHP 所算出「次準則」之權重值

| | C11 | C12 | C13 | C21 | C22 | C23 | C24 | C31 | C32 | C33 | C34 | C41 | C42 | C43 | C44 |
|---|---|---|---|---|---|---|---|---|---|---|---|---|---|---|---|
| 幾何平均值 | .040 | .028 | .021 | .033 | .071 | .172 | .173 | .083 | .288 | .029 | .094 | .013 | .040 | .028 | .021 |
| 標準化 | .449 | .315 | .236 | .073 | .158 | .383 | .385 | .168 | .583 | .059 | .190 | .127 | .392 | .275 | .206 |

## 6-6 效度

效度是指概念定義（conceptual definition）及操作化定義（operational definition）間是否適配。

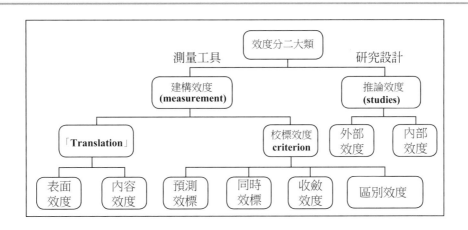

**圖 6-13** 測量效度 vs. 研究效度

效度（validity）即有效性，它是指測量工具或手段能夠準確測出所需測量的事物的程度。效度分為三種類型：內容效度、準則效度及架構效度。效度分析有多種方法，其測量結果反映效度的不同方面。常用於調查問卷效度分析的方法主要有以下幾種。

1. 單項與總和**相關效度**分析：這種方法用於測量量表的內容效度。內容效度又稱表面效度或**邏輯效度**，它是指所設計的題項能否代表所要測量的內容或主題。對內容效度常採用邏輯分析與統計分析相結合的方法進行評價。邏輯分析一般由研究者或專家評判所選題項是否「看上去」符合測量的目的及要求。統計分析主要採用單項與總和相關分析法獲得評價結果，即計算每個題項得分與題項總分的相關係數，根據相關是否顯著判斷是否有效。若量表中有反意題項，應將其逆向處理後再計算總分。

2. **準則效度**分析：又稱為效標效度或預測效度。準則效度分析是根據已經得到確定的某種理論，選擇一種指標或測量工具作為準則（效標），分析問卷題項與準則的聯繫，若二者相關顯著，或者問卷題項對準則的不同取值、特性表現出顯著差異，則為有效的題項。評價準則效度的方法是相關分析或差異

顯著性檢驗。在調查問卷的效度分析中，選擇一個合適的準則往往十分困難，使這種方法的應用受到一定限制。

3. **建構效度**分析：是指測量結果體現出來的某種結構與測值之間的對應程度。架構效度分析所採用的方法是因子分析。有的學者認為，效度分析最理想的方法是利用因子分析測量量表或整個問卷的架構效度。因子分析的主要功能是從量表全部變數（題項）中提取一些公因子，各公因子分別與某一群特定變數高度關聯，這些公因子即代表了量表的基本架構。透過因子分析可以考察問卷是否能夠測量出研究者設計問卷時假設的某種架構。在因子分析的結果中，用於評價架構效度的主要指標有累積貢獻率、共同度及因子負荷。累積貢獻率反映公因子對量表或問卷的累積有效程度，共同度反映由公因子解釋原變數的有效程度，因子負荷反映原變數與某個公因子的相關程度。在結束本文時應再次強調，為了提升調查問卷的質量，進而提升整個研究的價值，問卷的信度及效度分析絕非贅疣、蛇足，而是研究過程中必不可少的重要環節。

• 小結

　　量表會有信度（reliability）、效度（validity）問題發生，主要是量表本身有「測量誤差」存在。量表之信度過低，則沒有效度；相對地，效度過低，則信度沒有意義。信度與效度兩者並非完全獨立，兩者關係，可用數學式「若 P 則 Q」或（P → Q）來表示，即「效度→信度」。換句話說：

(1) 有信度不一定有效度（逆定理「Q → P」不一定成立）。

(2) 無信度一定無效度（～Q →～P）。

(3) 有效度一定有信度（P → Q）。

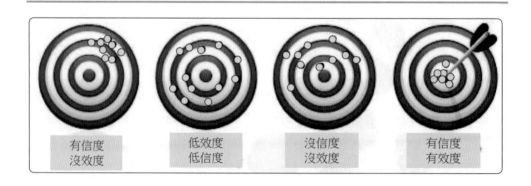

圖 6-14 （高 vs. 低）信度搭配（高 vs. 低）效度的四種情況

當然在評量某一「測量工具」的良窳時，是以量表的信度、效度、實用性（包括經濟性、便利性、詮釋性）及敏感性為評估主要指標。常見的效度，有下列三種：內容效度、效標關聯（criterion-related）效度及建構效度。

## 6-6-1 內容效度

在心理計量學中，內容信度（也稱為邏輯信度）是指測量表示給定構造的所有方面的程度。例如：如果抑鬱量表僅評估抑鬱的情感維度而未考慮行為維度，則抑鬱量表可能缺乏內容效度（content validity）。存在與確定內容信度有關的主觀性元素，這要求就特定人格特徵（如外向性）代表什麼達成一定程度的共識。關於人格特質的分歧將阻止獲得高內容效度。

內容效度也是指量表「內容的適切性」，即量表內容是否涵蓋所要測量的構念。內容效度是指測量（measurement）之所有項目，能夠代表或反應特定概念（construct）或變數所有面向的程度，即為內容效度、內容關聯效度（content-related validity, CRV）、抽樣效度（sampling validity）、邏輯效度（logical validity）或 rational validity。以測量議題（issue）或構念（construct）為基準，內容效度可以視為一種對測量內容的代表性及適切性之指標；反面思考，內容效度亦是測量結果受其他無關因素影響的程度之指標。

易言之，內容效度是指一個測量本身所包含概念（構念）意義範圍或程度。例如：假如要測量「偏見」，該考量測量工具是否能反映出「種族偏見」、「宗教偏見」、「性別偏見」……。

由於內容效度的認定無法利用任何統計量檢定，因此，若是問卷內容係來自邏輯推理、學理基礎、實驗經驗、專家共識，且經過事前預試，均可認為是具有相當程度的內容效度。

內容效度可分成取樣（sampling）效度及表面（face）效度兩種，兩者都沒有應用到統計方法來計算，都只仰賴專家主觀的評判。

1. 取樣效度：量表所包含的項目是否能代表母體構念的項目／題目（item）。內容效度的高低，端賴題目取樣代表性之大小而定。內容取樣是否具有代表性？有幾個判定準則：(1) 每一試題皆應與所界定之內容或行為範圍有適當的相關。(2) 量表內容應能確實地涵蓋所界定之對象範圍。(3) 項目之分配比例應適當地反應研究範圍中，各概念／構念（變數）之重要性、數目多寡。(4) 項目不能太少或太集中某一構念。

2. 表面效度：是指量表項目及形式上，給人的主觀印象，如果該量表從外表來

看，似乎確實可適切地測量其欲測的特質或行為，便稱它具有表面效度。故表面效度是請專家來看看該量表有沒有效度。

在自編量表前，內容效度的建立與評鑑之過程如下：(1) 在規劃階段，應研訂一完整的量表設計方案。(2) 應以系統的方法對研究範圍做詳細分析。(3) 依據預期結果，將原先界定的範圍，分成不同的單元或主題，以確定各主題單元在整個範圍內的比例，這些比例再當作量表編製及取樣的藍圖。(4) 邀請專家對此藍圖內所列舉大綱加以評鑑，並判定其正確性（專家背書）。(5) 建立題庫（題目母群）後，再進行代表性之取樣（上述四個要點）。(6) 依據事先規劃好之項目總數，以各單元主題分配比例，均勻選取適合的項目。(7) 量表編好，在尚未標準化前，再找專家對各項目之適切性加以評鑑（專家再次背書）。

## 6-6-2 效標（關聯）效度

在心理計量學中，**準則**（criterion）或具體的效度是測量與結果相關的程度。效標效度通常分為同時效度（concurrent validity）及預測效度（predictive validity）。(1) **同時效度**是指所討論的測量與同時評估的結果之間的比較。同時效度僅反映特定時間的現狀。相對地，(2) **預測效度**是將有問題的測量與以後評估的結果進行比較。儘管同時效度及預測效度相似，但仍應注意將術語及發現分開。沒有適當的支持依據，同時效度不能替代預測效度。效標效度通常與金準則測驗進行比較來評估。

1. **同時效度**的例子：將 CLEP 大學代數考試的分數與大學代數的課程成績進行比較，以確定 CLEP 分數與大學代數班的成績相關的程度。
2. **預測效度**的例子：將 SAT 分數與大學第一學期平均成績（GPA）進行比較。並評估 SAT 分數預測大學成績的程度。

**效標關聯效度**（criterion-related validity）並不涉及構念的問題，係指使用中的測量工具與「其他測量工具」（包括目前與未來之準則效標），比較兩者是否具有關聯性。即計算兩測量工具測量後之結果的相關係數。

效標效度是以評量分數及效標分數或效度標準（validity criterion）之間的相關係數，表示評量的效標效度程度之高低，即為效標效度（criterion validity）、效標（準則）關聯效度（criterion-related validity）、實用效度（pragmatic validity）、實證效度（empirical validity）或統計效度（statistical validity）。意指效標效度建立在實證資料（數值）之上。效標效度並不涉及量表構面多寡及涵蓋面的問題。效標效度的高低一般皆是使用統計相關分析（correlation analysis）進行估算。

依據效標不同，效標關聯效度可分為同時（concurrent）效標及預測（predictive）效標，兩者皆表示測量工具（分數）及效標之間相關的程度。在實際應用上，預測效標比同時效標應用來得廣，且功能亦更具價值。例如：你欲有效地預測一個人未來的智力發展、心理發展、成就動機、工作表現……時，都必須使用具有預測效標之測量工具。此外，研究者在自編某一量表時，所選的「效標」應具備中肯性、可信性及無偏見等特性。

1. 同時效標：一個指標必須與既存且已被視為有效的指標相關聯。例如：以「口袋中零用錢」（屬測量工具）測量受訪者的「所得」（屬效標）高低，假如兩者相關很高，則「同時效度」高。所謂「效標」是用來顯示測量工具所欲測量（或預測）的特質之獨立量數，以作為檢定效度的參考標準。例如：從手機消費者的購買行為調查某一特定結果，若能與目前各廠牌的市場占有率，有強烈的關聯，則謂之具有同時效度。同時效度的分析方式，係可選用區別分析（discriminant analysis）來判定。

2. 預測效標：一個指標能預測在邏輯上與構念相關的事件。此指標與預測的事件是指向同一構念，但又有區別。相對地，假設檢定（test）常常是自變數預測另一依變數。例如：從手機消費者的購買行為調查某一特定結果，亦與「未來」消費者購買哪一特定廠牌有顯著的關聯性，則謂之具有預測效度。

## 6-6-3 建構效度

建構效度（construct validity）是指測驗能測量理論的概念或特質（trait）之程度而言。建構效度是用於多重指標的測量情況，它是指「量表能測量理論上某構念或特質的程度」，即構念是否能真實反應實際狀況。所謂建構乃是一種理論性的概念，用來代表持續性的心理特質或屬性。

建構效度旨在以心理學的理論概念來說明並分析測量分數的意義，即從心理學的理論觀點，就測量的結果加以詮釋及探討，亦即根據心理學理論上的構想來編製測量的內容或選擇試題。所謂「建構」或「構念」，就是心理學理論所涉及之抽象而屬假設性的概念，特質或變數。例如：智力、工作壓力、生產力、人格、成就動機、智力等。建構效度的貢獻是對於理論上的假設及對理論假設的驗定。在驗定的過程中，必須先從某一建構的理論出發，導出各項關於心理功能或行為的基本假設，據以設計及編製測量。

換句話說，建構效度強調的是量表所測量的是否能代表所要測量的構念。

　　建構（construct）本身是「無中生有」抽象的概念，如同個人的性格（personality）、態度（attitude）、意向（intension）等，皆屬於無形特徵，只能觀察與這些建構有關的行為、特徵、徵兆或表現。

　　建構並不限於一組可被觀察測量的指標（indicators）或屬性（attributes）。通常是數組指標或問卷項目（items）所構成。

　　實務上，坊間出現的測量（測驗、量表）工具都能測得某建構、構念、概念或特質的程度，故建構效度可以視為研究探索之理論構念或理論概念與實際測量項目之間的適配（fit）程度。建構效度可以透過統計方法（factor anslysis、SEM、相關、MTMM）來估算。

　　常見的建構效度有兩類：收斂（convergent）效度及區別（discriminant）效度兩種。

## 一、收斂效度

　　是指來自相同構念的這些項目，彼此之間相關要高。例如：若要測量相同的東西（筆試、口試），則所得分數（結果）應相同（筆試與口試成績之相關要高），反之亦然。若以「多特質多方法」之角度來看，就是指不同的測量方法（method）去測量同一維度（trait）之相關性要高。收斂效度及區別效度常用的「統計檢定」有三種方法：

1. 以「相關分析」來計算某一構念之這些項目的 $r$ 值，並將 $r$ 值的顯著性（$p$ 值）排列成二維矩陣，再由顯著性之 $p$ 值矩陣，來判斷是否屬於同一構念之項目；若每一個 $r$ 值彼此都達到顯著水準之個數越多（即二維矩陣中「$p < 0.05$」的個數），則表示該量表建構效度越佳。如表 6-14 所示「工作有意義」這個構念，它包含 6 個項目，故有 15 個相關分析之顯著性 $p$ 值，其中高達 14 個 $p$ 值達到 0.05 顯著水準，高達 93%（14/15），可證明此量表具有高的收斂效度。相對地，在區別效度檢定方面，表 6-14 所示 $r$ 值顯著性矩陣中，若屬於不同構念的項目間之 $p$ 值不顯著（即 $p > 0.05$）者個數越多，則表示該量表之區別效度越高。

2. 以「因素分析」（factor analysis）求量表各項目之因素結構（structure）矩陣（非 pattern matrix），再由結構矩陣所表列之因素負荷量（factor loading）大小來判定建構效度好壞。同一構念中，若因素負荷量的值越大（通常取 0.5 以上者才保留該「項目」，否則刪除後再重新執行一次因素分析），表示收斂效度越高。例如：表 6-15 所示「工作有意義」、「自主權」、「團隊潛力」、

「團隊成果」四個構念，其對應的各項目之因素負荷量均大於 0.5，故可宣稱該「授權量表」收斂效度佳。相對地，在區別效度檢定方面，每一個項目只能在其所屬構念中，出現一個大於 0.5 以上之因素負荷量，符合這個條件的項目越多，則量表的區別效度越高。總之，每一個項目，其所對應的因素負荷量，必須接近 1.0（收斂效度），但在其他因素之因素負荷量必須接近 0（區別效度）。此意味著，若該項目在所有因素之因素負荷量小於 0.5 或該項目因素負荷量有兩個以上是大於 0.5（橫跨兩個因素以上）者，都須刪除。

3. 以「多特質多方法」（muti-traits multi-methods, MTMM）來檢定：MTMM 的做法是，用同一個「異質的特質」（hetero-traits）測量工具，以不同的「方法」（例如：「自評法 vs. 同伴評分法 vs. 投射測驗」；「調查法 vs. 觀察法」；「觀察自由行為 vs. 觀察角色扮演 vs. 投射測驗」），分前後兩期對同一批樣本（受訪者）重測兩次。此種信度（重測信度）及效度（建構效度）檢定方法是最嚴謹的方式，但因為須用不同主、客觀「方法」重複測量同一批樣本，研究資料蒐集過程較冗長，且亦須受訪者長期配合，所以在「經濟性」及「便利性」考量下，常常被研究者遺忘。

　　MTMM 判定信度、效度良窳的四個判定準則，是依其在 MTMM 矩陣中各個相關係數值的大小，依序應為：(1) 主對角線上，代表重測信度（即同方法同特質）之 $r$ 值要最大（不論是同一批受訪同量表重複測兩次或者是同質的兩批受訪者個別單獨接受一種方法的測量）。(2) 在第二條主對角線上，代表收斂效度（即不同方法同特質）之 $r$ 值要第二大。(3) 在主對角線與第二條對角線之間，小的下三角形矩陣所代表區別效度（即同方法不同特質）之 $r$ 值要第三大。(4) 在矩陣最左下方「下三角形」（即不同方法不同特質）之相關係數值應最小。

　　舉例來說，某研究者以「自陳量表、投射測驗、同伴評分」三種不同「方法」，對同一批 15 名受訪者，分別觀察測量其「依賴性、社會性、成就動機」三種異質的「特質」，所得資料如表 6-16 所示，其中，變數 A 代表「依賴性」，變數 B 代表「社會性」，變數 C 代表「成就動機」。

表 6-14 授權量表各項目單尾相關矩陣之 $p$ 值

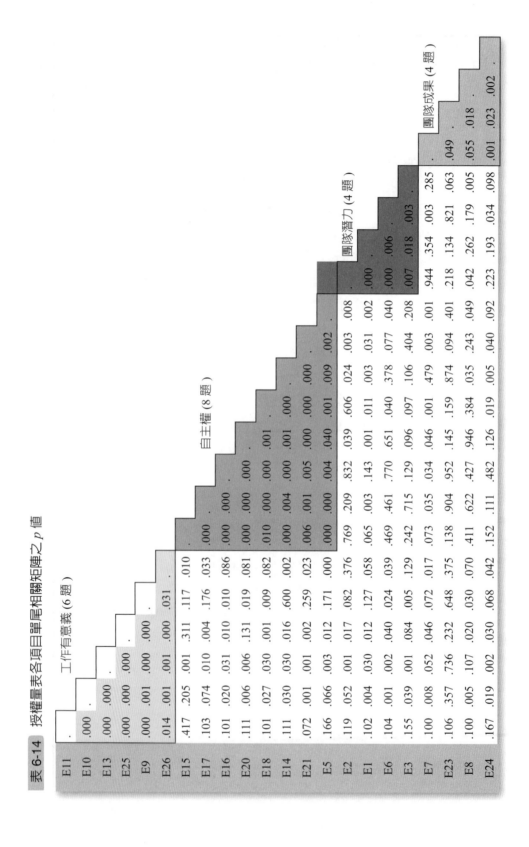

表 6-15 授權量表因素分析結果（灰色數字為「因素負荷量」）

| 因素 / 項目 | 工作有意義 | 自主權 | 團隊潛力 | 團隊成果 |
|---|---|---|---|---|
| E11 | .78 | −.15 | −.15 | .24 |
| E10 | .74 | −.17 | −.22 | .08 |
| E13 | .68 | −.37 | −.39 | −.06 |
| E25 | .64 | −.20 | −.27 | .25 |
| E9 | .55 | −.15 | −.13 | .24 |
| E26 | .53 | −.25 | −.19 | .20 |
| E15 | .11 | −.77 | −.08 | .05 |
| E17 | .21 | −.77 | −.10 | .08 |
| E16 | .35 | −.71 | .03 | −.01 |
| E20 | .13 | −.67 | −.23 | .10 |
| E18 | .38 | −.63 | −.14 | .22 |
| E14 | .34 | −.60 | −.33 | −.29 |
| E21 | .23 | −.57 | −.35 | .31 |
| E5 | .20 | −.50 | −.39 | .32 |
| E2 | .17 | −.08 | −.85 | .08 |
| E1 | .23 | −.25 | −.76 | .02 |
| E6 | .40 | −.00 | −.53 | .30 |
| E3 | .27 | −.07 | −.51 | .22 |
| E7 | .30 | −.24 | −.03 | .61 |
| E23 | .07 | −.08 | −.16 | .54 |
| E8 | .35 | .02 | −.15 | .53 |
| E24 | .30 | −.21 | −.23 | .50 |
| 特徵值（eigen value） | 4.84 | 2.09 | 1.50 | 1.30 |
| 解釋變異量 | 22.0 | 9.5 | 6.8 | 5.9 |

表 6-16　對 15 名受訪者以三種「方法」測量其三種不同的特質所得資料

| 受訪者 | 自陳量表 (1) | | | 投射測驗 (2) | | | 同伴評分 (3) | | |
|---|---|---|---|---|---|---|---|---|---|
| 變數 | 依賴性 $A_1$ | 社會性 $B_1$ | 成就動機 $C_1$ | 依賴性 $A_2$ | 社會性 $B_2$ | 成就動機 $C_2$ | 依賴性 $A_3$ | 社會性 $B_3$ | 成就動機 $C_3$ |
| 1 | 9 | 5 | 2 | 11 | 5 | 0 | 20 | 9 | 2 |
| 2 | 8 | 5 | 3 | 9 | 5 | 2 | 20 | 9 | 5 |
| 3 | 7 | 4 | 3 | 9 | 4 | 3 | 19 | 8 | 8 |
| 4 | 7 | 5 | 2 | 9 | 6 | 1 | 19 | 11 | 4 |
| 5 | 8 | 5 | 2 | 10 | 5 | 1 | 21 | 10 | 3 |
| 6 | 5 | 9 | 5 | 3 | 9 | 3 | 5 | 16 | 9 |
| 7 | 5 | 8 | 5 | 4 | 8 | 4 | 6 | 18 | 10 |
| 8 | 4 | 7 | 4 | 4 | 8 | 4 | 6 | 18 | 10 |
| 9 | 5 | 7 | 5 | 4 | 7 | 4 | 8 | 15 | 12 |
| 10 | 5 | 8 | 5 | 4 | 8 | 4 | 6 | 18 | 10 |
| 11 | 2 | 2 | 9 | 2 | 2 | 12 | 1 | 2 | 26 |
| 12 | 3 | 3 | 8 | 3 | 3 | 10 | 4 | 4 | 27 |
| 13 | 3 | 3 | 7 | 3 | 3 | 9 | 5 | 5 | 24 |
| 14 | 2 | 2 | 7 | 2 | 3 | 10 | 4 | 4 | 27 |
| 15 | 2 | 2 | 8 | 2 | 2 | 11 | 3 | 3 | 26 |

## 6-6-4　多特質多方法（MTMM）之統計分析

### 一、MTMM 是什麼？

　　多特質多方法（multitrait-multimethod matrix, MTMM）是一種評估研究中一組措施的建構效度（construct validity）的方法。它是由坎貝爾及菲斯克（Campbell and Fiske, 1959），利用多特質多方法矩陣進行收斂及區別效度。1959 年開發時，部分是為了嘗試提供研究者可以實際使用的實用方法論（與理論上有用但不包括方法論之法理（nomological）網路概念）。與 MTMM 一起，Campbell 及 Fiske 引入兩種新類型的效度，收斂性及區別性，作為建構效度的子類別。其中，(1) 收斂效度是理論上應該相關的概念在現實中相互關聯的程度。(2) 區別效度是理論上不應該相關的概念（實際上彼此不相互關聯的程度）。你

可用 MTMM 評估收斂效度及區別效度，來判定你的測量工具具有建構效度（證明量表同時具有收斂及區別效度）。

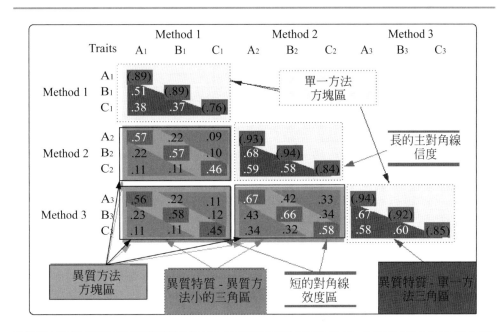

圖 6-15　多特質多方法（MTMM）之示意圖

　　MTMM 只是相關性的矩陣（或表），被安排來促進對建構效度評估的解釋。MTMM 假定你透過幾種方法（例如：紙筆測驗、直接觀察、績效測量）分別測量幾個概念（即特質）。MTMM 是非常嚴格的方法論：理想情況下，你應該透過每種方法來測量每個概念。

## 二、MTMM 之統計分析

　　研究者最關心之一，就是 MTMM 該如何分析呢？其電腦操作程序如下：

步驟 1　將上述 15 名受訪者回收資料，鍵入至 SPSS（或 SAS）套裝統計軟體中，如下圖所示。

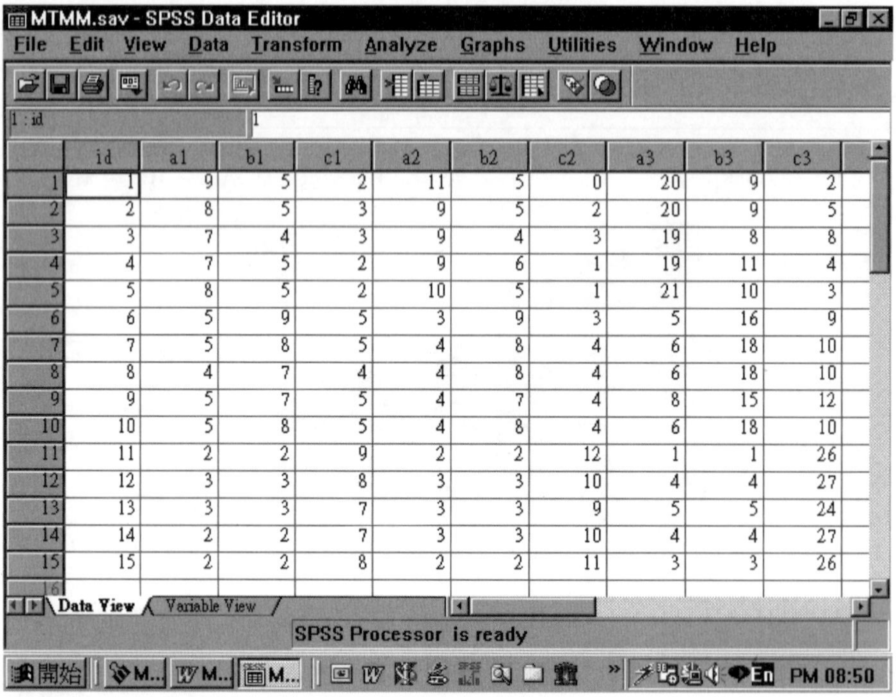


| | id | a1 | b1 | c1 | a2 | b2 | c2 | a3 | b3 | c3 |
|---|---|---|---|---|---|---|---|---|---|---|
| 1 | 1 | 9 | 5 | 2 | 11 | 5 | 0 | 20 | 9 | 2 |
| 2 | 2 | 8 | 5 | 3 | 9 | 5 | 2 | 20 | 9 | 5 |
| 3 | 3 | 7 | 4 | 3 | 9 | 4 | 3 | 19 | 8 | 8 |
| 4 | 4 | 7 | 5 | 2 | 9 | 6 | 1 | 19 | 11 | 4 |
| 5 | 5 | 8 | 5 | 2 | 10 | 5 | 1 | 21 | 10 | 3 |
| 6 | 6 | 5 | 9 | 5 | 3 | 9 | 3 | 5 | 16 | 9 |
| 7 | 7 | 5 | 8 | 5 | 4 | 8 | 4 | 6 | 18 | 10 |
| 8 | 8 | 4 | 7 | 4 | 4 | 8 | 4 | 6 | 18 | 10 |
| 9 | 9 | 5 | 7 | 5 | 4 | 7 | 4 | 8 | 15 | 12 |
| 10 | 10 | 5 | 8 | 5 | 4 | 8 | 4 | 6 | 18 | 10 |
| 11 | 11 | 2 | 2 | 9 | 2 | 2 | 12 | 1 | 1 | 26 |
| 12 | 12 | 3 | 3 | 8 | 3 | 3 | 10 | 4 | 4 | 27 |
| 13 | 13 | 3 | 3 | 7 | 3 | 3 | 9 | 5 | 5 | 24 |
| 14 | 14 | 2 | 2 | 7 | 3 | 3 | 10 | 4 | 4 | 27 |
| 15 | 15 | 2 | 2 | 8 | 2 | 2 | 11 | 3 | 3 | 26 |

**圖 6-16** SPSS 之 data 視窗

步驟 2 在 SPSS 選擇表上，用滑鼠選按「Statistics 或 Analyze → Correlate → Bivariate」（如下圖）：

Statistics 或 Analyze →

Correlate →

Bivariate

**圖 6-17** SPSS 選擇表之選項順序

步驟 3 打開「Bivariate Correlations」對話盒（如下圖），並將左側「變數清單」中「a1 至 c3」等九個數值型變數反白，再按「▶」三角按鈕，將它們選入「Variables:」中，再將「□ Flag significant correlations」選項「取消」，

最後再按「OK」按鈕。就可在 SPSS 之 OUTPUT 視窗中看到這九個變
數之相關分析結果。

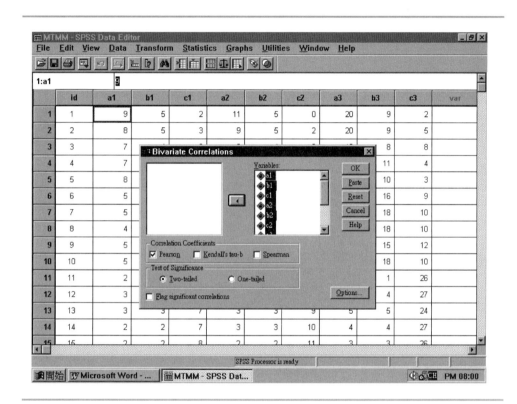

**圖 6-18** SPSS 之「Bivariated correlations」視窗

步驟 4 在 SPSS 之 Output 視窗中（如圖 6-19），你就可看到這九個變數之相關
分析結果。接著將相關係數 r 值，整理成表 6-17 之 MTMM 相關矩陣。

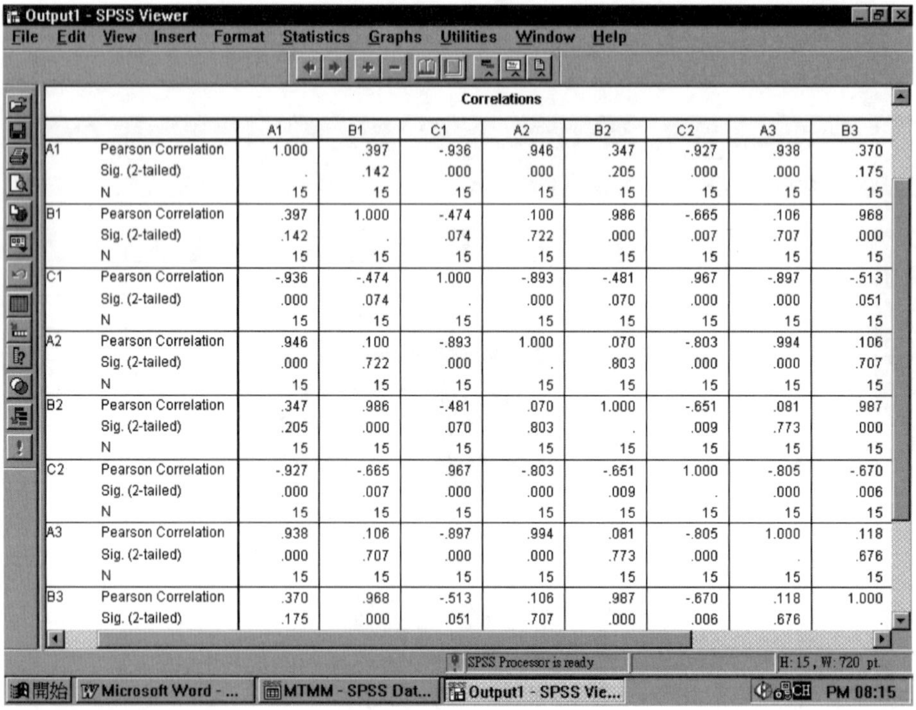

**圖 6-19** SPSS 之 Output Viewer 視窗顯示執行結果

## 三、區別效度（discriminant validity）

　　是指不同的兩個構面（dimension），能區別的程度。例如：「我覺得不太喜歡你」，可能代表「恨」你，亦可能代表「怕」你，此句無法完全區別「恨」與「怕」兩個構面。若以「多特質多方法」之角度來看，就是相同方法，測不同特質，兩者的相關要低。以因素分析後「因素負荷量」角度來看，就是各項目只能在其屬的因素中「因素負荷量」大於 0.5（要接近 1），反之，各項目在其非屬的因素中「因素負荷量」要越小越好（接近 0）。

　　「理想的」MTMM 矩陣內各元素之值的大小，如能符合下列規則，則可宣稱該測量工具本身具有良好的信度及效度（Champbell 及 Fiske, 1959）：

1. 在 MTMM 矩陣主對角線所代表的「重測信度」r 值要最大。

2. 在 MTMM 矩陣第二條主對角線（網點部分有三段）所代表的「收斂效度」r 值要第二大。

**表 6-17** MTMM 相關矩陣

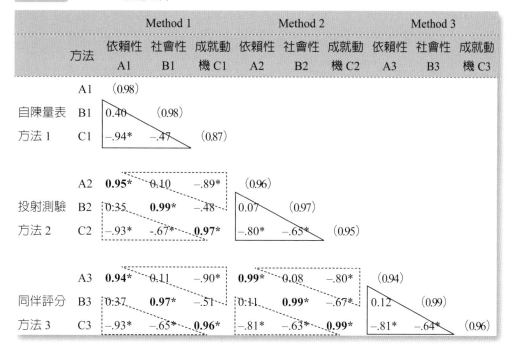

| 方法 | | Method 1 | | | Method 2 | | | Method 3 | | |
| --- | --- | --- | --- | --- | --- | --- | --- | --- | --- | --- |
| | | 依賴性 A1 | 社會性 B1 | 成就動機 C1 | 依賴性 A2 | 社會性 B2 | 成就動機 C2 | 依賴性 A3 | 社會性 B3 | 成就動機 C3 |
| 自陳量表 方法 1 | A1 | (0.98) | | | | | | | | |
| | B1 | 0.40 | (0.98) | | | | | | | |
| | C1 | −.94* | −.47 | (0.87) | | | | | | |
| 投射測驗 方法 2 | A2 | **0.95*** | 0.10 | −.89* | (0.96) | | | | | |
| | B2 | 0.35 | **0.99*** | −.48 | 0.07 | (0.97) | | | | |
| | C2 | −.93* | −.67* | **0.97*** | −.80* | −.65* | (0.95) | | | |
| 同伴評分 方法 3 | A3 | **0.94*** | 0.11 | −.90* | **0.99*** | 0.08 | −.80* | (0.94) | | |
| | B3 | 0.37 | **0.97*** | −.51 | 0.11 | **0.99*** | −.67* | 0.12 | (0.99) | |
| | C3 | −.93* | −.65* | **0.96*** | −.81* | −.63* | **0.99*** | −.81* | −.64* | (0.96) |

註：＊代表 $P < .05$，小括弧內數字為重測信度（$r$ 值應最大），三段「網底」的數字為收斂效度（不同方法測相同特質，$r$ 值應第二大），「粗實線」三角框內的數字為區別效度（相同方法測不同特質，$r$ 值應第三大），虛線三角形內的數字為不同方法不同特質（$r$ 值應最小）。

1. 在實線三角形內數字所代表「區別效度」（相同方法測不同特質），$r$ 值應第三大。

2. 虛線三角形內的數字所代表不同方法測不同特質，$r$ 值應最小。

　　測量工具編製時，效度之檢定順序是：(1) 首先評估有哪些項目可作為測量工具之理論基礎（內容效度）。(2) 定義內容母體的項目，再從中抽取具有代表性樣本（建構效度）。(3) 觀察資料回收後，評估測量工具與外在效標（標準測驗）之相關，以測量該測量工具的經驗（預測）效度。

## 6-6-5　效度的另一種分類

　　在研究設計所談的「效度」是指內部效度及外部效度，相對地，測量工具所講的「效度」是指量表內容的有效性，它是指測量工具能否真正測量到欲測量的特質，這兩種「效度」立足點是不同的。此外，效度除了上述所談三大分類外，亦有人將它分成下列四種：

1. 測量效度：反應眞實的程度越高，則效度越高。

2. 設計效度：研究設計中，變數關係是否如預期的，不受外來（用隨機分派受測者）的影響，可透過控制外生變數來提升該設計效度。研究設計效度可分成內部效度及外部效度兩種。

3. 分析效度：進行統計分析後，所發現的結果是否如預期的。

4. 推論效度：又稱外部效度，即研究結果可推論到母群的程度。如何提升外部效度呢？答案是採用「隨機分派」受測者。外部效度是指「研究成果概化（一般化）的能力」。而內部效度則指「工具設計能測出眞正特質的程度」。

### 6-6-6 影響效度的因素

效度指的是正確性，測量工具效度越高，表示該測驗結果越能顯現其所欲測量對象的眞正特徵。影響效度的因素包括：

1. 樣本性質：樣本多樣性、代表性越高，測量工具效度就越高。故樣本取樣時，應力求他們具有「母群代表性」。

2. 測驗信度：由公式，效度 $\leq \sqrt{信度}$，$r_{xy} \leq \sqrt{r_{xx}}$，可看出，若信度太低，則效度亦低。

3. 調節（moderator，干擾）變數：它是指存在於測驗所欲測特質及其效標之外，但卻與兩者間具有某種相關程度的變數。例如：年齡層（干擾著民眾對信用卡的使用率）、性別（干擾著人對科技接受的過程）、環境背景（家庭貧富干擾著人對陌生人的信任度）等。

## 6-7 信度

信度（reliability）與效度（validity）都是關心你所設計的具體指標與這些指標所預測之構念（construct）間的關係。所謂構念是指將一些觀念、事實或印象有系統的組織起來後，所形成的概念。

信度（reliability）是指一個測量工具包含「變數誤差」（variable errors）的程度。即在任何一次測量中，觀察值之間呈現之不一致或是採用相同測量工具，然而對特定單位施測，每次所得結果都不一樣。信度是指測量資料的可靠性，受測者在相同條件下，重複測量是否得相同結果（穩定性），或相同構念（性質相同、目的相同）以不同題目測量所得結果的「一致性」程度；效度是指測量結果的「眞確性」。測量工具會發生信度及效度，是因為有測量誤差。

信度在觀念上的定義是：實際值（true score）變異數對觀察所得分數（obtained scores）總變異的比值：

$$信度 (r_{xx}) = \frac{\sigma_t^2}{\sigma_x^2} = \frac{\sigma_x^2}{\sigma_x^2} - \frac{\sigma_e^2}{\sigma_x^2} = 1 - \frac{\sigma_e^2}{\sigma_x^2}$$

其中，$x$ = 觀察值，$t$ = 實際值，$e$ = 誤差分數。在真實測量中「實際值」是不可知的。

## 6-7-1 信度種類及算法

### 一、信度（可靠性）估計有四類型

概括來說，信度（可靠性）估計分為四類，每種類別都以不同的方式來估計可靠性：

1. 評估者間或觀察者（裁判）間的信度（inter-rater or inter-observer reliability）

• 用於評估不同評估者／觀察者對同一現象給出一致估計的程度。

每當將人作為測量過程的一部分時，都必須擔心所獲得的結果是可靠的還是一致的。人們因不一致而臭名遠播。因為人很容易分心、人厭倦了做重複的任務、我們做白日夢、我們會主觀來誤解。

那麼，如何確定兩個觀察者（裁判）的觀察是否一致？你應該在研究的測量範圍之外建立評估者之間的信度。畢竟，假如你使用研究中的資料來建立信度，發現其信度很低，那你一定會陷入困境。最好將其作為輔助研究或試點研究來進行。而且，如果你的研究進行了很長時間，你可能需要不時地重新建立評估者之間的信度，以確保評估者沒有變化。

有兩種方法可以實際估算評估者之間（inter-rater）的信度。如果你的測量包含類別（categories）：評估者正在檢查每個觀察結果屬於哪個類別，你可以計算評估者之間的一致性百分比。例如：假設你有 100 個觀測值由兩個評估者評估。對於每個觀察，評分者可以檢查以下三個類別之一。想像一下，在 100 個觀察中的 86 個中，評估者同時評為同一類別，在這種情況下，agreement 的百分比將是 86%。但這是一個粗略的測量，但是它確實給出了多少一致性的想法，並且不管每個觀察使用多少個類別，它都有效。

當測量是連續測量時，估計評估者間信度的另一種主要方法是合適的（appropriate）。此時，你要做的就是計算兩個觀察者評分的相關性。例如：他

們可能會以 1 到 7 的等級來評估教室中的總體活動水準。你可讓他們按固定的時間間隔（例如：每 30 秒）給出一次評分。這些等級之間的相關性可以讓你估算出等級之間的信度或一致性。

你可能會認為這種信度是「校準（calibrating）」觀察者。你可採取其他措施來鼓勵觀察者之間的信度，即使你不對其進行估計。例如：在精神病房，每天早上護士必須對病房中的每個患者進行十項評估。當然，我們不能指望每天都有同一位護士在場，因此我們必須找到一種方法來確保任何一位護士都能給出可比的評分。我們這樣做的方式是每週舉行一次「校準」會議，在那裡我們將獲得幾位患者的所有護士評分，並討論他們為什麼選擇他們所做的具體值。如果存在分歧，護士將進行討論，並嘗試制定規則，以決定何時對特定項目的評分給予「3」或「4」。儘管這不是對信度的估計，但它可能在改善評估者之間的信度方面大有幫助。

**2. 重測信度（test-retest reliability）**

• 用於評估一次到另一次測量的一致性。

當我們在兩個不同的情況下對同一樣本進行相同的測驗時，我們估計了重新測驗的信度。該方法假設兩次測量之間的構造沒有實質性變化。兩次測量之間允許的時間很關鍵。我們知道，如果對同一事物進行兩次測量，則兩次觀測之間的相關性將部分取決於兩次測量時機之間經過的時間。時間間隔越短，相關性越高；時間間隔越長，相關性越低。這是因為這兩個觀察值隨著時間的推移而相互關聯：時間越接近，導致誤差的因素就越相似。由於此相關性是信度的重測估計，因此你可以根據時間間隔獲得截然不同的估計。

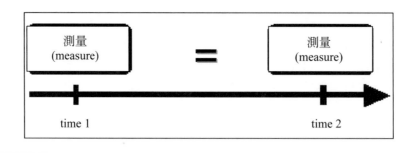

**圖 6-20** 重測信度（test-retest reliability）

3. 平行形式的信度（parallel-forms reliability）：複本信度

• 用於評估從相同內容域以相同方式構建的兩個測驗的結果的一致性。

在並行形式中，信度首先必須創建兩個並行形式。實現此目的的一種方法是創建大量針對相同構造的問題，然後將問題隨機分為兩組。你將兩種工具都管理給同一個人，兩種並行形式之間的相關性是對信度的估計。這種方法的主要問題是，你必須能夠生成許多反映相同構造的項目。這通常不是一件容易的事。此外，並行形式方法是假設隨機劃分的兩半是平行的或等效的。即使偶然，有時也並非如此。並行形式方法與 split-half 信度非常相似，二者區別在於 (1) 如何建構並行形式，以便可以彼此獨立使用兩種形式，並認為它們是等效的測量。例如：若會擔心測驗對內部效度的威脅，可將 Form A 用於前測，Form B 用於後測，則可大大地減少該問題。如果我們隨機分配個人在前測接受 Form A 或 Form B，然後在後測中切換他們，那就更好。相對地，(2) 對於 split-half 信度，我們希望擁有一種 instrument，將其當作單個測量 instrument，僅為評估信度之目的而隨機折半式分割。

4. 內部一致性信度（internal consistency reliability）

• 用於評估測驗中各個項目的結果一致性。

在內部一致性信度評估中，一次對一組人使用單一測量工具來評估信度。實際上，我們透過估計反映相同構念的項目產生相似結果的程度來判斷工具的信度。我們正在研究測量範圍內同一構念的不同項目的結果的一致性。可以使用多種內部一致性測量：

**(1) 平均項目間相關（average inter-item correlation）**

平均項目間相關旨在測量同一構念的所有項目。我們首先計算每對項目之間的相關性，如圖 6-21 所示。例如：如果我們有六個項目，我們將有 15 個不同的項目配對（即 15 個相關性）。平均項目間相關性只是所有這些相關性的平均值或均值。在下圖例子中，我們發現平均項目間相關值為 0.91，單個相關範圍為 0.84 至 0.95。

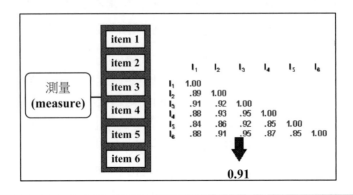

圖 6-21　平均項目間相關（average inter-item correlation）

### (2) 平均項目總相關（average itemtotal correlation）

此方法仍使用項目間關聯。此外，我們計算這 6 個項目的總分，並將其用作分析中的第 7 個變數。圖 6-22，在相關矩陣的底部顯示了 6 個項目間的相關關係。在此樣本分析中，它們的範圍從 0.82 到 0.88，平均值爲 0.86。

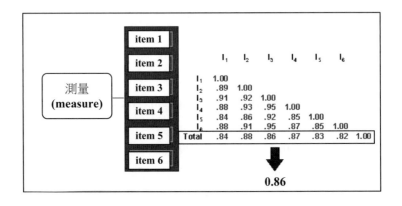

圖 6-22　平均項目總相關（average itemtotal correlation）

### (3) 折半信度（split-half reliability）

在折半信度中，我們將旨在測量同一構念的所有項目隨機分爲兩組。將整個工具管理給某一樣本，並爲每個隨機劃分的一半計算總分。如圖 6-23 所示，折半信度評估只是兩個總分之間的相關性，本例子中爲 0.88。

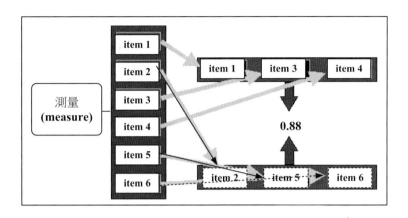

**圖 6-23** 折半信度（split-half reliability）

## 二、信度的原理

信度（又稱可靠性）的含義在定量及定性研究中有所不同。定量研究的信度本質上是時間、工具及受訪者群體的可靠性、一致性及可複製性的代名詞。它關係到精確度及準確性。一些功能，例如：身高可以精確測量，而其他高度，例如：「音樂能力」就不能。

信度（reliability）就是可靠性，亦即一個測量工具（例如問卷或量表），每次施測都會產生相似的結果（結果靠得住），如果這個測量工具有很高的信度，則施測後的結果比較能被你信服。

1. 信度的意義：測量的可靠性（trustworthiness）

　(1) 一致性（consistency）：表示測驗內部試題間是否相互符合。

　(2) 穩定性（stability）：不同的測驗時點下，測驗分數前後一致的程度。

2. 信度的數學原理

　(1) 凡測量必有誤差，誤差由機率因素所支配，為一隨機誤差（random error）。

　(2) 測驗分數 = 真實分數 + 誤差分數。

　(3) 測驗總變異量 = 真實分數的變異 + 隨機誤差變異。

　(4) 信度係數介於 0～1 之間。

信度意指一種測量工具的精確性或是正確性，其意義主要有二：(1) 穩定性（stability），(2) 一致性（consistency）。所謂「穩定性」建立於欲測量的標的具有穩定表現的前提之下，因此在不同的時點，對相同標的進行重複測量，應

可得到相當一致的結果，例如：「重測信度」（test-retest reliability）的估計即是依此觀念而生。相對地，「一致性」其基本概念在於用來估計同一變數的各項測量項目間應具有高度的相關，進而反映出各個項目的內部同質性（internal homogeneity），例如：折半信度及 Cronbach's α 即是建構於此概念之下。

測量工具的信度有多種，各為不同的目的及用途而設計，然而它們都是用「相關分析」之 r 值大小當作信度的高低。常見信度可分為下列三大類：

1. 等效性（**equivalence**）：又稱「複本法」（parallel reliability），若同一個測驗有兩種以上之複本（equivalent forms）可以交替使用，則對同一群受試者連續或距一段時間施以兩種複本，再根據得分計算相關係數，係數越高，parallel reliability 越高。此法雖可避免再測法之缺點，但複本的設計需要具一致性，難度高，如語法使用、句型、題數、難易度等都要經過謹慎設計。

複本信度（equivalent-forms）俗稱並行形式（parallel forms）信度 [ 等效形式（equivalent-forms）信度 ]，它使用一組問題，這些問題分為兩個等效集合（「形式（forms）」），其中兩組都包含測量同一構念、知識或技能的問題。易言之，它是指研究者為相同的目的，同時設計兩份問卷，每份問卷使用不同問項（稱為複本），並讓同一受訪者問答，而此同一測驗中之兩種複本的相關程度（相關係數），即為複本信度值。常見標準化測驗（例如：團體測驗）通常備有多個複本，它們與標準化測驗的內容、試題、形式、編製方法、施測步驟評分標準都非常相似。複本信度越高，表示複本上分數之一致性也越高。

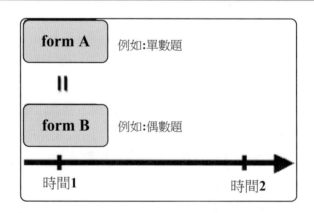

**圖 6-24** 複本信度（equivalent-forms）俗稱並行形式（parallel forms）信度

2. 穩定性（**stability**）：穩定信度（stability reliability）是指標在不同時間做測量時，可以得到同樣的結果。通常你是用「測驗—再測驗」方法（test-retest method）來檢視一個指標的穩定信度，即對同一批樣本，前後兩期測兩次，若兩者的相關越高，則表示該測驗的穩定係數越高。

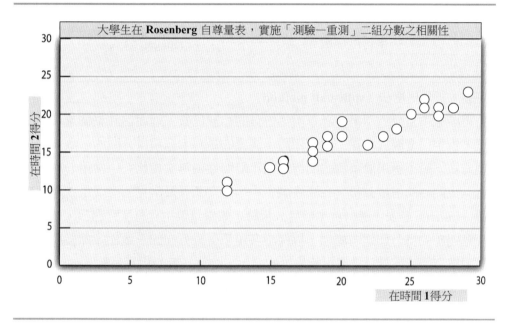

圖 6-25 「測驗—再測驗」之示意圖

**重測信度**（**test-retest**）也是穩定性（stability）的表現，它在不同時間，使用同一測量對同一群樣本施測，若兩次分數之相關係數 r 高，表示該工具有穩定性，但此法易受記憶與成長學習因素影響（即受試者會因為成長或記憶因素，在第二次施測時獲得較高的分數，使測量不具有信度）。換言之：

> 某測驗之施測→經過時間→該測驗對同一樣本再施測一次

再求兩次測驗成績之 Pearson 積差相關（r 值）。

3. 一致性（**consistecy**）：旨在檢定某量表在各種不同層面的一致性。例如：量表單獨項目（item）與總分是否一致性……。此種內部一致性（**internal consistency**）又可分成：折半信度、庫李（Kuder-Richardson）信度、內在一

致信度，與觀察者評分一致（inter-rater）等幾類。

(1) 折半法：折半信度（split-half reliability），顧名思義，就是將一份測驗「折」成相等的兩半，每一半各自形成另一個別的測驗或單元，受測者在每一半上可得一個總分，最後求這兩個總分的 Pearson r 相關係數，又稱「內部一致性係數」。

$$\text{折半信度係數 } r = 2[1 - \frac{s_a^2 + s_b^2}{s_T^2}] \text{ -----Flanagan 公式}$$

**定義：折半信度法（split-half method）**
是將調查項目分為兩半，計算兩半得分的相關係數，進而估計整個量表的信度。折半信度屬於內在一致性係數，測量的是兩半題項得分間的一致性。這種方法一般不適用於事實式問卷（如年齡與性別無法相比），常用於態度、意見式問卷的信度分析。在問卷調查中，態度測量最常見的形式是 5 點李克特（Likert）量表。進行折半信度分析時，如果量表中含有反意題項，應先將反意題項的得分作逆向處理，以保證各題項得分方向的一致性，然後將全部題項按奇偶或前後分為盡可能相等的兩半，計算二者的相關係數（rhh，即半個量表的信度係數），最後用斯皮爾曼—布朗（Spearman-Brown）公式：求出整個量表的信度係數（$r_u$）。

(2) Kuder-Richardson 法：折半法及 Kuder-Richarson 法兩者都適合難度測驗，像是非題或選擇題，答對給 1 分（n 分），答錯給 0 分。然而，這兩種信度檢定法都不適合做速度測驗（例如：電腦打字速度測驗）。為了研究者須將測量工具折成兩「半」的技術很麻煩，Kuder-Richarson 兩人改以測驗中所有的內部試題為基礎，共發展出兩種不同公式之 Kuder-Richarson 信度：Kuder-Richarson20 信度（$KR_{20}$）及 Kuder-Richarson21 信度（$KR_{21}$）。其中，Kuder-Richarson 20 公式如下：

$$KR_{20} = \frac{k}{k-1}\left(1 - \frac{\sum pq}{S^2}\right)$$

其中，$k$ = 試題的總個數，$S^2$ = 整個測驗之變異數，$p$ = 答對該試題之人數 %（該試題的難度），$q = 1 - p$（答錯該試題之人數 %），$\Sigma pq$ = 整個測驗每一試題答對及答錯人數 % 乘積之總和。

例如：假設一測驗中有 5 道試題，對 30 人施測（如表 6-18），求得變異
數爲 2.5，$\Sigma pq = 1.09$，將它們代入公式，求得：

$$\text{KR}_{20} = \frac{5}{5-1}\left(1 - \frac{1.09}{2.5}\right) = 0.71$$

相對地，Kuder-Richarson21 公式如下：

$$\text{KR}_{21} = \frac{k}{k-1}\left(1 - \frac{M(k-M)}{k(S^2)}\right)$$

其中，$k$ = 試題的總個數，$S^2$ = 整個測驗之變異數，$M$ = 測驗之平均數。

表 6-18　測驗中有 5 道試題

| 試題 | 答對人數 | $p$ | $q = 1 - p$ | $pq$ |
|---|---|---|---|---|
| 1 | 15 | 15/30 = 0.5 | $1 - p = 0.5$ | 0.25 |
| 2 | 10 | 10/30 = 0.33 | $1 - 0.33 = 0.67$ | 0.22 |
| 3 | 12 | 12/30 = 0.4 | $1 - 0.4 = 0.6$ | 0.24 |
| 4 | 20 | 20/30 = 0.67 | $1 - 0.67 = 0.33$ | 0.22 |
| 5 | 6 | 6/30 = 0.20 | $1 - 0.2 = 0.8$ | 0.16 |

**定義：庫李信度 KR-20、KR-21**

根據受試者對一個測驗中，各項題目反應之一致性求出的信度，只適用於正
反兩極之題型。如對錯的記分系統，每對一題得一分。

其中，Kuder–Richardson 公式 20（KR-20）是對帶有二分法選擇的測量的內部
一致性可靠性的測量。它是由 Kuder 及 Richardson 開發的。該公式的名稱源
於一個事實，即 Kuder 及 Richardson 關於測驗可靠性的開創性論文中討論的
第二十個公式。

它是 Cronbach's $\alpha$ 的特例，也是根據二分得分計算的。通常認爲，高
KR-20 係數（例如 > 0.90）表示同質測驗（homogeneous test）。但是，像
Cronbach's 的 $\alpha$ 一樣，同質性（即一維性）實際上是信度係數的假定，而不
是結論。例如：多維量表要高 KR-20，就要處理大量。

KR-20 值域介於 0.00 到 1.00（有時表示爲 0 到 100）之間，較高的值表示檢查很可能與 alternate forms 有相關（理想特性）。KR-20 會受到測驗難度、分數分布及考試時間的影響。

分數不是 tau-equivalent 的情況下（例如：當沒有同質性但難度增加的考試項目時），則 KR-20 就是內部一致性（可靠性）的下限。

對於 K 個測驗項目（i = 1 到 K）的測驗，其 KR-20 的公式爲：

$$r = \frac{K}{K-1}\left[1 - \frac{\sum_{i=1}^{K} p_i q_i}{\sigma_X^2}\right]$$

其中 $p_i$ 是對測驗項目 i 的正確答案的比例，$q_i$ 是對測驗項目 i 的錯誤反應的比例（因此 $p_i + q_i = 1$），分母的變異數爲：

$$\sigma_X^2 = \frac{\sum_{i=1}^{n}(X_i - \overline{X})^2}{n}$$

其中，n 是樣本總數。

Cronbach's α 信度：用於判斷同一測驗中各個項目結果的一致性。檢定某一量表，每個題目之一致性或關聯性。如果 Cronbach's α 值很低（可用 STaTa/SPSS 來計算），則表示題目及題目之間的關聯性很低，其測量出的結果自然也就無法一致性，量表就不具信度。

(3)「內部一致性」信度（Cronbach's alpha（α）係數）

想像一下，我們計算了一個一半的信度，然後將項目隨機分爲另一組一半，然後重新計算，並繼續這樣做，直到我們計算出所有可能的信度一半估計。Cronbach's alpha 在數學上等於所有可能的一半均值估計的平均值，儘管這不是我們計算的方式。請注意，當我說我們計算所有可能的均分估計時，我的意思並不是每次我們測量一個新樣本。取而代之的是，我們從同一個樣本中計算所有的一半估計。因爲我們測量了 6 個項目中每個項目的所有樣本，所以我們要做的就是讓電腦分析來分析項目的隨機子集並計算所得的相關性。下圖顯示，6 個項目例子的幾個對半估計，並將它們列出「下標 SH」。請記住，Cronbach's alpha 值等於所有可能的均分半相關性的平均值，但我們不會這樣計算。一些聰明的數學家（克倫巴赫）想出了一種更快地獲得數學 equivalent 的方法。

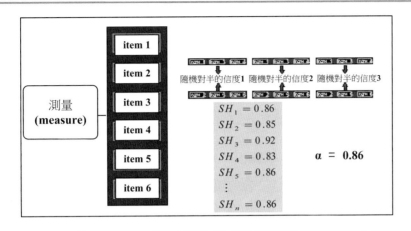

**圖 6-26** 「內部一致性」Cronbach's alpha

　　Cronbach's alpha，特別適合測量人格特質、態度……（即 Likert 量表）。為了改善 Kuder-Richarson 信度只能應用於兩分法（對給 1 分，錯給 0 分）測驗之計分方式，Cronbach's 將 $KR_{20}$ 修訂為一個可以測量多重評分（例如：Likert 量表五點計分方式）之公式，以計算這類量表之內部一致性信度。一般 $0.7 \leq \alpha \leq 0.8$ 表可信，一般 $0.8 \leq \alpha \leq 1.0$ 表非常可信。其公式如下：

$$\text{Cronbach's } \alpha = \frac{k}{k-1}\left[1 - \frac{\sum S_i^2}{S_T^2}\right]$$

$$= \frac{k}{k-1}\left[\frac{\sum S_t^2}{S_T^2}\right], \sum S_i^2 = S_E^2$$

其中，$k$：總題數

　　　$S_T^2$：測量之總分變異數【即 $\text{Var}(X_O)$ 之估計值】

　　　$S_i^2$：第 $i$ 題之變異數【即 $\sum S_i^2$ 即 $\text{Var}(X_E)$ 之估計值】

　　　$S_t^2$：實際之總分變異數【即 $\text{Var}(X_T)$ 之估計值】

　　其中，$k =$ 試題的總個數，$S^2 =$ 整個測驗之變異數，$S_i^2$ 為每一試題之變異數。事實上，$KR_{20}$ 可視為 Cronbach's $\alpha$ 的特例，因為當試題作答退化成兩分計分法時，$\sum S_i^2$ 即為 $\sum pq$。

例題：假設某一面有 6 個問卷的題目，隨機調查 40 人，所得到此 6 個題項分數的變異數分別爲 3.1,3.3,2.6,2.9,2.5,3.6，而這 6 題項總分之變異數爲 50，試求 $\alpha$ 值。

$$\alpha = \frac{6}{6-1}\left[1 - \frac{3.1+3.3+2.6+2.9+2.5+3.6}{50}\right] = 0.77$$

表 6-19　信度分類的關係（時間關係、樣本關係）

| 時間<br>樣本 | 前一期 | 後一期 | 等值性 |
|---|---|---|---|
| 受測群 A | 測量一 | 測量二 | |
| 受測群 B | 測量二 | 測量一 | |
| | 再測法 —————➤ | 再測法 | |

定義：**Cronbach's α** 信度

假設你測量的數量是 K 個組件的總和（K-items or testlets）：$X = Y_1 + Y_2 + \cdots + Y_k$

Cronbach's alpha 的公式爲：

$$\alpha = \frac{K}{K-1}\left(1 - \frac{\sum_{i=1}^{K}\sigma_{Y_i}^2}{\sigma_X^2}\right)$$

其中，$\sigma_X^2$ 是觀測的總分。$\sigma_Y^2$ 是當前人員樣本的分量 $i$ 的變異數（variance of componenti for the current sample of persons）。

如果項目的得分爲 0 及 1，則簡短公式爲：

$$\alpha = \frac{K}{K-1}\left(1 - \frac{\sum_{i=1}^{K}P_iQ_i}{\sigma_X^2}\right)$$

其中，$P_i$ 是在第 $i$ 個項目上得分爲 1 的比例；$Q_i = 1 - P_i$

另外，Cronbach's $\alpha$ 亦可定義爲：

$$\alpha = \frac{K\bar{c}}{\bar{v} + (K-1)\bar{c}}$$

其中，$K$ 是測驗的題數。

$\bar{v}$ 是每個組件（項目）的平均變異數。

$\bar{c}$ 是當前樣本中各個組件之間所有共變數的平均值（即，不包括每個組件的變異數）。

Cronbach's $\alpha$ 標準化定義爲：

$$\alpha_{\text{standardized}} = \frac{K\bar{r}}{(1+(K-1)\bar{r})}$$

其中，$\bar{r}$ 是 $\frac{K(K-1)}{2}$ 個非冗餘相關係數的平均值（即，上三角或下三角相關矩陣的平均值）。

Cronbach's $\alpha$ 在概念上與 Spearman-Brown 預測公式相關。兩者均源於古典測驗理論結果，即測驗分數的可靠性可以表示爲眞實分數與總分數（誤差加眞實分數）變異數之比値：

$$\rho_{XX} = \frac{\sigma_T^2}{\sigma_X^2}$$

$\alpha$ 的理論値介於 0 到 1 之間，因爲它是兩個變異數之比。根據所使用的估計程序，alpha 的估計可小於或等於 1 的任何値，包括負値，儘管只有正値才有意義。更高的 alpha 値是更可取的。根據經驗，某些專業人員在使用工具之前，要求信度爲 0.70 或更高，其中 0.60 爲最低可接受門檻値。

儘管涉及該規則時經常引用 Nunnally（1978），但他從未說過 0.7 是研究專案的合理門檻。此外，適當的信度取決於工具的使用。例如：被設計爲用作測驗 battery 的部分工具可故意設計爲盡可能短，因此信度稍差。其他情況可能需要具有非常高信度的極其精確的措施。在極端情況下：兩種項目測驗，Spearman-Brown 預測公式比 Cronbach 的 alpha 更合適。

就心理測驗而言，落在 0.75 至 0.83 是合理範圍內，若 Cronbach's alpha 高於 0.90 則是最佳狀況。

• 小結

爲了便於釐清各信度彼此之差異，表 6-20 及表 6-21 列出常見四種信度是否採同一構念、量表、施測時間、對象、項目、研究者，做一綜合性比較，以利研究者自我判斷量表的信度檢定該採用那一類檢定。由於隨機誤差會發生在不

同的組合，因而產生不同信度的概念。

在實際應用上，Cronbach's α 值至少要大於 0.5，最好能 α > 0.7（Nunnally, 1978）。在行銷界有名的學術期刊論文中，有 85% 論文之量表 α 值大於 0.5，有 69% 量表 α 值大於 0.7（Churchill 及 Peter, 1984）。

表 6-20　四種信度之差異比較

| 信度 | 構念 | 量表（scale） | 施測時間 | 施測對象 | 使用問項 | 研究者 |
|---|---|---|---|---|---|---|
| 1. 複本信度 | 相同 | 不同量表 | 相同 | 相同 | 相同 | 相同 |
| 2. 一致性 | 相同 | 相同 | 相同 | 相同 | 不同項目 | 相同 |
| 3. 等效性 | 相同 | 相同 | 相同 | 相同 | 相同 | 不同研究者 |
| 4. 穩定性 | 相同 | 相同 | 不同時間 | 相同 | 相同 | 相同 |

表 6-21　信度估計之適用情況的比較

| 信度 | 適用情況 | 施測時間 |
|---|---|---|
| 1. 穩定性（再測法） | 只適合測量人格特質這類特質，不適合做成就測驗或 IQ 測驗。 | 兩次測驗時間越長，信度係數越低。 |
| 2. 等效性（複本法） | 沒限那一種測驗或量表。 | 可「同時」或「間隔」施測。若間隔施測時間越長，信度係數越低。 |
| 3. 一致性法 | 其中，折半及 Kuder-Richarson 法只適合於答對給 1 分，答錯給 0 分這種兩分計分方式。例如：成就測驗、IQ 測驗。相對地，Chronbach's 適用於檢定 Likert 量表這類五點（七點）計分方式之量表的信度。 | 均採「同時」施測。 |

## 6-7-2　影響信度的因素

信度與誤差變異之間有密切關係，誤差變異越大，則信度越小。誤差變異來源可分成五大類（Lyman, 1971）：

1. 受測者：身心狀況、動機、注意力、持久性、態度配合……。
2. 施測者：是否按規定施測、施測氣氛、給予協助……。
3. 測驗內容：試題取樣是否適當、內部一致性高嗎、題數是否太少……。

4. 施測情境：太熱、太吵、太暗、太太在場⋯⋯。

5. 時間：前測及後測的間隔時間太長時，其他變數介入的可能性越高，受外界干擾就越多。

## 6-7-3 信度與效度的關係

若有效度保證有信度（「若 P 則 Q」）。但有信度不保證有效度（逆定理「若 Q 則 P」不一定成立）。沒信度則沒效度（若∼Q 則∼P）。因此，研究論文若你能提供建構效度（區別效度 + 收斂效度），則可省略 Cronbach's alpha 信度分析或項目（item）分析。畢竟你不必畫蛇添足，多此一舉。

根據前述古典測驗理論，觀察值等於實際值加上誤差分數，即 $X = T + E$。等式兩邊取變異數，可得：

$$S_X^2 = S_T^2 + S_E^2$$

將兩邊除以觀察值總變異，即可得：

$$\frac{S_X^2}{S_X^2} = \frac{S_T^2}{S_X^2} + \frac{S_E^2}{S_X^2} = \frac{S_T^2 + S_E^2}{S_X^2}$$

所以，信度公式為，

$$信度（r_{xx}）= \frac{S_T^2}{S_X^2} = \frac{S_X^2}{S_X^2} - \frac{S_E^2}{S_X^2} = 1 - \frac{S_E^2}{S_X^2}$$

如果將 $S_X^2 = S_T^2 + S_E^2$ 公式中，$S_T^2$ 進一步分解成「有效或相關變異數」及「無關變異數」兩部分，可得：$S_T^2 = S_R^2 + S_{IR}^2$，故：

$$S_X^2 = S_R^2 + S_{IR}^2 + S_E^2$$

所以，$S_R^2 = S_X^2 - S_{IR}^2 - S_E^2$，接著兩邊再除以 $S_X^2$，可得：

$$效度 (r_{xy}) = \frac{S_R^2}{S_x^2} = \frac{S_x^2}{S_x^2} - \frac{S_{IR}^2}{S_x^2} - \frac{S_E^2}{S_x^2} = \left(1 - \frac{S_E^2}{S_x^2}\right) - \frac{S_{IR}^2}{S_x^2}，得$$

$$效度 (r_{xy}) = 信度 - \frac{S_{IR}^2}{S_x^2} ⋯⋯公式$$

由以上公式，可知兩者關係是：

$$效度（r_{xy}）\leq \sqrt{信度}$$

此不等式之邏輯關係，是「效度→信度」（關係式若 $p$ 則 $q$）。

換句話說，有效度一定有信度；但有信度不一定有效度；無信度一定無效度。

- 小結
  信度與效度的改善

Grover 等人（1993）在評估 1980 到 1989 年間一些 MIS 主要期刊中調查研究的現況時發現，只有 38.8% 的調查研究有工具檢定或信度與效度的分析。一般而言，測量工具之信度與效度的處理，有下列兩種方式：

方式1 要增加信度與效度，最好的方法是使用學理上驗證過的工具。例如：在 MIS 調查研究中，可以採用 Ives, Olson 及 Baroudi（1983）或 Bailey 及 Pearson（1983）之使用者滿意度（user satisfaction）測量；Chin, Diehl 及 Norman（1988）之使用者介面（user interface）測量；或是 Doll 與 Torkzadeh（1988）之終端使用者滿意度（end-user satisfaction）測量。

方式2 如果自己根據定義創造出來的測量尺度或整合、修改以前的工具，則必須有非常嚴謹的設計過程。前測（pretest）與試測（pilot test）、信度與效度的檢定等工作可增加測量尺度的說服力。

## 6-8 ML 偏誤與變異數的權衡（bias-variance tradeoff）

迄今，成功 AI、機器學習（machine learning, ML）的應用有目共睹，包括：推薦引擎、天氣預測、人臉辨識、指紋辨識、車牌辨識、醫學診斷／圖形辨識、測謊、證券分析、自然語言處理、Lasso 推論模型（預測＋推論功能）…等。

機器學習旨在透過演算法將蒐集到的資料進行分類或預測（＋推論）模型訓練，在未來中，當得到新的資料時，可以透過訓練出的模型進行未來（樣本外）預測。ML 對大數據的特徵選擇（feature selection）有 3 方法：過濾法（e.g. 子集選擇）、包裝法、嵌入法（收縮法 shrinkage）。其中，Ridge 迴歸、Lasso、 elastic net 迴歸都是屬嵌入法（收縮法，shrinkage）。在此只概述機器學習法，ML 原理及範例分析，請見作者《機器學習：使用 STaTa 分析》一書。

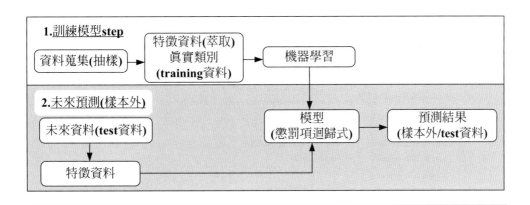

**圖 6-27** 機器學習架構

## 一、收縮估計（shrinkage estimation）

1. 考慮帶有 p 個潛在 regressors（預測自變數）的線性迴歸模型，往往遇到 regressors 個數 = p 太大。這時這些眾多外在變數 P 個，不須因嚴重多元共線性而被排除在迴歸之外，故 Ridge 迴歸、Lasso 迴歸、elastic net、Lasso 推論模型、都改採收縮方式來縮小迴歸係數的權重。

2. 降低模型複雜度的方法是：
   • 只選一部分（subset）之重要 regressors（預測因子）。
   • 將迴歸係數縮小到零。

3. Ridge（脊）迴歸、Lasso 迴歸、彈性網（elastic net）迴歸都是收縮法之迴歸。
   • 亦可減小 regressors 的個數，例如：主成分分析。

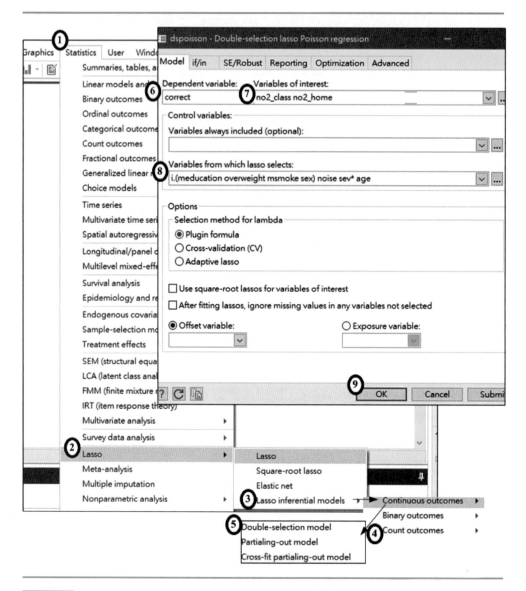

**圖 6-28** 「dsregress react no2_class no2_home, controls（i.（meducation overweight msmoke sex）noise sev*age）」畫面

註：Lasso 推論模型（預測＋推論功能）請見作者《機器學習：使用 STaTa 分析》一書

## 二、ML 的偏誤（bias）、變異數（variance）是什麼？

可用高中軍訓課打靶的經驗，來詮釋『準』跟『確』這兩個概念所對應的 bias、variance，即：

1. 如果說你打靶打得很『準』，表示你子彈射中的地方離靶心很近，意即 low bias；
2. 如果說你打靶打得很『確』，表示你在發射數槍之後這幾槍彼此之間在靶上的「距離很近（很集中）」，意即 low variance。

　　請看下圖之說明，就可一目了然。

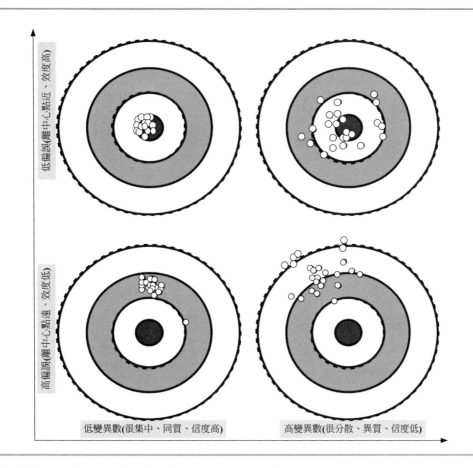

**圖 6-29**　打靶「準、確」這兩個概念所對應的「bias、variance」

　　在機器學習領域，人們都希望能夠把模型訓練到非常的『準確』（有信效度），即你界定（假設）的模型是可以用來描述數據背後的真實規律、真實意義，以便後續用這個模型來執行一些描述性任務或預測性迴歸。

　　但在真實的世界並沒有這個美好，一般，在假設模型的實作上會碰到的誤差有：隨機誤差、偏誤、變異數，其中隨機誤差的部分源於數據本身，基本上

　　沒有辦法消除，而偏誤與變異數的部分又跟 overfitting & underfitting 的問題有關聯，所以才造就了今天的這篇主題：bias-variance tradeoff，顧名思義，就是你希望透過權衡 bias error 跟 variance error 來使得總誤差（total error）達到最小。

　　由於 bias-variance 二者是蹺蹺板，若想把總誤差降到最低，就是想方設法把 bias error 與 variance error 總和找到最佳平衡點（總誤差降到最低）？

　　易言之，也就是達到上圖左上（low bias 且 low variance）的地步。沒錯，理論上是個樣子，如果你今天有「無窮的數據＋完美的演算法模型＋不可思議的運算能力」，理論上是有辦法辦到的。然而現實生活中，常常「現實 vs. 理想」是有落差，可惜在解決一些實際的工程問題時，就會發現，你的大數據與電腦計算能力都是有限的，演算法模型也不全然都是完美的（會留點機會給後人來改善）。

　　舉個例子，假設今天取到一批資料的分布如下圖：

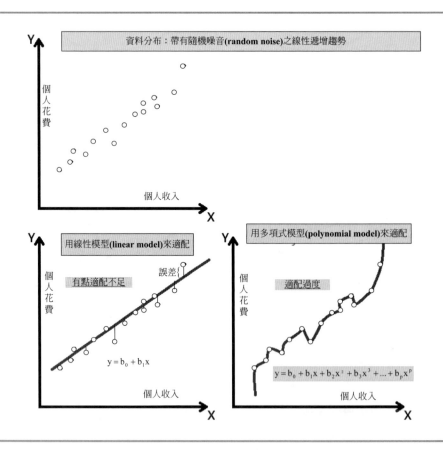

**圖 6-30**　資料分布：帶有隨機噪音（random noise）之線性遞增趨勢

上圖若用肉眼來看，很直觀的看出資料似乎呈現某一種線性分布，不過帶有一些隨機擾動（noise）的成分在裡面。這時候你讓電腦用一個非常簡單的線性數學模型，即 $y = b_0 + b_1 x$

相對地，若極力想去近似（適配）這批資料的時候，你會發現其偏誤是比一個複雜的多項式模型高很多的。如果在一個平面座標系上有 N 個點，你是可以用一個 N 次多項式來完美透過每一個點。

$$y = b_0 + b_1 x + b_2 x^2 + b_3 x^4 + \cdots b_p x^p$$

於是你畫了一條奇形怪狀的線來透過每一個點，然後你發現這樣曲摺線形模型，看起來偏誤可就降到 0。

偏誤降到 0 了，聽起來好像還不錯啊，可是先別高興得太早，因為你最終的目的是希望求得一個模型對往後一些未知的資料來做預測。故你再拿另一筆全新的資料（即不存在訓練集當中，模型之前完全沒看過的資料）要給模型來做預測，你就會發現用 N 次多項式模型所做出來的預測，答案錯的有夠離譜，反而線性模型做出來的預測會比較接近真實答案。

問題出在，一開始你太過希望能把偏誤降到 0，所以建了一個非常複雜的模型，讓你的模型可以死記硬背的將所有訓練集中的資料都硬背下來，這麼做有一個明顯的問題就是，你的資料裡面是帶有很多隨機誤差，你又把這些隨機誤差都全部 fit 到模型裡面，會容易導致你的模型失去了概化的能力，對於這樣的結果，稱作適配過度（overfitting），意指你的模型過度 fitting。

模型一旦適配過度，對於未知的資料預測的能力就會很差，隨之造就了很高的誤差變異（variance error）。

若將「模型的複雜度」與「模型預測的誤差」畫成圖的話，如下圖所示。可以發現，隨著模型複雜度的增加偏誤會越來越低；而變異數卻呈現了越來越高的趨勢，兩者是呈現蹺蹺板（tradeoff）的現象，只有在模型複雜度適中的時候，才有辦法得到最低的總誤差。

既然如此，最佳（低）總誤差的點會落在 total error 函數的轉摺點，而 total error 又是「Bias + Variance」而來，因此你應該能寫出某一數學式子來找出那個最佳模型複雜度是多少吧？

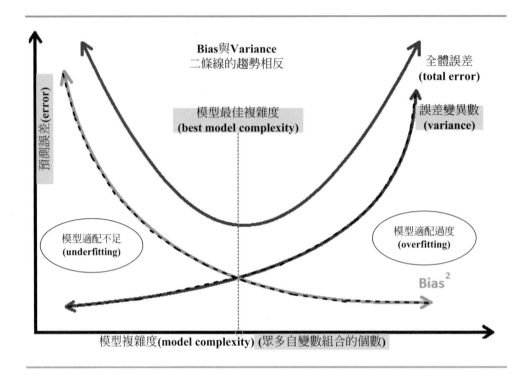

**圖 6-31**　偏誤與變異數的權衡（bias-variance tradeoff）

　　理論上雖然是如此說，可惜實務上你很難去計算模型的偏誤與誤差變異數。因此在實務上你更常透過模型外在的表現來判斷它現在是適配不足（underfitting）還是適配過度（overfitting），再透過調整模型的超參數（hyperparameter）來調整模型的複雜度。實際操作上，一般你會將 dataset 切割成 training set 與 validation set。其中，training set 用於訓練模型；而 validation set 將不會參與訓練，用於評估模型是否適配過度。

　　如果把「模型的複雜度」與「模型預測的誤差」蹺蹺板畫成對映圖，如圖 6-32：

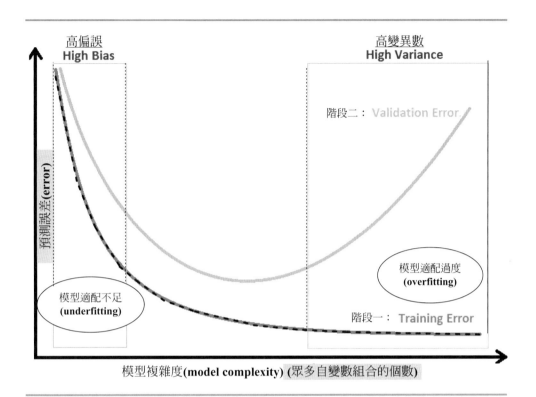

圖 6-32 「模型的複雜度」與「模型預測的誤差」蹺蹺板成畫對映圖

由圖可觀察到：

(1) 在 underfitting 的時候，不論是在 training set 還是 validation set 的 error 都很高。

(2) 在 overfitting 的時候，training set 的 error 已經將降低了，但 validation set 上的 error 會很高。

有了以上這兩個重要的觀察，在訓練的時候就可以很容易的判斷 model fitting 的好與劣。

## 三、overfitting 與 underfitting 的應對之道

情況一：underfitting

前面有提到，發生 underfitting 的原因就是你假設的模型太過簡單，故解決方案就是提高模型的複雜度，你可以透過：

(1) 增加訓練的疊代次數。

(2) 調整超參數（修改模型架構）。

(3) 生成更多的特徵來訓練模型。

(4) 如果有使用正規化（regularization）可先將其移除。

(5) 更換一個更複雜的模型。

情況二：**overfitting**

　　如前面所說，發生 overfitting 的根本原因就是你假設的模型太過複雜，故解決方案就是降低模型的複雜度，你可以透過：

(1) 演算法提早結束（early stopping）。

(2) 增加訓練資料。

(3) 降低特徵維度（減少自變數組合的個數）。

(4) 如果沒有使用正規化（regularization）可以將其加入。

(5) 調整超參數（修改模型架構）。

(6) 更換一個較爲簡單的模型。

## 四、收縮估計（shrinkage estimation）原理

1. 考慮迴歸模型：

$$Y = f(x) + \varepsilon$$
$$E(\varepsilon) = 0，且 \varepsilon 獨立於 x$$

2. 對於樣本外估計點 $(y_0，x_0)$，其 $MS_E$ 爲：

$$E[(y_0 - \hat{f}(x_0))^2] = Var\,[\,\hat{f}(x_0)] + \{Bias\,(\,\hat{f}(x_0))\}^2 + Var(\varepsilon)$$
$$MSE = Variance + Bias\text{-}squared + Error\ variance$$

3. 情況1 越可行模型（flexible model）偏誤（bias）越小，但變異數（variance）卻越大。

4. 情況2 如果最小化 MSE 是你的目標，那麼偏誤（bias）可能會很好。
因此，收縮率估計（shrinkage estimators）就求得學界的認同。其中，收縮率估計最著名的是，STaTa 指令 Lasso（least absolute shrinkage and selection operator, Tibshirani, 1996）。

## 6-9 訪談／面試、實驗法、問卷法、觀測法的信度及效度

### 一、訪談／面試（interviews）的信度及效度

訪談信度是指訪談問題是否映射到能力評估工作表上列出的特定能力。為了確保最大的信度，訪談問題及基本能力之間必須存在一對一的對應關係（Washington, 2019）。

為了確保訪問者的可靠性，所有訪問者都需要使用以此方式設計的訪問問題。只有當所有訪談都記錄並使用了該映射後，才可以說該候選人的訪談資料是可靠及有效的，或者與被認為對工作至關重要的能力相符。

眾知，採訪（interviews）是一種非常靈活的評估方法。在訪談中，你可能會評估知識、技能、能力、性格、動機等。所有這些不同的構面可能與工作績效都有不同的關係。這意味著對訪談有效性的任何檢查都必須考慮這些差異。這就是為什麼 Meta 分析一直是有關影響訪談有效性的因素的重要訊息來源的原因。

當人們深入研究訪談的設計及執行對有效性係數的影響時，就會有許多重要發現。例如 McDaniel、Whetzel、Schmidt 及 Maurer（1994）採用 Meta 分析 245 個「訪談的有效性係數」，發現在以下情況的有效性最高：

1. 面試官（interviewers）使用與情境及工作相關的問題（面試內容）
2. 面試是高度結構化的，由一個人進行的（面試執行）。Salgado（1999）的評論也說，高度結構化的訪談的平均效度係數約為 0.5，而低結構的訪談的效度係數約為 0.2。
3. 當工作績效測量指標（而非任期）是驗證研究的標準（驗證標準）時。

這些發現是合乎邏輯的。如果面試是專門設計用來以有組織及有條理的方式檢查與工作相關的能力，那麼它與以隨機方式進行的情況相比，它更有可能預測未來的表現。

Campion、Palmer 及 Campion（1997）對訪談的預測效度的決定因素進行了更詳細的分析，並得出結論，某些設計特徵提高了預測效度。Campion 亦發現，資料蒐集及評估的方式也對訪談的有效性產生重大影響。在以下情況下，往往會獲得更高的驗證率（validates tended）：

1. 給定的每個答案的備案，都分別進行評分，給予多個評分的標準（例如：針

問題的答案的整體評分）。

2. 面試官詳細記錄了候選人的表現，並使用具有明確定義的 rating 評分（例如：「顯示該能力的許多積極行為指標」或「大部分顯示該能力的消極行為指標」等錨點）。

3. 面試官在決策過程中，使用有關面試績效及工作績效之間聯繫的訊息。

4. 對候選人的整體評價是透過對面試中獲得的分數求總及認定，而不是允許面試官根據自己的個人理由來確定整體評價。

5. 在面試過程的所有方面為面試官提供了廣泛的培訓。

可見，以上措施旨在限制人為偏見或決策經驗法則（heuristics）對訪談結果的影響。許多措施旨在提高 ratings 的可靠性，眾所周知，可靠性是有效性的必要條件。

對於選擇面試而言，增量效度（incremental validity）問題可能不如其他評估方法重要。鑑於訪談構成了許多選擇過程的主體，因此可能希望這樣一個事實，即它會求得有關個體差異的資料，而這些差異也可以透過其他選擇方法來獲得。例如：如果訪談蒐集了有關人格的良好資料，那麼是否可能存在這樣的論點，即使 selection 過程中遺漏人格問卷就沒有什麼問題嗎？

對訪談的漸進有效性進行的研究得出的結果並不令人驚訝。在預測工作績效方面，與智力測驗相比，缺乏增量效度（Mayfield, 1964；Schmidt & Hunter, 1998）。看來，面試表現與智力顯著相關，但又不盡相同。非結構化訪談中的表現往往更多地依賴於社交技能及人格，而認知能力在決定高度結構化訪談中的表現時更加發揮作用。還有證據顯示，面試的表現與更複雜、更複雜的選擇方法（例如評估中心）的表現有關（Dayan, Fox 及 Kasten, 2008）。因此，典型的選擇面試往往具有廣泛的建構效度：由於他們傾向於主導許多選擇程序，因此也許可以放心。

## 二、實驗法的信度及效度

### 1. 信度（可靠性）是什麼？

信度背後的想法是，任何重要的結果都必須不僅僅是一次性的發現，而且本質上是可重複的。

其他研究者必須能夠在相同條件下進行完全相同的實驗，並產生相同的結果。這將加強研究結果，並確保更廣泛的科學界接受該假設。

如果沒有這種具有統計學意義的結果的複製，則實驗及研究將無法滿足可測驗性的所有要求。

這個前提對於將自己確立爲公認的科學眞理的假設至關重要。

例如：如果你執行的是時間緊迫的實驗，則將使用某種類型的秒錶。通常，可以合理地假設 instrument 是可靠的，並且將保持眞實準確的時間。但是，勤奮的科學家會進行多次測量，以最大程度地減少發生故障的機會，並保持有效性及信度。

在另一個極端，任何使用人類判斷力的實驗都會受到質疑。

例如：如果觀察者對某些方面進行評分（例如 Bandura 的 Bobo Doll 實驗），那麼測驗的信度就會受到損害。觀察者之間的判斷力可能會千差萬別，同一個人可能會根據一天中的時間及當前心情對事物進行不同的評分。

這意味著此類實驗更難重複，並且本質上信度較低。信度是確定科學實驗的整體有效性並增強結果強度的必要組成部分。

社會科學家及純粹科學家之間關於信度的辯論是有力且持續的。

**2. 效度（有效性）是什麼？**

效度包括整個實驗概念，並確定所獲得的結果是否滿足科學研究方法的所有要求。例如：必須對樣本組進行隨機分組，並在對照的分配中顯示出適當的照顧及勤奮。

內部效度決定了實驗設計的結構，並涵蓋了科學研究方法的所有步驟。

即使您的結果很棒，但草率及不一致的設計也會損害您在科學界眼中的完整性。內部效度及可靠性是任何實驗設計的核心。

外部效度是檢查結果並質疑是否存在其他可能的因果關係的過程。

對照組及隨機分組將減少外部效度問題，但是沒有任何方法可以完全成功。這就是爲什麼假設的統計證明稱爲顯著事實而不是絕對事實的原因。

任何科學研究設計都只能爲研究效果提出可能的原因。

總是有另一個未知因素影響結果及發現的機會。隨著技術的完善及磨練，這種無關的因果關係可能會變得更加明顯。

- 小結

如果你構建的實驗包含效度及可靠性，那麼科學界就更有可能接受你的發現。

透過使用質控品及重複樣本來消除其他潛在的因果關係，是確保你的結果

能夠經受嚴格質詢的最佳方法。

**3. 實驗法信效度提升之實例**

目的

為提高某醫療保健監管判斷的信度及效度而進行的實驗研究隨機對照試驗（randomized controlled trial）以及案例研究前一後。

因此採用，兩種介入（interventions）效果來判斷的信度及效度的影響調整監管工具（regulatory instrument）及參加共識會議（attending a consensus meeting）。

方法

調整了監管手段。透過隨機對照試驗（RCT），我們檢查了對 instrument 進行調整的效果。在共識會議上，檢查員討論了案件，並且必須就案件的順序達成共識。我們使用前後案例研究來評估共識會議的效果。在共識會議之後，將 RCT 中使用未調整工具分配的判斷與未調整工具分配的判斷進行了比較。此外，根據這兩種干預措施的估計，探索了增加每次監管訪問的檢查員數量的效果。

結果

共識會議改善了檢查員之間的協議；檢查員之間的差異最小（0.03），信度係數最高（0.59）。透過檢查分配的判斷與公司標準之間的關係來評估效度，並透過相關係數來表示。共識會議後，該係數最高（0.48）。調整 instrument 不會增加信度及效度係數。

結論

參加共識會議可以提高信度及效度。檢查員數量的增加導致了更高的信度及效度值。組織共識會議並增加每次監管訪問的檢查員人數似乎是改善監管判斷的有價值的介入措施。

## 三、問卷（questionnaires）的信度及效度

來源：*社會及衛生科學研究中使用的問卷有效性及可靠性測驗的原理及方法*。http://www.npmj.org/article.asp?issn=1117-1936;year=2015;volume=22;issue=4;spage=195;epage=201;aulast=Bolarinwa

目的

社會及衛生科學研究中使用的問卷效度及信度檢定的原理及方法。

雖然眾多前人已經記錄了分別測量被稱為效度及信度的研究工具（尤其是

問卷）的準確性及一致性的重要性，但是在發展中國家的衛生及社會科學研究者中並不普遍進行測量。這與這些測驗知識的缺乏有關。本篇是評論文章，全面探討並描述研究工具的效度及信度（特別參考問卷）。它透過簡潔的例子進一步討論了各種形式的效度及信度檢定，並最終解釋了用指導此類分析的科學原理分析這些測驗的各種方法。

**A. 緒論**

社會科學研究中，不同測量都要求摘要的量化、無形且不可觀察的結構。但是，這些量化將以不同的推理形式出現。另外，做出的推論將取決於測量類型，包括：觀察性、自我報告、訪談及記錄審查。各種測量最終都需要使用測量工具來求得值。在社會科學研究中，最常見任務之一是確定測量工具的效度及信度。研究者總是希望知道所使用的測量工具是否實際測量了預期的研究概念或構想（是否有效？或真實的測量方法？）或用於量化變數的測量工具是否提供了穩定或一致的反應（可靠？還是可重複？）。儘管看起來很簡單，但在研究建議書或報告中經常忽略或只是被動地提及它。這是社會及衛生科學研究者缺乏技能及效度以及信度檢定分析知識的原因。

因此，本文著手回顧在社會及健康科學研究中使用的效度及信度測量工具的原理及方法。為了實現既定目標，審查了最新文章（印刷版及在線版）、科學教科書、講義／演講及衛生計畫論文。這是為了嚴格審查當前的信度及效度檢定的原則及方法，因為它們適用於社會及健康研究中的問卷調查。

效度表示測量所測量的程度。已經描述了幾種變體，包括表面效度、建構效度、內容效度及 critirea 效度（可以是同時的及預測的效度）。這些效度檢定可分為兩個主要部分：內部及外部效度。內部效度是指從研究中獲得的測量實際上量化了設計用來測量的指標的準確度，而外部效度是指從研究樣本中獲得的測量描述了參考人群的準確性如何從中提取研究樣本。

信度是指透過測量及程序獲得的結果可複製的程度。儘管信度對問卷的效度做出了重要貢獻，但對於問卷的效度而言，這還不是充分的條件。缺乏信度可能是因觀察者或測量工具（例如問卷）之間的分歧或所測量的屬性的不穩定性，而將不可避免地影響此類問卷的效度。信度包括三個方面，即：等效性、穩定性及內部一致性（同質性）。了解這三個方面之間的區別很重要，因為它將指導研究者正確評估研究工具（例如問卷）的信度。

問卷是用於蒐集資料的預定問題集。問卷的格式不同，例如：臨床資料、社會地位及職業群體它是一個資料蒐集「工具」，用於蒐集及記錄有關特定關

注問題的訊息。應始終具有與研究目標相關的明確目的，並且從一開始就應明確如何使用研究結果。結構化問卷通常與定量研究相關，這意味著與數字有關的研究（多少？滿意程度？）。它是健康及社會科學研究中最常用的資料蒐集工具。

在衛生及社會科學研究領域，問卷可以用於各種調查情況，例如：郵寄、email、面對面（F2F）或電話。郵寄郵政及電子問卷被稱為自我完成問卷，即受訪者在自己的時間內自行完成問卷。訪調員使用 F2F 及電話問卷來提出一組標準問題，並記錄人們對該問題的回答。訪調員以這種方式使用的問卷有時被稱為訪談時間表。

**B. 問卷效度檢定的方法（methods used for validity test of a questionnaire）**

起草的問卷應始終準備就緒以確保效度。效度是問卷中系統或內在錯誤的數量。可以使用由專家組成的專家小組來確定問卷的表面效度，這些專家小組探討了如下圖所示的理論結構。這種形式的效度利用理論上的構想在操作化量度中的表現（問卷調查），這稱為翻譯或表示（representational）效度。效度的兩個子類型即屬於此形式：表面效度（face validity）及內容效度（content validity）。另一方面，問卷調查的效度可以透過以現場測驗（field test）的形式使用另一項調查來確定，這可根據 empirical constructs 來檢驗給定測量與一個（或多個）外部準測的關聯程度（下圖）。這些形式是準則相關（criterion-related）的效度、建構效度。雖然有人認為與準則相關的效度包括構念的效度；但有人則認為兩者都是獨立的實體（entities），此派認為，預測效度及同時效度是準則相關效度的 sub-types，而收斂效度、區別效度、已知群體（known-group）效度及因子（factorial）效度都是建構效度的 sub-types。此外，一些作者將假設檢定（hypothesis-testing）效度作為建構效度的一種形式。

**1. 表面效度（face validity）**

有人認為表面效度是內容效度的一個組成部分，但有則認為不是。當你設計的問卷（instrument）施測研究對象時，能獲得專家認同時，表示測量所關注的特徵（或象徵）時，具有良好的表面效度。表面效度涉及專家查看問卷中的項目並同意測驗是對僅在其表面進行測量的概念的有效測量。這意味著他們正在評估每個測量項目是否與概念的任何給定概念域匹配。人們通常認為表面效度很隨意，許多研究者並不認為表面效度是效度的有效測量指標。但是，它是發展中國家，最常使用的效度形式。

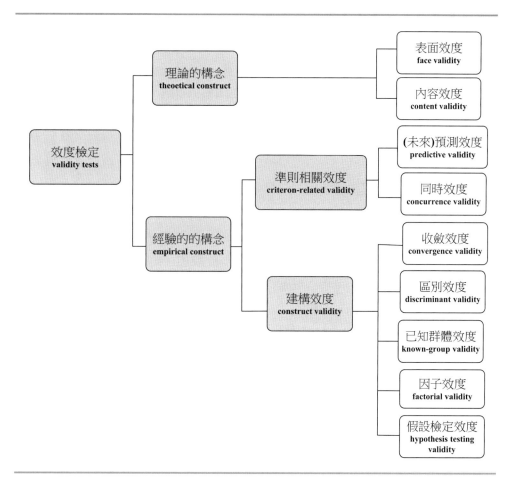

**圖 6-33** 效度檢定各種形式類型的圖形表示

**2. 內容效度**（content validity）

　　內容效度與工具充分評估或衡量感興趣的結構的程度有關。例如：研究者有興趣評估員工對組織內危害預防培訓計畫的態度。他想確保問題（在問卷中）完全代表對職業危害預防的態度領域。內容有效工具的開發通常是透過熟悉興趣結構的評估者（專家）或研究主題的專家對工具進行合理分析來實現的。具體來說，評分者將審查所有問卷項目的可讀性、清晰度及全面性，並在最終問卷中應包括哪些項目達成某種程度的共識。如果評分者指出某項是「好」（分配了 +1 分）還是「不受歡迎」（分配了 +0 分），則評分可能是二分法。然而，近年來，已經提出並開發了不同的等級。這些可以是 Likert scaling 或 absolute number ratings。為了內容的效度，有人提出了項目等級（item rating）及 scale level rating。(1) 項目等級的內容效度指標（content validity indices,CVI）通常表示為 I-CVI。雖然稱為 S-CVI 的 scale-level CVI 仍根據 I-CVI 來計算。其中，S-CVI 是指評估者之間的 agreement 水準。Sangoseni 等人（2013）建議將 S-CVI ≥ 0.78 者作為將某項納入研究的重要門檻。此外，Fog 指數、Flesch 閱讀輕鬆度，Flesch-Kincaid 可讀性公式及 Gunning-Fog 指數都是可用來確定效度的可讀性公式。內容效度的主要缺點是，它也像表面效度一樣被認為是高度主觀的。但是，在某些情況下，研究者可以結合多種形式的效度來提高問卷的效度。例如：表面效度與內容效度、效標效度結合在一起。

### 3. 準則相關的效度（criterion-related validity）

當確定測驗分數與特定準則之間有關係時，即可評估與準則相關的效度。衡量問卷調查結果與其他工具（或預測變數）的疊加（stack up）程度。其主要缺點是這樣的預測可能不可用（或難以建立）。此種效度類型又有兩種變體：

#### (1) 同時（concurrence）效度

這將根據高度評價的現有準則（黃金準則）評估新開發的問卷。當該準則與該測量同時存在時，將可討論同時效度，它是指測驗以當前形式預測事件的能力。例如：以最簡單的形式，研究者可以使用問卷調查來闡明糖尿病患者在上次醫院隨訪中的血糖水準讀數，並將該反應與該患者的實驗室血糖讀數進行比較。

#### (2) 可預測（predictive）效度

它評估問卷（工具）預測未來事件、行為、態度或結果的能力。使用相關係數 r 來進行評估。預測效度是測驗在將來測量某些事件或結果的能力。例如：使用高血壓患者關於藥物依從性的問卷調查來預測他們未來的醫療結果，例如收縮壓控制。

### 4. 建構效度（construct validity）

建構效度是一種工具測量擬測量的特徵或理論構造的程度。它沒有比較準則，而是使用假設的構念進行比較。這是最有價值且最困難的效度測量。基本上，它是衡量 scale 或 instrument 在實際使用中的意義的測量。它取決於研究問題、亦可出於建構效度的目的而獲得四種證據，如下所述：

#### (1) 收斂效度

有證據顯示，以不同方式衡量的同一概念產生相似的結果。在這種情況下，可以包括兩個不同的測驗。如何做：不同測量在相同概念所產生相似結果的收斂效度，你可使用自我報告與觀察（2 種不同測量）。下面場景是 2 種情況

來說明這一概念。

場景 1

*研究者可以將 meters 放在受訪者的電視機上，以記錄人們在電視上花費某些健康計畫所花費的時間。然後，可以使用問卷將該記錄與「電視直播健康計畫」調查結果進行比較。*

場景 2

*研究者可以派人在家中**觀察**受訪者的電視使用情況，並使用**問卷**將觀察結果與調查結果進行比較。*

**(2) 區別效度（discriminant validity）**

它是指，某一概念不同於其他相關概念的程度。例如：上面的電視健康節目曝光例子，你可測量**電視娛樂節目的曝光量**，並確定它們是否與**電視健康節目曝光量**有所不同。在這種情況下，接觸電視健康節目的措施不應與接觸電視娛樂節目有高度相關。

**(3) 已知群體效度（known-group validity）**

在已知組效度中，將具有建構結果的屬性的組，再與尚未建立屬性的組進行比較。由於兩組受訪者的屬性是已知的，因此預期在具有相關屬性的組中測得的構造會更高，而在具有不相關屬性的組中會更低。例如：在使用**問卷調查**在臨床上診斷為**抑鬱症的患者**，與**沒有抑鬱症**的**兩組**患者進行的抑鬱症調查中；可以預期（已知群體效度），在臨床診斷為抑鬱症的患者，問卷調查中抑鬱症的結構得分將高於未診斷為抑鬱症的患者。

**(4) 因子效度（factorial validity）**

這是內容效度的經驗（empirical）擴展，因它使用 factor analysis 的統計來驗證構念的內容。

因子效度旨在檢查：一組測驗分數中可恢復量表的基本假定（putative）結構的程度。衡量個體差異的內部結構的類型有：

1. 一維的（unidimensional）：scale 的所有項目都將圍繞一個潛在維度凝聚。

2. 多方面的（multifaceted）：這些項目將形成多個相互關聯的因素。這些不同的「方面 facet」量表均包含足夠的唯一可靠的變異數，來保證對其進行單獨的詮釋，但是當 aggregated 時確實形成了一個連貫的單一維度。

3. 多維（multidimensional）：scale 的項目形成多個獨立的維度（項目無法彙總成單一因素）。在定義測驗分數的基礎時，要明確預期的因素結構。這可以透過以下方式完成：(a) 指定的因素是什麼東西？ (b) 哪些項目定義了某因素。

易言之，因子效度分析，旨在衡量：那些用來衡量構念中特定維度的項目及彼此之間高度相關。例如：使用簡短形式的健康相關生活質量問卷 -36 版本 2（SF-36v2）；該工具有 8 個維度，因此，預計這 8 個維度之一的 SF-36v2 問卷測量社會功能（SF）的所有項目應比那些測量另一維度的心理健康領域的項目具有更高的相關性。

**(5) 假設檢定效度（hypothesis-testing validity）**

支持從理論得出的被測概念（變數 x）或其他概念（變數 y）之間關係的研究假設的證據。例如：在看電視情況下，根據社會學習理論，你如何透過**觀察**及建模（observing and modelling）電視暴力來探討暴力學習行為。社會學習理論中，有一個假設，是說人身攻擊（變數 x）與電視轉播的人身暴力觀看量（變數 y）之間存在正相關。如果你蒐集的證據支持該假設，即可得出該論點，因為在假設檢定過程中，是對兩個理論概念（x,y）進行檢定，結論是：對身體侵害的**測量**（變數 y）及對電視轉播的暴力行為的**觀察**（變數 x），其建構效度是很高。

**C. 問卷信度檢定的方法（methods used for reliability test of a questionnaire）**

信度（可靠性）是問卷、測驗、觀察或任何測量程序在重複試驗中產生相同結果的程度。簡而言之，它是分數**隨時間**或**跨評估者**的穩定性或一致性。請記住，可靠性與分數無關，且與人無關。因此，在研究中，永遠不會說有人可靠。例如：在平台跳水比賽中裁判，對每個參賽者的分數達成共識的程度就是可靠性。類似地，個人對調查的回答（即他們的分數）**隨時間**推移保持不變的程度也是可靠性。值得注意的是，觀察者或測量工具之間的分歧或所測量屬性的不穩定性可能導致缺乏信度。問卷的信度通常使用中試進行。信度又分三種評估形式：重測（test-retest）信度、複本信度（alternate-form reliability）及內部一致性（internal consistency）信度：

**1. 重測信度（test-retest）：穩定性（stability）**

重測相關性是指一段時間內之穩定性指標。透過對同一組受訪者進行重複測驗獲得相同（或相似）的分數時，就會發生信度或穩定性的這一方面。換句話說，分數從 1 次到下一次的一致性。透過重新測驗程序評估穩定性，該程序涉及某一段時間後，在相同條件下對相同個體使用相同的測量工具（例如問卷）。它是問卷信度測驗中最常用的形式。

重測信度是「**時間 1 及時間 2**（某時間 x）的得分」之間的相關性。重測程序的使用有兩個假定：

$H_1$：被測特性在「測驗效果」這時間段內沒有變化。

$H_2$：時間段足夠長，但仍很短，例如：受訪者在時間 1 參加考試的記憶不會影響他們在時間 2 的成績，隨後的考試管理被稱為「記憶效果」。

讓相同的受訪者在兩個不同的時間點完成調查，並衡量其反應的穩定性。通常，如果前後測的相關 $r \geq 0.70$，則相關係數（r）值被認為是良好的。

若資料是由觀察者記錄，則可以讓同一觀察者進行兩次單獨的測量。兩次測量之間的比較是觀察者內部信度。在使用這種形式的信度時，需要小心使用問卷（或量表），這些量表會測量，可能在短時間內就微量改變了變數。例如：由於成熟效果常會影響受訪者的精力、幸福感及焦慮感。如果研究者必須使用此類變數，那麼須確保你是在很短的時間內完成重測。在實務中，重測的潛在問題是個人變得熟悉這些項目，並僅根據他們對最後答案的記憶來回答，而產生偏誤。

**2. 複本信度**（alternate-form reliability）：**等效性**（equivalence）

替代形式（**alternate-form**）是指兩個或兩個以上研究工具（例如兩個不同問卷）之間在幾乎**相同時間**點進行管理所達成的 agreement 程度（amount）。它是透過一種並行形式（parallel form）程序來衡量的，在該程序中，一個人對同一組（或不同組）的受訪者使用同一測量的替代形式。它使用措辭不同的問卷來衡量相同的屬性或構念。對**問題**或**回答重新措詞或更改其順序**來產生兩個相似但不相同的項目。各種形式的這種管理同時或在一定時間延遲後發生。兩種形式之間的相關程度越高，它們的等效性就越高。在實務上，很少執行並行形式程序，因為很難（如果不是不可能）驗證兩個 tests 確實是平行的（與其他測量具有相等的均值、變異數及相關性）。確實，要擁有一套完善的工具或問卷來衡量感興趣的結構是足夠困難的，更不用說兩個。

等效性（equivalence）很重要的另一種情況是，當測量過程需要由多個人做出主觀判斷或評級（ratings）時。例如：我們是一個研究團隊的成員，研究目的是就人們對兒童健康教育課程的態度進行訪談。對於研究者來說，應該不言而喻的是，每個評估者都應將相同的標準應用於反應的評估。在**多個人觀察**健康行為的情況下也可以這樣說。觀察者應就特定健康行為的存在或不存在以及行為表現的程度達成一致。在這些情況下，透過評估**觀察者之間**的可靠性來證明其等效，該可靠性是指觀察者或評估者做出判斷的一致性。

確定觀察者之間（inter-observer）的信度的過程是：

$$\frac{\text{No of agreements}}{\text{no of opportunities for agreement}} \times 100$$

因此，在評估者在 90 個機會中總共達成 75 次同意（即獨特的觀察或評分）的情況下，產生 83% 的一致性，即 $\frac{75}{90} = 0.83 \times 100\% = 83\%$。

**3. 內部一致性信度：同質性（homogeneity）**

內部一致性（**internal consistency**）涉及測驗或 instrument 的項目**測量同一項目的程度**。內部一致性信度指標的吸引力在於，僅在一次測驗管理之後才進行估算，因此避免了與多個時間段內的測驗相關的問題。透過，折半信度指標（split-half reliability index）和係數 α 指標，是內部一致性信度的最常用形式；有時，亦可使用 Kuder-Richardson 公式 20（KR-20）指數。

對半的估計需要將測驗分為兩部分（例如：奇數／偶數項目或項目的前半部分／項目的後半部分），將這兩種形式應用於**同一組人**，再求二者的相關 r。係數 α 和 KR-20 都代表所有可能的對分估計的平均值。兩者之間的區別在於何時使用它們來評估信度。具體來說，係數 $\alpha$ 通常用於具有多個反應選項（1 = 完全不同意，5 = 完全同意）的量表開發過程中，而 KR-20 用於評估二分法的信度（是／否：對／錯）的反應量表。

KR-20 的計算公式為：

$$\text{KR-20} = \frac{n}{n-1} \times \frac{1 - \Sigma p_i q_i}{\text{Var(X)}}$$

其中

$n$ = 項目總數

$\Sigma p_i q_i$ = 替代反應概率的乘積之和

$\text{Var}(X)$ = 合成變異數。

再用 Allen & Yen（1979）來計算係數 alpha（$\alpha$）：

$$\alpha = \frac{n}{n-1} \times \frac{\Sigma \text{Var}(Y_i)}{\text{Var}(X)}$$

其中

$n$ = 項目數

$\Sigma \text{Var}(Y_i)$ = 項目差異的總和（sum of item variances）

$\text{Var}(X)$ = 合成變異數（composite variance）。

應當知道，迄今，STaTa/SPSS 等統計軟體都能估算 KR-20 和 Cronbach alpha。因此，研究者不必進行繁瑣的記憶上面的數學公式。根據經驗，信度值越高，測量越可靠。Nunnally 和 Bernstein 規定研究中的一般約定（Melanie ,Alison,2017），認為人們應爭取：將信度值設置為 0.70 或更高。值得注意的是，信度值隨測驗（test）長度的增加而增加。也就是說，scale 有越多的項目來衡量構念，則 scale 信度越高。但是，增加 scale 項目的數量越多時，受訪者答覆問卷時越冗長，受訪者就不太可能完全參與且完全回答。因此，最好的方法是建立一個量表，該量表可以完全測量的構念，並且盡可能以簡約或經濟的方式進行。一個發展良好且簡短量表，越可能會提高受訪者的參與程度及回答率，從而獲得豐富的資料來回答研究問題。

**SPSS 做信度檢定的簡短說明**

你可先預試（pilot test）來蒐集樣本 20 到 30 筆資料，用 SPSS/STaTa 來求得信度 α 值。在 SPSS 輸出兩個報表：「相關矩陣」和「如果已刪除項目則該 Alpha 值」橫列。其中，Cronbach alpha（α）是內部一致性信度的最常用度量。一般，可能影響 Cronbach α 值的條件是：

1. 項目數量：< 10 個變數，就可能導致 Cronbach α 變低。
2. 分數分布：常態性會增加 Cronbach α 值，偏態資料則會降低 α。
3. 時機（timing）：Cronbach α 不表示測試隨時間推移的穩定性或一致性。
4. 項目措辭：反向題（negative-worded）的問卷應在 SPSS 分析前要顛倒。
5. SPSS 分析時，得分為 0、1 和負數的項目應予以消除。

有關 SPSS 執行信度分析的分步過程，你可在作者《**多變量統計之線性代數基礎：應用 SPSS 分析**》、《**多變量統計之線性代數基礎：應用 STaTa 分析**》二本書中找到。請注意，信度係數（α）的範圍可以從 0 到 1，其中 0 表示不可靠的問卷，而 1 表示絕對可靠的問卷。0.70 或更高的信度係數（α）被認為是可以接受的信度。

## 四、觀測法的信度及效度

本文旨在介紹自然環境下觀測研究的基本問題和設計選項。觀察研究技術僅涉及研究者進行觀察。觀察研究方法有很多積極方面。即，觀察通常是靈活的，你不必一定圍繞假設（hypothesis）來進行建構（其中，假設是關於您期望觀察的陳述）。例如：在進行更結構化的研究之前，研究者可能會進行觀察來形成研究問題，這稱為**描述性研究**。在效度方面，觀察性研究結果被認為是有

力的。Trochim 指出，效度是對給定命題（proposition）的眞實性的最佳近似估計、推斷或結論。觀察性研究結果的效度被認爲是有效的，因爲研究者能夠蒐集有關特定行爲的深度訊息。但是，也有不利的方面；在可靠性和可推廣性方面存在問題。可靠性是指觀測值可以重複的程度。反覆觀察行爲可能是一項耗時的任務。Trochim 將普遍性或外部效度描述爲該研究結果對其他人，在其他地方和其他時間也適用的程度。在觀察性研究中，發現可能僅反映獨特的人群，因此不能推廣到其他人群。研究者的偏見也存在問題。通常認爲研究者可以「看到他們想看到的東西。」

本小節的學習目標，包括：

1. 了解觀察性研究與其他研究方法相比的優缺點。
2. 了解觀察性研究結果效度的優缺點。
3. 了解什麼是直接觀察以及使用此方法的一些主要問題。
4. 了解什麼是持續監控（continuos monitoring），以及適合進行哪種類型的研究。
5. 了解時間分配研究以及爲什麼要使用它。
6. 知道爲什麼不打擾的研究是一個棘手的命題。
7. 在討論無干擾觀察時，應了解效度問題。
8. 知道在行爲跟蹤研究中該怎麼做。
9. 考慮何時進行隱蔽的現場（field）實驗。
10. 了解觀測變數。

## (一)你是否應該通過觀察來蒐集資料？

你要考慮的問題有：

### 1. 主題敏感嗎？

人們是不舒服還是不願意回答有關特定主題的問題？例如：許多人在被問及偏見時感到不舒服。自我報告的偏見常常帶來有偏見的答案。相反，研究者可以選擇觀察黑人和白人學生的互動。在這種情況下，觀察更有可能帶來更準確的資料。因此，敏感的社會問題更適合觀察研究。

### 2. 你能觀察到現象嗎？

你必須能夠觀察到與你的學習相關的內容。面對現實吧，你可以觀察和觀察，但是如果你從不了解自己的學習內容，那會浪費你的時間。你看不到態度，儘管你可以觀察行爲並推斷態度。另外，你無處不在。有些事情你看不

到。例如：有關性行爲的問題最好留給調查。

**3. 你有很多時間嗎？**

許多人沒有意識到觀察研究可能很耗時。爲了獲得可靠性，必須多次觀察行爲。另外，還擔心觀察者的在場可能會改變觀察到的行爲。但是，隨著時間的流逝，這些對象更有可能習慣於你的出現並正常行動。長期觀察符合研究者的最大利益。

**4. 你不確定要尋找什麼嗎？**

沒關係！觀察被稱爲描述性研究，是啓動研究項目的好方法。假設你對酒吧中的男性和女性行爲感興趣。你不知道要使用什麼理論或感興趣的行爲。因此，你觀看了，哇，你看到了一些東西。就像觸摸的次數與飲酒有關。因此，你可以去圖書館，蒐集研究成果，然後決定做更多觀察或以調查補充研究。然後，這些觀察一旦被複製就變成一個理論（嗯，這不是那麼簡單）。因此，你會發現，觀察是一個不錯的起點。

## (二)觀察類型

若你已經決定觀測研究適合你。現在，你只需要選擇要進行哪種觀察即可。

### 1. 直接（被動）觀察

在直接觀察中，人們知道你正在觀察他們。唯一的危險是他們正在做出反應給你。如前所述，人們擔心個人會改變自己的行爲，而不是向你展示自己的眞實面貌。但是，這並不一定很糟糕。例如：人爲的行爲可能會透露出社會可取性的各個方面，他們在他人面前分享自己的感受時的感受或在關係中的隱私。即使最人爲的行爲也很難隨著時間的流逝而得以維持。長期的觀察研究通常會瞥見自然行爲。其他問題涉及發現的普遍性。個體樣本可能不代表總體，或者觀察到的行爲不代表個體。再次，長期的觀察性研究通常會克服外部效度的問題。你說的道德問題呢？從倫理上講，人們看到你，他們知道你在看著他們（聽起來很恐怖），他們可以要求你停下來。

有兩種常用的直接觀測類型：

#### (1) 連續監視

連續監視（CM）涉及觀察一個或多個對象並盡可能記錄（手動、電子或兩者）所有行爲。連續監控通常用於組織設置中，例如評估績效。但是由於霍桑效應，這可能是有問題的。霍桑效應指出，工人對他們從研究者那裡得到的注意力做出反應，從而提高了生產率。觀察者應該意識到這種反應。其他 CM 研

究也用於教育中，例如觀看師生互動。在營養學領域，研究者記錄下一個人的飲食量。CM 比較容易，但是很耗時。你將確保獲取大量資料。

**(2) 時間分配**

時間分配（TA）涉及研究者隨機選擇一個地點和時間，然後記錄人們在初次見到時和他們見到你之前正在做什麼。這聽起來可能很奇怪，但是當你想了解人們做事的時間百分比（即與孩子一起玩耍、工作、吃飯等）時，這是一個有用的工具。這種方法存在幾個採樣問題。首先，爲了對人們如何花費時間有一個概括，研究者需要大量的代表性樣本。此外，諸如何時，多久觀察以及在何處觀察等問題通常令人擔憂。

**2. 不打擾的觀察**

不干擾他人的措施涉及任何研究行爲的方法，這些行爲會使個人不知道自己正在被觀察（你不討厭認爲這可能發生在你身上！）。在此，不必擔心觀察者會改變對象的行爲。在進行無干擾的觀察時，需要考慮效度問題。爲了概括發現，需要對代表性樣本進行大量觀察。當查看特定組時，這尤其困難。許多小組具有獨特的特徵，這使他們成爲有趣的研究。因此，這些發現通常在外部效度方面不強。此外，使用非常規措施（非常規意義是非干擾性觀察）時，複製很困難。對於特定行爲的觀察很難在研究中重複進行，特別是如果研究者是小組參與者（我們將在後面詳細討論）。但是，不加干預的措施的主要問題是道德。在此，涉及知情同意和侵犯隱私的問題至關重要。如果你確實沒有必要不告知自己的學科，那麼機構審查委員會可能會皺眉頭。

有兩種不干擾研究措施：

**(1) 行爲追蹤研究**

行爲追蹤研究涉及人們遺忘的發現並解釋其含義。這可能是故意破壞垃圾的任何東西。亞利桑那大學垃圾項目是最著名的跟蹤研究之一。人類學家和學生通過研究家庭垃圾來發現諸如食物偏愛、廢物行爲和飲酒等問題。同樣，請記住，在不引人注目的研究中，個人不知道自己正在接受研究。你對有人經過你的垃圾感覺如何？出乎意料的是，只要他們的身分保密，圖森居民就會支持這項研究。你可能會想到，跟蹤研究可能會產生大量資料。

**(2) 變相實地（field）觀察**

在僞裝現場分析中，研究者假裝加入或實際上是該小組的成員，並記錄有關該小組的資料。該小組不知道出於研究目的而對其進行觀察。在這裡，觀察者可以扮演許多角色。首先，觀察者可能決定成爲一個完整的參與者，他們正

在研究已經是其成員的事物。例如：如果你是社團的成員，並研究社團內的女性衝突，則你將被視爲完全參與的觀察員。另一方面，你可以決定在蒐集觀察結果時僅隨便參加該小組。在這種情況下，與小組成員的任何接觸僅是相識。在這裡，你將被視爲觀察員。最後，如果你與小組成員形成一種身分，但不參加重要的小組活動，則應將自己視爲參與者觀察者。一個例子就是加入一個邪教組織，但不參加其任何重要的儀式。但是，你被認爲是邪教的成員，並受到所有成員的信任。從倫理上講，參與者觀察者的問題最多。當然，在工作中存在一定程度的欺騙。主題的敏感性和保密性是需要考慮的重要問題。看著同學們在考試焦慮中掙扎與加入戒酒匿名者有很大不同。總而言之，變相的現場實驗很可能會得出可靠的資料，但道德上的兩難選擇是一種折衷。被認爲是邪教的成員，並受到所有成員的信任。從倫理上講，參與者觀察者的問題最多。當然，在工作中存在一定程度的欺騙。主題的敏感性和保密性是需要考慮的重要問題。看著同學們在考試焦慮中掙扎與加入戒酒匿名者有很大不同。總而言之，變相的現場實驗很可能會得出可靠的資料，但道德上的兩難選擇是一種折衷。

### (三)觀測變數

在開始研究項目之前，請確保您將如何解釋觀察結果。

**1. 描述性**

描述性的觀察變數不需要研究者進行推斷，你會看到一些東西並將其寫下來。

**2. 推論性**

推論性觀察變數要求研究者對觀察到的內容和潛在的情緒進行推論。例如：你可能會看到一個女孩在鍵盤上敲打。根據此觀察結果，你可以（正確地）認爲她對電腦感到沮喪。

**3. 評估性**

評估性觀察變數要求研究者從行爲中做出推斷和判斷。例如：你可能會質疑電腦和人類之間是否存在積極的關係。「積極」是一種評價性判斷。你觀察到女孩敲打鍵盤，得出結論，人與電腦之間沒有正向關係（你知道必須複製這些發現！）。

在寫田野（field）筆記時，研究者應包括描述性和推論性資料。重要的是要詳細描述環境和心情，需要注意所有可能改變行爲的事情；尤其要反思你的存在。你認爲你的行爲有明顯改變嗎？

# 研究設計、研究計畫

　　研究設計（research design）其定義是研究者選擇的方法和技術的框架（framework），以合理的邏輯方式來組合研究的各個組成部分（components），從而有效地處理研究問題。它提供了「如何（how）」使用特定方法進行研究的見解（insights）。

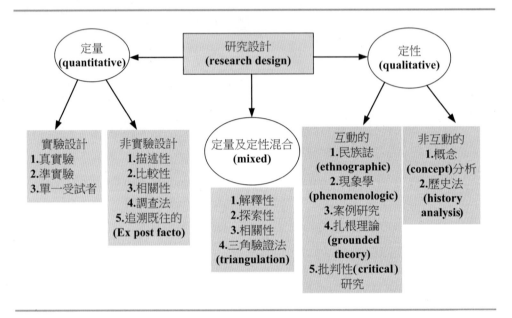

**圖 7-1**　研究設計（research design）之示意圖

　　研究設計是用於蒐集和分析問題研究中指定的變數的測量的一組方法和程式。研究的設計定義了研究類型（描述性、相關性、準實驗性、實驗性，評論 review、Meta 分析）及 sub-type（例如描述性、縱向案例研究）、研究問題、假設，「自變數 X→依變數 Y」、實驗設計；還有資料蒐集方法和統計分析計畫。故研究設計是爲了找到研究問題的答案而創建的框架。

# 7-1 研究設計是什麼？

　　研究設計（research design）是指在研究方法中針對研究問題與目的，爲實施研究所進行。其一組邏輯性的研究計畫與程式，將研究問題聚焦，已達到特定研究目的，使研究者的研究能得到令人信服的結論。橫跨的面向從最廣泛的研究假設到最細節的資料蒐集與分析方法，包括一系列的研究抉擇：

1. 確定研究目的（know what, know why, know how）。
2. 概念化：界定所要研究的概念與對應構念之操作型變數之意義。
3. 選擇研究方法：量性方法、質性方法或綜合兩者的方法。
4. 概念的操作型定義：實際測量研究變數的方法（量表 vs. 測驗 vs. 物聯網 vs. 大數據 vs. 實驗資料）。
5. 決定母體（抽樣框架）、樣本數與抽樣法（隨機 vs. 配對 vs. 便利法）。
6. 選擇蒐集資料的方式（初級資料 vs. 次級資料）。
7. 選擇資料處理方式（詳見作者 20 本統計書）。
8. 決定資料解釋方法（統計結決論 vs. 機率論 vs. 主觀詮釋法）。
9. 決定研究結果應用方式。研究設計中的各種選擇將根基於研究問題所強調的本質、研究者的經驗及研究結果的觀眾。

　　研究設計是建立一個「如何」蒐集資料、要蒐集「什麼」資料、「如何分析」之計畫，以協助研究者分配有限的資源，目的是在有計畫的說明研究者操縱各種變異來源的「基本模型」為何？以便將來可以細心操縱或改變自變數（實驗變數），並觀察實驗變數對依變數所發生的影響，期使實驗能在有效、客觀、正確及經濟的原則下，解答研究者所要探討的問題。研究設計為何如此重要呢？理由有三：(1) 它是研究方法及過程的說明，以協助研究者獲取想要的資訊，解答其問題。(2) 它是變數（ECV）測量、資料蒐集及分析的藍圖。(3) 所有研究設計是許多實務考量的綜合體。研究設計背後所牽涉的研究法，包括：實驗設計、實地（field）實驗、個案研究及調查法等研究策略。

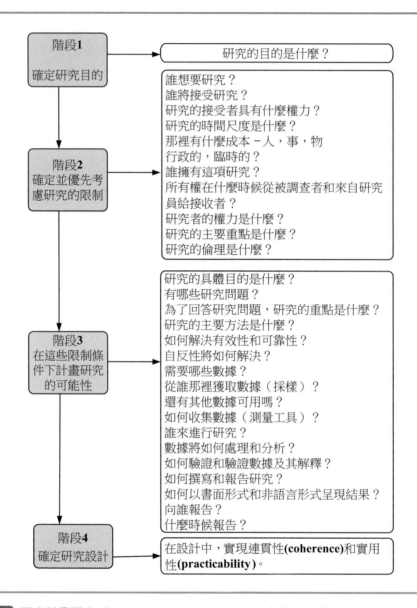

圖 7-2　研究計畫順序（planning sequence for research）（Cohen 等人，2007）

例 1

*目的：*

某一所學校的士氣很低，並且已經請來了一位研究人員來調查學校的組織文化。

1. 研究者可以進入學校，並且從專案開始到撰寫報告，預計爲期五個月。

對學校內部的組織文化和次文化，包括流行的文化和次文化，進行全面、深入的了解。

2.建立測量組織文化的指標（indication）。

3.就學校的組織文化及其發展提出建議。

*研究問題：*

1.學校組織文化的主要和次要要素是什麼？

2.學校中有哪些組織文化和次文化？

3.在學校中，哪種（次）文化是最普遍和最不流行的？在學校的哪些部分是最普遍和最不流行的？

4.學校中的（次）文化有多強壯？

5.學校（次）文化的成因和影響是什麼？

6.學校如何改善（次）文化？

*研究重點（focus）：*

將檢查組織文化的三個級別：

1.基本價值和假定。

2.擁護的價值觀和行為（espoused values and enacted behaviours）。

3.人工製品（artefacts）。

組織文化涉及價值觀、假定、信念、信奉的理論和思維模型、觀察到的做法、衝突和共識的領域。人工製品中包含的正式和隱藏資訊、資訊、文檔和語言，「我們做事的方式（way we do things）」、自然環境、關係、權力、控制、溝通、風俗和禮節、故事、獎勵制度和動機、學校的微觀政治、參與決策、授權和剝削／操縱、領導力、承諾等。

*方法論（methodology）：*

組織文化是無形的，但對學校營運的影響卻是切實的。這表明，儘管可以使用定量方法，但它們只能產生有關學校文化的相對膚淺的資訊。

為了探究學校文化的底蘊，檢查學校文化和次文化的不太明顯的方面，將定量和定性方法相結合以進行資料蒐集非常重要。為了蒐集可靠資料，將使用數字和口頭資料將混合方法用於經驗資料蒐集。將使用調查方法獲得總體情況，再透過個人、群組訪談、焦點群組（圖 7-3）來獲得更細的分析。

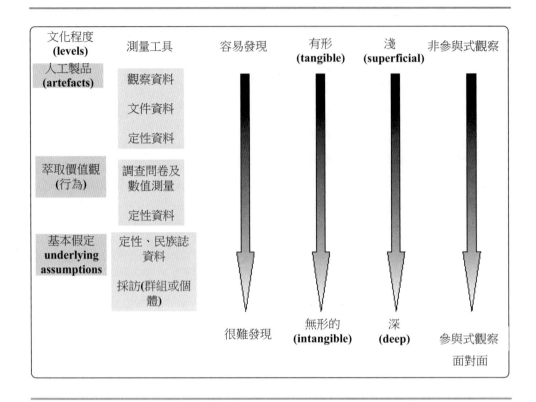

**圖 7-3** 了解組織文化的程度（levels of organizational culture）

**測量工具（instrumentation）：**

蒐集的資料將主要基於知覺（perception），並將涉及蒐集員工對（次）文化的看法。由於組織文化的概念是部分源自民族誌和人類學而衍生的，因此該研究將使用定性和民族誌方法。

預期的困難之一，是學校不那麼有形的方面可能是蒐集資料上最困難的方面。人們不僅會發現表達其反應和構想的難度更大，而且他們可能不願在公開場合公開這些響應和構想。該項目處理的無形和不可衡量的要素越多，要蒐集的資料越豐富，就越需要增加和敏感的人際交往行為，面對面的資料蒐集方法和定性資料。

資料蒐集工具，有：問卷、半結構式訪談（個人或小組），觀察資料和文獻資料將構成必要的最低要求。具體如下：

1. 問卷（questionnaires）

問卷調查使用市場上可買到的工具，每種工具都可以衡量學校文化的不

同方面，特別是：

(1) 組織文化調查表（Harrison & Stokes, 1992）著眼於整體文化，並從角色、權力、成就和支援文化的角度提供了總體圖景，並研究了現有文化與偏好文化之間的差異。

(2) 組織文化清單（Cooke & Lafferty, 1989）對提出的組織文化進行了全面而可靠的分析。

使用等級量表進行的問卷調查將捕捉到組織文化的明確表達、支持的、已制定的、可見的方面，並測量例如文化的共用程度，現有與理想之間的一致性，文化的強度。

2. 半結構式訪談（semi-structured interviews）

針對個人和團體的半結構化定性訪談蒐集了有關學校文化中更為無形的方面的資料，例如：價值觀、假定、信念、願望、問題。訪談將是半結構化的，即具有給定的議程和不限成員名額的問題。由於面對面的個人訪談可能會嚇到某些小組，因此將使用小組訪談。在所有訪談中，重要的部分將是補充問題「為什麼」。

3. 觀測資料（observational data）

觀測資料將對物理環境做出評論，然後將透過訪談材料進行跟進，以發現參與者對物理環境的反應、感覺，所包含的資訊以及對物理環境的態度。

藝術品、衣著、共用和私人空間、傢俱、告示、法規等都向參與者傳達資訊。

4. 文件資料（documentary data）

將對檔分析和其他存儲的資料（報告學校的正式事項）進行檢查，以了解其中包括和不包括的內容。

***抽樣（sampling）：***

首先，調查問卷將發給所有願意參加的員工。其次，半結構化訪談將在「關鍵案例」的基礎上進行，即與關鍵職位的參與者以及對學校的活動和運營「有知識的人」進行交流。

調查工具將進行分層抽樣，以檢查對學校組織文化的看法如何根據子樣本的特徵而變化。這將使得能夠繪製出各個子組的響應之間的一致性或分離性水準。樣本的名義特徵將包括在內，例如：年齡、學校水準、部門、性別、種族、國籍、在學校工作的時間。

**參數（*parameters*）：**

資料將基於「一次性（one-shot）」蒐集，而不是縱向蒐集。多方法（multi-method）方式將用於資料蒐集。

**研究階段：**

研究分為五個階段，如下。

階段 1 開發和運營

此階段包括：

1. 文獻回顧（a review of literature and commercially produced instruments）。

2. 澄清研究問題。

3. 闡明方法和抽樣。

階段 2 儀器的安裝和試運行

此階段包括：

1. 問卷調查和試點。

2. 半結構化面試時間表和試點。

3. 觀測資料的蒐集。

4. 分析文獻資料。

由於高級職員數量有限，將無法與他們進行試點訪談，因為這將使他們無法進行最終資料蒐集。

階段 3 資料蒐集

這將按以下順序進行。首先，在進行問卷調查後，將對問卷調查資料進行分析，以提供訪談材料。面試將同時進行。

階段 4 資料分析和解釋

數值資料將使用 SPSS/STaTa 進行分析，這也將使來自學校子群體的反應能夠分開進行分析。定性資料將使用內容分析來進行協定（protocols）分析。

階段 5 報告（reporting）

關於調查結果的完整報告將包括結論、發現、影響和建議。

**道德與所有權（*ethics and ownership*）：**

參與該專案將在知情同意的基礎上及自願的基礎上，且在任何時候具有撤回權。考慮到文化調查的規模和範圍，即使報告是機密的，也很可能能夠確定學校中的關鍵人物。對於潛在的參與者，這將是清楚的。該報告的副本將提供給所有員工。資料一旦提供給研究者，即屬於他，研究者不得以

任何可公開識別學校的方式使用它們；報告是學校的財產。

*時間進度（**time frames**）：*

該項目將在五個月內完成：

1. 第一個月有關文獻的複習。

2. 第二個月開發儀器和研究設計。

3. 第三個月蒐集數據。

4. 第四個月分析數據。

5. 第五個月完成報告。

該範例顯示了一種系統的方法來規劃和進行研究，該方法來自於學校的感知需求。它可以在給定的約束下工作，並明確說明「交付」的內容。儘管該研究未指定要檢驗的假設，但是，如果首選這種研究方式，則將研究問題轉換為假設並不困難。

*結論：*

「目的之適配度（fitness for purpose）」的概念束縛於計畫研究中；研究計畫必須適合研究目的。如果讀者在本章末尾感到研究任務很複雜，那麼這就是一個重要資訊，要使研究有價值和有效，就必須進行嚴格而周到的、周密的計畫。

**例2** 我們如何設計一個探討「**美國入學申請是否有性別／種族歧視**」之研究設計呢？它牽涉到：誰是我們研究的對象？我們應觀察什麼？如何進行資料蒐集？換句話說，「研究設計」是指研究調查的計畫及結構，以構思該如何解答研究問題，它也是一種「藍圖」，它勾勒出研究者如何獲取「待解決問題」之答案的計畫書。

以「美國入學申請是否有性別／種族歧視？」該如何做好其研究設計呢？有的人可能想到，直接分層隨機抽樣調查美國各大學註冊組行政人員，個別訪談該校招生制度及辦法。此種研究設計是不好的，理由是研究者不容易從大學行政人員口中得到真正的訊息。故較好的做法是，研究者捏造200份非常相似的男女（不同種族）入學資料，再男女配對方式寄給各大學教務處，最後將回收的「入學許可」資料加以統計，即可得知那幾所學校入學有性別／種族歧視。此種研究設計透過「善意欺騙」來蒐集研究資料。到底能不能「善意欺騙」？這牽涉到研究之倫理道德問題。

**例3** 假如我們研究主題是「**紅顏薄命**」，此研究假設是「越漂亮的女人，婚後越不幸福」，其研究設計至少有兩種：

1. 以問卷隨機訪問已婚（或 35 歲以上）婦女兩個問項：(1) 高中時代自己與同年齡女生相比，自己姿色的水準。(2) 婚後自覺本身幸福程度，最後再求「婦女自評姿色及幸福」兩者的相關（有人發現是負相關）。

2. 以內政部這個月內亡夫的婦女爲對象（計算其亡夫往生年齡），並要求其提供結婚照，讓社會大眾評論新娘的美麗程度（給 1 分至 20 分），最後再求「亡夫年齡及新娘美麗」的相關程度，有人發現美麗新娘（14 分以上者），其先生會提早英年早逝五年。

通常，研究設計的好壞，有四個評估準則：

(1) 效度（內部效度、外部效度）：這裡所講「效度」係不同於「測驗／量表」所談的效度，研究設計的效度是指「X → Y」這類因果關係的內部、外部效度。

(2) 客觀性：非研究者主觀介入。

(3) 準確性：能得到具體的結果，下清楚的結論。

(4) 經濟性：因研究者資源有限，所花費成本（時間、人力、金錢）要在合理、可接受範圍內。

## 7-2 問題本質決定了你的研究設計是哪一種？

下表這六種研究法基本上有許多差異，其比較可知：個案研究法使用少量但深入的資料，分析過程非結構化，結論的可靠度也較低。而調查研究法則需大量的資料，分析過程也較結構化，其結論亦較爲可靠。實驗研究法則對實驗過程有最嚴密的控制，但有可能造成內部效度高，外部效度低的缺點。彙總研究法則依據初級研究的結果，其過程較嚴謹，所得結論的可靠度也很高，但其應用範圍較受限制。本書後面章節將對三種常用的歸納法──個案研究法、調查研究法、實驗研究法單獨做詳細介紹。

表 7-1　六種研究方法的差異性比較（梁定澎，民 86）

| 問題的特性 | 個案法 | 調查法 | 實驗法 | 彙總法 | 模型法 | 系統法 |
|---|---|---|---|---|---|---|
| 使用資料 | 初級 | 初級 | 初級 | 次級 | 初級 | 初級 |
| 資料數量 | 少 | 多 | 多 | 多 | 少 | 少 |
| 研究控制 | 鬆 | 中 | 緊 | 緊 | 緊 | 鬆 |
| 研究程式 | 非結構 | 半結構 | 結構 | 結構 | 結構 | 半結構 |
| 內部效度 | 低 | 中 | 高 | 高 | 高 | 高 |
| 外部效度 | 低 | 高 | 中 | 高 | 高 | 中 |

　　研究設計的效度，可分為內部效度（internal validity）及外部效度（external validity）兩種。所謂「內部效度」係指研究者所操弄的自變數對依變數所造成影響的真正程度，亦即研究（實驗）處理是否確實造成有意義的差異。例如：實驗法之實驗設計之內部效度的高低，應視研究者對無關變數控制情形而定，控制越好實驗的差異越能解釋為由實驗處理所造成。反之，控制越差，實驗結果越無法解釋，其結果究竟是由實驗處理所產生的，或由其他無關因素所導致的，將難以確定。

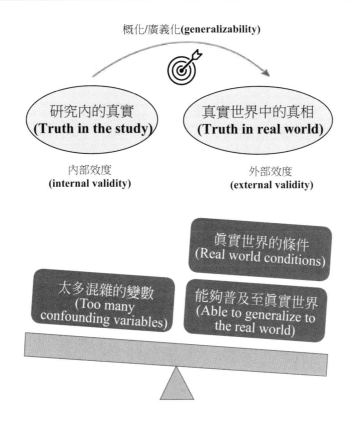

**圖 7-4** 內部效度和外部效度之示意圖

所謂「外部效度」係指研究結果的概括程度（generalization）和代表性（representatives）。換句話說，就是指研究結果是否可推論到研究對象以外的其他受試者，或研究情境以外的其他情境。一個實驗越能實現這個目的，就表示該實驗有越良好的外部效度。易言之，研究結果越具有普遍的應用性，或可適用範圍越大，其外部效度則越高。

社會科學較常用的研究策略包括：個案法、實驗法、調查法、歷史研究法及檔案資料分析（即內容分析法）等，採用何種研究法是研究策略上一項重要的選擇。研究法的選擇，應該以多方面的角度來看，事實上每一種研究法皆可適用於探索、描述或解釋等目的。研究法的適用性，並非以這三個目的來區分，而應該基於以下三種情況而定：

1. 研究問題的形式（Why、What、Who、How、Where）。
2. 對行為事件的控制程度。
3. 研究焦點是「當時」或「歷史」事件。

若研究問題是屬於「How」、「Why」的形式，此即解釋性的研究，就非常適合用個案研究法來進行。坊間許多著名的描述性及解釋性研究均以個案法來進行。個案研究法是屬於定性研究，其基本的目的在於發現而不在於驗證，其特性如下：

1. 就問題特性而言，個案研究法所欲研究之現象是複雜的，因其包含了許多互相糾纏之變數，因此觀察之角度必須是整體的，所處理之現象應該是動態的。
2. 就資料來源而言，個案研究法是從行動者的角度觀察所要研究之現象，而不是經過控制或設計過之工具。
3. 個案研究法所產生之理論主要是來自於資料的歸納，研究的發現是將具有複雜關係的變數綜合成理想形式（ideal type）。

**表 7-2　各研究法適用場合**

| 研究策略 | 研究問題類型 | 控制程度 | 同時事件或歷史事件 |
|---|---|---|---|
| 個案法 | how, why | 不控制 | 同時事件 |
| 實驗法 | how, why | 可控制 | 同時事件 |
| 調查法 | who, what, where, how many, how much | 不控制 | 同時事件 |
| 文獻／檔案分析法 | who, what, where, how many, how much | 不控制 | 同時事件或歷史事件 |
| 歷史法 | how, why | 不控制 | 歷史事件 |

由此可見，各種研究法在適用的問題解決、可控制程度、事件發生時間是不同的，故採用的研究策略就應不同，上表是這些研究法的比較摘要表。

# 7-3 研究設計（research design）

## 一、驗證性（confirmatory）研究 vs. 探索性（exploratory）研究

1. **驗證性研究**測試先驗假設（*priori* hypotheses），即測量階段開始之前就做出的結果預測。這種先驗假設通常來自理論或前人研究的結果。驗證性研究的優點在於，結果更有意義，因為在某種意義上聲稱某個結果可以超出資料集而更加普遍（generalizable）。其原因在於驗證性研究，理想的是努力降低「結果巧巧是錯誤報告」的可能性。該概率稱為 $\alpha$-level（型 I 誤差）的概率。

2. **探索性研究**試圖透過資料檔檢視來尋找變數之間的潛在關係，並產生後驗（*posteriori*）假設，以了解變數之間的關係，但它缺乏關係方向和強度的知識。如果研究者事先沒有任何具體的假設，那麼該研究所討論的變數都是探索性的（雖然它可能是其他人的證實）。探索性研究的優勢在於，由於沒太嚴格的方法論限制，它更容易進行新的發現。在此，研究者不希望錯過潛在的有趣關係，因此都會最小化拒絕「真實效果（*real* effect）或關係」的可能性；該概率有時稱為 $\beta$（型 II 誤差）。換句話說，如果研究者只是想知道某些測量變數是否可能相關，那麼他希望透過降低「重要的閾值（*significant* threshold）」來增加找到重要結果的機會。

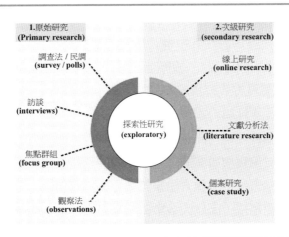

**圖 7-5** 探索性研究：原始研究

## 二、設計類型（design types）

　　坊間有許多方法可以對研究設計進行分類。儘管如此，下面提供了可能的研究設計之間的許多有用的區別。研究設計是條件或集合的安排（Muaz 等人，2013）：

1. 描述性（例如：個案研究、自然觀察、調查）。
2. 相關性（例如：病例組—對照組研究，觀察性研究），實作請見作者《**STaTa 在生物醫學統計分析**》一書。
3. 非實驗性的（例如：田野試驗）。
4. 實驗（隨機指派樣本的實驗 vs. 準實驗）。
5. 評論（literature review, systematic review），請見作者《**Meta 分析**》一書。
6. Meta 分析（Meta-analysis），實作請見作者《**Meta 分析**》一書。

　　有時，「固定（fixed）」和「靈活（flexible）」設計之間存在區別（Robson, 1993）。在某些情況下，這些類型分別與定量和定性研究設計相吻合，儘管不一定都如此。

1. 在固定設計，資料蒐集前，研究設計是 fixed。固定設計通常是理論驅動的；否則，你無法事先就知道需要控制和測量哪些變數？通常，這些變數是**定量**可測量的。
2. 靈活的設計可在資料蒐集過程中提供更大的自由度。使用靈活的研究設計的原因可能是感興趣的變數**非定量**可測量的，例如文化；或在開始研究之前可能無法獲得該理論。

## 7-3-1　研究設計的要素

　　研究設計旨在描述為將在其中進行研究的概念結構。包括：資料蒐集、測量和分析的藍圖。做出關於調查、研究設計的內容、時間、數量、方式的決定。

　　研究設計是以某種方式安排蒐集和評估資料的條件，旨在將與研究目的的相關性與進行中的經濟性結合起來。

　　好的研究設計關鍵要素（elements）如下：

1. 是一個計畫，用於確定與研究問題密切相關的資訊來源和種類。
2. 是一種策略，指示將採用哪種方法來蒐集和分析資料。
3. 由時間和成本預算組成，因為大多數研究都是在這兩個約束下進行的。

　　易言之，研究設計必須包含（Cohen 等人，2007）：

1. 對引起研究的**問題**／需求的**明確敘述**。

2. **研究限制**（例如：訪問、時間、人員、政治）。

3. 研究的總體目的和宗旨。

4. 研究的**預期結果**：研究將做什麼以及「可交付成果」是什麼。

5. **如何實現**研究目的和宗旨。

6. **產生研究問題**（可以給出具體答案的具體問題）和假設（如果適用）。

7. 研究**重點**。

8. 確定並確定研究的**優先順序**。

9. 進行**研究設計**。

10. 集中研究。

11. **研究方法**：方法和研究風格，例如：調查 vs. 實驗；人種學／自然主義；縱貫面 vs. 橫截面；歷史；相關；事後（ex post facto）。

12. 研究的倫理問題和所有權（例如：知情同意；公開和秘密研究；匿名 vs. 保密；不可追溯性；非惡意行為 vs. 善意；拒絕／撤回的權利；被請求人確認；研究對象：社會責任；誠實 vs. 欺騙）。

13. 研究的政治：誰是研究者？研究自己的機構；權力和利益；優點；內部人員 vs. 外部人員研究。

14. 研究對象。

15. 測量工具（instrumentation），例如：問卷 vs. 面試 vs. 觀察測試 vs. 實地記錄；帳戶 vs. 文件；個人構造；角色扮演。

16. 抽樣：規模／獲取／代表性；類型：概率 vs. 隨機 vs. 系統 vs. 分層 vs. 聚類 vs. 二階段 vs. 多相（multi-phase）非概率 vs. 便利性 vs. 配額 vs. 有目的性（purposive）vs. 維度（dimensional）vs. 滾雪球（snowball）。

17. 預試（piloting）：技術問題：清晰度，布局和外觀，時間安排，時長，威脅，緩解／困難，侵擾性；問題：有效性，消除歧義，問題類型（例如：多項選擇，開放式，封閉式），反應類別，確定冗餘；預試：生成類別，分組和分類。

18. 時間框架和順序（將會發生什麼，何時以及與誰發生）。

19. 所需資源。

20. 效度：構建效度；內容效度 vs. 同時效度 vs. 表面效度 vs. 生態 vs. 內部效度 vs. 外部效度。

21. 可信度：一致性（可複製性）vs. 同時效度（equivalence）（互評者，等價形

式）vs. 可預測性；準確性；誠實；真實性豐富；可靠性深度；克服霍桑效應和光環效應；三角驗證（triangulation）：時間 vs. 空間；理論上研究者；測量工具。

22. 資料分析。

23. 驗證（verifying）和驗證資料（validating the data）。

24. 撰寫研究報告。

## 7-3-2 研究設計主要有五類

**表 7-3** 三種研究設計的比較

| | 1. 探索（exploratory） | 2. 描述（descriptive） | 3. 因果（causal） |
|---|---|---|---|
| 目標 | 發現想法和見解（ideas and insights） | 描述市場特徵或功能（functions） | 確定因果關係（cause and effect relationships） |
| 特性 | 1. 靈活，多才多藝（versatile）<br>2. 通常是整個研究設計的前端 | 1. 以特定假設的先前表述（prior formulation）為標誌<br>2. 預先計畫和結構化設計 | 1. 操縱（manipulation）一個以上自變數<br>2. 控制（control）其他中介變數 |
| 研究方法 | 1. 專家調查<br>2. 先導（pilot）調查<br>3. 次級資料（Meta 分析）<br>4. 定量分析<br>5. 定性研究 | 1. 次級資料（Meta 分析）<br>2. 定量分析<br>3. 調查法<br>4. Panel-data 迴歸<br>5. 觀察法 | 1. 實驗法<br>2. 非實驗法 |

實務上，研究設計會因研究目的不同而有差異，常見的研究設計有下列五種。

### 一、「探索性」研究設計

探索性（exploratory）研究是在提供描述或評估某一複雜現象或問題，以熟悉該現象，並獲得新觀點，或作為日後假設檢定的基礎。探索性研究特別適用於某研究問題，缺乏前人的研究經驗，或初次從事這一類問題研究，不清楚它包括哪些變數，且又缺乏理論基礎。探索性研究的特性之一，就是它具有發現的隱含性需求，並未開始於嚴密的假設建立，在資料蒐集及分析之前，它無法回答研究問題。故探索性研究適合新的或不明確的主題，且現有知識有限，

它強調「發現」而非「檢定」，旨在發現顯著的變數、變數間的關係，以作爲假設檢定的基礎。它就像開放性問卷設計，目的在「熟悉現象」，以便深入的了解，並由此發展研究「問題」及「假設」。此種研究設計較爲鬆散、較無結構，沒有嚴謹的文獻探討，故最常採用個案研究法，其次爲實地調查法（開放性問題）。「探索性」研究設計採取方法論包括：定性研究（較多人採用）、定量研究（較少人採用）。定性研究旨在分析事物的本質，定量研究則在分析數量化的資料。換句話說，探索性研究旨在引導研究方向，其目標是發展「研究假設」，而非檢定假設。探索性研究設計常見技術，有下列四類（Cooper & Emory, 1995）：

1. 以次級資料（非 raw data）分析：可能是研究者了解情況、發現假設、最快速且最經濟之方法，它可當作探索性研究的基礎。常見次級資料的來源，包括政府機構（經濟部、內政部、教育部等）、學術研究單位（中研院）、商業研究單位、產業公會、公司內部的檔案記錄等。

2. 專家（經驗）訪談：就是訪問那些對研究主題有深入了解的人之意見，以取得所需的有用資訊。例如：Delphi 法，是以有經驗的專業研究者，進行觀念及意見調查，以獲取新的研究假設，或有價值性之研究資訊。有人將這種探索性研究法稱爲重要供訊者技術或專家意見調查法。

3. 焦點團體（focus group）：焦點團體又稱深度集體訪問、集體座談或集體訪問，它是探索性研究最常採用之研究策略。此法早在 1980 年代，心理學就應用在市場行銷上，至 1990 年推廣至更多應用領域。焦點團體有一位召集人來引導 8 至 12 人成員（非專家），針對某一主題進行意見、感覺及經驗的交流，群組討論之共識。焦點團體的特色就是讓每一位參與者都能聽到其他人的想法或觀點，同時亦讓其他人也能聽到他的想法，彼此腦力激盪，以達到集思廣益的效果。至於主持人的角色，是扮演著控制討論的進行，並鼓勵或誘導參與者都能盡力踴躍發言、相互討論。此種焦點團體的結果仍可作爲後續「定量」研究的基礎。

4. 研究分二階段來實施：前面階段先採用探索性研究來尋找「研究方向」；後面階段再進行「正式研究」（改採實證研究……），包括描述性研究、因果關係研究。正式研究包含有研究架構、待檢定的研究假設或待解決的問題。

## 二、「描述性」研究設計

描述性研究，顧名思義就是描述自然的、人造的社會現象，包括人類行爲

之自然現象、政治明星及行政主管等人造現象。這類研究是想了解某些團體或人群的特徵,或敘述某種現象跟另一現象的連結關係,專門探討變數間關係是否顯著,並非分析變數間的因果關係。

由於描述性研究旨在確認變數間的關係及問題描述,故要檢定研究假設,並回答研究問題。研究者關心的是找出 who、when、where、what、how much 等問題。目的是用來「準確描述」某人、某群人或某物的狀況或特徵。因為描述性是建築在探索性之上,所以它無法建立 / 解決因果關係,故它只能「操縱」某些變數,但卻沒有「控制」變數的能耐,其最常用的方法為調查法(survey)。

例如:都市社會學(urbansociology)之理論,經描述性研究,就可分成下列幾種學派:

1. **都市化派**:認為都市的主要特點在於角色分化、次屬關係、價值觀的世俗化以及規範秩序解體。他們主要研究與農村生活方式相聯繫的社會機制如何被都市取代。

2. **亞社會派**:基本觀點是競爭,把人視為自然界的組成部分,認為人類在生物亞社會的壓力和動力下被迫作出種種反應,人類行為就是這種亞社會壓力和動力共同作用的結果。

3. **生存學派**:主要研究居民如何組織自己以保證人類生存的需要。認為,都市化是居民創造出來的,用以容納大量居民的組織形式;都市化的進程直接取決於生存活動的分工程度,分工又取決於社會技術發展水準。

4. **經濟學派**:主要從經濟角度分析都市化和都市社會問題,認為都市化是市場和經濟活動的重新組合,原來單一的第一產業逐漸派生出第二、第三產業;與此同時,整個社會,特別是都市的社會組織也隨之變化。

5. **環境學派**:認為都市表現了人類在生存鬥爭中的適應性,都市問題基本上是由於都市生活背離了人性的尺度和大自然環境,工業都市破壞了人與自然的和諧關係,都市污染正威脅人類生存。他們主張徹底改造都市結構,以達到與自然和諧一致的目的,並且提出了許多都市規劃和都市改造的意見。

6. **價值學派**:強調非經濟的、非技術的價值觀對都市結構和土地使用模型的影響,認為社會文化制度對都市模型具有重要的作用,居民價值觀和感情上的差別造成都市的差別。

7. **技術學派**:主要從技術角度研究都市位置、都市間的相互依賴關係、都市人口和經濟活動的空間模型。他們往往忽視非技術因素對都市化的影響。

8. **權力學派**:都市中各個利益集團之間的競爭能力,權力在都市規劃中所起的

作用。以上各種流派的觀點也常相互影響，相互滲透。

## 三、「相關性」研究設計

相互相關研究（interrelationship studies）旨在探求變數間的關係，以便更深入了解當前的實際情況。它又可分成下列五種形式：

1. 個案研究（case study）：蒐集有關個案的現在與過去的資料，以分析此等資料的相互關係，以確定個案的問題原因（know why）。例如：抽菸會提高自殺機率；擁有一雙大眼睛的人，較受異性歡迎……。

2. 因果比較研究（causal-comparative studies）：又稱事後回溯研究。在現象發生過後，用「事後」之追溯方式來探求形成此現象有關的因素。例如：手機放褲袋，精子品質變差（實地堪察之實驗組 vs. 對照組）。喝豆漿可減少罹患乳癌的機率。吃黑芝麻可抑制白頭髮。食指比無名指長的孩童，英語成績會比較好；而無名指比食指長的小孩，數學成績會比較好……。

3. 相關研究（correlation studies）：在探討變數與變數間的關係。如變數間有密切的關係存在，可以從一變數預測另一變數，又稱為預測研究（prediction studies）。例如：腰圍影響壽命，腰粗易短命。父親關心期望與子女成績的相關。多角化經營對組織績效是正 or 負相關之辯證。甘蔗原素可降低 1 成 8 總膽固醇……。

4. 自然觀察研究（naturalistic observation）：有系統、有計畫的觀察某一事象的發生，並客觀的加以解釋。例如：兒童憂鬱情緒對家庭互動的影響。父母婚姻衝突對兒童生活適應之影響。隨機教學法對自閉症兒童及其家長溝通行為效果之研究……。

5. 文化交互研究（cross-cultural studies）：探討文化因素對人類行為的影響，以了解其適用之範圍。例如：原住民與平地人在英語教材中語言行為教學之比較。臺灣九族之新生數概念詮釋性研究……。

## 四、「發展性」研究設計

發展性（development）研究旨在探討人類各種特質或教育、社會現象，因時間的經過而產生的改變（change）情形。它不僅在探討目前的狀況和變數間的關係，也探討因時間的更易所產生的變化。它有二種形式：

### (一)生成研究（growth studies）

探討人類各種生理與心理特質的發展情形。

1. **橫斷研究法**（cross-sectional approach）：凡蒐集某一時點之樣本特徵，謂之橫斷面研究。舉例來說，若要研究 6 歲到 12 歲的兒童，對數字概念發展的情形，研究者必須在同一時點選取 7 組不同的兒童，分別為 6 歲、7 歲、8 歲、9 歲、10 歲、11 歲、12 歲，給予數字概念的測量。此種研究設計「優點」包括：(1) 經濟方便。(2) 研究樣本較廣，較具代表性。(3) 沒有練習因素的影響。(4) 研究者的計畫允許中途改變。橫斷面研究「缺點」包括：(1) 無法提供發展連續性、穩定性和早年經驗對日後發展影響的資料。(2) 樣本缺乏時間軸的比較性。(3) 無法得知生長年代不同所造成的影響。(4) 無法顯示發展過程中個別差異現象。

2. **縱貫研究法**（longitudinal approach）：範例一：若要研究 6 歲到 12 歲的兒童，對數字概念發展的情形，研究者必須選取一組 6 歲的兒童，給予數字概念的測量，並等到這一些兒童成長至 7 歲時，再給予數字概念的測量。如此反覆地測量，直到這些兒童 12 歲為止。範例二：幼小聰明的小孩，長大是否也聰明？範例三：不同年齡兒童的推理能力發展狀況的描述。範例四：教師離職的變化傾向。

## (二)趨勢研究（trend studies）

　　針對同一議題，於不同的人、在不同的時間點進行抽樣調查，旨在探討教育或社會等相關現象的改變趨向，藉以預測以後的發展趨勢。例如：某一地區（如農區、山地村落或聖嬰年）的人口異動趨向，可以預測該地區未來的就學人數，以做教育決策之參考。又如，經濟趨勢，常見議題有：通貨膨脹、整體住宅物業成交情況、對外貿易、失業情況、零售業銷售、實質本地生產總值以及消費物價、台幣或外幣貸款及存款利率、私人消費以及失業率、租金回報率、住辦大樓價格指數……。

　　發展性研究設計「優點」包括：(1) 具有連續性、穩定性。(2) 能真實反映出發展過程中的個別差異現象。(3) 能深度了解個人各種特質的發展情況。(4) 容易控制影響研究變數有關的因素。(5) 能夠顯示發展的陡增（growth spurt）和高原現象（plateaus）。

　　由上述幾個範例，可能大家想要問，那種類型的研究主題適合用發展性研究設計呢？常見有：(1) 需探討發展的連續性。(2) 需探討發展的穩定性。(3) 需探討早期經驗對以後行為發展的影響。

## 五、「因果關係」研究設計

因果關係研究設計旨在發現構念之間的因果關係，即一個變數對另一個變數的影響或爲什麼有某種結果會出現，大家常見的實驗設計就是典型的因果關係之研究形式。因果性研究是要驗證，待分析的研究假設，證實自變數 X 和依變數 Y 要有因果之前後發生順序，故它比描述性研究還要嚴謹，除了可操縱變數外，尚可清楚抽離／判定變數間的因果關係，其主要的研究策略有實驗法（experiment）及調查法（survey）。因果的概念是以假設檢定爲基礎，以統計來推論結論，此種結論是條件式的，係無法明確論證。因果性研究也是所有科學研究的核心，層次最高，也最難。常見的因果關係「X → Y」有下列三種：

1. 充分而非必要的因果：有 X 一定有 Y，有 Y 不一定有 X。例如：「成功」一定經過「努力」，但「努力」不保證一定「成功」。

2. 必要而非充分的因果：有 Y 一定有 X。例如：數學考 70 分以上才能錄取，但數學 80 分並不保證錄取，還要看總分。又如，有「信心」才有機會「贏」，且還要配合機運；但沒「信心」就沒機會「贏」，因爲信心是贏的必要條件之一。

3. 充分且必要（If only if）：又是充分也是必要，簡稱充要條件。「若且唯若」具備唯一條件 X，才會有結果 Y。例如：若且唯若 a=b，則 a+1=b+1。

此外，研究設計的維度，另一種分類如下列六種（Gable, 1994）：

1. 探索性 vs. 解釋性。

2. 個案 vs. 統計調查。

3. 實地 vs. 實驗 vs. 模擬。

4. 橫斷面（同一時間點）vs. 縱貫面（某一段時間系列）。

5. 敘述 vs. 因果。

6. 實驗 vs. 追溯。

總之，不同目的研究設計，是可配合不同的研究法。例如：個案法可混合調查法，或進行一個解釋性的調查研究之前，可以：(1) 先作探索性，採縱斷面（長時間參與融入式觀察）方式觀察某一個案；(2) 接著再採橫斷面方式觀察多個個案，目的乃爲探索或解釋某一個現象，等做完個案研究後，再進行調查研究。當然在同一個研究中，個案研究之分析單位可能是「個體」或「組織」，而調查研究之分析單位可能是「個體」、「資訊系統」或「團隊」。

## 7-4 因果比較研究法

因果比較研究法又稱「事後回溯研究法」（expost facto research），或稱為「解釋觀察研究法」。這種研究方法是一種有系統的實證探究方法，只是研究者不能直接控制自變數。因為它的研究對象或事件，大都是已經發生過，或是正在進行中，其間的各種變數自始即不能被操縱或控制，只能從諸變數間推論存有的關係，而無法作直接的干預。例如：人活到 60 歲，得老花眼的機率 99%，但日本有位住在港邊 60 歲老人，卻沒有老花眼（已知結果），進一步追問，他從小到老常吃鰻魚（反推原因），後人據此線索，學者發現吃鰻魚（因）有預防老花眼（果）的效果。

在科學教育或行為科學的研究中採用因果比較研究法的時機如下：(1) 對已經發生過事件，其間的各種變數已無法被操縱或控制；(2) 如運用實驗研究法進行研究時，可能有些變數無法被操縱，或因操縱變數時將導致倫理道德方面的問題，而使實驗研究法受到限制。因果比較研究法研究的資料來源包括：統計記錄（statistical records）、個人的文件（personal documents）和大眾傳播的報導（mass communication）……。

因果比較研究法的實施步驟為：界定問題、相關文獻探討、提出研究假說、選擇適當的受試者與資料來源、選擇或編製蒐集資料的工具、確立分析資料所需的類別、建立資料蒐集技術的效度、最後是研究結果的分析與解釋。因果比較研究法在理論基礎及實際應用上，有一些無可克服的限制：(1) 無法像實驗研究設計對相關變數進行控制與操縱；(2) 在真實的世界中，現象或事件發生的原因是多元的，原因可能不只一個，而是由眾多的因素相互作用而成，且在某種情境的配合下，才會發生該結果，因此因果比較研究法常常難以確定相關的因素，是否已包括在進行的研究之中；(3) 變數之間的因果關係很難認定，研究的結果很容易發現變數之間具有相關性，卻難決定何者為因，何者是果；(4) 研究為了比較的目的，在事件發生後，依受試者的特性分成幾組，進行比較與測試，像這種分類的方式是模糊的、可變的，且經常會帶來問題。

### 一、意涵

因果關係的研究有一變形：即「因果比較研究法」（causal-comparative research method），它是事實發生過後，探討與此一事實有關的先前因素的一種研究。此種研究有時也藉著比較過去存在的條件，而探求已經發生過的事實之

原因,故屬於「非實驗設計」研究領域。例如:為何世界上偉大藝術品都是情婦所激發。在教育/管理領域的應用上,其為藉由現象間行為模型或個人特質差異之比較,找出行為模型或個人特質之因果關係的研究方法。

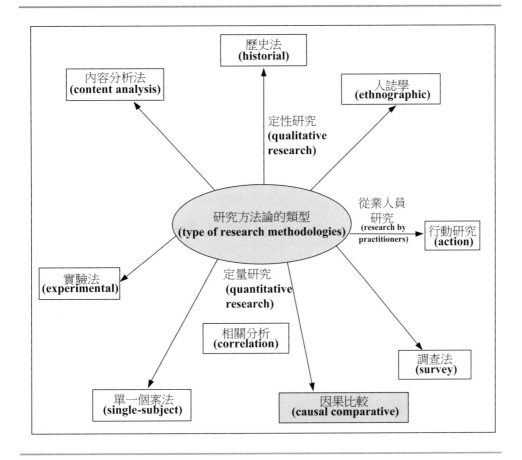

圖 7-6 教育研究的類型(type)

## 二、因果比較法的研究目的

### 1. 由「結果」往前推「原因」

前文提到日本某一田野調查,無意發現有一位 60 歲老翁沒有老花眼,詢問之下,該老翁有吃「八目鰻」習慣,於是研究者開始懷疑,是不是「八目鰻」能預防老花眼,就找醫生檢查八目鰻營養成分,結果發現八目鰻背部軟骨含有硫酸軟骨素,對預防老花眼非常有效。

又如，國內某骨科醫生，無意間發現，某一位 30 歲愛好瑜伽的女生，骨骼老化非常嚴重，於是臨床診斷有練習瑜伽者（實驗組）與沒練瑜伽者（對照組）之骨質，結果發現有練習瑜伽者之軟骨組織受損特別嚴重。以上這二個例子，都是「以果推因」，謂之因果比較研究法。

**2. 由「原因」推出其「結果」**

例如：高經濟成長對物價波動的影響、降低存款稅率對資金流向的影響、建築容積率法規對房地產景氣的影響、資訊科技引進對組織的衝擊……。

## 三、因果比較法的特徵與優點

### (一) 特徵

1. 事實發生過後，才探討自變數和依變數間的關係。

2. 研究的變數通常屬於研究者在研究中無法主動操縱的個體屬性變數，或現成資料中的決定者。

3. 可避免因採用實驗法而犯下不人道或道德標準的嚴重錯誤。

### (二) 優點

1. 允許研究者在實驗操弄很困難或無法達成的情況下，進行因果關係之研究。
   在心理與教育領域中，個體所屬之屬性變數，例如：性別、年齡、社經地位等變數就無法由你操弄。

2. 可斟酌實驗成本及倫理道德考量的問題。
   實驗成本太大，可能會造成浪費（時間）；例如：想研究電腦遊戲是否有礙於學生的專注力。
   而涉及倫理與道德考量的問題，例子有：
   (1) 想研究食用色素的糖果是否會導致學童學習不專心。
   (2) 邀請學生設想，自己目前正面臨畢業論文繳交的期限，但研究結果尚未實際統計出來（舉例說明），在這種不得已的情境下，你是否會「捏造」或「竄改資料」？
   (3) 實驗研究「吸菸者與罹患肺癌」的關係。
   (4) 實地實驗「喝酒對肝癌的影響」。

3. 多個因果關係之研究，得以在單一之研究專案中進行，有助於了解各變數在各自情境中的交互關係。
   經由許多現成可蒐集到的資料，可達成上述目的。

4. 可直接利用已有的現成資料從事研究。

5. 可與其他研究法相輔相成。

## 四、因果比較法的限制與缺點

### (一)限制

1. 難以根據蒐集之資料建立資料間之因果關係。

2. 因果關係不容易推論。

3. 運用現成資料的限制。

4. 無法操縱自變數。

### (二)缺點

1. 抽樣方法取決於樣本之個人特質（例如：抽樣時就有 self-selection），使研究結果之推論範圍受限。

2. 研究者可能對研究結果做不適當解釋。

3. 分組可能造成偏差：因進行「分組」（grouping）時，對各組（groups）之界定模糊不清，導致各組先天特質已有偏差產生。

## 五、因果比較法的實施步驟

Step 1 說明研究問題

(1) 研究者假設之各因果關係皆要併入問題陳述中。

(2) 指出其他可能之影響因素，並檢定之。

Step 2 選擇具備所要研究特質之群組

(1) 訂定分組（grouping）之標準。

(2) 當樣本數量很多時，可再區隔次群組（subgroups），以提供研究者更多之重要訊息。

Step 3 選擇對照群組（group）

「對照群組」屬不具有所要研究之特質或程度較低者。

(1) 定義樣本與對照樣本之母體，除了所要研究之特質外，其定義應相似。

(2) 當發現某些與研究無關之變數，在兩群組（groups）間有顯著差異時，有下列解決之道：

　　a. 配對法來分派樣本。

　　b. 自相同母體中隨機抽樣，並運用共變數分析（ANCOVA）來控制其他變數。

c. 極端群組（extreme-groups）方法：自同一變數分配之兩極端選取欲比較之樣本，此法較 (b) 項選取之樣本更具代表性。

**Step 4** 資料蒐集

幾乎所有之測量工具皆可使用（例如：標準化測驗、問卷、訪談、自然觀察等方式）。

**Step 5** 資料分析

(1) 先計算描述統計量：例如：平均數、標準差。

(2) 再進行顯著性檢定（卡方檢定、變異數分析（ANOVA）、迴歸分析、相關分析、典型相關、無母數統計分析……）。

**Step 6** 結果解釋

研究結果可能產生之問題有：

(1) 研究結果可能無法有效支持或拒絕其因果關係之假設。

(2) 可能只說明有關係，而無法說明具有因果關係（有關係不見得有因果）。

## 六、因果比較法 ≠ 相關研究法

因果比較法與相關研究法兩者相同處：

1. 不操縱變數。

2. 目的：找出變數間之相關程度。

兩者相異處：

1. 測量之變數不同。

2. 統計程式不同。

3. 相關研究法之研究變數皆為連續變數。

# 7-5 研究設計的「效度」

測量的工具「效度（validity）」是指能夠精確地反映出要測量的概念，就是「我們想要測量的是什麼？」效度的種類可概分為：內容效度（content validity）、效標關聯效度（criterion-related validity）及建構效度（construct validity）；若從研究設計觀點出發，尚有內部效度（internal validity）、外部效度（external validity）等類型。

研究設計常談的「效度」問題，包括內部效度及外部效度，而非測量工具所指的建構效度、內容效度、關聯效標效度。我們欲提升研究設計的「效度」，

則有賴排除想要研究（實驗的）自變數（自變數 X）以外的原因，能排除越多，則內部效度越高。

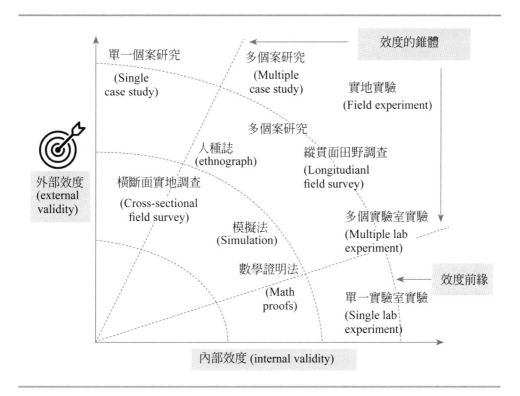

**圖 7-7** 研究設計的「內、外效度」

## 7-5-1 內部效度

內部效度（internal validity），是指在研究實驗測量中，在完全相同的研究過程中複製研究結果的程度。其用來證明一個特殊的自變數（independent variables），比如一個程式或政策，引起依變數（dependent variables）的改變。也就是自變數的變異性與依變數變異性的關聯程度，其因果關係越高，則內在效度越高，反之則內在效度越低。任何研究設計都必須考量研究的內在效度，如果內在效度不高，則研究結果將毫無意義，因此影響內在效度的因素，必須深入討論。

在實驗中，內部效度決定了兩個變數的因果關係是否能夠被合適地表現出來，一個因果關聯基於以下三個內容：

1. 原因（自變數）在時序上的發生順序先於結果（依變數）。
2. 原因（自變數）與結果（依變數）存在關聯性（association），例如：卡方、OR、t-test、迴歸……。
3. 在實驗觀察中沒有似是而非的其他解釋（其他可變因素）。

「內部效度」是指我們從實驗／研究結果所得到的關係是否代表真正的關係。研究設計之「內部效度」的威脅，概括來說，共有下列七個內部因素（intrinsic factors）（Nachmias & Nachmias, 1996）：

1. 同時存在的事件（歷史，history）：

當外部事件（outside events）可能比其他事物（others）更影響參與者。這是，在實驗設計中，與實驗介入效果同時存在的外在因素，而且此因素亦可能影響所獲得的實驗結果，我們稱此因素為同時存在的事件。以實驗設計的角度來看，前測的測量結果為 $O_1$，操控變數是 X，後測的測量結果是 $O_2$，$O_1$ 與 $O_2$ 的差異，理論上應該是由 X 所造成的，然而事實或許不是如此，可能會有其他事件發生，而導致結果偏誤。換句話說，結果（effect）的改變是來自外在環境（在過程中，外在環境改變），鮮少是研究者觀察的「前因」（cause）。例如：研究「廣告多→啤酒銷售量大增」因果關係時，極有可能是廣告期間，因為天氣變熱，促成了「天氣變熱→啤酒銷售量大增」外在因素的形成。

2. 成熟的效果（maturation）：係指在實驗過程中受試者個人因時間的因素，參與者可能經歷生理或心理的變化（並非因為某些特別事件。例如：更熟悉或更疲倦），而改變實驗效果有所差異。

這種問題通常發生在長時期的研究，或者某些短期發生的因素，例如：受試者的飢餓、厭煩、疲倦、較成熟、沒興趣等外在因素。換句話說，因為受到受測者本身的思想，或行為的改變，導致研究結果（effect）不能完全歸因於自變數。例如：「每次上完課，食慾大增」因果關係，並非全因為「上完課」，而是受「生理因素」的影響而使學生食慾大增。

3. 測驗效果（testing effects）：在實驗設計中，研究者經常先進行前測（pretest），以便隨後與後測做比較，然而往往受試者會因做過了前測而有了經驗或熟悉，進而影響了所獲得的實驗結果（即後測），此種現象稱為測驗的效果。在縱向面研究中，常常第一次測驗可能會使受試者產生學習效果，而影響到第二次測驗結果。例如：事前想調查消費者最常「喝什麼飲料？」，於是進行「汽水廣告」，但在廣告調查時，卻無心「提醒了」消費者有這種

飲料。

4. **測量工具（instrumentation）上的偏差**：也稱爲工具偏誤或工具衰變（instrumental bias or instrumental decay）。在進行實驗介入的評量過程中，觀察者、實驗者或研究者因測量工具的種類、計分或使用方式等不同而導致所獲得的實驗結果有差異，此種現象即所謂測量工具上的偏差。

   當測量工具從某實驗處理（治療）變爲另一種治療時，此時，差異可以透過工具的變化來解釋。即不同的觀察時點，可能因爲實驗「評量工具或儀器」變化或評量人員身心發生改變，而造成不同的結果。測量中使用「不同的問題」、觀察者或受訪者，均會降低效度。因此，測量工具本身的設計係會影響研究結果（effect）。例如：研究者自編一個量表，用來調查「個人所得如何影響消費行爲」？在量表設計時，可能因爲「個人所得」間隔分類不當，而影響研究結果。

5. **自我選樣（selection）偏誤**：在實驗設計中，當受試者未經由隨機的方式（如隨機抽樣或分配）而指定到實驗組或對照組時，極可能發生實驗介入前組別已存在著差異，所獲得的實驗結果可能是由於此差異所造成，就是所謂的選樣偏差。例如：實驗組與控制組的受試者，若未經過隨機的挑選過程，就會造成「自我選樣」偏誤。又如「網路問卷調查」，本身亦會有「自我選樣」的問題，因爲「會主動上網」填問卷者，多數是屬高學歷的年輕族群，網路調查之抽樣過程本身已忽略低學歷、中高年齡的族群。以效度的角度來說，各組在各個方面上應該是要相同。故我們若能採用隨機分派樣本，或者對幾個主要因素進行配對，多數即能克服「自我選樣」的問題。舉例來說，研究「廣告→飲料銷售量」影響之因果關係時，很可能也是「重度喝飲料者本身比輕度喝飲料者更「喜歡看廣告」的外在因素影響，而非「廣告刺激飲料銷售業績」。

6. **統計迴歸（statistical regression）現象**：也稱爲迴歸平均值（regression toward the mean）。在實驗設計中選擇受試者時，假如研究者選取的受試者是具有極端的特質，如特別好或特別差，那麼在評量實驗結果（即後測）時，就可能因受試者是太好了已不能再好、太差了已不能再差而發生實驗介入效果不顯著，此種現象就是所謂的統計迴歸。

> 定義：**實驗者偏誤**（experimenter bias），即研究結果受到實驗者對研究結果的期望或信念（beliefs）的影響。
>
> 1. 對外部效度的威脅：結果可能是研究特有的（specific）。
> 2. 對內部效度：資料可能顯示實驗處理（治療）效果，但受實驗者的影響。

7. **參與者**的**減少**（attrition）或**死亡**（mortality）：所謂的減少，係指在實驗過程中，由於受試者的流失（如過世、搬家、拒絕再合作或缺席等）而導致了組別間的實驗結果存在著差異。在長期性縱向的研究時，各組成員的退出／流失將會降低研究的內部效度，尤其是有一組的受試者在中途流失率偏高時，將使實驗結果更難於解釋。一般而言，控制組退出對研究的衝擊較低，因他們未受「實驗處理」（測試狀態）的影響，反之，實驗組成員的退出，新補進人員能否完全取代退出者仍是不可預測，故它對研究結果產生的衝擊較大。研究者在進行補償性動機研究，若有參加實驗者中途退出時，會對研究結果造成很大的衝擊及扭曲。

8. 外在因素的**交互作用**（interaction）：在實驗設計中所存在的內在效度威脅因素（即以上七個因素），均可能互相混合或交錯的影響所獲得的實驗結果，這種現象就是因素彼此之間發生了交互作用。

以上 8 項內部效度威脅，在同一研究中，可能會有互動之效果，使得實驗處理效果混淆，誤導研究者以為是他們的實驗處理發生的效果。例如：成熟與測量工具、歷史與成熟、選擇與歷史、選擇與成熟……。通常上述八項內部效度的威脅，一般係可以透過「隨機分派受測者」方式來解決，可是以下這六個內部效度威脅，則無法以「隨機分派」方式來避免。

1. 處理因素的擴散或模擬（diffusion orimitation of treatments）：假使實驗組與控制組的受試者有過互動，控制組可能會知道實驗的處理，而降低兩組間可能發生的差異。

2. 處理因素的補償性平衡（compensatory equalization of treatments）：接受較少處理待遇的受測者會產生補償性的競爭力，以及接受較少處理待遇的受測者會產生懷恨的反應。有時實驗的處理是令人想要或喜愛的，例如：獎賞，此時對控制組的不公平待遇，研究者可能會以其他方式作為補償，然而此種彌補卻容易混亂實驗的設計。

3. 補償性競爭（compensatory rivalry）：當控制組知道他們是控制組時，可能會形成一種競爭壓力，使得控制組的成員想要表現的更好。

4. 對不公平的憤恨與士氣低落（resentful demoralization of the disadvantaged）：當實驗的處理是令人喜愛的，且實驗是強制性時，控制組的成員可能會對他們的剝奪感到氣憤，而降低合作程度。

5. 局部歷史性（local history）：有規律的歷史效果，可能會造成實驗組與控制組很相像。當將所有的實驗組的受試者放在同一群組，而控制組的受試者也都放在另一群組時，有可能因為組內發生的某些特殊事件而混淆了實驗的結果。不過，此問題可藉由實驗處理的實施區分為更小的團體或至個人來解決。

6. 因果關係方向的模糊不清（ambiguity about the direction of causal influence）。

## 7-5-2 外部效度

外在效度（external validity）指的是研究中各個變數所存在的因果關係，若被推論到其他的母群、情境和時間的適切程度。討論研究結果的外在效度，必須考量兩個層面，第一是研究的結果對特定的母群、情境和時間概括的適切程度；第二是研究的結果對不同的母群、情境和時間概括的適切程度。為了增進研究結果的外在效度，最直接的做法就是採取隨機取樣的方法，但限於在實際研究情境中，很難進行完全的隨機取樣的抽樣方法，因此，於進行研究結果的推論時，難免會產生一些的缺失。為減少研究結果進行推論時所造成的錯誤，建議你檢討任何研究結果的外在效度時，應該仔細區分下述四項：

1. 標的母群（target population）。

2. 已知母群的正式代表樣本。

3. 研究中所實際取得的樣本。

4. 實際獲致的母群（achieved populations）。

「外部效度（external validity）」是指所獲得的因果關係是否能推論到一般化的結論。外部效度比較關切的是實驗處理與其他因素之間的互動，以及實驗結果能否推論到不同的時間、不同的情境及不同的人。影響外部效度的因素有下列幾個：

1. 對實驗變數的反應（the reactivity of testing on X）：由於前測使敏感的主題造成反應，以致於他們有各種不同方式回應實驗刺激。通常在態度研究中，這種事前測量的效果特別顯著。

2. 受測者的挑選和實驗變數的互動作用（Interaction of selection and X）：受測

者的挑選過程可能會影響外部效度,所選擇的個體其母體可能不是想要一般化結果的母體。例如:要從一個部門中挑選工人來進行按件計酬的實驗,而它的結果是否能推論到全部的員工卻是個問題。即使想從各部門中挑選,卻會有一大堆人拒絕,而願意參加的人做出的結果能否作推論呢?

3. 選樣的偏差效果(selectione effcts)。

4. 情境效果(setting effects)。

5. 歷史效果(history effects)和建構效果(construct effects)。

6. 其他互動因素(Other reactive factors):實驗環境本身可能對受測者造成偏差效果,利用特別設計的實驗環境所得的結果將無法推論到整個母體。例如:試驗者若知道他們是被實驗,則會有角色扮演的問題。此外,實驗的變數可能與受試者的某些特性產生交互作用,例如:採用有報酬式的實驗,可能對從事某種特定技術層級,或某種性格的員工特別有效。

在從事研究結果的外在效度考量時,上述幾個因素與研究處理(treatment)的相互影響必須逐一加以討論,例如:選擇與處理因數的相互關係(interaction of selection and treatment)、情境與處理因數的相互關係(interaction of setting and treatment)和歷史與處理因數的相互關係(interaction of history and treatment)。

基本上,內部效度的問題可以透過實驗設計加以解決,而外部效度高低的比較是推論的問題,是一種邏輯、歸納的過程。在推論上,常常必須考慮某些被忽略,但卻會與實驗變數產生交互作用的因素。而我們又必須盡量使實驗的環境與外界實際情況相似,以確保其外部效度。

外部效度代表研究結果(模型)是否能推到母群的程度。它又可分成「母群效度」(population validity)及「生態效度」(ecological validity)。母群效度是指樣本能夠代表母群的程度;生態效度是指結果是否可推論至其他母群的程度,若研究設計採取大量的樣本,將使抽樣的研究結果越接近原來的生態。通常這兩種外部效度是很難兼顧,兩者是「魚與熊掌不可兼得」。

## 7-5-3 如何「提升」內部效度及外部效度

對因果關係具有威脅的內部因素(intrinsic factors)及外部因素(extrinsic factors),可採取下列四個程式加以控制:配對法、隨機分派、控制組、重複實驗(Nachmias & Nachmias, 1996)。

**1. 配對法（matching）**

配對法是可降低外在因素的威脅，它是使外在因素在實驗組及控制組均做相同設計的研究法（e.g. 相同特質樣本的平均分派）。例如：採用「精確配對」或將「次數分布」樣本平均分派到實驗組及控制組。以「精確配對」而言，假設某一研究中，「年齡」是影響因果模型之外在因素，此時可採取「20-25 歲」各分派 5 名到實驗組及控制組，「26-30 歲」各分派 4 名到實驗組及控制組，「31-35 歲」各分派 7 名到實驗組及控制組等方式來進行。「精確配對」主要缺點，就是我們通常很難對一群外在因素，統統實施精確平均分派樣本，舉例來說，若我們同時要以種族、職業別、年齡、月收入三者來精確配對，實際上會有很大困難。因此，變通的方法，就是捨棄精確方式一對一對的配對，改採「次數分布」來做樣本分派，即每一個外在因素在實驗組及控制組的設計只求相似即可。因此實驗組及控制組改以重要特性來指派樣本。

**2. 隨機分派（randomization）**

由於「配對法」只能控制研究者事前已定義的外在因素。況且通常我們是無法事先就知道、掌握「所有」外在因素，因而導致錯鋤的因果關係詮釋，故權變之宜，就是改採「隨機分派」樣本至實驗組及控制組。例如：某研究者想要了解「員工參與對工作績效的影響」，此時會發現員工的年齡、工作動機、工作滿意度、體能狀況等個人因素，均是影響「員工參與→工作績效」的外在因素，此時為了確保實驗組及控制組之員工的工作動機、工作滿意度、體能狀況及年齡都相似，採用隨機分派是可消除「影響員工參與→工作績效」外在因素所產生系統化誤差之最佳方法。易言之，隨機分派亦可有效降低外在因素的威脅。

**3. 控制組**

在研究設計實驗組，我們若能增加一個「控制組」，則可抑制「實驗的刺激」，進而降低內部效度的威脅，像：(1)「歷史」威脅，因為實驗組及控制組均同時身處在相同事件中，故歷史威脅就可大為減低。(2)「成熟」威脅也會因為兩組樣本均經歷相同的變化，而大幅降低。(3)「實驗者退出」威脅，只要進行研究，都會面臨受測者在實驗尚未完成前的退出（流失）。當某一組（例如：實驗組）受測者流失率比另外一組（例如：控制組）快，或者遞補人員能否真正取代流失，兩者都會對研究結果產生偏差。此時除了可採取「完整資訊個案」才保留，退出者資訊事後討論其意涵外，尚可用「控制組」來互相抵銷實驗組的流失率。(4) 控制組可降低「測量工具」因為不穩定的威脅，假如前測及後測

得分是受到測量工具不穩定的影響，這將同時反應在實驗組及控制組受測者身上。(5) 控制組亦可降低因為「自我選樣（selection）」效應所衍生的互動效果，例如：「選樣—成熟」、「選樣—歷史」互動效果。

### 4. 重複實驗

即實驗組及控制組在實驗後對調再進行另一回合實驗。首先樣本隨機分成實驗組及控制組，等第一回合實驗完畢後，控制組的受測者再當第二回合的實驗組，原來實驗組者再充當控制組。重複實驗法是可有效排除外在因素的威脅，但仍會有「前測」（pretest）、「成熟」的問題。

換句話說，研究者只要能妥善運用隨機分派、配對法、控制組、重複實驗等方法，將可大幅降低研究設計之（內、外）效度威脅。

## 7-6 流行病學的研究設計：實驗性 vs. 觀察性

流行病學（epidemiology）是研究發生在眾人當中之疾病的學問。所以流行病學是在研究族群之健康狀態（指健康與健康失調，如疾病、傷害、殘障和死亡的存在與否）和健康事件（指疾病、傷害、殘障和死亡的發生與否）之分布情形和決定因素，以及控制方法的學問。以往流行病學所研究的範圍，僅限於暴發性的傳染病，如霍亂、鼠疫、天花和瘧疾等。由於環境衛生的改善，醫藥科技的進步，生活水準的提高，營養狀況的改良，預防接種的實施，以及衛生教育的普及，傳染病對人類的危害，已大大的降低。然而，慢性病如癌症、糖尿病、高血壓和腦血管病變等的危害性則相對的提高，另外事故傷害、自殺等都成為現在的健康問題，自然而然的也成了今日流行病學研究的範圍。流行病學的目的如下：

1. 描述社區疾病的型態。
2. 研究疾病自然史，以作為疾病預後和療效評估之參考。
3. 探討疾病的危險因數與致病機轉。
4. 解釋疫區疾病流行的特殊型態。
5. 作為推行衛生保健措施之依據。

流行病學研究的方法可以概分為兩大類：

1. **描述**流行病學（descriptive epidemiology）：研究一個人群中健康狀況和事件發生的實際狀況，按人、時、地三個因素的影響分別加以描述。描述流行病學所觀察的是團體的屬性，是以人群為單位的。

2. **分析**流行病學（analytic epidemiology）：研究健康狀況和事件發生的決定因素，或研究其何以在某些特殊群體的人口中會有較多或較少的原因。分析流行病學觀察的是個體的屬性，是以個人為研究單位的，其研究的方法最重要的有世代研究法（cohort study），又稱追蹤研究（prospective study），以及病例組－對照組研究法（case-control study）。這兩種方法主要的不同點是研究開始時病例的存在與否。世代研究法是先找一群健康的人，根據他們曝露（如抽菸、飲酒等）情況來分組觀察，一直追蹤到足夠的病例（如肺癌、肝癌等）發生以後，再行統計、分析和闡釋。病例組－對照組研究法是找到一群病例組和對照組，詢問他們過去的曝露經驗，再加以統計、分析和解釋。

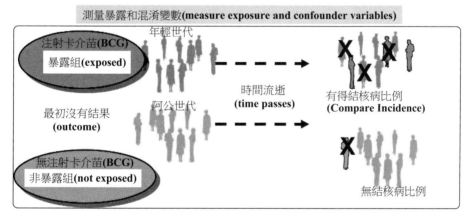

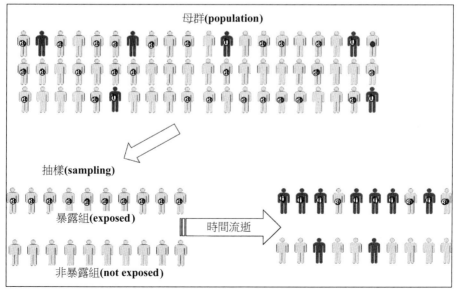

圖 7-8　世代研究（cohort studies）

生醫範例的實作請見作者《STaTa 在生物醫學統計分析》、《Meta 統計分析實作：使用 Excel 與 CMA 程式》、《多層次模型（HLM）及重複測量：使用 STaTa》、《邏輯斯迴歸及離散選擇模型：應用 STaTa 統計》等書。

概括來說，流行病學的研究方法，可分為實驗性 vs. 觀察性二大類，如下圖。

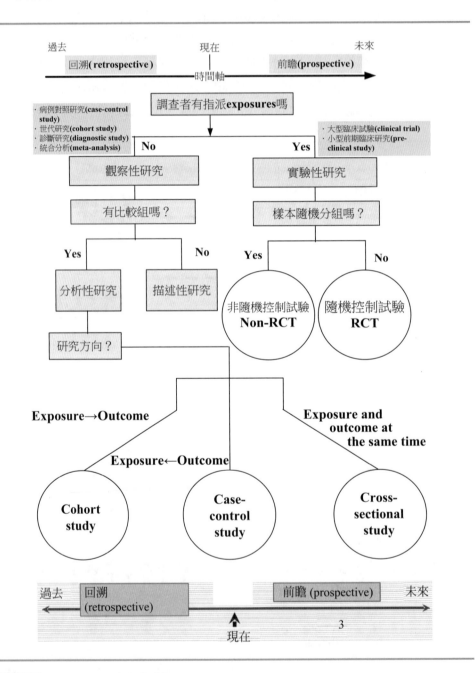

圖 7-9 醫學研究設計之示意圖

376

## (一)觀察型研究（observational study）之特性

1. 研究者不介入，站在旁觀者的立場來觀察。

2. 較易操作且省經費。

3. 較無倫理問題之限制。

4. 無法控制變因，不像實驗法有控制「處理（treatment）」變數。

5. 難以因果關係作結論。因很難排除「因－果」二者之共同變數。

6. 常用於臨床及流病、社會現象……。

## (二)實驗型研究（experimental study）之特性

1. 研究者介入。

2. 較難操作（因要控制外生變數很多）且多花經費。

3. 較有倫理問題之限制。

4. 可「控制」一個或多個變因（自變數）。

5. 內部效度最高，可證明出因果關係來作結論。

6. 適用於人、臨床、動物及細胞。

# 一、觀察性流行病學之研究：描述性 vs. 分析性

## (一)描述性（descriptive epidemiology）研究

　　描述性研究係透過調查，了解疾病及健康狀況在時間、空間及人群間的分布情況，為研究及控制疾病提供線索，為制定衛生政策提供參考。

　　描述性流行病學的資料來源主要來自：戶口普查、戶籍登記、健康記錄及醫院病歷等。

　　**描述流行病學的研究要素：**

1. **人**：包括種族、性別、年齡、婚姻狀況、社會經濟、地位、職業（e.g. 白領族比藍領族更易得糖尿病）、宗教信仰、病史等。

2. **時**：包括季節、週期變動與短期流行長期趨勢時間的聚集性等。

　　時間的因素，關注的重點有三類：

　　(1)時間聚集（time clustering）：時間聚集代表著有共同的曝露（expose）經驗，即病例的發生特別集中在**某一時段**，例如某年、某月、某日，若屬於**發病時間的聚集**即稱為**點流行**，比較容易探討病因，如食物中毒。

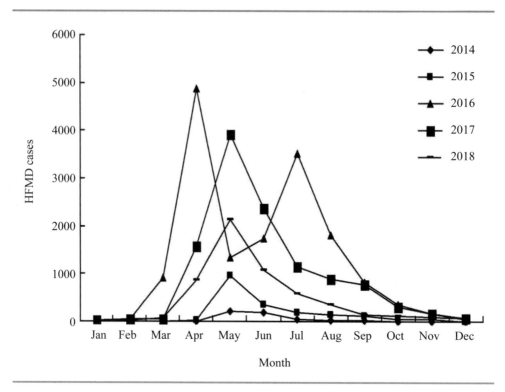

**圖 7-10** 時間聚集（time clustering）之示意圖

(2) 週期循環（cyclic change）與季節變動（season change）：

疾病的發生率或死亡率呈週期循環的現象，例如：夏季易發生茲卡（Zika virus）、登革熱、腸胃道疾病；相對地，冬季易發生支氣管炎、胃潰瘍、老人中風及腦膜炎。

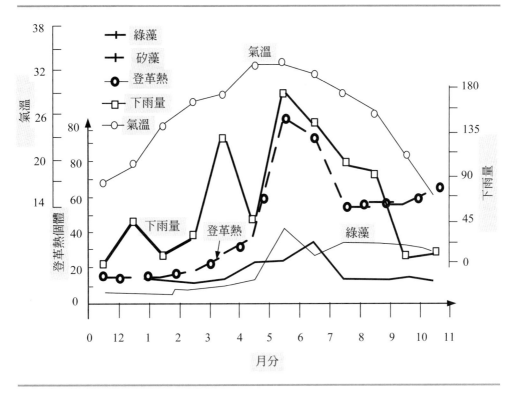

**圖 7-11** 一年內季節變動（season change）之示意圖（臺灣登革熱好發在夏季）

(3) 長期趨勢（secular trends）：請見作者《**總體經濟與財務金融：SPSS 時間數列分析**》一書，該書內容包括：單根檢定、誤差異質性、動態模型、數列相關、時間數列分析、VAR、共整合……：

(I) 疾病發生的長期變化除週期循環與季節變動之外，還有線性趨勢，包括逐年增加或減少的變化。

(II) 臺灣由於環境衛生的改善、營養的增進、醫藥及生活水準的提升，傳染病的疾病率及死亡率有明顯下降的趨勢。

(III) 例如：大腸癌、肺結核及糖尿病死亡率的長期趨勢有上升現象。

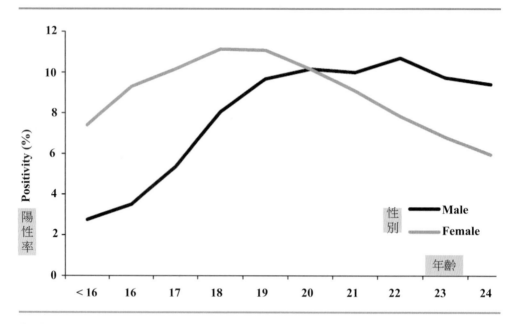

**圖 7-12** NCSP 年齡和性別在陽性率有交互作用

來源：researchgate.net（2019）.Positivity by age and gender, NCSP: year 5（2007/2008）. https://www.researchgate.net/figure/Positivity-by-age-and-gender-NCSP-year-5-2007-2008_fig2_24439685

**圖 7-13** 生長發育和青春發育的長期趨勢（Secular Trend）

來源：study.com（2019）.The Secular Trend in Growth and Puberty Development. https://study.com/academy/lesson/the-secular-trend-in-growth-and-puberty-development.html

3. **地**：包括自然、行政、氣候、溫度、高度、水質、大小與風俗民情等，亦常用來作城鄉差異與國際比較之研究。例如：茲卡病毒之地理分布圖。

地理分布的資料可從政府的母群或生命統計報告（內政部、警政署網站）獲得，再以自然地理位置或行政分區來劃分。

另外，由於不同的地理位置或國家，其母群密度、文化、飲食、生活型態、季節氣候、醫療水準與衛生政策等均會影響疾病的發生率及死亡率。

## (二)分析性（analytic epidemiology）研究

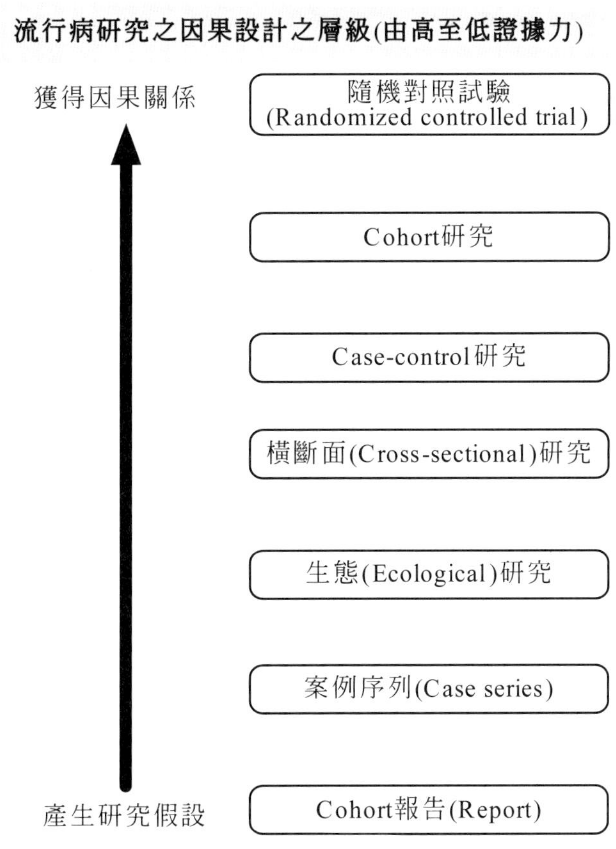

### 流行病研究之因果設計之層級(由高至低證據力)

獲得因果關係

隨機對照試驗
(Randomized controlled trial)

Cohort研究

Case-control研究

橫斷面(Cross-sectional)研究

生態(Ecological)研究

案例序列(Case series)

產生研究假設

Cohort報告(Report)

**圖 7-14** 因果研究設計之證據力，由低至高之示意圖

分析性流行病學，若以時序可分成二大類：橫斷研究法、縱貫研究法。

**1. 橫斷研究法（cross-sectional study）**

　　橫斷研究又稱**盛行率**研究，其方法的進行是在同一時間點調查族群健康危險因數與疾病狀態的存在是否有相關。

　　如下圖所示，某一時間點所調查的母群成長消退的循環圖。所謂「observational」的研究設計，係指調查是在某一單一時間點（Study only exists at this point in time）曝露（expose）及疾病狀態（母群在橫斷面的數量）。

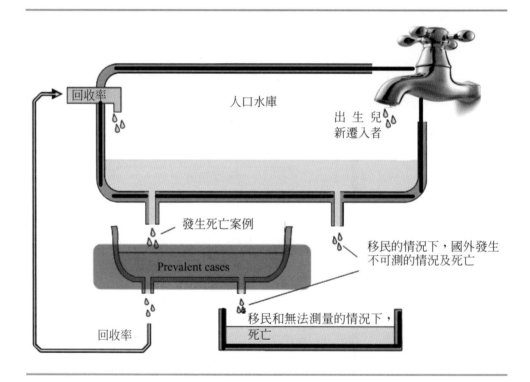

**圖 7-15** 母群成長消退的循環圖

來源：https://www.google.com.tw/search?q=Zika+virus&espv=2&source=lnms&tbm=isch&sa=X&ved=0ahUKEwjx0L_WuYfRAhWLG5QKHXiFD34Q_AUICSgC&biw=819&bih=518#imgrc=VdaeQIDusDr6QM%3A

**橫斷研究法適用情形：**

(1) 疾病的調查（遺傳性疾病盛行率調查，唐氏症、C 型肝炎……、肺結核），例如：茲卡病毒（Zika virus）造成嬰兒小腦症。

(2) 急性病調查（食物中毒、傳染病）。

**圖 7-16** 茲卡病毒之全球地理分布（2017 年調查全球之盛行率）

來源：風傳媒（2019）。茲卡病毒疫情無解 WHO 史無前例建議：高風險地區女性請延遲生育。https://www.storm.mg/article/128377

**橫斷研究法優缺點：**

優點：耗資少，可提供疾病流行情形資料。

缺點：只能提供病因線索（不能確定病因）；只能估計盛行率（不能確定發生率）。

**橫斷研究之指標：**

例如：盛行率（prevalence）、死亡率。

**橫斷面因果研究：**

以圖 7-17 為例，你可假設某一研究時間點，病人的年齡、性別、病情嚴重程度、檢驗資料對某疾病（X）預後之影響。

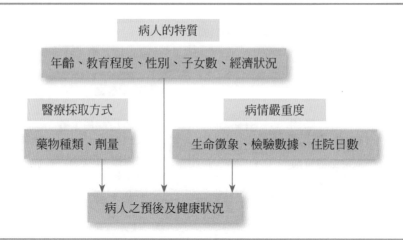

圖 7-17 橫斷面多因一果之示意圖

**2.** 縱貫研究（longitudinal study）

　　醫科之縱貫研究法可分為二種：世代研究法（Cohort study）、病例對照（case-control）研究法。

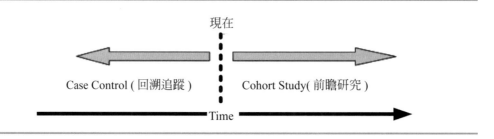

圖 7-18 case control vs. Cohort study 在時間軸之比較

**(1)** 世代研究法（**cohort study**）：又稱為前瞻法（**prospective study**）
Cohort study 係針對一群健康者，追蹤其處於健康危險因數下的發病情形。
　　前瞻法是指：往前、展望未來，旨在探討未來的事件，根據某條件，來關心或疾病的未來情況（looks forward，looks to the future，examines future events，follows a condition，concern or disease into the future）.
　　例如：針對一群健康者，追蹤其處於健康危險因數下的發病情形。

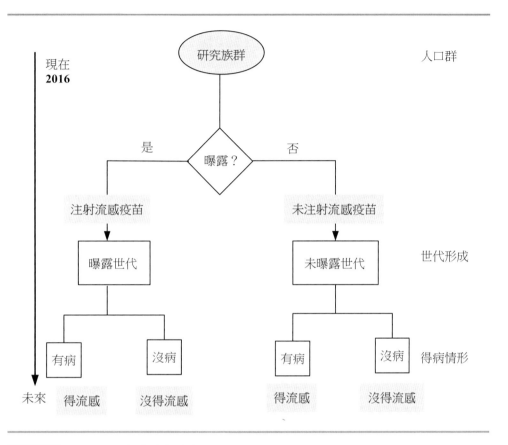

**圖 7-19** Cohort 研究設計之示意圖

　　世代研究法適用情形：

① 常見疾病。

② 病因較清楚者。

③ 多重疾病（與多重病因）探討。

　　世代研究法優缺點：

優點：因果時序性清楚，可得知發生率。

缺點：研究期較長，所需樣本大（個案遺失），經費多，有道德上的顧慮。

　　世代研究之指標：

發生率（incidence），相對風險（Relative Risk, RR）。

**(2) 病例對照（case-control）研究法：**

又稱為回溯法（retrospective study）。即回顧往昔時間裡，已發生的事件

（looks back in time to study events that have already occurred）。例如：針對一群病患與對照，蒐集並比較其過去的健康危險因數之經驗。

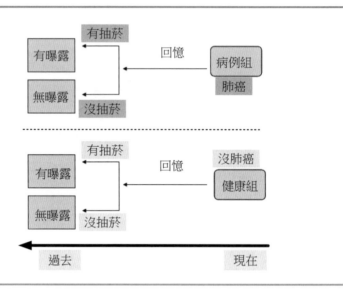

**圖 7-20** 病例—對照研究之研究設計

**Case-Control 適用情形：**

① 稀有疾病。

② 常見曝露（expose）。

③ 多重病因探討。

**Case-Control 優缺點：**

優點：研究期短，樣本小，經費少，無道德顧慮（曝露已發生）。

缺點：因果時序不清楚，無法得發生率，曝露資料不全（recall bias）。

**Case-Control 指標：危險對比值（odds ratio，OR）**

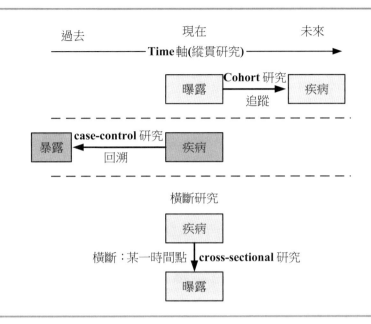

過去　　　　　　　現在　　　　　　未來

――――――― Time軸(縱貫研究) ―――――――▶

Cohort 研究

曝露 ―――――――▶ 疾病

追蹤

case-control 研究

暴露 ◀――――――― 疾病

回溯

橫斷研究

疾病

橫斷：某一時間點 cross-sectional 研究

曝露

**圖 7-21** 三種觀察性研究之比較：Cohort 研究 vs. case-control 研究 vs. cross-sectional 研究

# 7-7 實證醫學（EBM）

　　由於自然科學的試驗（trials），等同社會科學「實驗處理（treatment）」概念，故有需了解「證據」的分類等級。畢竟實證醫學（evidence-based medicine, EBM）之實驗法要求標準，都比社會科學研究來得高，值得大家來學習。

　　實證醫學（EBM），又稱循證醫學，是一種醫學診療方法，強調應用完善設計與執行的研究（證據）將決策最佳化。雖然所有醫學都從科學角度出發，並具備一定程度的經驗支持，但實證醫學更進一步，將證據依知識論上的強度分類，並要求只有強度最高的證據（如 Meta 分析、系統性評論和隨機對照試驗 RCT）才能歸納為有力的建議證據；相對較無力的證據（如病例組一對照組研究）只能歸低證據。EBM 是闡述一種方法，用於醫學診療教學及改善不同醫師面對不同患者時決策方式，後來應用範圍快速擴大到過去描述的方法上，設計適用於患者群和整個群體的指引及政策（實證診療政策）。後續追蹤（擴散）也成為一種決策方法，適用於實際醫療衛生的各個層級和其他領域（實證診療）。

　　英國牛津大學於 1992 年在英國國家衛生服務部（National Health Service）成立 Cochrane Collaboration 開始推廣實證醫學，主張以臨床實驗及病人價值，尋求最佳的證據，來證明臨床處理的有效性。所有醫療行為都應有嚴謹研究且證實為有效的根據，才能將醫療資源做最有效的運用，並強調 Randomized controlled trials（RCT）的重要性。故實證醫學（EBM）以流行病學和統計學（Meta）的方法，從龐大的醫學資料庫中嚴格評讀、綜合分析並找出值得信賴的部分，並將所能獲得的最佳文獻證據，應用於臨床工作中，使病人得到最佳的照顧。

　　而 Meta 為了證明醫學的治療方法和藥劑（實驗組）的有效性，係透過科學的對比試驗（比如使用安慰劑來對照）來確認效果（odds ratio, risk ratio）。

## 7-7-1　實證醫學的五大進行步驟

　　實證醫學（EBM）是最好的研究證據與臨床專業知識和患者價值觀的整合。EBM 的五個步驟應包含於完整 EBM 教學課程當中，臨床問題（ask）可以按照 PICO 四個部分來產生（patient Characteristic, intervention, comparison 與 outcomes），接著選擇與找尋相關的資料（acquire）、資料的批判評價（appraise）、應用所獲得的新知識在病人的照顧與醫療決策上（apply），及對自己的學習過程作評估（access）。

　　EBM 進行步驟如下，實證醫學實施有五大步驟：

Step 1　確定一個需要執行實證醫學的問題（asking an answerable question）。

Step 2　尋找最佳的臨床文獻資源證據（**tracking** down the best evidence）。

Step 3　評價證據的真實性（truth）、可靠性、臨床價值及適用性（NNT, NNH）。

　　　　Critical Appraisal Topics（CAT）是針對你自己臨床個案的問題，進行資料庫搜尋，找到相關文獻，評讀其證據，並決定如何將該證據用在你的個案照顧上的簡要記錄格式，也就是將實證學習心得「結構化」地摘錄成一頁。

Step 4　臨床應用於病患身上（**integrating** the appraisal with clinical expertise and patients' preference）。

Step 5　對過程的進行稽核及評估（**auditing** performance in step 1-4）。

## 7-7-2 金字塔型的證據等

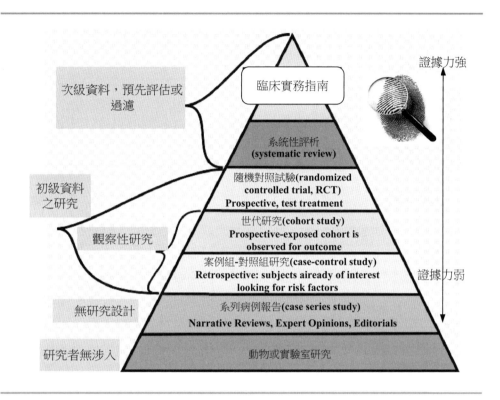

**圖 7-22** 證據的金字塔

來源：library.qut.edu.au（2019）.Evidence explained. https://www.library.qut.edu.au/search/getstarted/howtofind/evidencebased/evidenceexplained.jsp

### 一、隨機對照試驗（randomized controlled trial, RCT）

　　隨機對照試驗（RCT）係給實驗組及對照組不同的治療，觀察其後果。例如：實驗組吃阿斯匹林（aspirin），對照組吃澱粉，比較兩組五年後中風的機率。為目前臨床流行病學中公認證據力最強之原始介入性研究設計（primary interventional study）。透過各種隨機取樣、**隨機分派**之方法將病人分成實驗組及對照組，使兩組間除了介入方法外，其他的條件都一樣，調節因數可以平均分布於兩組間，目的是為了增加兩組間的相似性，提高可比較性與減少人體臨床試驗過程中已知及潛在的偏差（bias）。在此設計中，如果能夠採行雙盲對照

（double blinded, placebo-controlled）則調節因素的影響可以進一步減少：對病患進行盲法可以避免安慰劑效應；而對研究者進行盲法，可以使兩組除了介入方法外，其他的照護是一樣的，以減少其他調節因數。好的 RCT 報告應該清楚說明如何做到隨機分派，從病人選擇到結果分析之整個過程中，每個環節病人與研究執行者如何做到 concealment（維持盲法），並且兩組都必須追蹤的夠久且有完整的追蹤。

雙盲研究（double-blind study），旨在避免受測與施測兩方人為因素影響試驗結果。即進行試驗時，受試者與施測人員雙方皆不知道受試者屬於實驗組或是對照組（控制組），直到資料蒐集完成後核對受測者代碼才知道分組。

## 二、世代研究（cohort study）

世代研究又稱追蹤性研究、前瞻性研究或縱貫性研究，是一種探索病因的流行病學研究方法。其做法是在人群中抽取一個樣本，按是否曝露於某種可疑病因（危險因數）或曝露程度分組，經過一段追蹤觀察，最後比較各組的發病率或死亡率，對因果關係作出估計。世代研究適用於發病率較高的疾病，也適用於環境污染對健康影響的評價。該方法的優點是在兩組對比中（開始時的健康狀況一樣）直接觀察致病因數與發病的關係，不存在回憶性偏差，且能計算發病率、死亡率和相對危險性。缺點是觀察時間長，可能發生失訪偏誤；如觀察發病率低的疾病則需大量人力，費用高、時間長。

觀察自然曝露／治療方式的影響，長期追蹤其結果。例如：比較有吃 aspirin 及沒有吃 aspirin 的人，6 年後新發生中風的機率。提供比隨機對照試驗證據力較次一級之研究證據，是屬於臨床流行病學中之觀察性研究。針對幾個子群，由接受曝露因數開始，一直追蹤到結果，可以是從研究開始追蹤到未來的結果，稱為前瞻式世代研究（prospective cohort study）；也可以是將時光倒退幾年，一直追溯到現在，稱為回溯式世代研究，是辨明疾病原因及其自然發展史的好方法，可以提供因果關係的探討，但不可以拿來與 RCT 一起混合計算療效。對於曝露因數與結果的定義必須非常明確，其優勢在於計算發生率（Incidence rates）、相對風險（relative risks）及 95% 信賴區間的能力；而採樣誤差是無法避免的缺陷。對於罕見事件與需時很久才能顯現的事件，不適合使用世代研究的方式。

## 三、案例組─對照組研究（case-control study）

病例組─對照組研究法是一種探索病因的流行病學研究方法。它是將研究

對象依是否罹患某病來區分為「病例組」及「對照組」，再來比較這二組過去的曝露經驗是否不同。例如：病例組過去曝露在致病因數的頻率較高，而對照組較低的話，即可判定此一致病因數和疾病之間有相關存在。此研究方法的優點是：(1) 可以獲得曝露率，(2) 可做多重病因的探討，(3) 所需樣本數少，(4) 研究經費低；其缺點是 (1) 時序性不清楚，(2) 無法獲得發生率，(3) 對照組不易選取，(4) 曝露資料取得不易，(5) 有回憶偏誤（recall bias）。因此，此方法適用於病因不明且是常見曝露情形下的稀有疾病。

如何選擇病人組及對照組呢？研究其曝露／治療的影響。例如：比較 100 個有中風的個案及 100 個沒有中風的個案，他們吃 aspirin 的比率。這是流行病學中極重要的研究方式，雖然它的臨床證據力較世代研究為低，但可以在短時間內以少許資金與努力，就能得到重要的科學發現，是最有效率的研究設計，但也容易受到偏見的影響。個案對照研究僅能提供勝算比（odds ratio, OR），而不能提供相對危險率（relative risk, RR），在分析結果的過程中，必須妥善控制調節因素，處理調節偏差的問題。

## 四、系列病例報告（case series study）

蒐集同一臨床特色之病人，回顧文獻報告加以比較。例如：蒐集 5 位吃 aspirin 預防中風，結果發生消化道出血的病人，報告其臨床特徵並回顧相關文獻。即將相同的個案集合起來就成為一篇系列病例報告，多是用描述型統計的方式來表達這些個案的特點，其優點是可以作為個案對照研究的個案群組，讓研究者可以探究引發疾病的可能原因，缺點是缺乏對照組，且證據力也較低。

## 五、系統性文獻回顧（systematic review）

將個人好惡及偏差減至最低。需引用各種文獻資料庫，並說明查詢的關鍵字，有引用文獻的明確標準，不能依作者喜好選取文獻，通常會使用統計方法（Meta Analysis 統合分析），以解決臨床爭議為目的。它是一個醫學文獻的整理，研究者針對某一個臨床問題，運用明確的方式進行文獻搜尋，藉由搜尋引擎盡可能找尋各種資料庫，包括 Medline, EMBASE, Cochrane Library, SUMSearch 等；並針對每一個研究作嚴格的評估，擷取其中高品質的研究，運用適當的統計方式整合。由於蒐集之資料較完整，避免少數幾篇文章之以偏蓋全，證據力高，為實證文獻搜尋首要目標之一。在 Medline 或 PubMed 之 Clinical Queries 中皆有特別為此設計之獨立選項。

## 六、統合分析（Meta-analysis）

統合分析又譯作後設分析、整合分析、綜合分析，是指將多個研究結果整合在一起的統計方法。就用途而言，它是文獻回顧的新方法。

文獻回顧的傳統方法是敘事式的，由作者自行挑選覺得重要的前人研究，當各研究結論衝突時，由作者自行判斷哪一種結論較具價值。反之，統合分析採用系統化的資料蒐集和數值分析，讓文獻回顧更具客觀性與證據力。這些個別研究效果的組合後的平均效果，更能有助於全面性的證據觀察來支持（或拒絕）某一主題研究的假設，發現該主題迄今研究正反二派的論點的不足，或發現各種可能影響效果量的中介變數／調節變數。

牛津大學實證醫院中心（Oxford Center for Evidence based Medicine）提議下表金字塔型證據的等級，其中，(1)「系統性文獻回顧（systemic review）」有一致性結論者等級較高。以 Therapy 為例，「RCT 系統性文獻回顧（systemic review of RCT）」有一致性結論者（homogeneity），等級為第一級 A（1a）。(2)「非系統性文獻回顧（non-systemic review）」係採專家意見，故證據等級最低，為第五級。(3) 完整的證據等級一至三級還有細分次等級。

**表 7-4　金字塔型證據等級的評比**

| Grade of Recommendation | 證據等級 | 治療（Therapy） |
| --- | --- | --- |
| A 級 | 1a | Systemic review of RCTs |
| | 1b | 簡單 RCT |
| | 1c | 'All-or-none' |
| B 級 | 2a | Systemic review of cohort 研究 |
| | 2b | 世代（Cohort）研究或 poor RCT |
| | 2c | 'Outcomes' research |
| | 3a | Systemic review of case-control 研究 |
| | 3b | 案例控制（Case-control）研究 |
| C 級 | 4 | 一系列案例（Case series） |
| D 級 | 5 | 專家意見，生理學（physiology）, bench research |

下圖，所謂「證據等級」，視問題類型而決定，好的證據都是採用「隨機對照試驗（RCT）」來治療：

(1) 發生什麼現象／問題？

　　採用觀察法（observation）。

(2) 問題的發生頻率？（frequency）

　　是隨機的（random）樣本或連續發生的（consecutive）樣本。

(3) 此人是否有問題？（diagnosis）

　　隨機的／連續發生的金標準樣本（sample with gold standard）。

(4) 誰將會再發生此問題？（預測，prognosis）

　　世代研究，以後代（inception cohort）來追蹤（follow-up）。

(5) 我們怎樣才能緩解這一問題？（治療，therapy）

　　做隨機對照試驗（randomized controlled trial, RCT）。

## 7-8 實驗研究設計

　　實驗研究法的設計（experimental design）旨在探究自變數與依變數之間的因果關係，其做法是操縱自變數，然後檢討其對依變數（應變數）的影響。因此在設計過程中，會把受試對象區分為實驗組和控制組，再依不同組別施以不同的實驗處理，然後藉由操縱自變數來觀察依變數所受到的影響，以探究其因果關係。

　　實驗設計是在使用實驗研究法的時候，使研究者能考驗研究假說，獲致自變數與依變數因果關係之有效結論的研究設計步驟。依據實驗目標，選取特定的設計，決定操縱變數的類別、執行的條件或限制的因素等。每個實驗設計都要處理如下的問題：如何選取實驗組與控制組的受試者、如何操縱與控制變數、如何控制無關變數、如何進行觀察，以及解釋資料時應採那種統計分析方法等。

### 一、前言

　　在實驗設計中，研究者積極地嘗試改變：參與者的情況、環境或經歷（操縱 manipulation），這可能導致研究參與者的行為或結果的改變。研究者隨機分配不同條件的參與者，測量有興趣的變數並試圖控制混雜（confounding）變數。因此，即使在資料蒐集開始之前，實驗通常也是高度固定的設計。

例如 Spallanzani（1785）心理實驗法：

**假設**：semen（精液）中的 sperm（精蟲）是讓狗 pregnant（懷孕）的要素。

**做法**：分兩組，一組母狗打入濾掉精蟲的精液（即 manipulation），另一組則打入不做任何處理的精液。

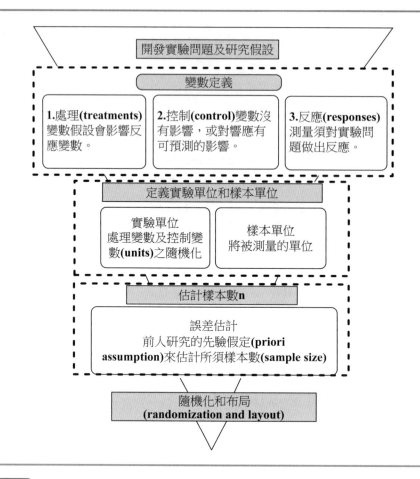

**圖 7-23** 實驗設計（experimental design）之示意圖

　　很好的實驗設計，有些事情非常重要。首先，有必要想好實作你測量變數的最佳方法，以及哪種統計方法最適合回答研究問題。因此，研究者應該考慮研究的期望是什麼以及如何分析任何潛在結果。最後，在實驗設計中，研究者必須考慮實際限制，包括參與者的可用性以及參與者對目標母群的代表性。在實驗開始前考慮這些因素都是很重要的（Adèr 等，2008）。此外，許多研究者在進行實驗之前採用統計檢定力（power）分析，來確定樣本數須多少才能在給定設計中，所需的型 I 或型 II 型誤差的概率中找到給定 size 的效果。

　　實務上，實驗的進行端賴一套嚴謹的實驗設計，而實驗設計（experimental design）是一套將受試者安排入實驗情境與進行統計分析的計畫（Kirk, 1995）。更具體來說，實驗設計是由一套用以檢驗科學假設的活動所組成，這

些活動包括統計假設（statistical hypothesis）的建立、實驗的情境與條件的設定（獨變數的決定）、測量以及實驗控制的方式的決定（依變數與控制變數的決定）、受試者的選取條件的設計（抽樣設計）、以及統計分析方式的決定等步驟。從這些具體的操作步驟中，我們可以看出實驗設計與統計分析當中具有相當緊密的關係，甚至在一般的實驗設計教科書中，絕大部分的篇幅是在探討不同的實驗設計與統計分析原理間的相關性（Kirk, 1995）。甚至可以說，實驗設計就是一門以統計觀念為核心的研究方法學。

## 二、實驗設計是什麼？

如下圖所示，實驗設計是一種技術，使科學家和工程師能夠有效地評估多種輸入（或因素）對 performance（或反應）測量的效果。在工程界，若與一次性因素（one-factor-at-a-time），即試錯誤方法（trial-and-error approaches）來相比；精心設計的實驗更能提供清晰的結果、顯著減少所需的檢測量（amount of testing）。

實驗設計是什麼？在工程問題解決中如何使用設計實驗？首先你需知道的事，今天的產品以及製造這些產品的過程，都比十年前要複雜得多。例如：手機的處理單元的製程就需要幾十個步驟，每個步驟都有多個控制項。

工程師負責定義產品和建構系統或工作流程。它需要注意細節和獨創性。競爭壓力意味著緊張的開發計畫和謹慎的成本考慮。

從概念到商店產品的第一步，涉及建立及測試原型（testing prototypes）。

有一測試原型產品（系統或過程）的方法就是以某種方式改變它，並測量該變化對某些性能（performance）指標的影響。在實驗設計中，性能測量稱為反應。因素是我們可以改變或控制的原型的各個方面。

測試原型產品，系統或過程的一種方法是以某種方式改變它，並測量該變化對某些性能指標的效果（effect）。在實驗設計中，性能測量稱為反應（responses）。因素（factors）是你可改變或控制的原型的各個方面（aspects）。通常，我們有興趣了解多個因素的影響，這需要對各種原型進行多次測試。在工程中，實驗設計是一如何決定測試哪些原型以及如何測試它們。

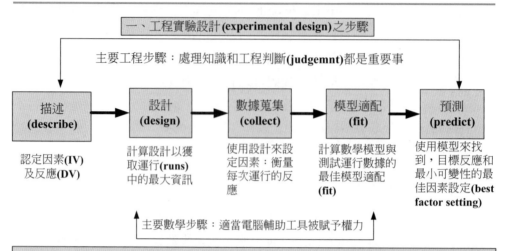

一、工程實驗設計 (experimental design) 之步驟

主要工程步驟：處理知識和工程判斷(judgemnt)都是重要事

| 描述 (describe) | 設計 (design) | 數據蒐集 (collect) | 模型適配 (fit) | 預測 (predict) |
|---|---|---|---|---|
| 認定因素(IV) 及反應(DV) | 計算設計以獲取運行(runs)中的最大資訊 | 使用設計來設定因素；衡量每次運行的反應 | 計算數學模型與測試運行數據的最佳模型適配(fit) | 使用模型來找到，目標反應和最小可變性的最佳因素設定(best factor setting) |

主要數學步驟：適當電腦輔助工具被賦予權力

實驗設計是一種技術，使科學家和工程師能夠有效地評估多種輸入(或因素)對performance(或反應)測量的效果。若與一次性因素(one-factor-at-a-time)，即試錯誤方法(trial-and-error approaches)來相比；精心設計的實驗更能提供清晰的結果、顯著減少所需的檢測量(amount of testing)。

| 二、社科實驗例子：自變數(IV)=睡眠(sleep) | |
|---|---|
| 1. 每天睡3小時 | 2. 每天睡9小時 |
| group 1: 隨機抽20學生 | group 2: 以年齡、性別、正常睡眠來配對(選20學生) |

| 依變數 (DV) | 反應時間 (reaction) | 反應時間 (reaction) |
|---|---|---|

圖 7-24　實驗設計（experimental design）之步驟

　　首先，試驗目標是確定哪些因素對反應具有最重要的影響。腦力激盪會議可以確定「影響反應的十幾個或更多因素」，一般來說，只有少數幾個因素可解釋反應中的絕大部分變化。想像一下，試圖透過反覆試驗來區分十幾個因素的影響。對於沒有實驗設計經驗的工程師來說，這是一種常見的做法。試誤法（trial-and-error）研究經常浪費資源並產生模稜兩可的結果。昂貴的方法是測試所有可能的因素組合。但是有十幾個因素，這種方法需要 4,096 次試驗，這通常是非常耗時且昂貴的。相比之下，精心設計的實驗可以提供清晰的結果，同時

顯著減少所需的測試量。

## 三、實驗的三原則

　　基本上，爲了維持科學研究的客觀性，一個實驗必須具備三個基本的原則：**可複驗性（replication）、隨機性（randomization）、區組性（blocking）**。可複驗性表示一個實驗可以在相同的條件下，被重複操作獲得相同的結果，即使不是完全的相同，所存在的差異（即實驗的誤差），也必須在一定合理的範圍內。其次，隨機化是實驗設計能夠符合統計理論的重要程序。藉由隨機化，我們可以確保實驗的進行是在一個客觀的基礎上，不同的嘗試之間，除了研究者的實驗操弄之外，並沒有特定因素影響我們所關心的效果變動。最後，所謂區組性是實驗當中用來增加客觀精確性的技術。一個區組指的是實驗材料當中同質的一部分，區組化可以協助研究者分離不同的操作程式，以便進行比較。

### (一)實驗設計常見的變數

　　自變數（independent variable）或解釋變數，是研究者所操弄的變數，也就是實驗差異來源之所在，例如：燈光的明亮度、噪音的大小等等。依變數（dependent variable）則是實驗當中被觀察、記錄的變數，例如：員工的生產力、人們對於刺激的反應速度、駕駛的注意力等等。通常一個研究的依變數，就是研究者最關心的概念或現象之所在，而獨變數則是造成該依變數變化的來源。例如：酒後駕車容易造成車禍，如果要證明酒精對於人們駕車的影響，我們就必須設計一個實驗，看看喝了多少杯酒會造成駕駛注意力的遲緩或喪失。此時，注意力的遲緩就是依變數，而造成注意力遲緩的原因是喝酒的量的多寡，喝酒的量也就是獨變數。

　　要維持實驗的客觀性，研究者在進行實驗操作時，都會盡可能的使實驗的環境保持一致，除了獨變數與依變數，其他的變數都應維持一致，但是有些因素則無法維持一致，例如：喝酒實驗當中，參加實驗的人距離前一餐飯的時間可能都不一樣，因此飯後多久的效果無法被實驗者在事前進行控制，只好將每一個受試者距離吃完飯的時間的長短加以記錄，以便分析時將它納入分析，此時，離開前一餐的時間就是實驗當中特別用來進行控制的變數，稱爲控制變數（control variable）。

### (二)實驗組與控制組

　　一個實驗的操作，除了牽涉到獨變數、依變數、與控制變數的決定之外，

另一個區分是依據受測者本身的狀況的不同來看,而分為實驗組(experimental group)與控制組(control group)。被視為是實驗組的受測者必定是接受了實驗操弄的影響,而在獨變數上屬於不同狀況(不同的獨變數水準)。而控制組則是指沒有接受實驗操弄的影響,他們在獨變數上應是處於最基本的一種狀況。

## 7-8-1 傳統的實驗設計

實驗設計因問題性質的不同而有差異,可分為下列幾種:前實驗設計(pre-experimental design)、準實驗設計(quasi-experimental design)、真正實驗設計(true experimental design)、多因數實驗設計(factorial design)、時間系列設計(time-series design)等類型。

實驗設計因研究目的的不同,以及研究效度與信度的考量,尤其是在實際研究過程中各種變數的可操縱性的限制,而有多種的設計方法。為說明方便起見,一般常使用如下的一些符號來表示實驗設計的過程:

**R** 表示隨機選擇受試者,並將之隨機分派到實驗組或控制組。

**X** 表示由研究者所操縱的實驗變數(處理變數)。

**C** 表示由研究者控制的變數。

**O** 表示觀察或測驗的結果,通常以分數表之。

傳統的實驗設計(experimental design)係隨機分派受測者至實驗組(experimental group)或控制組,實驗組受測者會接受實驗處理(即實驗變數 X),而控制組則未接受實驗處理,只是當作參考組。

為了評估自變數對結果(effect)的影響效果,通常會在兩組中各進行前後兩次測量:前測(即 $O_1$)及後測(即 $O_2$)。因此傳統實驗設計之結構,如下表所示。其中,X 變數為自變數(處理變數),$O_1, O_2, O_3, O_4$ 是對依變數的觀察值(observed score),R 表示「隨機」(random)指派受測者至控制組及實驗組。

我們要學「實驗設計」的理由是:(1) 實驗設計可協助我們了解「所有」研究設計之推理方法;(2) 實驗法易於我們觀察及確認因果關係。早期自然科學家最常採用實驗設計來探討自變數對依變數之效果影響,但由於實驗法的嚴謹結構,鮮少能真正落實至社會科學,因此社會科學家較常採用「準實驗設計」(quasi-experiment),例如:在從事教育/心理的研究時,常須配合現實條件的限制,採用較不嚴謹,但施行方便的設計型式來進行,但仍具有實驗研究法的基本型式;亦就是在實驗中,運用完整的受試者團體,而非隨機將受試者分派於不同之實驗處理或情境的設計,稱為準實驗研究法。

表 7-5 傳統實驗設計之架構圖

| 組別 | 前測 | 處理 | 後測 | 差異 |
|------|------|------|------|------|
| 實驗組 R | $O_1$ ⟶ | X ⟶ | $O_2$ | $O_2 - O_1$ |
| 控制組 R | $O_3$ ⟶ | | $O_4$ | $O_4 - O_3$ |

實驗設計是在控制環境下，操弄自變數，並觀察依變數的變化，故又稱「MaxConMin」，Max 是指「如何使操弄的自變數的差異加大」，Con 是指「控制外生變數的調節」，Min 是指「隨機誤差要最小化」。實驗設計若與非實驗設計相比，其優點包括：(1) 實驗者能對內生變數及外生變數有很大的控制，進而大幅提升了因果關係推論的內部效度。(2) 實驗者可以自由控制其運用的自變數，使得他們可以決定因果關係的「方向」。

相對地，實驗設計的缺點：(1) 實驗情境不易複製（移植）到我們真實生活情境，因而弱化了其外部效度。(2) 實驗者所選樣本，常常是選自志願者或自我選樣，因此樣本特性無法完全代表原來的母群特徵，無形中已降低了研究設計的外部效度，研究結果無法通則化到原來母群體，進而限制了實驗結果的應用範圍。

**實驗設計的效度**

1. 內部效度：它屬於整個實驗設計之準確度的問題，企圖驗證自變數 X 與依變數 Y 的因果關係。我們如何提升實驗設計的內部效度呢？方法就是，設法控制實驗情境，安排實驗變數（自變數），控制「其他」外生變數對依變數的影響，以期能肯定依變數的變化都是由自變數的變化而產生的。

2. 外部效度：是指將實驗結果拿來規則化（generalization）推廣應用，希望能對同類事象，進行了解、預測及控制，易言之，若我們越能將研究結果推論來解釋及預測其他同類事象之問題，則表示該研究設計的外部效度就越高。

## 7-8-2 實驗設計的三大類型

實驗設計仍只是「研究設計」的一種，其常用符號之代表意義如下：

1. **X**：代表「處理」（treatment）或是對自變數之**操控**（manipulation）。常見各種研究的「處理」類型有：

(1)「綠色香蕉皮能治失戀」，實驗室實驗組處理就是失戀有吃香蕉皮，看吃前與吃後之情緒緩和及抗憂鬱的效果。

(2)「喝豆漿可減少罹患乳癌的機率」，實地實驗組 treatment 就是「常喝豆漿者」，對照組則反之。

(3)「甘蔗原素可降低膽固醇」，實驗室實驗組 treatment 就是三個月連續吃甘蔗原素，看吃前與吃後的變化。

(4)「教學故事／宣傳短片」前後，看學生行為態度的改變，其 treatment 就是看電影片。

(5)「手機影響男人精子品質」，實地實驗組 treatment 就是「手機常放口袋者」，對照組則「手機未放口袋者」，看二組受測者的精子活動力。

2. **O**：觀察結果（Observation）或依變數之測量，觀察又分事前（$O_1$）與事後（$O_2$）。

3. **R**：隨機分派（Random assignment）樣本。

　　根據上述三種符號的排列組合，將實驗法之研究設計再依據其「控制」自變數與依變數之間的相互影響的關係來分類，我們可將實驗設計分為下列幾類：前實驗（pre-experimental）設計、真實驗（true experimental）設計及準實驗（quasi-experimental）設計。其中，真實驗設計及準實驗設計兩者的主要差別，在於真實驗設計有：(1) 分實驗組及控制組；(2) 隨機分派受測者；(3) 有控制（外生）調節變數；而準實驗設計則未能完全具備上述三個條件。

## 一、前實驗設計

　　前實驗設計（pre-experimental）是指研究者可以操縱一個自變數，但是「控制」變異量之功能缺點太多，無法透過嚴格的內部效度及外部效度之檢定，本身包括：缺乏前測、沒有隨機取樣或自我選樣（有 self-selection 威脅）。相對地，「事後回溯設計」（ex post facto design）是指研究者無法控制操縱自變數，且無法隨機分派受試者之實驗設計。而真實驗（true experimental）設計是指研究者至少要能夠操縱一個以上的自變數，並且要能夠使用隨機分派的方法來指派受試者接受不同的實驗處理，或使用適當的方法控制變異量。

　　前實驗設計的優點：當我們沒有其他研究設計可採用時，運用這類研究設計，有其價值性及易用性，等往後有更佳的研究設計可用時，才來精緻化原來的實驗結果。相反地，前實驗設計的缺點：其內部效度及外部效度都非常弱，研究結果無法證明有因果關係。常見的前實驗設計有下列幾種：單組後測（one shot）、單組前後測、靜態組比較設計。

## (一)單組後測（one shot）設計

沒有控制組，實驗組只做一次實驗就接受後測。此種設計的優點：簡單容易。缺點：內外效度均無法控制，因為研究者無法得知「研究結果」是否真的來自 X。舉例來說，某一研究者開發了一個資訊系統（例如：虛擬教室）的「人機介面」，為了想了解電腦使用者對它的「滿意度」時，即可採用此種研究設計來探討使用者的態度反應。此種研究設計通常是在實地（field）實驗中進行，研究者可藉由多變數統計分析來檢視 X 對 O 的影響。單組後測設計之示意圖如下：

實驗組： $\boxed{\text{X ---O}}$

單組後測設計的另一變形，就是「事後回溯設計」，此種設計中自變數是研究者無法操縱或改變的。大家耳熟能詳的「個案法」類似這種設計，其對應的實驗處理「Ξ」是指過去已發生的事物，這種事實及現象都是研究無法操縱的，所以「Ξ」為「因」的錯誤的可能性極大。事後回溯設計之示意圖如下：

受試組： $\boxed{\text{Ξ ---O}}$

## (二)單組前後測設計

實驗組經歷了前測及後測。優點：比「單組後測設計」好，因為有自我比較「$O_2 - O_1$」的機會。缺點：因為「$O_2 - O_1$」之間仍存有其他內在威脅（歷史、成熟、測驗、測量工具、自我選樣）及實驗處理效果的混淆，使得內部效度降低。單組前後測設計之示意圖如下：

實驗組： $\boxed{O_1 \text{ ---X ---} O_2}$
處理效果 = $(O_2 - O_1)$

## (三)靜態組比較設計（static-group comparison design）

它有兩組受試者（比單組後測多加一個控制組），但因樣本未隨機分派（R）之故，所以兩組就不能視為等量。此種設計的優點：直接計算「$O_2 - O_1$」效果，除可省去前後兩次的調查外，尚可除去「pre-test」效果。缺點：無法確知兩組在實驗之前是否相似，所以無法確定「處理效果 $O_2 - O_1$」是全由 X 造

成，所以有「統計資料的迴歸現象」、「實驗者退出／流失」，及「交互作用」等內部效度的威脅。此種研究法除了受試者非隨機分派外，其餘皆同 posttest-only control-group design。舉例來說，研究「觀看十部教育電影，對消除種族偏見的影響」，其實施步驟：(1) 選擇一組為實驗組，另一組為控制組。(2) 給實驗組實驗處理（即看電影），控制組則無。(3) 實驗處理後，測量兩組對種族偏見的態度。(4) 統計方法採用獨立樣本 t 檢定。此種研究設計內部效度：實驗組及控制組在後測上之差異，無法證明是來自實驗處理的影響，而非原先就已存在之差異。靜態組比較設計之示意圖有下列兩種：

| 實驗組 | X ---$O_1$ |
|---|---|
| 控制組 | $O_2$ |

或

| 實驗組 | $\Xi$ ---$O_1$ |
|---|---|
| 控制組 | $O_2$ |

註：$\Xi$ 代表事後回溯設計中，研究者不能操縱或改變的。例如：想研究「肝癌 vs. 非肝癌兩組」是否因為「喝酒」所引起的問題，其中，$\Xi$ 代表「喝酒」事後實地調查。此種設計除了可能降低內部效度外，研究者亦可能將所得的相關關係誤認為因果關係。

以上三種設計，不是缺乏實驗控制對照（第一與第二類設計），就是缺乏前測作為改變分數的基準參照（第一與第三類設計），用這種研究的資料來證明因果關係的存在，立論基礎過於薄弱，因此不被視為是正式的實驗研究設計。但是如果作為一個概況的了解，或是進行初探性質的研究，卻不失簡易便利，也能提供相當程度的資訊。

## 二、真實驗設計（true experimental design）

真實驗設計是要具備：(1) 實驗組與控制組的對照。(2) 前測與後測的對照。(3) 以及實驗組與對照組的隨機分派 3 個要件，如果同時符合這 3 個要件，可以視為一個標準的實驗研究，但是如果符合兩者，仍可勉強接受屬於實驗設計，但是卻必須特別注意缺少第三個要件所可能付出的代價與錯誤。

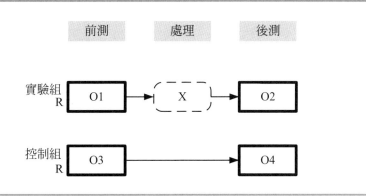

| | 前測 | 處理 | 後測 |

實驗組 R　O1 → X → O2

控制組 R　O3 → O4

**圖 7-25** 真實驗設計之示意圖

此種完全隨機化設計（complete randomized）是指使用諸如亂數表的方式，將受試者隨機分派至控制組及實驗組，接受應有的實驗處理。所以理論上，在未接受實驗處理之前，各組在各方面的特徵應可說是完全相同之一種設計。真實驗設計是屬獨立樣本設計，實驗者是可實際加以操控及設計。真實驗設計有時又稱「受試者間設計」。其常見的設計有下列幾種：等組（實驗組控制組）前後測、等組後測、所羅門（Solomon）四群組設計，而真實驗設計之延伸則包括：完全隨機設計、隨機化區組（block）設計、拉丁方格設計（平衡對抗）、因數（factorial）設計、共變數分析。

### (一)等組前後測（equivalent control-group design）

即「單組前後測設計」再加一組「控制組」，並隨機分派以平衡兩組。就提高實驗的內部效度而言，這種設計是完美的實驗設計。等組前後測設計的優點：(1) 可對無關變數的控制；(2) 歷史、成熟、測試（test）、統計迴歸及自我選樣（selection）等八種內部效度威脅都可透過隨機分派而妥善控制。

缺點：(1) 兩組受試者參加前測，故有「測驗的反作用效果」之外部效度威脅，致使研究結果無法推論至無前測的群體。(2) 若兩組受測者流失率不同，對試驗的反應效果（difference score）還是可能發生。等組前後測之示意圖如下：

| R（實驗組） | $O_1$ ---X ---$O_2$ |
|---|---|
| R（控制組） | $O_3$ ----------$O_4$ |

| 處理效果 $= (O_2 - O_1) - (O_4 - O_3)$ |
|---|

### (二)等組後測

等組後測又稱「實驗組控制組後測設計」。它將控制組的前測省略，並以隨機化分派兩組受測者，較接近完美的設計。實驗效果為「$O_1$ 與 $O_2$」之間差異。優點：容易進行，而且歷史、成熟、選擇及迴歸等八種內部效度威脅都由隨機分派加以妥善控制。可降低試驗的互動效果。

缺點：因為控制組沒有前測，無從依特質來分組，以分別探討各組對 X 的反應，故外部效度威脅仍然存在。「等組後測設計」它不會有「pretest」效果，處理效果 = $O_2$ — $O_4$。

| R（實驗組） | X ---$O_2$ |
|---|---|
| R（控制組） | $O_4$ |

「等組後測設計」的另一變形，就是「實驗組控制組受試者配對設計」。研究者須就某一個或 n 個與依變數有關的自變數，將受試者組成 n 個區組（blocks），或配對成配對組，然後再用隨機分派方式將各區組或配對組內 n 個同質受試者，分派去接受不同的實驗處理（即 $M_R$）。其示意圖如下：

| $M_R$（實驗組） | X ---$O_2$ |
|---|---|
| $M_R$（控制組） | $O_4$ |

### (三)Solomon 四群組設計

它將「等組前後測」及「實驗組控制組後測」兩種設計合併，結果成了兩個實驗組兩個控制組。Solomon 四群組設計除了兼具兩者的優點外，尚有自己的優點：(1) 研究者做了四個實驗，假如 $O_2 > O_1, O_2 > O_4, O_5 > O_6, O_5 > O_3$，則研究者有信心宣稱該實驗處理「真的」發生了效果。(2) 除了可檢定「有無前測組之間差異是否顯著」，及「有無實驗處理之間差異是否顯著」之外，尚可考慮「測驗與實驗處理之交互效果是否顯著」。因此不管內部效度及外部效度方面都無缺點可言。相反地，Solomon 四群組設計的缺點：在尋找受試者及研究經費方面，均易遭遇困難。

| R（實驗組 1） | $O_1$ ---X ---$O_2$ |
|---|---|
| R（控制組 1） | $O_3$ ----------$O_4$ |
| R（實驗組 2） | X ---$O_5$ |
| R（控制組 2） | $O_6$ |

Solomon 四群組設計可實際算出：「pretest」效果 $= O_6 - O_4$，「歷史」或「成熟」效果 $= O_4 - O_3$，實驗處理效果 $= O_2 - O_4$，由（$O_2 - O_4$）－（$O_5 - O_6$）可以得知內部效度各種威脅，由（$O_2 - O_5$）－（$O_4 - O_6$）可以得知「前測」對實驗結果的影響。

Solomon 設計雖然提供了更充分的檢驗證據，可以有效的提升研究的內在效度，但是需要更多的樣本，增加了研究者的負擔與成本，所以並不常見於實際的研究中。但是 Solomon 設計所接觸的前測調節問題值得研究者特別注意。如果一個研究的前測的實施對於後測的影響非常明顯，Solomon 設計可能就是必要的選擇，否則，研究者選用傳統的古典實驗設計（設計四）即相當足夠。

**真實驗設計的延伸**

它是對典型「真實驗」加以改良，其最大不同點在於：(1) 實驗者同時考量不同的實驗刺激。(2) 受試者分派的程度更加精確。

**1. 完全隨機設計**

它是真實驗設計中的一個基本變形，完全隨機分派受試者。例如：某百貨公司為了促銷產品，決定實施「慶祝 n 週年折扣」活動，理想的折扣期間應多長？才能使公司獲利最大。於是設計出三種折扣期間的長短：7 天、10 天、14 天，分析單位是 12 家百貨「公司」，共分三組，每組隨機分派 4 家百貨公司，分別實驗「週年慶 7 天」、「週年慶 10 天」、「週年慶 14 天」。其研究設計如下，其中，$O_1$、$O_3$、$O_5$ 代表實施週年慶前 12 家百貨「公司」的總獲利；$X_7$、$X_{10}$、$X_{14}$ 分別代表週年慶 7 天、10 天及 14 天；$O_2$、$O_4$、$O_6$ 代表實施週年慶後 12 家百貨「公司的總獲利」。

| R（實驗組 1） | $O_1$ ---$X_7$ ---$O_2$ |
|---|---|
| R（實驗組 2） | $O_3$ ---$X_{10}$ ---$O_4$ |
| R（實驗組 3） | $O_5$ ---$X_{14}$ ---$O_6$ |

**2. 隨機化區組設計**

隨機化區組（randomized block）是指研究者須將受試者分派到不同的區組（blocks）或單位（units），使各「區組內」的受試者比「區組間」的受試者更接近同質性，故又稱相依樣本設計、受試者間設計。如何使「區組內」的受試者盡量同質的方法有三種：

(1) 可以用同一批受試者，重複接受 k 種實驗處理，即所謂的「重複量數」（repeated measure）。

(2) 配對法：將在某些特質相同的 n 個受試者加以配對。

(3) 區組內基本單位不是個別的受試者，而是一個團體或某一子集合。

當研究模型中只存在一個外生變數時，即可使用隨機化區組設計。採用隨機化區組設計的理由，主要是：(a) 可能因爲樣本太小，實驗過程無法做到完全隨機分派；(b) 當研究者要確定自變數是否是造成「處理結果」差異的主因時。基本上，此隨機化區組設計目的在使方格間變異極大化，方格中變異極小化。例如：以百貨公司週年慶之折扣活動來說，假設消費者的月收入也可能對折扣活動有影響力，於是將此月收入高低（因數 B）亦納入研究中，整個研究設計如下：

| 週年慶長短<br>（treatment factor, A） | 個人月收入（blocking factor, B） | | |
|---|---|---|---|
| | 低 | 中 | 高 |
| 7 天 | $X_7$ | $X_{10}$ | $X_{14}$ |
| 10 天 | $X_7$ | $X_{10}$ | $X_{14}$ |
| 14 天 | $X_7$ | $X_{10}$ | $X_{14}$ |

此種研究設計，可將 12 家百貨公司隨機分派到三種長短不同的週年慶，然後依據調查到百貨公司消費者之月收入，再分成低、中、高三個群組。接著以二因數變異數分析來計算主效果（A 或 B 因數）及交互作用（A×B）是否達到顯著差異。

**3. 拉丁方格設計（平衡對抗設計／輪換實驗設計）**

拉丁方格（Latin square）設計，又稱平衡對抗設計、輪換實驗設計。旨在使可能發生誤差的外生變數（外在因素），因爲平衡設計而終能互相抵銷外在因素的效果。

當研究者採用受試者內設計，讓同一組受試者接受不同的實驗處理時，因

為只有一群受試者，因此不同的實驗狀況之間並不需要進行樣本隨機分派處理，但是受試者的反應卻有可能受到實驗順序的影響，造成實驗效果的混淆。表 7-12 中第 8 種實驗設計，即是以對抗平衡（counterbalancing）原理來進行處理實驗順序的問題，由於缺乏隨機化設計，因此也是屬於一種準實驗設計。

例如：研究者利用四組未經隨機分派，並維持原來團體形式的受試者，每組在前後四個時機裡，重複接受四種不同的實驗處理。此種設計除可考慮四個自變數的主要效果外，尚可考量「時機」之差異，及「組別」之個別差異。可惜因為沒有隨機分派樣本，所以即使檢定的結果，顯示實驗處理之間的效果達到顯著差異，效果的差異可能是來自「組別」及「時機」這兩個自變數的交互作用。一個 4×4 拉丁方格設計之示意圖如下：

| A 因數 ＼ B 因數 | $B_1$ | $B_2$ | $B_3$ | $B_4$ |
|---|---|---|---|---|
| $A_1$ | $X_4O$（即 $C_4$） | $X_3O$（即 $C_3$） | $X_2O$（即 $C_2$） | $X_1O$（即 $C_1$） |
| $A_2$ | $X_3O$（即 $C_3$） | $X_1O$（即 $C_1$） | $X_4O$（即 $C_4$） | $X_2O$（即 $C_2$） |
| $A_3$ | $X_2O$（即 $C_2$） | $X_4O$（即 $C_4$） | $X_1O$（即 $C_1$） | $X_3O$（即 $C_3$） |
| $A_4$ | $X_1O$（即 $C_1$） | $X_2O$（即 $C_2$） | $X_3O$（即 $C_3$） | $X_4O$（即 $C_4$） |

例 1　假設比較來自不同廠牌之汽車輪胎 $A_1, A_2, A_3, A_4$ 等四種之磨損度。若每部汽車只裝上一種輪胎，則四部汽車各裝有不同廠牌之輪胎，顯然地其實驗條件完全相同。但由於汽車本身品質差異、駕駛員習性、交通狀況等外生變數之緣故，造成完全相同條件下，實驗的不可能性。幸虧每部汽車有四個輪胎，我們可視「汽車」為區組（block），採隨機化區組法實驗。同時，右前輪、左前輪、右後輪、左後輪等四個安裝位置的不同，極可能造成磨損程度的不同（通常前輪比後輪快磨損）。於是，我們也將「輪胎位置」視為另一區組因數（blocking factor）。而改以拉丁設計來實驗：隨機挑選 4×4 拉丁方格如下表，準備四輛汽車，各部汽車依照下表來安裝輪胎位置，每部汽車駕駛一段距離（例如：10 萬公里）後，再測各廠牌之輪胎的磨損程度，假設磨損度如下表所示。由此可看出，我們利用拉丁方格設計，就能平衡掉這四部汽車的不同品質、駕駛員習性、交通狀況等外生變數的差異，進而節省大量的實驗及提高實驗的外部效度。

表 7-6　輪胎之比較實驗（拉丁方格設計）

| 　　安裝位置<br>車子 | 右前輪 | 左前輪 | 右後輪 | 左後輪 |
|---|---|---|---|---|
| 1 | $C_4$ | $C_3$ | $C_2$ | $C_1$ |
| 2 | $C_3$ | $C_1$ | $C_4$ | $C_2$ |
| 3 | $C_2$ | $C_4$ | $C_1$ | $C_3$ |
| 4 | $C_1$ | $C_2$ | $C_3$ | $C_4$ |

表 7-7　輪胎之磨損度（單位 mm）

| 　　安裝位置<br>車子 | 右前輪 | 左前輪 | 右後輪 | 左後輪 |
|---|---|---|---|---|
| 1 | 11 | 14 | 7 | 3 |
| 2 | 8 | 13 | 7 | 13 |
| 3 | 14 | 9 | 16 | 16 |
| 4 | 17 | 18 | 13 | 10 |

例2 當研究模型中，出現兩個主要外生變數會對「處理結果」產生影響時，亦可改用拉丁方格設計（表 7-3）。以上述百貨公司為例，假設百貨公司的大小及消費者收入高低兩者也是影響週年慶促銷活動的外生變數，每個自變數（因數）又可分成三個水準，若沒有採用拉丁方格設計，則我們必須找足 108 家（3×3×3×4 家）百貨公司性質相同者來隨機分成 27 組，這樣的設計在實際情境是不太可能實施的，且不合乎經濟性原則。變通方法，就是採取下列所示之拉丁方格設計，將百貨公司分成九類（3 種公司大小 ×3 種週年慶）、消費者（B 因數）仍為三組（低、中、高收入）。拉丁方格設計有兩點注意事項：(1) 拉丁方格中每一橫列、每一直行只能出現一個「處理」，且行、列中處理水準的數目是相同的。(2) 拉丁方格所採用的三因數變異數分析，是沒有交互作用項（即 A×B, A×C, B×C, A×B×C）。拉丁方格設計主要的限制是必須假設處理因素與區間因素之間沒有交互作用產生。而其優點是較經濟。

表 7-8　拉丁方格設計

| 週年慶長短（treatment factor, A） | 個人月收入（blocking factor, B） | | |
|---|---|---|---|
| | 低（$B_1$） | 中（$B_2$） | 高（$B_3$） |
| 7 天 （$A_1$） | $X_7$（$C_1$） | $X_{10}$（$C_2$） | $X_{14}$（$C_3$） |
| 10 天 （$A_2$） | $X_{10}$（$C_2$） | $X_{14}$（$C_3$） | $X_7$（$C_1$） |
| 14 天 （$A_3$） | $X_{14}$（$C_3$） | $X_7$（$C_1$） | $X_{10}$（$C_2$） |

**4. 多因數（factorial）設計**

當一個實驗不只關心一種實驗操弄對於依變數的影響，而是同時處理多種實驗的操弄時，稱為多因數設計（factorial design），也就是一個研究中包含了多個自變數。此時不僅實驗的程式增添了相當的複雜性，在計量與分析的層次上也必須以不同的方法來處理。

所謂「因數」（factor）是指自變數另一種註解（例如：單因數、二因數變異數分析中所指的因數），它的水準（levels）第級亦可代表對不同次群體的不同層級（treatment levels）之實驗處理。同理，多因數實驗設計是指研究者在同一個實驗處理裡，可以同時觀察兩個以上自變數對一個依變數之影響，以及自變數與自變數之交互作用效果對依變數的影響。因數可依據它是否能被實驗者「操控」而區分為活躍因數（active factor）或區間因數（blocking factor）；前者實驗者可決定受試者要接受那一個層次（levels）的處理。後者實驗者只能依據受試者既已存在的層次進行識別及分類，而無法進行操控，例如：父母政黨認同、社經水準、年齡、性別等屬性變數。由於真實世界中，有許多因數（例如：屬性變數、區間因數）是無法實驗操控（manipulate）的，實驗者只能依據它來將受測者分類，所以不能操控、證明它們，此時才改用「非實驗設計」來「發現」它們的關係，例如：「父母政黨認同→子女政黨認同」這種關係，嚴格來說，就無法：(a) 以實驗法來證明它們具有因果關係；(b) 或讓實驗者可以同時操控一個以上的處理變數。

例1 百貨公司促銷活動

因數設計旨在讓實驗者能夠同時操控一個以上之處理變數（因數變數）。以上述百貨公司為例，假設「有無辦親子活動」也是影響百貨公司週年慶促銷活動的因數變數，研究者則可將改成二因數實驗設計來進行隨機分派受測者（百貨公司），即「週年慶長短」視為 A 因數，「有無辦親子活動」

為 B 因數，共形成一個 2×3 之二因數設計。此種研究設計在統計分析時，除了檢定主要效果（A 因數或 B 因數）是否造成「處理效果」有顯著差異外，尚須檢定這兩個因數的交互作用（A×B），若交互作用達顯著水準，則我們還要進行單純主要效果（simple main effect）檢定，以說明「case by case」情況又是如何。

**表 7-9** 因子（**factor**）設計

| | 週年慶長短（treatment factor, A） | | |
|---|---|---|---|
| | 7 天 | 10 天 | 14 天 |
| 有辦親子活動 | $X_{11}$ | $X_{12}$ | $X_{13}$ |
| 沒辦親子活動 | $X_{21}$ | $X_{22}$ | $X_{23}$ |

**例2** 群組內聚力（group cohesiveness）及領導型態對群組思考（think）的影響

為了探討例 2 這個主題，我們採取的研究設計是：(1) 群組內聚力（cohesiveness）的操作化：樣本有一組選自「一群好朋友」，當高內聚力組；樣本有一組選自「一群陌生人」，當低內聚力組。(2) 領導型態（leadership style）的操作化：將這一群好朋友及陌生人再細分為兩組，一組採「開放式」群組領導，鼓勵他們討論，相對地，另一組採「封閉式」群組領導，要求他們意見一致，且盡量達成一致結論。(3) 群組思考（group think）測量的 ECV 有兩個，第一個 ECV1 為「建議解決辦法的數目」，第二個 ECV2 為「利用外界資訊的程度」。整個研究結果之平均數摘要表，如表 7-10 所示。

統計分析結果顯示：(1) 內聚力（A 因數）並沒有影響群組思考；(2) 領導型態（B 因數）會影響群組思考；(3) 內聚力 × 領導型態這二因數有交互作用。因有交互作用，故我們仍進一步做「單純主要效果」比較，結果發現：(1) 在「建議解決辦法的數目」（$Y_1$）方面，內聚力（A 因數）並沒有顯著差異，在開放式（M = 6.45）領導型態比封閉式（M = 5.15）更能激發群組之「建議解決辦法的數目」。(2) 在「利用外界資訊」（$Y_2$）方面，內聚力（A 因數）亦沒有顯著差異，但開放式（M = 16.35）領導型態比封閉式（M = 11.75）更能激發群組「利用外界資訊」的能力。

表 7-10 內聚力 × 領導型態之二因數變異數分析摘要表

| 平均數 | 領導型態（B 因數） | | | | | |
|---|---|---|---|---|---|---|
| | 開放式（B$_1$） | | 封閉式（B$_2$） | | 總平均 | |
| | 解決辦法的數目（Y$_1$） | 用外界資訊（Y$_2$） | 解決辦法的數目（Y$_1$） | 用外界資訊（Y$_2$） | | |
| 高內聚力（A$_1$） | 6.7 | 16.8 | 4.94 | 11.8 | 5.82 | 14.3 |
| 低內聚力（A$_2$） | 6.2 | 15.9 | 5.35 | 11.7 | 5.78 | 13.8 |
| 總平均 | 6.45 | 16.35 | 5.15 | 11.75 | | |

例 3 自我控制 vs. 缺乏自我控制的行為比較

例如：假設「人類可以自我控制者會覺得自己受益，缺乏自我控制者會覺得自己受害」，於是在實地實驗時，研究者設計了下列的研究設計。實驗的「情境」是在老人院，將這些老人根據 (1) 他可預知 vs. 不可預知下次來訪時間；(2) 老人自己能控制 vs. 不能控制何時有人來訪之情形。將這些老人隨機分成表 7-11 所列四組。至於「受益／受害」操作化的 ECV 有兩個：(1) 焦慮程度：測量老人手心流汗程度；(2) 認知能力：拼圖遊戲的持久能力。此例子是社會科學研究之典型例子。

表 7-11 老人院樣本分組之研究設計

| 能否控制 ＼ 可否預知 | 可預知 | 不可預知 |
|---|---|---|
| 能控制 | 老人隨 CALL 我隨到。 | 有事能隨時 CALL 我，但我不明確回覆「明確」到老人院時間。 |
| 不能控制 | 老人不能 CALL 我，要來我會事先通知他。 | 老人不能 CALL 我，且我也不通知他何時我會來訪。 |

多因數設計的優點包括：第一，同時處理多個自變數可以提高研究的效能。如果研究者認為有三個自變數（三種不同的實驗處理）對於依變數都有相當的影響，執行三次實驗，每一次只處理一個自變數的效率遠不如一次處理三個變數。

第二，多個自變數的實驗研究可以提升研究的實驗控制效果。當我們在觀察依變數的變化時，因為同時存在不同的影響來源，無形中每一個自變數都兼

顧到其他自變數的作用，避免混淆效果，進而提高研究結果的客觀與正確性。

第三，多個自變數可以讓我們得到更豐富的研究發現。當只有一個自變數（A 因數）時，依變數的變化只能歸因於該自變數的影響，但是當實驗設計當中安排兩個自變數（A 與 B 因數）時，影響依變數的來源除了 A 因數與 B 因數的本身之外，還增加一項同時考慮 A 與 B 因數影響力的交互效果（interaction effect）。

第四，多重的自變數可以提高實驗研究的概化程度。因為一個實驗同時處理多個影響依變數的可能因素，對於依變數的觀察跨越了不同的情境或受試者，因此研究的結果可以推及更為廣泛的層面，對於人類行為的了解更加完整，所建立的理論知識與理論模型也就更加周延，提高實驗研究的外在效度。

**5. 共變數分析**

隨機化區組設計適用在外生變數是屬性變數（可以將受測者分組之變數），可是當我們遇到外生變數若為多個連續性變數時，則可改用共變數分析（analysis of covariance analysis, ANCOVA），將這些外生變數亦納入研究分析中。易言之，當「真實驗控制」在實際上不可行，我們就得訴諸「統計控制」。共變數分析便是統計控制之一種方法，它用來檢定將「共變數」對依變數的影響力去除後，各實驗處理之間平均數的差異是否達到顯著水準，所謂「共變數」（外生變數）是指足以調節實驗結果的自變數，也是我們前面所說：用配對法或隨機分派法來加以控制，使該自變數不會影響依變數。以上述百貨公司為例，假設百貨公司的工作滿意，及消費者生活型態（AOV 量表）兩者也是影響週年慶促銷活動的外生變數，則可將這兩個連續變數視為共變數，以折扣期間長短（因數 A）為自變數，各家百貨公司獲利率為依變數，進行共變數分析。

## 三、準實驗設計（又稱「類實驗設計」）

在真實的社會研究環境下，通常我們是無法對外生變數做充分的控制，有時也無法進行「真實驗」中那樣的處理（例如：受測者完全要「隨機分派」），「準實驗設計」（quasi-experiment）的特性為有些變數能加以控制卻無法隨機分派。

這種無法進行隨機處理的情況是實驗研究的自變數無法操弄，必須採用測量的方法，透過抽樣程式來達成操弄的目的。例如智力高低、社經地位會影響學習成果，此時智力水準、社經地位作為自變數，僅可以「取樣」，而無法「操弄」。這些無法操弄的自變數，必須藉由測量與抽樣的手段來處理，伴隨而來

的一些混淆因素，例如受試者是否具有某些獨特特質或個別差異，可能會影響實驗的進行。上述這些具有實驗研究的基本規格，但是缺乏嚴謹的實驗控制的實驗，尤其是沒有隨機化的處理的實驗研究，稱之為準實驗研究設計。

準實驗設計與真實驗設計的差異，除了不同組別的受試者未使用隨機分派的程式來分發之外，其他均相同。以第七種設計是非隨機化實驗控制組前後測設計為例，此一設計與第四種古典實驗設計的實驗程式幾乎完全相同，僅缺乏了隨機化的處理。此類研究設計經常可見，因為在實際研究過程中，往往受限於某些因素，使得受試者無法進行隨機化分派，不同實驗組之間在實驗之前無法假設是等同的狀態，但是因為具有了前測，在實驗之前所存在的個別差異威脅，可以配合統計分析（例如共變數分析），將前測分數作為控制變數，排除其影響，因此所獲得的因果論證仍然具有相當程度的效力。

準實驗設計的優點包括：(1) 它們允許研究者運用隨機樣本在自然且實際生活的環境下進行，進而提高準實驗設計的外部效度。(2) 準實驗設計不須隨機指派控制組的個體，這樣做雖然降低研究的內部效度，但它使社會科學研究得以遷就實際環境限制而順利進行。相對地，準實驗設計的缺點，包括：

(1) 相互對立解釋，缺乏足夠的控制，使得研究者很難做出清晰的推論。(2) 因為研究者通常很難操控自變數，結果不容易解釋，使得因果關係的「方向」須用邏輯推論或理論方式來推論。值得一提的是，從事準實驗設計者須注意：研究者須明確知道他的研究所不能控制的因素，並小心考慮這些因素對實驗效果之影響的可能性；如果影響可能性小，其實驗效果就越正確，否則，就越不正確。常見的準實驗設計包括：不相等控制組設計、不同樣本的前後測設計、時間數列設計等幾種。

### (一)不相等控制組設計（nonequivalent control-group design）

與「等組前後測」相類似，但此設計沒有隨機分派（R）樣本至實驗組及控制組，所以兩組不相等，有「選擇與成熟」交互作用之缺點，但可以單因數共變數分析來檢定它。此種設計有兩種變化：

(1) 是未損及相等性的設計，使實驗組與控制組盡量相似。例如：對同校的不同班級，以班為單位，甲班假設為「實驗組」，乙班為「控制組」。(2) 另一種為受測者自己挑選實驗組設計，即將自願接受實驗過程的人放在實驗組，而沒有自願的人放在控制組。檢定的重點在於 $O_1$ 與 $O_3$ 是否有差異，若（$O_1 - O_3$）有達到顯著差異，表示該實驗有問題，若（$O_1 - O_3$）沒有顯著差異，則該實驗

設計之內部效度較佳。例如：在某國小四年級甲班實施「電腦輔助教學」處理（實驗組），乙班仍舊實施傳統老師寫板書之教學（控制組），研究者爲了預防兩班同學之能力有差別，實驗前兩班先做前測，經過一段期間的教學後，再施以後測。此種情況在社會科學研究中經常會碰到，由於現實（教學）環境考量，本研究並未隨機分派受測者到實驗組及控制組，故此種研究設計只能稱準實驗設計。準實驗設計可用的統計方法，有共變數分析（前測當共變數，後測當依變數，組別當自變數），及混合設計二因數變異數分析（「前後測」當重複量數因數 B，兩組組別當因數 A，前後測「分數」當依變數）。

　　不相等控制組設計此種研究設計在心理、教育、管理學研究中使用最爲普遍；其類似於「靜態組比較設計」、「等組前後測設計」，和前者之差別在於此種設計兩組都接受前測，和後者之最大區別爲此設計法非採用隨機分派受試者。舉例來說，研究「新教學法對閱讀速度之影響」時，其實施步驟如下：(1) 以班級爲單位，將其隨機分派爲實驗組和控制組。(2) 實驗處理前，兩組都接受前測。(3) 實驗組接受實驗處理，而控制組則否。(4) 實驗處理後，兩組均接受後測。(5) 可用混合設計二因數變異數分析，或者共變數分析兩種統計方法。此種研究設計之內部效度：主要影響內部效度之威脅來自於實驗組與控制組之差異，或來自於實驗處理前就已存在之差異。

| （實驗組） | $O_1$ ---X ---$O_2$ |
|---|---|
| （控制組） | $O_3$ ----------$O_4$ |

處理效果 = （$O_2$—$O_1$）—（$O_4$—$O_3$）

## (二) 不同樣本的前後測設計

　　當實驗者不知何時才能對誰進行實驗處理時可用。符號「（X）」代表與實驗無關的實驗處理，意指實驗者無法對此操控加以控制。缺點：(1) 此種設計有多項內部效度的問題；(2) 分組差異可能發生，但可藉由重複實驗來克服。優點：因爲它是現場進行，且受測樣本是直接從要推論的母群中抽選的，故此種設計之外部效度比「眞實驗」來得好，它尤其適用於母群很大、在測量之前可能就反應的實驗。例如：對某一組織做一項環保宣傳來改變員工環保態度，於是從員工中隨機挑選兩組，一組在環保宣傳前做態度調查，另一組在環保宣傳後做調查，我們再比較環保宣傳效果（即 $O_2$ — $O_1$）是否有達到目標。此種設計仍有「歷史」之內部效度威脅。其統計方法可採用 t 檢定。

| R（實驗組） | $O_1 - (X)$ |
|---|---|
| R（控制組） | $X---O_2$ |

### (三)時間數列設計（time series design）

時間數列設計是在實驗處理的前後，能夠對一組或多組的群體重複測量，然後依據實驗前後一系列資料的變動趨勢，來測量實驗處理的效果。

時間數列設計的特色是對於某個測量指標進行週期性的追蹤測量，以了解該指標所反應的行為特質變動情形。如果在一個完整的時間數列中，插入一個實驗處理 X，再觀察整個時間趨勢的變化情形，又稱為中斷性時間數列設計（interrupted time-series design）。

時間數列設計特別適用於縱斷面（longitudinal）研究，研究者要對該群體做週期性一數列的測量，並在這一時間數列中呈現實驗處理（即 X），然後注意觀察在實驗處理之後發生的一系列測量記錄，是否有產生不連續的現象，若有，則表示該實驗處理真的發生效果。此種設計若為了避免有外生變數對實驗結果的調節，我們可多增加一組控制組來降低內部效度的威脅，使它成為「多組時間數列設計」。時間數列設計在外部效度方面的缺點：它只能推論到重複測量的群體。值得一提的是，在做時間數列之統計分析時，我們不能只看 $O_4$ 與 $O_3$ 的差距，而是要看整個時間數列的走勢。

舉例來說，像醫生定期連續對一群病人實驗某一種降高血壓藥，連續觀察 n 期，再看看高血壓病人每一期的血壓升降情形。又如，政府實施「臺幣貶值政策」的前後，一系列定期觀察國內進出口貿易通貨膨脹的變化，即能判定該政策是否達到預期效果。此種設計其統計方法可採用時間數列之各種檢定法（自身相關迴歸、指數平滑化、ARIMA 等）。時間數列設計又可分為「單組多次測量設計」及「雙組多次測量設計」兩種。其中，觀察 N（例如：7）期是為防止只由「$O_3 - X - O_4$」看不出趨勢，故要了解 X 對 O 的影響時，要多記錄前後幾期之整個內容（context）。

**1. 單組時間數列設計**

$$O_1 - O_2 - O_3 - X - O_4 - O_5 - O_6 - O_7 \cdots\cdots$$

**2. 雙組時間數列設計**

| （實驗組） | $O_1 - O_2 - O_3 - X - O_4 - O_5 - O_6 - O_7$ -- |
|---|---|
| （控制組） | $O_1 - O_2 - O_3 -$ $- O_4 - O_5 - O_6 - O_7$ - |

• 結論

　　時間數列的實作，請見作者《**Panel-data 迴歸模型：STaTa 在廣義時間序列的應用**》、《**STaTa 在總體經濟與財務金融分析的應用**》二書。

　　上述常見的 10 種實驗設計之比較，如下表。

表 7-12　常見 10 種不同的實驗設計圖示

| | 實驗設計名稱 | 實驗處理模型 | 實驗對照 | 前測控制 | 隨機分派 |
|---|---|---|---|---|---|
| 前實驗設計 | 1. 單組後測設計（one-shot case study） | $X \rightarrow O_2$ | × | × | × |
| | 2. 單組前後測設計（one-group pretest-posttest design） | $O_1 \rightarrow X \rightarrow O_2$ | × | √ | × |
| | 3. 靜態組間比較（static-group comparison） | E: $X \rightarrow O_2$<br>C: $\rightarrow O_2$ | √ | × | × |
| 真實驗設計 | 4. 隨機化實驗控制組前後測設計（randomized control-group pretest-posttest design） | Er : $O_1 \rightarrow X \rightarrow O_2$<br>Cr: $O_1 \rightarrow \rightarrow O_2$ | √ | √ | √ |
| | 5. 隨機化實驗控制組後測設計（randomized control-group posttest design） | Er : $X \rightarrow O_2$<br>Cr: $\rightarrow O_2$ | √ | × | √ |
| | 6. 所羅門四組設計（Solomon four-group design） | Er: $O_1 \rightarrow X \rightarrow O_2$<br>Cr: $O_1 \rightarrow \rightarrow O_2$<br>Er: $X \rightarrow O_2$<br>Cr: $\rightarrow O_2$ | √ | √ | √ |

| | 實驗設計名稱 | 實驗處理模型 | 實驗對照 | 前測控制 | 隨機分派 |
|---|---|---|---|---|---|
| 準實驗設計 | 7. 非隨機實驗控制組前後測設計（non-randomized control-group pretest-posttest design） | E: $O_1 \rightarrow X \rightarrow O_2$<br>C: $O_1 \rightarrow \quad \rightarrow O_2$ | √ | √ | × |
| | 8. 對抗平衡設計（拉丁方格）（counterbalanced design） | 1 A B C<br>2 B C A<br>3 C A B | √ | - | √ |
| | 9. 單組時間數列分析（one-group time-series） | $O_1\ O_2\ O_3\ O_4\ X\ O_5\ O_6\ O_7\ O_8$ | × | √ | × |
| | 10. 實驗控制組時間數列分析（control-group time-series） | $O_1\ O_2\ O_3\ O_4\ X\ O_5\ O_6\ O_7\ O_8$<br>$O_1\ O_2\ O_3\ O_4\ \quad O_5\ O_6\ O_7\ O_8$ | √ | √ | - |

　　實驗設計只是研究設計的一種，也是所有研究中最嚴格的，它是在控制的環境下，研究者操弄自變數，並觀察依變數的改變，其原則是「MaxConMin」，旨在發現因果關係。因此，「好」的實驗設計，必須同時考慮處理三類變數：

1. 有計畫的系統操弄自變數，亦即實驗者有意安排的刺激情境（即實驗變數）。
2. 預先設計如何觀察、測量、記錄依變數，亦即等待發生的反應變數，它是實驗者所要研究的目標。
3. 控制自變數以外一切可能影響結果之外在／外擾（extraneous）變數，包括「調節變數」及「中介變數」。換句話說，實驗設計要做到「MaxMinCon」上述這三項原則。此外，尚有一些影響實驗結果準確度之因素，例如：測量誤差、受試者的情緒……。

　　實驗設計的缺點包括：

1. 因為依賴太多「外生變數視為相似」（other things being equal）之假設，故也犧牲了外部效度。
2. 實驗室實驗或實地（field）實驗之抽樣，不講求代表性，研究旨在求證「因果關係」。
3. 實驗設計不像調查法有描述性資料。而實驗法亦是所有實證研究（個案法、

調查法）中內部效果最高的，可是其外部效度是較低，因此若想提高研究設計之外部效度，概括來說，可用下列方法來「控制」外在／外擾（extraneous）變數：

1. **排除法**：選擇相同外在變數之標準。例如：害怕「年齡」這個外生變數會影響自變數，所以隨機找同年齡（例如：18 歲）的人當樣本。此種做法，雖提升了內部效度，但卻損及外部效度。

2. **隨機法**：採用控制組（對照組）及實驗組，將樣本隨機分派至兩組，以抵銷外生變數。

3. **共變數分析法**：一齊記錄外部變數，將它納入研究設計中，以共變數分析來分析。此外，單因數 ANOVA 亦可再納入外部變數，形成雙單因數 ANOVA。詳情請見作者《**STaTa 與高等統計分析的應用**》一書。

4. **配對法**：即以外生變數來配對。在實際上，可能很難找到這樣的配對再分組至實驗組及控制組中。詳情請見作者《**STaTa 在生物醫學統計分析**》一書。

5. **重複實驗**：同組的人先作實驗群，也作控制組。一群當二群用，其缺點：除了會受到 pre-test 影響外，亦會受到施測順序（實驗－控制、控制－實驗）的影響。詳情請見作者《**多層次模型（HLM）及重複測量：使用 STaTa**》一書。

6. **納入法**：即改用多因數實驗設計。假如害怕「年齡」這個外生變數會影響自變數，除了隨機以「年齡」分派樣本外，還可以將它納入多因數變異數分析中。詳情請見作者《**多變數統計之線性代數基礎：應用 STaTa 分析**》一書。

實驗設計，研究者另一關心的問題，就是我們該如何找「處理變數」（treatment variable）（自變數）呢？大致來說有下列五個類型：

1. 研究者本身可以操控（manipulated）變數。
2. 研究者潛在可操控觀點（potentially manipulable aspects）。
3. 環境面變數（relatively fixed aspects of the environment）。
4. 個體的有機特性（orgasmic characteristics of individuals）。
5. 個體的反應特性（response characteristics of individuals）。

# 7-9 非實驗設計

## 一、實驗研究 vs. 非實驗研究的差異

1. **實驗研究**（experimental research）是指研究者能夠操縱預測變數和主體來識

別因果關係。這通常需要在實驗室中進行研究，其中一組被置於實驗組中，或被操縱的組，而另一組被置於安慰劑組，或惰性條件或非操作組中。基於實驗室的實驗提供了高水準的控制和可靠性。

2. 當研究者無法控制，操縱或改變預測變數或受試者時，**非實驗性**（non-experimental）研究意味著有一個預測變數或一組受試者無法操縱的受試者。通常，這意味著非實驗研究者必須依賴相關性、調查或個案研究，並且無法證明真正的因果關係。非實驗性研究傾向於具有高水準的外部有效性，這意味著它可以推廣到更大的母群。

　　既然已經兩者的基礎知識，你可看到兩者之間的差異。首先，以方法論來看：(1) 實驗研究者能夠對人進行實驗並操縱預測變數。(2) 非實驗研究者被迫觀察和解釋他們正在研究的內容。能夠操縱和控制某些東西會導致下一個巨大的差異。

　　找出因果（cause-and-effect）關係的能力提升，一直都是科學界大問題！能夠說「X 導致 Y（X causes Y）」是很費力的東西。雖然非實驗研究可以接近，但非實驗研究者無法絕對肯定地說「X causes Y」。因為可能存在一些它沒有觀察到的東西，並且它必須依賴於不那麼直接的測量方法。

　　例如：假設你對男性和女性的暴力程度感到好奇。你不能進行真實驗研究，因為你的暴力預測變數是性別。要進行真正的實驗研究，你需要能夠操縱預測變數。如果你有辦法將男變女、女變男，來輪動（控制），你便可以看到哪種性別較暴力，那麼你就可以進行真實驗研究。但是，你不能這樣做。因此，你的小實驗變成了非實驗性研究，因為你無法操縱預測變數。

## 二、非實驗研究（non-experimental research）的類型

　　實驗與非實驗研究的差別在於前者有研究者所操縱的介入措施（manipulation of intervention），後者沒有。在非實驗研究中，研究者不去干預被研究者或所關切的現象，而讓介入措施在自然的情況下發生，在事後或從旁蒐集資料，來進行分析，以試圖了解其中的關係。因此非實驗研究有時也被稱為「**觀察式研究**」（observational study），社會科學和生醫照護大多數的研究都是屬於非實驗研究。非實驗研究又可以分為兩大類：**相關性研究**（correlational research）、**描述性研究**（descriptive research）（Blogspot, 2008）。

## (一) 相關性研究

　　其最大特色就是探討事情發生以後的現象，比如我們想了解長照開辦後，國內的貧富差距（disparity）有沒有縮短？在此一研究中，政府開辦長照形成了一個措施或事件，產生一個自變數，讓研究者能夠去探討這個事件是否對我們所關心的結果（國內的貧富差距）有影響，以及兩者的關係是如何。

　　相關性研究可以告訴我們兩個或多個因素之間是否有關聯性（correlation/association），但是卻不太能明確指出其中的因果關係（causality）。假如我們發現長照開辦 5 年之後，國內的許多貧富差距指標有縮小的情況，我們只能說這兩者之間有關聯，但是我們還是不能肯定說長照的實施就是貧富差距縮小的原因。

1. 因果關係的證實（比如我們要證明 X 是造成 Y 的原因），必須同時滿足三個條件：

　　(1) 相關性：X 與 Y 之間必須要有實證上或統計上的相關性，如果 X 與 Y 是各自獨立的事件，那 X 就不可能是 Y 的原因，此一因果關係是不存在的。

　　(2) 時序性或方向性：X 必須在 Y 之前發生或存在，或至少影響的進行關係是由 X 到 Y。如果 Y 在 X 之前就出現，那 X 就不可能是 Y 的原因。

　　(3) 排除其他可能因素的影響。X 與 Y 之間的相關性不能再被其他因素所解釋或引起。

　　在前面所提到的例子中，條件 (1) 與 (2) 是滿足了，但是條件 (3) 可能還有待商榷。因為其他衛生政策也有可能影響國內城鄉貧富差距的縮小，而不見得是實施長照的結果，除非我們能夠排除其他所有可能的影響因素。

　　由於非實驗研究沒有主動去操縱或控制研究的進行，因此可能有許多因素同時存在並且產生互動，所以要同時符合以上三個條件事實上是非常困難的，也因為如此，相關性研究對於因果關係的證實能力是相當薄弱的。

　　對於這個缺陷，目前有四種加強非實驗研究的因果關係解釋能力的方法（Blogspot, 2008）：

### 1. 自然實驗（natural experiments）

　　自然實驗有越來越被廣泛運用的趨勢，但是有時候引起的爭議也不小。自然實驗主要是透過一些不是人所能控制的事件，去形成自然的介入措施。因為這些「自然」事件的影響對象應該是不分性別、種族、年齡等的，所以等於不只提供了介入措施，還自然地幫我們進行了隨機分配，造成了一個類似隨機控制實驗的設計。

自然實驗的例子有像 911 事件對紐約市民宗教信仰態度影響的研究；神戶大地震對人們儲蓄習慣的改變；美國越戰期間被抽籤而上前線服役的軍人退伍後的所得是否有所影響（抽籤就是一個自然事件）等等。

一般來說，非實驗（觀察式）研究最容易被詬病的地方，在於因果之間的互動方向不容易確立（因果倒置）的問題，到底是因造成果，還是果引起因，單單從觀察式的橫斷性研究中看不出來。自然實驗的優點，在於這些自然事件不是人所能控制的，因此所形成的自變數不可能是我們所要探討的結果所造成的。因此在因果關係準則中的因果方向或時間順序上顯得比較明確。如果再加上該事件所形成的「假隨機分配」（pseudo randomization）很理想的話，那就更有說服力。

有兩位著名的學者 Newhouse 和 McClellan 曾用 IV 的自然實驗方法去研究血管內視鏡檢查以及後續心導管、氣球擴張術等處置對急性心肌梗塞（AMI）病人死亡率的影響。如果用傳統的方法，直接去比較有接受這些處置與沒有接受這些處置的 AMI 病人的死亡率，最大的問題是這兩組病人的基本條件（年齡、性別、曾患其他相關疾病等）並不相同，因此比較的基準不一樣，所做出來的比較並不客觀。因此他們改藉由一個工具變數（IV）來探討這個問題，他們所用的工具變數是 AMI1 病人從最近的急診醫院到下一個可以從事血管內視鏡檢查以及後續心導管、氣球擴張術等處置的醫院的相差距離（differential distances）。這個變數對 AMI 病人的死亡率沒有影響，但與 AMI 病人接受進一步血管內視鏡檢查以及後續處置的機會有很大的決定作用；而且透過這個變數可以將 AMI 病人進行隨機分組，因為對這些病人來說，這個相差距離是一個隨機亂數（不是由他們或研究者刻意造成的）。他們以相差距離的長短將病人分為兩組，果然這兩組病人除了接受血管內視鏡檢查以及後續處置的比例不同之外，其他基本條件大致都很類似。因此比較這兩組 AMI 病人的死亡率比傳統的研究設計更能看出血管內視鏡檢查以及後續處置的有與無的差別。這是運用 IV 從事自然實驗的一個實例。

**2.** **回顧式非實驗設計**（retrospective non-experimental designs）

回顧式研究在流行病學界很常見，如果研究人員要探討造成幼童自閉症的原因，可以找來兩組幼童，其中一組幼童（案例組 cases）已經確定診斷出自閉症，另一組（控制組 controls）則是沒有自閉症的幼童。然後研究者以回溯的方式，去找這兩組幼童有哪些顯著差異的因素是有可能造成不同結果（有或無自閉症）的原因。假設研究者發現個案組幼童大多有長期接觸電視的經驗，且情

況顯著高於控制組幼童，那接觸電視是一個可能的因素。不過在做出具體結論之前，研究者要確定這兩組幼童在其他可能因素上有相似的特質。比如我們也猜想幼童所居住的社區與家中的環境可能是一個影響因素，那我們就要找來兩組家中環境相似的幼童，但一組幼童有自閉症，另一組沒有，這樣才能了解社區或家中環境這項因素是否有影響。如果無法找到這樣的兩組幼童，那研究者必須蒐集社區或家中環境這項變數的資料，透過迴歸模型去加以控制，以呈現在這項因素情況都相同的狀況下，主要的可能原因（接觸電視）對結果是否仍有顯著的影響或解釋能力。

### 3. 前瞻式非實驗設計（prospective non-experimental designs）

相對於回溯式研究的另一種方式是前瞻式研究設計，這時研究者找來兩組都未曾被診斷出自閉症的幼童，但其中一組在家中經常接觸電視（曝露組），另一組在家中不常（或不曾）接觸電視（控制組），然後研究者長期追蹤這兩組幼童發生自閉症的情況，了解曝露組幼童是否有顯著較高的自閉症發生率。一般來說，前瞻式研究比回溯式研究更能提供我們解釋因果關係的證據，而且較容易控制可能的外部影響變數。但是前瞻式研究需要較大量的研究樣本數，特別是當我們所探討的疾病的發生率很低或案例很少的話；而且前瞻式研究較耗費耗時；另外，研究者還要確定兩組中的幼童在研究開始的時候真的都沒有自閉症，不能已經有潛在疾病，只是還未診斷出來這樣的情況。

### 4. 因果關係模型（causal modeling）

這個方法主要包括較簡單的「路徑分析」（path analysis）與較複雜的「線性結構關係分析」（linear structural relations analysis, LISREL）這兩種，共通之處是運用統計方法，去同時探討眾多可能變數之間的互動路徑或因果關係，目前已經有幾個較被廣泛使用的電腦軟體幫研究者進行這樣的分析。更具體一點來說，研究者先將根據自己的假設所建立的互動關係模型輸入應用軟體中，然後再輸入各項變數的資料或餵資料給該應用軟體，電腦便會去分析我們所提供的資料，據此去檢驗我們所預設的關係模型與資料的符合程度。這個方法對我們所探討的問題或現象有眾多互動因素時特別有幫助，因為它可以測試整個系統的運作模型，不單是考慮兩個因素之間的關係而已，因此蠻適合用來研究社會科學的問題。但是運用此方法的前提是研究者必須對各個變數之間的互動關係已經有一定的掌握或心中已經有可能性很高的假設，否則無法建立適當的因果／互動模型給電腦去進行分析。統計實作請見作者《**STaTa 在結構方程模型及試題反應理論**》一書。

## (二)描述性研究

又分為「描述性相關性研究」（descriptive correlational studies）以及「單一變數的描述性研究」（univariate descriptive studies）。前者主要目的只是想描述不同因素之間的可能相關性，而沒有試圖要去解釋這些因素之間的因果關係。比如我們去描述醫院的文化與病人安全是否有關係，但不深入去證實這兩者之間是否有因果關係；我們可以從觀察不同文化的醫院所呈現出來不同的病人安全措施去描述，也可以從強調病人安全對醫院文化的影響去討論，或者去討論醫院文化與病人安全都有相關的第三個因素。

單一變數的描述性研究是就我們所關切的單一因素去進行。在流行病學中，疾病的發生率（incidence）和盛行率（prevalence）便是最佳的例子。有些流行病學學者一直在研究某一種疾病的發生率或盛行率，讓人了解該種疾病的出現頻率、地區等等；也有些經濟研究人員一直在調查及計算某些物價指數，公布給政府、學界或社會各界知道。

事實上，非實驗性研究的發現（因素之間的相關性）經常可以作為實驗研究的探討問題，提供實驗研究的方向或素材。可是有時候實驗研究在一些貧富相關或醫學研究上不可行，比如我們不太可能為了探討長期接觸電視是否會觸發幼童自閉症，找來一群幼童，隨機分配到實驗組（給他們天天接觸電視）和控制組（不讓他們接觸電視），然後再比較兩組的自閉症發生率是否有顯著差別。有些社會現象也根本無法在實驗室裡面複製或控制，因此就得靠非實驗研究來探討。

在有些方面，非實驗研究要比實驗研究來得理想，像是比較經濟、可行，而且其外部效度通常比較高。實驗研究經常被批評為太過人工化，因為經過人為刻意的操作，而非實驗研究比較沒有這樣的問題。一般認為，實驗研究的內部效度較高，因為有盡可能控制調節因素；但其外部效度較低，因為是在特殊的實驗情況下所得到的結論，不容易擴大應用到其他的場合。而非實驗研究的情況則相反，其內部效度較低，但外部效度較高。了解這兩大類研究設計的利弊，有助於我們根據所關切的議題，選擇最適合的研究設計來進行我們的研究。

此外，非實驗性研究設計不涉及操縱參與者的情況、環境或經驗。有人將非實驗研究設計分為三類：

1. **相關性研究**：測量一系列變數。因為相關資料最常用於分析。相關性並不保證一定有因果（causation）關係，因此相關研究只是確定兩變數的共同移動（co-movements）。故相關設計有助你認定某變數與另一個變數的關係（例

如：美股與台股的共整合），並查看這兩個自然分組的共現（co-occurrence）頻率。統計實作請見作者《STaTa 與高等統計分析的應用》、《STaTa 在結構方程模型及試題反應理論》、《計量經濟》三書。

2. **比較研究**：此設計旨在比較一個或多個變數在兩組（以上）的表現，例如：「實驗組 vs. 控制組」在某成效的差異。

3. **縱向設計**：旨在檢查一組或多組隨時間表現的性能之類的變數。統計實作請見作者《STaTa 在總體經濟與財務金融分析的應用》、《Panel-data 迴歸模型：STaTa 在廣義時間序列的應用》二書。

實務上，雖然實驗法是所有實證方法中，內部效度最高者（但外部效度低），但由於真實世界有許多東西（變數）是無法操控（操弄），原因為：

1. 變數本身天生就是「屬性變數」（attribute variable）：例如：性別就無法由實驗者來操弄，不像多數「刺激 S」變數是可操弄的，且不違反人道，而「反應」資料又是具體的。

2. 實驗時間很長：尤其像經濟問題（例如：人民公社）更不適合實驗，除了因果時間相距太長外，萬一經濟實驗失敗，則全國人民要付出的代價太高。

3. 不道德的實驗：例如：早期美國黑人身患梅毒者，為長期追蹤治療療效，故以法律規定這些梅毒患者不能接受任何非實驗室試驗的治療。又如，中共曾以飛行員試驗核子彈輻射對人員的傷害程度及治療成效。例如：叫人去做舞女，或住破碎家庭……。

4. 難以形成控制組。

5. 時間先後不易確定者：易言之，無法比較誰先誰後，或無法決定時間順序。

6. 像「性質—傾向」關係，它就不像「刺激—反應」關係是可由實驗設計來進行，這裡所謂「性質」包括資產專屬性（asset specificity）、個人態度、社會規範（social norm）、信念（belief）、服務品質、信任、網路安全性……；常見「傾向」包括行為意向（behavior intention）、滿意度、忠誠度、接受度、使用度（usage）……。

基於上述理由，有些實驗研究無法進行時，則可改用「非實驗設計」，它對自變數／（自變數）「不直接操弄」，只是蒐集資料加以統計分析。非實驗設計非常適合於自變數是屬性（attribute）變數（如性別）、性質（property）變數（e.g. 態度、忠誠度、滿意度、社會規範）、或者「操弄」自變數是不道德（例如叫人去做牛郎）。易言之，諸如：破碎家庭、貧民、吸毒、遺傳因素、智力、性向、雙親性格……都是我們無法操弄的自變數，它們就適合改用非實驗設計

來進行研究。非實驗設計旨在「發現」關係，本身是無法推論「因果關係」。

## 三、非實驗只能證明 X 與 Y 變數有相關，但無法證明有因果關係

接下來以幾個例子，來介紹有許多事物之間關係是無法證明它們具有「因果關係」，因為我們無法排除它們的「共同原因」（common cause）。

個案一　兩者都有未排除的「共同原因」

例1 教師待遇高，則汽車銷售量提高。

「教師待遇高」及「汽車銷售量提高」兩者的共同原因是「通貨膨脹」。故兩者只能說「有相關」，而不能說「有因果關係」。

例2 父母政黨認同影響子女政黨認同？

答案非也。「子女政黨認同」與「父母政黨認同」的關係可能另有它因。例如：美國共和黨偏向集中在中高階社經水準者，子女長期生長在這樣的環境，因而較認同共和黨，因此子女的政黨認同並非受到父母的政黨認同所影響。故「子女政黨認同」與「父母政黨認同」兩者只能說「有關係」，而不能說它們「有因果關係」。

例3 私立大學的畢業生，薪資所得較高？

答案非也。原因可能是就讀「私校大學生」家庭經濟狀況較佳。

例4 焦慮低的學生，考試成績較佳？

答案非也。原因可能是該學生已經準備好、充滿信心，所以焦慮低，因此成績好，而且成績好的原因是因為準備好，而非焦慮因素。

例5 冰淇淋銷售量越高，國人溺水死亡人數越多？

答案非也。其可能原因是「天氣熱」，導致冰淇淋銷售量及溺水死亡人數，雙雙地「共同」同步上升。

個案二　兩者的「因果關係」難定

例1 快樂的員工，生產力較高。

「工作滿意度」及「工作績效」兩者誰因誰果很難定，亦可能是「工作績效高」，所以員工感到快樂。

## 7-10 因果模型如何用統計來精緻化

非實驗設計中，為了對「關係」模型（不限因果模型）精緻化（refine），研究者亦可納入下列三種不同的第三變數：共同原因（common cause）變數、仲介（intervening）變數、調節變數（moderator）／條件變數（conditional variable）。

### 7-10-1 共同原因變數

當我們發現某兩個變數有關係時，尚可進一步偵測這兩個變數是否有虛假（spurious）關係。舉例來說，若我們先前發現了「居住地區（X 變數）影響該地區政治參與度（Y 變數）」模型（$\chi^2 = 45.8$, p < .05），即「X → Y」模型，見下表。

表 7-13　居住地區對政治參與度的關聯

| 政治參與度（人） ＼ 居住地區 | 城市 | | 鄉村 | | $\chi^2 = 45.8, p < .05$ |
|---|---|---|---|---|---|
| 高參與度 | 200 人 | 50% | 140 人 | 28% | 340 人 |
| 低參與度 | 200 人 | 50% | 360 人 | 72% | 560 人 |
| 總計 | 400 人 | | 500 人 | | 900 人 |

接著，若再發現「教育水準」（W 變數）同時影響「居住地區」（$\chi^2 = 272.5, p < .05$）及「政治參與度」（$\chi^2 = 144.5, p < .05$），如下表所示，則表示加入此一共同原因「教育水準」到此模型中，則原來兩個變數的關係「可能」是虛假的。即原來的模型「X → Y」會變成下列模型：

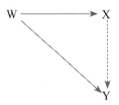

當研究者發現「教育水準」（W 變數）會影響「居住地區→政治參與度」此因果模型時，若想排除「教育水準」對政治參與度（Y 變數）的影響，以推

論居住地區（X 變數）對政治參與度（Y 變數）仍有因果關係，則可在統計分析過程中，「控制」教育程度（W 變數）。換句話說，研究者可進一步以教育程度的高低分成兩組，再個別計算「居住地區→政治參與度」模型的變化。

表 7-14　教育程度與「居住地區、政治參與度」的關聯

| 學歷 | 城市 | | 鄉村 | | 高政治參與度 | | 低政治參與度 | | |
|---|---|---|---|---|---|---|---|---|---|
| 高教育程度 | 300 人 | 75% | 100 人 | 20% | 238 人 | 70% | 162 人 | 28.9% | 400 人 |
| 低教育程度 | 100 人 | 25% | 400 人 | 80% | 102 人 | 30% | 398 人 | 71.1% | 500 人 |
| 總計 | 400 人 | | 500 人 | | 340 人 | | 560 人 | | 900 人 |
| | $\chi^2 = 272.5, p < .05$ | | | | $\chi^2 = 144.5, p < .05$ | | | | |

舉例來說，上述的例子中，當我們分別以高教育程度、低教育程度進行「居住地區→政治參與度」模型之卡方檢定，假設檢定結果有下列兩種情況產生：

情況一　加入 W 變數後，「X → Y」關係仍成立

不管教育水準的高低，受訪者居住的地區均「會」影響其政治參與度。即高教育程度（$\chi^2 = 29.7, p < .05$）及低教育程度（$\chi^2 = 67.4, p < .05$）的受訪者，均適用「居住地區→政治參與度」模型，見下表。

表 7-15　「控制」教育程度後，居住地區與政治參與度有關聯

| 政治參與度 | 高教育程度（level 1） | | | | 低教育程度（level 2） | | | | |
| | 城市 | | 鄉村 | | 城市 | | 鄉村 | | |
|---|---|---|---|---|---|---|---|---|---|
| 高政治參與度 | 150 人 | 50% | 88 人 | 88% | 50 人 | 50% | 52 人 | 13% | 102 人 |
| 低政治參與度 | 150 人 | 50% | 12 人 | 12% | 50 人 | 50% | 348 人 | 87% | 398 人 |
| 總計 | 300 人 | | 100 人 | | 100 人 | | 400 人 | | |
| | $\chi^2 = 29.7, p < .05$ | | | | $\chi^2 = 67.4, p < .05$ | | | | |

情況二　加入 W 變數後，發現「X → Y」關係是虛假的

不管教育水準的高低，受訪者居住的地區均「不會」影響其政治參與度。即高教育程度（$\chi^2 = 0.22, p > .05$）及低教育程度（$\chi^2 = 0.11, p > .05$）的受訪者，均不適用「居住地區→政治參與度」模型。換句話說，該模型中加入共同原因

（W 變數）後，原來「X → Y」因果模型之關係就不存在（表 7-16），此點證明了 X 與 Y 原來關係是虛假的。

**表 7-16** 「控制」教育程度後，居住地區與政治參與度沒有關聯

| 居住地區<br>政治<br>參與度 | 高教育程度（level 1） | | | | 低教育程度（level 2） | | | | |
|---|---|---|---|---|---|---|---|---|---|
| | 城市 | | 鄉村 | | 城市 | | 鄉村 | | |
| 高政治參與度 | 178 人 | 60% | 62 人 | 62% | 22 人 | 22% | 82 人 | 20% | 104 人 |
| 低政治參與度 | 122 人 | 40% | 38 人 | 38% | 78 人 | 78% | 318 人 | 80% | 396 人 |
| 總計 | 300 人 | | 100 人 | | 100 人 | | 400 人 | | |
| | $\chi^2 = 0.22, p < .05$ | | | | $\chi^2 = 0.11, p < .05$ | | | | |

## 7-10-2 中介變數

心理學、行為科學分析中，複迴歸的因果模型，一定會遇到中介變數（mediator）與調節變數（moderator，調節變數）。

凡是介於刺激（S）與反應（R）兩變數之間的一切對反應產生作用的內在歷程，稱為中介變數。中介變數既不屬於實驗中可以事先操縱的自變數，亦不屬於可觀察的依變數，而是一種假設性概念，用來說明刺激變數與反應變數之間變化的內在歷程。此種內在歷程，不能直接觀察，只能根據刺激的情境與反應的方式去推理或解釋，例如：心理學的特徵，如動機、態度、觀念、人格等皆屬於中介變數。這些變數在實驗過程中，皆可能影響到個體在實驗中行為的變化。

當我們試著以自變數（X）來推論某現象（依變數 Y）時，自變數 X 亦可能先影響中介變數（W），中介變數（W）再影響依變數 Y。易言之，在因果模型「X → Y」中間再加一個中介變數（W）後，發現「X → Y」關係不見，反而變成了「X → W」及「W → Y」關係，易言之，模型關係變成了「X → W → Y」。

舉例來說，假設我們早期發現「社經水準→投票意願」因果模型（$\chi^2 = 9.62$, $p < .05$），如表 7-17 所示。後續研究者為了檢驗「政治興趣」是否為該模型之中介變數，於是在研究設計中，增加「政治興趣」這控制變數，即以「政治興趣」將受訪者分成高、中、低「政治興趣」三組，接著再分別求出三組人「社經水準及投票意願」的相關性，結果整理如表 7-18 所示摘要表。結果發現，不

論高、中、低政治興趣的受訪者，其原來「社經水準→投票意願」因果關係不見了（即「X → Y」關係不成立），進一步分析，才發現三者的關係改成「社經水準→政治興趣」（$\chi^2 = 18.6, p < .05$）及「政治興趣→投票意願」（$\chi^2 = 50.2, p < .05$），換句話說，「X→W」及「W→Y」因果關係都存在，使得「X→Y」因果模型變成「X → W → Y」模型。

表 7-17 社經水準及投票意願的關聯

| 社經水準 / 投票意願 | 高社經水準 | | 低社經水準 | | $\chi^2 = 9.62, p < .05$ |
|---|---|---|---|---|---|
| 高投票意願 | 188 人 | 94% | 255 人 | 85% | 443 人 |
| 低投票意願 | 12 人 | 6% | 45 人 | 15% | 57 人 |
| 總計 | 200 人 | | 300 人 | | 500 人 |

表 7-18 「控制」政治興趣後，社經地位與投票意願之關聯

| X 變數 | 高政治興趣（$W_1$） | | 中政治興趣（$W_2$） | | 低政治興趣（$W_3$） | | 合計 |
|---|---|---|---|---|---|---|---|
| | 高社經 | 低社經 | 高社經 | 低社經 | 高社經 | 低社經 | |
| 高投票意願 | 97% | 98% | 93% | 94% | 64% | 65% | 443 人 |
| 低投票意願 | 3% | 2% | 7% | 6% | 36% | 35% | 57 人 |
| | $\chi^2 = 0.2 \ (p > .05)$ | | $\chi^2 = 0.8 \ (p > .05)$ | | $\chi^2 = 0.02 \ (p > .05)$ | | |

## 7-10-3 調節變數（又稱干擾變數）

調節變數（moderator），又稱干擾變數。它與中介變數都是因果模型的第三者。

當我們在研究設計中另加某一條件（conditional）變數（例如：政治興趣），並以它來將受訪者分組，對不同群組做「X → Y」統計檢定，結果發現不同群組會有不同的結果，則此一加入的條件變數，稱為調節變數／干擾變數（變數W）。調節變數是用來表示特定的條件或情境下，預期的原始關係會被加強或減弱，其圖形之示意圖如下：

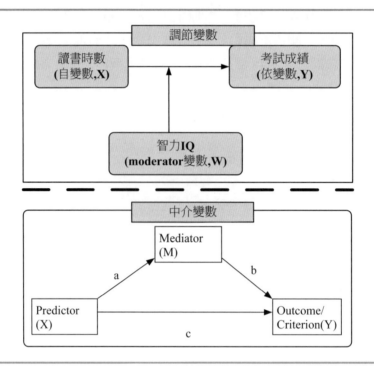

**圖 7-26** 調節變數 vs. 中介變數之示意圖

情況一 加入W後，「X→Y」關係，部分成立，部分被否決

　　例如：早期某研究者根據下表之統計分析結果，提出「性別→投票行為」因果模型，後來學者認為「政治興趣」不同的受訪者，其「性別→投票行為」因果關係亦會不同，於是進行實際資料的調查，分析結果如下表所示，結果發現：(1) 高政治興趣受訪者不會因為性別不同而影響其投票行為，反之，中、低政治興趣男女受訪者的投票率有明顯差異。(2) 男性的投票率均高於女性。(3) 女性受訪者比男性更易受到政治興趣高低而影響其投票率，尤其低政治興趣女性超過半數受訪者是不會去投票。換句話說，「不同政治興趣程度情況下，性別對投票行為的影響是有強弱的變化」。

表 7-19　性別及投票行為的關聯

| 性別 投票行為 | 男性 | | 女性 | | $\chi^2 = 20.0 \ (p < .05)$ |
|---|---|---|---|---|---|
| 會去投票 | 147 人 | 98% | 164 人 | 82% | 311 人 |
| 不會去投票 | 31 人 | 2% | 36 人 | 18% | 38 人 |
| 總計 | 150 人 | | 200 人 | | 350 人 |

表 7-20　「控制」政治興趣後，性別與投票行為之關聯產生增加及減弱

| 投票行為 | 高政治興趣（$W_1$） | | 中政治興趣（$W_2$） | | 低政治興趣（$W_3$） | | |
|---|---|---|---|---|---|---|---|
| | 男性 | 女性 | 男性 | 女性 | 男性 | 女性 | 合計 |
| 會去投票 | 99% | 97% | 98% | 87% | 83% | 46% | 311 人 |
| 不會去投票 | 1% | 3% | 2% | 13% | 17% | 54% | 38 人 |
| | $\chi^2 = 0.33 \ (p > .05)$ | | $\chi^2 = 8.72 \ (p < .05)$ | | $\chi^2 = 32.8 \ (p < .05)$ | | |

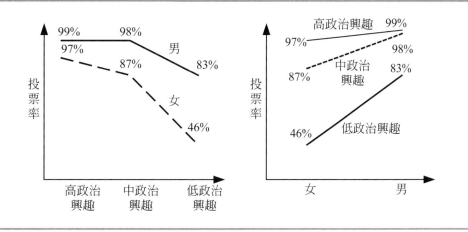

圖 7-27　性別 × 政治興趣對投票率之交互作用圖

　　此例子旨在說明「性別→投票行為」這類之因果關係，後來學者都可增加「調節變數 W」來精緻化原來的因果模型。

情況二　原來「X→Y」沒關係，加入 W 後，部分關係變成立

　　例如：某醫生探討「孕婦工作型態對早產的影響」，從文獻回顧，發現有人認為「孕婦應多休息，才不易早產」；但有人認為「孕婦應多運動，才不易

早產」，經臨床調查國內 633 名孕婦後，得到下表結果，發現孕婦三種工作型態對早產沒有影響。

表 7-21　工作型態對嬰兒體重的交叉分析（存在CD光碟「早產baby633.sav」檔中）

| 工作型態 \ 是否早產 | | $\chi^2 = 4.0, p > .05$ | $y^2$ 出生體重 | | Total |
|---|---|---|---|---|---|
| | | | 1 過輕體重 | 2 正常體重 | |
| x_3　體能消耗 | 1 低（無工作／靜態工作） | Count | 22 | 475 | 497 |
| | | % within x_3　體能消耗 | 4.4% | 95.6% | 100.0% |
| | 2 站立工作 | Count | 2 | 42 | 44 |
| | | % within x_3　體能消耗 | 4.5% | 95.5% | 100.0% |
| | 3 動態工作 | Count | 8 | 75 | 83 |
| | | % within x_3　體能消耗 | 9.6% | 90.4% | 100.0% |
| Total | | Count | 32 | 592 | 624 |
| | | % within x_3　體能消耗 | 5.1% | 94.9% | 100.0% |

　　但事實上，加入調節變數（醫院別）後，結果整理成下列二表。發現在四家不同醫院中，榮總的孕婦符合「孕婦應多休息，才不易早產」。新光的孕婦則仍維持「孕婦工作型態，並不影其早產發生率」。嚴蔡診所及其他醫院，反而較傾向支持「孕婦應多運動，才不易早產」論點。

表 7-22　工作型態對嬰兒體重的交叉分析（榮總醫院）

| 工作型態 \ 是否早產 | | $\chi^2 = 6.27, p > .05$ | $y^2$ 出生體重 | | Total |
|---|---|---|---|---|---|
| | | | 1 過輕體重 | 2 正常體重 | |
| x_3　體能消耗 | 1 低（無工作／靜態工作） | Count | 4 | 71 | 75 |
| | | % within x_3　體能消耗 | 5.3% | 94.7% | 100.0% |
| | 2 站立工作 | Count | 0 | 1 | 1 |
| | | % within x_3　體能消耗 | 0% | 100.0% | 100.0% |
| | 3 動態工作 | Count | 5 | 17 | 22 |
| | | % within x_3　體能消耗 | 22.7% | 77.3% | 100.0% |
| Total | | Count | 9 | 89 | 98 |
| | | % within x_3　體能消耗 | 9.2% | 90.8% | 100.0% |

表 7-23 工作型態對嬰兒體重的交叉分析（新光醫院）

| 工作型態 / 是否早產 | $\chi^2 = 0.31, p > .05$ | | $y^2$ 出生體重 | | Total |
|---|---|---|---|---|---|
| | | | 1 過輕體重 | 2 正常體重 | |
| x_3 體能消耗 1 低（無工作／靜態工作） | Count | | 16 | 320 | 336 |
| | % within x_3 體能消耗 | | 4.8% | 95.2% | 100.0% |
| 2 站立工作 | Count | | 2 | 36 | 38 |
| | % within x_3 體能消耗 | | 5.3% | 94.7% | 100.0% |
| 3 動態工作 | Count | | 3 | 42 | 45 |
| | % within x_3 體能消耗 | | 6.7% | 93.3% | 100.0% |
| Total | Count | | 21 | 398 | 419 |
| | % within x_3 體能消耗 | | 5.0% | 95.0% | 100.0% |

表 7-24 工作型態對嬰兒體重的交叉分析（嚴蔡醫院）

| 工作型態 / 是否早產 | $\chi^2 = 0.23, p > .05$ | | $y^2$ 出生體重 | | Total |
|---|---|---|---|---|---|
| | | | 1 過輕體重 | 2 正常體重 | |
| x_3 體能消耗 1 低（無工作／靜態工作） | Count | | 1 | 53 | 54 |
| | % within x_3 體能消耗 | | 1.9% | 98.1% | 100.0% |
| 2 站立工作 | Count | | 0 | 3 | 3 |
| | % within x_3 體能消耗 | | .0% | 100.0% | 100.0% |
| 3 動態工作 | Count | | 0 | 9 | 9 |
| | % within x_3 體能消耗 | | .0% | 100.0% | 100.0% |
| Total | Count | | 1 | 65 | 66 |
| | % within x_3 體能消耗 | | 1.5% | 98.5% | 100.0% |

表 7-25 工作型態對嬰兒體重的交叉分析（其他醫院）

| 工作型態 / 是否早產 | $\chi^2 = 0.29, p > .05$ | | $y^2$ 出生體重 | | Total |
|---|---|---|---|---|---|
| | | | 1 過輕體重 | 2 正常體重 | |
| x_3 體能消耗 1 低（無工作／靜態工作） | Count | | 1 | 31 | 32 |
| | % within x_3 體能消耗 | | 3.1% | 96.9% | 100.0% |
| 2 站立工作 | Count | | 0 | 2 | 2 |
| | % within x_3 體能消耗 | | .0% | 100.0% | 100.0% |
| 3 動態工作 | Count | | 0 | 7 | 7 |
| | % within x_3 體能消耗 | | .0% | 100.0% | 100.0% |
| Total | Count | | 1 | 40 | 41 |
| | % within x_3 體能消耗 | | 2.4% | 97.6% | 100.0% |

### 7-10-4 調節變數（干擾變數）的類型

現在大家心中可能有一疑問？就是我們該如何找出調節變數（moderator）呢？主要路徑有下列三種方式：

1. 研究者感興趣或關心程度之變數：例如：在「自尊（self-esteem） 政治討論的程度」模型中，可增加「政治興趣」這個調節變數。

2. 時空條件：例如：「經濟景氣狀況」對「廣告→銷售量」的調節。或者「不同國家（地區）」對「廣告→銷售量」的調節。

3. 分析樣本本身具有的屬性（attribute）變數（它是不能操弄的）：例如：「學生、校友都愛母校」模型中，可依受訪者的畢業校別，進一步了解來源關係模型是否「視母校屬性」而定。

## 7-11 研究設計≒研究計畫

所謂「研究計畫」（proposal），簡稱碩論前三章，再加上「預期貢獻」。研究計畫為何如此重要呢？理由有三：(1) 它可當作一些研究問題的執行契約。(2) 它可得知所要研究問題的重要性，以提供潛在計畫贊助人評估的依據。(3) 有助於研究者自己釐清研究架構的思考及如何進行。

研究計畫主要包括三大支柱：理論（theory）、研究設計（research design）、資料分析；及三個抽象成分：觀念化、方法論（methodology）、情境。這六者的關係如下圖所示，其中：

1. 觀念化（conceptualization）：有關理論、模型、構念、變數、架構的觀念化。
   包括：概念、構念、測量的變數（ECV）、研究假設、研究模型／架構。

2. 方法論（methodology）：探討程式、問題界定、資料蒐集、分析。

3. 情境（situation, context）：即在某一情境（context）下蒐集資料，蒐集資料必有一個情境來落實。

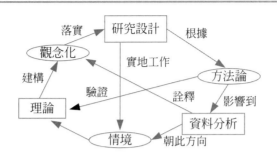

圖 7-28 研究計畫之概念圖

　　由於研究計畫的實施**步驟**，包括：(1) 理論構念的界定、測量或操弄（測量構念效度）；(2) 選擇研究設計；(3) 資料蒐集及分析；(4) 解釋分析結果，並用來發展或修正理論（外部效度）。故實際上，當一個研究者要提出某一研究計畫時，必須涵蓋下列幾個**要項**：

1. 研究目的：除了要有暫時性研究標題外，在「緒論」段落，亦要說明本研究目的、研究的重要性。它們都是站在前人肩膀上的角度來談。
2. 問題的界定及文獻探討：說明本研究是何類研究問題，想要發現什麼？其研究架構的理論基礎為何？是心理學、社會學、經濟學，或是行銷學……。
3. 研究設計：主要談本研究理論性 / 概念性架構、研究策略（個案法、調查法、實驗法、彙總法）之行動過程及方法敘述、研究假設、樣本如何選取、研究工具的信度、效度。（量表中操作型定義之各變數是如何測量？）
4. 資料分析的方法：本研究採用的統計分析有哪些？
5. 計畫進度表（例如：甘特圖）、預算編列。
6. 預期成果及解決之道：一定要談本研究對實務界或學者的重要性、貢獻性，或文獻探討對未來研究的重要性……。

## 7-11-1　研究計畫書撰寫注意事項

### 一、研究背景與動機

1. 什麼情境下啟發了你的研究問題？例如：自然景物觀看時觸動你 game 設計的靈感。
2. 你的研究問題為何？

3. 該研究問題具有學術上的重要性及實務上的應用價值？

4. 過去研究文獻有何不足？正反論點方兩方，其衝突觀點就是你的機會點。

5. 研究議題具有理論上的創新性？前人設想不同之處在哪裡？

## 二、理論與文獻基礎

1. 闡述及定義你想探討的研究環境。

2. 先前的研究文獻忽略了什麼觀點或變數？

3. 你要如何解決先前研究之不足？

4. 闡述研究中將引用的理論或文獻基礎，為後續研究模型來導出鋪路。

5. 探討及概念性定義你提出的新構念（construct），例如：人工智慧焦慮（artificial intelligence anxiety）、行動學習準備度（m-learning readiness）……。

## 三、研究方法

1. 研究模型中的變數與假設的提出是基於什麼理論、文獻、邏輯推論、實證資料之基礎。

2. 研究模型中變數的概念性定義與測量問項為何？

3. 變數測量問項（量表）是否有理論或文獻支援？

4. 分析單位（個人 vs. 組織 vs. 資訊系統 vs. 國家級）為何？抽樣方法（隨機法優於非隨機法）為何？抽樣框架為何？樣本是否有代表性（檢定法請見第 10 章調查研究法）？抽樣方法有何限制？

5. 變數測量工具是否具有信度、內容效度（content validity）、收斂效度（convergent validity）、區別效度（discriminant validity）？詳見作者 SPSS/STaTa 20 本書。

6. 統計方法的使用是否適當？單層變雙層模型（HLM）、單一方程式變聯立方程式（VAT, VECM, SEM, 2SLS）、因果決定論變機率論（Bayesian 迴歸、Markov 鏈）、非常態迴歸技術、誤差異質性的統計法……。

7. 研究／實驗程式是否嚴謹？內部效度與外部效度如何？

### (一) 模型解釋力 vs. 模型精簡性（兩難問題 trade off）

1. 所有的模型都是錯的，只是某些模型有用嗎？

2. 追求模型的簡化，但不要相信它。

3. 對問題最好的解釋是盡可能簡單，但不能過度簡單。

4. 一個好的模型並非不能再加入新的解釋變數到模型中，而是不能再從模型中

刪除解釋變數。

5. 社會科學研究模型建立原則：在模型精簡性（parsimony）的前提下，追求最大的模型解釋力（explanatory power）。

### (二)調查研究法 vs. 實驗研究法

科技部二年計畫書中，主題：資訊科技（IT）影響教學效果，第一年先用調查法，探討「IT →學習成效」研究假設。第二年再開發某 IT 系統（e.g.Blog 系統、AI 系統），用它來「實驗」IT 輔助教學之研究假設：「IT 使用度＋滿意度→學習成效」。可見「調查法與實驗法」是可混搭的。

1. 真實驗設計是不敗常勝軍，其特性包括：

(1) 至少兩個群組。

(2) 一組接受實驗處理，其他群組接受不同實驗處理或不接受實驗處理至少操弄一個自變數。

(3) 隨機指派受測者到各群組。

(4) 各實驗群組隨機施予實驗操弄。

2. 如何進行實驗設計：教學方法→學生學習成效。

3 如何進行實驗設計：導入行動學習→公司經營績效。

4. 實驗法之內部效度威脅：歷史、區域歷史、成熟、樣本自我選擇、自我選擇與成熟交互作用、再測（學習效度浮現）、測量工具（穩定嗎）、迴歸平均值（趨向大家意見）、受試者離開（事故／死亡）、自暴自棄、力爭上游、補償效果（非實驗操弄效果）……。

## 7-11-2 研究計畫之撰寫格式

任何社科研究、醫學研究／流行病學研究在實際進行之前都應該有書面形式的適當專案（proposal）。在施工開始之前，它就像是建築計畫的藍圖。

撰寫研究計畫既是科學又是藝術，一個好的研究專案是基於科學事實及清晰溝通的藝術。

撰寫正式的研究計畫是在決定研究主題的時候開始。

**研究計畫（proposal）的內容有十二項**

一般，研究計畫撰寫的格式（general proposal format），包括：

1. **標題（title）**：論文標題通常使用名詞片語或簡短的句子，呈現這篇論文要強調的主題。

2. **摘要（abstract）**：以精簡的文字將此論文做一摘述。字數介於 250-500 字之間，分四段內容（目的、方法、結果與主要貢獻（or 建議））。摘要之後，通常需加上 3 到 5 個最能顯示這篇文章內容的關鍵字（key words）

3. **緒論（introduction）**：在開頭時應說明研究的背景（動機），為何要做這個研究（目的）？此研究有何價值？

(1) 本節介紹研擬的問題。

(2) 它應該有助於讀者了解這個主題。

(3) 簡介應該簡短一兩頁。

(4) 應該以這樣方式來說明問題，即任何閱讀它的人都可以實現它的重要性及相關性。

    (I) 研究動機（motivation）：研究緣起、重要性。

    (II) 研究目的（purpose）：可分列一行一行來陳述

        (a) 應非常清楚地說明擬議研究的目標。

        (b) 所述目標應具體，可實現及可衡量。

        (c) 過多的目標需要避免。

        (d) 即使只有一個明確說明的研究相關目標也足夠好。

        (e) 如果存在多個目標，則可以按照適當的重要順序呈現目標。

    (III) 問題描述（problem formulation）：明確描述的研究問題的根源及解決問題的終極目標。亦可舉一簡單例子來配合說明。

4. 背景／文獻回顧（background／review of literature）

(1) 本節反映了研究者對文獻的廣泛回顧。

(2) 在本節中，我們已經了解了有關該主題的內容，包括空白。

(3) 只是逐字引用文獻不會達到目的。

(4) 重要的是要使其具有連貫性、相關性及易於閱讀的知識。

(5) 它有助於調查人員在該調查領域獲得良好的知識。

(6) 它還有助於研究者了解可應用的不同方法。

5. **研究方法（methods）**：說明數據取得的方式與過程及數據分析的方法。例如：資工系，其發展演算方法或特別的邏輯以說明方法的發展為主。

**研究方法論（methodology）**是系統地解決研究問題的一種方法。它可以被理解為研究如何科學地進行研究的科學。它又有七項：

(1) 研究者不僅要了解研究方法／技術，還要了解方法。

(2) 研究者不僅需要知道如何開發某些指數或檢定，以及如何計算平均值、眾

數（mode）、中位數或標準差、卡方、「勝算比（odds ratio, OR）」……。

(3) 必須清楚，完整地討論程式，並提供大量細節。

(4) 研究設計（study design）

研究設計是進行研究的具體計畫或專案（plan or protocol），允許研究者將概念假設（conceptual hypothesis）轉化為可操作（operational）的定義。

研究設計應明確說明。要用的研究設計應該適合於實現研究的目標。

(5) 研究母群／取樣數量（study population／sampling specifications）

重點是要描述研究母群是哪個？應如何選擇研究對象，隨機化過程及其他細節。

並在專案中，說明所需的最小樣本是多少，你該如何取樣？樣本數多少考量，關係著精確度及價格之間的取捨（涉及資源及花費）。

(6) 測量工具（instrumentation）。

(7) 具體程式（specific procedures）

專案應包括研究中採用的所有過程的細節。

應如何描述如何測量曝露（exposures，控制數），結果變數（outcome variables，依變數）及其他變數。

簡要說明如何處理數據及使用統計軟體。

將使用哪些重要性統計檢驗？

6. 預期結果（predict results）

主要是敘述採用上述研究方法，將會得到的那些預定的結果。

以文字逐條說明或陳列。

可配合圖表來輔助呈現，並與其他已發表的論文做預期比較與解析。

7. 參考文獻（**reference**）：社會科學以 APA 為主，工科則有工科格式。

8. 經費編制（**budget**）：

(1) 經費含人事費、設備費、業務費等。

(2) 人事費衍生之人力，其工作的分配。

(3) 設備費衍生新採購及用途等。

(4) 業務費衍生參加研討會、出差及雜項等。

9. 時間表及工作進度／甘特圖（time frame and work schedule／Gantt chart）

專案應包括要執行的任務順序，完成所需的預計時間長度以及所需的人員。

它可用表格或圖形的形式呈現（甘特圖）。

流程圖及其他圖表通常用於突出研究中不同活動的順序及相互關係。

10. 人員需要／可用

專案應包括誰是主要研究者及共同研究者，他們的資格，研究經驗等。

該專案還可能包括不同調查人員將要採取的主要職責。

11. 設施需要／可用（facilities needed／available）

專案還應包括研究所需／可用的重要設施，即計算機，實驗室，特殊設備等。

12. 預算（budget）

預算是將專案活動轉化為貨幣形式。並聲明、說明完成各項任務需要多少資金。主要專案包括：

(1) 工作人員的薪水。

(2) 旅費。

(3) 購買設備。

(4) 印刷費。

(5) 諮詢費。

(6) 機構間接費用。

# 參與者觀察法

# 8-1 觀察法是什麼？

觀察法（observational research）是指研究者根據一定的研究目的、研究提綱或觀察表，用自己的感官及輔助工具去直接觀察被研究對象，從而獲得資料的一種方法。科學的觀察具有目的性及計畫性、系統性及可重複性。

觀察法是以人類的感官運用科學的方法，直接探究一些行為或事項，並對觀察所得做系統化的分析，解釋其意義，藉以獲得某些推論。洪鎌德認為觀察是社會研究最早使用的技術之一，它是依靠感官有計畫、有系統地對社會現象做持續性的探究，以明瞭現象的結構與功能，其間觀察者對被觀察者係採取一種接受的態度。張春興則認為觀察法（observational method）是科學上最原始但也應用最廣的方法；幾乎從事任何研究都離不開觀察法。在心理學上，有時在自然情況中對人或動物的行為進行直接觀察、記錄而後分析解釋以期獲得某種原則，有時在預先設置的情境中進行；屬於前一種情形者稱為自然觀察法（naturalistic observation），屬於後一種情形者稱為控制觀察法（controlled observation）。自然觀察法是傳統的舊方法，控制觀察法是改良的新方法。龍冠海認為進行觀察應限於直接可觀察的現象，宜能重複進行者，觀察記錄宜求量化，單位應予具體，文辭應求客觀而準確，使不同的觀察者有一致的觀察結果。

## 觀察法之研究設計

觀察性研究（或實地研究）是一種相關性研究（非實驗性），其中，研究者觀察正在進行的行為。有各種類型的觀察性研究，每種研究都有優點及缺點。

觀察性研究在社會科學及市場行銷中尤為普遍。這是一種社會研究技術，涉及直接觀察自然環境中的現象。這將其與實驗研究區分開來，在實驗研究中，建立准人工環境以控制虛假因子，並且其中至少一個變數作為實驗的一部分被操縱。它通常分為自然（或「非參與」）觀察及參與式觀察。案例研究及檔案研究是特殊類型的觀察研究。自然（或非參與）觀察沒有研究者的干預，它只是研究在自然環境中自然發生的行為，與受控實驗室環境的人工環境不同。重要的是，在自然觀察中，沒有嘗試操縱變數。它允許測量真正的行為。然而，其典型的局限性在於其無法探索行為的實際原因，以及無法確定給定的觀察是否真正代表了正常情況。

1. **參與式觀察**（participant observation）中，研究者介入環境。最常見的是，這指的是將他自己插入某一群體的成員，旨在觀察否則將無法訪問的行為。

此外，行為保持相對自然，從而使測量具有高外部效度。

2. **案例研究**（case study）也是一種觀察性研究，涉及對單個個體、群體或事件做全面描述性分析。它們可以按照非參與者 vs. 參與者觀察的方式設計。這兩種方法都建立了新數據。

3. **檔案研究**則涉及對已經存在的數據進行分析。產生假設，然後透過分析已經蒐集的數據來進行檢定。當人們可以訪問長時間蒐集的大量資訊時，這是一種有用的方法。例如：這種數據庫可用於縱向研究，即多年累積蒐集來自相同個體的資訊。**文件分析法**（documentary research）是利用文件或檔案資料來了解人類思想、活動及社會現象的一種方法。由於文件及檔案資料的應用，可使研究的範圍突破時空的限制，所以蒐集研究資料時，不可忽視此種現成資料的應用價值，尤不能不知蒐集的方法。由於文件及檔案乃是現成的資料其資料來源有：(1) 政府機關的文件與記錄。(2) 私人文件。(3) 大眾傳播媒體。(4) 社會科學的研究檔案等。基於文件及檔案資料來源很廣，所以文件分析法適於下列特殊功能：(1) 探討先前的人類思想、活動及社會現象。(2) 了解人類思想、活動或社會現象的發展與變遷。(3) 比較不同地區或文化的人類思想、活動及社會現象。(4) 避免研究對象的反應。(5) 節省研究費用。值得注意的，就是文件分析法所採用的文件或檔案資料具有先天上的缺點，如記載偏差、保存不全、缺乏代表性、內容不完整、取得不易以及整理困難等。因此之故，在蒐集與應用文件及檔案資料時，研究者注意三點：(1) 要鑑定資料的真實性及精確性，審慎依據資料本身的內在邏輯結構，及外在的參照證據，確定所蒐集的文件及檔案資料可靠而適用；(2) 要運用適當的人際關係及正當管道，取得較完整的資料，以免偏差不全；(3) 要依據研究目的，有系統的整理資料以利分析。

　　**觀察的步驟**與技術包括觀察前的準備、決定研究目的、有明確的觀察對象；以客觀的態度進行深入觀察、重複觀察、盡可能多人觀察，並注意時間取樣，可採用情境觀察法、真相觀察法或實驗觀察法；觀察時要詳加記錄，可用行動摘錄法、評定量表法及軼事記錄法；觀察的結果須先加以驗證，再加以論斷，先將觀察蒐集的資料整理分類，再分析綜合，對所得資料作正確的解釋並分析所作的論點。

## 8-1-1　實地研究／田野研究／現場研究（field study）

　　又稱田野研究、野外調查、實地考察，是描述原始資料蒐集的概括術語，

其所應用的領域包括民俗學、考古學、生物學、生態學、環境科學、地理學、地質學、地形學、地球物理學、古生物學、人類學、語言學、哲學、建築學、及社會學等自然或社會科學領域。與其他在實驗室准控制狀態下環境的研究相比，田野調查主要於野外實地進行。

它是一種非實驗性的科學探究，其目的在於探求真實情境中的教育、心理及社會變數間的關係及其互動。例如：人類學家為研究原始部落的生活方式，常長期住在該部落中，以成為部落的一員，然後進行觀察研究，這種研究法沒有任何的實驗操縱或隨機抽取研究對象或分派組別，一切都在自然情境下進行。

實地研究有兩大類型：

1. 探索性（exploratory）實地研究：著重在了解實際情境中各變數是什麼，而非探究或預測各變數的關係。因此，探索性的實地研究具有三個重要目的：(a) 發現實際情境中的重要變數。(b) 發現這些變數間的關係。(c) 為將來更有系統、更有嚴謹的假設檢驗鋪下基礎。

2. 假設檢驗性（hypothesis-testing）實地研究，則衍生探索性的研究，並進一步探討各變數關係的假設檢驗。

實地研究旨在其研究變數的真實性及實際情境的意義性。實地研究的優勢在於：它是在沒有竄改變數且沒有竄改環境的真實自然環境中進行的。由於此研究是在一個舒適的環境中進行的，因此甚至可以蒐集有關輔助主題的數據。此外，它還具有理論導向及啟發性的作用。不過，其缺點也在於欠缺實驗的特性，而其研究變數亦缺乏測量的精確性。因此，從事實地研究時，研究者務使這些缺點減少至最低程度，並注意財力、時間及人力的負荷。

## 8-1-2 流行病學

流行病學（epidemiology）旨在探討影響人類群體健康及疾病，是公共衛生及預防醫學的基石。它被視為公共衛生研究的基礎方法論，同時在實證醫學中做為辨別疾病因素及最佳臨床治療途徑的科學理論。

在研究傳染病及非傳染性疾病時，流行病學家從事眾多事項，包含爆發調查、研究設計、資料蒐集及分析（如建立統計模組）等。流行病學家須跨足並使用不同領域的知識，如生物學、生物計量學、地理資訊系統及社會科學。

流行病學不僅研究傳染病，其他如慢性病（像登革熱、癌症、心臟病、糖尿病、高血壓、非洲豬瘟……）、精神疾病、自殺與意外事件等等健康議題，甚至各種疾病的危險因子（如抽菸、肥胖、營養攝取狀態、生活型態等），都

可成為流行病學研究的主題。

流行病學的研究設計，主要分為實驗法 vs. 觀察法（如圖 8-1）。

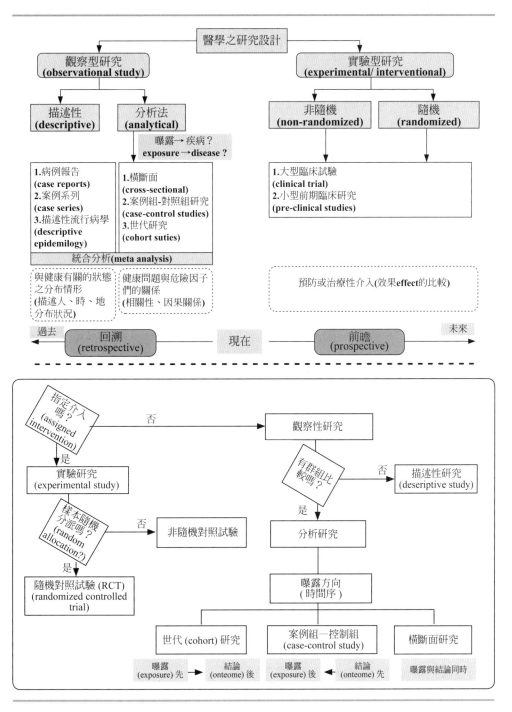

圖 8-1 醫學研究設計的種類

　　流行病學的研究設計類型包括案例報告（case report）、病例分析（case analysis）、現況調查（cross section study）、病例組－對照組研究（case-control study）、世代研究（cohort study）、臨床試驗（clinical trial）。這些方法的論證因果遞增強度，依序為：案例報告→病例分析→現況調查→病例組－對照組研究→世代研究→臨床試驗，並以「同期隨機對照試驗」論證強度最高。

　　如圖 8-1 所示，其中：

1. **世代研究**（cohort study）是一種縱向研究（longitudinal study），可以是前瞻性研究（prospective study）或回溯性研究（retrospective study）。所謂世代研究則是研究一開始將研究對象（不一定是有病的人）隨機地分派至兩組，其中一組是曝露組（exposed group）另一組則是未曝露組（unexposed group），至於曝露的因子則是研究者關心的變數，例如：抽菸與肺癌的關係或居住在高壓電附近與腦部病變的關係。然後往後追蹤一段期間，就會觀察到曝露組與未曝露組都有人發生事件（event，例如：疾病），此時就可計算兩組發生事件比例的比較，例如：追蹤 10 年後抽菸組發生肺癌的比例為 3% 而未抽菸組罹患肺癌比例為 1%，接著進而透過統計分析評估究竟曝露因子（抽菸）是否與事件（肺癌）有所關聯。

　　因此，世代研究對象大多是具有特定生活經歷的人群及其中的個人，透過某一特定疾病的人群、在一定時間內，根據相關性來確定被觀察者的患病風險。

2. **病例組－對照組研究**屬於分析流行病學的一種，也是回溯性研究（retrospective study），主要應用於探索疾病的病因及危險因素，是對研究的病因假設進行檢驗的一種方法及提供進一步研究。

3. **橫斷面研究**（cross-sectional study）：又稱現況調查，因其常用指標是患病率，又稱患病率調查。

　　其目的與用途包括：

　　(1) 描述疾病或健康狀況在特定時間內、在某地區人群中分布情況。

　　(2) 描述某些因素與疾病之間的關係，尋找病因，及流行因素的線索。

　　(3) 研究醫療措施及考核措施的效果如何？

　　(4) 適用於病程較長而發病頻率較高的疾病，如某些慢性病。

4. **臨床實驗**（clinical trials）（或稱作臨床試驗）又包括平行設計（parallel trial）及交叉設計（cross-over），而以平行設計比較常見及簡單，但其實平行設計很類似於心理教育領域的準實驗設計（quasi-experimental design，或稱類實驗），即一開始將研究對象隨機分派（random assign）為治療組與對照

組。例如：以藥廠的臨床藥物實驗，想要比較原廠及台廠的藥物療效比較，則一開始即隨機將自願參加病人分成兩組，然後開始進行藥物使用，最後評估療效，例如：檢定台廠藥物成功治癒的比例與原廠藥物是否有差別。

不過在隨機分派的過程中也有可能兩組病人的基本特性差異很大，例如：一組剛好年齡很大另外一組比較年輕，因此在分派過程可適當考慮重要的基本特性（例如：性別、年齡層、疾病嚴重分級）來作隨機的分派，即作分層隨機分派（stratified randomization），以確保兩組病人的基本資料是同質的（homogeneous）。

## 8-1-3 （實證醫學）實驗法 vs. 觀察法的比較

| | 實驗法 | 觀察法 |
|---|---|---|
| 例子 | 1. 隨機對照試驗（randomized controlled trial, RCT）是一種對醫療衛生服務中的某種療法或藥物的效果進行檢測的手段 | 1. 世代 cohort<br>2. 案例組—控制組（case-control）<br>3. 案例系列（case series）<br>4. 橫斷面研究 |
| 小組分派的根據？ | 研究者分派的 | 「自然條件下」分派，例如：位個人偏好、基因、社會決定因子、環境…… |
| 使用 | 研究治療性干預（治療）或預防性干預（預防）的黃金標準（gold standard）。 | 健康結果與曝露（exposures）之間的關聯，這可能包括有關診斷（diagnosis）、預後（prognosis）、病因（etiology）或危害的研究。 |

醫學研究的主要類型有兩種：觀察型及實驗型。觀察性研究設計與實驗設計之間的主要區別在於「如何將參與者分配到特定的小組」。在實驗研究中，研究人員將參與者分配到特定的組中（通常使用隨機分配）。與實驗研究不同，在觀察研究中，小組分配受「自然條件」控制。在觀察研究中，這些自然條件可能包括研究參與者有意或無意地將自己「分配」到特定的治療或接觸中。該小組分配可以基於個人喜好、遺傳、環境、社會決定因素及／或其他因素。研究者實質上是在不直接干預小組作業的情況下努力成為「飛牆走壁（flying wall）」。他們只是想觀察研究參與者自然會發生什麼。

例如：在一項實驗研究中，研究者可以將參與者分為接受新藥的 A 組及接受安慰劑的 B 組。在對該藥物的觀察研究中，研究者基本上只是觀察那些自

然服用該藥物的人。在這種情況下，你可能會觀察決定自行決定服用藥物的患者，並將其與當前未服用藥物的類似患者進行比較。

　　實驗法是研究治療性干預（治療）或預防性干預（預防）的「黃金標準」。醫學上最常見的實驗研究類型是隨機對照試驗。觀察性研究通常用於確定健康結果與曝露／風險因素之間的關聯。這可能包括有關診斷、預後、病因或危害的研究。觀察研究最常見的類型包括隊列研究、病例對照研究、病例系列研究及橫斷面研究。

|  | 實驗法 | 觀察法 |
|---|---|---|
| Pro（贊成） | 1. 效度（valisity）較佳<br>2. 能斷定因果關係<br>3. 樣本隨機、雙盲實驗 | 1. 須較少資源（時間）<br>2. 遇有害曝露時，有違道德機率也較低<br>3. 若結果是罕見，觀察就容易 |
| Con（反對） | 1. 須更多資源（時間）<br>2. 某些曝露有違道德<br>3. 若結果是罕見，實驗就困難 | 1. 效度（valisity）較低，故較難做因果模型<br>2. 樣本非隨機或雙盲 |

註：pro 在此是指 in favor of（贊成）的意思；而 con 則是拉丁語 contra 的簡寫，指 in opposition to, against（反對）。

　　基於研究人員在實驗過程中所擁有的更高的控制量，與觀察性研究相比，其有效性更高，偏差也更小。精心設計的實驗研究使我們能夠確定因果關係（又稱這種藥物或曝露直接導致結果的變化）。另外，觀察性研究只能確定各組之間的相關性（具有這種曝露史的 AKA 患者傾向於更經常出現這種結果，但是我們不確定這種曝露是否會導致這種結果）。觀察性研究混雜的可能性更高，因為在這些研究中無法進行隨機化。此外，觀察研究不能盲目進行。

　　但是，實驗研究仍存在一些缺點。這些研究往往需要更多的資源（金錢）來執行。這也意味著使用實驗來研究非常罕見的結果是不可行的，因為你將需要大量的研究人群，而且這太昂貴了。在某些情況下，道德操守還會阻止實驗研究可能造成傷害的曝露。例如：如果你想研究香菸的影響，就無法從倫理上將患者分配到要求他們開始吸菸的人群中。相比之下，某些類型的觀測研究相對便宜且快速。例如：如果你想研究抽菸的影響，則可能會找到別人已經蒐集的數據集，然後回溯該組。由於患者是根據自然條件進行曝露的，因此你也可以研究某些可能造成傷害的曝露，而無需出於道德方面的考慮。如果你只是觀察某個決定自己吸菸的人，那麼這在道德上就不會像強迫參與者吸菸那樣。

## 8-1-4 資料蒐集方法

研究方法，旨在描述實施研究的步驟程序與使用材料設備／測量工具。因此，研究流程會包括：

1. 研究設計（design）：須依你研究問題是屬 know what、know how 或 know why，來決定該採用定量或定性方法。若採定量之調查法，則受訪者必須是匿名方式來問答／陳述問題。

2. 研究對象／研究材料（subjects/materials）：社會科學所用材料包括問卷、測驗、次級資料（前人研究期刊）……；理工科的實驗，包括所需設備、儀器、工具或理論模型等。

3. 資料蒐集程序（data collection materials）：程序可能是執行實驗、問卷調查或訪談、實施測驗……。

4. 資料分析（analysis）：明確指出你的分析工具（傳統統計軟體 vs. AI、機器學習統計法）。

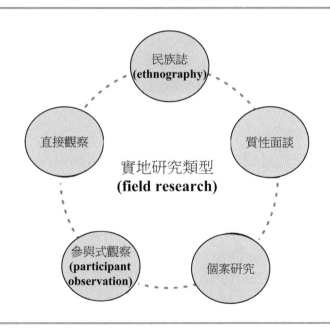

**圖 8-2** 實地研究（field research）（類型）

其中，實地（field）研究常見到的資料蒐集方法，包括：觀察法、訪問、問卷調查、記錄／文件分析……幾種，前兩種方法適合於做探索性研究，後兩種

方法適合於做探索性研究或實證性研究（有假設檢定者）。一般民俗學的田野（field）調查，就是同時採用觀察及訪談為主要蒐集資料的方法。

觀察法（observation）是指資料蒐集技術之一種方法，而非指研究策略「例如：調查法、個案法、實驗法、綜合／後設（meta）法」，故觀察技術可配合實地調查法、個案法、實驗室實驗法，或實地實驗法，因而延伸了：自然觀察研究、實驗觀察研究、比較性研究等幾種基本研究類型，及儀器記錄、語意分析法等資料蒐集方法……。雖然行為科學界較偏重對動物、人類行為的觀察，但觀察法蒐集途徑不限定只可用「視覺來看」，尚可用聽覺、觸覺（碰到）、嗅覺等方式來記錄資料。

**觀察法的重要性**，約略來說，有下列五項：(1) 觀察法將有助於了解、溝通、預測，及控制人類行為。(2) 有時可實地觀察某發生現象（群眾暴動、吸毒……），不用加入個人意見。(3) 有些研究非使用觀察法不可，例如：動物學／人類學家觀察某種動物之行為，心理學家觀察兒童的活動……。(4) 有時改採暗地觀察反而可以得到較正確的資訊，並且以人／機器方式完整記錄受訪者的所有經歷過程。(5) 人們通常較習慣被觀察記錄，較不習慣被訪問。

所謂「觀察法」是指科學的觀察，它可用於定性研究或定量研究。要稱得上是「科學觀察」，它必須符合下列四個條件：

1. 觀察要配合一定的研究目的，觀察要有研究的構想。
2. 觀察要有慎重的規劃。
3. 觀察要有系統的記錄。
4. 觀察要檢查及控制「結果」之信度及效度。

參與式觀察的特徵主要是研究者同時扮演觀察者及參與者的雙重角色。在此情形下，觀察者不被視為局外人，因此得以維持觀察情境的自然，可減低觀察者在情境中的干擾，並可避免被觀察者不必要的防衛，以獲得比較真實的資料。

舉例來說，有關「民俗活動的研究」中「參與式觀察」的部分，為炮轟儀式的實際過程，及信仰者平時的互動情形。希望在自然的情境中觀察整個炮轟的儀式、主事者的準備過程、信仰者的身分背景與信仰心理，以及商家與民眾的反應，以獲得相關的資料，並印證由訪談及文件等其他方法所蒐集的資料。再者也希望經由個人親自參與現場，能更深刻確實的詮釋與描寫信仰者的觀點與感受。

## 8-1-5 觀察設計的步驟、信效度

在觀察法蒐集過程中，我們將面臨的問題，包括：本研究的觀察目標是什麼？該蒐集「什麼」資料？該「何時」進行觀察？「如何」來進行本研究？

1. 先選擇你要「觀察的目標」：它必須是外顯可以看到的、範圍有限的，可以是行為或語言來表達。例如：引發某活動的有哪些人？哪些人是受被觀察的對象？當時現場所改變狀況或發生的事件有哪些……？
2. 選擇觀察的情境：它是自然的或是（布置）控制的情境。
3. 決定取樣的策略：觀察法的時間選樣策略可以是連續性觀察，亦可以是間歇性觀察。
4. 選擇記錄觀察的方式：是結構化 vs. 非結構化記錄，或用人 vs. 用機器來記錄。
5. 訓練觀察員：講解觀察重點、設計調整方式、儀器試用、排演觀察過程……。
6. 實際觀察蒐集的資料。
7. 分析資料：可採定性分析、定量分析兩種。
8. 詮釋資料：客觀觀察，主觀詮釋。

**觀察的信度及效度**

觀察結果好壞的評量指標有兩個：信度及效度。「效度」是指所觀察事物能否代表所要衡量的事物或構念。例如：觀察兩人交談距離來表示兩人親密程度；辦公室大小來當作被觀察者之職位高低……。相對地，「信度」是指觀察的現象是否具有穩定性（可靠性）。

## 8-1-6 客觀（objective）、主觀（subjective）是什麼？

客觀（**objective**）

形容詞「**客觀的**」是 objective，名詞是 objectivity「客觀、公正」。相反詞則是 subjective「**主觀的**」（形容詞）與 subjectivity「**主觀性**」（名詞）。請注意，objective 這個字當名詞的時候意思完全不同，為「目標、目的」之意。

主體性與客觀性是對比哲學，客觀是描述為對真理或真實的看法，沒有任何個人的偏見、解釋、感覺及想像。

**客觀主義**（objectivism）首次由美國哲學家及作家艾茵・蘭德（Ayn Rand）提出的哲學系統，認為：

1. 真實（reality）是獨立於主觀意識而存在。
2. 每個人藉由感覺跟此真實直接相連。

3. 人可透過概念形成及邏輯上的歸納與演繹，從感覺來獲取客觀知識。

4. 人生的道德意義在於追求個人幸福或理性私利。

5. 與此道德觀相適應的唯一社會體系是全面尊重個人權利，並體現爲純粹的自由放任資本主義。

　　客觀主義是：強調客觀性的任何觀點，包括：

1. 客觀性（哲學），認爲眞實（reality）是獨立於心靈的信念。

2. 客觀性（科學），一種科學上的價值，可告知科學實踐及科學眞理的發現。

3. 反心理學或邏輯客觀主義，認爲邏輯規則與心靈無關。

4. 道德普遍主義或道德客觀主義，認爲某些倫理是絕對的。

5. 客觀主義，是 Ayn Rand 建立的哲學體系，認爲眞實知識是形而上（metaphysically）的客觀目標。

　(1) 客觀主義者運動，由蘭德哲學的追隨者及學生組成的運動。

　(2) 客觀主義黨，美國政黨擁護蘭德的哲學。

### 主觀（subjective）

　　形容詞「客觀的」是 objective，名詞是 objectivity「客觀、公正」。相反詞則是 subjective「主觀的」（形容詞）與 subjectivity「主觀性」（名詞）。請注意，objective 這個字當名詞的時候意思完全不同，爲「目標、目的」之意。

　　主體性（subjectivity）是與意識（consciousness）、行爲（agency）、人格（personhood）、眞實（reality）及眞理（truth）相關的中心哲學概念。三種常見定義包括：主觀性是以下條件的 quality：

1. 某物是一個主觀，狹義是指具有意識經驗的個人，例如視角、感覺、信念及慾望。

2. 某物是一個主體，廣義是指具有代理權（agency）的實體（entity, object），這意味著它對某些其他實體具有作用力或對其具有控制權。

3. 僅從一個或多個主觀的角度來看某些訊息、想法、情況或物理事物（physical thing）被認爲是正確的。

　　以上主觀性各種定義有時在哲學中結合在一起。該術語最常用來解釋那些影響、告知及偏見（biases）的人對眞理或眞實的判斷。它是特定於某個主題的對外部現象的看法、經驗、期望以及個人或文化理解及信念的集合。

• 小結

　　社會系統理論（sociotechnical systems theory）是一個在現代社會科學方面

的理論、與行政學、社會結構及組織行為學相關。它的概念來自機械及電氣工程，透過研究中比較普遍的社會制度，從而結論出可加強或取代現有制度的新制度社會真實（social reality）與生物真實（biological reality）、個人認知真實截然不同，代表著它透過社會互動創造的現象學水準，從而超越了個人動機及行為。人類對話所產生社會真實可以被認為是由社區公認的社會信條組成，因此涉及相對穩定的法律及社會代表。激進的建構主義會審慎地將社會真實描述為觀察者之間統一性的產物（無論當前觀察者本身是否包括在內）。

| | 社會科學的客觀主義方法（objectivist） | 社會科學的主觀主義方法（subjectivist） |
|---|---|---|
| 本體論（ontology） | **現實主義**（realism）（國際關係）是一組國際關係理論與實踐，強調權力關係對於國家行為的影響，關注民族國家之間的權力平衡以及對國家利益的追求。這一理論主張，國家在決策時權力與利益的考量高於理想或道德。與之相對的是「理想主義」。 | **名義主義**（nominalism）是一種哲學觀點，至少有兩種。其中之一是拒絕抽象 objects，而另一個是拒絕通用 objects。 |
| 知識論（epistemology） | **實證主義**（positivism）是一種以「實際驗證」為中心的哲學思想。廣義而言，任何種類的哲學體系，只要求知於經驗材料，拒絕、排斥先驗或形上學的思辨，都為實證主義。這思想最早可以追溯到英國 13 世紀的經驗主義學者羅傑‧培根。法國哲學家奧古斯特‧孔德首先用實證一詞來傳達事物的六項性質：真實的、有用的、確定的、正確的、有機的及相對的。實證一詞可以解釋作「發現是真的」。狹義而言，實證主義則指法國哲學家孔德的哲學，認為對現實之認識只有靠特定科學及對尋常事物的觀察才能獲得。 | 在社會科學中，**反實證主義**（anti-positivism）（也包括詮釋主義及否定主義）是一種理論立場，認為自然科學調查法不適用來研究社會領域，而對社會領域的研究則需要不同的認識論。其知識論的基礎是相信研究者在研究中使用的概念及語言會影響他們對正在研究及定義的社會世界的看法。 |

| | 社會科學的客觀主義方法（objectivist） | 社會科學的主觀主義方法（subjectivist） |
|---|---|---|
| 人性（human nature） | 決定論（determinism）是所有事件完全由先前存在的原因決定的哲學信念。在整個哲學史上，確定性理論源於各種動機及考慮因素，有時甚至是重疊的。確定性的對立面是某種不確定性（也稱為非確定性）或隨機性。確定性常常與自由意志形成對比。<br>決定論被認為是因果決定論，在物理學上，它被稱為因果關係。這是一個給定範式中的事件受因果關係約束的概念，即（對像或事件的）任何狀態都完全由先前狀態確定。 | 自願主義（voluntarism）可能是指：<br>1. 自願性（doxastic voluntarism）。<br>2. 自願（行動），基於非脅迫的任何行動。<br>3. 自願主義（哲學），是形而上學的一種觀點，是一種將意志置於情感或理性之上的思維哲學。<br>4. 自願主義（心理學），即意志的力量將思想的內容組織到更高層次的思維過程中的學說。<br>5. 自願主義，一種基於契約主義的自由主義意識形態，任何人，國家或集體都沒有發起力量或強迫性結社。<br>6. 志願服務（volunteering），無金錢補償地捐獻勞動。 |
| 方法論（methodology） | 在心理學中，特質理論是研究人類人格一個主要的方法。特質理論家主要的興趣在於測量「特質」，這可定義為行為、思想及情緒的習慣性模式。特質從時間的角度而言相對穩定，個體之間是不同的（如有些人是外向，而另一些是內向的），並會影響行為。<br>理論中，「核心特質」對於一個人的人格是基本的，而「次要特質」（secondary traits）是較為外圍的。「共同特質」（Common traits）是那些在一種文化內部及各種文化之間公認的特質。「首要特質」（Cardinal traits）是其中那些使個體能被強烈辨識出來的特質。由於在奧爾波特的時代，特質理論家都更側重於群體統計而不是單個的個人。奧爾波特將這兩種分別稱為常規的（nomothetic）及獨特的（idiographic）。 | 常規的（nomothetic）及特殊性（idiographic）是康德哲學家威廉·溫德爾班德（wilhelm windelband）所使用的術語，用於描述兩種不同的知識方法，每種方法對應於不同的知識傾向，每種方法對應於學術的不同分支。<br>常規性是根據康德所描述的一種傾向來定義的，對人文來說是典型的。它描述了理解偶然的，獨特的，經常是文化或主觀現象的含義的努力。 |

　　下表是社會真實的概念（conceptions of social reality）在「主觀一客觀」二維度各種假定（assumptions）之對比（Cohen 等人，2007）。由此表你可看出二個對立觀點，及實際含義的一些想法，並比較出二者在社會及組織框架內的許多關鍵問題。

| 維度 | 客觀主義方法（objectivist） | 主觀主義方法（subjectivist） |
|---|---|---|
| 哲學基礎 | **現實主義 Realism**：世界存在並且可以真實地（really）被了解。組織是擁有自己生命的真實實體（real entities）。 | **理想主義 Idealism**：世界存在，但是不同的人以不同的方式來解釋它。組織是被發明的社會現實（reality）。 |
| 社會科學的角色 | 發現社會的普遍規律（laws）和其中的人類行為。 | 發現不同的人如何詮釋（interpret）他們所生活的世界？ |
| 社會真實的基本單位 | **集體（collectivity）**：社會或組織。 | 個人（individuals）行動是單獨或一起。 |
| 理解（understanding）方法 | 確定允許集體存在的條件或關係。構想這些條件和關係是什麼？ | 解釋個人對自己的行為的主觀含義。發現此類行為的主觀規則。 |
| 理論 | 科學家建構：**解釋人類行為**（rational edifice）的理性。 | 人們用來**理解**其世界和其中的行為的一組含義。 |
| 研究 | 實驗或準實驗之理論的效度（validation）。 | 尋找有意義的關係並發現其對行動的後果。 |
| 方法論 | reality 的抽象，特別是通過數學模型和定量分析。 | 為了比較的目的，對 reality 的表示。語言和意義分析。 |
| 社會（society） | **次序性（ordered）**。由一組統一的值控制，並且僅由這些值才可能實現。 | **發生衝突（conflicted）**。由擁有權力的人來支配價值觀。 |
| 組織機構 | 目標導向。獨立於人。社會中的秩序工具服務於社會和個人。 | 取決於人及其目標。一些人控制並可以用來達到對他們來說似乎很好的目的的力量工具。 |
| 組織病理學（pathologies） | 組織擺脫了具有社會價值和個人需求的束縛。 | 鑑於人類的不同目標，追求這些目標的人們之間總是存在衝突。 |
| 變更（change）處方 | 更改組織結構以滿足社會價值和個人需求。 | 找出組織行動中體現的價值及其價值。如果可以，更改人員或更改其價值。 |

## 8-2 觀察的類型

**觀察法的類型**有的分為簡單觀察與系統觀察兩種。有的分為非參與觀察與參與觀察兩種。有的依控制範圍的大小，以及觀察者對觀察物之間關係的不同分為下列幾種：

1. 非控制性觀察法（或稱局內觀察法或參與觀察法）。
2. 控制性觀察法。
3. 實驗室的觀察法。
4. 現場（field）觀察法。
5. 公開的觀察。
6. 隱藏的觀察。
7. 系統性的觀察法（systematic observation）。

有人又將觀察研究分為無結構的觀察（unstructured observation）與有結構的觀察（structured observation），前者又分為參與的及非參與的，另一種則為實驗觀察法。

實務上，觀察法的分類有下列幾種分法：

1. 從觀察「環境」狀況分類：依自然程度（環境自然、人為自然、行為自然），可分為自然的情境、控制情境（例如：實驗室觀察）兩種。舉例來說，像實驗室這類的觀察，其環境是研究者事先布置的，觀察「事件」亦是觀察者規劃的，「記錄」也是事先就規劃好的。
2. 從觀察「內容」分類：可分為事先選定觀察、開放式觀察兩種。
3. 若依觀察設計來看，可分結構化觀察及非結構化觀察（例如：負面個案研究，它是不能統計的）。
4. 從觀察者／被觀察者的角色，可分為：(1) 觀察者參與 vs. 不參與，易言之，觀察者到底是冷眼旁觀、躲起來祕密錄影，或是利用其他儀器來觀察。(2) 受測者是否有被告知 vs. 未被告知。(3) 觀察者是否現身，直接 vs. 間接觀察。另一方面，若以觀察者參與程度，又可分為：(1) 局外觀察者（complete observer）：與被觀察者角色獨立，並以客觀方式來進行。(2) 觀察者參與（observer-as-participant）：觀察者身分完全曝露，但允許參加觀察。(3) 參與者觀察（participant -as-observer）：觀察者參加部分活動，涉入程度比觀察者參與少。(4) 完全參與者：例如：早期原住民部落之生活文化的觀察，均採用此種觀察法。

5. 觀察記錄的媒介：可分觀察員記錄或儀器記錄。

6. 觀察的目標：可分成「行為觀察」、「非行為觀察」兩種。常見的「非行為觀察」包括：(1) 實體過程分析，例如：金融體系中資金流動情形、工廠製造流程的動作及歷程、高速公路車流狀況、組織工作流程分析⋯⋯。(2) 實體狀況分析，例如：大賣場中置物架位置高度是否易拿東西、組織財務狀況分析⋯⋯。(3) 現有資料分析，例如：歷史性資料（228 事件）或現有資料記錄分析，這些資料來源可以是官方記錄或私人記錄，亦可以是手寫的、影印的、錄音／錄影的記錄資料（Cooper & Emory, 1995）。相對地，「行動觀察」又可分為：(1) 非語言分析，它是觀察法最常見的方法，例如：刺激（S）後的行為反應（R）、眼神交換、身體移動⋯⋯。(2) 語言分析，包括人類講話的習慣、字詞的不同唸法、演講內容，或者了解演講者如何形成他的風格⋯⋯。(3) 語言之外分析，主要分析人際之間語言的互動過程⋯⋯。(4) 空間分析，例如：各國之間的權力距離、人類的親疏距離、擁擠購物場所對消費者的購物影響⋯⋯。

7. 偽裝型觀察（disguised observation）vs. 非偽裝型觀察（undisguised observation）。

8. 破壞 vs. 非破壞。

值得注意的是，由經驗論及實證論為「前提」所建構的參與式觀察法，它由以下的前提所構成的（杜光宇，民 87）：

1. 參與觀察者必須在面對面的接觸中分享被研究者的日常生活行為及情緒（**接觸原則**：研究者必須依據自己的親身感覺作研究；相同的經驗條件，所有的相同的心理狀態；經驗論及實證論原則）。

2. 參與觀察者在觀察被研究對象身處於文化影響下的日常生活表現時，必須保持中立的角色，以免對觀察的現象帶來影響（實證原則、**實驗觀察**原則）。

3. 參與觀察者必須反應出在社會規則下生活的社會過程（**實證論**規則原則及現象感知原則、規則只是現象的經濟性代表的看法）。這些實證論及經驗論的前提是不可替代的嗎？

## 8-2-1 參與式觀察 ≠ 深入訪談

深度訪談法（in-depth interview）一般用於質性研究中的資料蒐集，也是社會研究上最重要的調查方法之一。「參與式觀察」及「深入訪談」兩者是略有不同的。參與式觀察是田野（field）調查之一特殊形式，田野調查是透過盡可能

直接地觀察與學習，尤其適合於「一些」（非全部）自然環境之態度及行為的觀察，例如：宗教聚會中宗教轉變的動態過程。田野調查是不同於實驗法及調查法是在人為控制環境下進行。此外，田野調查亦適合跨時間之過程研究，來進行傳聞檢視或事件爆發原委探究。參與式觀察即研究者參與被研究的事件、自己成為實際行動者。例如：要觀察某民族文化習性，研究者就必須實際融入該土著的生活中，並長期感同身受以了解土著的語言風俗習慣。

深入訪談：它是一種不同類型的訪問，採用比較不具結構性的訪談方式。實際上，「深入訪談」是參與式觀察的主軸，不論參與式觀察或不參與式觀察的研究者都可用它。例如：我們可對生活周遭發生的人事物做互動式「深入訪談」。

## 8-2-2 何時是參與式觀察的最佳時機

「何時」才是參與式觀察的最佳時機？先看 Blumer（1969）所說，他認為「人類社會係行動者（人）積極參與過程之集合，而人的行為則是互動的結果」。因此，意義的產生是鑲嵌在互動過程及人情境脈絡中。人類有許多構面是可採用參與式觀察來探索，尤其是與文化情境脈絡（cultural context）有關的問題。易言之，若研究者關心的是「希望了解一個環境的活動及互動，如何對某種行為或信仰賦予意義」，那麼參與式觀察就是最佳的研究方法。因為任何一個組織或群組都有一些假定（assumption）存在，這些假定亦反映該組織之特殊文化基礎，所有組織成員就受這些習以為常之假定的影響，故研究者不能完全依賴組織成員的看法及觀點，應可改由參與式觀察法直接探索這些假定，藉這些假說以了解文化的意義（胡幼慧，民 85）。

接下來介紹的幾個例子，都是觀察法的典範例子。

例1 觀察人類因為群體壓力而服眾的程度

研究設計：尋問八個人，在下圖中 A、B、C、D 四條線哪條比較長，其中七個受測者事先串通好，都說 C 線比 A、B、D 三線長。若被測驗的那一位，第一次說 A 線比較長，則串通好的七位均會異口同聲再說一次「C 線比 A、B、D 三線長」，若被測驗的那一位有點疑惑，則七位會再說一次「C 線比 A、B、D 三線長」……，如此循環下去，觀察記錄「被測驗的那一位」的服眾程度。

_____ A 線

_____ B 線

_____ C 線

_____ D 線

**圖 8-3** 觀察人類之服從程度

**例 2** 觀察人類打架是侵略還是親暱的表現？

此種觀察是非結構化的觀察，所以需要靠研究者本身高度智慧來推論。

**例 3** 人類展示相似的姿態（posture），通常代表他們正在分享相似的觀點（view of point）。

此題是採觀察法，配合實驗室的錄影來進行。其中「姿態」及「觀點」兩個構念不能只用描述，必須有操作化指標來衡量，其中兩者 ECV 所表示的研究假設就是「學生與老師的上課姿態越相似，表示學生對課堂的涉入越深」。由於研究假設必須有「情境」來落實，故本研究設計是在「大學暑假為期六週之課程」中來進行，該課程有 40 名進修班學生，在開學的第一週及最後一週，請同學自填一份「課程涉入」量表，並且在第一週及最後一週各選一個小時來錄影上課情況，固定每 6 分鐘就攝影一次，故每次共攝影了 10 張影片，再從影片中師生手臂的「姿態」相似程度給予 0 分或 1 分，10 次中若學生手臂的「姿態」都與老師相同，則最高可得 10 分，接著依據 40 名同學「姿態」相似得分與「課程涉入」得分做相關分析（r 值），即可驗證此研究假設到底成不成立。

## 8-3 觀察法的優缺點

觀察法的優點有：

1. 直接到現場觀察事情的發生，不必透過受訪者的口頭報告或轉述，如此可避免受訪者對訊息的篩選或報告不全的影響，所以比較客觀。

2. 可當時實地觀察到現象或行為的發生，可把握全盤、注意到特殊氣氛與情境。

3. 能得到不能或不便直接報導及不肯接受訪問之資料，例如：於無法用人類語言「詢問」才能獲得的資料、動物學家觀察動物的行為反應、天文學家觀察

星星、心理學家觀察兒童群體生活或重病患者之行為舉止。

4. 在特殊設計或特殊情境下，觀察者如不被注意到，可獲得最真實之資料，非其他方法所及。

5. 可靠，它使資料轉換的損失達到最小。

6. 與調查法相較，事先準備好的表格及問題，並不能道出受調查者全部生活或欲知事項，觀察法可補其不足。

相對地，觀察法的主要缺點有下列幾項：

1. 真實世界中，社會科學所能觀察的「目標」（target）有限。一般觀察法只限觀察外在行為、內心動機、信念等，因此像偏好、意圖、態度、意見……研究就比較不適合用觀察法。

2. 因觀察者的個別差異，容易產生觀察偏差或錯誤，有時會過於主觀之偏見。

3. 真正要觀察的事可遇而不可求，有時只好事後訪問。

4. 人類社會有許多現象不適宜或不可能直接觀察。

5. 像動物行為／隱私行為這類的觀察，往往需要長時間持續進行，執行起來不容易。

6. 一次所能觀察的「對象」、範圍有限，且無法獲得過去的資料。

7. 由於觀察者受時間、生理、心理等因素的限制，使觀察研究亦受很大的限制。

8. 觀察所見到事物雖然是具體且確定的行為或物件，但通常亦較為表面或象徵性指標，因此為了深入探討問題，觀察者可能要做推論，此時觀察結果必須加以詮釋，而此種「詮釋」可能是相當主觀（非客觀的）的判斷。

9. 所觀察的事項太複雜，不能完全了解被觀察者的真相與內在意義。

10. 由於觀察者必須在現場目睹事件的發生，然而我們有時很難預測它何時會發生，使得觀察事項可遇不可求，例如：地震、火山爆發的觀察。

11. 缺乏對事件附屬原因的了解，只能蒐集到片面資料。

12. 除用特殊實驗觀察法外，只能達到部分的預測，不能達到控制的地步。

13. 只適合有經驗的研究者。

## 8-4（醫學）觀察法的研究設計

觀察型研究是臨床研究常使用的研究設計，醫學常用的觀察型研究設計包括：世代研究、橫斷式研究以及病例對照研究。

研究設計方式的分類，若以有無介入（intervention）來區分研究設計

的方式，主要可分成觀察型研究（observational study）、準實驗研究（quasi-experimental study），以及實驗型研究（experimental study）。(1) **觀察型**研究對於要研究的因子（study factor）沒有任何介入。(2) 準實驗研究有介入但無隨機分派（randomization）。(3) **實驗型研究**有控制組、介入以及隨機分配。(4) 實驗型研究可以再分爲實驗室研究、臨床試驗以及社區介入型研究，準實驗研究可以應用於臨床、實驗室、計畫或政策之評估。觀察型研究則可分成描述型或分析型。在臨床上，係根據研究目的、研究對象以及人力經費等等考量，來選擇最適當的研究設計（張曉婷等人，2018）：

1. **實驗室實驗**型研究的目的包括：探討病因假設、估計生物學或行爲產生的效應，評估介入對於危險因子所產生的效果等等。

2. **臨床試驗**型研究的主要目的包括探討病因假設、估計長期健康效應，以及評估介入對於健康所產生的效果，以選擇適合可行的介入方式等等。

3. **準實驗**研究設計若應用於臨床或實驗室其研究主要目的可爲探討病因假設、估計生物學或行爲產生的效應、估計長期健康效應等，若應用於計畫或政策執行之成效評估，目的可以包括評估計畫或政策對於公共衛生目標達成的狀況，各項介入的成效、所產生的問題等等。

4. **觀察型**研究的研究目的：描述型的觀察型研究主要目的爲測量疾病的頻率、趨勢，或探討病因假設，亦或產生進一步研究之概念。

5. **分析型**的觀察型主要應用於對於疾病的發生、自然史、致因，已有足夠了解的前提之下，研究主要目的包括探討病因假設以及估計其對健康造成的影響、探討新的病因假設以及可能的因果關係，以及產生預防性的假設以預防疾病的發生。

　　基本上，常見的觀察型研究設計包括世代研究（cohort study）、橫斷式研究（cross sectional study）、病例—對照研究（case-control study）。其他觀察型研究設計還包括混合設計（hybrid designs）、不完全設計（incomplete designs）、比較觀察型設計（comparing observational designs）。不同的研究設計適用於不同之研究問題、研究對象（族群）與研究背景，也有其優點與缺點，採用適當的研究方法，可以讓研究順利進行，得到正確的結果。以下將以基本常見的觀察型研究爲重點進行說明。

## 一、觀察型研究的種類

　　常見的基本型觀察型研究設計：包括世代研究（cohort study）、橫斷式研

究（cross sectional study），以及**病例組－對照組研究**（case-control study）。

1. **世代研究**與橫斷式研究其主要研究目的可能為描述型或者分析型，而病例對照研究的研究目的則為分析型。上述三種研究設計的分析單位皆為人。世代研究亦稱為追蹤型研究（follow-up study）、前瞻型研究（prospective study）、發生率研究（incidence study）、固定連續樣本研究（panel study）。研究設計的對象，所謂世代（cohort），乃是指具有相同經歷的一群人，例如：同一時期出生、入學、就職之人，其研究因子，亦即每一位個案的曝露與未曝露，在研究一開始就已完全知曉，針對研究對象（population at risk）進行一段時間的追蹤，觀察是否發生疾病或者死亡。需注意的是，世代研究收錄的研究對象為未曾發生該疾病者。世代研究設計的研究方向，可以是前瞻型（prospective），也可以使用次級資料（secondary data）為回溯型（retrospective），或是雙向型（ambispective）。前瞻型較類似實驗型研究的方向性，可以協助進行因果關係的推論；回溯型通常應用於罕見的疾病或狀況，或者潛伏期較長的疾病。由於需要長期追蹤，個案的流失是世代研究需要小心注意的一個問題，因為，個案的流失可能造成研究結果的扭曲，並且可能無法以單純的統計方式來加以校正。世代研究的世代可以是固定世代（fixed cohort）或者動態世代（dynamic cohort），前者每一位個案的追蹤時間是固定的，後者每一位的追蹤時間依據研究設計將不同。世代研究最主要的優點為，研究因子在疾病發生之前，即已知，並且在研究開始後持續追蹤。因此，研究者可以合理推論，研究因子與疾病發生之時續性，也可以減少特別類型的選樣誤差（selection bias）。世代研究設計的主要弱點為追蹤時間長，且難以應用在發生率低或潛伏期長的疾病。

   其中，次級資料之分析，請見作者《**Meta 分析**》一書。

2. **橫斷式研究**，亦稱為調查或者盛行率研究，此研究設計的方向性，可為無方向性，也可為回溯性，自目標族群中隨機抽樣（random sampling），選取研究對象進行問卷調查、檢查、或觀察等研究，探討的是盛行率而非發生率。橫斷式研究有時並不使用隨機抽樣方式來選擇研究對象，但是，如果不使用隨機抽樣，當研究因子或其他重要的變數與被選取成為研究對象的機會有關時，其研究結果對於探討疾病的頻率、盛行率將會有很大的限制，也限制了研究的代表性（representativeness），因此，若能使用隨機抽樣方式選取橫斷式研究中的研究對象，是較好的取樣方式。橫斷式研究設計的優點為其可執行性，其弱點包括僅可探討研究因子與疾病間之相關性，無法探討研究因子

與疾病間之因果關係；僅能探討盛行率，無法探討發生率；不適用於發生率低的疾病。

3. **病例組－對照組**研究，此研究的方向性可爲回溯性或無方向性，排除已得病者以及在潛伏期的個案，探討罹患疾病者與未罹患疾病者過去其研究因子曝露之情形。病例對照研究中的對照組選擇必須要能夠具備研究族群的代表性，且避免選樣偏差（selection bias），避免錯誤歸類（miss-classification），才能夠正確合理地解釋因果關係。病例對照研究時可以使用配對（matching）的方式來調整外生變數（extraneous factors）對於結果（outcome）可能產生的影響，配對變數的選擇必須考量研究的可行性、實用性以及研究經費的狀態。病例對照研究設計廣泛應用於研究領域中，有幾個原因：

(1) 因爲其可以應用於發生率低的疾病；

(2) 潛伏期短或長的疾病都適用；

(3) 選樣方式較便利；

(4) 研究期間較世代研究短，較不費時，且花費較少。

　　但是，病例對照研究設計也有弱點，包括：

1. 此研究設計的回溯性特質，關於研究因子之曝露與否是疾病發生後才取得，可能產生回憶偏差（recall bias），可能高估研究因子曝露與疾病發生之關係。

2. 病例組與對照組取自於兩不同的族群（population）。

3. 無法計算疾病的發生率、盛行率。

4. 由於個案組、對照組，曝露與非曝露都是類別變數，因此無法探討非類別變數的研究因子與疾病發生之關係。

## 二、觀察研究的測量（measurement）

　　觀察型研究常用的研究測量方式包括：proportion、rate、ratio、盛行率（prevalence）、發生率（incidence）、死亡率（mortality），以及致死率（fatality）。Proportion 沒有單位，分母包含分子的人數。Rate，指的是某一測量 A 每單位改變造成另一測量 B 的改變，例如：速度＝行駛距離除以行駛時間。Ratio 的分母則不包含分子的人數。最常使用的盛行率爲「點盛行率」，意指某一時間點時某一研究族群中，個案罹患某疾病的比例（proportion），意即有病的人數除以研究族群的人數，沒有單位。發生率指的是某一時期內，某一族群中新發生疾病的人數除以此族群中每一人觀察期間的總和，單位爲「1/時間」。死亡率則是某一時期內某一族群中死亡的人數除以此族群中每一人觀察期間的

總和，單位為 1/ 時間。分子包括：(1) 因為 X 疾病死亡（$D_x$）；(2) 罹患 X 疾病但因其他原因（Y）死亡（$D_{xy}$），以及 (3) 未罹患 X 疾病，因其他原因（Y）死亡（$D_y$）。因此，死亡率可以分為，總死亡率（death rate，上述 (1)+(2)+(3) 的狀況），罹患 X 疾病的人因為 X 疾病死亡的死亡率（mortality rate，包括上述 (1)+(2) 的狀況），以及 X 疾病的致死率（fatality rate）。

除了上述基本的描述，觀察型研究常常需要進一步探討研究因子與疾病之間的關係（association），經常使用的評估方式包括 prevalence ratio（$PR = P_1/P_0$）、incidence density ratio（$IDR = ID_1/ID_0$）、risk ratio（$R_1/R_0$）、risk odds ratio（$ROR = [R_1/（1-R_1）]/[R_0/（1-R_0）]$）、mortality density ratio（$MDR = MD_1/MD_0$）、prevalence di fference（$PD = P_1-P_0$）、incidence density difference（$IDD = ID1-ID0$）、risk difference（$RD = R_1-R_0$）等等。以上這些統計實作，請見作者《**STaTa 在生物醫學統計分析**》、《**邏輯斯迴歸及離散選擇模型：應用 STaTa 統計**》、《**邏輯輯迴歸分析及離散選擇模型：應用 SPSS**》、《**存活分析及 ROC：應用 SPSS**》等書。

## 三、觀察型研究的優缺點

觀察型研究的優點包括較實際可行，因為沒有操弄研究因子；在較自然的場域進行，因此，較具目標族群的代表性。觀察型研究的主要缺點為，對於研究狀態的控制極少，因此，研究的結果在此種情形下有可能受到未控制的因子或者其他未觀察到干擾因子的扭曲。由於觀察型研究對於研究狀態控制極少的特性，因此，研究結果較難以複製（replicate），也較不足以進行全面性的推論，但是，也因為這個特質，讓研究學者可以建立不同的假設，對於相關主題，進行不同的推論與探討。

有學者曾提出，當針對一個研究問題進行研究時，以觀察型研究設計得到的研究結果與實驗型研究設計不盡相同，可能的原因包括：選樣偏差、干擾因子影響、統計檢力、研究追蹤、受試者的遵從性等等。因為實驗型研究是在各項可能干擾因子控制理想的狀況之下進行，而觀察型研究是在真實的狀況下進行，無法對於所有的干擾因子進行控制。

### 觀察型研究的潛在缺點

Vandenbroucke 等（2007）、研究方法學家、研究學者以共同提出 Strengthening the Reporting of Observational Studies in Epidemiology（STROBE）。STORBE 提供包括：研究題目（title）、摘要（abstract）、

前言（introduction）、研究方法（methods）、研究結果（results）以及討論（discussion）等 22 個項目的檢核。來提醒學者們報告研究結果時應該注意的事項，提升研究報告的品質，以協助 reviewer、期刊主編以及讀者們對於研究結果的理解、評價、以及詮釋。對於研究者而言，也可以透過此檢核，提醒自己在研究設計以及發表研究報告時應注意的事項，以提升研究品質。

## 8-5 觀察法的範例

### 8-5-1 觀察法：範例 1

陳娟娟（民 73）研究「學前兒童遊戲行為與社會互動」，係採用目標個體（facal subject）觀察法，在自然的情境中，觀察混齡及同齡編班之學前兒童遊戲行為與社會互動。遊戲部分，記錄兒童的社會性遊戲及認知遊戲，以及兒童遊戲之場所。互動部分則記錄兒童之互動型態（語言或身體之給收）、互動反應（正、負反應或中間行為）以及互動對象。

陳娟娟（民 73）研究發現顯示：

1. 混齡與同齡編班體制下，兒童之社會性遊戲有顯著差異，而認知性遊戲則無顯著不同。而混齡編班兒童之團體遊戲則多於同齡編班兒童。

2. 兒童之遊戲類型並不因性別而有所差異。

3. 同齡編班中社會性遊戲與年齡的關係，顯示出由單獨遊戲到團體遊戲之趨勢；而混齡編班中此趨勢較不明顯。

4. 混齡編班兒童之總互動量與負向行為給收量略多於同齡編班兒童。

5. 混齡編班兒童之非語言互動量顯著多於同齡編班兒童，而兩組之語言互動量則很相近。

6. 互動行為之給收關係呈中等程度之正相關。

由於本研究探討的問題與採用之觀察記錄法，在國內皆找不到相近之佐證，加上研究樣本及其他情境變數（situational factors），例如：老師之同質性與活動環境等的限制。本研究之結果只是暫時性之發現，同齡、混齡編班兒童於遊戲行為及互動類型上是否確有上述發現之差異，仍有待將來的研究者驗證之。

## 8-5-2 參與式觀察法：範例 2

摘自：李佩秦（民 98），注意力缺陷過動症兒童與憂鬱傾向母親親子互動研究，高雄師範大學／特殊教育研究所。

ADHD（attention deficit hyperactivity disorder）兒童對於指令遵從度低、活動量高、行為衝動，ADHD 兒童的教養對於父母而言，是一件相當大的挑戰；且 ADHD 家長相較於一般家長，有較高的親職壓力及憂鬱症狀，本研究將探討兒童的 ADHD 診斷以及母親的憂鬱傾向，相較於一般親子，對於親子中性溝通及衝突溝通時，親子互動的情緒互動的彈性、互動時的情緒反應方式、以及親子互動情緒的順序造成的差異。

本研究招募四至六年級 ADHD 男童及憂鬱傾向母親（憂鬱母親組）10 對親子，ADHD 兒童及一般母親（一般母親組）15 對，以及 18 對同齡的一般親子（對照組）共三組，以實驗的研究設計，在仿自然環境的標準化空間中，進行中性主題以及居家中日常生活的衝突主題討論；影片資料之分析是以特定情緒編碼系統 20 碼的版本，由四位編碼員在不知研究參與者之組別的情況下，針對親子互動時的情緒狀態進行編碼。特定情緒編碼系統 20 碼的版本，共有 20 個情緒代碼，將情緒分為正向情緒、中性情緒、負向情緒三大類；而負向情緒類別又分為較主動表達負向情緒的負向參與情緒類，以及被動表達負向情緒的負向不參與情緒類。

研究結果發現，三組親子的互動彈性無顯著差異，而且在衝突情境中，相較於中性情境，親子會經歷顯著較多不同的親子情緒狀態的組合；但是單位時間內親子情緒轉變的次數，在倆情境中，無顯著的差異。顯示四至六年級男童與母親在衝突溝通時，雙方能表達正、負向的情緒，而且親子可以保持互動時情緒的彈性，包容對方的負向情緒，未陷入雙方皆負向且無法改變的僵化情緒對峙狀態。

一般母親組以及對照組的母親，在中性情境中，相對於衝突情境有顯著較多的正向情緒時間百分比；然而，憂鬱母親組的母親，在中性及衝突兩情境中，正向情緒時間百分比無顯著差異，中性溝通情境正向情緒時間百分比是三組最低，而衝突情境時，正向情緒百分比是三組母親最高。ADHD 兒童的憂鬱傾向母親，在親子互動時，正向情緒的表達較為平淡，在輕鬆愉快的互動中，較無法給予兒童鼓勵、溫暖、表達關心的正向情緒；ADHD 兒童的憂鬱傾向母親需要專業的協助，處理其憂鬱症狀，以及評估其親子關係的品質與安排可能的介

入協助。

臺灣親子互動的方式也呈現母親與孩子之間互動行為與情緒相互影響的動態系統，親子互動是一個雙向的、由親方與子方相互影響的過程，同時會因溝通情境，母親與孩子個體的因素，如兒童的 ADHD 診斷、母親的憂鬱症，親子互動時的情緒反應因而不同。

ADHD 兒童的心理衛生照護及教育輔導工作，應該要重視親子關係與互動品質，同時服務的對象也要納入照顧者，特別是憂鬱母親。未來研究建議以更多的研究參與者以增加統計考驗力，同時加入一般兒童憂鬱傾向母親組的親子，以更加釐清母親的憂鬱傾向與兒童的ADHD診斷對於親子關係之交互作用。

# 定性研究（質性研究）

定性（**qualitative**）**研究**，又稱質性研究，旨在說明、解釋或預測我們眞實世界的現象（phenomenon）。所謂**現象**是指「可觀察的事實或事件」（an observable fact or event）。**現象論**是認識論（epistemology）中的一種看法，認爲人類僅能認識現象，而且現象的背後並未存在任何事物可以引起現象的出現。

定性研究適用於新議題的發掘或社會現象的深度剖析。進行定性研究時先依研究問題選擇適合的定性研究的方法，其次是決定資料蒐集的方法。蒐集的文本不論是觀察筆記、訪談謄錄稿或是文稿等，都是資料分析的依據。定性研究的資料分析多採用歸納法，將萃取出的概念建立邏輯關係，再舖陳背景脈絡，即成了一種故事型的書寫方式。因爲定性研究方法常會由文本中得出可以解釋某一現象的概念，加上概念間的關係陳述，就是理論建構的基礎。可以說，定性研究適用於理論的建構。

定性研究是社會科學及教育學領域常用的研究法。例如：教育類之教育行政視導、教學方案（teaching program）、教學評量（assessment, evaluation，教學效果評量）、教學理論……，學術上論文多數都是 case study 的質性描述法。何謂**教學評量**（instructional evaluation）？評量是取得資訊，進而形成判斷，並據以作成決定的過程。在整個教學歷程中，評量更具有承接轉合、提供回饋的積極功用。在教學基本模式中，教學歷程分爲教學目標、學前評估、教學活動、評量四部分，評量常被視爲過程中最後一個階段，但評量並非表示教學歷程的結束，而其評量結果更可提供回饋作用，易言之，教學評量的主要目的在於分析教學得失及診斷學習困難，作爲實施補救教學和個別輔導之依據。

歸納起來，定性研究主要**特性**包括（Bogdan & Biklen, 2007）：

1. 定性研究的重點不在掌握變數之間的因果關係，而更關心在社會脈絡下，現實的本質（the nature of reality）、社會行動的意義、過程和功能。

2. 強調人是主動的個體，在現實世界中不斷的構築自己。不排除人有主觀價值的存在。試圖將這些東西加以分析、整理、抽象化以成爲有理論價值的概念。

3. 不在探討普遍的法則，不企圖操縱研究情境，而是描述特定文化中的具體生活經驗。

4. 樣本常常是小型的、非隨機抽樣，而且是因循理論性抽樣，代表性較微弱，但接近眞實情境。

5. 定性研究法的目標既是探索、開發與意義的尋求，因此並不忙著將結果概化，不急著探討因果關係。

# 9-1 實證研究的背景假定

假定（assumption）是什麼？它是在沒有任何疑問或證據的情況下你接受為真實的東西（something that you accept as true without question or proof）。

由於科學研究的對象不同，人們將它分成生物醫學、自然科學、社會科學及財金科學四範疇。歷年來，由於自然科學高度的發展及有目共睹的成就，使得自然科學所採用的研究法逐漸被社會科學奉為圭臬，即經由發展假設，再蒐集資料予以實證，這種研究策略試著以客觀現象（變數）來說明另一組客觀現象，以建立其間之一般性命題，最終希望發展出一個較完整之理論體系（許士軍，民85）。此種以「實證（empirical）」為基礎的研究法，源自康德的觀念，他認為所有真正的知識必須建立在人們所能感知的經驗上，並經由觀察及實驗，以獲得真正的知識。易言之，凡是無法經由經驗或實驗這種途徑來驗證的事物，都不能稱為知識，是無意義的。康德這種立場的背景隱含若干先驗的（priori）假定（assumption），包括：

1. 事物之間有一定的因果關係。
2. 此種因果關係是可以客觀發現的。
3. 此種關係應以最簡潔的方式來表現。

若以自然科學的哲學來看康德上述三項假設，這些假設涉及若干問題（許士軍，民85）：

1. 就本體論（ontology）來看，定量研究認為世界是客觀存在的；定性研究則認為世界是屬於人類主觀認知的觀念，可以透過研究者加以詮釋的（interpretation）。
2. 就知識論（epistemology）來看，定量研究認為人們是站在客觀的立場來發現這個世界；定性研究則認為研究者必須親自參與或體驗才能獲得真正的了解。
3. 就方法論（methodology）來看，定量研究是經由資料化約來發現其間的共同性（nomothetic）關係，強調異中求同；而定性研究則強調研究者應深入探討來發現事物的異質性（idiographic），強調同中求異。

事實上，上述三種不同層次看法的差異，在某個程度上是和研究的對象有關。例如：自然界現象乃是客觀存在，因此自然科學學者可以旁觀者的角度來進行觀察或操弄變數，以求得研究結果來說明解釋或預測真實現象。但社會科學有些現象若非由研究者身歷其境來體會當事者某一外顯現象背後之個別感情、價值觀、經驗及行為反應，有時是很難以量化的化約方式來求得「X → Y」

因果關係。因此，若只限用定量研究所採用的標準化處理程序，所獲得結果可能只是一個時空環境下不存在的虛構世界罷了。

## 9-2 定性（質性）與定量（量化）研究代表不同的科學哲學

定性研究與定量研究沒有孰優孰劣的問題，應根據研究的旨趣與目的，而加以選擇。

### 定性研究（**qualitative research**）的義涵

學者對定性（質性）研究方法的界定，迄今仍未十分一致，有的學者強調研究「資料的屬性」。例如：Patton（1990）定義「定性方法」（qualitative method）係由三種資料蒐集方式組成：(1) 深度開放式晤談。(2) 直接觀察。(3) 文獻記錄。但 Strauss & Corbin（1990）則強調研究過程所使用的「方法」，認為定性研究指「不經由統計程序或其他量化手續而產生研究結果的方法」，「只要是利用定性的程序進行分析而不論是否用到量化資料」。

任何不是透過統計程序或其他量化的方法以達成研究目的之研究程序，謂之「定性研究」。換句話說，定性研究乃指任何不是經由統計程序或其他量化手續而產生研究結果的方法（Straussand Corbin, 1990）。這樣的定義並非指所有在研究裡有用到統計程序或量化資料的研究就都不屬於定性研究，而是只要是利用定性的程序來進行分析，不管研究中有沒有用到量化研究，都算是定性研究。值得一提的是，不同的研究方法並不是相互排斥的，有些情況可能會用定性的程序分析，但是也需要用到另一方面的統計資料做輔助；有些問題則是兩種方法都可適用，有時甚至也可以交叉運用各種不同的研究方法，例如：在個案研究中加入調查研究法來加強證據的說服力，或在調查法中輔以個案研究法更詳細的說明整個事件。

Maykut & Morehouse（1994）曾歸納出下列 8 項定性研究的**特性**：

1. 定性研究係旨在探索或描述事實，研究不是為了將結果概推（概化）、得到一般化的原則，反而應是對研究對象有更深入的認識與理解。
2. **研究設計**可能隨著研究的進行而調整，執行研究並非如造房子一樣在藍圖完成後，就完全按圖施工。確定初步的研究問題後，再視所蒐集的資料來修正研究問題、蒐集資料的範圍，此種步驟可能反覆進行若干回。
3. 樣本（資料蒐集的對象）是依你需要來挑選，而非隨機抽樣。

4. 在**自然的環境**（natural setting）下蒐集資料，所謂自然環境指的是與研究問題有關的環境。舉例而言，若是想了解大學生的生活，就應該在教室、圖書館、宿舍、社團等學生活動地方進行觀察、訪問。

5. 強調**以人為工具**，也就是說研究者不僅蒐集資料，還要從資料（大部分是訪談內容或觀察記錄）中萃取出意義。

6. 常用的**資料蒐集方式**有參與觀察、訪談、團體訪談及其他相關文件或記錄。所處理的資料大部分是文字語言或對行動的觀察記錄或是影像記錄。

7. 資料分析與資料蒐集是互動進行的，可根據資料所提供的訊息來修正下一步資料蒐集的方式或內容，而非等到資料蒐集好了才開始分析。

8. 研究結果將以個案方式呈現，可以提供較多的細節與描述，提供讀者充分的資訊來判斷研究發現是否可應用到其他情況。

## 9-2-1 定量（量化）、定性（質性）研究的哲學基礎

### 一、定量研究 ≠ 定性（質性）方法論

1. 在世界的假定方面：量的研究經常根據邏輯實證論／後實證論（logical positivism /postpositivism）的某些形式，假定具有穩定性的、社會事實的單一實體（single reality），其與個人的感受和信念有所區隔。質性研究者仰賴詮釋學／建構主義（interpretivism/ constructionism）的成分較濃，假定實體是多元的，對相同的情境，透過個別與團體知覺或觀點的方式，進行社會性建構而得（McMillan, 2008）。可見，質性研究認定的實體，係透過個體與其社會的世界互動建構而成。

2. 在研究目標方面：量的研究針對接受測量的諸項社會事實中，試圖尋找建立彼此之間的關係，以及解釋產生變化的原因之所在。質性研究比較關注從參與者的觀點，了解社會的現象；但是，這種了解，須視研究者擔任研究者角色時，參與接受研究者生活的程度決定。

3. 研究的方法和過程方面，在量的研究有一套用以引導研究者的程序和步驟。質性研究策略和過程則較具有彈性，典型上，質性研究者採用緊接著的設計（emergent design），在研究期間，可以決定修正蒐集資料的策略。恰成對比的是量的研究者，在開始蒐集資料之前選定的方法，是其預先確定設計（pre-established design）的一部分。

4. 在典型研究方面：量的研究者為了減少誤差、偏見和無關變項的干擾，多使用的典型研究為實驗設計或相關設計。典型的質性研究者對持續性事件所做

質性研究爲人種誌研究（ethnography），以協助讀者了解接受研究人士對社會情景或社會系統所採取的多元觀點。換句話說，量的研究試圖透過研究設計，以控制偏見；但是，質性研究則尋求考量在資料蒐集和詮釋方面的主體性（subjectivity）。

5. 在研究者角色方面：爲了避免偏見，理想上，量的研究者須和研究分離。質性研究者則要「浸淫」於接受研究的情境和現象之中。例如：質性研究者在研究脈絡擔任互動性社會角色時，就要觀察參與者、與參與者訪談，並做成記錄。在蒐集資料時，質性研究者強調要由有技能、且準備就緒人士擔任；而不像量的研究交由「工具」處理。質性研究以 Erickson（1973）所指的「受過學科訓練的主體性」（disciplined subjectivity）以及 Manson（1996）所提的「反思」（reflexivity）著稱，亦即質性研究強調在整個研究過程中，研究者的角色是要不斷作批判性自我檢查。

6. 研究脈絡的重要性方面：多數量的研究試圖建立「普遍不受脈絡約束的通則」（universal context-free generalization）。質性研究者相信人的行動深受引發行動之環境的影響，研究者若對接受研究者用來詮釋其思想、感受及行動所憑依的架構不了解，勢必無從了解人的行爲。質性研究者在資料蒐集和分析期間，需留意該架構或脈絡，質性研究所提出的是受脈絡限制的摘要（context bound summary）。

## 二、定量研究 ≠ 定性（質性）哲學基礎

研究哲學主要討論內容有：

1. 你需要指定研究的研究理念，採用的研究哲學可以是實用主義（pragmatism）、實證主義（positivism）、現實主義（realism）或解釋主義（interpretivism）。

2. 需要提供研究哲學分類背後的原因。

3. 你需要討論研究哲學對總體研究策略的影響，尤其是主要數據蒐集方法的選擇。

定性研究與定量研究一直是研究法的兩大典範，兩者不只在執行方法上不同，操作技術上亦有所差異，更重要的是在方法論上根本不同。**定性研究**以探索、發現、歸納爲導向；對事物採取整體性的觀點，注重研究者與訪談對象的關係與領悟，並將每一個體視爲唯一之個案導向，對社會脈絡關係的敏感性很高、情感中立、研究設計具有彈性（Patton, 1990）。

## (一)定量研究的哲學基礎

定量研究的哲學基礎：它認為事物之間存在實質的因果關係，是可以客觀的發現，且可用簡潔的方式加以表現。定量研究是用來解釋更具包含性（inclusive）及精緻性（refine）之因果律（causal generalization），強調「異中求同」（nomothetic）之事物一般性，是要能放諸四海皆準。

## (二)定性研究的哲學基礎

定性研究的科學哲學基礎：認為我們所觀察到的科學現象，其意義是經由研究者所賦予的，非客觀存在的，事物現象不是可以用語言文字表達的，它是一種「感覺」（feeling）。不同時空的感覺可能不同，唯有自己才能感受。其「意義」不限於語言所可以表達，此種意義植基於研究的目的、研究者的背景、歷史、風俗與語言、社會階層等。例如：透過研究者的心靈重新創造受測者的氣氛、想法、感覺、動機。

因為人類行動的重要性，不是固定的、具體的、客觀的，而是因人、因事、因地而異，所以定性研究目的不在於「解釋」（explanation），而在於「詮釋」（interpretation），其結果是特殊的（ideographic），而不是一般性（nomothetic）的，重視特殊性而非代表性及完整性。易言之，定性研究是重質不重量，至於有沒有「代表性」則不是它關心的。人類學家、心理學家即常使用這種定性研究。定性研究的另一個目的在於有意義地了解文化或歷史形態（patterns）與實務（practices）。

若以研究問題的性質來看，將社會科學研究只偏限於定量研究的方法（例如：目前普遍存在的現況），一直遭受定性研究學者的批評。定性研究對定量研究批判的缺點包括：

1. 他們認為社會現象不同於自然現象，乃是一種有生命的有機體，它非任何客觀量表能真正完全表達，而是需經過研究者「內在的」經驗。

2. 若將人類行為只給予量化的統計，其結果是將人性排除在外，或非人性化（dehumanization），將人行為貶為數學的一支。

3. 由於定量研究法加諸於研究程序之限制、簡化及控制，使得所獲得的結果不但瑣碎，而且脫離現實，對實務工作者沒有實際的作用和意義。

4. 定量研究無法利用人類獨特能力（詮釋自己經驗並加以表達的能力），人最珍貴的應是超越數字的詮釋能力；但定量研究放棄了這種能力，只靠數字，放棄了表達與詮釋，故定量研究有些情境就不適合於社會科學，因為社會科

學旨在探討「人與人」之間的關係。而自然科學則是研究「人與物」、「物與物」之間的關係，所以較適合採用定量研究（許士軍，民85）。

## 9-3 定性研究的學域及研究範疇

### 一、定性研究種類

「質性研究」大體上有五種：

1. 敘事研究（narrative research）：是以某人的一次遭遇，從而推出一生的經歷，讓讀者體會那次遭遇對其一生的意義。例如：藉訪問一位國內孕婦闖關的經過，從而了解她過去在國內的生活，以及將來在香港誕生嬰兒後的打算。敘事又稱敘說，是人類思考和組織知識的基本方法，我們常以敘事方式進行思考、表達、溝通並理解人類與事件。我們生活在故事裡，故事像文化事件，它表達或再現文化本身。而說故事、聽故事是我們日常生活的一部分。經由敘事提供人類彼此理解溝通的脈絡，並由經驗的反覆累積，了解我們所處世界。而一個好的敘事應包括背景（setting）、角色（character）及情節（plot）要素。

   敘事研究或敘事探究（narrative inquiry）是應用故事描述人類經驗和行動的探究方式，是一種對生活經驗方式了解的社會科學研究方法，是詮釋論觀點下所發展出的一種研究取向，企圖針對個人所經驗之特殊經歷進行了解，希望藉由聚焦於生活經驗獲取主體性，而語言是個人經驗及呈現自我真實的工具，其主要是探討語言、故事和敘事，以及此敘說對於個人和社會的啓示及影響。透過敘事來組織和建構個人生活的方式，是研究者和其研究對象在一個情境或一連串相關情境，經過一段時間接觸或相處，和其所處社會互動合作的結果。研究者藉著進入由敘說者生活經驗的故事，並研究這些生活故事、生命故事和口耳相傳的故事。

   敘事分析（narrative analysis）是研究人們說故事的敘述邏輯的方法學，相較於敘事研究，更強調分析，建議將之視爲敘事研究的過程，其目的在分析了解受訪者被訪談時，如何賦予生活經驗條理及順序，使他們生命事件和行動變得有意義。敘事分析審視敘說者的故事、分析其故事如何組成及故事相關的語言學和文化的來源，以及如何能讓聽者相信故事的真實性。敘事的分析研究，是一種敘說經驗的形式，不僅僅是語言所呈現的內容。

敘事是描述記錄人類經驗的方法，適用於許多社會科學領域。有關敘事的研究領域通稱「敘事學」（narratology），屬跨領域研究的學科，敘事研究、生命故事（life story）和說故事（story-telling）都屬其研究範圍。過去的敘事研究著重被研究者的言談分析（discourse analysis），考量文本，較忽略情境，若能納入建構情境（context of construction），可使敘事更加完整，可以幫助研究者詮釋文本。

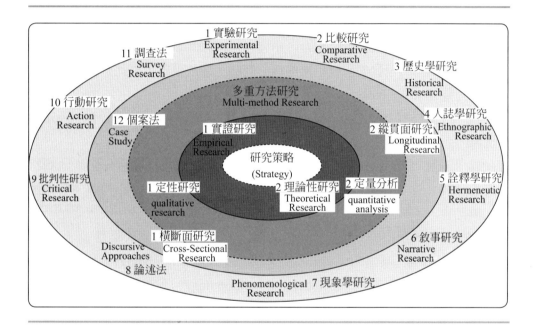

**圖 9-1** 敘事研究（narrative research）

2. 現象學研究（phenomenology）：認為每一表象都是對某物的表象，意識也總是相關於某物的意識；同時也主張「真理自身」：即超越時空與個人之絕對、又普遍的客觀存在者（理念之存在），而提出對意識本質性研究、或描述先驗的、絕對的認識之根本與法則。例如：以幾位有相同遭遇的案主的經歷，去了解同一個現象（譬如訪問十位越傭，了解她們來到Taiwan打工的經過）。

3. 扎根理論（grounded theory）：扎根理論是一種定性研究方法，經由系統化的資料蒐集，並用歸納的方式對現象加以分析整理，希望以由下而上的方式，發掘反映社會現象的新理論。因此，扎根理論並不是先有一個理論然後去證實它；而是，**先有一個待研究的領域，以大量的個案**，歸納出一套因果關

係，然後自此領域中產生出概念和理論。

扎根理論資料分析包含三個層次：開放性編碼、主軸編碼、選擇性編碼。開放性編碼指的是研究者逐字的閱讀訪談謄錄稿，並經由謄錄稿中每一段落的前後文字，或是不同段落文字的分析、比較、檢視，以抽象化的概念爲某段文字命名。待全文分析出概念後，再將概念分類，並以抽象程度更高的名詞，爲某一群概念命名，即所謂的「範疇」。「概念」和「範疇」是開放性編碼最主要的任務，接著再析分出每一範疇的性質和面向。主軸編碼即將分析現象的因果條件、背景脈絡、中介因素、行動策略和結果整合起來。可以說將範疇以邏輯結構予以整合，研究者可以據此以故事來展現研究結果。選擇性編碼指的是發展研究結果的核心範疇，即故事線，以此整合其他的範疇，完整舖陳研究結果。

例如：訪問 55 位援交少女，看看是破碎家庭、經濟壓力、缺乏教育、還是什麼原因而開始援交。

4. 民族學研究（ethnography）：親自參與並長期觀察一個團體，記錄他們特有的語言、儀式、價值觀、行爲等等，並圍繞不同的主題加以描述。譬如加入黑社會，了解他們的入會儀式、組織架構、暗號與切口等。民族學是一門社會學科，是指研究民族共同體的學問。英國的「社會人類學」（social anthropology）、美國的「文化人類學」（cultural anthropology）和當前合稱的「社會文化人類學」（sociocultural anthropology），在研究物件和範圍都與民族學很相近。

民族方法論（ethnomethodology）是研究人們用來理解和產生他們所生活的社會秩序的方法。它通常旨在爲主流社會學方法提供替代方法。它以最激進的形式，對整個社會科學構成了挑戰。它的早期調查導致建立了會話分析，該分析在學院中已成爲公認的學科。

民族學方法論提供了在人種誌研究中使用的方法，用以說明人們在談判日常情況時所採用的方法。它是一門基本的描述性學科，不參與對作爲研究主題的特定社會秩序的解釋或評估。但是，已經在許多應用學科中找到了應用程序，例如軟體設計和管理研究。

5. 個案研究（case study）：以一件事件爲軸心，訪問在事件中有不同角色的人，從多角度去描述事件。例如：菲律賓公務船「蓄意」殺人，追逐臺灣漁船廣大興 28 號長達一個小時，攻擊造成漁船上共計有 52 處彈孔，顯見菲律賓謀殺意圖。菲律賓公務船爲使臺灣漁船停止繼續侵入菲律賓領海，朝漁船引擎

射擊，「意外」致漁民洪石成死亡。研究員可以訪問遇難遊客、家屬、旅行社、菲律賓當局、當地市民、在家看電視直播的觀眾等等，從而評估事件對不同人士的衝擊與可能需要的協助。不同的定性研究法，背後有它不同的傳統，被不同的學域採用。

## 二、定性研究的學域

定性研究牽涉到如何利用質性資料來解釋（explain）或感同身受（understand）社會現象呢？我們常用的質性資料包括：深度開放式訪談、文件資料（文獻記錄）、參與式觀察。

常見的定性研究學域如表 9-1 所示（Miller & Crabtree, 1992），其所整理不同學域之定性研究，其常見之論點如下（胡幼慧，民 85）：

**表 9-1　定性研究的學域及範疇**

| 研究的學域 | 研究範疇 |
|---|---|
| **哲學、社會學**<br>現象學<br>詮釋學 | **研究人的世界之生活經驗**<br>行動者的意向是屬個體的<br>行動者是曝露在社會脈絡 |
| **心理學及人類學**<br>生活史（詮釋學） | **個體的**<br>它是一個人的傳記 |
| **心理學**<br>性格形成<br>生態心理學 | **行為／事件**<br>有時間性且處於情境中<br>是和環境有關的 |
| **社會學**<br>俗民方法論<br>符號（象徵）互動學<br>扎根理論 | **社會世界**<br>人們如何達成共識<br>人類如何創造符號環境，並在其間互動<br>與環境有關 |
| **人類學**<br>人誌學（民族誌）<br>符號人類學<br>人類科學 | **文化**<br>是整體的<br>是符號世界<br>是社會組織分享意義及語義規則的認知地圖 |
| **社會語言學**<br>會話分析<br>人體運動及說話之關係<br>（kinesics / proxemics）<br>溝通人誌學 | **溝通／說話**<br>實際會話之方式及機制<br>非語言溝通之方式及機制<br>溝通型態及規則 |

| 研究的學域 | 研究範疇 |
|---|---|
| 專業應用 | 實施與過程 |
| 護理研究 | 看護工作 |
| 教育研究 | 教學／學習 |
| 組織／市場研究 | 管理／消費 |
| 評估研究 | 評估 |

取自：Miller & Crabtree（1992），p24.

相對定量研究而言，定性研究實際上並不是指一種方法，而是許多不同研究方法的統稱，由於他們都不屬於量化研究，被歸成同一類探討。常見定性研究的種類，包括：民族學誌（ethnography）、田野（field）調查法、扎根理論、行動（action）研究、個案（case）研究、論述分析／演講分析（discourse）、詮釋學（hermeneutics）、脈絡分析法等。

### (一)符號互動論

符號互動論（symbolic interactionism）是一種主張從人們互動著的個體的日常自然環境去研究人類群體生活和理論派別。又稱象徵相互作用論或符號互動主義。

符號互動主義是一種社會學理論，它是從實踐考慮發展而來的，它暗示著人們對方言的特殊利用，以形成 images 和正常的含義（implications），以便與他人進行演繹和對應（correspondence）。換句話說，它是參考框架，可更好地理解個體之間如何互動以創建符號世界，以及作為回報，這些世界如何塑造個體行為。框架（framework）可幫助你了解人們如何透過反覆互動來維護和創造社會。互動之間發生的解釋過程有助於創建和重新創建意義。含義的共同理解和解釋會影響個人之間的互動。個人在其社會背景下對意義的共同理解的前提下行動。因此，互動和行為是透過對象和概念已附加到它們的共享含義來構架的。

象徵性的互動主義來自社會學觀點。在微觀社會學和社會心理學中尤其重要。它源於美國的實用主義哲學，尤其是喬治·赫伯特·米德（George Herbert Mead）的作品，是一種解釋社會互動的實用方法。

總之，此理論關注人們如何從「互動」得到意義，以顯現人類語言、行為符號之「意義」結構，旨在發展符號互動之原則。

## (二)俗民方法論

俗民方法論（ethnomethodology）是社會學家 Garfinker（1967）首創之理論，旨在了解人們如何將日常觀察到的現象，轉換成「理所當然」的常識。其最常用研究技巧，是以「打破常規」方式來探討人們如何「修補」常規受損的行動。

## (三)現象學

現象學（phenomenology）是由 Husserl（1927）首創。該研究是在了解一個人其「生命世界」中生活經驗及意圖。故研究過程中，研究者必須拋棄先前自我成見（preperception），再融入受訪者的生命世界，經研究者「自我」感同身受後，再以言詞描述來解釋其經驗感受。

## (四)詮釋學

詮釋學（hermeneutics）是一種辨讀的過程，此過程可以將人們從明晰的內容和意義帶進到潛在或隱藏的意義之中。詮釋學除了涵蓋「現象學」關注人的生活經驗感受及解釋外，尚且進一步想了解其政治、歷史，及社會文化的情境脈絡，以及這些經驗解釋在行動面、實施面的表達。

如果從語源學的觀點來探討詮釋學的意義，這個字彙源自於古希臘文的 Hermes，Hermes 是希臘神話中的信使，其職責在傳達諸神的訊息給人類，而在傳達的過程中，便已涉及神意的理解和詮釋；所以 Palmer（1969）認為，詮釋學的字根本身就蘊含著「帶入理解」的過程，這個過程是將某種外來的、陌生的、在時空和經驗中是遙遠的、模糊的東西，轉變成熟悉的、現刻的、可理解的東西，也因此，某種需要被陳述、說明或翻譯的東西就能夠「被理解」—即「被詮釋」，而這整個過程就涉及到語言。事實上，詮釋學最初是以一種「方法」在文學與神學領域出現，因為光從文學作品與聖經上的文字（即所謂的「文本」）往往無法理解其意義，必須運用詮釋學的方法才能從文本找出其「隱藏的」意義；而後哲學家 Heidegger（1889-1976）與 Gadamer（1900-2002）將詮釋學從「方法論」的層次轉向「本體論」的層次來進行理解，因而使詮釋學成為一門真正的哲學理論。

## (五)扎根理論

扎根理論（grounded theory）是由 Glaser & Strauss（1967）首創。其哲學基礎是來自現象學，旨在探討核心的社會心理／社會結構過程，進而發展出社會真相及情境脈絡之扎根理論。扎根理論的研究方法是以備忘錄，不斷地記錄、

比較資料，以獲得頓悟。扎根理論是以實用主義（pragmatism）及符號互動學爲扎根法之淵源。扎根理論也是定性研究中最科學的方法之一，易言之，扎根理論非常遵循科學原則（採用歸納法及演繹法之推理過程）、比較原則、假設驗證及理論建立。

### (六)人誌學（民族誌）

人誌學（ethnography）調查常用在人類學研究，它通常代表「自然情境的觀察」，並對文化及次文化的全面了解。人誌學調查旨在建立人類社會生活模型之一般命題。研究者所建立的模型，有一些是描述性的模型（例如：事件發生的頻率），亦可以是解釋性模型（例如：造成某種行爲之原因有哪些）。

人誌學（ethnography）亦是文化人類學領域中，傳承最久者。旨在探索某一文化的「整體」生活、態度及模型。人誌學常採用實地（field）調查及多元方式來蒐集資料。迄今它有幾個學派出現：(1) 種族科學（ehnoscience），又稱認知人類學（cognitive anthropology），較著重當地文化圈內人（Emic）意義的建構。(2) 符號人類學（symbolic anthropology）則進一步檢視神話、儀式及其他文化事件是如何在生活中被使用，以及人們如何溝通，彼此分享他們的需求。

### (七)行動理論

行動理論（action theory）是根基於 Kurt Lewin 行動科學及 Argyris（1985）之實踐主義（praxis）研究典範。此理論的角度是將研究視爲一種實踐，研究過程採用批判式探討。

## 9-3-1 扎根理論

扎根理論（grounded theory）又稱爲「hermetic approach」，所謂 hermetic 是希臘神話中「神的信差」，他能傳達上天的訊息，上天的訊息必須經過神的信差的「詮釋」才能告訴人類。定性研究是基於此種研究假定，認爲科學研究是需要研究者親自的參與，並經感同身受及主觀的詮釋，以產生知識。

扎根理論是美國學者格拉塞（Glaser）和史特勞斯（Strauss）在 1967 年提出的理論。在研究前，它無須任何理論假設，直接透過實際觀察，在蒐集、分析資料的過程中歸納抽象出概念，再上升爲某個具有普適性的理論假設，即從實踐經驗中發展理論，這與先提出理論再用其解釋事實的做法相反。

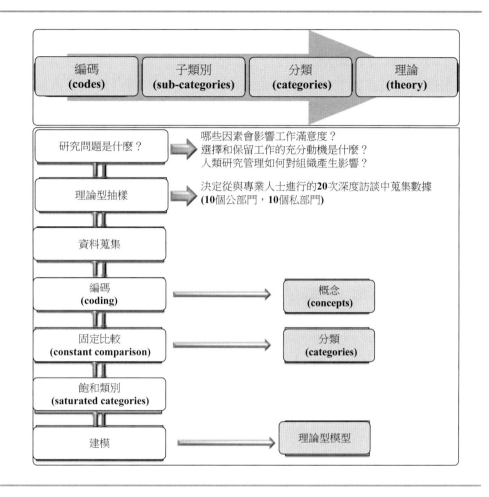

**圖 9-2** 扎根理論（grounded theory）

　　扎根理論主張透過資料的蒐集與檢驗的連續過程，以突顯研究現象的特質，此特質經過比較，(1) 若發現有**相同特質**，則可歸納到抽象層次的概念；(2) 若發現有**不同特質**，則可探究造成差異的情境或結構因素。

　　具體來說，扎根理論是透過一連串程序步驟所獲得的資料數據，再以新的編碼方式，去做出類別間的連結。（A set of procedures whereby data are put back together in new ways after open coding, by making connections between categories）。因此，扎根理論也是運用科學化步驟的方法，像是演繹法或是歸納法，由上而下的流程，去整理並且分析資料，最後從田野調查中去發現未知的理論，而最常見的蒐集資料法莫過於訪談法以及觀察法。扎根理論是以建構

主義者爲出發點，它是介於一種實證哲學與後現代主義之間的探究方式。

## 一、扎根理論的三要素

扎根理論植基於實用主義（pragmatism）和象徵互動論（symbolic interactionism），因爲受到實用主義的影響，故其相當重視研究結果的功用，其研究所建立的理論也是用來幫助了解現象及解決問題。此外也受到象徵互動論的影響，主張研究者進入社會情境裡研究，由情境的當事人去詮釋其社會現象，藉以了解社會現象。當然，扎根理論的研究過程也相當遵循科學原則，從資料蒐集、假設驗證到理論建立，都符合科學的邏輯。

扎根理論是定性研究方法的一種，研究者對於自己所深感興趣的社會現象或教育現象，不斷去思考如何蒐集、分析與報告資料，用以發掘並建立理論。扎根理論有三大基本要素：

1. 概念（concepts）是分析資料的基本單位。
2. 分類（categories）則是比概念層次更高，也比概念抽象，它是發展理論的基礎。
3. 命題（propositions）則是範疇和其概念，或者概念與概念之間關係的類化，它可說是源於假設，只不過是命題偏重於概念之間關係，而假設則是偏重於測量彼此之間的關係。

## 二、特點

扎根理論研究一定要有經驗證據的支持。該特點源自芝加哥學派的實用主義，強調行動的重要性，注重對有問題的情境進行處理，在問題解決中產生方法。廣泛使用實地觀察和深度訪談的方法蒐集資料，強調從行動者的角度理解社會互動、社會過程和社會變化。

但是它的主要特點不在其經驗性，而在於它從經驗事實中抽象出了新的概念和思想。扎根理論特別強調從資料中提升理論，認爲只有透過對資料的深入分析，才能「歸納」，從下往上將資料不斷地進行濃縮，形成理論框架。

定性研究的研究者比較擅長對研究的現象進行細密的描述性分析，而對理論建構不是特別敏感，也不是特別有興趣。扎根理論出於自己的特殊關懷，認爲理論比純粹的描述具有更強的解釋力度，因此強調研究者對理論保持敏感。不論是在設計階段，還是在蒐集和分析資料的時候，研究者都應該對自己現有的理論、前人的理論以及資料中呈現的理論保持敏感，注意捕捉新的建構理論的線索。

## 三、扎根理論的發展步驟

1. 先由資料中尋找「事例」。

2. 將事例分門別類。

3. 對分類後事例詮釋。

4. 以其他資料再一次驗證此詮釋。

5. 將低層次的分類系統，整合成爲一個完整的類型。

6. 提出一個深入且整合良好的觀念系統。

**扎根理論的研究過程**

主要可分爲五個階段：

Step 1 研究設計階段：包括文獻探討及選定樣本（非隨機）兩個步驟。

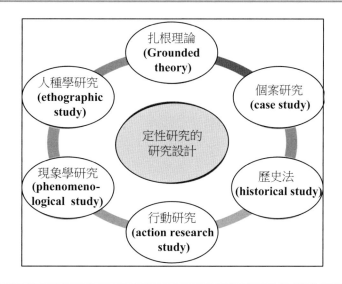

圖 9-3 定性研究的研究設計

Step 2 資料蒐集階段：包括發展蒐集資料的方法和進入現場兩個步驟。

Step 3 資料編排階段：依時間年代發生先後順序的事件排列。

Step 4 爲資料分析階段：包括採用開放式登錄（open coding），將資料轉化爲概念、範疇和命題，以及撰寫資料綜合備忘錄和排列備忘錄。

Step 5 資料比較階段：將最初建立的理論與現有文獻進行比較，找出其相同相異之處，作爲修正最初建立理論的依據。

綜言之，概念（concept）、範疇（category）和命題（propositions）乃是扎根理論的三大基本要素。扎根理論更重視的邏輯性流程，同時扎根理論也須符合科學原則，即透過下列的手法：透過大量性的蒐集概念，有系統性的歸類範疇，最後謹慎地提出命題，並不時地比對資料，回過頭去檢視已發現的概念，並針對其範疇進行修正甚至更改，也會不時地繼續開發陌生範疇……漸漸地，研究者能以故事線與中央性來限縮已發現的資料，形成假設並發展出理論，在下個項目我們會談到扎根理論的信度與效度的檢驗法。

## 四、扎根理論≠田野（field）調查法

扎根理論是指由下往上的方式所建立的理論，它是對事物的特性進行詮釋、歸納，進而提出整體的命題，以解釋社會現象的整體。扎根理論和田野（field）調查法都是屬於**歸納法**的一種；相對地，**演繹法**的研究，是先從一般理論中導出研究假設，然後加以實證的檢定。但扎根理論恰好相反，它是自「觀察」出發，再提出模型、主題，或一般類別，由「觀察」到提出研究模型這並不表示研究者本身不帶有既有的理念或期望，事實上，人本身所學的、所知道的都會或多或少影響到自己對通則的探究方式。然而，「扎根理論」之分析，並非用來證實或推翻某一研究假設。

• 小結

扎根理論對於理論的建立和問題的解決，有其實質的價值；可惜它在教育研究上應用並不是非常普遍，主要原因在於研究過程相當費時、具有不確定性、研究者必須具備耐心和毅力以及豐富的研究經驗，這些的限制導致基礎理論不太爲一般的研究者所採用，但是隨著電腦資料分析軟體的研發，可能有助於增加未來扎根理論應用的便利性。是故，在未來的研究方法的採用，扎根理論仍有其發展的空間。

雖然「扎根理論」沒有明確的研究程序及技術，且不受科學的限制，但研究過程中主要的做法，及研究時**應注意的事項**，有下列幾點：

1. 研究者要融入被研究者的情境中，強調參與式的觀察。
2. 從整體背景來觀察個別的事件或行動，並思考這些事件之間的關係。
3. 研究的對象、相關的研究者、評論人，要保持密切溝通，時常討論，以彙集共識，提升研究效度。
4. 時常保持懷疑的態度，來發現可能的誤解與疏忽之處，以尋求不同的解釋。

5. 研究的進行要不斷地在整體性 vs. 局部性、前景 vs. 背景、現象 vs. 詮釋、研究者 vs. 被研究者之間的角度來循環思考。

## 9-3-2 教育行政領域應用扎根理論研究方法之分析

以下主要分別說明扎根理論研究方法的編碼方式、理論抽樣與理論發展等內容，藉此了解扎根理論如何在研究中進行資料的分析（洪志成 & 楊家瑜，民102）：

### (一) 編碼方式

微觀分析係指，研究者在研究初期所進行的細部逐行分析，然後產生初步的類別，包括屬性（properties）和面向（dimensions），並試圖根據各屬性或各面向，歸納出其間的關係；換言之，即屬於開放編碼（open coding）和主軸編碼（axial coding）的過程（Strauss & Corbin, 1998）。

**1. 開放編碼與主軸編碼**

開放編碼為研究者根據資料概念所表徵現象的核心意涵，進而標示為所謂的「類別」；換言之，就是將資料所呈現的概念，加以群組化或歸類為類別。而類別可以再依屬性和面向，細分出各個次類別，而次類別主要是藉由詳述現象於何時、何地、為何和如何發生等資訊，以促使某一類別更為明確具體，次類別也有其屬性和面向（Strauss & Corbin, 1998）。例如：研究者進行「校長繼任」的研究，「繼任時面臨的學校困境」可能是次類別之一，這可以說明校長繼任的「何時」。

其次，主軸編碼乃關聯類別與次類別的歷程，因為編碼圍繞著某一類別的軸線來進行，並在屬性和面向的層次上來連結類別。換言之，就是從主類別和次類別中找出主軸編碼。所以，主軸編碼的目的，是為了將在開放編碼中被分割的資料，再加以類聚起來，以對現象形成更為精確的解釋；又雖然主軸編碼和開放編碼兩者的目的不甚相同，而且兩者也並不必然是有次序性的分析步驟（Strauss & Corbin, 1998）。更進一步而言，研究者透過主軸編碼，可以歸納出資料中所呈現的主要概念，而這樣的主要概念可能不只有一個，主軸編碼可以清楚知道各個主要概念的屬性和面向，於是研究者可以針對各個主要概念進行分析與比較，並形成一個初步的分析架構，即 Strauss 和 Corbin 所謂的「概念圖表」、「條件／結果矩陣」（conditional／consequential matrix）。

**2. 微觀分析（microanalysis）的技巧（Strauss & Corbin, 1998）**

當研究者進行微觀分析時，可以運用理論比較（theoretical comparison）與理論抽樣（theoretical sampling）這兩種技巧。首先在理論比較的部分，是一種產生問題及發現資料屬性和面向的重要輔助工具，也是建立理論方法的重要部分，同時也是進行微觀分析時所使用的重要方法之一。舉例來說，欲了解新任校長繼任後，對於學校發展的影響性，可以藉由比較前後任校長的領導風格、學校願景、教師工作壓力等層面，進行相關的比較，藉此凸顯出繼任校長特定的屬性和面向。

其次為理論抽樣，指的是資料蒐集是由演化中的理論概念所引導，依序「比較」的原則進行，這種抽樣的目的，是找尋最有可能呈現出概念間變異情形的人、事或地，藉以增加類別的屬性和面向密度。而進行理論抽樣的時間點，可能發生於開放編碼或其他編碼程序中，直達飽和為止。例如當研究者針對某個個案學校進行校長繼任的研究時，在分析資料時，可以再行蒐集其他學校繼任校長的資料，藉以比較先前所分析出來的類別資料，探討有關校長繼任是否有其他不同的類別、屬性或面向，進而完備資料分析的周全性。

**3. 選擇編碼（Selective coding）與歷程編碼（Process coding）**

選擇編碼是一種統整和精煉理論的過程。當研究資料透過開放編碼、主軸編碼等分析程序，將形成兩個或兩個以上的類別，而在這些類別當中，根據研究的重心與方向，可以從諸多類別當中，選取出核心的類別，之所以為核心類別，在於核心類別具有分析力，而且能連結其他類別，形成一個完整的解釋架構，同時此種核心類別的統整性與穿透性，也可以解釋原先本分散的多個類別的變異性（Strauss & Corbin, 1998）。其次，運用圖表和備註，也可以有助於研究者找出核心類別，並統整各個類別及概念。換言之，在扎根理論研究方法第一版中，認為選擇編碼就是選擇核心範疇的歷程，把核心範疇有系統地和其他範疇加以聯繫，並驗證其間的關係，乃為把概念化尚未發展完備的範疇補充整齊的過程（Strauss & Corbin, 1997）。綜言之，當研究者的研究進行到一個階段時，需要針對先前開放編碼與主軸編碼的分析結果，進行類別的統整與精煉，以使類別的資料更具系統性。

至於歷程編碼的概念，在第一版的內容中，作者並沒有特別的說明與介紹。反之，在第二版的介紹中，Strauss 和 Corbin 將歷程編碼列為編碼程序的第四種。所謂歷程，指的是一連串演進中的行動或互動，這些改變可以追蹤至結構條件的改變。歷程編碼主要是要檢視任何的行動或互動，留意移動、順序和

改變，並注意行動或互動如何進行（改變或不變），藉以回應情境脈絡或條件的改變。而這樣的分析，並非獨立於前述分析之外，而是主軸編碼與建立類別的一部分。同理，歷程也可以被分為幾個次歷程，這些歷程可以組成較大的行動或互動，隨著條件的改變，這些歷程可能改變，也有可能維持不變（Strauss & Corbin, 1998）。

### (二)理論抽樣（theoretical sampling）與理論發展

理論抽樣係扎根理論研究方法中的分析輔助技巧（即四種編碼方式），目的在於協助研究者獲得有助於理論發展的資料。一般而言，進行量化研究或一般質性研究的過程中，樣本抽取或研究參與者的選取，一旦在研究之初選定後，通常不再進行更動。反之，扎根理論有別於其他的研究方式，在發展理論的過程中，隨時可彈性調整或加入研究參與者；其次理論抽樣不僅是依據理論構念抽取參與者，也可抽取事例（events）或場域。因為研究者蒐集的資料，會受到發展的理論所引導，運用「比較」的原則來進行，這種抽樣的目的，是為了找出最有可能呈現出概念變異的情形，以增加類別的屬性和面向（Strauss & Corbin, 1998）。理論發展亦稱理論化，係指研究者透過充分的資料與嚴謹的分析過程，陳述概念間的關係，形成可用於解釋或預測現象統整性架構（Strauss & Corbin, 1998; Corbin & Strauss, 2008）。

綜言之，理論抽樣是協助研究者蒐集資料、方析資料的方法，藉此尋找出有用的資料，精煉與澄清發展中的理論架構。Glaser 雖然曾經和 Strauss 合作提出不同取向的扎根理論，但在第一版中，他仍較為認同古典的扎根理論內容。以扎根理論不同版本的內容而言，第一版主要以 Glaser 為主，第二版是 Strauss，第 3 版則為 Corbin。其中，第二版 Strauss 更具體、步驟化地說明，如何透過四種層次的編碼，來達成建構理論的可能性。第三版中 Corbin 則是延伸第二版的內容，但更加強扎根的理論基礎，例如：Deway 和 Mead 的實用主義知識論、強調多元實體（reality）的本體論，以及新進理論（如女性主義等），同時對於研究策略的運用，反而更加彈性、靈活，也就是不拘泥於四種編碼的順序和層次。相較之下，Strauss 延伸了原來有關扎根理論的內容，說明更多詳細的概念，例如：理論抽樣、理論編碼、使用札記等，而這些也是近來 Strauss 對於新手研究者所關切發展的分析技巧。以近十年來國內學者運用的扎根理論研究方法，大多以 Strauss 的觀點來進行研究，如林秀碧、林美珍、楊仁壽（2006）、曾崇賢、段曉林、靳知勤（2011）、賽明成、陳建維（2010）等期

刊論文；此外，其他有關質性軟體使用的書刊，亦著重研究過程中的編碼方式和歷程，如林本炫、何明修（2004）、劉世閔、吳璟（2001）等。換言之，不難看見藉由 Strauss 提出的四種編碼層次，再加上強調提出詳細且能完整描述研究分析所得的理論架構，較屬於國內學者所採用的方式。

### 9-3-3 負面「個案分析」的範例

個案研究的實施步驟要點有四項：

1. 對於所要探討的現象，給予初步的「假定性」解釋（建立命題）。
2. 依該項假定來「觀察」更多的個案。
3. 「持續地個案觀察」、修正，或否定該假定。
4. 發展更具「普遍性的命題」。

「負面或偏差案例分析（negative or deviant case analysis）是定性研究策略之一。它涉及搜索和討論**不支持**、或似乎與資料分析中出現的模式或解釋**相抵觸**的資料元素。負面案例分析也是一種精煉（refining）分析的過程，直到可以解釋或解釋大多數案例為止。對異常案例的分析可能會修改，拓寬並確認資料分析中出現的模型。

舉例負面「個案分析」之做法，假設，某研究者想了解人「挪用公款」（embezzlement）原因。於是根據上述四個步驟來推論：

1. 「**假定**」：挪用公款是由於技術性的錯誤。
2. 「**觀察**」：人們為了財務上緊急需要，而本身又沒有其他解決辦法。
3. 「**持續觀察**」：有些人挪用公款是為了不可告人之緊急財務需要，例如：吸毒、金屋藏嬌、地下錢莊借錢……。
4. **歸納**出更「**普遍性的命題**」：一般人挪用公款的原因，包括下列幾個步驟：
   (1) 他在組織中獲得上司在財務上的信任。
   (2) 他遇到無法告知的財務困難。
   (3) 他認知到挪用公款是一可能解決問題之道。
   (4) 他開始編造類似「借貸」或暫時性借用別人錢財……挪用公款合理化的方法。

## 9-4 定性研究與定量研究的比較

定性研究及定量研究的差異，可由方法論幾個不同的觀點來比較（許士軍，

民 85）：

1. 定量研究著重將研究問題給予數量化，接著再採用數量分析方法以驗證假設，由假設的接受或推翻來獲得結論。相對地，定性研究則毋須將資料數量化，透過統計分析來獲得結論。

2. 定性研究的主旨在「發現」事物的異質性（屬探索性），而定量研究著重在「驗證」研究假設及理論（屬驗證性）。

3. 定性研究的目的在於確定某一事物是否存在，而定量研究則在於確定某事物存在特性之數量化。

4. 定性研究之研究內容較不結構化，具有較大的彈性，而定量研究的內容較為結構化，易於評量及確定。

5. 定性研究常用的方法包括：團體晤談、深度訪談、參與式觀察或投射技術評量。定量研究的研究法主要包括：調查法、個案法、實驗法及彙總法。

　　定性和定量研究的比較除了以上述方法論之觀點來看外，尚可提升至本體論或認識論的層次來比較。

　　定量研究是建立在「世界是客觀存在的」，所以研究者可依據「客觀發現」假設來從事量化研究，相對地，定性研究是建立在「世界乃是人類主觀知覺的存在」之假設，所以唯有人類「親身體驗」，才能獲得真正了解。這兩種不同科學的哲學層次之辯論，似乎各有道理，難分高下。

　　以方法論層次來看，定性及定量研究，兩者都是為了發展理論之科學目的。不過，定性研究所強調的是：理論應自資料產生，而非預設理論，以免成為學者 Popper 所稱：「學者成為現有典範下的俘虜（Popper, 1980）。」

## 9-4-1 現象論 vs. 實證主義：這兩種典範的對比

　　以研究典範（paradigm）而言，研究有三個典範（Habermas, 1968）：

**1. 定量研究的典範**

　　又稱唯物主義研究階梯（ladder of materialistic inquiry），它是多數「實證主義」的研究模型。此種方法有其一定的步驟階梯可循，其**步驟**有九個：(1) 定義研究問題；(2) 文獻探討；(3) 形成假設；(4) 研究設計；(5) 樣本抽樣及測量工具；(6) 資料蒐集；(7) 資料分析；(8) 提出研究結論；(9) 修正研究假設／研究模型。

**2. 定性研究的典範**

　　定性研究的典範是採「循環式建構主義」（circle of constructivist inquiry）

研究。建構主義旨在探討人類的符號、解釋及意義的建構，所以必須融入被觀察者的演出，此學派不認爲有「絕對眞相」，而且所有「知識」都是和情境脈絡連結（context-bound）的。**定性研究的步驟**，循環依序爲：「經驗／不規則」、「發明／設計」、「發現／資料蒐集」、「詮釋／分析」、「解釋／理論」、回到「經驗／不規則」……如此一直循環。

**3. 批判式／生態式巨觀研究典範**

批判式／生態式巨觀研究（global eye of critical/ecological inquiry）兼具定性及定量的特色。此種巨觀且同時批判檢視著定性及定量典範之系統效果。期望藉由歷史檢視及定性定量兩者互動對照，來去除虛假意識，以達到弱勢之解放及增權效果。

## 一、現象學（phenomenology）是什麼？

現象學（源自希臘 phainómenon，意爲「顯現的東西」；以及 lógos，意爲「研究」），20 世紀最重要的哲學流派之一，由德國哲學家胡塞爾（Husserl）正式創立。胡塞爾認爲每一表象都是對某物的表象，意識也總是相關於某物的意識；同時也主張「眞理自身」：即超越時空與個人之絕對、又普遍的客觀存在者——的理念之存在，而提出對意識本質性研究，或描述先驗的、絕對的認識之根本與法則；他稱之爲「現象學」。

現象學是對經驗結構與意識結構的哲學性研究。現象學不應被看成是一個統一的運動，它更像是不同的作者具有共同的家族相似性，但同時也有顯著差異。因此，現象學運動的基本意義（倪梁康，2013）是：

> *現象學沒有唯一的、最終的定義。事實上，它既不是一種學說，也不是一個哲學流派，而是一種思想風格、一種方法，一種開放的、常新的經驗，它導致不同的結論並讓那些想要界定現象學意義的人無所適從。*

現象學是對意識結構、對出現在各種意識行爲中的**現象的系統反思**與研究。從最基本形式來看，現象學試圖爲通常被看作是主觀性的討論話題的客觀性研究創造條件，包括：意識，以及作爲判斷、知覺和情感的意識經驗內容。儘管現象學的探索是科學的，但它並不打算從臨床心理學或神經科學的角度研究意識。相反，現象學透過系統的反思來確定經驗的基本屬性和結構。

以下是現象學中的一些假定，它們有助於解釋現象學的基礎（Menon 等人，2014）：

1. 它拒斥客觀性研究的概念，現象學家傾向於透過所謂「現象學懸置」的過程把假設進行分類。

2. 現象學家相信，對人類日常行為的分析能讓人們更好的理解自然。

3. 人格應被加以探究，因為人格可以透過它們反映其所處的社會的獨特方式而被理解。

4. 現象學家重點關注「capta」，或者說意識經驗，而非傳統的經驗數據。

5. 現象學被看成是以揭示為目的的，因此現象學家使用比其他科學少得多的手段進行研究。

### 現象論類型

現象學有七類型（Dordrecht and Boston（1997）：

1. 先驗構成現象學，它研究對象是如何在先驗意識中構成出來的，而不考慮任何有關自然界的問題。

2. 自然主義構成現象學（參見自然主義），它假定了意識是自然的一部分這一自然態度，進而研究意識如何能在自然世界中構成事物。

3. 存在主義現象學，它研究具體的人的存在，包括我們自由選擇和（或）具體情形中的行為。

4. 發生的歷史主義的現象學（參見歷史主義），它研究意義——作為在我們經驗中被發現的——是如何隨著時間在集體經驗的歷史進程中產生的。

5. 生成現象學，它研究在某人本身的經驗流中事物的意義是如何湧現或發生的。

6. 解釋學的現象學（又稱解釋學現象學、後現象學），它研究經驗的解釋結構。
   解釋學（hermeneutics），又稱詮釋學、闡釋學，是關於文本解釋的理論。到 19 世紀施萊爾馬赫把解釋學擴展到，解釋文本意義和文化意義的一般規則的理論。
   廣義的詮釋為意義之理解（understanding）或詮釋（interpretation）的理論或哲學。由於意義經常有許多歧義，須透過理解詮釋方能把握全部涵意，詮釋學即是探究如何形成理解及如何實踐理解之科學理論。
   詮釋學之發展史，依其對「理解」的探索過程中著重點不同，略可分為：傳統詮釋學、近代詮釋學、當代詮釋學等三個時期。

7. 實在論現象學（也稱實在主義現象學），它將意識和意向性的結構作為「發生於實在世界中，在很大程度上外在於意識，並不由意識帶入存在的」而加以研究。

## 二、實證主義（positivism）的哲學基礎是什麼？

實證主義是強調感覺經驗、排斥形而上學傳統的西方哲學派別。又稱實證哲學。它產生時間於 19 世紀 30～40 年代的法國和英國，由法國哲學家、社會學始祖孔德（Auguste Comte）（1830）提出，所代表的實證主義稱為老實證主義，20 世紀盛極一時的邏輯實證主義稱為新實證主義。

1. 實證主義的基本特徵：將哲學的任務歸結為現象研究，以現象論觀點為出發點，拒絕透過理性把握感覺材料，認為透過對現象的歸納就可以得到科學定律。它把處理哲學與科學的關係作為其理論的中心問題，並力圖將哲學溶解於科學之中。

2. 實證主義的影響：實證主義不僅對哲學而且對整個社會科學均發生了深刻影響，孔德所創立的實證主義社會學，在其後的一個半世紀是社會學的主流。

3. 實證主義是一種哲學思想。

廣義而言，任何種類的哲學體系，只要圍於經驗材料、拒絕先驗或形而上學的思辨，都為實證主義。

狹義而言，實證主義則指法國哲學家孔德（Comte）的哲學。這條目內主要介紹狹義的實證主義。

### A. 實證主義的發展

西方哲學中，「實證主義」通常是指關於人類知識的一種特定的哲學態度。它不是去預先假設人類是如何得到知識的，也不提供關於知識的心理學或歷史學的基礎。實證主義是關於人類認識活動的一套規則或評價標準：它告訴我們關於世界陳述中的哪些內容是屬於知識的範圍，並為我們提供可以用來區分能夠與不能合理地提出問題的準則。因而，實證主義是一種規範的態度，關涉我們如何使用「知識」、「科學」、「認識」、「資訊」等術語。同樣，實證主義的原則也區分了哲學和科學的爭論中哪些屬於值得深入探索的問題，哪些又屬於不可能得到解決或不值得考慮的問題。

### (一)經驗主義的知識論

主張一切知識起源於經驗而非理性，經驗成於兩要素：其一為感覺（sensation），另一為反省（或稱內感官 internal sense）。其中，知識問題的探討，在哲學上稱之為知識論（theory of knowledge），或稱認識論（epistemology）。

1. 古希臘的辯士學派（sophists），又稱智者學派、詭辯學派，為公元前 5 世紀～

前 4 世紀希臘的一批收徒取酬的教師、哲學家之統稱。其基本主張善良、真理、正義都與人本身需要的利益相關，所以沒有絕對的真理與正義，即「相對主義」。其中，普羅哥拉斯（Protaagoras）是懷疑主義（skepticism）的代表，認為：人為萬物的權衡，每個人都是他自己真理的標準，除其自身的感覺和印象外，別無所謂客觀真理，否認了絕對知識的可能存在。接著，蘇格拉底（Socrates）vs. 辯士學派之間的論辯，開啓了知識之起源宜訴諸先天理念 vs. 求諸感覺經驗的爭端，演變成為 17、18 世紀理性主義與經驗主義的對峙。

2. 希臘哲學家伊壁鳩魯（Epicuru）在知識論上倡導感覺主義，認為所有知識皆來自個體與外界原子的接觸，而心靈也是這些外界原子所構成，所有感覺經驗都是真的。

3. 洛克（John Locke）是奠定經驗主義基礎的第一位功臣。在他《人類的悟性論》中宣稱，人心最初猶如白板（tabulb rasa），一切知識皆來自感覺及反省所得的經驗。知識的產生歷程是：經驗→單純觀念（simpe ideas）→複合觀念（complex ideas）→知識。

一切事物一旦透過人體感官，就有產生觀念的能力，洛克稱為「性質」。性質有兩種：「原始性質」（primary qualities），屬於物體本身，如體積、形狀、組織構造……；根據此原始性質，使人發生各種感覺者，稱為「次級性質」（secondary qualities），如色、聲、香味等。

4. 英國經驗論另一大師休謨（David Hume）相信，所有觀念皆來自感官所得的印象或內在感覺。指出人類了解的範圍極為有限，懷疑乃是對知識應有的健全態度。休謨不僅是實證主義，確定知識起源於經驗而且僅限於現象界，也是懷疑主義與不可知論的發言人。他將一切感知的經驗分為兩類：印象（感官的知覺）與觀念（想像或記憶的知覺）。

**經驗主義的教育學說**

將知識看作是經驗的產物，特別注重教育的效能，所謂**「教育萬能論」**，將兒童視為白板或黏土。經驗主義表現於感覺唯實論，著重直觀教學與感官訓練的價值，對幼稚教育理論的貢獻極大。許多兒童本位教育家，如：盧梭、裴斯塔洛齊、福祿貝爾、蒙特梭利，都特別看重感覺教育。

如蒙特梭利說：「……感覺教育為了有效，必須是一種練習，再沒有比科學化設計的教材教具，更能加強這種練習，避免兒童無益的摸索。」又說：「感覺教育所以重要，因為感官發展在高級智能活動之先，且為其引導。」

福祿貝爾為建全培養幼兒創造的本能，設計出具有發展性的、理想的玩

具，並將其名爲「恩物」（gaben，gifts），「恩物」爲神所給予的「恩寵的賜物」之意。恩物有 20 種，前 10 種稱分解恩物又稱遊戲恩物，重於導向遊戲的發現，後 10 種稱手工恩物又稱綜合性恩物，主要在引導幼兒的發明與創作。

從恩物遊戲中訓練幼兒的自動直觀，而自動直觀是發展幼兒內在性質的有效方法。福氏是第一位闡揚「遊戲」功能及價值的人，遊戲是幼兒期最純粹的精神性活動，以確定的材料，適當的指導，有秩序、有層次地活動。而遊戲與恩物正是非常合乎幼兒的發展論，也即是今日幼兒教育提倡的從遊戲中學習的理念來源。

## (二)理性主義知識論

理性主義主張凡人具有「萬物皆備於我」的心靈。

1. 希臘哲學家柏拉圖（Plato）指出凡屬眞實的存在，那麼一定是普遍的、不變的、圓滿的，而且是統一的素質，它必然是屬於觀念或形式的世界，超越於感覺世界之外。

2. 亞里斯多德（Aristotle）也以爲認識的對象在於此等普遍性的觀念，但觀念並非孤離或高懸於感覺世界之外，而是存在於感覺事物之內而成形式。

3. 笛卡兒（Descartes）是法國數學家，主張知識的基礎在於先天而自明的觀念，他提出一個最基本的前提「我思故我在」，據此命題，笛卡兒建設其知識學，並肯定上帝的存在。

4. 斯賓諾沙（Benedict Spinoza）倡導單元論（monism），心理的認知與物理的現象原是一體的兩面。一切事物皆來自上帝的本質，爲自因的存在所有眞理形成一種融貫的而統協的整體，知識的目標就在認識這世界的單一性與完整性。知識的過程可分爲三個層次：最高者爲直覺，其次爲推理，最下的感覺經驗。觀念也可分爲：直覺觀念、充分觀念及混雜觀念。

5. 萊布尼茲（Gottfried Wilhelm Leibuiz）的知識論將眞理分爲兩種：一爲必然的眞理（理性眞理），是永恆而普遍的；一爲偶然眞理（事實眞理），是經驗的、個別的。無論哪一種觀念，都是先天的。

### 理性主義（rationalism）的教育學說

理性主義的知識論推演到教育上是重視理論學識而輕視實用技能。課程中最重要的是能夠啓迪心智，進而變化氣質的學問，認爲道德文章不假外求，靠窮理養性獲得。

理性主義者往往劃分博雅教育與技藝教育，隱然有「勞心者治人，勞力者治於人」的觀念。教育方法上，重視領悟。很容易流於形式訓練說，不重學習

內容，重磨鍊智慧、陶冶理性。傳統的問答教學法，可將受學者的理性引導出來，似助產士接生時一樣的情形（如同產婆法）。

**B. 實證主義的重要作用**

從今天的角度看，在 18 世紀後逐漸形成的所謂理性主義（rationalism）vs. 經驗主義（empiricism）之間表面對立的背後，其實隱藏著一種深刻的一致，這就是對關於世界的偶然知識與關於永恆之物的必然知識的嚴格區分。

對笛卡兒和萊布尼茲來說，只有在性質上為分析的知識才是必然的，但這樣的知識不是關於世界的，而是一些重言式命題，它們表現為某些必然發生的內容。而且它們是無法透過經驗的手段得到的，只能是來自某種先天的東西，這就為上帝的存在留下了合理的證明。同樣，巴克萊明確地區分了在我們的感知中呈現的內容與無法有效地引入感知中的東西，如物質的存在。巴克萊區分的目的是為了證明「存在即被感知」，但他由此也表明對物質世界的態度，即從經驗感知中消除關於世界存在的無神論解釋。從唯理論 vs. 經驗論的對立中可以看出，它們實際上是對這樣兩種知識區分採取的截然不同的選擇態度：唯理論明顯地反對關於世界的偶然知識，強調對永恆之物的必然知識的把握。經驗論則反其道而行之，認為即使是數學和幾何學的命題同樣源自經驗，同樣是對經驗材料的概括而已。

休謨在西方近代實證主義思想的形成中具有重要作用。雖然他通常被看作是經驗論的主要代表，但他在處理兩種知識的關係上卻與洛克、巴克萊等人的經驗論有著很大的不同，而且正是這種差別使得當代哲學家把休謨放到了實證主義的陣營。邏輯實證主義者把休謨看作是他們思想的先驅之一，而科拉克夫斯基則直接把他稱做「實證主義哲學的真正鼻祖」。

休謨區分了「印象」和「觀念」，但認為關於觀念之間關係的知識是不需要觀念之外的經驗觀察的：它們只是由相似、相反、不同程度的性質以及數量等關係構成的。對這些關係的研究是數學學科的內容，與外在的世界無涉，數學命題的真取決於這些命題所使用的概念以及概念之間推理關係的自明性。休謨由此認為，雖然關於事實的判斷告訴了我們關於存在的內容，但它們卻不包含必然性的知識，所以，人類關於事實判斷的經驗知識是有局限的，從這樣的知識中我們無法得到關於必然性的知識。休謨懷疑論的要旨就是否定了所謂的「規律」命題反映了事物自身的必然性，而認為必然性只能存在於我們的心中，存在於我們由聯想產生的思維習慣之中。休謨對因果概念和本體概念的批判，導致了後來的實證主義者完全拋棄實在論的形上學，否認存在任何先天的認識

對象，放棄對科學中的必然因果性的追求，主張對知識採取概率論的立場。可以說，從 19 世紀初開始復興的整個實證主義哲學思潮，都是沿著休謨的懷疑和批判的思路展開的。

## 三、實證主義 vs. 現象論：這兩種典範的比較

科學哲學的討論中，**實證主義**（positivist）是指基於可衡量的變數及可證明的假設所進行的客觀研究，因此，實證論的研究取向主張主要是（或應該是）可觀察的事件的預測或解釋。**現象學**則認為個人及其所在的世界是同時被建構。「脫離了人，世界就不存在；脫離了世界，人就不存在」。現象論取向關注的是對被研究者有意義的事件的理解（Patton, 1990）。現象論的研究方法包括定性研究，另外，民族學方法、符號互動論、詮釋論、扎根理論、自然主義式研究及人誌學皆屬定性研究的可能選擇（Patton, 1990）。欲進一步了解兩種取向的差異，需要討論包括本體論、認識論、邏輯及目的論在內的幾個哲學課題。Maykut & Morehouse（1994）將這些哲學課題及所關心的主要問題整理如表 9-2。

表 9-2　與研究有關的哲學領域及問題（**Maykut and Morehouse, 1994, p3**）

| 與研究有關的四個哲學領域 | 探討的問題 |
| --- | --- |
| 1.「本體論」：探討一些現象本質的「基本假定」，有關真實本質的問題。 | 事物特性「真實本質」為何？何謂真相？什麼才稱得上證據？ |
| 2.「知識論」（認識論）：指這些現象的「知識本質與起源，及知識的建構」如何被知道的。 | 知識者與所知之間的關係為何？價值在理解中扮演何種角色？ |
| 3.「方法論」：與研究有關的邏輯處理的是採用證明或驗證的原則。 | 片段資訊之間是否可能存有因果關聯？ |
| 4.「目的論」一般與目標問題有關 | 研究是為了什麼目的？ |

「本體論」旨在探討一些現象「真實的本質」的「基本假定」，其關注問題之一就是：事物特性的真實本質為何？人們實在很少會想到「真實」的本質為何，因為在每天的生活中真相或真實發生的事係已知的。事實上，有關「世界如何運行？」的答案卻常常影響著研究的方法及其他研究問題的形式。

「知識論」（認識論）的假定係有關於「知識的起源」，關心的問題包括：認知者與被知悉及理解的對象間關係為何？價值在理解的過程中扮演什麼角色？

對「真實的本質」的假定，影響著我們自身與知識的關係，如果真實可以「被分割」（例如：系統可被分割成子系統，再就各系統個別進行研究，最後再將結果累積成整體），自然地，識知者或研究者就可自所研究的人或事物中抽離出來。另一方面，如果知識是「被建構」而成的，識知者就不可能全然地自外於所知的對象，因為世界是由觀者與其對象共建構而成的。

如果我們假定「絕對的真實」是存在的、世界是可被區分成某些部分的，那麼研究者努力的目標則在發現或證實由絕對真實萃取出的絕對答案，及一般性的法則或定律。識知者若可以自外於所知，那麼研究者可以是價值中立的，其價值觀才不會改變絕對的真實。但現象論學者認為識知者與被認識對象係相互依存，所謂的真實是透過二者的互動所建構出來的。如果真實是被建構出來的，識知者與所知是無從隔離的。因此，研究者的價值是不可能中立的，他的價值觀自然會影響並形成被了解的對象。

研究者對於因果關聯的理解與「本體論」的假定有關。如果真實是多元且被建構出來的，因果關聯將是互相的，事件的發展將不是單向而是多向。此種觀點對於蒐集資料的過程中如何看待研究或資訊亦有其意義。定性研究尋找的是由資料中浮現的態樣（patterns）。量化研究則建立猜測或假設，再以資料來驗證假設。

「方法論」關心焦點：邏輯處理的是證明或驗證的法則，重要的問題有：少量而片段的資訊之間是否有因果關係存在。現象論視事件是相繼形成的，在情況中可以找多向的關係，因此它不同於實證論取向的研究，現象論並不認為「原因」是研究的主要焦點。

「目的論」關心問題包括：研究對知識的貢獻為何？研究的目的為何？兩種取向的研究者在看待研究結果的一般化時，亦存有極大的差異。定性研究著重脈絡的邏輯，也就是在特殊的情境及環境中了解一個現象的所有複雜的細節。相對地，量化研究則為了將研究結果應用到最多的可能主體或實驗中而努力消除環境中獨一無二的構面。

**實證主義**（唯物論）與**現象論**（唯心論）這兩種典範對「知識貢獻」的看法亦不同。實證論研究無法適當地解釋新知識是如何發現的，因為實證論取向在驗證已被其他方法發現的知識。相對地，現象論取向則傾向藉著仔細觀察及檢查「資料呈現的類型」來發現命題。

在解釋研究結果時，因為另類典範注意的是多向的、相互構成的真實，為了解釋它們以採用個別的觀點，諸如表格之類的方法是有效的，即使表格對傳

統典範而言也是有組織的模型，如果實證論的假定被視為是「有順序的、可區分為個別的、部分的」，那麼現象論的假定應該被視為「相互關聯的以及多向的是很重要的」。

對上述問題的不同答案，兩種假定自然產生了不同的研究取向。定性研究截然不同於邏輯實證論的研究取向。

## 9-5 定性研究的優缺點

### 一、定性研究的優點

質性有五個特性（Bogdan & Biklen,2003）：

1. 自然性（naturalistic）：質性研究是在實際場域中，蒐集初級資料，研究者本身就是最重要的研究工具。研究者通常必須長期前往或待在研究現場，並使用器材蒐集各種類型資料（影片、語音、肢體語言、數字……），深入了該場域的時空脈絡（context），才能詮釋這些脈絡對於研究對象的影響。

2. 描述性資料（descriptive data）：質性研究蒐集資料多數是文字、圖片、影片，而不是純數值。這些書面資料包括訪談逐字稿、實地扎記（fieldnotes）、相片、錄影、個人文件、備忘錄（memos）、官方記錄……。研究者在分析這些資料會以審慎全新的視野來呈現豐富內容。

3. 考慮其過程（concern with process）：研究某一事件或活動（e.g. 媽祖繞境）的結果固然重要，但其發生的過程亦很重要，才能了全面了解形成的原因及影響。

4. 歸納性（inductive）：質性研究傾向用歸納法來分析質性資料，由個別證據整合來建構理論。它是由下而上（bottom-up）的論證方法。它不像量化實驗，常在研究前就訂有假設，接著再蒐集資料來接受（或拒絕）該假設之 top-down 的論理建構方式。

5. 意義性（meaning）：質性研究非常強調事件或活動對研究對象所產生的意義。研究者以外來者的身分來參與觀察，並了解研究對象在研究場域的內部觀點，就必須與研究對象保持良好互動關係，才能感同身受來詮釋該場域中的經驗的意義。

### 二、定性研究的缺點

定性研究強調「主觀性」與「參與性」特點，偏重個案，亦可能發生「以

「偏概全」的效果，而影響到整個研究之外部效度。此外，由於研究者過度投入，使自己成為被研究對象之一，反而喪失了研究者客觀的立場，模糊了原來科學研究的目的，因此降低了研究結果之內部效度（許士軍，民85）。

由定性研究的定義及特性，使得定性研究常受到下列的質疑：

1. 強調以人為工具，會使研究過度受研究者的偏好影響，可能產生不夠客觀的結論。
2. 研究樣本不足，只對少數個案進行了解，無法產生具一般性的有效結論。
3. 定量的學者常批評定性的研究結果無法概推到其他情境，使研究結論較欠缺實用價值。
4. 沒有明確的指標來判斷研究品質。

面對定性研究的特性而造成有關研究的信度或效度的質疑時，我們必須理解，造成研究取向差異的原因，其實是不同研究典範對哲學觀有根本上的差異，因為此種不同，對於如何探究事實，自然有不同的選擇。

因此，對定性研究的哲學基礎進行了解，將有助於澄清某些基於邏輯實證論的假定而將定性研究與較不完備、較無價值或較不科學的研究方法畫上等號的想法。而給定性研究正確的定位，正視其研究結果對理解現實世界的貢獻，進而使其成為更多研究者的可能選擇或許可為管理研究提供更豐富的視野。以下，將以前述科學哲學家及方法論學者爭辯的兩種研究取向：實證主義及現象學為對象，說明構成兩種研究取向的哲學基礎。

從「方法論」立場來看，定量與定性這兩個學派的論點，對社會科學研究者來說，這兩者應被視為相輔相成的研究法，研究者在從事研究時，應加以適當的「選擇」配合。一般，影響研究者「選擇」定性或定量研究法之因素，包括：研究者本身所屬領域偏好，例如：企管、傳播廣告及心理學慣用定量法，教育及公共行政兩者慣用定性法，資管採用定量法則遠多於系統發展法及邏輯推論法。表9-3為定性研究及定量研究之綜合性比較。至於該選用定性、定量或兩者的混合，關鍵點在於你的「研究目的」，例如：對教育者而言，若想探討如何改善教室經營、課程內容架構、教育制度改革，此時選用定性會比定量來得好。

表 9-3 定性研究及定量研究之綜合表

| | 定性研究 | 定量研究 |
|---|---|---|
| 1. 從本體論 | 假設世界上事物現象是「主觀詮釋」 | 假設事物現象是「客觀存在」 |
| 2. 從認識論 | 主觀體驗,非由外人來了解。追求整體意義 | 分析「客觀」的因果關係,強調「客觀解釋」 |
| 3. 從方法論 | 追求「特殊」關係 (ideographic) 的整體了解(同中求異) | 追求「普遍性」關係或定律 (nomothetic) (異中求同) |
| 4. 從研究者角度 | 研究者須身歷其中,才能感同身受 | 視研究者為局外人 |
| 5. 研究者與對象之間的關係 | 研究者必須親身參與 | 兩者是分離的 |
| 6. 方法技術 | 常用描述性 | 利用統計方法 |
| 7. 研究目的 | 確定某一事物是否存在 | 確定某一事物存在的數量 |
| 8. 研究內容 | 較不結構化、較大彈性 | 較結構化、較確定 |
| 9. 研究方法 | 個案研究法、深度晤談、團體晤談、參與觀察、投射技術…… | 調查法、實驗法、彙總 (meta) 法…… |

## 三、定性研究的特性

定性研究的主要特色包括:

1. 定性研究追求主觀了解,重視研究者親自參與之同理心 (empathic)、感同身受 (understanding)。

2. 定性研究重視質的存在,而非量的多少。判定存在什麼事情,而不是存有多少這些事情。

3. 定性研究重視完成性而非程序,易言之,定性研究是從不同抽象層次的理論來組織大量的非結構化資料,使其成為有意義的資料。

4. 定性研究著重「發現」,而定量研究則重視「驗證」研究假設及理論。

定性研究的主要性質有下列五項 (Bogdan & Biklen, 2007):

1. 就問題類型而言:研究的現象是複雜的,包含許多互相糾纏的現象。因此觀察的角度是整體的,所處理的現象是動態的。

2. 就與理論的關係而言:定性研究之目的不在驗證 (verify) 理論,而在發現 (discovery)。研究的發現是植基 (grounded) 於資料,但卻不是完全受限於資料。因此,研究者可以超越原來的理論架構。

3. 就資料來源而言:定性研究是從行動者的角度來觀察所要研究的對象。因此,

衡量或觀察的對象是組織實際發生之現象，而不是經過控制或設計過的工具。資料來源不只是客觀的資料，也包括一些主觀的、片段的、軼聞的軟性資料。

4. 就資料的蒐集方式而言：定性研究主要是以非結構式的訪問，來深入探討少數個案。雖然是小樣本的訪問，但資料蒐集的方式應該以有系統的方式進行。

5. 就發現產生的方式而言：定性研究所產生的理論，主要來自於資料的歸納。研究的發現不在說明變數間的關係，而是在於將具有複雜關係的變數，綜合成「理想型態」（ideal type）。因此，使用定性的探索性研究，可以大幅增進對問題了解的深度，實務性較高，但亦有其缺點，例如：分析較為困難、研究者主觀的介入、涵蓋面小、通用性低，常需要整理數十個個案之後，才能歸納出一些涵蓋面較大而通用性較高的原則。

## 9-6 定性研究的理論發展

### 9-6-1 定性研究的步驟

1. 先熟悉相關領域的「**理論基礎**」或文獻探討。
2. 熟悉所獲取的大量「**資料**」。
3. 以同理心的感受，產生「**迷惑或不解**」之問題。
4. 針對產生的問題來**頓悟**（**insight**）、創意。此點亦說明了定性研究者本身要具備慧根，方可產生理論。

例如：行銷的研究。根據定義，市場研究用於蒐集要定位的當前和潛在消費者的數據。在決定進行市場研究專題時。通常，最佳實踐（如果有時間和資源的話）是從定性研究開始，以獲得決定在定量研究中從何處進行更深入研究的細節。

定性研究主要是探索性研究，用於獲得對潛在原因、觀點和動機的理解。利用社群平台是一種預算友好的選擇，隨著你的社群隨著時間的增長，它可以節省招聘時間。以下是建立定性研究的 5 個步驟：

Step 1 建立具有目標的專題布局（**layout**）

在開始市場研究項目時，重要的是要清楚地概述你希望找到的挑戰。進行消費者調查的原因有很多，其中包括：

1. 品牌意識。

2. 產品測試。

3. 消費者滿意度。

4. 價格敏感性。

　　接下來，了解你的目標。目標是針對最終結果和你將獲得的資訊，而不是研究項目中的步驟。例如：

1. 理想目標

　　了解是什麼因素導致了我公司與直接競爭對手的客戶保留。

2. 不是理想的目標

　　招募 20 名參與者進行深入採訪。

**Step 2** 建立要提出的問題的大綱（**outline of questions**）

　　建立目標之後，制定調查問題。使用調查平台匯總並篩選問題，以篩選社群中合適的參與者。創建調查問題時的第一大錯誤是提出主要問題。他們將不知不覺地將參與者引向論點的一側。例如：

1. 引導性問題（leading question）

　　您認為紅色是該產品的正確顏色嗎？

2. 無引導性問題（Non-leading question）

　　您對該產品的顏色有何看法？

3. 其他一些最佳做法包括

　　(1) 不問絕對問題（總是、永遠、永遠地使用）。

　　(2) 當詢問具有敏感性的問題（例如：種族、性取向、信仰等）時，請在大綱結尾處提問。

　　(3) 不要在不解釋每個單詞含義的情況下使用專業術語或縮寫。

**Step 3** 從社群來招聘（**recruitment from your community**）

　　在蒐集數據之前，請務必考慮樣本數。在定性調查中，通常 15-20 歲的參與者是理想的調查對象。你的社群將使你輕鬆查看成員的個人資料以查看過去的參與情況，因此你不必太頻繁地調查成員。

　　社群參與者樣本應該是你所針對的目標人群的一般表示形式，否則，你的答案將錯過你想要聯繫的對象的標記。設置來自社群的目標樣本後，就可以進行研究了。

**Step 4** 構思你研究（**conducting the research**）

　　這是你進行調查，進行訪談和實施現場測試的時候。這些重要步驟可能很耗時，但很關鍵。但是，使用社區可以輕鬆設置問題和任務，而不必親自調查

每個人。

你可以向整個小組提出問題並進行討論，也可以分別向個人提出問題。答案、選擇和觀察結果都已蒐集並記錄下來，因此你可以返回查看以準備報告。

Step 5 處理數據並準備報告

審閱定性數據可能是一項艱鉅的任務，具體取決於所提出的問題數量，接受調查的參與者人數以及審閱數據的團隊成員數量。由於你要問的是開放式問題，因此請務必精心設計答案。

開始注意到短語和主題對齊後，就開始將它們添加到單詞堆中，並記住跟蹤誰提到了每個註釋。這樣做可以創建一個角色，以進一步研究目標人群。

在介紹你的工作時，你的可交付成果至關重要。使用定性數據的好處在於，可以展現自己的創意。使用文字雲查看哪些關鍵字經常彈出。

最重要的一步是你的展示之後。確保檢查可行的步驟，創建時間表以進行重組，並請適當的利益相關者來審查你的發現。

值得注意的是，造成定性研究蒐集資料的差異之因素，常見有四個：

1. 參與者 vs. 外人所蒐集資料可能會不同。
2. 參與時間的長短而感受程度不同。
3. 參與的程度：是全程參與，或是部分參與。
4. 蒐集資料方式：是表格填寫，或是開放式記錄。

## 9-7 定性研究的信度與效度

定性研究仰賴多元資料（觀察、訪談、錄影……）之間的交叉分析來增強研究發現的效度與信度。以產業研究為例，這些資料來源包含了政府品、研究機構的產業調查報告、產業期刊與新聞報導、正式與非正式的公司資料、訪談筆記與分析筆記、田野觀察等。在運用這些資料進行研究時，推論與資料累積互動參照進行，一方面藉著極大化資料的相容性以推論出暫時性發現，同時藉著消解資料間的衝突來引導更深入的進一步資料蒐集與研究發現的細緻化（鄭陸霖，民 89）。

### 一、信度

定性研究的信度是指研究者的互動形式、資料記錄、資料分析及資料中詮釋參與者之意義之一致性。信度又分為內部信度與外部信度兩種。

　　內部信度指在同一研究中的多位觀察者是否一致之程度。例如：將深入訪談時，以錄音方式來幫助記錄，並在個案分析時直接引用受訪者的意見，以提高個案研究的內部信度。

　　外部信度表示獨立研究者在相同或類似情境中，能發現相同現象之程度，仔細描述受訪者與決定選取受訪者的歷程、研究者地位澄清，都有助於提高外部信度（丁上發，民89）。

## 二、效度

　　內部效度涉及研究資料眞實的程度，及研究者眞正觀察到所希望觀察的現象。研究者藉由持續蒐集資料，經由分析、比較、驗證資料以修正觀念，並確保以研究爲基礎的類別與事實之間的配合。此外，研究完成後，遇有問題馬上和受訪者進行查核，希望能提高研究發現的可信度。

　　外部效度方面，定性研究不以概括結果，而以擴充了解社會「事實的建構過程」和「人們在不同的、特有的文化社會脈絡下的經驗和解釋」爲目的。因此，外部效度要求可由研究者詳述受訪者的感受與經驗，且將其轉換成文字陳述來達成（張耀饒，民88）。

## 三、建立定性研究之可信度的方法

　　嚴謹的定量研究，其信度驗證是決定在我們是否有正確地描述情境與事件、母群的代表性，或測量／分析技巧。相對地，因爲定性研究源自大量資料，故定性分析會有相當多的工作作業及資料分析過程，因此會花費相當多時間和精力。定性研究者的目標是去完成資料分析圖及資料詮釋的信度。常見建立定性可信度的做法，有表9-4所示的15種方法，這些定性方法與定量研究之名詞對照。

　　易言之，質性研究品質有四個衡量指標：

### (一)可信性（credibility）

**1.三角驗證（triangulation）**

　　研究者蒐集了不同的資料來源（例如：使用調查檢核表、實際觀察錄影錄音及家長訪談等方式），調查了不同的對象（例如：學前融合班兩位教師、研究個案家長），採用不同蒐集資料的方法（評量、調查、訪談與觀察）作爲三角驗證，以確保研究之品質。藉著多重資料來源、方法的三角檢定，來使用數個觀點分析相同位置的資料，以增加觀察資料與發現之可信度。

**2.** 受訪者檢核

例如：在訪談研究個案家長之後，請家長針對研究者所做成之逐字稿進行驗證與提供回饋，以確認研究者是否眞實呈現受訪者之原意或避免疏漏之處。

**3.** 評分者一致性檢核

例如：爲了使研究者對於研究個案與其家長的觀察資料能更具客觀性，可邀請「前任老師」進行兒童閱讀行爲、家長指導行爲及個案一週活動記錄單等研究資料的評分者一致性檢核。

### (二)遷移性（transferability）

可以用豐富的描述來達成。例如：針對個案之閱讀相關能力、個案在閱讀行爲之表現、個案家庭背景介紹與家庭閱讀環境之情形作探討，藉由豐富的描述提供讀者間接的經驗，以作爲判斷遷移性的資料基礎。

### (三)可靠性（dependability）

根據 Miles 和 Huberman（1994）提出對質性研究有關可靠性的指標中，同儕檢核是可靠性指標之一。

### (四)可驗證性（confirmability）

除了使用豐富的描述內容讓讀者自行判斷其驗證性，若由他人來分析需同時具有保留性和一致性。例如：邀請曾經做過學前兒童閱讀行爲觀察的質性研究且修讀過相關課程之資深教師，擔任可驗證性審核者，包括：調查、訪談與觀察原始資料、訪談資料分析的類別、資料分析結果摘要、研究過程中所使用的工具及初步完成的研究報告。

**表 9-4** 建立定性可信度的方法

| 步驟 | 建立定性可信度的方法 |
|---|---|
| 1. 追蹤稽核<br>（audit trail） | 允許從「研究發現」到「資料」之回溯追蹤，來建立定性研究的可靠性。 |
| 2. 澄清研究誤差<br>（clarifying researcher bias） | 評論「過去經驗、偏見、歧見、原始來源」，來塑造本研究的詮釋及方法。如此以檢查定性研究的確實性（conformability）。 |
| 3. 編碼—解碼<br>（code-recode） | 編碼後，再等一段期間，然後再還原解碼（recode）以增加定性研究的可依賴度（dependability）。 |

| 步驟 | 建立定性可信度的方法 |
|---|---|
| 4. 抽樣框架<br>（compare sample to demo） | 比較「參與者與樣本框架」在個人屬性變數（性別、年齡、學歷⋯⋯）的人口比例。 |
| 5. 深入樣本描述<br>（dense sample description） | 深入的描述參與者之人口特徵。 |
| 6. 外部稽核<br>（external audit） | 利用外部顧問來檢查本研究過程及結果的可靠性（credibility）。 |
| 7. 夥伴檢查<br>（member checking） | 請參與者再評論／回答你的手抄本、筆記、草稿和資料詮釋，以增加定性研究的可靠性（credibility）。 |
| 8. 負面個案分析<br>（negative case analysis） | 用駁斥的新證據來挑戰你的研究命題，並修訂這個命題。 |
| 9. 推薦樣本<br>（nominated sample） | 用一個評審的名單來協助該如何選擇參與者。 |
| 10. 同儕檢查<br>（peer examination） | 允許同儕來檢驗定性研的方法、工具及其詮釋。 |
| 11. 延長田野經驗<br>（prolonged field experience） | 採用更長時間之研究設計，以增加定性研究的可靠性（credibility）。 |
| 12. 立意取樣<br>（purposeful sampling） | 尋找知道本事情發生過程及現象者，或情境發生地點。 |
| 13. 反射性<br>（reflexivity） | 追蹤本研究發展過程之各種想法，來保持不同田野／實地日誌的反射。 |
| 14. 加重描述<br>（rich, thick description） | 提供參與者的觀點和情境描述，讓後續讀者做可移轉性（transferability）的決定。 |
| 15. 三角驗證法<br>（triangulation） | 由於意義是發生人與人、人與情境的互動作用所產生，也是必須透過人才具有意義，所以，多元資料蒐集策略、多重資料來源取得、多重調查者、多重理論⋯⋯的互驗，來增加定性研究的確實性（conformability）。 |

## 四、定量與定性名詞之對照／解釋

| 量的名詞 | 質的名詞 | 定性名詞之定義 |
|---|---|---|
| 外在效度<br>（external validity） | 遷移性<br>（transferability） | 定性研究發現能夠適用於本研究環境條件以外的適用程度。 |
| 內在效度<br>（internal validity） | 可信性<br>（credibility） | 定性研究發現和詮釋之相對真實度（truth value）。 |

| 量的名詞 | 質的名詞 | 定性名詞之定義 |
|---|---|---|
| 客觀性<br>（objectivity） | 可驗證性<br>（conformability） | 設計來偵測研究者偏誤的任何影響。 |
| 隨機抽樣<br>（random sampling） | 立意取樣<br>（purposeful sampling） | 選擇具有資訊豐富之個案做深度的研究。資訊豐富的個案，是指此樣本能含有大量與本研究目的有關之重要資訊者。 |
| 信度<br>（reliability） | 可靠性<br>（dependability） | 定性研究發現的一致性。 |
| 結果<br>（results） | 發現<br>（findings） | 系統性資料分析所呈現的發現。 |
| 嚴謹<br>（rigor） | 可信度<br>（trustworthiness） | 可信任的研究發現，係經得起不同程序的考驗，包括：此研究 conformability, dependability, 及 transferability 等方面。 |
| 受訪者<br>（subjects） | 參與者<br>（participants） | 提供本研究詳細資訊者。 |
| 效度<br>（validity） | 驗證<br>（verification） | 檢驗研究過程及結果的品質，包括此研究過程之不同階段的資料蒐集、資料分析、撰寫。有時 verification 亦可當作 trustworthiness 的同義詞。 |

## 9-7-1 三角驗證法

　　在社會科學中，三角驗證（triangulation）是指幾種研究方法在同一現象的研究中的應用及組合。透過結合多個觀察者、理論、方法及經驗材料，研究者希望克服單一方法、單一觀察者及單一理論研究的弱點或內在偏見及問題。

　　三角驗證，在人類行為某些方面的研究中，使用兩種或更多種資料蒐集方法。多種方法的使用，有時被稱為多方法的方法，與社會科學中大量研究的普遍存在但通常更脆弱的單方法之方法形成鮮明對比。從其原始及字面意義上講，三角驗證是一種物理測量技術：例如：航海家，軍事戰略家及測量師會使用多個位置標記來確定單個地點或目標。透過類推，社會科學中的三角技術試圖透過從多個角度研究人類行為的豐富性及複雜性，並同時利用定量及定性資料，來勾畫出人類行為的豐富性及複雜性。

　　三角驗證旨在證明並發有效性的有效方法，特別是在定性研究中（Campbell及 Fiske, 1959）。

在社會研究中，多方法方法的優點是多方面的，你將研究其中的兩個。首先，雖然在**醫學、化學及物理**等領域的單一觀察通常可以提供有關選定現象的充分而明確的資訊，但它僅提供了有限的觀點，說明了人類行為的複雜性以及人類相互作用的情況。已經觀察到，由於研究方法充當有選擇地體驗環境的過濾器，因此它們在代表經驗世界方面從來不是理論上或中立的（Smith, 1975）。因此，僅依靠一種方法可能會使研究者對所研究的特定現實部分的圖片產生偏見或扭曲。研究者必須確信所生成的資料不僅僅是一種特定蒐集方法的偽像（Lin, 1976）。就**運動學研究**而言，當不同的資料蒐集方法產生基本相同的結果時，就可以實現這種信心。（如果在詮釋性研究中使用三角驗證法來調查不同參與者的觀點，則相同的方法（例如帳戶）自然會產生不同的資料集）。

方法之間的對比越多，研究者的信心就越大。例如：如果問卷調查的結果與對相同現象的觀察性研究的結果相對應，則研究者對結果會更有信心。或者更極端的是，在嚴格的實驗研究結果被複製到例如角色扮演練習中的情況下，研究者將獲得更大的保證。如果發現是方法的偽像，那麼使用對比方法會大大減少任何因方法的相似性而導致一致發現的可能性（Lin, 1976）。

現在你得出第二個優點：一些理論家對社會科學中現有探究方法的有限使用提出了嚴厲批評。例如：一位作家評論：

> *許多研究採用了方法論的鄉土觀念（parochialism）或種族主義（ethnocentrism）之外的特殊方法或技術。方法學家經常推動特定的寵物方法，要麼是因為它們是他們唯一熟悉的方法，要麼是因為他們認為自己的方法優於其他所有方法。（Smith1975）*

有人認為使用三角技術將有助於克服所謂的「方法界限（method boundedness）」問題。Gorard 及 Taylor（2004）確實證明了定性及定量方法相結合是有價值。

在使用多種方法時，三角驗證可以使用規範性或詮釋性技術。也可以結合這兩種方法中的方法。

回到自然主義探究，Lincoln 及 Guba（1985：315）提出三角驗證意在作為對資料的檢查，而成員檢查及可信度元素則用作對成員資料結構的檢查。

## 9-8 定性研究的效度

　　Dey（1993）以為為了檢核蒐集得來之資料的品質或效度，經常發問以下六個問題：

1. 資料係根據自己的觀察而得，或出自道聽塗說？
2. 所蒐集的資料是否有經過他人進一步的確證？
3. 在什麼條件之下，進行的觀察或提出的報告？
4. 提供資料的人士的可靠性如何？
5. 什麼動機影響參與者提出的報告？
6. 什麼偏見影響了觀察及提出的報告？

　　這些問題似乎涉及資料是否可信和有效的問題，定性研究者採取與量的研究者不同的術語，來探討信、效度問題。雖然 Smith（1983）主張，質的與量的研究二者的基本假定，如前一節的分析，可知並不相容，因此信、效度的概念應該拋棄，然而多數定性研究者並不接納該種說法。

　　有關蒐集得來之資料的品質所涉及的概念，質的和量的研究各自使用的術語並不一致，Anfara 等人（2002）將之做了以下的歸納，可供參考。研究者所使用的信、效度術語，即依據他們的分析而來：

1. 可信性（credibility）＝內在效度（internal validity）。
2. 可遷移性（transferability）＝外在效度（external validity）。
3. 可依賴性（dependability）＝信度（reliability）。
4. 可確認性（confirmability）＝客觀性（objectivity）。

　　傳統所指量的研究效度，係指一種測驗能夠測量出其所要測量的東西的程度。定性研究所指的效度，與其說法不同，專指研究者蒐集得來的質的資料，能夠準確地判斷吾人想要估計的東西的程度，亦即關注研究發現的準確性（accuracy）和真實性（truthfulness）。從歷史演變的角度觀之，一開始效度是和數量本位的量的研究連結在一起的。惟自 1970 年代末和 1980 年代初，定性研究深受重視之後，定性研究者開始感覺到有一股壓力，需要去證明其研究具有合理性，以及確保研究的準確性和可信性。

　　定性研究者用來描述效度的專門術語有二，一是 Guba（1981）以及 Lincoln & Guba（1985）所主張的可信賴性（trustworthiness）；另一為 Maxwell（1992）採用的了解（understanding）概念。

　　先就可信賴性分析，Guba 將之：包括可信性（credibility）、可遷移性

（transferability）、可依賴性（dependability），和可確認性（confirmability）。Gay, Mills 和 Airasian（2009）以及 Mills（2010）於分析定性研究效度時，即據此而來，惟有的學者（如：Ary, Jacobs, & Sorensen, 2010; Marshall & Rossman, 2006）則認為，可依賴性應屬於信度的範疇；可確認性則與客觀性、中立性較有關聯。王文科＆王智弘（民99）根據後者的見解，將可信賴性移往信度分析，可確認性隨之移往客觀性探討。

## 可信賴性：可信性、可遷移性

評估可信賴性效度的標準之一為可信性。當定性研究者在評估研究者的觀察、詮釋和結論是否具有可信性（credibility / believability）時，可信性即可取來和量的研究中的效度規準（包括測量的效度和內在效度）並行探討。

定性研究追求的可信性之目標在於：探索問題，或者描述場景、過程、社會群體或互動組型。亦即研究者能夠對呈現在研究當中的一切複雜性予以通盤考量，同時處理不容易被解說的問題。是以可信性以獲知參與者對情景或事件的知覺，和了解研究者在研究報告中對它們這些所做的描繪是否匹配。換言之，可信性乃在於探求研究者是否已經能夠準確表述參與者的所思、所感和所為，以及影響他們的思維、感受和行動的過程。

定性研究者為了了解可信性，通常要發問以下的問題：研究者以重複的、延長時間的和實質的投入田野工作的方式如何？研究者耗於場景的時間足夠嗎？研究者以有意義的方式和參與者保持互動嗎？出現的觀察者效應減輕，觀察者深受參與者信賴，並與其建立密切關係嗎？研究者所使用的方法，是否易於對研究的場景和參與者提出準確的和深度的圖像？

為了回答上述問題，並確保可信性，研究者可採取以下的策略（Gay, Mills, & Airasian, 2009; Johnson & Christensen, 2008）：

1. 延長在研究場所參與的時間：俾讓研究者發展出一種適合於解釋資料且能發揮防衛作用的學理，即所謂獲致學理適當性本位的證據（evidence based theoretical adequacy），以克服曲解和偏見。
2. 進行持續性觀察：以確認研究者所蒐集之資料，具有普遍性和非典型的特徵。
3. 作同僚探詢（peer debriefing）：係指透過同僚間專業性互動，以增進洞察力，也就是就有能力的他人相互之間，對於描述、詮釋、與確定的主題，有一致性共識，以獲致一致本位的證據（evidence based on consensus）。
4. 平常檢查田野劄記並向研究者的同事發問問題：以協助研究者再度檢查假定，

並考量查看資料的替代方式。在許多行動研究中，與其他實務工作者合作與定期性會議，可作爲同儕報告的功能。

5. 確立有關項目的適當性：即蒐集文件、錄影、錄音記錄、人工製品、其他原始的或生活切片的資料項目等，可作爲研究的一部分，以供分析和詮釋之用。

6. 成員查核（member checks 亦稱參與者回饋）：訪談稿或研究者研究結論摘要，要送給參與者表示評述意見，以探求接受研究者是否同意研究者對他們所說到的一切。此外，研究者藉著記錄反思的田野劄記，以及記錄他們的思維報告，以持續調控他們自己主觀的觀點和偏見。此種準確描繪與參與者有關聯性、且由研究者所研究的意義；以及參與者的觀點、思維、感受、意向和經驗被準確了解與描繪的程度，亦謂之獲得指涉或詮釋適當性本位的證據（evidence based on referential or interpretive adequacy）。

7. 實施三角驗證（triangulation）：指的是所有定性研究者使用多種方法、資料蒐集策略和資料來源的過程，以獲得接受研究之對象的完整圖像以及作複核資料之用，確定他們對研究的地方和人員有廣泛的陳述。由這些不同出處的資料，透過三角驗證來做比較，以確證研究者所作的結論。如果資料來源提供的是衝突的資訊，研究者應爲這種衝突，探討出可能的理由。三角驗證可分成以下五種：

(1) 資料三角驗證法，在研究中採用各種來源（程序或工具蒐集而得）的資料，以協助了解現象，是一種用以取得結構確證本位證據（evidence based on structural corroboration）的手段，透過該種手段，將多種類型的資料彼此關聯起來，以支持或否定對某事務狀態所做的詮釋與評鑑。

(2) 方法的三角驗證法，使用多種研究方法，如人種誌法和文件分析法，來研究現象，亦爲取得結構確證本位的證據的一種手段。

(3) 研究者的三角驗證法，運用好幾個不同的研究者或評鑑者來蒐集、分析和詮釋資料，亦是用以取得結構確證本位的證據的手段之一。

(4) 理論的三角驗證法，對單一資料運用多種觀點來詮釋和解說資料，以獲致學理適當性本位的證據（evidence based theoretical adequacy）。

(5) 科際三角驗證法，使用其他學科推論過程以及了解研究發現，亦爲獲致學理適當性本位的證據的一種手段。由於三角驗證在運用上的慎重其事，步步爲營，所以據以提出的研究報告，使用多種低推論的描述（low-inference descriptors）以及豐厚的描述（thick, rich description）方式，前者如逐字稿或直接引述，以協助讀者體驗參與者的世界。後者乃在於協助研究傳遞對

研究脈絡的了解，即在於取得指涉或詮釋適當性本位的證據。

8. 注意聲音（attention to voice）：採取解放架構的研究者堅持，評鑑一項研究要採用此策略。問題有如：誰替誰說話？研究者找出社會中最無權力的人，讓他們參與活動嗎？這些聲音提供細微末節，且位於研究的最佳位置嗎？採取解放觀點的研究者也堅持從學理架構如女性主義理論，來檢查資料。

9. 建立結構性的確認或連貫性：以確保研究報告內部沒有存在衝突和矛盾之處。

10. 自我反思（self-reflexivity）：研究者積極地批判、反思自己可能具有的偏見，並予以確認。在資料分析過程中指出記載的反思，可使研究者變得更自知，且試圖去調整和控制自己的偏見，以獲致控制偏見本位的證據（evidence based on control of bias）。在研究計畫中，可載有一節「研究者的偏見」，以討論研究者的個人背景、該背景如何影響研究，以及研究者使用什麼策略來探討可能發生的問題。

11. 分析負向的個案（negative case analysis）：這也是研究者用來減弱研究者偏見的一種策略。研究中所列出的假設，須要提供證據來予以支持。負向個案分析涉及檢查與假設矛盾或不一致的資料。當負向的例子獲得確認之後，研究者就要修正假設，或者提供解說該個案未適合的理由，亦在於獲致控制偏見本位的證據。

12. 建立外部查核機制（external audit trail）：即由一位獨立的研究者針對以下的問題，檢查研究過程中所蒐集而得的全部資料：

   (1) 研究發現扎根於所蒐集的資料嗎？每項研究發現與資料中的某些部分有清楚的連結嗎？

   (2) 提出的論題和資料的適當性如何？所有的詮釋和結論得到資料的支持嗎？

   (3) 研究者的偏見獲得控制嗎？

   有關於上述為確保可信性所採取之策略與取得各項證據效度的對應，可參閱如下表所示：

表 9-5　提升可信性的策略簡表（王文科 & 王智弘，民 99）

| 證據效度 | 策略 |
|---|---|
| 結構確證本位的證據 | 方法的三角驗證<br>資料的三角驗證 |
| 一致本位的證據 | 同僚探詢／評論<br>研究者的三角驗證 |
| 指涉或詮釋適當性本位的證據 | 成員查核／參與者回饋<br>低推論描述／豐厚的描述 |
| 學理適當性本位的證據 | 延長在研究場所參與的時間<br>學理的三角驗證<br>科際的三角驗證<br>組型匹配（涉及根據理論預測一系列結果會形成組型，然後決定真正結果適合預測組型的程度） |
| 控制偏見本位的證據 | 反思<br>負面個案抽樣（分析） |

# 9-9 定性研究之資料分析技術

　　定性資料（qualitative data）≠ 定量資料（quantitative data）。定性資料說明的是事物的品質特徵，是不能用數值表示的，通常表現為類別。定量資料說明的是現象的數量特徵，是必須用數值來表現的，分為離散資料（discrete data）和連續資料（continuous numerical data）。

　　定性資料的性質有：

1. 定性資料（qualitative data）：包括分類資料和次序資料，是一組表示事物性質、規定事物類別的文字表述型資料，不能將其量化，只能將其定性。
2. 定性資料說明的是事物的品質特徵，是不能用數值表示的，通常表現為類別。
3. 定量資料說明的是現象的數量特徵，是必須用數值來表現的。

　　對於定性資料分析，研究人員可以使用**多種技術**，例如：

1. 現場筆記的編碼和內容分析（Miles and Huberman 1984）。
2. 認知測繪（cognitive mapping）（Jones 1987; Morrison 1993）。
3. 找尋反應態樣（patterning of responses）。
4. 尋找因果關係和關聯（causal pathways and connections）（Miles and

Huberman,1984）。

5. 介紹跨站點（cross-site）分析：Miles and Huberman（1984）質性分析分案例內（within-case）和跨案例（cross-case）分析二種。

6. 個案研究。

7. 個人建構說（personal constructs），它是凱利（Kelly, 1905～1967）所倡，是一個**雙向兩極**對立的系統，對立的形式如：高矮、單雙、快樂悲哀之類，都是對每個事件的基本建構，根據兩極的看法，可以分爲相似或不同。假設有三個事件，正極代表相似，另兩個代表不同，則三個中至少有一個和其餘兩個不同。又如其中有兩個事件爲「愉快」，因其相同，視爲同一極，另一個不同的必然屬於另一端的「不快」，依建構系統的定義，無須再去推究這另一個，即可就兩個相同的判斷或採取行動。凱利視之爲「自然的結果（corollary）」。個人依自己的建構系統將建構抽象化，加以組織，成爲一個一致的系統（自然結果），即可用以推論所面臨的事件。每個人利用自己組織的自然結果面對所遭遇的事件，每個人便顯示出各有特色。

綜括凱利的個人建構說，即是認爲每個人的獨特處，是基於各人獨有的建構系統，表現在生活中的待人處事方面。而其待人處事所依據的建構，相當於個人所持一貫的態度和觀點，即凱利所謂的自然結果；至於一個人所以要持一種態度和觀點，則是因爲「方便」，可能即是通常所說的習慣性。凱利的說法，曾經若干實驗研究，證明頗有實據。

8. 敘述性敘述（narrative accounts）：敘述或故事是對一系列相關事件，經歷等的描述，無論是眞實的（故事、小插圖、旅行社、回憶錄、自傳、傳記）還是虛構的（童話、寓言、故事、史詩、傳奇、小說）。該詞源於拉丁語動詞 narrare（告訴），源於形容詞 gnarus（知道或熟練）。與論述（exposition）、論證（argumentation）和描述一樣，廣義敘述是 4 種修辭方式的一種。狹義定義是敘事者直接與讀者交流的小說寫作模式。

9. 行動研究分析（action research analysis）：行動研究是現代教育研究方法之一，也是任何領域謀求革新的方法之一。它也是一種團體法，注意團體歷程，團體活動。不過特別重視行動，尤其注重實際工作人員一面行動，一面研究；從行動中尋找問題，發現問題；更從行動中解決問題，證驗眞理，謀求進步。在教育方面它是行政、課程、教學各方面謀求革新的重要方法。

10. 分析性歸納法（analytic induction）（Denzin 1970）。

11. 固定比較（constant comparison）和扎根理論（Glaser and Strauss 1967）。

12. 論述分析（discourse analysis）（Stillar 1998）：論述分析是一套廣泛應用於語言學、社會學、認知心理學、口語傳播等學科的分析方式，講求在語境中分析口語、書面語言、手語、肢體語言等等不同的語言行為（speech acts）及言外行為。

論述分析強調語言分析應跨越單句的藩籬，著重句與句之間成章成篇的關聯性與結構性；同時認為語言分析者應分析自然產生的真實語料，而應避免使用專為研究而造出來的例句，所以又被稱為語料庫語言學（corpus linguistics）。

13. 自傳記和生活史（Atkinson 1998）。

## 9-10 定性研究及定量研究整合的新趨勢

定性研究方法是根據社會現象或事物所具有的屬性和在運動中的矛盾變化，從事物的內在規定性來研究事物的一種方法或角度。它以普遍承認的公理、一套演繹邏輯和大量的歷史事實為分析基礎，從事物的矛盾性出發，描述、闡釋所研究的事物。進行定性研究，要依據一定的理論與經驗，直接抓住事物特徵的主要方面，將同質性在數量上的差異暫時略去。

定性研究與定量研究有下列一些不同點：

1. 著眼點不同。定性研究著重事物質的方面；定量研究著重事物量的方面。
2. 在研究中所處的層次不同。定量研究是為了更準確地定性。
3. 依據不同。定量研究依據的主要是調查得到的現實資料數據，定性研究的依據則是大量歷史事實和生活經驗材料。
4. 手段不同。定量研究主要運用經驗測量、統計分析和建立模型等方法；定性研究則主要運用邏輯推理、歷史比較等方法。
5. 學科基礎不同。定量研究是以概率論、社會統計學等為基礎，而定性研究則以邏輯學、歷史學為基礎。
6. 結論表述形式不同。定量研究主要以數據、模式、圖形等來表達；定性研究結論多以文字描述為主。定性研究是定量研究的基礎，是它的指南，但只有同時運用定量研究，才能在精確定量的根據下準確定性。這是二者的辯證關係。

## 一、定性研究與定量研究的比較

|  | 定性分析 | 定量分析 |
|---|---|---|
| 定義 | 透過觀察與分析實驗等，來探討研究對象是否具有特種屬性或特徵，以及它們之間是否有關聯性等。由於只要求得到研究對象的性質，結果多以陽性或陰性表示（有或沒有），故稱作定性研究 | 定量分析指的是一個研究對象所含有成分的數量關係，或是具備特質間的數量關係，同時也可以對幾個對象的特殊性質、特徵、相互關係從數量上做分析及比較，因此結果大多會以「數量」加以描述 |
| 目的 | 對潛在的理由和動機求得一個定性的理解 | 將資料定量表示，並將結果從樣本推廣到所研究的總體 |
| 樣本 | 由無代表性的個案組成的小樣本 | 由有代表性的個案組成的大樣本 |
| 使用數字 | 不使用數字或僅使用簡單數字 | 使用數字且使用經過繁複運算的統計數字 |
| 研究資料、材料 | 使用的是「有、無」或列舉式的類別資料 | 可以計數的資料 |
| 資料蒐集 | 非結構 | 結構性 |
| 資料分析 | 非統計的方法 | 統計的方法 |
| 結果 | 獲取一個初步的理解 | 建議最後的行動路線 |

以常見的基因診斷舉例，其方法如下表：

|  |  |  |
|---|---|---|
| 去氧核醣核酸（DNA） | Southern blot | 定性 |
|  | 及時 PCR（Real-time PCR） | 定量 |
|  | ddPCR | 定量 |
|  | NGS | 定性 |
| 核糖核酸（RNA） | Northern blot | 定性 |
|  | RT-PCR | 定量 |
|  | 及時 RT-PCR | 定量 |
|  | DNA microarray | 定量 |
| 蛋白質 | Western blot | 定性 |
|  | ELISA | 定量 |
|  | 免疫螢光染色 | 定性 |
|  | 免疫組織化學染色 | 定性 |

來源：http://slidesplayer.com/slide/11708650/

　　以教育研究爲例，定性、定量方法看似相互對立。但綜觀教育研究的整個歷程，我們可以發現，定量研究與定性研究是貫穿教育研究的兩條主線：一是模仿自然科學，強調適合於用數學工具來分析的經驗的、可定量化的研究，研究的目的在於確定因果關係，並作出解釋。另一種典範是從人文科學推演而來的，所注重的是整體和定性的資訊，通訊說明的方法。

　　定性研究與定量研究也無所謂孰好孰壞，它們只是一種研究方法。但由於過分偏重於定量研究，缺乏對定量研究局限性的了解和忽視對定性研究的關注，以致對教育研究方法的研究有過偏之嫌。

## 二、定性研究與定量研究整合的趨勢

　　由於定性研究對於資料的蒐集及分析不必受數量化的限制，所以它可配合被訪對象及研究問題的性質而動態調整，一方面所能獲得的資料內容較爲豐富外，另一方面，也給研究者較大的詮釋空間，可供創造力的發揮，以彌補定量研究之不足。

　　有鑑於社會科學現象日益複雜，研究對象並非靜止不動的，而是隨時間在改變或成長，故我們需要更多的定性研究來彌補定量研究的不足。此外，基於下述理由，我們更有理由相信定性研究與定量研究的整合是未來新趨勢（許士軍，民 85）：

1. 行爲科學研究廣度不再局限於單純的「刺激→反應」（S→R），而是互動關係，例如：個體 A 採取某一行爲，可能是基於他對個體 B 可能反應的判斷，這種彼此關係之因果難定。

2. 社會科學可運用之資源，包括無形的及有形的資源，它們不只是「集合」過程，而是「整合」過程，部分之和不會等於整體，故研究者須從一個較完整的層次來了解其中的動態及有機關係。

chapter

# 10

# 調査研究法

調查法（survey method）或稱抽樣（sampling）調查研究，是歷史悠久的研究法，也是社會科學最經常用的研究法。當社會科學家想蒐集可以描述一個母體的原始資料，卻因母體過於龐大，而無法直接觀察時，則透過嚴謹的機率抽樣，找出能反映大型母體特徵的受訪者，經由標準化過程，讓所有受試者以相同形式提供資料，得以對母體從事推估或假設的驗證的方法。不僅是社會科學研究的利器，也是測量群眾態度與民意取向的一項優良工具。

調查法主要應用於統計學、心理學、教育學、企管學、社會科學等領域，貢獻了重要的決定論理論（固定 input 就產生固定 output），迄今調查數據搭配人工智慧機率論（固定 input 就產生不固定 output），更使得調查結果能夠客觀、正確，並提供值得信賴的資料來源。包括統計學建立了抽樣原理和抽樣程序的基礎，並提供統計分析理論與技術，特別是多變數統計分析（HLM、SEM、Baysian 迴歸、生醫統計……），使研究者資料分析更具準確性、建立更好科學理論與技術、建構便佳測量理論及測量技術。加上資訊科技（AI、機器學習、大數據、物聯網）的突飛猛進，對抽樣調查的進步更是重大的助益，使抽樣成為便捷獲取資料的工具。通常，調查法進行的方式有問卷調查、面談、電訪和郵寄調查。

調查的優點：快速、廉價、高效、準確、靈活的資訊蒐集方式。

調查研究法（調查法）又稱「實地調查研究法」（field survey research），它是透過嚴格的抽樣設計來詢問並記錄受訪者，以探討社會現象諸變數之間的關係。它是透過嚴格的抽樣設計來詢問並記錄受訪者的回應，以探討社會現象諸變數之間的關係。這種研究法可套用於大大小小的各種群體，它是透過母群體中選取具有代表性樣本予以研究，旨在發現社會及心理學諸多變數彼此間相互影響的情況、分配狀況，及相互關係。易言之，調查法是一種與研究對象實質接觸、溝通，以蒐集相關原始資料之研究法。故回收資料的品質非常依賴受訪者的合作程度、能力及意願。

舉例來說，調查法用於公共事務常見的主題，包括選情、傳媒收視率、政策喜好、政府施政滿意度（貪污指數、財務痛苦指數）、國家競爭力指數、景氣好壞指數……相關議題。

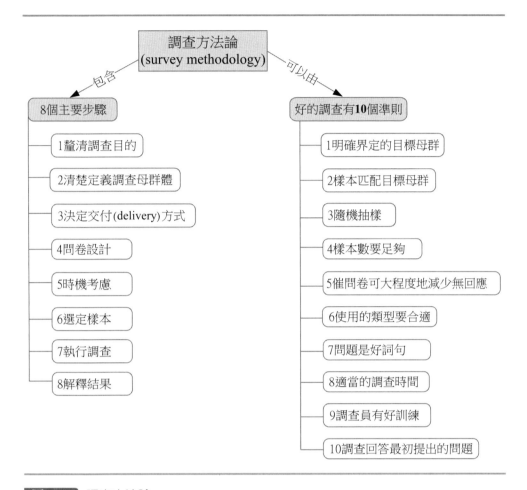

**圖 10-1** 調查方法論

來源：Survey Methodology（2019）.https://cmapspublic3.ihmc.us/rid=1HWFCYXN2-LCRS0T-16BL/Survey%20Methodology.cmap

專有名詞

1. 調查（survey）：一種研究技術，其中從人們的樣本中蒐集資訊（原始資料）以進行概括。

2. 初級資料（primary data）：專門針對眼前（現場）的項目蒐集和整理的資料。

3. 調查樣本（sample）：樣本是較大母群的子集。

4. 抽樣（sampling）要注意事項有：

   (1) 誰該被抽樣？

   (2) 樣本數該多少才夠？

   (3) 如何選擇樣本單位？

5. 目標母群（target population）：研究者希望得出概括結論的母群。

6. 隨機抽樣（random sampling）：從較大的目標母群中選擇一部分樣本，其中，每個受訪者都是完全是隨機選擇的，並且母群中的每個成員都有一個已知，但可能不相等的機會被選入樣本中。

7. 透過問卷調查的方式向受訪者（研究對象）提出問題。其中，受訪者（respondent）是指透過回答問卷或訪調員的問題來提供資訊（原始數據）的人。

8. 問卷（questionnaire）：是社會科學領域常運用的觀察方式，研究者設計的一系列結構化問題，目的是科學地整理和分析受訪者的答案。問卷調查法可用於描述性、解釋性或探索性的研究，主要用在以個人（群體／組織／國家）為分析單元的研究上。問卷是一種設計來蒐集適於分析的資訊文件，內容包括問題與其他形式的題項。

一般問卷調查之題項，可分成下列二種方式。

(1) 開放式問項（open-ended questions）：是指問項的設計讓受訪者可以提供自己的意見，而不是依據研究者所提供之答項清單作答。深度訪談及質化訪談幾乎全賴開放式問項。

(2) 封閉式問項（closed-ended questions）：是指調查的問項下，由研究者提供一份答項清單，讓受試者擇一回答。此種問項設計，因受訪者提供一致性的回答，研究者容易處理所蒐集到的答案，故通行於調查研究。

# 10-1 調查法之重點整理

優質的研究需要有一個好的問題以及明確的目標。

調查研究法的基本準則（criteria）：

(1) 相關性（relevance）：未蒐集到不必要的資訊。

(2) 準確性（accuracy）：資訊可靠有效（信度、效度）。

通常我們還需要依照以下步驟來完成一份問卷：

---

Step 1 應該問什麼？

1. 通常問題的定義就會影響蒐集到的資料的型態（problem definition → type of information）。

2. 所採用的問卷型式（自助式填答、電訪、面談）亦會影響到問卷的內容與架

構（communication medium → structure and content of the questionnaire）。

3. 設計問卷時，就應該思考是要用哪一種統計方法來分析問卷。

(1) 攸關性：去除掉不相關的問題，例如：要量測能力結果問題有問到感情就不適當。

(2) 準確性：蒐集的資料要信度及效度。

4. 一般來說一份問卷如果用簡單的方法，沒有刺激性的言語，沒有模糊的用詞，通常就是一份好問卷。

5. 效度通常是取決於問卷設計者的能力，看有沒有辦法量測到他所想要量測的東西。

6. 問題的用詞以及順序也會影響效度。

[Step 2] 提出問題（fhrasing questions）

1. 開放式問卷（open-ended response）是沒有標準答案的，因為沒有選項（options）可以勾選，受測者必須自行想出一個答案。

2. 封閉式（Fixed-alternative）問卷是有選項可以勾選的，分別依據選項的性質不同分成下列幾種：

(1) 開放式問題是最有效的，尤其當許多問題的答案範圍很廣時。

(2) 開放式在訪談時特別有用，因為可以讓受測者熱身一下。

(3) 開放式比起封閉式是非常昂貴的，因為答案廣泛必須要編碼以利建檔。

(4) 開放式要逐字記錄，因此訪問者有可能來不及記錄而偷懶只記住關鍵字而忽略了許多真正的關鍵字。

　　所以，最終的答案是訪問者與受訪者的共同回答。口才好的人會回答比較多，如果口才好的人都有同一種特性像是高學歷，那麼這些回答並不能代表整個抽樣的結果。

(1) 好的問項要互斥（區別效度）。

(2) 通常會放一個選項在頭尾是預期之外的選項。

(3) 選項要包含完整的可能的選項，否則受測者還是會選一個誤差的勾選。由此可以看出開放式問題的好處。

(4) 封閉式亦有可能沒有列出受測者真實的想法，所以受測者會去選一個社會期許的答案。

　　例如：當詢問為什麼購買一項產品時，並不會認真去思考而是選一個問卷上給的選項。

(5) 大多數的問卷都包含封閉式與開放式問題。

(6) 電訪或郵寄要比較不複雜而且要對話的型式。

Step 3 提問的藝術（**the art of asking questions**）

原因 1 並不是受測者的教育水準都很高。

原因 2 潮流效果（bandwagon effect）：是一種現象，在這種現象下，信仰、思想、時尚和趨勢的吸收率會隨著他人的採用而增加。換句話說，潮流效果的特徵在於個人採用的可能性相對於已經採用的比例有所增加。隨著越來越多的人相信某事，無論有什麼依據，其他人也會「追上潮流」。

遵循他人的行為或信念的趨勢係可能會發生，因為個人直接喜歡順從；或者因為個人從他人那裡獲取資訊。兩種解釋均已用於心理實驗中符合性的證據。例如：社會壓力已被用來解釋 Asch 的順應性實驗（conformity experiments），而資訊已被用來解釋 sherif 的自體動力學實驗（autokinetic experiment）。

原因 3 避免所有受測者之預設立場。

原因 4 受測者有時候會回答社會期許的答案。

原因 5 人常會理想化自己的行為。

原因 6 問卷實測前，用前提說資料不外洩。

原因 7 研究強迫人們回答問題是平常不接觸的則沒有意義。

　　基於上述理由，問卷的問法，應注意：

1. 避免**複雜性**（complexity）：複雜問題謬誤（fallacy）是一種謬論，它是誤差的，不是因為結論不是從前提中得出的，而是因為前提中包含了許多尚未被證明的前提。換句話說，從前提得出的任何可能的結論都不一定肯定另一個未被證明是正確的命題。

2. 避免**誘導和既定觀點問題**（leading and loaded questions）

什麼才是主要問題和最重要的問題？這些問題有幾種定義和不同的理解。

(1) 誘導性問題旨在引導人們根據其表達方式以特定方式回答問題。誘導性提問（uggestive question）或稱暗示性問題，是指用不恰當的提問方式限縮、操控回答者的回答。誘導性提問往往會使答案不能確實反映回答者內心的真實想法。在問卷應用上，誘導性提問也容易把回答者的思考方向限縮在某個範圍，使其未充分考慮所有情況，而使回答結果有所偏誤。例如：人

們對領導女性的想法進行了調查，包括以下問題：

「*很長一段時間內將不會有女總統，那也可能是如此*」。很明顯，回答這個問題的，除了領導之外，這個問題在其他方面也存在缺陷。這個問題實際上包含兩個問題，每個問題與同一個人的回答可能不同。例如：有人可能會同意暫時沒有女總統，但不同意這樣做是最好的。問題的構造迫使被調查者對兩個陳述回答「是」或對兩個陳述回答「否」。

(2) 既定觀點問題（loaded questions）與 leading 問題相似，因它們巧妙地（或不太巧妙地）將用戶推向特定的答案。既定觀點問題，有時也稱複合問題（complex question），係在問題中摻入預設的觀點，對方一旦回答，就等同承認這些觀點是真的。如果回答者並未同意該預設，僅是因正面回答問題而被迫承認，以其回答證成預設則屬謬誤。

例如：以「*你愛什麼……*」開頭的疑問句就有問題的。因為牽涉很多答問，包括：產品、人員、企業。問題在於它假定你的用戶喜歡你所問的任何內容。在這些情況下，你可能只希望找到肯定的答案，但是如果你希望得到誠實的反饋，最佳方法不是用這種方式來表達此問題。

3. 改變現實不受歡迎（unpopularity of change）的問題，例如：一例一休、同性戀議題、移民政策制定。

4. 避免模稜兩可（ambiguity）的答題。ambiguity 是指單詞、詞組或句子的含義不確定時。可能有不止一個含義。

5. 使用介紹性直述，白話點。

6. 避免有假定（avoiding making assumptions）。

7. 避免雙管問題（double-barreled question）或一題多問，有時也稱複合問題，是指在一個問題以合取（且）或析取（或）等方式組合多個子問題，卻只允許簡單的答案。當回答者只對雙管問題回答「是」或「否」時，無法確定回答者對每個子問題的確切想法。若無其他證據就把雙管問題的回答詮釋為其中一種觀點，則為謬誤。這種謬誤在問卷調查及詮釋時特別容易發生。例如不可用問「白蘭洗衣粉洗淨力強，又不傷玉手」這類同意題。

8. 避免繁重問題（burdensome questions）：如果你將某件事情描述為繁重的工作，則表示它令人擔憂或難以應對。

Step 4 最佳問題順序是什麼（**What is the best question sequence**）？

1. 通常，相同原則（same principle）亦適用於溝通（communications）：若你提

出誤差的問題，可能會得到誤差的答案，或者至少不會達到你的期望。

2. 答案選項順序偏誤（order bias）：選擇題常出現的瑕疵。

當你的答案選項的順序影響受訪者選擇特定答案或答案組合時，就會發生這2種類型的偏誤：通常，受訪者對於封閉式問卷（選擇題），選擇第一個和最後一個答案的機率高於中間選項。這是由於**優先偏誤**（primacy bias）及**最近選答偏誤**（recency bias）效果。

若要解決這些調查偏誤？最好的方法是**隨機排列**「問題的答案」，並解決下列疑慮：

(1) 漏斗技術（funnel technique）

該技術從一般性問題開始，然後逐步深入到每個問題中的更具體點。通常，它涉及在每個級別上會要求越來越多的細節。例如：偵探「剝洋蔥」，經常從證人的證詞中獲得：「有多少人參與了戰鬥？」

(2) 過濾問題（filter question）

過濾器問題是指一些問題（通常以「是或否」表示），旨在幫助受訪者避免回答與他們無關的問題。然後，回答「是」以過濾問題的受訪者會被問及更詳細的後續問題，而回答「否」的受訪者就該主題不再受到質疑。

(3) 樞軸問題（pivot question）

情境中的樞紐是其他所有事物所基於（或安排）的最重要的事物。

例如：下列 10 問題取自伯納德‧皮沃特（Bernard Pivot）主持的法國系列「文化古堡」。詹姆斯‧利普頓（James Lipton）在「演員工作室裡面」演出結束後，即向每位客人問的問題：

---

*1. 你最喜歡的單字（word）是什麼？*

*2. 你最不喜歡的單字是什麼？*

*3. 是什麼啟發你在創造力、精神或情感？*

*4. 什麼讓你失去動力（turns off）？*

*5. 你最喜歡的詛咒詞是什麼？*

*6. 你喜歡什麼聲音或噪音？*

*7. 你討厭什麼聲音或噪音？*

*8. 除了自己的職業，你還想嘗試什麼職業？*

*9. 什麼職業是你不想做？*

*10. 如果天堂存在，當你到達珍珠之門時，你想聽上帝說什麼？*

---

(4) 定錨效果（anchoring effect）

所謂定錨效果（anchoring effect）是指當人們需要對某個事件做定量估測時，會將某些特定數值作為起始值，起始值像錨一樣制約著估測值。在做決策的時候，會不自覺地給予最初獲得的資訊過多的重視。

定錨（anchoring）是指人們傾向於把對將來的估計和已採用過的估計聯繫起來，同時易受他人建議的影響。當人們對某件事的好壞做估測的時候，其實並不存在絕對意義上的好與壞，一切都是相對的，關鍵看你如何定位基點。基點定位就像一支錨一樣，它定了，評價體系也就定了，好壞也就評定出來了。

**Step 5** 最佳布局是什麼（**what is the best layout**）？

問卷的整體外觀對於實現調查目標是必要的。問卷調查，要受訪者真心回答一系列問題才算成功。布局（layout）是指問卷問題及記錄答案的位置和空間。

通常，受訪者在有動機完成調查之前，首先考慮問卷的布局。研究顯示，由於被調查頁面或問卷整體外觀若有困擾，受訪者就無法如實回答問題。因此，美觀的問卷布局是提高回應率的重要因素。

**Step 6** 預試和修訂（**pretest and revising**）來設計調查問卷

設計完美的調查問卷是不可能的。但是，研究者仍然可以創建有效的調查。為了確定調查問卷的有效性，有必要在實際使用之前對其進行預試。預試可以幫助你確定有關問題格式，措辭和順序的調查的優缺點。

預測有兩種類型的，參與式和未聲明式（participating and undeclared）：

(1) 參與式預試要求你告訴受訪者預試是練習。參與式預試通常不涉及要求受訪者簡單地填寫調查表，而是涉及訪談環境，在該環境中，要求受訪者解釋對問題形式，措辭和順序的回應。這種預試將幫助你確定問卷是否可以理解。

(2) 進行未聲明的預試時，不會告訴受訪者這是預試。該調查是按照你打算進行的真實目的進行的。這種類型的預試可讓你檢查分析的選擇和調查的標準化。根據 Converse & Presser（1986）的研究，如果研究者有足夠的資源進行多個預試，則最好先使用參與式預試，然後再使用未聲明的測試。

### 預測試信度和效度

若還想預先測試調查問題的信度和效度，如何測量信度？即每次調查問題由受訪者都以相同的方式回答。Weisberg et. al（1989）認為，研究者可以透過比較受訪者在預測試中，給出的答案與在另一個預測試中給出的答案，兩次是否一致來評估其信度。而調查問題的**效度**取決於它對衡量概念的適配度。收斂效度（convergent validity）和發散（divergent）效度都可透過：將答案與另一個測量相同概念的問題進行比較來確定，然後透過對該參與者對要求確切答案相反的問題的回答進行測量來確定。

你可能在預測中包括明確檢驗其效度的問題，例如：如果受訪者對問題的回答為「是」，先問「您認為下一任總統應該是共和黨人嗎？」然後再問：「您認為您在下次總統選舉中可以投票給哪個政黨？」來檢查收斂效度，然後「您認為下次選舉中會投票給民主黨嗎？」交叉連續問答方式來檢查發散效度。

### 調查（surveys）≒問卷調查（surveys versus questionnaires）

問卷是任何書面問題集，而調查既是問題集，也是蒐集、匯總和分析這些問題的答案的過程。

| | 調查（surveys） | 問卷（questionnaires） |
|---|---|---|
| 個別問題<br>（individual questions） | ○ | ○ |
| 發放問卷<br>（delivery of questionnaires） | ○ | × |
| 回應分析<br>（analysis of response） | ○ | × |

接著，探討如何在執行每項調查時表現出色。

### 成功進行調查的 3 個步驟

設計、實施和分析調查的方式對你的結果的影響與你提出的問題一樣多。讓我們深入探討以下各個領域：

1. 調查設計是調查和問卷之間的主要區別。它涉及計畫調查項目的每個部分，從定義調查目標到與誰審核你的調查答覆保持一致。通過查看我們的最佳實踐，了解有關調查設計的更多訊息。

2. 蒐集答覆的方式也會影響你的調查。可以使用多種方法來蒐集反饋，包括在

社交媒體上共享你的調查的連結，將調查通過電子郵件發送給你的受眾以及將其嵌入到你的網站中。而且，如果你在調查目標市場方面需要幫助，SurveyMonkey Audience 也可以提供幫助。

3. 收到回應後，可以透過 SurveyMonkey Analyze 仔細查看它們。該工具幾乎提供了無數種細分、匯總和分析調查回覆的方式，以便你可以更好地理解反饋並做出明智的決定。

SurveyMonkey Analyze（https://zh.surveymonkey.com/）是免費創建線上問卷調查，取得廣泛又即時的回饋意見。使用預先編寫的範本，建立調查問卷只需幾分鐘。客戶支援全年無休。接受付款。

# 10-2 調查研究法

調查（survey）研究法之英文相近名稱很多：調查研究（survey research）、描述性研究（descriptive research）、實況研究（normative study）、狀況研究（status study）。所謂「調查法」，它是根據選樣大小所抽選出的樣本，從事社會（sociological）變數及心理（psychological）變數的事件發生（incidence）、分配（distribution）及其彼此相互關係（interrelations）的一種研究法（Kerlinger, 1973, p410）。根據此定義，調查法本身具有下列幾項特性。

## 一、調查法是科學研究最常使用的方法

科學研究旨在追求知識或解決問題，凡是從事這種活動所用手段即是科學方法。科學方法是一種邏輯的、系統的、客觀的方法。而調查法的實際步驟包括：設定研究問題、研究假設、資料蒐集、資料分析，及推演結論等幾項，它們都遵循邏輯的原則來進行。因此，我們可說調查法是科學研究的一種方法，也是最常用的一種方法。此外，調查研究結果，可從事進一步的驗證及精緻化，以檢驗或修改該理論，故以實證主義者的眼光來看，調查法是建立理論發展之科學方法。

## 二、調查法是以樣本或母群體為對象的研究

調查法根據抽樣範圍及大小，可分樣本調查（sample survey）研究、及普查（census）兩種。樣本調查是指在母群體中隨機（或非隨機）挑選少數具有代表性的樣本來進行態度、實況的調查。

普查（census）亦稱為全查，是根據研究主題所關聯的母群體，全部做調查。即對所欲調查的所有對象或現象全都加以調查，無一遺漏，亦無重複；其主要目的乃在於獲取完全且詳實可靠的資料，以了解社會現象的真實面貌。但由於普查動用的人力、物力、財力較多，自然不能經常辦理，因此除非特別重要的資料才會採取普查，例如：臺灣地區之母群普查，政府每隔若干年皆會舉辦一次。

抽樣調查（sampling survey）亦稱之為抽查，是從所研究之母體中，抽取一部分的資料（稱之為樣本）予以調查，再利用從樣本獲得之調查結果去推論母體中未知的特性。事實上，了解母體最好的方法就是普查，但由於普查耗費資源大且不具有時效性，因此必須採用抽樣調查的方式。茲將抽樣之主要理由分述如下：

1. 抽樣調查所耗費的成本低，浪費的人力少。
2. 抽樣調查由於訪查對象較少，可縮短調查、整理及發表的時間，故較具有時效性。例如：臺北市長之選舉，某候選人想要了解其勝選的機會，若針對臺北市所有選民訪問，則可能要花上幾年之時間才有結果，但若利用抽樣方式做調查，可能只需要一個晚上的時間。
3. 由於調查對象少，因此可對樣本資料做比較精細的詢問及調查，故所調查的資料品質較好。
4. 可提高調查結果的準確度。由於抽樣調查的規模較小，因此可選擇素質較好的調查員執行訪查，藉以降低估計誤差中之非抽樣誤差部分。
5. 對於某些破壞性的檢驗工作，必須採取抽樣調查方式，否則普查結束，所有資料也破壞殆盡。

## 三、調查法的變數主要為社會學變數及心理學變數

調查研究主要在發現社會學及心理學中事物的發生、分配及變數間之相互關係。社會學的分析單位是「群組」（group），旨在調查某社會團體之各種特徵；相對地，心理學的分析單位是「個體」，旨在調查個人的態度、意見、動機、信念、需求或其他各種行為（Kerlinger, 1973, p411）。至於，組織行為學、經濟學、管理學的分析單位，則包含群組及個體兩種。調查法最早應用領域是心理學（偏誤行為的原因）及社會學（某社會群為何會革命），後來才延伸至社會科學各個領域，例如：行銷學、政治學、資訊管理……。調查法的研究對象可以是個人、群體（例如：高科技團隊），亦可以是其他事物（例如：資訊

系統滿意度、暴動、吸毒……）。凡是具體可觀察的事物（例如：政府行政效率、貪污、工作壓力／績效、生涯定位、電腦態度……），我們都可利用調查法。

## 四、調查研究追求一般性事實，非特殊性個案

調查研究旨在探討事物之間的一般性特徵，並不重視特殊的個別樣本，而是從樣本或母群體中去了解整體一般性的現象或事實。調查法所做的解釋分析，其目的是在發展有關人類行為之一般性命題，俾達到預期的人類行為之目的。因此調查法的調查結果最能外推至母群體的特徵，故其外部效度可說是所有實證（empirical）研究法中最高者。

## 五、調查研究須將研究命題內各概念操作化

調查研究是實證研究之一種，故在文獻探討時，就應找出其對應的相關理論，以該理論來提出研究命題，將該命題內各概念操作化，以界定出各概念／構念之對應的操作性（operational）變數（ECV）。

總體來說，調查研究有下列五項特徵（Pinsonneault, 1993）：

1. 調查研究含有「決定論」的意義：調查研究者探討社會現象所發生的緣由、資料來源／特性，研究者都要提出一個可以驗證的研究假設，利用回收資料來證明其「真偽」。

2. 調查研究是在追求「普遍性」的事實：調查研究的目的不在於描述某一特定樣本的特徵，而是由樣本來推測其母群體的一般性特徵。

3. 調查研究是「定量分析」的一種：所謂「定量分析」主要是用抽樣或實驗的統計方式來驗證其研究假設。即事先定義一些代表觀察現象的構念（constructs），再界定這些構念的操作型定義（operational definition），最後設計一些測量尺度（scaling）來衡量這些變數（ECV）。這種研究方式，研究者必須提出其研究模型／架構，並蒐集資料予以實證。

4. 調查研究是「化繁為簡」：調查研究是從母群體中，抽取具代表性樣本，以訪問或郵寄問卷方式來蒐集資料，期望由研究假設中眾多的操作型變數，挑出具有統計顯著性之較少變數來解釋社會現象。

5. 調查研究是「可驗證」：不能驗證的研究就不能算是調查研究。

整體而言，調查法若與實驗法或個案法來比較，其「優點」包括：(1) 調查研究能用於蒐集大量資料；(2) 調查研究比較經濟；(3) 調查研究蒐集資料有其正確性。調查法的「缺點」包括：(1) 調查研究僅及「what」表面問題，無法深

入探究「why」及「when」問題。(2) 調查研究是採用樣本調查，其誤差來源包括：無回應誤差（non-response error）、回應誤差（蒐集資料與實際資料有所偏誤）、訪談者誤差（牽涉到訪談的一致性、技術……）等三種。其中要降低訪談者誤差，則需要做訪問員的訓練，及配合適切的開場白……。(3) 訪問員會影響甚至引導受訪者的問答。(4) 需要豐富的背景知識，及通達的人情世故。

## 10-3 調查研究法的種類

調查研究主要是以問卷和訪問的方法來蒐集資料，它可分成：

1. 母群體為對象之調查，稱普查（population survey）。
2. 樣本調查（sample survey）。
3. 實況調查（status survey）：以具體可觀察之實務為對象，如調查學校的設備和建築等。
4. 調查研究（survey research）：以個人之態度、意見、動機或行為為調查對象，例如：男女合校之意見調查。
5. 問卷調查（questionnaire survey）：以問卷為資料蒐集方法，由被調查者填寫。
6. 訪問調查（interview survey）：以親自訪問的方式進行資料蒐集。

### 10-3-1 調查方法分類（classification）

**1.** 問卷結構（structure of the questionnaire）

(1) 標準化問題的答案是否有限—多項選擇。

(2) 或可能以多種方式回答的非標準化開放式問題。

**2.** 問題的直接程度（level of directness of the questions）

(1) 是否直接／未掩蓋問題。

(2) 或間接／掩蓋的問題隱藏了調查的真實目的。

**3.** 調查的時間基礎（time basis of the survey）

(1) 橫斷面（cross-sectional）研究：及時蒐集目標人群各個細分群體的數據，以進行細分之間的比較。

(2) 縱向（longitudinal study）研究：在不同時間從相似的受訪者那裡蒐集數據，以比較趨勢並確定變化。實作例子請見作者《計量經濟》、《STaTa在總體經濟與財務金融分析的應用》二書。

(3) 縱橫研究（panel study）：對完全相同的受訪者進行的多變數之縱向調查，以記錄他們的態度、行為或購買習慣（在日記中）。實作例子請見作者《**Panel-data 迴歸模型：STaTa 在廣義時間序列的應用**》一書，該書內容包括：多層次模型、GEE、工具變數（2SLS）、動態模型……。

**4. 與受訪者的溝通**（communication with the respondents）

溝通，某程度上是受訪者回答靜態問題的一種手段。個人面談是直接溝通的一種形式，它是面談官「面對面（face-to-face）」詢問被訪者問題。

(1) 訪調員管理的問卷

　　① 上門採訪。

　　② 購物中心攔截。

　　③ 電話採訪。

(2) 自我調查表

　　① 透過郵件、傳真或電子郵件發送。

　　② 網路版問卷。

通俗地說，調查法若以它獲得資料的途徑來分類，可分為郵寄調查（將問卷寄給受訪者，由樣本填答後寄回）、排程調查法、個別訪談（與研究對象直接接觸及溝通以蒐集資料）、電話訪談（利用電話與樣本接觸，以電話交談方式來問問題），及電腦網路調查（透過 Internet 媒介來蒐集資料）幾種。

## 一、自填問卷／郵寄調查

研究者將其所要研究的事項，製作成問卷，分送或郵寄給受訪者填答。此種以問卷作為資料蒐集工具的研究法，稱為問卷調查法（questionnaire survey）。問卷調查的方式包括：郵寄問卷及當面實施問卷兩種方式。問卷調查的「優點」包括：

1. 應用在大地區的調查（例如：總統候選人）、經濟方便，並可獲得大量樣本資料，即它可對地理上分布甚廣的樣本，進行廣泛性意見調查。

2. 受試者較不受限制，且具有較佳匿名性，故特別適合用來調查敏感性議題。

3. 偏誤誤差較低：採用郵寄問卷可以降低因訪談者個人特質及技巧的差異所造成的偏誤（biasing error）。

4. 受訪者有充足的時間來思考答案，並詢問其他來源。

5. 成本低：郵寄問卷最吸引人之處，就是其經濟性，因為它不需要訓練訪談人員，故其成本只有：規劃、抽樣、複製、郵遞／回郵，它與其他調查法相

比，它的資料處理與分析亦是較低的成本。

相反地，問卷調查的「缺點」包括：

1. 問卷回收率低（response rate），即樣本中的受訪者回覆填答完成問卷的比率偏低。
2. 研究問題必須簡單，問卷內容須是容易了解的問題及指導語。
3. 只適於研究表面事實，沒有進一步探問（probing）受訪者「why」的機會，而無法獲得額外資訊或給受訪者可澄清答案的機會。
4. 無法控制填答的情境，（回收問卷到底是誰填的？助理嗎？）且使用對象仍有若干限制。

## 二、電話訪談

電話訪談又稱為電話調查法（telephone survey），是屬「準人際接觸」（semipersonal）資料蒐集方法。電話訪問法通常適用於雙方相距較遠或無法與被訪問者會面（如出差、預約衝突等）的情況。

### （一）電話訪問法的特點

1. 與長距離的見面訪問相比較，電話訪問成本低並可迅速地獲得回答。缺點是受通話時間限制，被訪問者在回答問題時沒有太多的思考時間，因而問題答案較簡略粗糙。
2. 電話訪問的回答率較高，一般能獲得問卷提綱的多數回答。缺點是不易作出詳細的訪問記錄，訪問答案主要將依賴於訪問者的事後追憶，故資料整理的完整性受到局限。

迄今社會研究學者廣泛採納「電話訪談」之原因，包括：

1. 電話訪談已能有效蒐集到母群體 90% 的樣本資料。
2. 電話訪問由於用途廣泛，且時間經濟，使用非常普遍。因此廣受現代研究者（尤其是傳播、行銷、社會學、政治學）所喜愛。
3. 電話訪談比面對面訪談的回收率高，尤其是居住在大都會區的民眾（婦女），對於陌生人開門接受他的訪問，是件非常敏感恐懼的事。
4. 今日由於電腦及電話技術的整合，研究者已可以用電腦自動「亂碼撥號」（random-digit dialing）的程序，來達成電話簿中隨機取樣的功能。

相對地，電話訪談的缺點包括：

1. 無法普及未在電話簿上的人，而且訪談長度及問題的難度上均有明顯限制性。

2. 受訪者可能不願意談論敏感性主題。

3. 在電話訪談過程中，可能被受訪者突然中斷而中止。

4. 訪談者無法額外獲得受訪者特質或環境等補充資料。

### （二）電話訪問法運用方式

電話訪問法就是訪員按照電話號碼簿上刊載電話用戶資料，採用隨機抽取樣本方式，抽出潛在受訪戶，再打電話進行問卷訪問的一種市場調查方式。

### （三）電話訪談小技巧

1. 你必須明確此次電話訪談的目的，要知道你想透過此次電話訪談得到什麼？例如：請客戶參加公司說明會。

2. 在撥打電話之前，應該對達到預期目標的過程進行設計，可以準備一張問題列表，並對可能得到的答案有所準備。

3. 可以給一個公司或組織的多個部門打電話，這不僅可以幫你找到正確的訪談物件，還可以幫助你了解該公司的組織運行模式（例如：專案的決策過程、採購流程等）。如果你需要給許多類似企業打相同的電話，這些資訊就會大有幫助。人力資源部、採購部、投資部等都是可以進行首次接觸的部門。

4. 先寫一張「電訪流程圖」，將自我介紹、寒暄、邀請、結尾以有系統的方式寫出來，放在桌上，鍥而不捨的一直打，只要有耐心、時時反省，一定會有效果出現。

   **自我介紹→寒暄→徵詢受訪者許可→說明來意→提出邀請**

5. 針對流程設計，並列出問題列表，引導提問與可能被問的問題都可列出。

6. 注意禮節、語調稍快、口氣和緩、要有自信。

7. 若是客戶很忙，盡可能排定下次訪談機會。（盡量採用選擇性問題，例如：你看我們是約明天上午或下午？二點或四點呢？）

## 三、各調查法的綜合比較

坊間幾種調查法在使用上並未互斥，你可以混合兩種以上的方法一起使用，以獲得截長補短的好處，並交叉分析這兩種樣本對研究結果的正確性及可靠性。由此可看出，世上沒有一個「完美無缺」的調查法，所謂最佳的方法，就是能以最低成本、最有效率來獲得最適當的資訊。此外，不論採用何種調查方法，研究者依研究假設所建構的「測量（工具）問題」，要考量的議題有：量表內各問題內容是否太窄／太難、用字遣詞是否適當、受訪者回答的結構性

／非結構性、題目的安排順序。以上這些重點，讀者可逕行參閱第 6 章「測量」，裡面有更詳細的說明。

表 10-1　各種調查法的綜合比較

| 方法 | 個別訪談 | 電話訪談 | 郵寄問卷 | 電腦網路 |
|---|---|---|---|---|
| 1. 處理「問卷複雜度」的能力 | 優 | 好 | 差 | 好 |
| 2. 完成問卷所需時間 | 優 | 好 | 普通 | 好 |
| 3. 回收資料的正確性 | 普通 | 好 | 好 | 好 |
| 4. 溝通模型（model） | 一對一 | 一對一 | 一對一 | 一對多 |
| 5. 溝通內容（content） | 文字影像聲音 | 聲音 | 文字影像 | 文字影像 |
| 6. 溝通方式 | 雙向同步溝通 | 雙向同步溝通 | 單向非同步溝通 | 雙向同步溝通 |
| 7. 訪談者不良效果的控制 | 差 | 普通 | 優 | 優 |
| 8. 樣本控制 | 普通 | 優 | 普通 | 普通 |
| 9. 完成調查所需時間 | 好 | 優 | 普通 | 好 |
| 10. 樣本的分布範圍 | 窄 | 廣 | 廣 | 全球性 |
| 11. 對詳細資料的蒐集 | 佳 | 普通 | 普通 | 普通 |
| 12. 回收率 | 高 | 高 | 低 | 高 |
| 13. 所需花費的成本 | 高 | 中等 | 低 | 最低 |
| 14. 資料回收速度 | 低 | 高 | 低 | 極高 |
| 15. 問題的多變性 | 非常多變化 | 普通 | 高標準化 | 高標準化 |
| 16. 問卷長度 | 長 | 普通 | 看動機而定 | 看動機而定 |
| 17. 受訪者可能的誤解 | 低 | 普通 | 高 | 高 |

| 方法 | 個別訪談 | 電話訪談 | 郵寄問卷 | 電腦網路 |
|---|---|---|---|---|
| 18. 訪問者可引導程度 | 高 | 普通 | 無 | 無 |
| 19. 事後追蹤 | 困難 | 容易 | 容易但費時 | 困難 |
| 20. 其他特質 | 可使用「視覺材料」，且可進一步探問受訪者原因 | 可簡化野外資料的蒐集，並可配合電腦來協助樣本選取、訪問及記錄 | 受訪者能以最方便性方式來填答，且有足夠時間來思考問題 | 可立即快速回饋調查結果給受訪者、可突破時空藩籬的限制。此外，可善用「電腦動畫」技巧來強化受訪者對「刺激材料」的印象 |

表 10-2　各種調查法的優缺點比較

| 方法 | 個別訪談 | 電話訪談 | 郵寄問卷 | 電腦網路 |
|---|---|---|---|---|
| 優點 | 有回饋回應、可回應複雜問題、面談者高度參與，故有機會做進一步探問（probing） | 速度快、成本較低、無面對面的尷尬 | 地理彈性大、成本低、受訪者可選最方便時機地點回答、標準化問卷易獲得 | 回收速度快且資料回收量大，可跨國調查、所花費成本最低 |
| 缺點 | 成本高、沒有匿名性可言，有時受訪者會害怕而拒答、有時間壓力 | 樣本恐有偏誤、少掉視覺觀察 | 回收率低 | 樣本選取恐有偏誤（例如：都是網路族），無法事後進一步探問 |

## 10-4 調查研究法的適合時機

個案研究法較適合於理論形成階段之「探索性」，調查研究法則較適合理論成熟之「驗證性」研究。「探索性」研究具有下列幾項特性（Alavi & Carson, 1992）：(1) 研究問題仍是黑箱；(2) 該現象仍不了解；(3) 只知道問題是存在；(4) 不確定有哪些重要的變數；(5) 不了解變數；(6) 沒有研究假設，只有研究命題；(7) 目的在了解現況，發掘相關變數間的關係；(8) 研究結果可當「驗證性」的研究模型及研究假設。相對地，適合調查法之「驗證性」研究，其本身特性則包括：(1) 研究問題已有理論基礎；(2) 已清楚了解研究假設之相關變數；(3) 變數可正確的衡量；(4) 嚴謹邏輯的推理；(5) 目的在將社會現象「規則化」。

## 10-5 調查研究法的實施步驟

調查研究法的實施步驟有以下四個（Lucas, 1991）：

1. 研究問題的選定與假定（assumption）的建立：包括定義研究範圍、找尋相關理論、發展研究模型、建立研究假定。以資管（MIS）而言，它是新興的領域，橫跨管理學及資訊科技，故跨越了許多研究領域，例如：電腦科學、組織行為學、管理科學等，故研究主題最好能跨越領域整合的問題。

2. 研究設計階段：包括建立研究設計、確認衡量什麼及如何衡量、決定樣本、設計資料蒐集工具（問卷）、蒐集資料、信度與效度檢定。換句話說，在設計調查方法的過程中，應包括：(1) 資料的蒐集方法。需確定是以訪問法蒐集或以郵寄問卷來蒐集；(2) 抽樣的方法。應先決定採用何種隨機抽樣法，並須將母群體明確界定；(3) 研究工具的設計。如果沒有現成可用的調查問卷，研究者須根據研究的目的加以設計；(4) 資料的分析方法。在設計問卷的同時，應決定將來所要使用的分析方法。

3. 資料分析階段：包括編碼（coding）、分析資料與驗證假定（分別就統計方法提出引用該統計的文獻）、解釋結果（提出研究結果的概判，結果是否符合研究假設）、提出研究啟示。

4. 撰寫研究報告。

值得一提的是，有許多領域（例如：教育、行銷學、資管、管理學、心理學、廣告學……）都是以調查法為最主要的研究法。因為調查法強調理論模型的驗證，所以在研究過程（研究問題→研究假設→研究設計／架構→資料分析

及解釋）中非常重視邏輯架構及程序的嚴謹，故每個調查研究者都須「步步爲營」，遵守調查研究的準則（研究設計要具有內部效度、外部效度、量表的信度效度、隨機抽樣準則……）。

## 10-6「如何做好」調查研究法

在社會科學研究領域中，調查法儼然已成爲研究策略的主流，也是重要的資料蒐集方法之一，然而由於民眾對它越重視，相對地，對調查法的要求也就越高，也越多人對調查法加以批評，我們常聽到有人批評「我不會依賴回收這類的調查」、「潛在受訪者的樣本是需要不同程序來混合發掘」……。有時這些批評聽起來是非常中肯的，主要原因是有些研究者尚未抓到它的適用性及訣竅。爲了彌補人們調查研究的缺失，及做好調查法，對研究者有下列幾個建議（林東清、許孟詳，民 86）。

### 一、先找一個好題目

所找的研究主題盡量是大家有興趣、重要的、有原創性、對學術理論或實務應用有顯著的貢獻。例如：當前最熱門之前十大主題。

### 二、找尋理論基礎

調查法旨在發現或精緻化某理論模型，因此研究者所「懷疑」的研究假設背後要有理論「依據」。

### 三、發展紮實、清楚、簡約的研究模型及研究假設

研究模型及研究假設是研究的核心，建立過程務必紮實。在建立研究假設時應將其相關的理論依據交代清楚，以「支持」假設的建立。此外，研究假設要清楚、簡約，即模型內各個自變數、中介變數、干擾變數要弄得非常清楚。

### 四、小心衡量工具的設計、嚴謹的測量（衡量什麼？如何衡量？）

抽象概念／構念如何落實到正確的研究工具而用來測量，是門大學問。若測量的量表無法有效地表達研究假設，研究結果則是「白努力」。最可靠的方式，就是直接採用現成的測量工具。若研究者要自己來設計測量工具，除了要有充分的文獻支持外，且應歷經三階段的量表編修：(1) 先歷經多位專家的前測（pretest）。(2) 再小樣本的預測（pilot study）。(3) 最後才大樣本的後測

（posttest），來確保該量表的信度（內部一致性）、效度（內容效度、建構效度、效標效度）。

## 五、盡量建立多元化的研究設計

誠如 Jick（1979）所提三角驗證法（triangulation）、Pinsonneault（1993）所提多元化研究法，或 Straub（1989）所提之定性與定量兩種方法的混合，在在強調多種研究法，彼此是可互補長短，並互相驗證彼此的研究結果是否一致，這對理論建構及精緻化有非常大的幫助。因此，研究設計時，若能同時考量：(1) 以個案法做探索性深度研究之後，再配合調查法做廣度之驗證性研究；或 (2) 考量時間因素，做多次的調查研究；或者 (3) 在資料蒐集，能搭配問卷、訪談、觀察、文件內容分析來互相做比對驗證，相信該研究結果一致性及說服力均會受到相當的肯定。

## 六、選擇具代表性的樣本（框架）及抽樣方法

便利性非系統性（unsystematic）的抽樣，較會出現偏失的結論，有時研究結果的預測是無效的，因此，在研究抽樣部分要交代你的樣本框架（framework），及如何抽樣。此外，樣本數太少亦是多數研究者常犯的毛病，一般而言，樣本數至少在 200 以上，統計分析較不會違反其統計假定（assumption）。舉例來說，假如你的研究發現「國內大學之學術水準高」，那麼你就要說清楚「國內大學水準高」的樣本框架是與「歐美地區大學比」或與「亞洲地區大學比」呢？

## 七、選擇適當的統計分析方法

不同的變數衡量尺度、不同數量的變數、不同的資料分配、不同的研究設計，所適用的統計方法就不同。研究者本身要弄清楚各統計分析的適用時機在哪，才不會張冠李戴，誤用了不好的統計。

## 八、要提出值得後人參考的研究結果及內容

通常研究結果及推論，不光是數據上的統計分析，或只說某研究假設被拒絕／接受就了事。一個好的調查研究除了要清楚交代假設檢定結果外，尚須包含：(1) 詮釋一下本研究發現與前人文獻的對照。(2) 研究結果與理論做驗證比較，若兩者有所不同，要判斷並交代到底是研究情境、研究對象、領域……哪一個因素不同所造成。(3) 差異的原因分析。(4) 本研究有何新發現，是否要修

正／精緻化原來理論模型。(5) 對學界、實務界的建議有哪些？(6) 對未來研究方向的建議。

## 10-6-1 影響問卷回收率的因素

影響問卷回收率的因素有下列幾點（Nachmias & Naxhmias, 1996）：

### 一、研究的主辦單位是誰

主辦單位是誰？對受訪者回答意願有非常大的影響。不同的學術單位、調查局、稅捐處、民調中心，問卷回收率就會不同，因為受訪者的信任度就不同。例如：美國母群普查局所進行的「全國健康訪談調查」研究，由於是政府主辦的，並且大眾對健康亦非常的重視，因此該項民意調查的回收率高達95%。相對地，有些郵寄問卷調查回收率卻很低，例如：連文雄等人（民86）研究「資訊科技角色定位對工作關係之影響」，他同時配對調查國內 500 大企業最高主管 CEO（總經理）及 CIO（資訊主管），結果 CEO 及 CIO 的回收率分別為 4.67% 及 15.86%，合計配對後樣本有效回收率只有 1.41%。一般來說，由學術、中研院等較中性的研究單位所主辦的問卷調查回收率會較高，不知名的商業組織主辦的問卷之回收率就會較差。

### 二、是否提供誘因

問卷調查必須設法引起受訪者的興趣，並且說服受訪者他對本研究的重要性，以激起他對本研究的善意的回應。提供誘因有幾種方式，例如：(1) 告知受訪者本研究結束後，可寄一份給他參考，以作為貴單位決策管理參考。(2) 若受訪者是學生，則在教他們的老師中，找一位學生最敬仰的老師來發問卷。(3) 若受訪者是本國企業／台商／學校，則是透過中央／地方部會主管的協助，直接郵寄各訪問的主管。(4) 提供獎品或給予小額獎金作為象徵性鼓勵。(5) 由專業組織或有名人士具名請託的支持信函。但是，或許最有效的激勵策略是激發受訪者利他情懷，強調他的意見對本研究的潛在貢獻。

### 三、問卷格式及郵遞方法

一份問卷設計要考慮的事項有：印刷式樣、顏色以及信函封面的形式。對於格式、印刷式樣及郵遞方式（例如：高品質的紙張及足夠的間距）投入較多的經費，則有較高的回收率。筆者並不建議你採用特殊的顏色，因為可能產生負面效果。

## 四、信函封面

問卷設計時，必須考慮信函封面（cover letter）之良窳。一個好的信函封面必須能讓受訪者相信它，並且將問卷填寫完後寄回，這樣才算成功。因此，最好信函封面上標示出研究單位，並且在信內附上一篇簡短信函，來解釋問卷的目的，告訴受訪者他們填寫該問卷的適合性及重要性，以及保證這些個案將以極度機密的方式來處理。研究者必須在正式與半私人信函形式間做一選擇。實際經驗顯示，半私人信函比正式信函，得到稍微高一點的回收率。

## 五、郵遞的形式／回郵信封

採用的郵遞形式也是一項重要考量。沒有附上回郵信封的問卷，通常將得到極低的回收率。換句話說，期待受訪者不僅要填寫完問卷，還要找到一份信封然後到郵局秤重以及自費購買郵票，簡直是件不可能的任務。因此，附上寫好地址的回郵信封，是一件相當普遍的事，但是一份看似相當正式的商業回函信封，其回收率就會降低。

## 六、郵遞的時機

郵遞的時機（timing of mailing）勢必將影響郵寄問卷的回收率，例如：暑假、假日、會計年度報表繳交期將產生最低的回收率，因此，最好不要選擇這些時段來從事第一波的郵遞。

## 七、整體設計方法

Dillman, Christensen & Carpenter（1974）研究證實，採用「整體設計方法」（total design method）可有效提高問卷的回收率。「整體設計方法」主要實行有兩個步驟：問卷建構及執行問卷調查。

### （一）問卷建構

「整體設計方法」問卷建構的原則，包括問卷的外觀、問卷封面、問項的編排順序等事宜。重點是如何讓受訪者一眼看到問卷，就不會將它視為垃圾信件。

### （二）問卷調查的執行

「整體設計方法」的執行重點，在於「後續追蹤」（follow-up）。後續追蹤最常使用的策略，就是再郵寄第一次問卷。受訪者若在一週過後尚未回覆，

則再寄一張明信片提醒他。若依舊未回覆「第一次替代性問卷」。若受訪者仍舊沒有回覆「第一次替代性問卷」，則再隔 2 週，掛號補寄「第二次替代性問卷」及信函。如此「後續追蹤」做法，可將問卷回收率由二成左右提高至七成左右。

## 八、選擇受訪者

樣本選取方式，是要依據研究性質及母群體來調整。若樣本選取超出抽樣母群體的定義之外，研究者將很難提高問卷回收率。事實上，受訪者的某些個人特質是會影響問卷回收率。因此，樣本選取首要考量因素，就是受訪者是屬同質性群組（同種族／同學歷／同等收入……）或非同質性群組，若樣本是非同質性群組，則對研究現象將產生影響力。一般而言，高教育程度的受訪者填答問卷的意願較高，此外，若非同質性群組之間對該問卷非常熟悉或感到興趣，此種狀況，問卷回收亦會相對提高。

## 10-7 回收樣本代表性及偏誤檢定

研究者採用調查法，常常忽略了樣本代表性檢定、未回卷偏誤及受試者自我報導偏誤檢查，殊實可惜，值得改進。

### 10-7-1 回收樣本之樣本代表性的檢定

除了本書「研究設計」一章所講那幾種樣本「控制」法外，亦可採下列所講「統計法」$\chi^2$ 檢定來測試樣本代表性及隨機性的問題。例如：文獻探討過程中，常常見到，往昔某研究（如 Boles 等人，2000）發現性別、生命階段（年齡層）、工作態度等因素均會影響個體的開放溝通、關係投注及關係行為，為了降低調查對象在這些特質不一致的干擾，研究設計即可採用納入法來「控制」性別、年齡及月收入這些外來（extraneous）變數，以免太過依賴「外生變數視為相似」之假設，因而犧牲了外在效度。

以產業調查為例，研究者可以中華徵信所編製之 2019 年臺灣地區製造業／服務業徵信名錄做為抽樣之依據，或以天下雜誌所登錄的臺灣 1000 大製造業、500 大服務業、100 大金融業為抽樣框架，再以隨機抽樣方式分二批寄出問卷，假如第一批問卷共郵寄 800 份，回收 113 份。間隔 2 週，再以相同的樣本選取方式，寄出第二批問卷 750 份，回收 85 份，合計有效樣本 208 份。若分析結果

顯示，這兩批樣本不但問卷回收率相近似，而且受試者特性（性別、年齡層、服務年資、學歷……）的母群比率亦相近（卡方檢定，顯著性 $p>0.05$），則此研究二批樣本之特性可視為無差異，我們即可以說此樣本具有代表性及隨機性。整個樣本的統計如下表所示。

**表 10-3** 樣本特徵描述（N＝208）

| | 第一批 | | | 第二批 | |
|---|---|---|---|---|---|
| | N | % | | N | % |
| 性別 | | | | | |
| 男 | 69 | 61.1 | | 60 | 63.2 |
| 女 | 44 | 38.9 | | 35 | 36.8 |
| 年齡層 | | | | | |
| 30 歲以下 | 73 | 64.6 | | 55 | 57.9 |
| 31-40 歲 | 36 | 31.9 | | 38 | 40.0 |
| 41 歲以上 | 4 | 3.6 | | 2 | 2.1 |
| 職業別 | | | | | |
| 資訊電腦業 | 64 | 56.6 | | 45 | 47.4 |
| 政府／研究機構 | 13 | 11.5 | | 11 | 11.6 |
| 金融保險業／工商服務業 | 22 | 19.5 | | 29 | 30.5 |
| 製造業 | 5 | 4.4 | | 7 | 7.4 |
| 其他 | 9 | 8.0 | | 3 | 3.2 |
| 進入資訊部的年資 | | | | | |
| 1 年以內 | 26 | 23.0 | | 21 | 22.1 |
| 1-3 年 | 51 | 45.1 | | 41 | 43.2 |
| 4-6 年 | 26 | 23.0 | | 25 | 26.3 |
| 7 年以上 | 10 | 8.8 | | 8 | 8.4 |
| 月薪 | | | | | |
| 3 萬元以下 | 34 | 30.1 | | 37 | 39.0 |
| 3-5 萬 | 60 | 53.1 | | 39 | 41.1 |
| 5-8 萬 | 17 | 15.0 | | 15 | 15.8 |
| 9 萬元以上 | 2 | 1.8 | | 4 | 4.2 |
| 公司性質 | | | | | |
| 本國公司 | 89 | 78.8 | | 65 | 68.4 |
| 美商公司 | 13 | 11.5 | | 20 | 21.1 |
| 日商公司 | 3 | 2.7 | | 7 | 7.4 |
| 其他 | 8 | 7.1 | | 3 | 3.2 |

## 10-7-2　回應者誤差（respondent error）：偏誤（bias）檢定

　　由於某些回應者的作為（或不作為），而導致的樣本偏誤（sample bias）有：無回應偏誤（nonresponse bias）、回應偏誤（response bias）二種。

1. **無回應者**（nonrespondents）：幾乎在所有調查中，都無法蒐集到一小部分或大部分樣本中的資訊。這些是拒絕回答或無法聯繫的人（不在家裡）。

2. **自我選樣偏誤**（self-selection bias）：例如：網站民意調查，只有那些對調查主題有強烈興趣的人才可回答，而那些仍在同一樣本中但態度堅定或害怕的人則避免參與。這將導致某些極端職位的代表人數過多，而另一些職位的代表性不足。

3. **回應者偏誤**（response bias）：它是參與者傾向於對問題進行不正確或誤差回答的廣泛趨勢的總稱。這些偏誤在涉及參與者自我報告的研究中很普遍，例如結構化訪談或調查。回應偏誤會對問卷或調查的有效性產生重大影響。

   當受訪者傾向於以某種傾向有意識地（故意捏造）或無意識地（無意識的誤解）歪曲事實的事實，來回答問題時所出現偏誤。這種造成回應者偏誤有二個原因。

   (1) 不知覺中，回答面談問題的人可能會對與他人分享的事實感到困惑，並在回答中改變了事實。

   (2) 受訪者可能希望表現出比實際更聰明、更有錢、更敏感等。

   回應者偏誤有五類型（types）：

   (1) **默認**（acquiescence）**偏誤**（肯定答案）：它是一種回應偏誤，在這種偏誤中，調查的受訪者傾向於同意所有問題或表示肯定的含義。習慣上有時會說「是」，是被調查人在有疑問時同意其陳述的傾向。

   (2) **肢體**（extremity）**偏誤**（答案誇大）：即使他們沒有極端的看法，極端的回應偏見，受訪者也會傾向於極端回答的趨勢。例如：「*您喜歡新百事可樂嗎*」？

   即使他們真的只喜歡 3 或 4，也會回答 5 分。有些回答者傾向於選擇極端的回答而不是中間的回答。他們要麼「愛」或「恨」一切，要麼選擇最小或最大的回應，即使那不是他們的真實立場。

   (3) **面談官**（interviewer bias）**偏誤**（面談官可接受的答案）：根據面談過程中提出的問題的結構，措辭或期限，偏向於先入為主的回答。帶有面談官偏見的問題會影響受訪者，從而扭曲面談的結果。

(4) 主持人的偏誤（auspices bias）（組織可接受的答案）：它是表明你的回應的趨勢，這是因為組織進行了這項研究。這在某種程度上與下一個偏誤有關，即社會期望偏誤。第一次進行研究的博士生問你這個問題時，請考慮一下：「您是否努力將廢紙發送到回收中心？」假設你沒有。你可能對博士生很誠實並承認這一點。但是即使那樣，由於社會的期望偏差，我們當中有些人還是不願接受。換句話說，社會期望偏差是由受訪者有意或無意地出現在有利的社會地位中的願望引起的偏差。現在，如果進行這項研究的人來自綠色和平組織或其他保護主義者組織，該怎麼辦？儘管真實答案是「否」，但對這種說法說「是」的傾向更加強烈。這是主持人的偏誤：受進行研究的組織的影響，受試者的回應偏誤。你首先可以意識到它們，然後有意識地嘗試避免它們，從而可以減少本段中提到的所有偏差。俗語謂之「先有先知」。

(5) 社會需求（social desirability）偏誤（答案令人印象深刻）：它是一種回應偏誤，它影響參與者否認不良特徵，並將自己插補於社會所期望的特徵。從本質上講，這偏誤驅使個人做出回答，使他們看起來對實驗者更有利。這種偏誤可以採取多種形式。有些人可能誇大了良好行為，而另一些人則低估了不良或不良行為。這種偏誤如何影響參與者的回應的一個關鍵方面與進行研究的社會規範有關。例如：如果對個人使用毒品的傾向進行研究，則社會需求偏誤可能會起很大作用。那些被認為可以接受或普遍使用毒品的社區的人可能會誇大自己的毒品使用情況，而那些被鄙視毒品使用的社區的人則可能選擇低報自己的使用情況。這種偏誤在根據受試者的意見而提出的問題中更為普遍，例如：在要求參與者對某項事物進行評估或評分時，因為通常沒有一個正確的答案，並且受訪者有多種方式可以回答問題。總體而言，這種偏誤對於自我報告的研究者來說可能是個很大的問題，特別是如果他們正在研究的主題有爭議。受訪者以社會上滿意的方式回答所造成的扭曲會嚴重影響自我報告研究的有效性。在無法控制或應對這種偏誤的情況下，研究者無法確定他們所測量的效果是由於個體差異還是由於符合所研究人群中存在的社會規範的渴望。因此，研究者努力採用旨在減輕社會期望偏誤的策略，以便他們可以從研究中得出有效的結論。

減少社會期望偏誤，有下列七個技術或方法（Nederhof, 1985）：

(1) 投票箱方法：該方法允許受試者匿名自行填寫調查表並將其提交給鎖定的「投票箱」，從而掩蓋了他們對訪調員的回答，並為參與者提供了另一層

保證隱瞞的層級社會反響。

(2) 強迫選擇項目（forced-choice items）：該技術希望產生在期望上相等的問題，以防止在一個方向（或另一個方向）上出現社會上可取的回應。

(3) 中性問題（neutral questions）：此策略的目標是使用被廣泛參與者評為中性的問題，以使不符合社會期望的回答。

(4) 隨機回答技術（randomized response technique）：該技術允許參與者回答從一組問題中隨機選擇的問題。使用此技術的研究者不知道受試者會回答哪個問題，因此受試者更有可能如實回答。然後研究者可以使用統計數據來解釋匿名數據。

(5) 自行管理的調查問卷：此策略包括在參與者開始回答調查問卷或問卷之前隔離參與者，以期消除研究者可能向參與者呈現的任何社會暗示。

(6) 偽管道（bogus-pipeline）：這項技術涉及一種欺騙手段，研究者透過一系列操縱的演示說服對象，使機器可以準確地確定參與者在回答某些問題時是否真實。參與者完成調查或問卷後，將向他們匯報情況。這是一種罕見的技術，並且由於成本，時間投入以及每個參與者只能使用一次的技術而很少使用。

(7) 選擇訪問員：此策略允許參與者選擇將要進行訪問或主持實驗的一個或多個人。希望以此來獲得更高的融洽度，使被試者更可能誠實地回答。

(8) 代理人（proxy subjects）：這種策略不是直接問一個人，而是問「與目標個人關係密切」或非常了解目標人的人。這種技術通常僅限於有關行為的問題，不適合詢問個人態度或信念。

以上這些技術，每一種的有效性程度視情況和所提出的問題而異。為了在各種情況下最成功地減少社會期望偏誤，有人建議研究人員利用這些技術的組合來最大程度地減輕社會期望偏誤的影響。當選擇減少社會期望偏誤的最佳方法時，並不會根據「越多越好」的假定（感興趣的行為的較高患病率）來進行驗證，因為這是「弱效度（weak validation）」，不能始終保證最佳結果。取而代之的是，將觀察到的數據與陳述的數據進行「真實的（truthed）」比較，應該可以發現最準確的方法

## 一、未回卷偏誤（nonresponse bias）檢查

調查法的統計分析都會面臨未回卷偏誤的干擾，由於研究者無法取得未回卷者資料，故可以波形分析法代替，波形分析法假設未立即回覆問卷的受試者

意見，與未回卷者意見極為類似，因此，研究者可以**晚回卷**者意見作為替代，檢驗是否發生未回卷偏誤（Armstrong & Overton, 1977）。這樣的未回卷偏誤檢查亦受到學者的應用，誠如 Zou（1997）為探討國際行銷標準化問題，針對開發中國家進行問卷調查，其回收率僅有 9.3%，為了解是否產生未回卷偏誤問題，遂以此法進行檢驗。

以行為量表為例（e.g. 組織公民行為量表、人力資源策略量表），研究者可以波形分析法來檢驗是否發生未回卷偏誤干擾。依據受試者回卷時間分為催收前回卷（早回卷者）與催收後回卷（晚回卷者）兩組，對個人基本屬性與測量變數進行統計檢定。例如：若分析結果指出，早回卷者（N = 82）與晚回卷者（N = 34）之個人資本屬性並無顯著差異；再針對人力資源 14 題測量與組織公民行為 24 題測量進行獨立樣本 t-test，結果若發現早回卷者與晚回卷者，對於「相較於同業之就業保障」達顯著差異（t = 2.15, p < 0.05），早回卷者認為公司的就業保障較同業高；對其**餘 37 題**測量的回答並無顯著差異性。綜合而言，我們即可說此研究之有效樣本並無明顯的未回卷偏誤問題。

## 二、受試者自我報導偏誤檢查

以行為量表為例（e.g. 組織公民行為量表），由於採受試者自評方式進行，易有高估之嫌，故需對其自我報導進行偏誤檢查。故行為量表施測時，即由單位主管負責以一比一的比率推薦高組織公民行為與低組織公民行為員工分別填寫內容完全一樣的 A、B 問卷，並以回收有效問卷的配對樣本為數據。再以主管的判定作為效標，將受試者分為兩組，進行獨立樣本 t-test，理論上，主管判定為高組織公民行為者，在組織公民行為各構面與總分的表現上，應比低組織公民行為者高分，且達統計上的顯著水準。事實上，若檢定結果發現，兩組受試者在盡職行為（t = 2.50，p < 0.05）、事前知會（t = 2.22，p < 0.05）與公民道德（t = 3.41，p < 0.01）三構面與整體組織公民行為（t = 2.29，p < 0.05）皆有顯著差異，且「高組織公民行為組」顯著高於「低組織公民行為組」（表 10-4）。雖然在利他主義與運動家精神兩構面未達顯著水準，但就平均數水準而言，仍符合高組織公民行為組高於低組織公民行為組。綜合而言，受試者對組織公民行為自我評分的結果，大致與主管評估一致，因此，受試者對組織公民行為的自我揭露，仍有其參考價值，值得採用。

表 10-4　組織公民行為自我報導偏誤檢查 t-test 表

| 構面／變數 | 高組織公民行為組<br>（N =58） | | 低組織公民行為組<br>（N =58） | | t 值 |
|---|---|---|---|---|---|
| | 平均數 | 標準差 | 平均數 | 標準差 | |
| 利他主義 | 5.34 | 0.69 | 5.13 | 0.82 | 1.48 |
| 盡職行為 | 5.17 | 0.74 | 4.83 | 0.68 | 2.50* |
| 運動家精神 | 4.98 | 0.79 | 4.84 | 0.65 | 1.00 |
| 事前知會 | 5.49 | 0.64 | 5.21 | 0.70 | 2.22* |
| 公民道德 | 5.13 | 0.66 | 4.74 | 0.59 | 3.41** |
| 組織公民行為 | 5.21 | 0.57 | 4.97 | 0.58 | 2.29* |

*：$p<0.05$；**：$p<0.01$

## 10-7-3　行政誤差有四種

行政誤差（administrative errors）是指疏忽、不當管理和執行研究任務。造成行政誤差的原因是：粗心、混亂（confusion）、疏忽（omission）、遺漏（omission）或其他誤差造成的（William, 2003）。

行政誤差有四種類型：

1. 資料處理誤差（data processing error）：分析階段錯誤的數據輸入，計算機編程或其他程序錯誤。

2. 樣本選樣的誤差（sample selection error）：樣本設計不正確（例如：基於不完整的數據庫）或執行了抽樣程序（例如：在大多數目標人群都在工作的白天執行）。

3. 採訪者誤差（interviewer error）：這種類型的行政誤差是由於採訪者未能正確提出問題或記錄回應而引起的。訪查員的誤差通常會導致結果有偏差，並且可能會增加變異性。

4. 面談官作弊（interviewer cheating）：在面談時填寫虛假答案或偽造調查表的做法。

句子中的行政誤差例子：

1. 行政誤差（Standard Achieved Code "97"）表示發生行政誤差，該誤差使獲得的分數無效或無法確定分數。

2. 除非大學行政誤差，否則不會從學生的記錄中刪除課程。

# 10-8 拒答處理的插補法：簡易、多重與最鄰近方法

在統計中，插補（imputation）是用替換值（substituted values）替換遺漏值（missing data）的過程。替換數據點時，稱爲「單位插補（unit imputation）」；當替換數據點的組成部分時，稱爲「項目插補（item imputation）」。遺漏值會導致三個問題：帶來極大偏誤（bias），使數據的處理和分析更加艱鉅，並降低效率。由於遺漏值可能會造成分析數據的問題，因此插補被視爲一種避免列表式刪除具有遺漏值的案例所涉及的陷阱的方法。也就是說，當一個案例（case）多個變數中若缺少一個（或多個）值時，大多數統計技術都會自動捨棄該筆案例，這可能會產生偏誤並影響結果的代表性。

插補法透過基於其他可用訊息將遺漏值替換爲估計值來保留所有情況。一旦估算出所有遺漏值，就可以使用標準技術分析數據集以獲取完整數據。迄今，插補理論在不斷發展，處理遺漏值的嘗試包括：hot deck and cold deck 插補、listwise and pairwise 刪除、平均值插補、迴歸插補、進行最後的觀察、隨機（stochastic）插補、多重插補。

調查問卷中，問到：收入、性態度等敏感議題就常會被「拒答」或回答意願降低。將「拒答」與其他類型的項目無回應（item nonresponse）全部視爲遺漏值而捨棄，是最常見的處理方式，但前提是這些「無回應」必須是隨機發生，否則會導致訊息流失而使分析結果有所偏差；若考慮資料的完整性，可透過不同的插補法來取代無回應或遺漏值。各類插補方法多利用輔助變數進行。

統計演算來獲取遺漏資料的替代數值，其中又以多重插補法（multiple imputation）最受矚目（Little and Rubin 1989）。

當社會科學研究者依理論或經驗，將調查訪問資料的拒答（refusal）或不知道等答案歸到既有的回答類別中，以減少資料流失造成的估計偏誤時，這時就須插補：簡易插補（simple imputation）、多重插補（multiple imputations）、最鄰近插補法（nearest neighbor）。

## 1. 遺漏機制與簡易插補

資料的遺漏機制（missing mechanisms）包含三種情況，若遺漏資料爲完全隨機產生，則視爲「完全隨機遺漏」（missing completely at random, MCAR），即遺漏資料產生的機率與所研究之個體具備的可觀察及無法觀察的特質無關。若遺漏資料的產生與其他被觀察的變項數值有關，但是與觀察的變項本身無關時，則屬於「隨機遺漏」（missing at random, MAR）。若某變項遺漏資料的發

生機率視隨著該變項的數值而定，則爲「非隨機遺漏」（missing not at random, MNAR）。研究者可依據資料的遺漏機制來考量是否插補遺漏資料，當資料屬於「完全隨機遺漏」時，除了訊息減少外，資料結構並未被破壞而無插補之必要；而「非隨機遺漏」基本上並無法透過插補的方式來處理，因此本文的探討僅限於「隨機遺漏」的情況。

插補爲處理遺漏資料的策略之一，而各類插補方法的共同目的爲尋找一個數值來取代遺漏資料以保存資料的完整性。前述將遺漏值之外的無作答回應與各題目的不同答案合併（Yamaguchi, 2000），或者以特定數值來取代的方式（關秉寅、李敦義，2008），均屬於簡易插補法，在遺漏值比例甚低或資訊不足的條件下，常被社會科學研究者所使用。

### 2. 多重插補法（multiple Imputations）

Rubin（1976）提出插補是爲了資料的完整性，針對遺漏的部分填補合理的數值，以求盡可能減少偏誤。其中，將每筆遺漏的資料填補一個合理的數值稱爲「單一插補」（single imputation）；而將每筆遺漏的資料填補多個合理數值的方法則稱爲「多重插補」（multiple imputations）（Rubin 1987）。多重插補法可用 STaTa 提供的蒙地卡羅法（Monte Carlo method），將遺漏的資料填補 m 個數值，連同原有的其他變項與數值產生 m 個資料檔，以此進行分析，插補後的參數估計值爲 m 個資料檔所得之平均值。Rubin（1987）指出當插補次數達到 10 次之後，再增加插補次數其相對效率並不會提升太多，因此 m 通常必須大於 3，但是不需要超過 10。

當眞實的資料未能符合統計上所預設的假設或其分布未知時，通常可以透過貝氏方法（Bayesian approach）整合先驗分布（prior distribution）或先驗機率（prior probability）來分析資料。多重插補亦可利用此概念來進行資料插補。此方法在理論上雖然可行，但實務上要找出未知參數 $\theta$ 的後驗分布卻十分困難，或是不易進行模擬。隨著較簡易的馬可夫鏈—蒙地卡羅法（Markov Chain Monte Carlo, MCMC）的理論發展，MCMC 成爲最常用的多重插補策略之一。MCMC 策略爲 Tanner 及 Wong（1987）所提出的資料擴增法（data augmentation），將收斂到穩定分布（stationary distribution）的兩階段插補步驟執行 m 次之後，即可完成資料插補。

### 3. 最鄰近插補法（nearest neighbor method）

Fix 及 Hodges（1951）提出的「最鄰近法則（nearest neighbor rule）」原理如下：給定一組包含 n 個樣本 $(x_1, \theta_1)$, $(x_2, \theta_2)$, $\cdots$, $(x_n, \theta_n)$ 的集合，其中 $x_i$ 爲

第 $i$ 筆資料的觀察值，$\theta_i$ 為第 $i$ 筆資料所屬類別；若有另一筆資料 $(x,\theta)$，其中 $x$ 是可觀察的，我們可利用 $n$ 筆已知訊息的資料將 $x$ 歸類。

由於資料歸類時，涉及兩筆資料距離（distance）的遠近，或是相異度（dissimilarity）的大小，Kaufman 及 Rousseeuw（1990）提出一種適用於混合不同測量尺度資料的相異度定義；假定每一個觀察值由多個不同類型的變項所構成時，兩個觀察值之間的相異度定義為：

$$d(i, j) = \frac{\sum_{f=1}^{p} \delta_{ij}^{(f)} d_{ij}^{(f)}}{\sum_{f=1}^{p} \delta_{ij}^{(f)}}$$

其中 $d(i, j)$ 表示第 $i$ 筆觀察值與第 $j$ 筆觀察值之間的相異度，其範圍介於 0 到 1 之間。$d_{ij}^{(f)}$ 的意義為在第 $f$ 個變項中，第 $i$ 筆觀察值與第 $j$ 筆觀察值間的相異度，$f = 1, 2, \cdots, p$。依據變數類型的不同，$d_{ij}^{(f)}$ 的計算方式有三種：(1) 變數 $f$ 屬於二元（binary）或名目（nominal）資料；(2) 變數 $f$ 屬於區間（interval）資料；及 (3) 變數 $f$ 屬於次序（ordinal）或比率（ration）資料。利用其定義即可計算出資料由不同類型變數所組成時，兩筆資料的相異度。最鄰近插補法屬於熱卡插補法（hot deck imputation）的一種，其應用多見於經濟學與心理學，在社會學則相對少見，且以人口學為主。

# 10-9 調查法研究之論文評論（review）

整體而言，研究論文結構良窳的評鑑準則，有下列 14 項（Straub, 1994）：

1. 研究設計：包括適當的研究法、樣本抽樣、統計方法、變數的操作型定義等是否恰當，及內部效度。
2. 研究主題的選擇：選擇的題目與資料處理技巧，都要避免炒冷飯、了無新意或沒有讀者市場。
3. 論文要對實務界有實質的「貢獻性」，它要能解決／啟示實務界所面臨問題或挑戰。
4. 要具備專業寫作技巧，文章的起承轉合要一氣呵成，多一句話就嫌冗長，少一句話就嫌遺憾。易言之，「前言」要精簡談論本文的研究動機及研究目的（與前人有何不同之處）。「文獻探討／理論發展」要能詳讀並歸納前人研究之精髓及不足之處，並根據前人理論基礎來推論本文所提「研究假設／命題」之邏輯思考。

5. 文章長短要適中，一般發表在研討會的論文長度約 5～8 頁；期刊論文長度約 5～30 頁左右（看各 Journal 規定）。

6. 是否遵守科學研究之倫理，有無違反人道的實驗，或者有意無意揭露受訪者隱私等情事。

7. 研究架構、研究設計要讓後人，能根據不同情境、不同樣本特徵、不同研究法來複驗。

8. 對理論的貢獻：研究者是否將先人所提理論模型做內伸／外伸式精緻化／整合，甚至指出前人所提理論模型的限制及弔詭之處。

9. 文末要能對後人提出一些未來研究方向的建議，以改進本「研究限制」（遺珠之憾）。

10. 文獻回顧／文獻探討要有完整性，通常國內研究者常犯的毛病，就是遺漏了最近三年國外的相關文獻探討，或者缺乏將國內外文獻融會貫通地做歸納，導致文獻探討不是冗長，就是雜亂無章。

11. 對知識的累積要有所貢獻；要能對目前學域的理論、信念（belief）或假定（assumption）有所貢獻。

12. 文章結構及遣詞用字要能清楚表達文章涵意，每個章、節、段的層次要能環環相扣，結果解釋及外推要具邏輯性及嚴謹性。

13. 邏輯推演要嚴謹清楚：描述理念的邏輯結構要明確，並與文獻探討、研究法及結果發現相互呼應。

14. 要能選用適切的統計／數學方法，並對分析結果與統計顯著性做解釋。

　　遇到調查法這類論文時，我們評論其優缺點，有下列幾個準則：

1. 研究問題與研究目標

(1) 有無清楚交代研究問題及研究目標？且研究內容與結論是否與主題相符？

(2) 研究問題的發掘是否適合採用調查法？

(3) 問題範圍的訂定是否恰當？

(4) 研究問題是否與該學域有關？它對理論建構有貢獻嗎？對實務有貢獻嗎？具有原創性嗎？

2. 理論基礎與研究假設

(1) 問題領域之相關理論是否已完備？研究者是否也都引用了？

(2) 研究模型（model）是否從理論所導出？變數多有完全掌握？研究假設有沒有理論根據？

(3) 構念（變數）的操作型定義有無理論基礎？

(4) 文獻簡要，但要涵蓋完整，沒有灌水現象。

(5) 研究假設是否簡約清晰？

3. 研究設計內部、外部效度的良窳

    (1) 研究設計是否有效排除內部效度威脅？有沒有一些措施來避免受試者的不專心？有無排除實驗場地之效度威脅？

    (2) 是否有效控制調節（干擾）變數？

4. 測量工具信度及效度的檢驗

    所用測量工具，有否檢查信度？是否檢驗其效度：表面效度、內容效度、建構效度（收斂效度、區別效度）、效標效度。

5. 資料蒐集方式，隨機方式（或配對式「case-control」）優於非隨機取樣。

# 實驗研究法
# （experimental research approach）

　　實驗法（experimental research）起緣於自然科學／生醫，後來大受社學科學的歡迎。社會及行為科學家借用自然科學方法的原理發展出研究人類行為與社會事項的方法，主要的有自然觀察法、調查法與實驗法。其中以實驗法發展最精密、應用最廣泛而且成效最顯著。實驗法除了能解釋事項是什麼？亦可說明為什麼，因為其可以獲得現象變化的因果關係，故優於其他研究方法。實驗法的最大特徵就是在控制的情境下研究事項的變化，從而發現並確定其變化的因果關係，希望了解事項的前因後果後，對於同類事項，不僅可以根據原因去預測結果，而且也可安排原因去產生預期的結果。

　　實驗設計（vs. 非實驗設計）是「研究設計」的一種，其常用符號之代表意義如下：

1. **X**：代表社會科學「**處理**」（**treatment**）、生物醫學「**曝露**」（exposure）或是實驗法你對自變數之「**操控**」（**manipulation**）。常見各種研究的「treatment」類型有：

   (1)「綠色香蕉皮能治失戀」，實驗室實驗組 treatment 就是給失戀者吃香蕉皮，看吃前與吃後之情緒緩和及抗憂鬱的效果。

   (2)「喝豆漿可減少罹患乳癌的機率」，實地實驗組 treatment 就是「常喝豆漿者」，對照組則反之。

   (3)「甘蔗原素可降低膽固醇」，實驗室實驗組 treatment 就是三個月連續吃甘蔗原素，看吃前與吃後的變化。

   (4)「教學故事／**宣傳短片**」前後，看學生行為態度的改變，其 treatment 就是看電影片。

   (5)「手機影響男人精子品質」，實地實驗組 treatment 就是「手機常放口袋者」，對照組則「手機未放口袋者」，看二組受測者的精子活動力。

   (6)「**秋葵水幫助控制血糖**」，實驗室實驗組 treatment 就是 2 個月連續喝秋葵水，看吃前與吃後血糖的變化。控制組只吃安慰劑。

   (7)改善視力快吃**鰻魚**，實地實驗組 treatment 就常吃鰻魚丼飯、控制組就是不吃鰻魚者，看二組**老花眼**的平均歲數的差異。

   (8)科學家發現，每天喝至少三杯**咖啡**，能使罹患**阿茲海默症**（老人癡呆症）的機率降低達 60% 之多。醫學專家比較 54 位同齡的阿茲海默症患者，以及 54 名未罹患該症的老人後發現，未患阿茲海默症的健康老人自 25 歲起平均每天飲用兩百毫克咖啡因，相當於 3 到 4 杯咖啡，而罹患阿茲海默症的老人平均每天僅用飲 74 毫克的咖啡因，相當於 1 杯咖啡或 2 至 3 杯茶。

2. O：觀察結果（observation）或依變數之測量，觀察又分事前（$O_1$）與事後（$O_2$）。

3. R：隨機分派（random assignment）樣本。

根據上述三種符號的排列組合，將實驗法之研究設計再依據其「控制」自變數與依變數之間的相互影響的關係來分類。可將實驗設計分爲「眞（true）實驗設計」、「準實驗（quasi-experimental）設計」、「前實驗（pre-experimental）設計」。其中，眞實驗設計設有控制組，且樣本有進行隨機分派。準實驗設計僅設有控制組，樣本無隨機分派；前實驗設計沒有控制組，僅爲前後測比較。另外，廣爲介入（Intervention）研究使用的對抗平衡設計（counter-balanced designs），被歸類爲準實驗設計。其中，眞實驗設計及準實驗設計兩者的主要

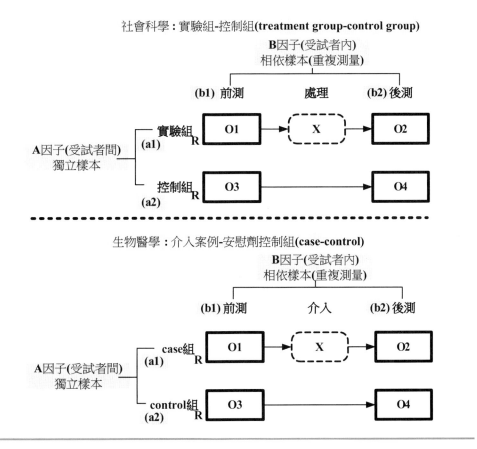

**圖 11-1** 真實驗設計之示意圖一（vs. 混合設計二因子 ANOVA）

註：未能隨機分派二組樣本之準實驗設計亦適用混合設計二因子 ANOVA、共變數分析。

差別，在於眞實驗設計有：(1) 分實驗組及控制組；(2) 隨機分派受測者；(3) 有控制（外生）干擾變數；而準實驗設計則未能完全具備上述三個條件。

　　眞實驗設計及準實驗設計的統計分析，實例請見作者《多變量統計之線性代數基礎：應用 SPSS 分析》、《多變量統計之線性代數基礎：應用 STaTa 分析》、《高等統計：應用 SPSS 分析》3 書。

## 一、實驗研究法是什麼？

　　科學家們爲求了解自然界各種事象的變化，運用各種研究法，企圖了解自然界變化的現象及探究其原因，從而發現原理原則，建立系統理論，以期對同類事象去解釋、預測和控制。

　　實驗研究法是指研究者在控制足以影響實驗結果的無關調節（干擾）變數之下，探討自變數 X（independent variables）與依變數 Y（dependent variables）之間是否存在有因果關係的一種研究方法。這個研究法的設計主要目的是在探究自變數與依變數之間的因果關係，其做法是操縱（manipulation）自變數，然後檢討其對依變數的影響（effect, impact, outcome）。因此在設計過程中，會把受試對象區分爲實驗組（接受處理 / 病例組）和控制組（接受處理 / 健康組），再依不同組別施以不同的實驗處理，然後藉由操縱自變數來觀察依變數所受到的影響，以探究其因果關係。

　　實驗研究法又稱爲實驗觀察法，它是在妥善控制的情境下，探討自變數對依變數的因果關係，因此它可說是各種實證研究法中最科學的方法。實驗法經常被用於定量研究。換句話說，實驗研究是一種在爲了某種特定目的而設計的情境之中進行觀察（或資料蒐集）的過程。例如：進行物理實驗時，基本上是控制某些因素（例如：溫度），並測量另一些變數的變化（例如：液體的密度）。在實驗的過程中，必須將室溫、壓力、溼度等環境變數記錄下來，並盡可能將所有其他外界的影響消除（范錚強，民 86）。舉例來說，研究者擬探討教師稱讚行爲與學生創造力之關係，而決定從事「教師稱讚與批評行爲對學生創造力影響」的實驗研究。在應用操作性定義清楚而明確的界定「稱讚」、「批評」，及「創造力」三項變數之後，研究者便從學校中以隨機分派的方式分爲兩組，一組接受「稱讚」的實驗處理（experimental treatment，以變數 X 表示），另一組接受「批評」的控制處理（control treatment），再經一段期間的實驗後，研究者以一個測量創造思考力之測驗分別測量兩組學生的創造力，然後應用變異數分析來比較兩組學生創造力分數的差異顯著性。在這個例子中，研究者所

操弄（manipulation）的變數為「稱讚」和「批評」，此變數稱為實驗變數，通常又稱自變數；因這個變數的操弄而發生改變的變數（創造力）則稱為依變數（dependent variable），亦即實驗的結果（以變數 $O_2$ 表示）。

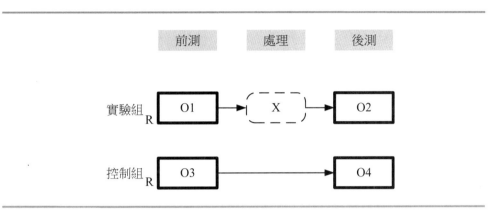

**圖 11-2** 真實驗設計之示意圖二

　　實驗研究最早係應用在「人與物」、「物與物」之自然科學研究，後來才推廣到「人與人」之社會科學研究。社會科學研究中的實驗法約略可分為實驗室實驗與實地（field）實驗（田野實驗）兩種。實驗室實驗是在一個為了排除研究主題之外的變數對結果產生影響，而設計出來的人工實驗室環境中進行，完全避免干擾。實地研究則是選擇真實的環境來進行，情境上比較真實，而在調節變數（moderator，干擾變數）的處理上則比較差。

## 二、實驗研究法的特性

1. 研究工作是在人為設定的環境中進行。
2. 研究者將受試者分成實驗組及控制組。
3. 研究者操弄（manipulate）自變數，並觀察它對依變數的變化，實驗的同時，亦要控制干擾變數（例如：隨機分派樣本、實驗設計的改良）。

## 三、實驗研究法的目的

1. 檢定命題（propostion）。
2. 建立理論系統。
3. 發現因果關係。

### 四、實驗研究法的優點

實驗研究的優點是什麼？

**1. 它為研究者提供了高度的控制**

透過隔離特定變數，可以確定潛在結果是否可行。每個變數都可以單獨控制或以不同的組合進行控制，以研究產品，理論或構想可獲得哪些可能的結果。這在發現準確結果的能力方面提供了巨大的優勢。

**2. 對所涉及的主題或行業沒有限制**

實驗研究不限於特定的行業或想法類型。它可以用於多種情況。教師可以使用實驗研究來確定新的教學方法或新的課程是否比舊的系統更好。製藥公司使用實驗研究來確定新產品的可行性。

**3. 實驗研究提供了具體的結論**

由於實驗研究提供了如此高的控制水平，因此它可以產生特定且一致的結果。與其他驗證方法相比，可以確定成功或失敗，從而可以在更短的時間內了解產品，理論或思想的有效性。你知道研究的結果是因為你將變數帶入了結論。

**4. 實驗研究的結果可以重複**

實驗研究是一種直接的基本研究形式，可以在相同變數受其他變數控制時進行重複。這有助於提高概念對於產品、思想和理論的有效性。這使任何人都可以檢查和驗證已發布的結果，這通常可以實現更好的結果，因為準確的步驟可以產生準確的結果。

**5. 自然設置可以更快的速度複製**

在實驗室環境中進行研究時，可以複製可能需要很長時間的條件，以便可以對變數進行適當的測試。這使得研究者可以更好地控制可能存在的外部變數，從而限制了自然的不可預測性，因為每個變數都在仔細研究中。

**6. 實驗研究可以確定因果關係**

變數的操作使研究者能夠查看產品、理論或想法，可以產生的各種因果關係。這個過程使研究者能夠更深入地研究可能發生的事情，從而展示各種可變關係如何提供特定的好處。

**7. 它可以與其他研究方法結合**

這樣一來，實驗研究便能夠提供嚴格的科學依據，以使結果獨立存在。它提供了確定最適合特定人群或特定人群的可能性，同時還提供了傳聞（anecdotal）研究通常無法提供的更好的轉移性。

易言之，實驗研究法本身具有下列六項優點：

1. 研究者可操控自變數，並配合「控制組」與實驗組的比較，使操控有比較的基礎點。

2. 實驗法比其他研究法較可操控外生變數（它會影響內生變數，本身並沒有任何變數來影響它）所造成的干擾。實驗室研究法最大的優點在於藉由變數的充分控制，可以幫助研究者精確探索變數之間的因果關係，而產生較佳的內部效度。相對於實驗室實驗法，實地實驗法（field experimentation）雖然有較高的外部效度及概化能力，但是在實地實驗法中所無法控制的變因太多，使得研究的嚴密性容易受到質疑，並且變數間的關係常會受到其他外在因素影響而無法顯著的觀察因果關係。

3. 最適用於因果關係的探討。

個案研究法、調查研究法、統合（meta）研究法等研究法較適合回答變數間的相關性，而實驗研究法如能對外在環境及變數做嚴謹的控制，則非常適用於有因果（causal）關係之研究問題。因果關係的建立不是靠確定性來證明，而是以實驗變數與其他變數建立關聯性的機率來支持，因此實驗法比其他研究法更能達到此一目標。

4. 實驗結果可複製。即後來研究者可對不同的受試者、在不同的情境下，重複進行實驗及複驗，以提升因果關係的外部效度。

5. 最嚴謹、最科學。

一般實驗研究的主題大多範圍較小、變數關係明確、實驗環境穩定，因此研究過程較為嚴謹，資料蒐集、轉換、分析過程中失真的程度亦較低，有些問題還可做重複性的實驗。

6. 改用實地實驗法，比實驗室實驗更能降低研究者的干擾，及降低實驗情境與日常生活的脫節。

概括來說，實驗法的主要優點有：(1) 可發掘因果關係；(2) 能有效控制外在及環境變數；(3) 實驗的便利性與低成本；(4) 可重複地驗證結果；(5) 可探究自然發生的事件。研究者在進行實驗時必須考量的重點有：(1) 選擇相關的變數；(2) 確認處理的層級；(3) 控制實驗的情境；(4) 選擇適當的實驗設計；(5) 挑選並指派受試者；(6) 預試、修訂、再測試；(7) 分析資料。

## 五、實驗研究法的缺點

1. 人為操控：此種人為不自然的實驗環境，是可透過設備上的修改而加以改進。

2. 實驗結果較無法一般化：實驗室實驗法雖有較佳的內部效度，但可能會因為實驗情境的過度單純化，以及受測樣本數量較少導致缺乏代表性等因素，大大降低了實驗的外部效度，使得研究結果的推論及概化（規則化）的能力降低。

3. 實際應用的成本很高：儘管實驗的成本不高，但要將實驗結果推廣到實際生活上，所付出的代價仍是很高。

4. 實驗對過去變數或預測較難處理：實驗處理通常針對「現象」或「立即」發生的問題，鮮少對過去變數做解釋、預測。

5. 實驗過程可能違反人道：早期實驗者為了找出梅毒、AIDS 等重大疾病，都發生過對病患做不人道的實驗，甚至軍事用途上不人道的實驗，亦履見不鮮，例如：生化武器實驗、核武影響的實驗……。

## 六、實驗法在教育的應用

實驗研究法在教育研究的應用上也有其限制，分述如下：

1. 教育研究的對象是人和與人相關的行為表現、情感態度、學習成效、及其他人為的制度，影響它們的因素很多，不易以幾個變數來研究說明。

2. 教育研究常涉及價值判斷，客觀的觀察與結果的討論有其困難。

3. 教育研究的事件，經常是無法操弄使其再現以作重複研究。

4. 教育研究的對象是人，研究者與被研究者之間容易交互影響。

5. 實驗控制有時涉及人性尊嚴、倫理或可能干擾日常教育活動的進程。

6. 測量工具仍無法十分正確的測量教育情境下的教育屬性或複雜行為。

# 11-1 實驗法有二類型

本書前面「研究設計」已曾談過各式各樣的「實驗設計」。實驗設計是將構念（construct）層次的理論模式／研究架構加以情境化及操作化，以達到驗證該模式的效果。因此，在實驗設計中，研究者可採隨機取樣或分組配對方式，盡量將威脅效度之外生變數加以排除，以提升研究設計之內部效度。

實驗方法在應用上有兩種範圍。(1) 狹義而言，它限於使用特別設備的實驗室內應用。在這種情境下做的研究，一般稱為實驗室實驗（laboratory experimention）。(2) 廣義而言，它也包括實驗室之外在實驗生活情境下進行的研究，這種情境下做的研究，一般稱為實地實驗／現場實驗（field experimention）。

　　幾種大家容易混淆之實驗法分類，包括：實地（field）研究、實地測驗／實地實驗法、實驗室實驗法（吳錦波、蔡崇盛，民 86）三種，它們的特性分述如下。

## 一、實驗室研究（laboratory studies）

　　實驗法在特殊設計的情境下進行觀察，其間常介入實驗者的操作，以圖對此情況能有更精密的控制。為達到這種控制，大部分的實驗都在具有特殊設備的實驗室進行，但並非一定要在實驗室內進行。

　　「實驗室實驗法」是在研究人員控制的環境下操弄自變數，以衡量應變數的一種方法，其研究環境或情況乃是由研究人員製造操作出來的。

　　實驗室研究是在高度控制的環境中進行研究。研究的執行過程中，有數個變數（variables）受到控制（controls），以阻絕其對目標（依或研究）變數的影響，另外還有一個研究欲探索的操控（自或因）變數（variable）受到操控（manipulates），企圖了解此操控（自或因）變數在不同程度（情境、能力、水準、強度）時，對目標（依或研究）變數的影響程度。例如：衡量使用電腦輔助教學之前與使用之後，學生成績是否有變化。

　　Kaplan（1964）解釋「實驗」是「一個觀察的程序，而且是在特別為了想帶出某目的的情境中進行該項觀察程序」，可見實驗是為了導引出理論本體的某些觀念而設計的，同時它也會去抽出、操控實際世界的某些現象（Mason, 1989）。換言之，對一個實驗的介入控制是相當重要的，因為實驗的目的就是要產生有保證且實用的知識。因此，實驗室實驗研究不但有實驗設計，同時也有實驗控制，所以在實驗之前必須有詳細的計畫，同時也要有意地去隔離與操縱變數以便研究某種可能的因果關係（Buckley, Buckley & Chiang, 1976）。而 Alavi 和 Henderson（1981）以及 Benbasat、Dexter 和 Masulis（1981）等學者也把實驗室實驗研究定義為「操控自變數，控制中介變數（intervening variables），在控制的環境中進行」。另外，Van Horn（1973）認為模擬（simulation）、小群體（small group）、人機（man-machine）以及雛形（prototype）等四種實驗包含在實驗室實驗研究這個範疇之內。可見實驗室實驗研究法的主要特徵就是，在控制的環境（實驗室）中使用定量分析的技術很精確定義出所設計變數間的關係，其主要的觀點就是使那概括化的敘述能夠應用到實際的世界情境（Galliers, 1992）。而由以上學者相關的定義可以歸納出實驗室實驗研究法具有如下幾個重要的特性：

1. 在控制的實驗室環境中從事現象的研究。
2. 有實驗設計，同時也有實驗控制。
3. 會有意地去隔離與操縱變數以便研究某種可能的因果關係。
4. 包含模擬、小群體、人機以及雛形等四種實驗。
5. 探討的問題包括變數對組織的影響、人機系統中人類行為的問題、人與機器基礎系統間的交互作用等等。
6. 使用定量分析的技術。
7. 實驗之前必須有詳細的計畫。

　　例如：在學術圖書館選書方式可分為教師推薦、館員選購及書商推薦整批配書閱購（blanket order approval selection）等 3 種較為普遍之方式。究竟那一種方式選購之圖書其使用率較高，你可用實驗法研究。有人實驗法求證，館員所選之書的流通率較教師及書商推薦者為高，原因是圖書館員因與讀者接觸較多，故其所選購之圖書使用率較高。在此例中實驗法，選書方式為自變數，圖書之使用為依變數，以有記錄之使用（即流通）來統計，並且採用隨機抽樣方式，自各選書方式抽取至少 400 種書。此實驗為事後驗證分析。

## 二、實地研究／田野研究／現場研究（field studies）

　　像實驗室實驗一樣，現場（field）實驗將受試者（或其他採樣單位）隨機分配到治療組（實驗組）或對照組（控制組），以測試因果關係。隨機分配有助於建立實驗組與控制組之間的可比性，因此，在給予治療後出現的任何差異都可以合理地反映出治療的影響，而不是各組之間先前存在的差異。現場實驗的顯著特徵是，它們是在現實環境中進行的，通常不會引起干擾。這與實驗室實驗相反，後者透過在實驗室的人工和高度受控的環境中檢驗假設來實施科學控制。現場實驗與自然發生的實驗和準實驗也有一定的背景差異。雖然自然發生的實驗依賴於外部力量（例如：政府，非營利組織等）來控制隨機化治療的分配和實施，但現場實驗要求研究人員保持對隨機化和實施的控制。準實驗是在隨機進行治療的情況下發生的（例如：美國國會選區、候選人以些微的優勢獲勝、天氣模式、自然災害等）。

　　現場實驗涵蓋了廣泛的實驗設計，每個實驗設計都有不同的普遍程度。一些普遍性標準（例如：治療的真實性、參與者、背景和結果測量）指的是實驗樣本中的受試者與其他人群之間的背景相似性。它們在社會科學中越來越多地用於研究與政策相關的干預措施在健康、教育、犯罪、社會福利和政治等領域

的影響。

　　易言之，實地（field）研究乃是在自然實際的環境下衡量自變數與應變數，但卻不操弄變數的一種研究方法。實地研究有實驗設計，但是沒有實驗控制，研究者必須進入實地場所，因此研究者需要知道所要尋求的是什麼，同時也需要了解所要蒐集和分析資料的方法，但是研究者並不會企圖去單方面控制研究環境的變數（Buckley, Buckley & Chiang, 1976）。

　　此種研究不在實驗（研究）室中進行，而在實地或實際場合進行。在行銷領域通常運用於產品或服務在市場上的測試，在特定的場所（遊憩區、量販店、超級市場、生態保護區、濕地或保育區）中，評估消費者購買產品或服務的願付價格、購買意願或推薦意願。

　　Van Horn（1973）認為實地研究是在一個實驗設計架構下，但沒有實驗控制的情況下，對於一個或更多組織的研究，而它所蒐集的大量資料的目的就是想要隔離自變數（independent variables）的影響。另外，Couger 和 McIntyre（1987）以及 Swanson（1987）這幾位學者也對實地研究做了這樣的定義：「對自變數沒有操控，有實驗設計但沒有實驗控制，在自然的環境下從事相關興趣現象的研究。」從以上學者對於實地研究的定義，可以歸納出實地研究幾個重要的特性（吳錦波、蔡崇盛，民 86）：

1. 在自然環境中從事現象的研究。
2. 使用多種的資料蒐集方法（Thomas & Bouchard）。
3. 蒐集的對象可能是一個或多個實體（組織）。
4. 有實驗設計，但是沒有實驗控制，也不會企圖去控制研究環境的變數。
5. 要了解所要蒐集和分析資料的方法。

　　可見實地研究與個案研究之間的差異，最重要的只是在個案研究沒有實驗設計，而實地研究有實驗設計；即使實地研究跟後面所要談到的實驗室研究之間的差別，亦只是在前者沒有實驗控制，後者有實驗控制（Buckley,Buckley & Chiang, 1976）。雖然如此，然而實地環境與實驗室環境畢竟不同，通常實驗室實驗很不適合處理一些邊際的條件或環境因素，因此常常促成一些不合理而且錯誤的外推法（Berlyne, 1964; Chomsky, 1968）。另一方面，實地研究則能夠讓研究者以一些方法來探討那些邊際的條件，而這個卻可以用來加強或界定實驗室的發現，因此在這兩種研究方法同時進行的研究之下，可以增加研究者對於各種合理程序的了解（McGrath, 1964）。

### 三、實地測驗／實地實驗研究方法

「實地實驗研究法」則不是在研究人員控制的環境下，而是在自然現實的環境下，研究者盡可能控制其他變數，且對變數予以清楚定義，以觀察其變化的一種研究方法。實地測驗（test）／實地實驗研究是在實驗設計架構下對於一個或多個組織的研究，研究者會企圖去控制或改變所研究系統的某方面，以便解釋所選擇自變數在反應度量上的影響（Van Horn, 1973）。而 Franz、Robey 和 Koeblitz（1986）以及 Barber 和 Lucas（1983）等學者認為實地測驗／實驗研究除了在自然現象環境下從事研究外，它是跟下面就要討論到的實驗室實驗研究法一樣的。Vogel 與 Wetherbe（1977）則很簡要的把它定義為「對於一個或多個組織的審查，有使用實驗設計與控制」。另外，楊國樞（1990）等幾位學者認為實地測驗／實驗研究是研究者在現實的情況下，盡可能控制各種情況，而操控一項或多項自變數，以觀察應變數（或依變數）的反應或變化情形的一種研究方法。可見實地測驗／實驗研究是把實驗室實驗延伸到組織／社會的真實世界，這個觀念的目的就是想要架構一個比在人造、安全無害的實驗室情境更實際的環境（Galliers, 1992）。當然，這也就會造成找尋實驗對象（組織）的困難，另外，複製也是一個問題，因為僅藉著那些研究變數的改變是相當難有足夠的控制來達到實驗的可能複製。

## 11-2 非實驗設計

非實驗性研究不在實驗室中進行，而是在一般正常的營業場所、遊憩場所、辦公場所、會議室、戶外、街道或工廠。研究的環境不會進行控制與操控，因此，研究過程中無法隔絕（獨立）其他環境變數對研究變數的影響。非實驗研究法又可細分為量化研究和質化研究兩大類型。

### 一、量性研究（quantitative research）

針對人、事、物的特性和現象之數值化資料和其之間關係的一種系統性科學研究方法。

量化研究的目標是發展和使用數學模式、理論和／或研究假設套用到人、事、物的特性和自然現象。常用方式有：

1. 調查法。
2. 相關分析。
3. 實驗法。

## 二、質化研究（qualitative research）

1. 訪談、溝通（communication）：詢問受訪者
   (1) 利用結構性等級區分：結構型（structured）vs. 非結構型（unstructured）。
   (2) 利用偽裝等級區分：偽裝型（disguised）vs. 非偽裝型（undisguised）。
   (3) 利用實施方式區分：人員訪談（personal interview）、電話訪談、郵寄問卷（mail questionnaire）。
2. 觀察（observation）：觀察受觀察者
   (1) 利用結構性等級區分：結構型觀察（structured observation）vs. 非結構型觀察（unstructured observation）。
   (2) 利用偽裝等級區分：偽裝型觀察（disguised observation）vs. 非偽裝型觀察（undisguised observation）。
   (3) 利用環境控制等級區分：自然型觀察（natural observation）vs. 人為型觀察（contrived observation）。
   (4) 利用實施方式區分：人員觀察（human observation）vs. 機器觀察（mechanical observation）。

## 11-3 實驗法與其他研究法的比較

實驗法主要優點是可以獲得事物變化的因果關係，我們如果能對某一現象變化的前因後果有所了解，對於「同類現象」不僅可以根據此種原因來預測其結果，甚至也可安排（製造）原因去產生預期結果。實驗法主要特徵，就是它是在人的控制情境下研究現象的變化，從變化過程中發現其因果關係。自然觀察法、調查法、實驗法、次級資料分析、個案法、歷史法的綜合比較如表 11-1。

表 11-1　各研究法的綜合比較

| 研究策略 | 研究問題類型 | 控制程度 | 同時事件或歷史事件 |
|---|---|---|---|
| 個案法 | how, why | 不控制 | 同時事件 |
| 實驗法 | how, why | 可控制 | 同時事件 |
| 調查法 | who, what, where, how many, how much | 不控制 | 同時事件 |
| 次級資料分析 | who, what, where, how many, how much | 不控制 | 同時事件或歷史事件 |
| 自然觀察法 | who, what, where, how many, how much | 不控制 | 同時事件 |
| 歷史法 | how, why | 不控制 | 歷史事件 |

1. 自然觀察法，及調查法只能解釋「是什麼」（what）、who、what、where、how many、how much，不能解答「為什麼」（why）及 how，只能達成部分預測，但無法做到「控制」地步。

2. 相對地，實驗法是所有科學方法中最嚴格、應用最廣泛、成效最顯著的一種研究法。它可解答「為什麼」（why）及「如何」（how）的問題。

## 11-4 實驗設計

　　實驗設計在本書第 7 章「研究設計」已整理了很多重點，包括：實驗設計主要功能、內部效度及外部效度威脅、效度如何提升、研究設計評估準則……，這些重點讀者可逕行參閱前面章節的說明。實驗設計是指研究者為了解答其研究方面的疑問、說明如何控制變異來源之一種扼要的計畫、架構，及策略。目的是有計畫的說明研究者操弄各種變異來源的「基本模式」為何，以便將來可以細心操縱或改變自變數，並觀察自變數對依變數所產生的影響，使研究者能在有效、客觀、正確，及經濟的原則下，解答所要探討的問題。

　　實驗設計的主要功能是「變異數的控制」，它遵照 MaxMinCon 原則：使自變數產生最大（max）變化、使其他干擾（外生）變數與誤差產生最小（min）、整個實驗設計是在最大變異最小誤差及控制（con）干擾的原則，詳細說明如下。

### 一、使實驗變異達到最大（maximum）

　　是指進行實驗設計時，須設法使實驗處理（變數 X）的幾個條件之間盡可能的彼此有所不同。例如：兩種教學方法越不同，則實驗變異量所占的比例就越大。

### 二、控制（control）無關變異量

　　除了研究者所操縱或改變的實驗處理變數之外，如果有其他自變數也會影響依變數，則研究者便無法對所得結果做正確的解釋，這些干擾實驗結果的自變數謂之無關變數（外生變數），進行實驗設計時應將這些混淆（confounding）變數予以控制，如此才能證明研究結果純粹是因實驗處理所造成的。常見「控制」方法有下列四種：

1. 排除法：把無關變數去除或保持恆定，例如：選擇相同的外生變數之樣本。此種控制方法最有效，但其通則化（generalization）能力就有限。

2. 隨機法：樣本分派隨機化（randomization）是唯一可以控制「所有」外生之無關變數的方法，它是配對法所不及的。

3. 納入法：將無關（外生）變數一起納入實驗設計中，即將外生變數視為一個自變數來「控制」，使實驗設計變成多因子（factors）實驗設計。

4. 配對法：將各組受測者加以配對，或以受測者自身作為控制，此種方法常見的策略有下列兩種：

   (1) 配對法（matching）：如果被用來「配對」的變數與實驗設計中依變數有相當高的相關存在（例如：p < .05），則配對法可減少誤差、增加研究的正確性（內部效度）。配對法的缺點，包括：(a) 配對變數要和依變數證實有高相關，否則白費工夫，通常我們事後才會得知兩者是否有高相關。(b) 我們不易同時找到兩個（以上）變數的屬性完全相等（例如：年齡層及宗教信仰都能均勻配對），等於放棄了許多可用受測者的機會。(c) 配對後仍不能保證其他變數也是完全的相等。

   (2) 重複量數（repeated measure）或隨機區組（randomized blocks design）：即同一批樣本重複接受 n 個不同的實驗處理。我們可假定在各種實驗條件下，受測者變數均為相同。在進行樣本重複實驗時，為了要避免他們受到練習或疲倦的影響而產生誤差累進（progressive error）不良效度，受測者在接受實驗處理時，本身的次序亦應給予隨機化。

5. 共變數分析：實驗時，因為受到現實環境的事實限制，若上述各種方法都不能使用，即實驗「控制」無能為力時，我們改以統計「控制」來控制無法控制的無關變異量。易言之，明知有些因素會影響實驗結果，但無法在實驗進行過程加以控制或排除時，就改用共變數分析。

## 三、使誤差變異數變為最小（minimum）

實驗的誤差來源有：(1) 無個別差異有關的變數，通常將它視為「系統變異量」之內。(2) 測量誤差。由於實驗樣本分派是採隨機方式進行的，故理論上測量誤差之平均數可視為 0。我們如何使誤差變異數變成為最小呢？方法有下列幾個：

1. 將實驗情境控制妥善。

2. 增加測量工具的信度。因為測量工具信度越低，實驗所測得分數越不穩定，所以其誤差變異量也就越大。

**實驗設計良窳之評量準則**

1. 所選實驗設計能否適切地回答研究問題。

2. 所選實驗設計能否適當的「控制自變數」，它牽涉到內部效度的高低。「內部效度」是指我們從實驗結果所得到的關係是否代表真正的關係。常見研究設計之「內部效度」威脅之內部因素（intrinsic factors），有下列七個（詳情見第 7 章「研究設計」）：

   (1) 歷史（history）：在實驗的進行中，可能會有其他事件發生而混淆了想要研究的受試者（subject）。

   (2) 成熟（maturation）：受測者本身隨著時間的經過而發生身心變化（並非因為某些特別事件），也可能會影響實驗的結果。此問題通常發生在長時期的研究，或者某些短期發生的因素，例如：飢餓、厭煩、疲倦、沒興趣等等。

   (3) 測驗（testing）：在前測及後測的研究中，由於受訪者做過前測有了經驗之故，因此後測的成績較前測好（第二次測驗可能會受到第一次測驗的影響）。

   (4) 衡量工具（instrumentation）：不同的觀察時點，可能因為實驗「評量工具或儀器」變形或評量人員身心發生改變，而造成不同的結果。

   (5) 自我選樣（self selection）：此種實驗產生的誤差，係由於研究者未採用隨機抽樣和隨機分派樣本至實驗組及控制組。以效度的角度來說，實驗的各組受試者在各方面的反應都應相同的，倘若實驗者能夠採用隨機分派樣本的方式進行實驗，即能克服實驗誤差大半問題。舉例來說，網路問卷調查所蒐集的回收資料，多數是受訪者主動上網填寫問卷，這種「主動性」本身便是「自我選樣」，因為會上網路自動來填寫問卷者，其動機、智力（學歷）都比常態分配的大眾來得高，倘若網路族占所有調查樣本的人口比例偏高，那麼可能會影響整個研究結果的效度（張春興，民 78，p.180）。

   (6) 統計資料的迴歸現象（statistical regression）：當挑選某些極端的受試者參加研究調查（實驗），會發生所得資料有迴歸現象（傾向「中立」意見來回答）。

   (7) 實驗者退出／流失（experiment mortality）：在長期性縱向的研究時，各組成員的退出／流失將會降低研究的內部效度，尤其是有一組的受試者在中途流失率偏高時，將使實驗結果更難於解釋。

3. 外部效度的良窳：採用該實驗設計所得的結果能否推論到其他受試者或其他情境，易言之，實驗結果的可推性或代表性。影響外部效度之常見因素有：

(1) 測驗的反作用效果：在實驗處理（X）之前，舉行前測（$O_1$），則前測本身常會增加受試者對實驗處理（X）之敏感度，致使實驗結果無法推論到「沒有」前測的情境。

(2) 選擇之偏差和實驗變數的交互作用：由於實驗處理的特性，使得研究者傾向選擇具有某一性質的樣本來實驗。

(3) 實驗安排的反作用效果：由於實驗情境的安排，受試者知道自己正在被觀察或被實驗。

(4) 重複實驗處理的干擾：利用單一受試者重複接受兩個（以上）的實驗處理，例如：重複進行 $X_1 \rightarrow O, X_2 \rightarrow O, X_3 \rightarrow O$……實驗，則前一回實驗處理會影響後一回實驗處理，使得實驗結果無法推論至「不是」重複實驗處理的情境、無法排除受試者之練習效應，及疲勞效應。

　　研究者可根據實驗設計的內、外部效度來評估哪種的實驗設計較適合主題。其中影響實驗法內部效度的主因有七項：歷史、成熟（受試者本身隨著時間在變化）、試驗（第二次測試受到第一次測試影響）、衡量工具（受到量表效度降低、觀察者或受試者的疲勞、對結果的預期……）、實驗組與控制組如何選配、統計資料的迴歸現象（即極端量數趨向平均數），及實驗者退出流失。相對地，外部效度則指該實驗結果可以被應用到某些更大的母群體，其中影響實驗法外部效度的主因有三項：試驗的反應、受測者的挑選和實驗變數互動作用、其他互動因素的影響。常見的實驗設計可分為三大類：前實驗（pre-experime-ntal）、真（true）實驗、準實驗（quasi-experimental）等三類。

## 11-5 實驗法的類型、實施步驟

### 一、實驗法的類型

　　常見的實驗設計有下列三大類（見第 7 章「研究設計」的詳細介紹）：

1. 前實驗（pre-experimental）設計：包括，單組後測（one shot）設計、單組前後測設計、靜態組比較設計。

2. 真實驗（true experimental）設計：包括，等組（實驗組控制組）前後測設計、等組後測設計、所羅門（Solomon）四群組設計；真實驗設計之延伸則包括，

完全隨機設計、隨機化區組（block）設計、拉丁方格設計（平衡對抗）、多因子（factorial）設計、共變數分析。

3. 準實驗（quasi-experimental）設計：包括，不相等控制組設計、不同樣本的前後測設計、時間序列設計。

　　良好的實驗設計是爲了將構念層次的理論模式加以落實或操作化，以達到驗證該模式的效果。因此在設計中，我們必須考慮到效度，以及它們對研究結果的推論能力產生的影響。在設計中必須盡量將可能的效度威脅加以排除。一般而言，實驗研究必須將所有的樣本加以分組，以達到「控制」的效果。所謂「控制」就是將無關的干擾變數加以控制，使他們不會對研究結果產生干擾（范錚強，民 86）。

　　在進行實驗研究時，仍須小心規劃下列兩種執行方法：

1. 樣本的取得：例如：謝麗菁（民 83）在對使用者學習績效的實驗研究之中，是採用班級教學，對兩班大一的學生實施小作家軟體的使用教學（偏向實地實驗），則此樣本的取得只要透過任課教師的安排就能達成。而大部分的實驗研究其最大的難題常是受試者或樣本的取得及控制。

2. 實驗場地和情境：例如：黃國華（民 84）在實驗研究「產品涉入、背景音樂與訴求論點對購物行爲之影響」中，就採用電腦來模擬購物的情境，由電腦播放音樂、提供查詢管道、蒐集受試者搜尋產品資料的過程（搜尋什麼？搜尋多少次？）等，甚至讓受試者透過電腦回答問卷。但由於需要音樂播放，且受到場地和實驗者的數量影響，實驗必須分別在三天內、先後在不同場地，由不同的實驗者監督下進行，因此可能無法完全排除內部效度的「歷史」威脅。也因此，在設計實驗過程時須花更多的心力。

## 二、實驗法的步驟

　　實驗研究法的研究過程，一般包括四大步驟：(1) 操控自變數使其產生系統的改變；(2) 控制自變數以外的無關干擾（modulation）變數，使其保持恆定；(3) 觀察依變數是否隨著自變數的改變而改變；(4) 分析和討論自變數與依變數之間的因果關係。

　　具體而言，實驗法的實施步驟有下列九項：

1. 確定**研究問題**，選擇相關的變數（ECV）：實驗前先界定研究問題爲何，並確定此問題的複雜性及其研究假說有哪些，如此實驗者方能清楚了解該實驗處理應該蒐集何種資料。此階段研究者必須決定：(1) 選擇一些可以測量的變

數，無法測量變數則可考慮排除；(2) 決定有哪些變數需要檢定；(3) 為這些變數選擇最適當的測量方式。

2. 確認**研究假設**，及實驗變數的處理水準：實驗者可用自變數的處理水準（level）來區別各水準的影響。我們該如何確認實驗變數水準的適當性呢？有兩個原則：簡單性及常識判斷。

3. **控制**實驗的環境：即對所有外生變數（例如：年齡、性別、種族、特質……）可能對依變數的影響加以控制，以確保實驗之物理環境的穩定性。所謂「外生（extraneous）變數」是指當我們將此變數加入「自變數 X 對依變數 Y 影響」後，該變數會使原有的解釋能力減弱／強化之變數（例如：卡方值變小、使原來卡方值不顯著，或卡方值變大）。此外，為了避免（控制）受試者對研究主題或情境的期待，並抑制實驗者的影響，我們有兩種處理方式：(1) 不讓受試者知道他被處理，亦即「受試者」具有匿名性（blind）；(2) 或讓「實驗者」亦不知何者為控制組、何者為實驗組，使實驗者設計具有雙重盲目（double blind）。

4. 選定適合的**實驗設計**：實驗設計旨在有計畫的說明研究者操縱各種變異來源的「基本模式」為何？以便將來可以細心操縱或改變自變數（實驗變數），並觀察實驗變數對依變數所發生的影響，期使實驗能在有效、客觀、正確及經濟的原則下，解答研究者所要探討的問題。實驗設計係一種統計的規劃及研究的定位，它常用來探討實驗的操控、實驗的觀察，或測量之間的關係，故所選的實驗設計必須與研究目的相配合。進行實驗研究前，研究者必須考量到研究目的與其研究設計如何搭配，期以降低外生變數對本研究的影響。常見的研究設計有描述性設計、探索性設計、相關性設計、發展性設計等幾種。一個「好」的研究設計是要兼具：「X　Y」因果關係的內部效度及外部效度、客觀性、準確性，及經濟性。

5. 確定**研究對象**，再挑選及指派受試者：為了使實驗的受訪者最能夠代表整個母群，隨機抽樣加上配對法是最佳取樣方式，若為了權宜之計無法隨機抽樣，才改採非隨機抽樣法。欲使實驗的樣本能有效代表母群體，則須考量、決定抽樣的架構（frame）。通常不同的抽樣法，就有不同的代表性、便利性，及成本考量。

6. 選擇／編制有信度及效度的「**研究工具**」：常見實驗之測量工具，包括：觀察法、問卷法、書面測驗、生理方面的測量等。

7. 進行**實驗觀察**（前測、修訂、再測試）：實驗研究先做「前測」（pretest），

是爲了讓研究者有機會去修正研究的規劃、測量工具、實驗的操控，或探知可能造成混淆的環境變數。

8. 整理資料分析：即如何選擇一個適當的統計方法。

9. 撰寫研究報告。

## 11-6 如何提高實驗法的效度（有效性）

內部和外部效度是反映研究結果是否值得信賴和有意義的概念。內部效度與研究進行得如何（結構）有關，而外部效度與研究結果對現實世界的適用性有關。

### 一、如何改善內部效度的因素

如果你想改善研究的內部效度，則需要考慮研究設計的各個方面，這些方面使你更有可能拒絕其他假設。有許多因素可以提高內部效度。

1. 隨機化，是指將參與者隨機分配到治療組和對照組，並確保組之間沒有任何系統性偏誤。

2. 隨機選擇參與者，是指隨機或以代表你希望研究的人群的方式選擇參與者。

3. 研究的盲化（blinding），是指參與者（有時是研究者）不知道他們正在接受何種介入措施（例如：透過在藥物研究中使用安慰劑）來避免該知識使他們的看法和行爲產生偏誤，從而使研究結果產生偏誤。雙盲研究是指參與者與研究人員：人（being）都不知道他們接受什麼樣的干預（如在藥物研究中使用安慰劑），以避免這方面的知識偏置他們的看法和行爲，從而研究的結果。

4. 實驗性操縱，是指在研究中操縱一個自變數（例如：向吸菸者提供戒菸程序），而不是僅僅觀察一種聯想而不進行任何干預（檢查運動與吸菸行爲之間的關係）。

5. 研究協定（protocol），是指遵循某種特定的治療程序，以免產生任何影響，例如：對一組人與另一組人做不同的事情。

### 二、如何提高實驗法的外部效度

外部效度是指一項研究的結果可以預期應用於其他環境的程度。換句話說，這種效度是指調查結果的普遍性。例如：調查結果是否適用於其他人、環境、情況或時間段？

你可以採取什麼措施來提高研究的外部效度？

1. 應該使用納入和排除準則（inclusion and exclusion criteria）來確保你已經明確定義了研究中的研究人群。

2. 心理現實主義（psychological realism）是指確保參與者將研究事件作為真實事件來體驗，並且可以透過向參與者講述有關研究目的的「封面故事」來實現。否則，在某些情況下，如果參與者知道預期的結果或研究的目的是什麼，他們的行為可能會與現實生活中的行為有所不同。

3. 複製（replication）是指使用不同的樣本或在不同條件設定（settings）下，再次進行研究，以查看是否獲得相同的結果。當進行了許多研究時，薈萃分析還可以用於確定自變數的影響是否可靠（基於檢查關於一個主題的大量研究的結果）。

4. 也可以使用現場實驗（field experiments），你可以在自然環境下在實驗室外進行研究。

5. 再處理或校準（reprocessing or calibration）是指使用統計方法來調整與外部效度有關的問題。例如：如果某項研究在某些特徵（例如年齡）上存在不均衡的群體，則可以使用重新加權。

6. 挑選異樣的樣本，以提升樣本對母群體的代表性。

7. 用不同受試者進行同一實驗，或是相同受試者進行不同的實驗。

# 11-7 採用實驗法研究論文之評析

遇到採用實驗法之論文時，我們評論其優缺點的準則，有下列幾項：

## 一、研究問題與研究目標

1. 有無清楚交代研究問題及研究目標？且研究內容與結論是否與主題相符？

2. 研究問題是否具備下列特性：(1) 待驗證的命題；(2) 欲探討構念間的因果關係；(3) 研究變數不至於太多、太複雜，而且能操作化及控制它；(4) 變數可測量。倘若研究者發現：研究的構念很難操作化、樣本很難取得，或無法重複觀察等情況，都不太適合採用實驗法。

## 二、理論基礎與研究假設

1. 問題領域之相關理論是否已具備？研究者是否也都引用了？

2. 研究假設是由相關理論所演繹出來？研究模式中所有變數是否都已完全掌握？

3. 構念（變數）的操作型定義有無理論基礎、是否合理？

4. 研究假設是否簡約清晰？

5. 文獻探討所列之理論是否都是研究者演繹假設、結果推論之用？文獻探討沒有湊篇幅之嫌疑。

## 三、研究設計（內部、外部效度）及資料蒐集

1. 所採用研究方式（橫斷面、縱斷面）之設計是否恰當？

2. 變數的操作型定義是否合理、有根據？即量表的信度及效度檢驗是否合理確實？

3. 樣本選擇是否有符合研究問題？樣本是否具有母群代表性？抽樣設計（抽樣方式、樣本數、問卷回收數……）是否合理？

4. 資料分析單位的判斷是否正確？

5. 是否有採用多種工具來蒐集資料（資料來源多樣化），以便交叉驗證資料。有無避免資料蒐集者與受訪者之偏誤？

## 四、資料分析

1. 統計方法選擇是否適當（合理）？例如：採用多變數（multivariate）統計分析前，是否有檢查資料的常態性、同質性（homogeneous）、線性、獨立性（縱斷面研究必須具有的特性）。

2. 檢定力（power）的訂定是否適當？

## 五、結果解釋客觀性、正確性

1. 研究者是否做了區位謬誤（locus problem）之判斷？

2. 所下的因果關係之結論，是否具備：(1) 先後順序；(2) 關係（相關 r、關聯 Chi-squared）是否達到顯著水準？(3) 其他干擾變數是否完全控制？

3. 有無提出研究的限制？

4. 研究結果有無提供研究建議？是否對後續研究或實務界提出若干建議？

5. 結論與研究主題有無相互呼應？結論有無根據研究主題來下？

## 11-8 實驗法的範例

**實驗研究法：** 範例 1

劉芳梅（民 87）研究「產品知識對消費者從眾行爲之影響」，是以新世代消費族群爲研究對象，探討消費者的產品知識（高、低）、消費者的性別（男、女）、參考團體的性別（男、女）和參考團體的專業性（高、低）四項因素，如何影響消費者的從眾行爲與決策考慮時間。從眾行爲是個人爲了取得群體的認同，因此採取與群體相似的思想或行爲；而產品知識爲消費者在選購或使用某項產品所具備的知識，包括消費者主觀認定自己具備的知識，以及客觀眞實具備的知識。本研究推論，產品知識低的消費者，由於較缺乏自信，會較依賴他人的意見，因此較容易產生從眾行爲。

本論文以實驗設計的方式進行實證，以便利抽樣的方式，在眞實的情境中總共邀請 180 位受試者參與實驗，以維他命、信用卡和行動電話三項產品，研究上述四項因素是否影響受試者的從眾行爲與決策考慮時間，並以 Logistic 與 ANOVA 作爲統計分析的工具。

根據實證結果發現，維他命和信用卡產品知識低的消費者，較容易產生從眾行爲，此研究結果符合之前的推論，即產品知識不足的消費者比較容易受到他人影響而從眾，此結果亦可解釋青少年追隨潮流的行爲，當青少年對產品了解程度不夠時，較容易受到流行趨勢的影響。此外，當維他命和信用卡的消費者面對女性參考團體時，其決策考慮時間較長，這個結果可能由於相對於男性，女性給人的感覺較缺乏信賴感，因此消費者的考慮時間較長。而行動電話的結果則與維他命和信用卡不盡相同，消費者的性別、消費者的產品知識、參考團體的專業性和參考團體的性別，對於消費者購買行動電話的從眾行爲皆沒有影響；但女性消費者的決策考慮時間明顯地較男性消費者爲長，這可能因爲行動電話的產品性質與維他命和信用卡不同的緣故。

經由本研究實證的結果，證明消費者的產品知識是影響從眾行爲的重要因素，因此，企業在針對新世代消費族群設計行銷訴求時，應該將消費者的產品知識列入考慮，以感性爲訴求的行銷企劃，對於產品知識低的消費者較容易奏效；如果消費者產品知識高，則應該強調理性、資訊性的訴求。

**實驗室實驗法：** 範例 2

黃俊傑（民 87）研究「策略不確定性與協調失敗──沉默協調賽局（tacit

coordination game）的實驗結果」論文中，係透過實驗室實驗法（experiment）來進一步了解理性決策者其制訂決策的過程，並試著透過攝影的方式，完整的保存整個連續型賽局參與過程；實驗完畢後，並將訪問每一位參賽者，其制訂第一期決策的準則與其維持或改變往後幾期決策的原因。

事實上，在真實的世界裡，更是充滿了許多的不確定性，故在制訂決策時，不論是個人、公司甚至是政府單位，都必須在不確定性的環境下做出正確決策。故為了了解理性決策者在面臨這樣不確定性的環境時，會如何或以何種方式來制訂自己的策略，藉以獲得自己本身的報酬最大，是本篇論文探討的重心。

在賽局理論中，通常演繹均衡是一項最為有用的分析判斷工具。然面對一個不確定性的環境時，若理性決策者使用演繹法去猜測其他人的策略，藉以制訂自己的最佳策略，試著為自己尋求最大的報酬或效用，如此看來，似乎這樣的方式可以為這樣的賽局帶來均衡的狀態。但實際的情況是否真的如此？

由於本篇論文主旨在探討一般協調賽局的穩定性及效率性，故所採取的賽局模型係根據 John Bryant's（1983）的 Keynesian coordination game 的策略形式展開。而這項模型也由 John B. Van Huyck, Raymond C. Battalio and Richard O. Beil（1988）所採用。此模型採最小法則（minimum rule），作為制訂策略的不確定性影響因素。同時，本研究也將設計五種不同的實驗情境，藉以觀察參賽者面臨各種不同的情境時，制訂決策是否會有所不同。

經由此次實驗的結果，我們可以得到下列評論：

## 一、情境的改變影響決策

此實驗的機會成本與沉沒成本之改變，將只會造成平均報酬的差異，當獲利程度不變時，標準差──亦即風險程度是不會改變的。也就是說，參賽者所面臨的風險是一致的，所以決策的制訂原本應該具有一致性的，但實驗的結果似乎並不是如此。原因係因為情境的改變，造成參賽者誤以為不同實驗的風險也會跟著改變，因此使得決策結果也受影響。

## 二、策略的不確定性（strategic uncertainty）與協調失敗（coordination failure）

在整個實驗的過程中，尤其在實驗 A、B 中，產生相當無效率的報酬，都是因為策略的不確定性（strategic uncertainty）所影響。這樣的無效率並不是如

囚犯兩難，或是資訊不對稱的道德危機等觀念所影響，而是因爲選擇最適報酬均衡的風險太高，以至於形成協調失敗。也就是說，最小法則及懲罰條件加強了策略的不確定性，因而影響了所有參賽者制訂策略的準則，使得參賽者之間協調失敗。

## 三、演繹法無法提供最適均衡

根據演繹法所描述，理性參賽者應該追求絕對利益最大，亦即參賽者應該將決策制訂在最適均衡上，方可以獲得最高的報酬，但事實上，所有實驗的結果，都是無效率的均衡。因此，演繹法並無法提供最適均衡的產生。但實驗證明，演繹法也帶給了參賽者一項安全解，以免其持續的損失。

## 實驗研究法：範例 3

孫幸慈（民 86）曾採等組前後測實驗設計（experiment），探討「認知行爲（cognitive-behavior）取向團體諮商對國小父母離異（parent-divorce）兒童之親子關係信念、情緒感受及行爲困擾的立即性和追蹤輔導效果」。是以臺南市安順國小二十名四、五年級父母離異兒童爲對象，依年級、性別及父母離異年限將受試者隨機分派成實驗組和控制組，其中實驗組接受每週兩次，每次九十分鐘，共十二次的認知行爲取向團體諮商，控制組則在團體結束後第十週進行相同團體諮商。本研究之依變數分別爲譴責父親、希望父母復合、譴責母親、自我譴責、害怕被拋棄與譏笑以及同儕迴避等信念（以「親子關係信念量表」測之）、自卑自貶、快樂滿足、孤單寂寞、生氣憤怒、罪惡感、緊張害怕等情緒（以「兒童情緒感受量表」測之）、自我關懷、身心發展、學校生活、家庭生活、人際關係等困擾（以「行爲困擾量表」測之）、語句完成（以「兒童語句完成問卷」測之），自變數則爲實驗處理，所得資料以單因子共變數分析進行統計考驗，語句完成以百分比和卡方考驗分析。此外又依據成員所填寫回饋單、訪談結果及個別成員分析，對實驗組成員進行「質」的探討，以作爲研究的佐證和補充。

本研究主要結論如下：

1. 認知行爲取向的團體諮商對國小父母離異兒童的譴責父親、希望父母復合、譴責母親、自我譴責、害怕被拋棄與譏笑以及同儕迴避等信念；自卑自貶、快樂滿足、孤單寂寞、生氣憤怒、罪惡感、緊張害怕等情緒；自我關懷、身心發展、學校生活、家庭生活、人際關係等困擾均未具立即性輔導效果。

2. 實驗處理結束八週後，在譴責父親信念、同儕迴避信念、快樂滿足情緒、自我關懷困擾、學校生活困擾上具持續性輔導效果。

3. 由語句完成卡方考驗顯示，實驗組成員在對父親信念、對母親信念、對父母離異的情緒感受、個人整體情緒感受、家庭生活困擾以及學校生活困擾之後測與追蹤測的改變百分比皆無顯著差異。

4. 在團體成員的回饋及訪談內容分析則發現，實驗組成員能從多元角度來探討父母在離異事件中的處境，以及該事件對個人以及家庭的正面意義，同時實驗組成員能利用正向內言、數呼吸法、「打擊黑魔鬼」儀式、問題解決等因應策略，來減低不合理的親子關係信念、負向情緒感受及不適應行為。

## 準實驗研究法：範例 4

拉梅茲生產法（Lamaze method），是目前在臨床上常用來教育產婦自然生產時減少疼痛的衛生教育方法，一般在評估拉梅茲生產教育的成效時，除了評估產痛減輕之效果外，大多研究較著重於態度方面的探討，如增加產婦自信心、減輕焦慮、提升婚姻滿意度、與親子依附關係等。缺乏同時探討拉梅茲生產教育對於產婦在知識、態度、與行為改變，及疼痛控制之相關研究，因此有必要將上述議題一併探討。

師慧娟（民 92）以醫院為主（hospital-based）之準實驗研究（quasi-experimental），主要研究目的如下：

1. 比較視訊化拉梅茲生產衛教與傳統生產衛教方式，對於產婦生產知識、態度、行為及產痛控制之成效差異。

2. 比較產婦對於生產知識、態度、行為之改變與產痛控制（labor pain）之相關。

3. 探討影響產婦後測生產知識、態度、行為及產痛控制之相關因素（包括年齡、胎次、教育程度、及職業等）。

4. 根據上述研究結果，建立有效的拉梅茲生產教育模式，以作為日後臨床護理人員推動生產衛教之參考。

研究方法將受訪對象分為四組，其中實驗組（experimental group）分為兩組，E1 指接受現行拉梅茲生產課程加上視訊化拉梅茲生產衛教，E2 則是指僅接受視訊化拉梅茲生產衛教；而對照組（control group）亦分為兩組，C1 為只接受現行拉梅茲生產課程，C2 則是未接受任何拉梅茲生產衛教。針對視訊化拉梅茲生產法之介入，透過重複測量（repeated measurements）的方式，對產婦在後測知識、態度及行為與前測之差異，及產痛控制成效做一完整的評估。

　　結果顯示在拉梅茲產前教育介入之前，知識得分方面以實驗組 E1 最高、態度的平均分數在四組間並無統計上顯著差異，而行為部分 E1、E2 及 C1 均高於 C2，後測部分則是實驗組的分數表現均比對照組來得好。由 E1 及 E2 在後測比較的差異可知，除了態度平均分數 E1 高於 E2 外，在知識、待產應付過程及產痛控制上並未顯著較高。由共變數分析發現，在控制前測分數後，E1、E2 組的後測分數均較 C1、C2 組高。在相關分析方面，產前知識分數越高，產前行為、產後知識、產後態度及應付待產過程越佳，且產痛控制也越好。產前態度越正向，則產後知識、產後態度及應付待產過程越佳。產前行為分數越高，產後知識、產後態度及應付待產過程越佳，且產痛控制也越好。此外，產後之知識、態度、應付待產過程及產痛控制彼此間均成高度相關。在相關預測迴歸模式發現，除了產痛控制以外，控制干擾因子（包括前測及相關人口學變數）後，E1、E2、C1、與 C2 均有顯著差異。

　　師慧娟（民 92）證明了視訊化拉梅茲生產衛教，相較於傳統生產衛教方法，更能有效增加產婦知識、態度、應付待產過程之行為、以及疼痛控制。但如果合併傳統生產衛教，在態度部分則有加強的效果。

個案法（案例法）

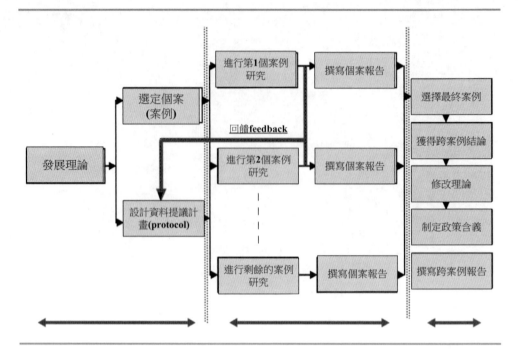

**圖 12-1** 個案研究方法論（case study methodology）

來源：researchgate.net(2019). 取自 Yin, Case Study Research, p.49,Case study methodology.
https://www.researchgate.net/figure/Case-study-methodology-Yin-Case-Study-
Research-p49_fig1_42796054

## 一、個案（分析單位）是什麼？

　　個案研究（case study），又稱案例研究，它使研究者能夠密切檢查特定環境中的資料。在大多數情況下，案例研究方法選擇較小的地理區域或非常有限數量的個人作為研究對象。

　　個案研究顧名思義，即對於單一個案進行研究。所謂「個案」可以是存在於特定時間（what time）和地點（where）的個人（林肯總統推動民主化）、組織（台積電 vs. 聯電策略管理）、事件（香港反送中）或行動。對教育界而言，個案可能是一位教師或一位校長，也可能是一所學校或一個學區甚至一個社區，也可能是一套科學課程或教育制度、政策，都可為個案研究對象。

　　個案研究主要沿用人誌學（民族誌）研究法（ethnographic approach），在不加任何干擾的自然情境下，對個案進行現場觀察，並進行結構性或非結構性晤談（臨床晤談）蒐集其有關信念（belief）及價值觀（value），再蒐集有關各種文件和製品（artifact），以詮釋（interpretation）為依據，故個案研究仍可歸

屬於詮釋性研究（interpretive research）一家族。

Yin（1994）提出至少四個個案例研究的應用：

1. 解釋現實生活介入（interventions）的複雜因果關係。

2. 描述介入發生的現實情況。

3. 描述介入本身。

4. 探索那些被評估的介入措施沒有明確結果的情況。

## 二、個案研究≒觀察法＋現象詮釋

個案研究主要採用詮釋性研究的方法，本質上，仍屬於觀察法（observation research）。由經過相當訓練的觀察者長期深入觀察教室或其他教學活動情形，會晤任教教師，也約談其學生。並且蒐集教師所採用一切教學資料、測驗工具、教具及學生的作業等等以供分析。

個案研究結果的通則性／概化（generalizability）最常被質疑。但個案研究如同詮釋性研究中其他同族的研究法，譬如人誌學研究和質性研究一樣，詮釋性研究者認為應重視個別教室內的互動情境（context）的了解，這些互動情境隨時隨地都不會相同，有效的教學（effective teaching）並非能夠通則化的一套屬性，而是在特定的時間、場所，特定的教師及其一群學生所共同表現的現象。

為確立個案研究結果的可比較性（comparability）和可轉譯性（translatability），研究者必須在報告中適當描述並界定該研究的情境要素，包括研究場地、參與者特徵、使用的文件、策略及其基本構念等。關於個案研究的信效度問題則請參見「人誌學研究法信效度」（ethnographic reliability and validity）。

## 三、個案研究在科學教育界的興起

個案研究在本世紀後半起才受科學教育界重視。繼 1960 年代所謂科學教育課程改革運動之後，1980 年代的科學教育家關心如何提高教學效果，認為有效教學（effective teaching）乃是提升科學教育品質的關鍵，認為由卓越教師的個案研究，可獲得許多有價值的經驗與啟示，使其他教師效法，以創造更有意義有功效的教學環境，亦能避免在創新過程中常見的嘗試錯誤，使革新的腳步更紮實地踏在已知和行得通的基礎上。

1982 年美國著名的「科學教育中的追求卓越」（search for excellence in science education）就是基於這種理念而發展出來的研究計畫。全美科學教師協會（national science teachers association, NSTA）、全美科學督學協會（national science supervisors association, NSSA）都是這項研究計畫的支持者；他們極力主張：由於「專家教師」（expert teacher）的個案研究，可為「新手教師」提供最有用而具體可效法的資料；又認為專家教師的個案研究可做為師資培育的教材，更認為「典範教學」（exemplary teaching）能產生一套具體有效的實例可廣泛應用於其他不同的環境。

除了典範教師之個案研究以外，也有典範科學課程的研究，例如：同一年代（1980）美國的典範科學課程有關計畫研究分析卓越的科學教育課程。該計畫所研究的並不只是教科書，也不只研究科學教學活動，凡課程所包含的一切，包括目標、學習材料、學生和教師的行動、教室氣氛等，都在個案研究的範圍。

## 四、個案研究在社科／生醫界的興起

在社會科學和生醫中，個案研究是一種研究方法，它涉及對研究主題（個案）及其相關的上下文條件進行近距離，深入和詳細的檢查。

你可遵循正式的研究法來進行個案研究。迄今，探討的「個案研究」學者遍及：心理學、人類學、社會學、政治學到教育、臨床科學、社會工作和行政學等領域，由此可見個案研究在學術份量日益重要。

例如：臨床科學產生很多著名個案研究，並收錄 SSCI、SCIE 期刊，尤其是臨床實務（clinical practice）（不是純理論）方面的個案研究更是有名。至今「個案」已使用在抽象的意義，例如：權利要求、命題或論點，這種個案也能成為許多研究法的主題。

此外，個案研究應被定義為一種研究策略，一種對真實（reality）現象進行調查的實證研究。個案研究可以指單個（或多個）個案研究，但可包括定量證據，個案依賴多種證據來源。個案亦是理論命題發展的開拓者。個案研究不應與定性研究相混淆，它可以基於定量和定性證據的任意組合。實務操作上，單一個體（single-subject）／單一個案研究也可提供從定量個案研究資料中進行推斷的統計框架。畢竟，實驗設計中，單一個案研究設計最受心理學、教育和人類行為等應用領域的歡迎，在這種情況下，受試者充當自己的控制者（own control），而不是非他人（或群組）來控制。

## 五、個案法（無時間軸）⊃歷史法（有時間軸）

個案研究法和實驗法、調查法一樣，都是研究策略之一。個案（case）研究（個案分析）是針對某一個單獨個體、團體，或社會，進行表意式（idiographic）

解釋，即解釋該案例具有某些獨特、隔離、特殊的或明確的之所以發生的所有因素。易言之，就是對該個案做「同中求異」的解釋。個案研究目的雖然是在描述，但研究者也可以試著提出自己的解釋。例如：對某一民族做人類學的描述、對某一企業做組織結構之社會學分析、對某一群眾示威做政治學分析、對某一組織引進資訊科技做管理學之分析（成功關鍵因素）……。

　　舉例來說，過去前人所發展之資管研究的傳統方法，包括：(1) 個案研究（教學）：但缺乏理論發展及嚴謹的分析；(2) 經濟分析或數學模式：係採演繹分析，但有過度簡化的成本；(3) 實驗室實驗法：但有外部效度的問題；(4) 調查法：克服外部效度問題，但仍只能用在研究變數數目較少的情況；(5) 實地／現場研究（field study）：用在多個個案間的比較，其外部效度比調查法及實驗法佳，但有掩飾複雜的傾向。由此可見，任一研究策略都有其優、缺點及適用情境。

　　資管要成為新興學域，它就須具備四種知識：(1) 經驗資料；(2) 理論與典範；(3) 倫理；(4) 歷史，而**歷史法**（historical study）恰可提供前三者知識間的時間與脈絡關係。其實，歷史法亦是個案研究之一種延伸，歷史法是建立在個案研究之基礎上，歷史法及個案研究兩者除了觀察的時期長短不同外，在知識論基礎之假定（assumption）亦不同。

　　個案研究興起的原因，誠如 Mitroff（1974）所說，他發現過去的研究只要在可能的情況下均會採用定量研究法，可是有越來越多人對定量研究法感到不滿意。例如：Dabbs（1982）就認為定量研究法在不容易操控變數之自然環境下會存在許多問題，包括其解釋的變異有限、不同研究間無法比較、預測度太低等。Eisenhardt（1989）認為個案研究法是一種將研究注意力集中於單一環境中所可能發生之各種變化的研究策略。Leonard-Barton（1990）認為，個案研究乃是由多重資料來源所重組的一段過去的（或正發生的）歷史，它可以包括直接觀察、系統的訪談，或政府與私人收藏的檔案資料。March（1991）從組織學習的角度認為，如何從有限的歷史中尋找可資學習的經驗是每個組織要想生存下來必須學會的本事。在這樣的條件下，個案研究法自然有其特殊的貢獻了。

## 六、個案研究的限制

　　傳統上，研究設計是預先計畫好的，因此，有關**誰**進行介入（intervention）以及**何時**進行介入等細節，是你在研究開始之前就要確定的。但是，在單一個案（single-subject）設計中，往往是在蒐集資料前就做出這些決定。此外，階段

變更（altering phases）的認可規則（widely agreed-upon rules），至今仍然沒有擬定。因此，這可能導致關於在單一個案設計，應如何進行研究實驗的想法不一致。

　　單一個案設計的主要批評是：

1. 殘留效果（carryover effect）：從前一階段「延續（carries over）」到下一階段的效果。每當受試者在一個以上條件的表現，都會殘留效果的可能性。例如：實驗關於呈現速度對記憶的影響，對受訪者顯示單詞列表，並要求他們盡可能多地回憶單詞。第 1 種情況：單詞每秒顯示一個單詞；第 2 情況下，單詞被每秒顯示一個單詞。每秒顯示兩個單詞。問題是在一個條件下執行是否會影響第二個條件下的表現，也許學習第 1 個單詞列表會干擾第 2 個單詞列表的學習，因為很難記住每個單詞中的哪個單詞或者，可能會透過學習第一個列表來簡化第二個列表的學習，在這兩種情況下都會產生影響。

2. 順序效應（order effects）：介入（intervention）或治療的順序（順位）會影響結果。

3. 不可逆性（irreversibility）：在某些提款設計中，一旦自變數發生變化，依變數就會受到影響，這無法通過簡單地刪除自變數來撤銷。

4. 道德問題（ethical problems）：在退出醫學設計，退出治療有時可能會出現道德和可行性問題。

# 12-1 個案研究法

　　「個案研究法」是在自然實際的環境下從事研究，但到底哪些是自變數與依變數及衡量方法，迄今尚未十分明確界定，它可依研究性質與研究問題而有程度上的差別。但這並不意味個案研究法就不能遵循嚴謹的社會科學研究方法。

## 12-1-1　個案研究法的定義

　　個案（case）研究不只可以提供我們有關個人、組織、社會以及政治現象的知識，同時個案研究在心理學、社會學、政治科學以及規劃上也已經是相當普遍使用的一種研究策略。甚至在經濟學上，就像對一個企業的結構、一個都市或區域的經濟等也可以使用個案研究來從事研究。雖然如此，但是個案研究並沒有一個標準的定義（Benbasat, Golstein & Mead, 1987），因此，吳錦波、蔡崇盛（民 86）曾把各學者對於個案研究的定義彙整成下表。

表 12-1　各學者對個案研究的定義

| 學　者 | 定　義 |
|---|---|
| Van Horn（1973） | 針對某些組織做廣泛、詳細審視的敘述，希望捕捉重要的問題複雜性，沒有使用實驗設計或控制 |
| Buckley（1976） | 個案研究沒有實驗設計與實驗控制，可見得個案研究並沒有明顯的先前計畫，也不會去操縱或者架構研究環境 |
| Harrison（1988）、Kling & Iacono（1984） | 詳細審視單一組織、群體或者系統；沒有變數操控、實驗設計或控制（單一個案） |
| Olson（1983）、Boynton & Zmud（1984） | 詳細審視多個組織或環境；沒有變數操控、實驗設計或控制（多個個案） |
| Vogel & Wetherbe（1984） | 對於單一組織的審查，沒有實驗設計或控制 |
| Yin（1985） | • 個案研究是一個實證研究<br>• 在實際生活環境中研究當前的現象<br>• 其現象與環境之間的界限並不清楚顯著<br>• 使用多種資料來源 |
| Benbasat, Goldstein & Mead（1987） | • 在自然環境中審視一個現象<br>• 使用多種資料蒐集方法從一個或多個實體（人、群體或組織）蒐集相關資訊<br>• 在研究的最初其環境的界限並不清楚顯著<br>• 沒有實驗控制或操控 |

　　從以上學者對於個案研究的定義，可以很清楚地歸納出，個案研究包括下列幾個重要的特性：

1. 在自然環境（natural setting）中從事現象的研究。

2. 使用多種的資料蒐集方法。

3. 分析單位（蒐集的對象）可能是一個（單一個案）或多個（多重個案）實體——例如：人、群體或組織。

4. 對於每一個實體都深入了解其複雜性（Benbasat, Goldstein & Mead, 1987）。

1. 個案研究比較適合運用在問題仍屬探索性階段（探索 why 或 how 問題），或者尚未有前人研究可循的情境（Benbasat, Goldstein & Mead, 1987），甚至分類性研究亦可採用個案法。但 Yin（1985）的看法不是如此窄，他認為個案研究也可以使用在敘述性以及解釋性階段，而且已經有一些相當有名且好的例子出現。

2. 沒有變數操弄（manipulation）、實驗設計或控制（control）。

3. 研究當前的現象，解決當前的問題。

4. 個案研究比較適合研究「為什麼」或「如何做」的問題，並且可以作為未來相關研究的基礎（Yin, 1985; Benbasat, Goldstein & Mead, 1987）。

5. 研究結論（果）的良窳跟研究者的整合能力有相當大的關係（Benbasat, Goldstein & Mead, 1987）。

6. 改變研究對象與資料蒐集方法可以發展一些新的命題（Benbasat, Goldstein & Mead, 1987）。

7. 個案法不預設研究變數，及何者為自變數、依變數。

　　總之，個案研究法是一種將研究注意力集中於單一環境中所可能發生之各種變化的研究策略。個案研究是由多重資料來源所重組的一段過去（或正在發生）的歷史，作為探索研究議題、檢視理論、擴大或修正理論的解釋。

　　雖然個案研究的方法論對於在自然的環境、當前的事件以及尚未有先前理論基礎的問題研究相當有用，同時也不需有實驗設計或控制，甚至也不必對於變數有所操控。然而並不是個案研究只要針對一個或幾個實體做實地觀察研究探討，而不需事先有任何的研究設計，其實並不然，個案研究仍然需要遵守一般研究方法的程序。換言之，個案研究還是要有事先的研究設計，因此，Benbasat（1987）等這幾位學者提出如下幾個從事個案研究應該要注意的程序：(1) 研究主題與目的的確立；(2) 分析單位的設計；(3) 單一個案或多重個案的研究設計；(4) 選擇對象（site）的研究設計；(5) 資料蒐集方法的研究設計。

## 12-1-2　個案研究法適用的範圍

　　個案研究法，屬定性研究策略之一，它欲解決的問題是屬於「know how」、「know why」的形式，它屬於探索性的研究。坊間有許多著名的描述性及解釋性研究均是以個案法來進行其定性研究。個案研究法之基本目的在於發現「事實」而不在於驗證定理或研究假設。個案研究法其特性有三項：

1. 就問題特性而言，個案研究法所欲研究之現象是複雜的，因其包含了許多互相糾纏之變數，因此觀察之角度必須是整體的，所處理之現象應該是動態的。

2. 就資料來源而言，個案研究法是從研究者的角度觀察所要研究之現象，而不是經過控制或設計過之工具。

3. 個案研究法所產生之理論主要是來自於資料的歸納，研究的發現是將具有複雜關係的變數綜合成理想型（ideal type）。

以資管系統（information system）研究方向而言，其研究焦點已由科技面轉移到組織面及管理面上的問題解決，也因此，使得定性研究日益受到資管界學者的重視。定性研究法在調查人類決策制定的理由和方法，而不只是人做出什麼（what）決定、在何時（when）何處做出決定而已。因此，相對於定量研究，定性研究專注於更小但更集中的樣本，產生關於特定研究個案的資訊或知識。

定性（質化）研究的目的不在操作變數，或驗證假設回答問題，而是探討問題在脈絡中的複雜性，從研究對象本身的架構來了解行為。質化研究的研究者多利用參與觀察、深度訪問的方式，先進入研究對象的世界，系統記錄所看到的、聽到的，再加以分析，並以其他資料來補充，因此在研究法上是相當有彈性的。

個案研究的特定類型（specific types），有三種（Yin, 1993）：

1. 探索性（exploratory）研究：是指對先前極少或沒有特定相關研究的議題或問題進行探索，由於資料與認識皆不足，因此其重點並不在驗證假設或證實理論，而是希望對該議題或問題有初步認識與理解，或建議可能的假設。常用來進行探索性研究的方法包括：觀察法（observation）、調查法（survey）、次級資料分析（secondary data analysis）、個案研究法（case study method），以及質性分析的先導研究（pilot studies for qualitative analysis）。當以調查法進行探索性研究時，又可區分為文獻的調查（literature survey）、經驗的調查（experience survey）與激發頓悟的個案分析（analysis of "insight-stimulating" example）等。

2. 解釋性（explanatory）研究：任務是理解有關社會現象之間的關係，以回答某個社會事實為什麼是這樣的問題。解釋性研究的主要邏輯為「假設—演繹」。其中，假設（hypothesis），即指按照預先設定，對某種現象進行的解釋，即根據已知的科學事實和科學原理，對所研究的自然現象及其規律性提出的推測和說明，而且數據經過詳細的分類、歸納與分析，得到一個暫時性但是可以被接受的解釋。任何一種科學理論在未得到實驗確證之前表現為假設學說或假設。

3. 描述性（descriptive）研究：目的在於描述或解釋目前所存在的現象和事實，以為改善現況或策劃未來之參考。簡單的敘述研究，僅在描述現象或事實的發生或分配，例如：有多少男女學生就讀於各大學的不同學院。複雜的敘述研究則在探求變數間的關係，例如：就讀不同學院的男女學生和其性向之間有無關聯。在敘述研究中，研究者都不能操縱研究的變數。雖然如此，人類

的許多行為較適合採用敘述研究的方法來進行。敘述研究如按性質的共同性來分，它可以涵蓋調查研究、相關研究法和發展研究。

一般來說，管理學界傾向於認可數量研究方法之數理統計推論下所得之實證研究結果。但對於新起之科技管理領域而言，「何謂科學的研究」事實上有很大的討論空間（Chalmers, 1982）。一般而言，數量研究將外在世界視為客觀存在，認為人類經驗的事物應有客觀共同性，故可將經驗量化、具體化或物質化，因此趨向實證（positivism）主義觀點。而個案研究本身即反對世界客觀存在的看法，認為人的經驗知識係由人與社會互動而建構產生，故係以詮釋哲學（interpretive philosophy）為立論基礎。因此數量研究與個案研究在許多觀點上有很大的不同，見表 12-2。

**表 12-2** 數量研究和個案研究之差異

| 項目 | 數量研究 | 個案研究 |
|---|---|---|
| 研究目的 | 由預設的假設建立人類行為的統計通則（statistical generalization），並將研究結果推論演繹，進而控制與預測 | 不預設立場，意圖理解建構的過程，以建立分析性通則（analytical generalization） |
| 研究策略 | 希望研究者與研究對象保持距離，以要求研究者的客觀性 | 研究者通常與研究對象距離較接近，希望能由研究對象的觀點理解事物的意義 |
| 研究方法 | 大量使用針對外顯行為的嚴密操作設計，加以量化的統計分析，如調查訪問法、問卷調查法、實驗法與內容分析法等 | 強調人類建構知識的過程與個人經驗的獨特性，故傾向使用能深入研究的參與觀察法、自然觀察法、深入訪談法、歷史事件法與圖書文獻分析法等 |
| 資料特性 | 多呈現可分類計算的數值型資料，使結果呈現為統計量表 | 深刻描繪的敘述性文章，著重在資料的特殊性與意義，其呈現方式則以敘述性來表現研究結果的內涵、意義 |
| 結果評估 | 強調客觀、不涉及主觀，結果評估越符合統計上的客觀標準越能被接受 | 不完全倚靠客觀看法，結果評估主要以研究者的詮釋能否符合常理，故相互主觀或與以往文獻的相互比較為重要評估準則 |
| 理論發展 | 常以研究結果驗證理論或假設，以進一步的修改、建構理論 | 不以研究假設作為導引，強調由結果中可以闡明理論或概念，使結果與理論的關係得以用命題形式來浮現 |

　　質化研究為避免因人工化的模擬情形，扭曲了複雜的社會現象，因此，觀察、訪問及文件分析成為質化研究的主要技巧。質化研究的研究者其目的若是為了深入到一個制度或群體的核心，觀察法是不可或缺的技巧。而詢問法主要在發現被訪者的觀點；而文件則在補充其他方法之不足。

　　概括來說，個案研究法適用的範圍如下：

1. 尚未有很多研究或理論基礎的問題。
2. 某些特例顯然與理論相矛盾時。
3. 適合於捕捉研究個案中人員的知識並發展理論。
4. 適合研究 know how 及 know why 的問題。

## 12-1-3　判斷研究問題是否適合採用個案研究的準則

　　個案研究法只是社會科學諸多研究方法的一種，而其他研究方法尚有實證主義中的實驗法、調查研究、結構化觀察以及資料組合等。

　　個案研究也有缺點，包括缺乏簡化的觀點，老想捕捉到所有的資料，以及理論適用的狹窄。此外，想從個案研究建立一個好的理論，其遵行準則有三：(1) 簡約性、可測性及邏輯一致性（Pfeffer, 1982）。(2) 是否遵循嚴謹的過程、是否有實證資料的證實。(3) 是否產生新的見解。

　　至於何時應採用何種研究方法，依 Yin（1994）指出每一個研究方法皆有其優缺點，研究法的採用應視下列三種情況而定：

1. 研究問題的形式。
2. 研究者對實際行為的控制能力。
3. 研究焦點是一當前現象或歷史現象。

　　依據上述三種情況，Yin（1994）將五種研究策略做一些劃分，如下表所示。

**表 12-3**　研究方法之劃分（Yin, 1994）

| 研究方法 | 研究問題型態 | 對行為事件的控制要求 | 焦點是否為當代事件 |
|---|---|---|---|
| 實證法 | How、Why | Yes | Yes |
| 調查法 | Who、What、Where、How many、How much | No | No |
| 檔案分析法 | Who、What、Where、How many、How much | No | Yes/No |
| 歷史研究法 | How、Why | No | No |
| 個案研究法 | How、Why | No | No |

一般而言，個案研究法比較適用於當問題形式是「know how」或「know why」的時候，當研究者對行為事件的控制力較低的時候，而且研究焦點是「當前」現象的時候。

概括來說，某問題是否適合採用個案研究的準則如下：

1. 是否只能在自然環境下進行（natural setting）。
2. 是當前事件。
3. 毋需控制或操弄。
4. 已有理論基礎嗎？
5. 變數太多，其他研究法無法掌握。

## 12-2 個案研究法適合的研究問題

個案研究一般而言適合研究當前較新的、未曾有許多人研究或無堅強理論的研究問題，且是自然現實環境下的研究問題。相反地，若需對受試者或事件加以控制的研究問題，則並不適合它。Yin（1981）亦強調個案研究問題可以是：

1. 探索性（exploratory）研究：發展命題作為後續研究的開端。
2. 敘述性（descriptive）研究：闡述一個先前已存在的理論或擴大一個理論的解釋範圍。
3. 解釋性（explanatory）研究：探討因果關係。最適合個案研究策略的研究問題經常是對調查設計、實驗設計之觀察值數而言，其研究牽涉的變數太多之情況。

此外，Bomona（1985）曾將研究目的分成四個階段，其中有幾個階段可用個案法：

1. 探索階段：此階段旨在探索澄清研究計畫問題及假設，故特別適合用個案研究法。
2. 設計階段：此階段旨在了解假設所需的資料，並建立研究模式。
3. 預測階段：此階段旨在檢驗假設來推論母群體，故較適合用調查法或實驗法。
4. 質疑階段：此階段旨在找出極端個案以限制結論之通用性，故此階段亦可採用個案研究法。

Yin（1984）認為個案研究可用以解釋一些現象。而他將研究分成五個階段：

1. 敘述階段：此階段可用單一個案或多個個案來敘述問題。
2. 探索階段：此階段可採用多個個案來探索。

3. 假設檢定階段：此階段可用實驗法或調查法。

4. 實證、解釋階段：此階段可採用多個個案法。

5. 質疑、解釋階段：此階段可採用單一關鍵個案。

下表，個案研究程序的階段表中可以看出，單一個案研究比較適合理論產生的初期以及理論檢驗的晚期，研究的個案具有啓示性，它對某理論檢驗是關鍵的；而多重個案研究則比較適合該研究是屬敘述性分析（做歸納），或者理論的建立與檢定（test）。

由此可見，單一個案適用於研究初期探索性階段，以及後期用來檢驗理論或否定理論時。相對的，多個個案設計可以從事個案之間的比較分析，以延伸理論。

**表 12-4** 個案研究程序的階段表

| 研究階段 | Yin 架構（1985） | Bomona 架構（1985） | 個案數目 |
|---|---|---|---|
| 1. 探索階段 | 敘述階段 | 了解階段 | 單一或多個 |
| 2. 假說產生階段 | 探索階段 | 設計階段 | 多個 |
| 3. 假設檢驗階段 | | | |
| • 證實 | 解釋階段 | 預測階段 | 多個 |
| • 否定 | 解釋階段 | 否定階段 | 單一 |

註：資料來源（Benbasat, Goldstein & Mead, 1987）

## 12-3 個案研究法的研究設計

個案研究法是以特定的個體爲對象，它不同於深度報導，故其研究設計必須具有科學方法，也就是必須運用推理判斷等思考過程有系統地去尋求事實的解釋，而不是毫無計畫地盲目拼圖。所謂科學的方法，不外乎演繹和歸納。演繹爲根據原則推論個例，而歸納爲綜合個例導出假設性結論。在個案研究中，往往根據現有的理論去做證據的串聯，換言之，事實之間的因果關係用公認的理論而非研究者的自由聯想去解釋，如此比較能令人信服，但是個案研究的結論卻是依研究者的主觀知識歸納出來的，個案研究的貢獻也就是這些假設性結論的創新性。如果一個個案研究用已知的方法去研究一個普通的組織，得到一個已知的結論，這樣的研究又有什麼意義和貢獻呢？

其實科學研究的要旨即在於「同中求異」和「異中求同」，個案研究之能

否成功和選擇研究對象有很大的關係，研究者一定要充分了解該對象之代表性（異中求同）或差異性（同中求異），並且確定這些異同有很重要的象徵性，才能做出有貢獻的個案研究。

　　個案研究在蒐集資料前，應先思考且解決下列七項研究設計的問題（吳宗璠，民 86）：

1. 此研究個案的意義是什麼？適合研究對象的特性須先確定。

2. 所從事研究計畫的目的是什麼？希望完成什麼樣的結論？或者要證明什麼理論？

3. 研究計畫擬用單一個案或多種個案的研究方式，其理由是什麼？

4. 個案多寡並不能完全代表研究品質的優劣。單一個案研究可用來尋求共通性（即異中求同），而多重個案研究則是單一個案研究的總合（holism）。在選擇多重個案時，要說明為何挑哪些對象，其特性為何？

5. 若實際研究情況與預期結果不符，是否重新再來？

6. 資料蒐集方式採用何種方法？需要訪談哪些對象，分析單位是人或組織，發出問卷的母體是誰？衡量工具是什麼？

7. 資料的形式（質或量）為何？如何分析資料（內容分析、口述語意分析、腳本分析……）？

　　誠如 Yin（1994）所說：「個案研究法應該在構念效度（construct validity）、內部效度（inner validity）、外部效度（external validity）、信度（reliability）四個範疇中使研究設計品質極大化。」

表 12-5　個案研究設計品質極大化之方法

| 檢測 | 提升品質的方法 | 各種品質方法的應用階段 |
| --- | --- | --- |
| 構念效度 | 1. 使用多元證據來源<br>2. 建立證據的連鎖鍵<br>3. 讓主要的資訊提供者檢視個案研究初稿 | • 資料蒐集階段<br>• 資料蒐集階段<br>• 報告書寫階段 |
| 內部效度 | 1. 態樣配對的檢定（pattern-matching 的 test）<br>2. 建立解釋（explain），藉由對個案解釋分析個案研究的資料<br>3. 時間序列分析（time-series analysis） | • 資料蒐集階段<br>• 資料蒐集階段<br>• 報告書寫階段 |
| 外部效度 | 在多個個案研究中採取重複實驗的複製邏輯 | • 研究設計階段 |
| 信度 | 1. 使用個案研究說明會<br>2. 發展個案研究資料 | • 資料蒐集階段<br>• 資料蒐集階段 |

若以研究目的來劃分，個案研究法不僅可以是探索式的研究、描述式的研究，亦可以是因果關係解釋性的研究，Yin（1994）也對個案研究提供了一個較為技術性的定義，他認為個案研究是一種實證的調查法，用於：(1) 調查一個存在於現實生活中當前的現象；(2) 當此現象和來龍去脈的界線不是那麼明確時；(3) 當個案研究中有許多方面證據性的資料來源可供應時。此定義指出了個案研究法與其他研究方法的區別，也使研究者了解個案研究的意義。他也說明了個案研究的設計要項包括了研究問題、相關的命題、分析的單位、資料與命題的邏輯關聯，以及用於解釋發現的準則等五項執行過程。

## 12-3-1 個案研究法的資料蒐集方式

Yin（1981）曾澄清一般人對個案研究蒐集資料時，誤認個案研究一定是定性的（qualitative）資料，例如：採用訪談或觀察等方式。其實有許多重個案研究並不採訪談方式，事實上個案研究乃是一種研究策略，使用的資料類型可以是定性或定量的資料，而資料蒐集方法可以採問卷調查、訪談、閱讀檔案書面文件、實地觀察、口述語意報告、觀察錄影記錄等。另一個常被誤解的觀念是認為個案研究的一個個案即相當於統計分析中的一個觀察值。

概括來說，個案研究可採用的資料蒐集方法有下列幾種：訪談（開放式或封閉式問卷）、親身參與、觀察法、組織內部資料、書面文件（正式報告、公文、剪報資料等）、檔案分析。在正式實地蒐集資料前，需設計好所欲蒐集的資料項目、訪談問題等。所蒐集的資料記錄亦應馬上整理。甚至用三角驗證法來複驗資料的真實性，包括：(1) 資料蒐集的相互驗證；(2) 訪者的相互驗證；(3) 理論的相互驗證；(4) 方法的相互驗證等幾種的複驗。

易言之，三角驗證可分三大類型（Denzin,1984）：

1. 資料源（data source）三角驗證：當研究者希望數據在不同情況下保持相同時；當研究者進行三角驗證時，有幾位研究者研究了同一現象。

2. 理論（theory）三角驗證：當具有不同觀點的研究者詮釋相同的結果時。

3. 方法論（methodological）三角驗證：當一種方法被另一種方法採用時，可以增加對詮釋的信心。

深度訪談法（in-depth interview）為訪談法的一種，是質性研究的主要資料蒐集工具之一，作用在於評估人的知覺、意義、對情境的定義及對真實的建構。深度訪談法也是理解他人最有效的方法之一。

## 12-3-2 個案研究法的資料分析

　　資料分析的品質有賴於研究者的整合能力。若採多種資料蒐集方式，則可交互驗證。定性研究可與定量研究方法整合運用，例如：Jick（1983）結合訪談與調查問卷，並採用統計計量分析方法，包括迴歸分析、多變數分析等。整個分析推理過程應從研究目的、研究設計，到所蒐集資料的狀況，及分析推理的過程做詳細的報導，以提高研究的信度和效度。

　　1994 年 Miles & Huberman 提出質化研究的分析法，主要有 3 個成分：(1) 資料精簡（data reduction）：挑選資料，集中資料的焦點，捨棄與簡化資料，並將資料抽象化的過程，以形成最後的結論。因此當研究的概念架構、研究問題以及研究工具都已經決定之後，其實就是資料精簡的預備期。因此一旦獲得資料後，資料的摘要、編碼、尋找命題、資料的連結等等，都是進一步對的篩選與摘錄。質化資料的精簡並不獨立於對資料的分析，甚至是分析的一部分，而且此一過程是持續在進行，因為在精簡的過程中，可以刺激我們的想法，來幫助篩選什麼資料適合下一個資料分析的步驟。(2) 資料呈現（data display）：藉由研究者的想像建立資料顯現的型式，主要是網狀的結構（使用一系列的節點，並連接彼此）。資料進入的方法是多元型式：短文、引文、習慣用語、評分、縮寫、符號圖案……。資料顯現的型式與資料進入的方法將會依賴研究者想試著去了解的一般情形、人們因為角色不同而有不同的行為、或概念變化的交互作用。(3) 導出與驗證結論（conclusion drawing）：在資料蒐集之初，就必須先決定資料的意義，並試著去發現一些規則或型態。研究者是意義的發現者，而意義卻是隱含於參與者的內心，作為活動的指導原則，通常無法從外在行為一下子就明瞭，需要透過研究者的觀察、記錄與分析才能發現。

　　此外，Miles 所提質化研究的 3 個運作：編碼、摘記、發展命題：

1. 編碼：是一種標籤、命名、或標示，亦即將每一段資料放上標籤、命名、或標示的過程。編碼之主要類型有：描述性編碼及推理性（或模式）編碼兩種。在分析資料之始，即第一層次編碼，主要使用描述性編碼作為基礎，此時並不要求資料本身以外的推理；接著，第二層次編碼傾向聚焦於模式編碼，該模式編碼與量化的因素分析相似，屬於較高抽象層次之概念。此外，不論質化或量化，在進行分析時，更須借重「比較」功能，例如：在第一層次編碼之後，藉由資料的比較，可得到經驗資料之外更抽象的概念，進而導出第一層次抽象的編碼，如此往上類推，便可能發展出結論或命題。此外，研究者所謄寫之逐字稿，係先由研究者與協同編碼者分別進行資料編碼工作，其計

算「編碼信度」之公式為：

$$評分者間一致性係數 = A/（A + B）$$

A：代表兩位編碼者相同之編碼數

B：代表兩位編碼者不同之編碼

2. 摘記：理論化記下關於編碼與編碼之間關係的觀念，可以是一個句子、圖表。摘記可能包含實際、理論、方法學、個人等事情。當摘記是實際的或理論的事情時，也許比編碼更能產生較深的概念，或產生更高層次之模式編碼、或使概念觀念化、或使不同概念產生關聯（Glaser1978）。

此外，將個案訪談內容或一些資料蒐集之後，所寫成的全文（text），這種全文在實證研究的分析法有三（吳琮璠，民86）：

## 一、內容分析（content analysis）

要先擬定編碼規則，對全文執行編碼分類，計算次數或百分比，檢驗假說。常用的五種分析單位，包括意有所指的言詞（referential units），例如：指同一個人、同一事件的詞；實體單位（physical units），乃有關特定主題的句子、敘述的數目；句法單位乃特定詞；主題單位乃有主詞加子句的句子；詞幹單位乃需經解釋的觀念。

## 二、口述語意分析（verbal protocol analyze）

口述語意分析乃源自認知心理學研究人類決策程序。Wu（1993）研究專家級資訊系統稽核人員與初學者有關資訊系統稽核知識之異同，要求受試者出聲思考（think aloud），錄音後轉製成書面口述語意報告，再予編碼，並做統計、分析。

## 三、腳本分析（script analysis）

Abelson 與 Schank（1976）研究人工智慧，發現人類知識乃以腳本方式儲存。例如：餐廳腳本為領位、點餐、用餐、付款。Barley（1990）研究兩個使用CT 掃描器的醫院，錄下放射科醫師技師一年期間的談話，研究科技影響組織分權的程度。

易言之，個案研究設計的五個要素為：

1. 研究問題。

2. 命題（proposition）。

3. 分析單位（個體、組織、群組、資訊系統……）。

4. 資料與命題的邏輯連結（用 pattern -match）。

5. 詮釋研究發現所用的評斷基準（criteria）。

# 12-4 個案研究法的實施步驟

Eisenhardt（1989）整理出個案研究法之步驟，歸納成下表：

表 12-6　個案研究法之步驟

| 步驟 | 活動 | 原因 |
|---|---|---|
| 1. 熱身 | 1. 定義研究問題<br>2. 預擬一個可能構念 | 1. 聚焦<br>2. 提供較佳的構念衡量基礎 |
| 2. 選擇個案 | 1. 放棄理論、放棄假設<br>2. 找出母體<br>3. 理論性抽樣 | 1. 保持理論的彈性<br>2. 限制額外的變異、強化外部效度<br>3. 將焦點聚焦在對理論發展有用的個案上，他們可以運用填充概念範疇的方式複製或將理論拓展 |
| 3. 塑形裝備及調查表 | 1. 多重個案資料蒐集方式<br>2. 合併量化及質化的資料<br>3. 多調查人員 | 1. 融合多方的證據強化理論的基礎<br>2. 綜合運用資料的觀點<br>3. 輔育多元的觀點，強化基礎 |
| 4. 進入田野 | 1. 資料蒐集、分析、田野摘記交叉運用<br>2. 彈性且投機的資料蒐集方法 | 1. 加速分析、修正資料蒐集方法<br>2. 讓調查者利用將要湧現的主題及獨特的個案特徵 |
| 5. 分析資料 | 1. 個案內的分析<br>2. 使用多元的方法做個案型態的交叉搜尋 | 1. 熟悉資料產生初步的理論<br>2. 強迫研究者跳出原始的概念，透過不同的角度來看證據 |
| 6. 變形假設 | 1. 為每個構念反覆表列證據<br>2. 對每個個案從事複製而非隨機的邏輯演繹<br>3. 尋找關係成立背後的原因 | 1. 強化概念的定義、效度及可衡量性確認、拓展<br>2. 建立內部效度 |
| 7. 展讀文獻 | 1. 與衝突的文獻相對<br>2. 與相近的文獻對比 | 1. 建立內部效度、提升理論層次、銳化構念的定義<br>2. 強化理論的概化能力、增強構念的定義、提升理論層次 |
| 8. 完成任務 | 在可能的情況下讓新理論飽和 | 在邊際的進步已達微小的狀態，終止研究 |

資料來源：Eisenharst K.M.(1989). Building theories form case study research Longitudinal Field Research Methods: p67.

概括來說，個案研究法既然是科學方法，就社會科學而言，研究程序應包含下列步驟：(1) 選擇問題；(2) 確定目標及分析單位；(3) 提出命題（proposition）；(4) 參考文獻；(5) 設計程序，可採單一個案或多個個案來進行；(6) 蒐集資料（訪談、問卷、親身參與、觀察、文件、檔案……）；(7) 資料分析；(8) 解釋資料；(9) 導出結論；(10) 撰寫報告。

## 12-5 個案研究法常犯的毛病

個案研究法對於訪談對象、時間、選擇標準，及實際訪談內容應有詳細的交代，以求嚴謹。例如：若以專家會議，或以產業公會為對象，他們是否能代表廠商，以及少數個人的看法、是否能反映出實際廠商的運作方式，這些細節在研究方法部分中都應交代清楚。

運用個案研究法可以現場蒐集到企業真實經營運作的資料，特別是在管理、教育學域，就某些研究目的，有其存在之價值。然而許多研究者初次運用個案研究法從事論文研究，認為只要找到一家願意合作的公司，找到相關人員訪談或觀察，並就訪談觀察內容予以報導，即完成研究。殊不知個案研究法仍與其他研究方法，例如：實驗設計等一樣都要遵循嚴謹的研究步驟與方法。

Benbasat 等人（1987）發現採用個案研究者，可能基於認為個案研究僅就一個或少數幾個研究對象蒐集資料較省時省力，因此很容易犯了以下一些濫用個案研究法的錯誤：

**1. 文中未說明「研究目的」**

對於研究問題或研究目的，多數個案研究者都未加以清楚定義，使得人們無法研判「個案研究法」是否比其他研究方法更適合本研究題目（吳琮璠，民86）。

**2. 文中未說明「研究對象」**

個案研究者要對所選用的某個公司、個體、團體加以解釋。

**3. 未說明為何「選擇單一個案或多個個案」**

多數個案研究多未清楚交代為何選擇單一個案或多個個案之理由。假如選擇多個個案的話那麼我們應該交代為何選擇那些個案、這些個案的特性為何，以及這些多個個案蒐集的前後次序關係。至於到底何種情形該使用單一個案？何種情形又該使用多個個案？請依據 Yin（1985）的建議，在下列幾種情形是較適合使用單一個案：

(1) 啓示性的（revelatory）個案，亦即，先前並沒有可以取得的科學研究。

(2) 爲了檢驗已經明確的（well-formulated）理論，而它是一個重要的個案代表。

(3) 它是一個極端或者唯一的個案。

此外，多個個案研究所選擇那些個案應是複製（replication），即個案的同質性高，而非抽樣（sampling）的邏輯（Yin, 1985），因此多重個案研究其所選擇的每一個個案，都必須合乎下面兩種情況之一：

(1) 預測相同的結果（正確的複製──literal replication）。

(2) 對於可預期的理由產生相反的結果（理論的複製── theoretical replication）。

**4.** 文中未說明「分析單位」

個案研究的分析單位可以是個體、群體（group）、資訊系統、組織爲分析單位。

**5.** 文中未說明「資料蒐集方法」

個案資料蒐集方法中，例如：訪談進行方式、爲何選擇這些人作爲訪談對象等都要解釋清楚，甚至訪談工具的設計也要說清楚，可惜極少數人有交代，有的研究者不但沒有交代資料蒐集的方法，亦很少使用幾種不同資料蒐集方法以交互驗證資料。

**6.** 追溯性（問受訪者經驗及記憶）

多數個案研究者是以回溯方法來進行，僅有少數研究（Barley, 1990; Pettigrew, 1990）採用人類學或社會學常用的實地調查法，來進行長時間現場資料的蒐集。

**7.** 受訪者提供資料的偏誤

資料提供者雖然有個人意見的摻雜、記憶的失眞，或事實的扭曲與隱瞞，但這是初步資料（primary data）不能免除的特質，換言之，當事人的選擇性知覺（selective perception）、歸因（attribution）或投射（projection）等心理因素是必然存在的，有賴研究者的多方求證及過濾，再對案例做合理的推論與解釋。尤克強（民 86）認爲低品質的個案研究不應歸過於受訪者的偏誤。

**8.** 研究者的偏誤

研究者的偏誤及受訪者的偏誤是個案研究是否成功之關鍵因素。研究者常依自己的偏見或預設立場去篩選資料，這是最嚴重的錯誤，因爲資料的呈現（了解）必須是客觀的，雖然資料的解釋都不得不是主觀的。另一個偏誤來源則是

研究者的知識不足與自大，因其不足，往往過分簡化問題的複雜性，因其自大，故輕視了資料的多方來源與求證，這些偏誤是造成許多低品質個案研究的主要原因。

## 12-6 個案研究法的效度

### 12-6-1 如何提高個案研究法的內部效度

提高個案研究法之研究設計的內部效度，共有下列幾個方式（吳琮璠，民86）：

**1.** 有效控制其他調節（干擾）變數

在實驗設計時，我們為了衡量某一自變數對另一依變數的影響，多數都會把其他可能的干擾因素予以控制，雖然單一個案研究法很難採用統計方式來控制干擾變數，但是 Markus（1983）就曾採用自然控制法來控制干擾變數，他在檢驗（test）個人因素影響對系統抗拒度的假說中，Markus 發現一個公司主辦會計人員對原系統接受度很高，當其由總公司主辦會計人員調分支單位主計員後，對系統則產生強烈抗拒。在此個案研究中，所採用的控制為自然控制法。所控制的變數為個人因素，因為只觀察同一個人。目的乃在確定除個人因素以外的情境因素是否會影響系統抗拒度。因此，個案研究法仍可對其他變數做某種程度的控制。

**2.** 個案研究之推論要合乎邏輯

個案研究所採用的推論演繹，部分可能為定性敘述方式，即使如此，個案研究仍應嚴謹正式邏輯推理程序（formal logic of reasoning）；並對可以應用之相關理論做深入的研究後，再加以引用，如此可避免只報導一個個案。此外，研究者若能進一步推論產生一個關聯模式，而不只是幾點摘要式的結論，相信將使個案研究更有深度。

**3.** 最好能對研究結果做「複驗」

好的研究結果應可允許後來研究者複驗其結果。同理，假如我們採用多個個案之研究設計，亦可以相同方法來複驗前人所做之個案結果的比對。實際上，由於個案研究之對象在現實環境下很難相同，所以研究者只能就個案的結論或同一個理論予以複驗。例如：Jick（1979）就曾建議採用三角驗證法（triangulation）來交叉複驗，即採用幾種不同方法來研究同一個現象，此種複

驗法就可藉由不同方法之間（between-methods）所得結果是否一致性，來重驗
其收斂（convergent）效度以強化研究結果的信度。

另一種複驗的方法，就是混合採用定性及定量方法。例如：Markus（1994）
就曾混合採用定性及定量研究法，他除了對研究機構施以大量問卷調查，調查
管理者使用 E-mail 行為，以其蒐集資料來驗證「資料豐富理論」外，並採用訪
談方式來蒐集資料，並以歸納分析及詮釋方法來分析所得資料，此種研究設計
仍符合三角驗證法的精神。

### 12-6-2　如何提升個案研究法的外部效度

任何一項研究，不僅要陳述研究結果，且盡可能要根據本研究結果下一個
概括性的結論，即所謂的概化（generalizability）。雖然單一個個案研究無法下
一個概括性的結論，但我們可採用多個個案法來提升個案研究的外部效度。

## 12-7 定性研究的效度和信度（可靠度）問題

信度（可靠度）是指研究結果的一致性和穩定性，是進行嚴格研究的兩個
基本要素之一（另一個是效度）。

儘管案例研究方法有很多優點，但其信度和效度仍然值得懷疑。建立定性
資料效度和信度的檢定，對於確定所獲得資料的穩定性和質量很重要。但在文
獻回顧中，對於個案研究而言，每個研究階段都沒有一套連貫的效度和信度檢
定。

### 一、信度和效度這兩個術語是否與確保定性研究的可信度相關？

評估研究結果的信度要求者和衛生專業人員對研究的「合理性」做出判斷，
包括所採用方法的適用性和適當性以及最終結論的完整性。定性研究經常因缺
乏科學嚴謹性，採用的方法缺乏合理性，分析程序缺乏透明性而受到批評，並
且研究結果僅是受研究者偏見的個人觀點的集合。對於新手研究員，在進行定
性研究時證實嚴謹是具有挑戰性的，因為沒有關於通過這樣的研究應判斷標準
接受的共識。

儘管用於建立定量研究效度和信度的檢定和措施無法應用於定性研究，但
仍存在關於效度、信度和可概化等術語是否適合評估定性研究的爭論。在最廣
義的情況下，這些術語均適用，效度指所採用方法的完整性和應用以及發現結

果準確反映數據的精確度，而**信度**則描述所採用分析程序的一致性。但是，如果定性方法在哲學立場和目的方面與定量方法本質上有所不同，那麼建立嚴謹性的替代框架是適當的。有學者認爲：定性研究中，證明嚴謹性（rigour）的替代標準，是眞實價值（truth value）、一致性（consistency）、中立性（neutrality）和適用性（applicability）。

## 二、定性研究者可採取哪些策略來確保研究結果的可信度（credibility）？

與使用統計方法確定研究結果的有效性和可靠性的定量研究者不同，定性研究者旨在設計和納入方法策略以確保研究結果的「可信賴性（trustworthiness）」。這些策略包括：

1. 考慮可能影響調查結果的個人偏見（bias）。
2. 確認抽樣中的偏誤（bias）及方法如何持續批判性反思（ongoing critical reflection），以確保資料蒐集和分析具有足夠的深度和相關性。
3. 細緻的記錄保存，展示清晰的決策軌跡，並確保資料詮釋的一致性（consistent）和透明性（transparent）。
4. 建立比較個案／找出不同帳戶（accounts）之間的異同，以確保代表不同的觀點。
5. 包括對參與者的帳戶進行的詳盡的逐字逐句描述，來支持調查結果。
6. 在資料分析和後續詮釋期間的思維過程方面表現出清晰性（clarity）。
7. 與其他研究者合作來減少研究偏見。
8. 受訪者可靠度（respondent validation）：包括邀請參與者對訪談筆錄發表評論，以及所創建的最終主題和概念是否充分反映了所涉及的現象。
9. 資料三角驗證（triangulation），不同的方法和觀點將有助於產生更全面的發現。

總之，所有定性研究者都必須納入策略以增強研究設計和實施過程中研究的可信度，但是目前尚沒有用於評估定性研究的通用術語和標準，上述只是簡要概述，一些可以增強研究結果的可信度。

## 12-8 個案法研究論文之評論要點

採用個案研究法之論文，其評論重點包括下列幾項：

1. **研究問題與研究目標**

   (1) 有無清楚交代研究問題及研究目標？並且研究內容是否與主題相符？若是博碩士論文，研究目的與結論是否一一對應？

   (2) 研究問題是否為了探索某一新的問題領域？或其相關變數之數目多、複雜度高？變數的操弄是否很因難，或是在找特定個案以否定既有理論之適用範圍？若是基於上述考量，研究者因而沒有採用其他研究法，此時改採個案研究才是適當的。

2. **理論基礎**

   (1) 研究問題最好具有相關的理論基礎，以免漫無方向的搜尋。

   (2) 研究命題是由相關理論所演繹出來？研究模式中所有變數是否都已完全掌握？

   (3) 有沒有研究命題來引導研究方向、資料蒐集及分析？

3. **分析單位**

   分析單位（人、組織、資訊系統……）是否釐清，交代清楚？

4. **資料蒐集**

   (1) 資料蒐集方式是否恰當？

   (2) 是否有採用三角驗證法（不同資料、研究者、理論、方法之間的交互驗證）？

   (3) 是否清楚交代多個個案之間資料蒐集之先後關係？

   (4) 有否交代訪談對象是如何挑選的？合理嗎？

   (5) 是否有受訪者、研究者之偏誤產生？

5. **資料分析**

   (1) 有沒有建立資料分析之標準？以使不同研究者之比較分析具有一致性。

   (2) 有沒有充分應用可以採用之資料分析方式？包括內容分析、口述語意（verbal protocol）分析、腳本（script）分析。

6. **研究推論**

   (1) 推論合乎邏輯嗎？

   (2) 推論前有無界定其研究命題，或對既有理論作限制。

   (3) 結論是否與研究主題相呼應？

   (4) 區位謬誤：將研究結論應用到不同分析單位上。

   (5) 化約：過分強調某變數，導致忽略了其他重要的變數。

(6) 是否採用理論來解釋及串聯證據。

(7) 結論是否具有創新性。

### 7. 文章格式

(1) 架構要清晰。

(2) 用詞要恰當、文字說明要容易理解。

# 調查問卷的設計

問卷的使用是一種間接的研究方法，用於從大量母群中蒐集大量資訊。

問卷調查是目前調查業中所廣泛採用的調查方式：即由調查機構根據調查目的設計各類調查問卷，然後採取抽樣的方式（隨機抽樣或整群抽樣）確定調查樣本，通過調查員對樣本的訪問，完成事先設計的調查項目，最後，由統計分析得出調查結果的一種方式。它嚴格遵循的是概率與統計原理，因而，調查方式具有較強的科學性，同時也便於操作。這一方式對調查結果的影響，除了樣本選擇、調查員素質、統計手段等因素外，問卷設計（questionnaire design）品質也是其中的一個前提性條件。

問卷，也叫調查表，它是一種以書面形式了解被調查對象的反應和看法，並以此獲得資料和資訊的載體。問卷設計是依據調研與預測的目的，開列所需了解的項目，並以一定的格式，將其有序地排列，組合成調查表的活動過程。

研究資料的蒐集方法，大概分為郵寄問卷（questionnaire）、觀察法、文件分析（閱讀文件）、面對面訪談等幾種，多數研究者都採用單一方法來蒐集資料，其實研究者是可採用多種的資料蒐集方法。問卷是研究者蒐集資料之一種技術，亦是對個人行為和態度的一種測量技術。它的用途在於度量，特別是對某些主要變數的度量。

問卷設計是一門方法學上的學問，而不只是一項工具而已。問卷工具的準確與否，會影響整個調查結果，不良的問卷調查將使研究結果走樣。

常見之問卷內容的編製方法，可分為：(1) 自編：專家的 Delphi 法、非專家的焦點團體、文獻歸納。(2) 他編：例如購買坊間的標準化測量、量表。

# 13-1 問卷設計的基本認識

一般人對「問卷設計」常犯的錯誤認知有下列幾點：

1. 問卷設計本身代表不完美的藝術，沒有一定的公式或程序可讓研究者來遵循，而是要自己對研究主題（事項）的充分了解、常識判斷、邏輯推理，及經驗累積。
2. 問卷設計並非是調查的第一步驟，而是以前面的步驟為基礎。
3. 問卷設計並非只是一連串問題的湊合，各個題目並非獨立的。問卷設計中各問項的先後順序有其某種意義。
4. 問卷設計要能配合日後研究設計及資料分析。

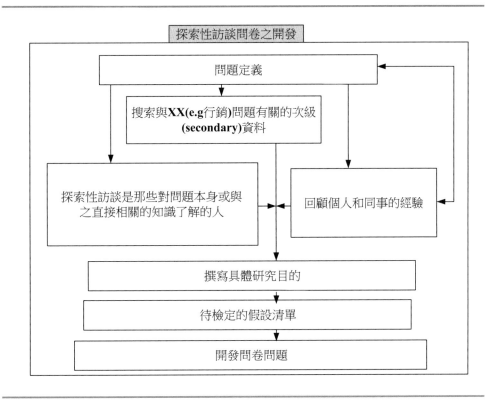

**圖 13-1** 問卷設計之流程

來源：Questionnaire Design（2019）.http://www.fao.org/3/w3241e/w3241e05.htm

## 13-2 問卷設計的原則

　　民意調查問卷設計之所以困難有三個主要原因：

1. 民意調查研究的對象是人，而人的想法往往複雜抽象，反覆無常，且人也會自我防衛與自我合理化，甚至人會隱瞞欺騙，因此如何以問卷測量出民眾真正的意見並不容易。

2. 問卷設計的內容僅僅是些微的差異，就會造成調查結果的極大不同。下表例子是典型的問卷題目，不同的用字措辭，民調結果就不同（下表）。

你認為美國是否應該禁止公開發表反對民主的言論？

|  | 1940 年 | 1976 年 |
|---|---|---|
| 禁止 | 54% | 21.4% |
| 不禁止 | 46% | 78.6% |
|  | 100.0%（1300?） | 100.0（1475） |

你認為美國是否應該允許公開發表反對民主的言論？

|  | 1940 年 | 1976 年 |
|---|---|---|
| 禁止 | 75% | 47.8% |
| 不禁止 | 25% | 52.2% |
|  | 100.0%（1300?） | 100.0（1475） |

來源：Schuman and Presser (1996:277)。
註：表中數字為百分比，括弧中的數字為受訪人數 N，無反應被省略。

3. 若民意調查研究者不加留意，可能會犯下一些設計問卷易犯的嚴重錯誤。

問卷是調查法來蒐集資料最常用之技術，故在建立問卷前，研究者必須對研究問題、研究假設（對應的 ECV）、客觀事實及資料性質、研究模式等有充分了解，方可進行問卷設計。所謂抽象概念的「操作化」，就是將研究的某「構念」轉換成可以衡量之問卷題目（ECVs），問卷設計好壞關係著研究工具的信度及效度。由於問卷是研究者溝通工具，所以在設計時要遵守下列原則：

1. 問題要讓受訪者充分了解，問句內容不可超出受訪者之知識及能力範圍。

2. 問題是否切合研究假設之需要。

3. 要能引發受訪者真實的反應，而非敷衍了事。

4. 問項是否含混不清，易引起受訪者的誤解。通常要避免三類問題：(1) 太廣泛問題：例如：「您常關心國家大事嗎？」。(2) 語意不清之措辭：例如：「您認為 ×× 洗衣粉產品品質夠好嗎？」，「洗衣粉洗淨力」問句就比「洗衣粉產品品質」來得清楚。(3) 包含兩個以上的概念：例如：若受訪者對問句「您認為 ×× 洗衣粉洗淨力強，又不傷玉手？」回答「是」，則到底是「洗淨力強」呢？或是「不傷玉手」呢？

5. 問題是否涉及社會禁忌、偏好：像一些敏感的道德問題、政治議題、種族歧視問題，研究者應盡量避免碰它，例如：「您認為白種人比黑種人及黃種人聰明嗎？」這類問題。

6. 問題是否產生暗示作用。

7. 便於忠實的記錄。

8. 便於資料處理及資料分析：包括編碼（coding）、問卷資料鍵入（key in）到電腦檔……。

　　總之，在問卷設計時，研究者要能兼顧題目的內容及語文的使用拿捏（Kerlinger, 1973; Emory & Cooper, 1991）。

## 一、問卷內容設計要點

　　設計問卷內容題目時，問卷內容須考慮下列幾個要點：

1. 問題的必要性：每個問卷的問題是否切合研究假設的需要，注意的要點包括問題必須對應一個研究問題；問句數目不多亦不少；沒有不會影響研究目的的項目；問題不可以重複或同義；每個問題的目的要清楚，不能是有趣或順便。

2. 把握問題範圍適切性：(1) 把問題範圍固定，比如說，「組織內有多少重要領導人？」，不如說，「您的組織中，哪幾個領導人最重要？」。(2) 注意的要點包括問題不能太複雜；(3) 一個問題不可以包括兩個以上的觀念與事實；(4) 問題的廣度要夠。

3. 受測者要能回答：每個問卷的問題是否超出受測者的知識與能力，注意的要點包括受測者是否知道答案；受測者的資訊水平是否足夠；受測者是否記得住；問題是否太廣或太零碎；受測者是否會誇大或隱瞞；受測者是否會認為與主題無關。

## 二、語文之設計要點

　　在設計問卷題目時，語文設計須考慮下列幾個要點（Emory & Coopy, 1991）：(1) 使用通用的辭彙要淺顯易懂；(2) 問題描寫要簡單明瞭；(3) 語句意義要清楚不能模糊；(4) 不能假設受測者都懂；(5) 不能用有偏差誤導的字句；(6) 不要有暗示的作用；(7) 不要隱藏其他的方案；(8) 間接問題的利用；(9) 句子要短而集中，且一個問句只問一個事物、概念或事件。

## 13-3 問卷設計是否有效的影響因素

　　一份問卷設計是否有效度，影響其「回收品質」的因素有下列幾項：

1. 問題的性質：問卷內容是衡量個體的事實、心理狀態，或行為意圖，是指現在的事實或過去的回憶……，都會影響一份問卷設計是否有效度。
2. 資料蒐集的媒體：係透過人員親訪、郵寄、電話，或電腦網路等途徑呢？
3. 施測的樣本特性：受訪者的學歷、慣用語言和文字、風俗、習慣……。
4. 調查訪問員的特質及技巧：男性或女性、有無經驗、態度表情、做事風格……。
5. 主辦單位：不同的學術單位、調查局、稅捐處、民調中心，問卷回收率就會不同，因為受訪者的信任不同。
6. 訪問場合：例如在辦公室 vs. 家庭 vs. 公共場所（在機場、車站回答時間短）或單獨 vs. 人群當中訪問，不同的情境都會影響受訪者的配合意願。
7. 所使用分析方法：是人工處理，或電腦讀卡機 scan……？回收品質就不同。
8. 問卷印刷：所使用紙張的材質、顏色、裝訂、郵寄方式（掛號信回收率可能比平信高）。

## 13-4 問卷設計的步驟

**步驟 1** 決定所需要的資訊

可經由前導研究（pilot study，例如個案研究、專家訪談等）、文獻探討、專家會議、個案探索而決定，再加以條列成表，並假想如何取得、利用這些資料。

**步驟 2** 根據所需資料，發展個別的問句

研究者若沒有自編問卷，有時可以利用別人發展的問句或量表。自我發展個別的問句時要考量下列事項：

1. 決定問卷的形式或方式（開放式 vs. 選擇式、直接詢問 vs. 間接詢問）。
2. 篩選問句（例如：問對法國的印象如何時，要先確定受訪者的確認識法國，即使可能他沒有去過法國）。
3. 要不要追問（使用人員訪問方法時比較可能需要追問）。
4. 要不要檢查（檢查答案的可靠性）。

**步驟 3** 決定問卷的順序（ordering）

一份問卷總有許多問句，其中有的容易回答，有的不易回答，有的使人看了有興趣，有的看了索然無味。究竟該如何安排，才不致於使資料受到損失或破壞呢？一般的做法，決定問卷順序的原則有三項：

原則 1 引發合作的願望，可贈送禮物引發合作動機，或由容易、有趣項目開始（不要一開始就使受訪者不想合作，要讓受訪者覺得很容易回答）。

原則 2 由簡單而複雜。

原則 3 配合參考架構的轉移（frame of reference）。

例：**臺灣大學的水準如何？**（是跟世界比、跟亞洲比，或是臺灣的大學比較？）

問卷題目該如何安排它們的順序呢？依據「蓋洛普」民意調查的建議，題目排列順序，依序是：(1) 先問有關事實和知識；(2) 其次為感覺、態度；(3) 深入探討的部分；(4) 理由；(5) 最後才是「觀點的強度」。

步驟 4 擬定問卷初稿

問卷初稿擬定階段，應做事項包括：準備訪問須知、填表說明（如何選擇被訪者）、訪問時間的選擇、如何記錄（尤其是開放式問卷，如何一五一十的記錄？是摘要式或分類式記錄？）、展示卡的利用（例如：產品型號、衣服顏色挑選……）、其他一般說明（例如：自我介紹來增加合作氣氛、有哪些問題尚要追問）……。

填答說明：

(1)「填答方式」，例如：請受訪者挑一個最接近自己感受之選項。

(2)「名詞定義」，例如：利潤是指稅前還是稅後呢？又如，策略性資訊科技（strategic use of information technology）是指「採用的資訊科技可使本公司獲利增加，或能阻止主要競爭者占優勢」。

(3) 受訪者按什麼順序來回答。

有些問卷填答說明會放在封面上。

步驟 5 問卷實體製作

問卷實體製作包括：打字、印刷、字體、排版、顏色、裝訂。

步驟 6 檢討和修正

問卷檢討和修正可請專家來協助。

步驟 7 前測（pretest）

前測旨在發現問題及改進。前測亦可分段來測試，但較為複雜。研究者在前測時，可採郵寄問卷、電話訪問、個別訪談、電腦網路調查等方式來進行。

步驟 8 定稿

通常，量表（態度量表）發展的流程，包括下面八個步驟：

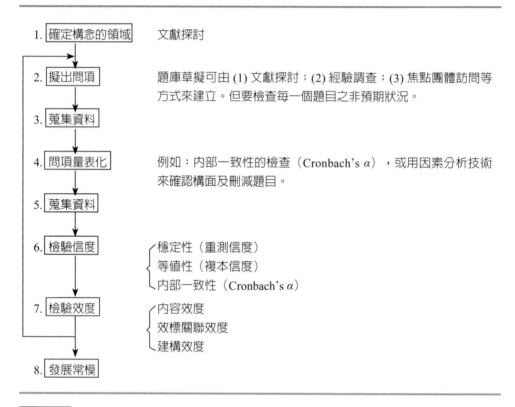

**圖 13-2** 量表發展流程

# 13-5 問卷設計注意事項

當我們在擬出問卷每一問句時，自己要反問自己下列問題：

1. 這個問句的必要性：有無必要？若沒有它可以嗎？

2. 這個問句範圍的適切性：是否含有太多的主題？例如：「×× 洗衣粉洗淨力強又不會傷害皮膚」，這一個問句涵蓋兩個主題（洗淨力強、不傷皮膚）就應避免，即每一個題目只問一個主題。

3. 這個問句是否能涵蓋所要問的內容：包括 who, when, where, what, how much, why。

4. 此問句是否需要其他資料來幫助解釋意義，即設計該問句時盡量使用適用辭彙。

5. 受訪者有無此資訊、他要能回答此問句，否則回答的數據是沒意義的。研究者不能假設受訪者一定都懂。

6. 受訪者願意回答。

7. 這個問句能適合不同狀況都能填答：例如：「請問您花了多少錢買這部錄放影機？」但受訪者的錄放影機可能不是自己買的，而是別人送的。

8. 不用偏差誤導字句。

9. 沒有暗示作用。

10. 不要隱藏其他方案。

11. 句子短而集中。

## 13-6 設計「選擇題」的答項

問卷中，選擇題該如何設計其「被選的答案」呢？有下列幾個設計原則：

1. 可根據特定構面（dimension）或層次（例如：社會階級、年齡層……）來設計答項，不宜將許多構面混合。

2. 宜提供中間或不確定的答案。例如：態度量表中，必有「沒意見」、「普通」……中性的選答項。

3. 答案應該依序互相排列。例如：依據不同程度的反應給予 1 至 5 分的選答項。

4. 根據問題本質，可考量用單選題或複選題。例如：下列情況均適合改用複選題來問：(1) 詢問信用卡消費者，在過去一年曾使用信用卡的場所（百貨公司、大賣場、飯店……）。(2) 曾在網際網路購買的東西（書、CD、汽車、花卉……）。(3) 過去半年您曾搭乘哪一家航空公司的飛機（長榮、華航、新加坡航空、美國航空……）。複選題的資料處理與單選題不同，複選題資料回收後，將它鍵入至電腦資料檔（例如：STaTa 的 *.dta 檔、SPSS 的 *.sav 檔或 SAS 的 *.sas 檔）時，我們是要將複選題「每一答案／勾選項」視為類似「是非題」來看待，易言之，以前面例子為例，若「您曾搭乘哪一家航空公司的飛機」的複選項有四題，則要有四個「是非題」來對應，存在電腦檔中即應有四個變數（非單一變數）。有關複選題的資料處理（次數分布、交叉分析）等進一步統計分析，讀者可逕行參閱作者 SPSS、STaTa 一系列統計書。

5. 若研究上仍需要評比受訪者對某件事物、態度的「重要性」排名（ranking），例如：個人重視價值觀的排名，或組織引進某科技／人管／經營策略之成功關鍵因素的排名……，像這種受訪者在「因素／選項做排名」，研究者常犯的毛病就是要受訪者「直接填寫最重要前三項（或五項）有哪些，這樣的做法只是增加電腦資料處理的麻煩罷了！故變通方法就是改為「重要性評分

（rating）」，受訪者改在 Likert 五點（七點）量表上，針對「每一」因素／選項做重要性評分。於資料處理階段，在計算各題的平均數及平均數的排名，即可看出誰輕誰重之排名。舉例來說，以後面所述之表 13-1 及表 13-2 價值觀量表來說，早期研究者詢問方式都是採用「下列這些價值觀當中，您認爲最重要的是哪一項（編號）、第二重要是哪一項、第三重要是哪一項……？」，現在的學者已同意改用「重要性評分」方式：就下列各項價值觀，依您對它的重要程度，請在 1～7 選項中勾選（圈選）一個最符合您實際感受的答案。

# 13-7 問卷設計常犯的錯誤

在國內我們時常可以看到一些媒體報導：有些民意調查的問卷設計十分離譜，而調查者卻不自覺。這些調查者有意或無意喜歡使用一些引導性或意義含混之語句；以及否定的語句，達成某些答案項目增加或減少，以達成某種程度之政治宣傳目的，這些調查者當中，不乏是知名學者或某一政黨。

**透視臺灣民意調查機構**

國內民意調查機構是委託者藉以消滅對手的「酷斯拉」，分析其與執行機構族譜關係，即可識破原貌（中時，1999 年 12 月 24 日）。民進黨立法院黨團日前公布數家民意調查執行機構的族譜關係，並指陳該族譜關係與某位總統候選人有著千絲萬縷的曖昧。稍早前李登輝總統則是公開批評民調是欺騙社會大眾的工具，千萬不可相信云云。

這兩件對民調指控的陳述，似乎點出了「民調」這個從西方社會科學移植到臺灣的工具，如何與其間的政治文化環境相濡以沫，並長成臺灣版的酷斯拉。僅是回溯這個怪獸的成長歷程，就足堪玩味多時。

理論上而言，民調是透過抽樣方式徵詢民眾所獲得的意見。因此民調具有「準公共資訊」的地位，殆無疑義。不過「產製」民調，事涉高度專業技術性及可觀的研究調查經費，因此民調結果往往成爲委託者（民調經費的出資角色）與執行者（專業技術執行與資料分析的角色）的「私有」財產。此財產的擁有者，也繼承了對該項財產的支配權、再製權與詮釋權。具體而微的表徵是：

1. 分配權：民調結果的全部或部分公布，提供哪些資料結果給哪些特定的記者或媒體。
2. 再製權：原始資料如何切割、資料加權如何剔除或微調，以及抽樣誤差如何

拉大（取對己有利的極大值）或縮小（取對競爭對手不利的極小值）差距等。

3. 詮釋權：委託者（候選人的外圍組織，經常以學會、協會、學術研究機構或民意代表的姿態出現）、執行機構（與委託者的意識形態有著類似政治光譜或是上述外圍組織向外繁殖的增生機構），以及被委託者或執行者邀請出席詮釋結果的民調學者或專家。

是以，民調的製作與發展過程，就是一場儀式性的表演，有祭司（委託與執行機構）、有特定儀式腳本（民調方法、問卷與統計）、有演員（民調學者、專家與受訪者）、有儀式符碼（圖表與數據）等，其最終的目的是要藉助此一儀式活動來完成驅魔（排除競爭對手）功能。

從此一觀點來看，民調不再是操控或反映公眾態度或意見的工具式手段，它必然是植基於特定社群，民主與民意形式上的神話，以用來維持與鞏固文化場域的能見度、擴張毀滅對手的魔性能量，以及迎靈召喚等神話儀式的積極作用。

理解此一民調儀式性功能之後，當可從祭司（委託與執行機構）的族譜學中找到按圖索驥、還原真貌的線索。西方社會（至少美國如此）發布民調的委託或執行機構絕大多數是大眾傳播媒體，而媒體與民調執行之間的關係脈絡分明。不過臺灣版的民調委託或執行機構，除了媒體之外，尚包括更多數量的民間組織、學術機構、民意代表或政黨。換言之，祭司的形象是多元變貌，因此在檢視此一部分的變體關係上，將更形複雜，其內在關係也更幽微不顯。傅柯（M. Foucault）曾經將「權力」比喻成人體的微血管，以彰顯權力痕跡的無所不在。民調這項形貌若干符合民主形式的工具，其本質內涵以及儀式完成，均已突顯民主式的專業威權性格。了解了這層道理，就應該知道如何出入其中。

賴世培（民87）研究亦發現，國內學者民調問卷中常見的錯誤有下列11項。

## 一、部分調查者將問卷設計與測驗編製混為一談

有些調查者，對於問卷（questionnaire）及測驗（test）的編製，兩者常無法分辨其異同之處，以致將兩者混為一談，甚至將編製測驗可允許的「誘答項」（distractors）這項技巧誤用到問卷設計中，這是錯誤的做法。例如：

📖 實例　下列哪一句成語，不是用來形容美女的特徵？

(1) 傾國傾城；(2) 明眸皓齒；(3) 東施效顰；(4) 閉月羞花

✎ 評論　(1)、(2)、(4) 都是「誘答項」，(3) 才是正確答案，在測驗中「誘答項」是被允許的。但在問卷中，「誘答項」是禁止出現的。

同時，問卷設計與測驗編製在遣詞用字方面，還是有所不同的！因為測驗編製是可以使用「全稱性的字眼」、「倒裝性的語句」、「假設性的語句」……。但問卷就不准出現這類語句。

從另一角度來看，測驗與問卷的設計理念亦不大相同。所謂「測驗」（test）是指考試用途之試題或心理測驗，例如：TOEFL 考試、入學考試、IQ 測驗、性向測驗……。問卷（survey questions）主要用途是做民意調查、市場調查、社會調查……。國內有些學者，由於從小到大，自認自己參加過 N 次考試，見過各式各樣考題，故以為問卷編製就跟測驗編製一樣，而將測驗編製之方法，全盤用在問卷設計上，這是全然的錯誤。

此外，問卷及測驗，兩者在編製上亦有某些程度上的差異，因為測驗編製需要具備較高的信度及效度，同時亦常用多個題目來測量某一概念，而這些測驗題是具有量化的可加法性，並以此來建立常模（norm）。相對地，問卷設計只需信度及效度即可，且較常使用單一題目來衡量同一個概念，而且這些題目通常是不具有可量化之可加性，故研究者無法建立其常模（周文欽等人，1996）。

## 二、問卷調查名稱未能明確

問卷調查名稱要與研究主題範圍相符合。有的民意調查問卷的名稱太過廣泛，例如：對某幾所大學做民意調查，就宣稱它是「全體民眾之態度意見研究」，這種調查的外部效度是令人可疑的，因為學生群與社會人士的認知是有落差的，研究結果是否可以類推（generalize）至母群體還是一個問題。

## 三、遣詞用字過於籠統含混

有的問卷設計時，常見問句內容未能掌握明確的意義，用詞過於籠統含混。因此在編製問卷內容時，研究者應注意下列事項：

1. 不要使用文言文、倒裝句、俚語、俗語、縮寫字，盡可能改用完整的白話文。
2. 避免使用全稱性的字詞，例如：「全部」、「經常」、「無人」、「從不」……，全稱詞應避免。
3. 避免使用否定句或雙重否定句。

📖 實例　「蔣經國『不是』蔣中正親生的兒子？」

✎ 評論　宜採用正反兼顧之設計，避免使用否定性的語句，故宜將此句改為：「您認為蔣經國『是不是』蔣中正親生的兒子？」

4. 少用複合句，而且一中文語詞盡可能不超過二十個字（但解釋性語句例外）。

5. 盡可能少用專有名詞，多多採用一般人慣用語，除非受訪者本身是某一領域之專業人員。

6. 每個問句力求簡單明瞭清晰，不可將多個問題的解決，集中在同一個問題上，且不可一題二問（double barreled questions）。

📖 實例 1 「您」贊成或反對中小學教師、軍人的免稅嗎？」

✎ 評　論　宜將此句改成兩個問句，分開問：「您贊不贊成中小學教師的免稅？」、「您贊不贊成對軍人免稅？」。

📖 實例 2 「您對大賣場的服務態度、產品定價滿意嗎？」。

✎ 評　論　受訪者可能對產品定價便宜感到滿意，但對服務態度不滿意，故宜將此句改成兩個問句，分開問：「您對大賣場的服務態度感到滿意嗎？」、「您對大賣場的產品定價感到滿意嗎？」。

7. 不要使用主觀及情緒的字眼，或不受歡迎、令人困窘及涉及隱私之話詞。

8. 涉及時間，應當具體不模糊。

📖 實例　「在過去時間裡，您與上司相處的如何？」

✎ 評論　應具體修正為：「在過去一年中，您與上司相處的如何？」

## 四、問卷題目的設計，未能秉持客觀公正的原則，時常使用具有引導性或傾向性之語句

目前臺灣有許多民意調查中心，客觀中立性不夠，設計的問卷有心無心地含有許多引導性或傾向性之語句，導致其民調結果失去公信力。原因是，有些傳播媒體是某政黨、候選人所經費支持的基金會或社團，其研究結果是當作政治宣傳，別具私心，導致其調查結果不夠嚴謹客觀。

### (一)結構性的引導

所謂「結構性的引導技巧」是指在草擬題目及編排題目時，故意設計一種很容易由前面題目來影響後面題目的作答。例如：在問卷一開始，就連續問一些「貪污」、「城市評比」的一些負面題目，接著再問「對當地首長施政滿意度」，當然會導致優良點數下降。相反地，若在問卷一開始，就連續問一些「政府建設」、「公共服務」一些正面題目，接著再問「對當地首長施政滿意度」，當然會導致優良點數上升。

## (二)額外利用語句的技巧，來引導問題之填答

📖 實例　「爲了鞏固領導中心，政績得以延續連貫，難道您不認爲『政黨輪替』
　　　　是不應該的嗎？」

## (三)問卷設計當中，具有傾向性問題

　　所謂「傾向性問題」係指問題當中，藏有迫使受訪者意見表達空間縮小之
題項。

📖 實例　「就鄰近的日本而言，往昔因爲沒有政黨輪替，所以經濟成長快速，
　　　　直至有政黨輪替，日本國內經濟就不景氣，您支持政黨輪替這種說法
　　　　嗎？」

✎ 評論　此問句是一標準的傾向性語句，不論問題內容對錯與否，本身都違反
　　　　客觀性及中立性。試問，假如有引述美國政黨輪替案例，那麼不就反
　　　　而支持了「政黨輪替」說法。

　　常見的「傾向性語句」設計技巧有下列三種（Smith, 1975）：

1. 利用名人的話語或看法，使人贊成某些意見之比率增加

📖 實例1　「國父說，天下爲公，您同意嗎？」

📖 實例2　「對於李登輝所提的心靈改革，您贊同嗎？」

2. 利用描述現況或社會期望的引述，來影響受訪者肯定（否定）之支持比率

📖 實例　「大多數的臺灣人都贊成兩國論，您贊成嗎？」

3. 使用具有吸引力之語句，來增加贊成（不贊成）之比率

📖 實例1　「您是否贊成政府合理的降低稅收？」

📖 實例2　「您是否贊成國內油價合理的降低價格？」

# 五、問卷設計中，內容方面備受爭議之部分

## (一)問卷設計引用第二手資料之爭議

　　問卷旨在調查受訪者的第一手資料，包括受訪者做了哪些？目前狀況如
何？有何感想及認知？萬一要調查受訪者不是很清楚之第二手資料，則要非常
小心。基本上，若是一種客觀事實的結果，則第二手資料調查是可以被大家接
受的，可是若詢問受訪者有關未證實的第二手（間接的）資料之意見時，則應
小心處理。

📖 實例　「您認爲蔣經國是不是蔣中正親生的兒子？」

✎ 評論　有關蔣經國是不是蔣中正親生的兒子，仍有待歷史的考證，而不是測
　　　　驗性的詢問大家的意見。當然，最主要的是大多數的人均對此資訊根

本不是很清楚，亦無所謂的了解。

## (二)小心詢問「假設性」問題

「假設性」問題若是訴諸過去經驗或者直接性的取諸於知識的話，我們尚可接受，否則「假設性」問題，應小心處理。

📖 實例　「請問您認為貴公司的採購單位有無貪污拿回扣？」

✎ 評論　這類「假設性」問題，常因受訪者很難回答而造成拒答。

此外，尚有一種「假設性」問題，就是「一桶半的問題（One and a half barreled questions）」，它與前面所談的桶裝問題（barreled questions）相對照，亦即前面語句的假設狀況。

📖 實例1　「對於臺灣犯罪率如此高，您是否贊同晚上不宜單身外出？」

✎ 評論　雖然有人認為臺灣犯罪率提高了，但有的人可能認為臺灣犯罪率與美國旗鼓相當，因此這個假設性的前提可以消去。

📖 實例2　「當您到國外留學時，您會優先選讀哪一科系？」

✎ 評論　受訪者可能本身無意留學，結果會使受訪者「無法回答」，或「拒答」該問題。國內許多民調結果「拒答」率偏高，對這類型的問題，宜在前面的問題多加一個過濾的問題（filtering question, screening question），亦即在事前先詢問受訪者有無到國外留學的打算，若回答「是」，則再問「到國外留學時，您會優先選讀主修哪一科系」，如此即可降低「拒答」率。

## (三)詢問「因果性」問題更應謹慎

研究者若以某些問題的「因果性」解釋作為解答，這種「因果性」解答，常因無法有效控制眾多的外生變數，導致這種「因果性」解釋太過牽強附會，無法讓社會科學學者接受，畢竟社會科學有很多事件的發生，其實背後有許多原因，不只單一個原因，例如：離婚的原因就非常多，而且這些「因」彼此動態交互影響。

📖 實例　「國內今天社會亂象的原因，是不是由於治安不好所造成的？」

✎ 評論　社會亂象的原因，不光只是治安不好，尚有其他因素，例如：黑金政治、貧富懸殊差距越來越大、新世代的價值觀改變（笑貧不笑娼……）、家庭教育……。

**(四)期望受訪者對「複雜／專業」的問題能提出一些解決的辦法**

研究者對這類「複雜／專業」的問題，訴諸民意要特別小心，尤其是「專業性」及「技術性」問題。

📖 實例　「請問國內高速鐵路，您認為應採『日本磁浮列車』，或『歐規高鐵』？」

✍ 評論　多數民眾可能認為「日本磁浮列車」較為新鮮好奇，但事實上，應先考量臺灣多地震帶高鐵的安全性，再考量經濟性、策略聯盟及日後高鐵系統的維護性。

## 六、問卷印刷編排的錯誤

問卷格式的編排，力求美觀舒適、容易填答，所以字體不宜太小，行距要適當，最好每隔 5 個橫行就加大行距一次。同時，問卷不宜印上顯性（隱性）流水號，測驗是可印上流水號及要求受測者填上姓名，但問卷則不可以，主要理由是免除受訪者恐懼，而不敢據實回答問題。例如：對全省國會議員做「凍省」意見調查，以了解議員對諸多政府再造之看法，這種問卷往往無法得到真正的訊息，主要原因是受訪者害怕問卷有隱藏性編號，心恐該黨找到誰是異議分子。

當然，為了能複檢回收問卷之鍵入資料是否有人為錯誤，回收問卷最好能用筆標上問卷序號，以利資料檔（SPSS 或 SAS 資料檔）的資料核對。

## 七、文獻探討應先於問卷設計之前，並且注意題目編排順序

問卷設計之前，應先就研究主題做詳細的文獻探討，以得知研究假設、研究模式之背後的相關理論，再由焦點群組（focus group）或專家群之意見，形成研究架構中各變數之可能關係，再透過問卷來蒐集資料以驗證研究假設。問卷可分成二階段來設計，先經小樣本的預測（pilot test）後，再大樣本後測。易言之，文獻探討在先，問卷設計要在後，兩者不可前後順序顛倒。

在問卷題目編排順序方面，因為民俗習性不同，美國式做法是將個人資料排在問卷最前面，但國人的做法是將個人資料排在問卷最後面，這是為了不讓受訪者有不安的感覺。換句話說，電話訪問、郵寄問卷，及當面訪問之問卷，都應將個人資料放在問卷最後面，以免讓受訪者有身家調查之白色恐懼，接著再安排一些「事實」、「行為」等諸類問題，最後再安排一些「意見、態度」或開放性問題。如果研究必須涉及敏感性問題，則在設計問卷時用一些技巧來

引導作答，並將這些敏感性問題放在不敏感性問題之後。此外，問卷題目的安排，可先排易答問題，再排難答問題。若牽涉時間性問題，則依據時間發生順序來安排即可。

電話／當場訪問，若能對答案選項交替輪換，更能提高調查結果的可信度，例如：下列問題：

📖 實例　「您認為哪位總統對臺灣貢獻度最大？」

(1) 李登輝；(2) 蔣中正；(3) 蔣經國；(4) 不知道／無意見；(5) 拒答

✎ 評論　這三個答案，若編排順序能交換，必對調查結果有所影響。

## 八、問卷題目盡量避免問一些與主題無關或很難回答的問題

所謂很難回答的問題，包括：(1) 受訪者要有親身經驗（例如：交通違規、犯法）。(2) 受訪者雖有經驗，但經過歷史長遠，已不太記得。(3) 一些無法用言語表達之意見，例如：藝術欣賞就要靠心靈感受。(4) 受訪者要等收完資訊才能回答的問題，例如：電腦系統使用滿意度調查，取樣時，就只能放棄不會使用電腦者。

## 九、題目之回答選項不夠互斥性及周延性（exhaustive）

在限制式問卷中，每一個問句都應詳盡列出所有可能的答案（exhaustive），而且各答案之間要彼此完全互斥（mutually exclusive）。例如：下列問句就不太正確：

📖 實例 1　「您認為哪位總統候選人最具有魄力？」

(1) 陳先生；(2) 宋先生；(3) 連先生；(4) 不知道／無意見；(5) 都不好；(6) 拒答

📖 實例 2　「您是否曾上電腦網路之成人網站？」

(1) 時常；(2) 經常；(3) 有時候；(4) 從來未曾過；(5) 不記得！

✎ 評論　時常、經常、有時候這三個答案，對某些受訪者而言，有時無法精確（每週）要多少次才算是。

## 十、問卷設計要考量未來變數如何量化

問卷設計不能全部只有類別變數，因為它能做的統計分析（次數分配、卡方檢定、odd ratio 分析、data mining）較有限。為了資料處理較有彈性，問卷的選答項可盡量朝「等距」、「比率」尺度來設計，畢竟，高尺度資料（例如：收入、公司員工數）可轉變成低尺度資料（高中低收人、大中小型企業），但

反之則不成。

此外，在量化的尺度上，盡量以「奇數」個選項（例如：5個、7個）來記分，且不超過7個選項為原則。同時，整份問卷內所有題目之量度尺度及方向性均要保持一致性，以免混淆受訪者的選答。而且，除了複選題外，單選題不宜用「0」來計分，以免電腦統計出問題。

### 十一、問卷設計要盡量避開敏感性問題

常見敏感性問題，包括：個人財務狀況、犯罪與否、同性戀、性生活……，這些敏感性問題除非研究上必要，否則能少問就少問，即使要問，也要小心應用下列技巧來降低其敏感性。

📖 實例 「大家都知道夫妻吵架是難免的，您並非是唯一的個案，請問您們過去一年中，夫妻吵架的次數？」

✎ 評論 畫底線之文字，是為鼓勵受訪者真實的回答此問題。

## 13-8 問卷設計的範例

問卷的分類有好幾種，最常見的分法，就是：結構型問卷（structured questionnaire）、非結構型問卷（unstructured questionnaire），兩者主要差異是在結構上的鬆散程度。

非結構型問卷多數用在深度訪談的場合，被訪問人數較少，勿須將資料量化，但研究者卻又需向有關人士問差不多（或完全不相同）之問題。這種訪問形式，被訪問人可以自由回答，毫無限制。同時，訪問者亦可在不偏離訪問主題（內容）及方向之前提，相當自由變更訪問語句。例如：採訪各級民意代表對「兩國論」的看法、Y世代人類對未來「電子商務」的想法……。

相對地，結構型問卷係根據研究假設、研究模式之需要，把所有問項採表列方式全部印出，受訪者只要依據最符合自己想法（實際狀況）來勾選答案，或偶爾填上一兩句話。結構型問卷又可再分成限制式（closed）問卷及開放式（open-ended）問卷兩種。所謂典型較短的「限制式問卷」之兩個例子如下：

（　　）1. 您最常收看的電視新聞？(1)TVBS；(2)民視；(3)台視；(4)中視；(5)年代；(6)其他＿＿＿＿

（　　）2. 您認為中央政府貪污程度？(1)非常嚴重；(2)嚴重；(3)還好；(4)不嚴重

　　相對地，上列兩題限制式問卷若改成開放式問卷，則內容形式如下：

1. 最常收看的電視新聞是哪一台？爲何選它？

2. 您對中央政府貪污程度的看法？＿＿＿＿＿

　　爲了能更進一步深入了解限制式問卷，接下來所舉幾個例子，均屬較長之限制式結構型問卷。

**例1 疏離感（alienation）量表**

　　疏離感（高層次構念）包括「二構面」（顏若映，民 77）：

　　(1) 疏離感內涵方面：又分成無力感（powerness）、無意義感（meaningless-ness）、無規範感（nomlessness）、疏隔或孤立（estrangement or isolation）等四個低層次構念；(2) 大專生活疏離的情境方面：又分成個人與自我關係、個人與同學關係、個人與師長關係、個人與課業及學校內各項活動的關係、個人與學校組織、制度及一般設施的關係等五個低層次構念。這兩者交叉形成二十個細格，每個細格 2-4 題，共計 56 題。計分時採李克特五點量表，正向題依「非常不同意」至「非常同意」分別給予 1 分至 5 分，負向題（題號：1, 12, 42, 46, 48, 49, 54, 55）則相反，各分類累計得分越高，表示在該層面疏離程度越高。

疏離感（alienation）量表之內容

| | 非常<br>不同意 | ← | → | | 非常<br>同意 |
|---|---|---|---|---|---|
| 1. 只要自己肯上進，有了良好的表現，自然能獲得同學們的尊重。 | 1 | 2 | 3 | 4 | 5 |
| 2. 我覺得無法應付學校繁重的課業。 | 1 | 2 | 3 | 4 | 5 |
| 3. 無論我多麼努力，在學校生活中都不可能表現得令人滿意。 | 1 | 2 | 3 | 4 | 5 |
| 4. 生活中要做這麼多的決定，我實在不知道該怎麼辦。 | 1 | 2 | 3 | 4 | 5 |
| 5. 面對畢業後的出路問題，我感到茫然不知所措。 | 1 | 2 | 3 | 4 | 5 |
| 6. 師長們總是只注意到成績好、出風頭的學生，平凡如我者，不可能受到重視的。 | 1 | 2 | 3 | 4 | 5 |
| 7. 縱然對校務革新有具體的建議，也無管道讓校方接受。 | 1 | 2 | 3 | 4 | 5 |
| 8. 認為自己確實能說服老師接受相反的看法，乃是一廂情願的。 | 1 | 2 | 3 | 4 | 5 |

9. 與其把時間耗在學校的課業上，我寧願利用這些時間去做別的事。 1 2 3 4 5

10. 我不知道和同學交往到底有什麼好處。 1 2 3 4 5

11. 我覺得學校許多規定都是莫名其妙的。 1 2 3 4 5

12. 我相信能夠靠自己的努力，得到老師的信任與器重。 1 2 3 4 5

13. 多花時間和同學相處是不值得的，反正畢業後就要分散了。 1 2 3 4 5

14. 我覺得學校的各項康樂活動（如校慶、各類比賽……）都很無聊。 1 2 3 4 5

15. 我不知道學校老師究竟對我有什麼幫助。 1 2 3 4 5

16. 我認為去參加校內學術演講、學術研討會是浪費時間的事。 1 2 3 4 5

17. 即使和老師相處再好，畢業後老師仍然會把我們忘掉。 1 2 3 4 5

18. 對不感興趣的科目而言，只需影印同學的筆記即可，蹺課也無妨。 1 2 3 4 5

19. 我認為只要老師教學能力太差，學生就有理由蹺課。 1 2 3 4 5

20. 我覺得和同學維持親密的友誼是不值得的，因為結果往往會受到傷害。 1 2 3 4 5

21. 我覺得自己的生活沒有明確的目標。 1 2 3 4 5

22. 校園倫理早已蕩然無存。 1 2 3 4 5

23. 如果我是社團的負責人或幹部，我將可利用各種機會去運用權力及經費。 1 2 3 4 5

24. 在「地下刊物」上發表批評校方的文章，最好不具名，以免惹上麻煩。 1 2 3 4 5

25. 要想獲得參加熱門活動的機會，懂得鑽門路是很重要的。 1 2 3 4 5

26. 如果我是師長所喜愛的學生，便可獲得較多的權力或方便。 1 2 3 4 5

27. 我感到十分孤獨。 1 2 3 4 5

28. 我不了解自己，甚至於討厭自己。 1 2 3 4 5

29. 我覺得和多數師長有一道無法踰越的鴻溝。 1 2 3 4 5

30. 我覺得自己並非班上的一分子。 1 2 3 4 5

31. 學校組織、制度，及一些設施對我而言是陌生的。 1 2 3 4 5

| | | | | | | |
|---|---|---|---|---|---|---|
| 32. | 對於人生，我抱著「過一天算一天」的態度。 | 1 | 2 | 3 | 4 | 5 |
| 33. | 雖然學校的課業和活動，不能讓我得到喜悅和滿足，但這些工作又非做不可。 | 1 | 2 | 3 | 4 | 5 |
| 34. | 學校社團組織早已成為少數人展現才華及占據的空間，我無法進入他們的生活核心。 | 1 | 2 | 3 | 4 | 5 |
| 35. | 在現行的體制下，「學術自由」的呼聲將只是曇花一現。 | 1 | 2 | 3 | 4 | 5 |
| 36. | 我覺得學校行政人員辦事遲緩，影響學生權益。 | 1 | 2 | 3 | 4 | 5 |
| 37. | 許多老師上課只是照本宣科，不具任何價值。 | 1 | 2 | 3 | 4 | 5 |
| 38. | 如今在校已找不到幾位能「傳道、授業、解惑」的經師和人師。 | 1 | 2 | 3 | 4 | 5 |
| 39. | 凡事遵守校規，在我看來是不智的行為。 | 1 | 2 | 3 | 4 | 5 |
| 40. | 學校的任何制度、規章都與我無關。 | 1 | 2 | 3 | 4 | 5 |
| 41. | 我覺得現階段任何提升校園倫理的措施，都將流於空談。 | 1 | 2 | 3 | 4 | 5 |
| 42. | 我會把握所有參加學校裡學術或康樂活動的機會。 | 1 | 2 | 3 | 4 | 5 |
| 43. | 當遭遇困難時，我不會主動去找老師商討。 | 1 | 2 | 3 | 4 | 5 |
| 44. | 我覺得除了少數頭角崢嶸的人外，其他人都是陪襯的角色。 | 1 | 2 | 3 | 4 | 5 |
| 45. | 我覺得自己的意見常被忽視，甚至否決。 | 1 | 2 | 3 | 4 | 5 |
| 46. | 我和多數的老師都相處得很融洽。 | 1 | 2 | 3 | 4 | 5 |
| 47. | 我很難和同學們打成一片。 | 1 | 2 | 3 | 4 | 5 |
| 48. | 學校裡的一草一木，都讓我感到很親切。 | 1 | 2 | 3 | 4 | 5 |
| 49. | 我感到自己比其他的同學生活快樂。 | 1 | 2 | 3 | 4 | 5 |
| 50. | 我雖然不喜歡自己現在的情形，但也無可奈何。 | 1 | 2 | 3 | 4 | 5 |
| 51. | 我覺得自己不知道該如何做或該做些什麼。 | 1 | 2 | 3 | 4 | 5 |
| 52. | 我覺得不知該如何與同學相處才是適當的。 | 1 | 2 | 3 | 4 | 5 |
| 53. | 為了獲得同學的友誼，我認為即使做出違反校規的行為也無妨。 | 1 | 2 | 3 | 4 | 5 |
| 54. | 學校裡的各項活動我都認真參加，從不藉故逃避或投機取巧。 | 1 | 2 | 3 | 4 | 5 |
| 55. | 我覺得自己的生活相當有規律。 | 1 | 2 | 3 | 4 | 5 |
| 56. | 我覺得不知道該如何與老師相處才是正確。 | 1 | 2 | 3 | 4 | 5 |

例2 價值觀量表

　　價值觀（**value**）是一種處理事情判斷對錯、做選擇時取捨的標準。有益的事物才有正價值。對有益或有害的事物評判的標準就是一個人的價值觀。

　　價值觀是人格組成中相當重要的一部分。在日常生活中，個人的思想、行為無時不受其價值觀念之影響。價值觀最常被引用量表就是「羅克齊價值觀量表」，整體量表分成「目的性價值」與「工具性價值」兩部分，各部分均有十八個題目。計分採李克特氏十點量表作答，其中 1 代表「最不重要」，10 代表「最重要」，越趨向第一等越代表負面意見，越趨向第十等越代表正面意見。張紹勳（民 84）曾調查國內八所專科 985 名資管科學生在羅克齊價值量表各題目的自評結果是否有程度上的差異，以弗里曼（Friedman）檢定分析自評結果是否有程度上的差異，發現專校學生對羅克齊價值量表「目的性」價值上各題目的認知程度的確有所不同（$\chi^2 = 3127.78, p < .01$）；對「工具性」價值上各題目的認知程度也有不同（$\chi^2 = 1358.39, p < .01$）。換句話說，專校學生對羅克齊價值觀量表之認知程度有不一致的趨向。

　　由於專校學生對羅克齊價值觀量表的填答有顯著差異，因此繼續以「柯－史單一樣本檢定」（K-S）進行各價值評價之差異分析，結果如下表。就個別價值項目的重要程度來說，由各個價值項目的平均數可見，在目的性價值項目中，專校學生認為「家庭的安全」最重要（M = .935），其次為「真誠的友誼」（M = 9.20），最不重要的項目為「舒適的生活」（M = 6.99），其次為「多采多姿的生活」（M = 7.58）；在工具性價值項目中，「爽朗愉快（心情輕鬆、愉快）」最重要（M = 9.04），其次為「負責（可靠、可信賴）」（M = 8.83），最不重要的項目為「服從（守本分、恭敬）」（M = 7.76），其次為「服務（能為別人謀福利）」（M = 8.05）。此外，專校學生不論是對「目的性」或「工具性」價值觀的自我評價均為「正面」趨向。

　　此外，黃國隆（1995）亦曾比較臺灣 1,211 位與中國三資企業 3,030 位員工的工作價值觀，發現「目的性工作價值觀」各項目的重要性順序差異不大，臺灣的員工重視價值觀的順序為：平安和諧（生活安定與保障、和諧的人際關係）、內在酬償（自尊心、成就感、獨立自主、符合個人興趣等）、集體利益（國家民族發展、服務社會等）及外在酬償（財富、權勢、名望與社會地位等）。中國企業員工則以自尊心排名居首位，然後是生活的安定與保障、和諧的人際關係、發揮個人專長、獨立自主、自我成長等。以「工具性工作價值觀」而言，臺灣員工最重視負責任、信用、效率、團結合作、知恥等。中國員工則

強調信用、負責任、忠誠、效率與團結合作。中國員工強調自尊心與期望企業提供安定的生活保障。理論與實務相矛盾的是「工具性工作價值觀」，理論上大陸員工重視信用、負責任、忠誠、效率與團結合作，但是實際表現的工作行為卻非如此。兩岸員工都較不重視節儉、尊重傳統、尊卑有序等傳統的價值觀。

表 13-1　專校學生對「目的性」價值認知程度 K-S 檢定摘要表

| 題號 | 目的性價值觀 | K-S Z 值 | 趨向 | 等級 |
|---|---|---|---|---|
| 7 | 家庭的安全 | 12.19* | 正面 | 1 |
| 17 | 真誠的友誼 | 10.08* | 正面 | 2 |
| 9 | 幸福（感到滿足） | 10.47* | 正面 | 3 |
| 15 | 自尊（尊重自己） | 10.02* | 正面 | 4 |
| 13 | 愉快（一種有悠閒的生活） | 9.46* | 正面 | 5 |
| 8 | 自由（能獨立、自由選擇） | 9.02* | 正面 | 6 |
| 10 | 內心的和諧 | 9.20* | 正面 | 7 |
| 4 | 和平的世界 | 9.42* | 正面 | 8 |
| 12 | 國家的安全 | 8.49* | 正面 | 9 |
| 18 | 智慧（能了解生活的真諦） | 7.26* | 正面 | 10 |
| 6 | 平等博愛 | 7.03* | 正面 | 11 |
| 11 | 成熟的愛 | 6.09* | 正面 | 12 |
| 5 | 美麗的世界 | 6.13* | 正面 | 13 |
| 16 | 社會讚許 | 5.58* | 正面 | 14 |
| 14 | 心靈超脫 | 5.50* | 正面 | 15 |
| 3 | 有成就感 | 4.54* | 正面 | 16 |
| 2 | 多采多姿的生活 | 4.37* | 正面 | 17 |
| 1 | 舒適的生活 | 3.98* | 正面 | 18 |

* $P < .05$

表 13-2 專校資管科學生對「工具性」價值認知程度 K-S 檢定摘要表

| 題號 | 工具性價值觀 | K-S Z 值 | 趨向 | 等級 |
|---|---|---|---|---|
| 4 | 爽朗愉快（心情輕鬆、愉快） | 9.30* | 正面 | 1 |
| 17 | 負責（可靠、可信賴） | 7.59* | 正面 | 2 |
| 2 | 心胸開闊 | 7.32* | 正面 | 3 |
| 9 | 真誠（真實誠懇） | 7.87* | 正面 | 4 |
| 18 | 自制（自我約束、自我管理） | 6.82* | 正面 | 5 |
| 14 | 親愛（有感情、溫和） | 6.33* | 正面 | 6 |
| 1 | 有志氣、有抱負（勤勞奮發） | 6.21* | 正面 | 7 |
| 7 | 寬恕（能原諒別人的過失） | 5.81* | 正面 | 8 |
| 5 | 整潔（整齊清潔） | 5.80* | 正面 | 9 |
| 11 | 獨立（依賴自己、自給自足） | 5.70* | 正面 | 10 |
| 12 | 聰明（有才智、能思考） | 5.54* | 正面 | 11 |
| 13 | 有條理 | 5.04* | 正面 | 12 |
| 3 | 能幹（有才能、有效率） | 5.03* | 正面 | 13 |
| 10 | 有想像力（果斷、有創造性） | 5.26* | 正面 | 14 |
| 6 | 勇敢 | 5.37* | 正面 | 15 |
| 16 | 禮節（謙恭有禮、儀態優雅） | 5.52* | 正面 | 16 |
| 8 | 服務（能為別人謀福利） | 4.68* | 正面 | 17 |
| 15 | 服從（守本分、恭敬） | 5.12* | 正面 | 18 |

* $P < .05$

Chapter

# 14

# 比較研究法

　　比較研究法（comparative research methods）著重於跨文化、跨社會或跨國家之間的異同比較。有時著重於特殊文化或社會地位的比較，例如：美國和蘇俄之教育系統的異同探討；有時著眼於不同社會或文化的典型代表的差異情形，例如：高度資本主義社會和國家社會主義社會的教育環境有何異同；有時則把地球畫分為幾個地區，每個地區包括數個國家，然後再進行地區間的異同比較，例如：第三世界和歐洲共同市場聯盟貨幣制度的比較等。

　　在「語言學」（linguistics）中，比較方法是一種研究語言發展的技術，它透過對具有共同祖先的共同血統的兩種或更多種語言進行逐項特徵比較，然後向後外推以推斷該祖先的屬性。比較方法可以與內部重構方法進行對比，在內部重構方法中，透過分析一種語言的內部特徵可以推斷出該語言的內部發展。通常，兩種方法一起用於重構語言的史前階段。填補語言歷史記錄中的空白；發現語音系統、形態系統和其他語言系統的發展，並確認或反駁語言之間的假設關係。

　　比較研究法有助於理論的建立以及新的研究問題的衍生，例如：日本、波蘭和美國三國的比較研究，發現異中求同的事實，一個人的社會地位越高，則其智能應變力和心理自我導向力就越強。但三國之間仍有些微差異存在，美國較高地位的人有較低的壓力，波蘭較高地位的人則有較高的壓力，至於日本國度裡，社會地位並不造成壓力的差異。故這些差異的存在促使研究者不得不尋找合理的解釋，發展新的研究問題，以期得到更圓滿的答案。

　　不過，比較研究法亦有限制，包括：(1) 與其他的研究比較起來，較為費時，費錢，而且較為艱困；(2) 它很少採用隨機抽樣；(3) 研究發現的類化可能性較小。

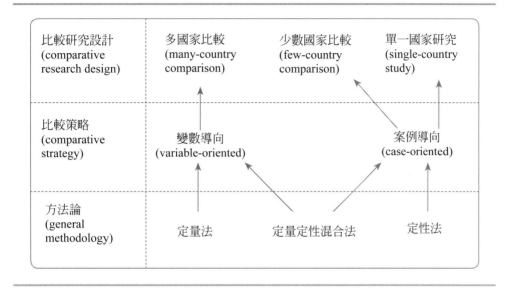

**圖 14-1** 比較研究設計與方法的關係

來源：researchgate.net(2019). Relationship of comparative research design to methods. https://www.researchgate.net/figure/Relationship-of-comparative-research-design-to-methods_fig1_236580290.

# 14-1 比較研究

　　現代學術研究是以科學的方法，針對問題有目的的分析、比較、整理與歸納，以作為問題及政策的參考依據，其中比較法是採用科學研究的方法作有條理、有系統、且客觀的分析比較，以找尋事件的相對原因，以增進研究者對事件的形成與事件的過程加以了解，在實際的運用上，可作為行政或企業的革新或制度改革的依據，是理論與實際並重的研究方法，尤其在教育學的研究發展上，更有著重要的地位（謝仙進，2019）。

　　從比較教育學發展的歷史可看出，該學門究竟只在於描述報導國外教育現況，抑或有獨特的「比較」主題、理論與方法，從事跨國、跨文化的科際整合研究仍爭論。不過，誠如 M. Sadler 所指出，在比較中不能僅止於單純觀察和描述外國教育實況，更重要的是須在觀察與敘述之外，嘗試去解釋，甚至找出社會定律與通則，能夠去進行教育現象的推演。進一步而言，比較教育不應只限於區域研究，更重要的是解釋各國在不同的文化、社會與結構等背景脈絡（social context）下，對教育所造成的結果與影響力。

　　比較研究（comparative research）是社會科學經常運用研究方法。比較是認識事物的基礎，是人類認知、區別和確定事物異同關係的最常用的方法。比較研究法現已廣泛運用於科學研究的各個領域，在教育學與圖書資訊學研究中，比較研究是一種重要的研究方法。比較研究依據《牛津高級英漢雙解辭典》之解釋為：對物與物之間和人與人之間的相似性或相異程度的研究與判斷的方法。吳文侃、楊漢青（1989）認為：比較法是根據一定的標準，對不同國家或地區的教育制度或實踐進行比較研究，找出各國教育的特殊規律和普遍規律的方法。綜上所述，比較研究可界定為根據一定的標準，對兩個或兩個以上有關聯的事物進行研究，尋找其異同，探求事物之普遍規律與特殊規律的方法。

## 一、比較歷史研究（comparative historical research）

1. **歷史研究法**（historical method）以「歷史」作為研究的材料，「歷史」是人類過去活動的記載，供我們了解過去並預測未來。「歷史法」是研究過去所發生事實的方法，並以科學的態度蒐集材料，進行檢驗和證實，再透過系統的整理和解釋，以重建過去，推測未來。

　　歷史法具有重建過去、了解現狀以及預測未來等三種功能，歷史法與其他研究方法不同，歷史研究是從日記、信函等實物中去發現研究問題的材料，而其他研究方法是透過觀察和測量等方法產生研究問題的材料。所以歷史材料，即史料，是歷史法的研究要件。

　　從事歷史研究法的程序主要涵蓋：(1) 確定題目；(2) 蒐集史料；(3) 鑑定史料；(4) 建立假設；(5) 解釋史料及 (6) 提告結論等六項步驟，其中以蒐集史料、鑑定史料以及解釋史料等三項最重要。史料蒐集越完備，歷史就越詳盡，直接史料或稱原始史料，包括書信、日記、回憶錄以及奏議等。間接史料或稱二手史料，包括正史、專著、教科書等。史料需加以鑑定，以確定真實，鑑定分為外部考證及內部考證，前者如辨別偽書，後者如從司馬遷作為史家的信譽來認定《史記》確實可信的，以上兩者可交互參用，如胡適考證《紅樓夢》既從作者和續作者進行成書（外部）研究，又從作品進行內容（內部）研究。歷史現象錯綜複雜，需要解釋，研究者即是解釋者。雖然由於研究材料的性質，以至於歷史研究不像自然科學一般嚴謹，但作為研究方法之一，歷史法確是一種符合科學的研究方法；此外，除了在研究程序上要符合科學以外，歷史法還要講求文字的表達，所以歷史法是一個兼顧科學方法與藝術精神的研究方法。

2. 比較歷史研究是一種社會科學方法，它通過直接與其他歷史事件進行比較，進行理論構建或參考當今的歷史，來研究歷史事件以創建在特定時間和地點之外有效的解釋。通常，它涉及跨時間和地點的社會過程的比較。它與歷史社會學重疊。儘管歷史和社會學的學科始終聯繫在一起，但它們在不同的時間以不同的方式聯繫在一起。這種研究形式可以使用多種理論取向中的任何一種。它的區別在於它提出的問題類型，而不是它採用的理論框架。

## 二、比較法之意義

比較研究法是將兩種以上的制度或現象，加以有計畫、有目的的敘述，對照、分析、探求、批判，找出其中的異同優劣，並歸納出趨勢或原則，作為解決有關問題或改進制度之參考。約可分為橫斷面，縱貫面兩種：

### （一）橫斷面的比較研究（莊懷義等，民 76 年）

比較兩個以上「地區」的教育制度、問題。其中「地區」又可分為三類（謝文全，民 73 年）：

1. 以國家為地區單位：即比較兩國以上的教育制度或問題，例如：臺灣及美國教育制度的比較研究，日本及德國青少年問題的比較研究，或臺、日、英、德、法五國教育行政制度的比較研究等均屬之。
2. 以跨國地區（multinational legion）作為「地區」的單位：例如：比較臺日兩國的教育制度、或比較北美州與南美州的文盲問題。
3. 以國內地區（international region）作為「地區」的單位：例如：比較臺灣省與臺北市的升學主義問題，或比較華南與華北地區的師生關係。

### （二）縱貫面的比較研究（雷國鼎，民 68 年）

又稱為「歷史式的比較研究」（historical comparative study）是比較不同時期之制度、問題，例如：中國秦漢兩代教育制度之比較研究。

## 三、比較法的目的

### 1. 人之長補己之短

所謂「他山之石，可以攻錯」，在相互比較之中，常可從別處領悟，發現自己的不足之處、作為改進的依據，例如：我國在民國 57 年所推行的九年國民教育，即是參照歐、美、日等國家，並配合我國當時的經濟發展，國情政策需要，經慎重考慮研究後才實行的。

**2.建立學術上的原理原則**

從各地區或時期教育制度或問題的比較研究中，歸納出教育上的原理原則，有助於教育學術的建立與發展。

**3.擴大視野，消除偏見**

所謂「人外有人，天外有天」，閱歷多見識廣，可擴大專業見解，破除偏見及偏狹的地方主義觀念，處事更客觀。

**4.促進國際間的了解與和平**

可了解別國的制度及其形成的文化、經濟、社會等因素，同時藉合作研究、更能增進國民間的接觸、認識，則必能有助於彼此的了解與和平相處。

## 四、比較法之研究的類型

比較研究可分為四大類：單項比較與綜合比較，橫向比較與縱向比較，求同比較與求異比較，質化比較與量化比較四大類。依據屬性的數量，比較研究可分為單向比較和綜合比較。單項比較是按事物的一種屬性所作的比較。綜合比較是按事物的所有（或多種）屬性進行的比較，單項比較是綜合比較的基礎。但只有綜合比較才能達到真正把握事物本質的目的。因為在科學研究中，需要對事物的多種屬性加以研究，只有透過這樣的比較，尤其是將外部屬性與內部屬性一起比較才能把握事物的本質和規律。

依據時間與空間區別，比較研究可分為橫向比較與縱向比較。橫向比較就是對空間上同時並存的事物的既定型態進行比較。如教育實驗中的實驗組與對照組的比較、同一時間各國教育制度的比較等都屬於橫向比較。縱向比較即時間上的比較，就是比較同一事物在不同時期的型態，從而認識事物的發展變化過程，揭示事物的發展規律。在教育學研究中，對一些比較複雜的問題，往往既要進行縱向比較，也要進行橫向比較，這樣才能比較全面地把握事物的本質及發展規律。

依據目標的指向，比較研究可分成求同比較和求異比較。求同比較是尋求不同事物的共同點以尋求事物發展的共同規律。求異比較是比較兩個事物的不同屬性，從而說明兩個事物的不同，以發現事物發生發展的特殊性。藉由對事物的「求同」與「求異」分析比較，可以使我們更加認識事物發展的多樣性與統一性。

依據比較的性質，比較研究可分成質化比較與量化比較。質化比較就是透過事物間的本質屬性的比較來確定事物的性質。量化比較是對事物屬性進行量

的分析以確定事物的變化。質化分析與量化分析各有長處，在教育研究中應追求兩者的統一，而不能盲目追求量化或質化研究。

## 五、比較研究的模型

比較研究的最初運用可追溯到古希臘亞里斯多德（Aristotélēs）所著的《雅典政制》（Athenaion Politeia）。該書對 158 個城邦政制憲法進行比較。19 世紀以後，比較研究逐漸成為教育研究中的重要方法。1960 年代後，比較研究運用量化與質化資料深入分析教育結構，確定各種因素在教育發展中所起的作用，尋求更精確的方法。

比較研究方法的運用沒有固定的模型。美國教育學家貝瑞岱（George Bereday）融合歷史法、因素分析法，進行研究而創建了四階段的比較研究法，從而使比較法進一步具體化、科學化，這四階段分別是描述、解釋、併排、比較：

### 1. 描述（description）

研究者首先進行研究事物描述，目的是為了有系統地陳述所探討事物或研究目標的資訊，以使研究者對研究對象有正確而客觀的了解。為了詳細敘述，研究者需要進行廣泛而完整的資料蒐集，資料大致可分為三類：一手資料、次級資料、與輔助資料。

### 2. 解釋（interpretation）

研究者其次要進行研究事物的解釋，係對描述事物內容中各種現象產生的原因、代表的意義和影響有進一步的了解，研究者需要做解釋的工作，研究者常要掌握事物的歷史發展，從中進行分析與解釋。解釋的正確、客觀與否與研究者所採用的解釋觀點及對問題背景認識詳盡度均有關聯。

### 3. 併排（juxtaposition）

研究者第三階段是將前二階段的描述與解釋所蒐集的資料進行併排與製作圖表。為了避免研究者作錯誤的比較，必需強調依據共同的事實及問題，以同一觀點分析和判斷。併排有兩個目的：一是根據相同標準分析找出其異同處；二是建立研究假設，以供證實、修正或推翻、導引出研究的結論。

### 4. 比較（comparison）

比較是最後階段也是比較研究的重點，研究者依照先前的步驟，對假設進行比較研判，以對假設證實、修正或推翻。研究者需以客觀的態度，詳實的判斷及正確的分析能力，來推斷結論。

一般研究者運用比較研究法經常依據上述四階段操作模型進行。比較研究的步驟可具體分爲五步驟：(1) 確定比較的問題；(2) 確定比較的標準與理論；(3) 進行蒐集和整理資料；(4) 進行比較分析；(5) 最後結論。

## 六、比較研究的原理

有人比擬「比較法之研究」（comparative research）就像臺灣「橘子」與美國「蘋果」或日本「桃」，兩兩如何比較呢？它考驗著研究者的智慧。假如「橘子」與「蘋果」要拿來相提並論做比較，若光拿「外表」來問受訪者哪個好，我們很難比下去，因爲兩者不屬同一種水果。相對地，若改成哪個「甜度」較甜？哪個「酸度」較酸？或維他命 C 多寡？那麼「橘子」與「蘋果」就有一個共同的基礎點來做比較。就像奧斯卡電影評選一樣，雖然來參選的影片來自不同國家、不同劇情（動作片、愛情文藝、懸疑片、科幻片……）、不同種族、不同民族習性、不同文化價值觀的編劇，評審仍要有一些「共同的基礎點」來評審哪部影片最好，誰是最佳男女主角、最佳導演、最佳配樂、最佳配角。同理，不同文化之間的比較、不同國家歷史經驗的比較、不同國家之國際貿易／資本移動／資訊流通與人口移動之型態／特性的比較，都要有一些「共同基準點」來評比。舉例來說，在做跨國文化之比較研究，就會發現日本文化顯然與歐美文化不同，例如：日本人就不會當面立即拒絕別人要求，假如我們遇到這樣類似的問題，但又要進行日本與其他國文化的異同比較，這時就要依據「跨國文化一些共同基準點」來比較。故「比較性」研究，旨在了解不同文化／民族／國家的特質，但又希望「異中求同」加以比較，在矛盾中求統一，即比較法之研究是用來發現某些「定律」（law）或「類似組態」（pattern），或者用來描述／解釋某一廣泛性之實證地形（empirical terrain）。

舉例來說，一個包括臺灣、中國大陸、東北亞與東南亞之「東亞區域」之跨國研究或比較研究，其所謂「東亞區域研究」即是對上述範圍內的區域性、次區域性、跨國性，或個別國家及地區的人文或社會現象，所進行的比較法之研究。研究者都可根據各學門研究傳統或研究議題的特性，設定最具理論或實踐意義之研究範圍與比較對象（例如：東亞新興工業化國家、東亞新興民主化國家、東亞轉型期社會主義國家、東協國家、東亞華人社會、東亞儒家文化地區等）。

上述「比較法之研究」議題之焦點，就可以延伸爲下列跨學門之研究計畫：
1. 臺灣在東亞地區的多邊與雙邊安全、政治、經濟、商業、社會與文化網路關

係之型態、特性、形成動力，及其影響。

2. 臺灣與東南亞國家歷史經驗之比較研究。

3. 東南亞、東北亞華人社會的語言、文化及國家認同問題。

4. 東亞地區華人跨國經濟、商業、社會與文化網絡的型態、特性、形成動力，及其影響。

5. 儒家思想與中國典章制度在東亞地區的傳布與演變。

6. 東亞地區國際貿易、資本移動、資訊流通，與人口移動之型態、特性、形成動力，及其影響。

7. 全球化過程（例如：資本市場全球化、生產過程全球化、文化與資訊全球化、世界性都市的興起、全球民主化等趨勢）對東亞地區之衝擊，以及東亞國家與東亞區域主義的興起在全球化過程中的地位與作用。

8. 深入理解、詮釋與反省東亞的發展經驗，以及評估其作為開發中國家發展經驗典範的局限性與普遍性意義。

除上述列舉之研究議題外，凡能結合國際學術發展潮流、配合國家社會發展需要，以及發揮國內學術界既有優勢條件的跨學門、整合型研究計畫，亦可拿來當跨國「比較法之研究」。

比較法之研究發展至今，有兩個不同學派在辯證：(1)emic（原意是 phonemics）：指人類學家研究「特定」的語言發音，人類學派認為「文化只能用當地本身詞彙加以了解，文化有其獨特性，故主張文化之間的比較是不可能的」。(2)etic（原意是 phonetics）：指心理學家探討語言發音的「通則」，心理學派認為「人類行動具有普遍性及共通性，故文化之間尋求通則是可能的」。

## 七、比較研究法的觀念（謝仙進，2019）

**1. 蒐集正確的資料**

是比較法的先決條件，不得有偏見、誤差的資料，否則將造成誤導。

**2. 文化相對論（cultural relativism）的認識**

文化是指人類由野蠻進至文明、所作的努力，表現在文學、歷史、哲學、法律、政治等方面，而不同的社會其文化內涵與特質自然也不同，所以在觀察另一文化的行為型態及價值觀念，必須就該社會的背景分析，才能了解問題的真象，繼而從事比較。

**3. 我族中心主義（ethnocentrism）的避免**

即是以自己的民族為中心而衡量與其有關的事務，是一種種族的偏見、應

盡量避免。

(1) 描述階段：必須從學術觀點加以評鑑、衡量。

(2) 解釋階段：解釋者勿受本身文化背景傳統影響。

(3) 併排階段：要客觀而科學的態度來作結論。

**4. 錯誤比較的避免**

(1) 字義的誤解：同一個字在不同的地區有不同的解釋。

(2) 知識的欠缺：須了解國民所得及一般生活水準。

(3) 未深入其境：間接資料與實際觀察有很大區別。

## 八、比較研究在教育的應用

比較研究可以幫助人們深入認識事物的本質，把握教育的普通規律。我們認識一個事物常借助於與其他事物比較來實現。因為只有比較，才有鑑別；只有鑑別，才有認識。在實際生活與工作中，比較是認識事物本質的最基本的也是最重要的方法之一。比較研究對教育而言有四大功用：有助於認識事物的本質和教育的普遍規律；有助於更好地認識本國、本地的教育狀況；有助於獲得新的發現；有助於教育政策的制定。

比較研究法也常應用在圖書館學，早期稱為「比較圖書館學」（comparative librarianship），是 1950 年代起逐步形成的一門新興學科，以探索各國、各地區圖書館事業的發展、國際圖書館事業的合作，以調查研究為主要目標。丹頓（L. Periam Danton）界定其為對兩個或兩個以上不同國家、文化、機構或社會現象中的圖書館、圖書館體系、圖書館學或圖書館問題進行分析，同時考慮相關的社會政治、經濟、文化、意識型態和歷史因素，目的在於了解彼此根本的共同點，確定差異的原因，而最終目的在於得到有效的歸納及原理。

比較研究法應用在歷史教學與研究，稱為「歷史比較法」，其是指將有一定關聯的歷史現象和概念，進行比較對照，判斷異同、分析緣由，從而把握歷史發展進程的共同規律和特殊規律，認識歷史現象的性質和特點的一種教學與研究方法。馬克思主義經典作家認為歷史比較法是分析歷史事物和評析歷史人物常用的方法，19 世紀的古典社會思考家，像是馬克斯、韋伯等建立歷史比較的方法，常將歷史比較法應用於社會變遷、政治社會學、社會運動、社會層級、宗教、犯罪學、性別角色、族群關係、家庭等研究。

# 14-2 emic 研究 vs. etic 研究的辯證

將一組現象和另一組現象進行比較，兩者間應有某種共同基礎，方有可能做比較。以文化或國家比較研究來說，學者間持有兩派立場：例如：多數「人類學家」（emic）認為，文化只能以本身辭彙加以了解（cultures must be understood in their own terms），這包括其價值觀念、習俗、態度、感受及語意等特質。若干年前，Sapir & Whorf 提出「語言相對性假設」（linguistic relativity hypothesis），認為人們之認知、思想，甚至其基本人生觀之形成，都基於所用語言之結構上。依這極端立場，文化間比較幾乎是不可能的（Osgood, 1965）。雖然今日學者並不接受這種極端立場，但文化確是包涵有其獨特性質存在。針對後者所進行研究，被稱為 emic approach（Pike, 1966）。

但是多數「心理學家」卻認為，有關人類行為之普遍（泛文化性）法則是存在的，研究者可藉由發展概念及結構，用以描述或建立客觀現象，並加以比較，乃屬可能。從這種觀點進行研究，被稱為 etic approach。

過分偏重後一立場，忽略文化特質成分，也有危險。例如：以發展於美國的管理概念，強加於其他社會，誤以為具有普遍性質，則所獲研究結果，只代表人為之假象（Wesley & Karr, 1966）。針對此種兩難情況：如何調和 emic 和 etic 兩學派的觀點？Berry（1969）提出下列步驟來解決：

1. 只對不同文化間屬於「功能相當」（functionally equivalent）之行為層面進行比較。

2. 從原有研究（也許是在某文化中所進行者）中所發展之描述分類，將其應用於另一文化中之該有行為，此屬於「強加性普遍分類」（imposed etic）。例如：以甲文化的分類，來套用在乙文化的相等行為上。

3. 調整前項分類，使其能從當地文化觀點，說明該文化行為，此屬於「特殊性描述」。例如：乙文化獨特的觀點反應在甲文化中。

4. 發掘以上不同分類方式之共同成分，藉以發展新分類，使其適合兩種文化。易言之，由兩者中找出共同部分，此屬於「衍生性普遍分類」（derived etic）。依此類推，擴充到第三、第四文化，最後希望是發展一普遍適用之分類。

5. 利用上述「衍生性分類」作為觀念基礎，設計研究量表及方法，使它們對於各文化成員能夠代表相當的意義。

比較研究之共同基礎——是來自方法論（methodology）觀點。為期在一文

化或國家內所進行之研究，能和其他文化或國家所進行者做相互比較，故我們在設計研究計畫及方法時，必須考慮其間有何共同基礎或分歧之處，如此，對其後分析資料及解釋結果時，方不致於發生牽強附會或指鹿為馬之情況。

## 14-3 比較研究法之方法論

從「方法論」觀點，我們可自以下六個層次，來探討跨國／跨文化「比較法之研究」可能之共同基礎及其問題（許士軍，民73）：

### 1. 研究問題

所謂管理研究，乃以管理效能為中心，由此擴展於有關之環境文化或行為變數，學者認為，在這範疇內所選擇的研究問題，基本上乃具有高度共同性，而且隨組織結構及科技發展，使其共同性更趨增加（March & Mannari, 1981）。

依 Adler（1983）主張，對於比較研究「問題之選擇」，應考慮三個條件，此即所選問題應：(1) 概念相當（conceptually equivalent），在各文化中具有相同的作用或意義；(2) 重要性相等（equally important）；以及 (3) 同等適當性（equally appropriate），此即在宗教與政治上之敏感性，一樣適合。

### 2. 研究典範

所謂「典範」（paradigm），狹義上是屬於一種認知架構（cognitive structure），研究者用以代表某種事物之具體「形象」（picture）（Eckberg & Hill, 1979）。發展這種典範，並非理論本身，而是提供理論之構成要素，作為建構理論之基礎。例如：以前所稱「范麥及李區曼模型」、「奈根迪及艾斯塔芬模型」，嚴格來說，它們只能稱得上「典範」，而非理論。

由於典範代表一種導向（orientation）或背景（perpective），故也不完全是文化中性或普遍性的。例如：近來飽受批評的「兩因素理論」（Herzberg, 1966），它認為員工所獲得滿足或不滿足，乃決定於其「動機因素」或「保健因素」。結果此理論在印度複驗結果，發現應增加考慮員工「人格特質因素」（Padaki & Dolke, 1970）。管理學常見的典範有：(1) 認知結構：馬斯洛之需求層次；(2) 導向（orientation）方面有「市場導向」；(3) 在構面（perspective）方面就分成「工業社會」及「資訊化社會」（後工業社會）。

### 3. 構念

構念（construct）乃是理論或典範之基本構成要素（楊國樞等著，民79），乃是社會科學家之「發明」，未必有客觀存在之事實。某些構念可普遍

應用於不同文化，代表相同或相當之意義，稱爲「普遍性」（nomothetic）構念；有些則只能應用於某特定文化，稱爲「特殊性」（idiographic）構念（Machlup, 1963）。

迄今管理學者尚未發展出一組構念，可供描述所有各國的管理系統。多數構念乃源自美國背景，是否屬於「普遍性」構念，大有問題。以最簡單的「家庭」概念而言，在美國很自然地指「小家庭」（nuclear family），而在其他社會中卻可能被意會爲「大家庭」（extended family），兩者之涵意顯然不同。

再如「參與」（participation）構念，深受一國現有制度及機構特性的影響而有不同意義。在美國，乃指工人對於切身問題非正式地參與決定（即決策權參與）；在南斯拉夫，人們心目中，「參與」卻指工人實際參與經營一事業（即資本的參與）。又如「權威」（authority）的涵意，在土耳其，由於家庭具有甚高權威，使得權威的意義中帶有感情成分；反之，在美國，「權威」所給人的感受卻是冷冰冰的（Barrett & Bass, 1976）。

唯應注意者，我們所發展的構念，其抽象化層次並不相同。較低層次的構念和外顯行爲至爲接近，例如：吃麵、飲酒、抽菸、高談闊論之類，都屬於表面的和特殊的（idiographic）性質，可隨情境而表現歧異，被稱爲「表型」（phenotype）構念；相對地，較高層次的構念，代表背後的及普遍性質（nomothetic）者，例如：「口腔行爲」（oral character），被稱爲「基型」（genotype）構念。研究者每可藉由發展「基型」構念以統一解釋各種「表型」概念或行爲（Sampson, 1976）。因此，從事比較研究時，應嘗試發展較高層次之「基型」構念，使其納入 etic 範圍之內。

### 4. 構念分類

由於一構念往往以不同狀態或份量表現於經驗世界中，故也稱爲「變數」（variable）。如何將這些不同狀態或份量加以區分（例如：顏色分類），以便於衡量及描述，乃是建立理論程序中之一必要步驟（Reynolds, 1971）。

Triandis（1972）曾形容「分類」（typology）方式有如「以不同方式切割經驗」，例如：在一文化中稱爲綠色者，在另一文化中卻包括有四種不同名稱。又如，因紐特人對雪的分類就有數十種分法，顯然不同於臺灣人對雪的分類。在比較研究中，所選擇之分類方式，除要符合一般所稱「涵蓋完全」及「互相排除」兩要求外，還要求其能反映某種普遍規律性，在不同文化社會內都能發揮適當的歸類作用。

例如：Harbison 及 Myers（1959）將權威分爲獨裁的（dictatorial）、親權

的（paternalistic）、法制的（constitutional）及民主的（democratic）四種類型，用於描述各國之管理制度。在其背後，即假定這種分類是具有普遍性質的（nomothetic）。

### 5. 某現象的變動範圍是否一樣

根據某種變數及其分類，衡量不同社會之實況，有時發現，所顯示的變動（variation）範圍並不一致。例如：Whiting（1968）研究「嬰兒斷奶年齡與情緒不安跡象間」之關係。在美國有 80% 嬰兒係在七個月前斷奶，在這期間內，兩者呈正相關——斷奶越晚，越普遍出現情緒不穩定。但在其他社會中，有斷奶均在七個月以後者，在這範圍內，兩者卻呈現負相關。

此種情況所代表的意義是：(1) 在不同文化或國家間，某種問題中之自變數可能有不同的變動範圍；或者 (2) 即使有相同變動範圍，有可能該變數的「分配」亦不同。因此，原屬「常模」（norm）之現象，稱為變數；而在原有常模以外之事例，不能以「偏差行為」（deviant behavior）看待。同樣的情況也會出現於依變數方面。

### 6. 比較研究「功能相當」之要求——從研究法觀點來看

發展管理理論，為求其能與現有理論——或發展於不同文化背景之理論——發生關聯或比較，應自上述方法論觀點，探討彼此間共同基礎何在。基本原則，為求彼此間具有「相當」（equivalence）的關係。

同樣原則也應用於研究方法層次，此即「有關研究設計、選樣程序、量表設計、執行、資料分析及解釋等，是否對於所有各文化，都屬相當？（Adler, 1983）」有關此方面之論述頗多，請自行參閱 Osgood（1965）、Prezeworski & Teune（1967）、Adler（1983）及 Sekaran（1981）。

此外，值得一提的是，研究者在從事「比較法之研究」之問卷設計時，最好能「double translation」，先將原文「英翻中」之後，再找不同人來「中翻英」回去，看看兩份英文稿有沒有一樣，就知道該問卷在語意／語法上是否指的是同一東西。

## 14-4 比較教育學

### 一、基本觀念

比較教育學是在於各國教育枝蔓繁雜（包括學制、發展特色與現況、教育

改革趨勢），須耗時記憶；其次對於比較教育本身學門（discplines）的陌生（包括研究社群、研究目的、性質與定位、研究法、研究方法論等）。

比較教育學是門新興學科，一般人採取「科際整合」的系統方法來論述，包括：人文思想、各國的地理環境、學制演進、政治制度、經濟發展、選才（聯招）制度等因素有所不同，所呈現的教育現況與改革趨勢將各有所異，換言之，比較教育不只是比較「果」，而兼比較其「因」。

誠如 Halls（1990）於《比較教育—當代議題與趨勢》所言，比較教育有比較研究（分為比較教育學、教育與文化內析）、外國教育、國際教育（含國際教育學、國際教育機構工作研究）、發展教育等領域。其中國際教育機構領域中的「比較教育社群」、「教育認證」、「各國留學生交換制度」等、發展教育（學力指標、大學評比指標、終身教育計畫）等，皆是未來值得關注的議題。

## 二、重要理論

比較教育學科性質，跨越社會科學的相關領域，如政治學、社會學、經濟學與人類學，所以研究所採用的理論大多來自於此。固然這種「借用」其他的領域可能會產生「認同」的危機，然卻著實滋養了比較教育的內涵（楊智雄，2019）。

比較教育的理論，隨著不同年代而產生了若干的「典範變遷」（paradigm shift）。從 19 世紀 Jullien 的方法論、1960 年代的科學派量化研究，乃至 Bereday 的四步驟研究模式，都可見其「實證主義」的色彩，因之結構功能主義（functionalism），及其分枝人力資本論、現代化理論（如 Rostow 的經濟發展階段論及 Inkeles 等人的理性與價值觀念發展論理）曾擅場一時。而後至 1970 年代以後，受世界多元論的影響，衝突理論及其分枝如世界體系理論、依賴理論、新馬克斯理論、新韋伯主義、新殖民理論，甚至批判理論、多元文化主義、女性主義、後現代主義等觀點都拓展了這個學科的視野。另外方法論的部分，則有解釋學、知識社會學、現象學、俗民方法論、符號互動論、詮釋學、批判理論等，亦豐碩了本領域的面向。

比較教育研究的取向，可分為 Holmes（1965）的問題中心法、Anderson（1977）的社會學分析法及 Schultz（1961）的經濟學分析法，重點如下表：

表 14-1 比較教育發展史（楊智雄，2019）

| 研究取向 | Holmes 問題中心法 | Anderson 社會學分析法 | Schultz 經濟學分析法 |
|---|---|---|---|
| 重要內涵 | 1. 將 Dewey 的反省思考與 Popper 的批判二元論統合，使比較教育成為解決教育行政問題的手段之一。<br>2. 社會制度各面向變化不一致下，會產生規範性的不協調、理論與實際間的不協調及制度改革及社會適應的問題。 | 1. 將社會學分析分為兩個類型，一是對教育制度本身的分析，另一是對教育特徵與社會特徵的比照分析。<br>2. 採取進化的觀點來從事比較研究。<br>3. 強調建立可能的相關假設、注意相關因素的意義及從事社會事實的價值判斷。 | 1. 將教育與經濟發展兩者間的關係加以分析。<br>2. 主要研究重點有三，一是比較各國物質投資及知識投資情形，一是師資培育經費（即人力資本投資）問題，一是教育投資之效益問題。 |
| 特色 | 1. 重視「未來」的發展計畫，較不重視「過去」之決定因素。<br>2. 以規範、制度、心態及自然等四種類型，作為教育決策所考慮的初始條件。<br>3. 反實證、反歸納的立場明顯。 | 1. 強調進行成果評量時，要重視教育於質或量的改變、顯著或潛在的改變及遠或近的改變。<br>2. 認為兩個比較教育的研究類型有各自不同的目的、特點及關係。 | 1. 除對教育與經濟關係加以分析外，不可避免地亦對教育與政治、教育與文化間關係進行了解。<br>2. 除為了解現況的問題外，亦為追溯過去發展脈絡。<br>3. 強調實證的、客觀的規則。 |

## 三、各國教育暨教育政策

近年來，比較人們所關注的議題，包括：學生基本學力政策的比較、紐西蘭的語言巢及臺灣目前推行的原住民、客語語言巢間的比較、新加坡的分流制度（如小學離校考試等）、中國大陸的中等教育（如兩條腿走的辦學政策）、高等教育。此外，如各國的終身教育、各國對品德教育之努力、教育選拔制度的比較、臺灣教育政策白皮書的「學前至高中階段的國教體系」、新修正的師資培育法的時代意義；全球化、本土化或全球在地化等問題。

**1. 對於師資培育的問題**

例如：比較日本、英國、法國、美國、臺灣五個國家對職前、檢定與實習的做法。其中，日本從平成年代以來所修正的教職員免許狀、教育養成審議會、英國活動方案（The Program）與學組（Academic Groups）的師資課程改革

方案所帶來的啟示為何？另從 1960 年代以來，師資培育所面臨的新挑戰課題，例如：從後現代主義、後福特主義、新多元主義、全球治理等觀點，來尋求建構新專業主義（如轉型的知識分子、學習型組織的學程規劃、產官學合作的制度、多元彈性的晉用管道）等文理脈絡。

**2. 各國大學的入學制度**

例如：臺灣、日本、美國、中國大陸等招生比較。

## 四、比較教育研究理論、方法

**1. 結構主義（structuralism）**

它著重對結構（交互關係）的認識，不甚講求對本質的了解，大前提是科學與科學之間或多或少互通有無，提倡一種整體的科學，要透過表面的現象，尋求底層的關係，以期獲得放諸四海而皆準的結構。結構主義是 20 世紀分析研究語言、文化與社會的流行方法。

結構主義的比較是強調語言的多元性、知識的實踐性、解構文本等，係作為引發社會地圖學的靈感。

**2. 後現代主義（postmodernism）**

它強調「反後設敘述」、「尊重他者」等，係作為體現新啟蒙的歷程；文化研究中讓我們微觀庶民文化的意涵；後殖民主義則提供「宰制－被宰制」的觀點。

後現代主義是從理論上難以精準下定論的一種概念，因為後現代主要理論家，均反對以各種約定俗成的形式，來界定或者規範其主義。

## 五、比較教育研究的趨勢

比較教育在方法論的演進上，包括從本世紀之初的歷史法到世紀中期的實證法，以及到晚近重視文化相對論的民族誌法。至於在研究理論的發展上，比較教育學者大致採取了「人文主義」、「結構功能主義」、「現代化理論」、「世界體系理論」、「批判主義」及「後現代主義」等角度予以研究。而在研究主題上，大致針對「教育制度」、「教育與社會」之關係、「非正式教育」等方面進行分析探討。

• 小結

比較研究法是一種科學方法，可幫助我們解決實際的教育問題或建立教育理論，但採用比較研究法時，必須注意在各種類型中選取適合自己研究範圍者，而研究時更應注意原則和限制，不可盲目地將研究結果拿來解釋所有的事象，有此等認識，才不致犯下錯誤，也才能爲教育上的研究有所貢獻。

# 14-5 比較法在教育的演進史

## 一、旅遊時期

是初期的主觀觀察法，以出國旅遊在異國生活之見聞，加以記錄、解釋，此期多鬆散，缺乏系統，且未能深入分析，價值判斷不精確，故稱爲「非科學時期」（mon-saentific）。

## 二、借用時期

19 世紀，歐洲教育制度興起，各國爭相前往考察，做爲借鏡，常以抄襲、模仿爲方法，缺乏客觀超然的態度，又被稱爲「主觀印象研究」時期（楊國賜，民 64）。此期多以改革爲目的，代表人物有：

1. 法國古森（Victos cousin），研究並介紹普士教育，作爲法國建立初等教育制度之參考。
2. 英國阿那德（Matthew Arnold），研討法、德兩國的一般教育及高等教育。
3. 約翰格里斯康（Isaac Kandel）。
4. 法國人朱利安（M.A.Jullien），曾發表「比較教育學的計畫及初步構想」，提出建立比較教育的建議主要有三項：
   (1) 運用科學方法進行教育的比較研究。
   (2) 設立永久性的組織與人員，從事教育比較研究。
   (3) 發行比較教育刊物，報導研究結果或發展消息。朱利安的主張爲各國接受，並爲國際教育合作奠下基礎，朱利安也被稱爲「比較教育學之父」。

## 三、因素分析時期（林清江，民 72）

本期的主要代表人物包括英國人薛德勒（Michael Sadler）、韓恩（NicholssHans）、馬林遜（Vernen Mallinson）、美國人康德爾（Isaac

Kandel）、德國人薛奈德（Friedrich Schneider），並一致強調比較研究應重視了解形成各國教育制度的背景因素，例如：地理、經濟、文化、宗教、學術、及民族性等。

## 四、科學研究時期

此期在研究的觀念、方法、技術上，都獲得社會科學的助益，重視有關因素的確定，假設的建立與驗證，研究方法與技術更加客觀化、科學化，其代表人物有百瑞德（G.Z.F.Bereday）、候姆斯（Brian Holmes）、諾亞（Harold Jnoah）、愛克斯坦（Max A.Eckstein）及金恩（Edmung King）等。而此時期的研究類型如下：

1. 區域研究模式：兩個步驟

   (1) 描述：改革的緣起、目的、內容、困難、程序。

   (2) 解釋：從哲學、科學、歷史等觀點說明教育制度或現象的成因及意義。而比較研究亦由併排比較等步驟組成（林清江，民72）。

2. 問題中心類型：杜威提出此類的四個步驟（林清江，民72）

   (1) 問題的分析。

   (2) 政策的形成。

   (3) 問題描述與相關因素的確定。

   (4) 預測政策可能產生的結果。

3. 經濟學分析法（林清江，民72）

   接受不同程度的教育，可得到不同程度的教育效益，教育乃是一種經濟的投資。

4. 教育決策或預測法（何青蓉等，民75）

   此乃金恩（Edmund J. King）所提，並認爲比較教育最重要之目的在做決策的輔助工具，應注意社會變遷的趨勢，及由生態背景所產生的許多交互影響因素或勢力，其步驟包括蒐集資料、分析歸併類型、比較分析、決策專案等，作爲實施的依據。

統計、開放資料庫
（open data sources）
有 50 種

# 15-1 開放資料庫（open data sources）有 50 種

## 一、資料分析的功能

資料分析主要包含下面幾個功能：

### 1. 簡單數學運算（simple mathematics）

數學（來自希臘語："knowledge, study, learning"），它包括對數量、結構、空間及變化等主題的研究。

數學家尋求並使用模式來制定新的猜想；他們透過數學證明來解決猜想的真實性或虛假性。當數學結構是真實現象的良好模型時，數學推理可以提供關於自然的洞察力或預測。透過使用抽象及邏輯，數學從計數、計算、測量以及物理對象的形狀及運動的系統研究中發展而來。

### 2. 統計（statistics）

統計學是在資料分析的基礎上，研究測定、蒐集、整理、歸納及分析反映資料，以便給出正確訊息的科學。這一門學科自 17 世紀中葉產生並逐步發展起來，它廣泛地應用在各門學科，從自然科學、社會科學到人文學科，甚至被用於工商業及政府的情報決策。隨著大數據（big data）時代來臨，統計的面貌也逐漸改變，與資訊、計算等領域密切結合，是資料科學（data science）中的重要主軸之一。

譬如自一組資料中，可以摘要並且描述這份資料的集中及離散情形，這個用法稱為描述統計學。另外，觀察者以資料的型態，建立出一個用以解釋其隨機性及不確定性的數學模型，以之來推論研究中的步驟及母體，這種用法被稱做推論統計學。這兩種用法都可以被稱為應用統計學。數理統計學則是討論背後的理論基礎的學科。

有關統計分析，進一步介紹，請見作者在五南出版社有撰寫一系列的 STaTa / SPSS 的書，包括：

1. 《STaTa 與高等統計分析的應用》一書，該書內容包括：描述性統計、樣本數的評估、變異數分析、相關、迴歸建模及診斷、重複測量……。
2. 《STaTa 在結構方程模型及試題反應理論》一書，該書內容包括：路徑分析、結構方程模型、測量工具的信效度分析、因素分析……。

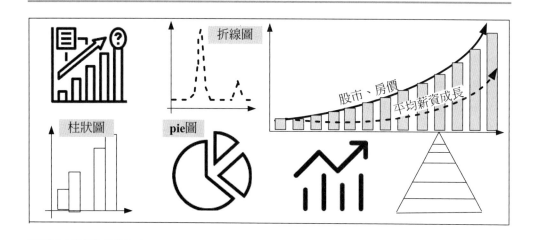

**圖 15-1** 統計（statistics）

3. 《**STaTa 在生物醫學統計分析**》一書，該書內容包括：類別資料分析（無母數統計）、logistic 迴歸、存活分析、流行病學、配對與非配對病例對照研究資料、盛行率、發生率、相對危險率比、勝出比（Odds Ratio）的計算、篩檢工具與 ROC 曲線、工具變數（2SLS）……Cox 比例危險模型、Kaplan-Meier 存活模型、脆弱性之 Cox 模型、參數存活分析有六種模型、加速失敗時間模型、panel-data 存活模型、多層次存活模型……。

4. 《**Meta 統計分析實作：使用 Excel 與 CMA 程式**》一書，該書內容包括：統合分析（meta-analysis）、勝出比（Odds Ratio）、風險比、4 種有名效果量（ES）公式之單位變換等。

5. 《**Panel-data 迴歸模型：STaTa 在廣義時間順序的應用**》一書，該書內容包括：多層次模型、GEE、工具變數（2SLS）、動態模型……。

6. 《**STaTa 在總體經濟與財務金融分析的應用**》一書，該書內容包括：誤差異質性、動態模型、順序相關、時間順序分析、VAR、共整合……。

7. 《**多層次模型（HLM）及重複測量：使用 STaTa**》一書，該書內容包括：線性多層次模型、離散型多層次模型、計數型多層次模型、存活分析之多層次模型、非線性多層次模型……。

8. 《**模糊多準評估法及統計**》一書，該書內容包括：AHP、ANP、TOPSIS、Fuzzy 理論、Fuzzy AHP……理論與實作。

9. 《**邏輯斯迴歸及離散選擇模型：應用 STaTa 統計**》一書，該書內容包括：邏輯

斯迴歸 vs. 多元邏輯斯迴歸、配對資料的條件 Logistic 迴歸分析、Multinomial Logistic Regression、特定方案 Rank-ordered logistic 迴歸、零膨脹 ordered probit regression 迴歸、配對資料的條件邏輯斯迴歸、特定方案 conditional logit model、離散選擇模型、多層次邏輯斯迴歸……。

10. 《有限混合模型（**FMM**）：**STaTa** 分析（以 **EM algorithm** 做潛在分類再迴歸分析）》一書，該書內容包括：FMM：線性迴歸、FMM：次序迴歸、FMM：Logit 迴歸、FMM：多項 Logit 迴歸、FMM：零膨脹迴歸、FMM：參數型存活迴歸……理論與實作。

11. 《多變數統計之線性代數基礎：應用 **STaTa** 分析》一書，該書內容包括：平均數之假設檢定、多變數變異數分析（MANOVA）、多元迴歸分析、典型相關分析、區別分析（discriminant analysis）、主成分分析、因素分析（factor analysis）、集群分析（cluster analysis）、多元尺度法（multidimensional scaling, MDS）……。

12. 《人工智慧（**AI**）與貝葉斯（**Bayesian**）迴歸的整合：應用 **STaTa** 分析》，該書內容包括：機器學習及貝氏定理、Bayesian 45 種迴歸、最大概似（ML）之各家族（family）、Bayesian 線性迴歸、Metropolis-Hastings 演算法之 Bayesian 模型、Bayesian 邏輯斯迴歸、Bayesian multivariate 迴歸、非線性迴歸：廣義線性模型、survival 模型、多層次模型。

13. 《機器學習：使用 STaTa 分析》。

如圖 15-2 所示為「哪類型數據源，最有發展機會」之統計。

## 二、開放資料（open data sources）是什麼？

開放資料是大數據集，你和任何具有互聯網連接的人都可以使用。

這類數據來自世界各地的外部來源。從政府機構蒐集的公共資料到銀行和金融集團的經濟趨勢綜述，一切都可以。

為什麼開放資料很重要？開放資料是任何人都可以使用的公開知識。在業務方面，這些數據可用於預測情報和預測，揭示母群統計群體的購買模式，尋找創新的新機會等等。

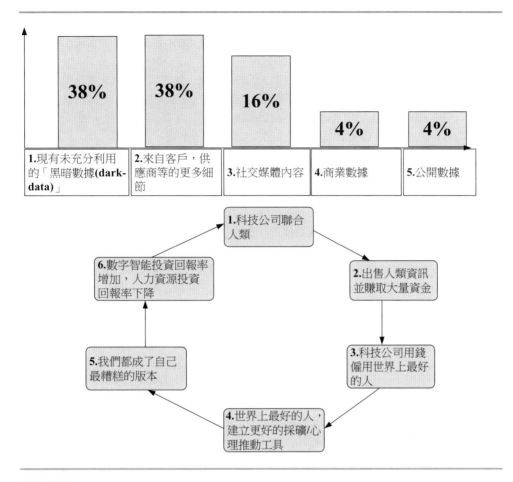

**圖 15-2** 哪類型數據源，最有發展機會？

## 三、著名的開放資料庫（open data sources）有 50 種

隨著大數據的到來，業務不應該被自己的數據所消耗。因此，Pickell（2019）整彙 50 個開放資料來源。

在數據分析過程中，產生準確見解的一部分是從相關位置提取數據。單擊以下類別之一，即可查找與您的業務相關的開放資料集（資料庫）。

| 1. 政府和<br>全球數<br>據 | 1. Data.gov：從科學研究到製造和氣候，data.gov 是全球最全面的開放資料源之一。數據集以典型格式提供，例如：CSV，JSON 和 XML。元數據也經常更新，從而使用戶完全透明和清晰。<br><br>2. Data.gov.uk：對於美國居民的人口統計數據，此開放資料源非常有用。人口普查局的資料來源是聯邦，州和地方政府以及商業實體。<br><br>3. Data.gov.uk：與 data.gov 的美國數據來源相似，整個英國也有一個。報告包含有關從犯罪和司法到國防和政府支出的所有數據。<br><br>4. UK Data Service：UK Data Service 是 data.gov.uk 的完美補充，UK Search Service 是搜尋引擎的搜尋引擎，該數據集是關於社交媒體趨勢、政治、金融、國際關係以及英國更多活動的最新數據集。<br><br>5. 歐盟開放資料門戶（European Union Open Data Portal）：擁有近 14,000 個數據集，EUROPA 是歐盟最佳的開放資料源之一，可提供有關能源、教育、商業、農業、國際問題等方面的見解。<br><br>6. Open Data Network：該資源允許用戶使用強大的搜尋引擎查找數據。將高級過濾器應用於搜尋，並獲取有關公共安全、金融、基礎設施、住房和發展等所有方面的數據。<br><br>7. 聯合國兒童基金會（UNICEF）：這些寶貴的開放資料集可以監控並報告各地兒童和婦女的狀況。有關疾病暴發、性別和教育、對社會規範的態度以及其他數據集的最新更新，可以透過兒童基金會以及數據可視化廣泛獲得。 |
|---|---|
| 2. 財務和<br>經濟數<br>據 | 8. 世界銀行開放資料（World Bank Open Data）：這是最經常更新和完整的開放資料源之一，用於獲取 GDP 率、物流、全球能源消耗、全球資金的支付和管理等訊息。甚至還有一些數據集的可視化工具。<br><br>9. 金融時報（Financial Times）看起來像在線報紙，但實際上是針對全球市場，美洲，歐洲和非洲以及亞太地區的最強大的開放資料源之一。<br><br>10. 全球金融數據（Global Financial Data）：透過免費訂閱，用戶可以訪問 GFD 的完整數據集並進行研究以分析主要的全球市場和經濟。資料來源是期刊、書籍和大量檔案。<br><br>11. 聯合國 Comtrade 資料庫（UN Comtrade Database）：由 Comtrade Labs 策劃，該免費訪問資料庫保存著全球貿易的大量數據集，可透過 API 訪問。還提供數據可視化和數據提取工具。<br><br>12. 國際貨幣基金組織（International Monetary Fund）：有關全球經濟前景，金融穩定，財政監督等方面的見解，應該涵蓋 IMF 數據集。<br><br>13. 經濟分析局（Bureau of Economic Analysis）：由美國商務部策劃，這個範圍廣泛的開放資料源經常使用 GDP，商品和服務的國際貿易，國際交易等數據集進行更新。<br><br>14. 美國證券交易委員會（U. S. Securities and Exchange Commission）：追溯到 2009 年的每個季度，SEC 都發布了有關公司財務報表和披露訊息的開放資料集。<br><br>15. 國家經濟研究局（National Bureau of Economic Research）：NEBR 是定性和定量研究的絕佳開放資料源。其中的一些示例包括名義工資，基於年齡的財產免稅，住房後蕭條信貸條件等數據集。 |

| | |
|---|---|
| | 16. 美聯儲經濟資料庫（Federal Reserve Economic Database）：美聯儲生成了近 530,000 個美國和國際數據集。一些例子包括消費物價指數，GDP，工業生產指數，匯率等。 |
| 3. 犯罪和毒品數據 | 17. 統一犯罪舉報計畫（Uniform Crime Reporting Program）：由聯邦調查局策劃的 UCR 計畫匯總來自 18,000 多個城市，大學和學院、縣、州、部落和聯邦執法機構的數據點。 |
| | 18. 司法統計局（Bureau of Justice Statistics）：儘管 UCR 計畫具有更多針對犯罪的統計訊息，但此開放資料源蒐集了從逮捕相關的死亡和 CPDO 共識到急診室統計數據和年度槍枝查詢等所有方面的數據。 |
| | 19. 國家刑事司法數據檔案館（National Archive of Criminal Justice Data, NACJD）是一個綜合資源，可用於發現有關累犯、幫派暴力、恐怖主義、仇恨犯罪等等的公共和受限訪問數據集。 |
| | 20. 國家藥物濫用研究所（National Institute on Drug Abuse, NIDA）是美國菸草、酒精、非法藥物和處方阿片類藥物濫用數據集的重要資源。 |
| | 21. 聯合國毒品和犯罪問題（United Nations Office on Drugs and Crime）：關於毒品生產和販運的數據集，關於兇殺率，有組織犯罪，腐敗等問題的全球研究，毒品和犯罪問題辦公室經常更新出版物。 |
| 4. 健康和科學數據 | 22. World Health Organization：世界衛生組織是全球死亡率，疾病暴發，精神疾病，衛生籌資等方面最完整的開放資料存儲庫之一。 |
| | 23. 食品和藥物管理局（Food and Drug Administration），通常稱為 FDA，它是一個教育圖書館，內容涵蓋從食源性疾病和污染物到飲食補充新聞和美國召回事件。 |
| | 24. HealthData.gov：在超過 125 年的時間裡包含 3,000 多個數據集，此開放資料源致力於使企業家，研究人員和決策者可以訪問高價值數據。 |
| | 25. 博大研究所（Broad Institute）- 博大研究所是一個明確的開放資料源，其健康和科學研究專門針對多種類型的癌症。 |
| | 26. 國家癌症研究所（National Cancer Institute）：NIH 是 Broad 研究所的補充。使用高級過濾器，用戶可以為與癌症有關的各種開放資料集創建超針對性的搜尋結果。 |
| | 27. 疾病控制中心（Center for Disease Control）：通過 CDC 訪問有關慢性病、癌症、心臟病、先天缺陷等各種開放資料集。 |
| | 28. NHS Digital：對於英格蘭健康和社會護理系統狀況的高質量數據集，NHS Digital 是一項易於使用的免費服務，值得考慮。 |
| | 29. 開放式科學數據雲：OSDC 擁有超過 PB 的大數據集，使科研人員可以輕鬆管理，共享和分析開放資料。 |
| | 30. NASA 行星數據系統：需要行星數據嗎？好吧，NASA 覆蓋了您。無論您是研究人員，教育工作者，學生還是只是一部分普通大眾，都可以在我們太陽系行星上搜尋成千上萬個開放資料集。 |
| | 31. NASA 地球數據：想要將其擴展到僅地球？訪問 NASA 完整的地球科學開放資料源。監視大氣、冰凍圈、陸地、海洋、校準輻射和太陽輻射。 |

| 5. 學術資料 | 32. Google 學術搜尋：Google 學術搜尋使用戶可以像搜尋其他任何 Google 搜尋一樣搜尋數據集。查找有關任何主題的經教育，同行評審的數據源！ |
| --- | --- |
| | 33. Pew 研究中心：Pew 是美國最大的開放資料源之一，其數據集透過高質量的調查匯總。來自調查的數據通常在發布報告後的兩年內發布。您必須創建免費登錄才能訪問 Pew 研究中心。 |
| | 34. 國家教育統計中心（National Center for Education Statistics）：像 NCES 這樣的開放資料集已在當今的教育機構中廣泛使用，以提高學生的保留率，學位程度，了解學習習慣等。 |
| 6. 環境數據 | 35. 在線氣候數據（Climate Data Online）：對於全球的歷史和近實時氣候數據集，CDO 可以作為一個很好的開放資料源。搜尋每日摘要，海洋數據、天氣雷達等。 |
| | 36. 國家環境衛生中心（National Center for Environmental Health）：由疾病預防控制中心（CDC）策劃，該開放資料源突出顯示了可以蒐集公共衛生和環境數據的全國範圍內的主要數據系統。 |
| | 37. IEA 能源地圖集（IEA Atlas of Energy）：關於全球能源和電力消耗率，IEA 包括開放的數據集和地圖可視化效果，每個人都可以使用。 |
| 7. 業務目錄數據 | 38. Glassdoor：職位審查站點還擁有大量可供分析的開放資料。例如：Glassdoor 經常更新的性別薪酬分析，月薪報告，本地薪酬報告等等。 |
| | 39. Yelp：使用 Yelp 的開放資料集挖掘成千上萬的現有業務評論，以更深刻地了解企業的情緒以及任何模式和趨勢。 |
| | 40. 開放式公司（Open Corporates）：世界上最大的開放式公司資料庫之一，幾乎在任何國家都擁有數以億計的數據集。 |
| 8. 媒體和新聞數據 | 41. FiveThirtyEight：是從政治到體育一切最全面，最優質的開放資料源之一。 |
| | 42. 紐約時報開發者網絡：通過創建帳戶並註冊您的應用程序，您可以點擊 NYT 的摘要連結、多媒體、書籍、清單、故事以及其他可追溯到 1851 年的媒體。 |
| | 43. 美聯社開發人員：與 NYT 開發人員網路類似，您可以與美聯社為開發人員的服務建立強大的集成。這包括新聞內容、輪詢數據、Meta 數據等。 |
| 9. 營銷和社交媒體數據 | 44. Graph API：由 Facebook 策劃，Graph API 是應用讀取和寫入 Facebook 社交圖的主要方式。它本質上是現在和過去在 Facebook 上所有訊息的表示。 |
| | 45. Social Mention：使用社交提及搜尋引擎獲取有關社交情緒、關鍵字使用、用戶和主題標籤的即時數據。 |
| | 46. Google Trends - 使用有關最新搜尋趨勢的 Google 趨勢數據集搜尋整個世界。營銷人員可以使用此數據來確定即時的廣告系列。 |

| | |
|---|---|
| 10. 雜項<br>數據 | 47. Kaggle：在 Google 的監督下，Kaggle 是一個由數據科學家組成的在線社區，他們發布了看似隨機的數據集，涉及從跟蹤網路模因的頻率到「死囚牢房遺言」的所有內容。<br>48. Datasets Subreddit：Reddit 是一個龐大的在線社區，這個特殊的資源由 Redditor 組成，他們使用 R 編程語言從網上抓取有趣的數據集。<br>49. DBpedia：想想 Wikipedia，只有資料庫除外。使用 DBpedia，用戶可以瀏覽 Wikipedia 上的數百萬個條目以及每個關係。這已幫助蘋果、Google 和 IBM 等公司支持人工智慧項目。<br>50. Google Public Data Explorer：此列表中包括的許多資源實際上已合併到 Google Public Data Explorer 中。如果您不確定從哪裡開始提取數據，那麼這可能是一個很好的起點。您還可以免費訪問 Google 數據集搜尋引擎。 |

來源：https://learn.g2.com/open-data-sources#1

## 四、大數據與傳統數據集有何不同？

你可以看到傳統數據集可能非常大，但它們傳統上是在電子表格或資料庫中格式化，往往是**靜態的**，旨在**證明假設**。

相比之下，大數據具有 5V（量大 volume、快速化 velocity、多樣化 variety、價值化 value、真實性 veracity）並且可以使用機器學習，查看大數據集中的工作原理來推出解決方案。統計術語是探索性的。

| 資料特性 | 大數據（big data） | 傳統分析 |
|---|---|---|
| 1. 資料型態（type） | 非結構格式（formats） | columns 及 rows 格式化 |
| 2. 資料量體（volume） | 100 terabytes 至 petabytes | 10s of terabytes |
| 3. 資料流（flow） | continual flow | 靜態的混合資料（pool of data） |
| 4. 分析方法（methods） | 機器學習 | 假設為基礎的統計 |
| 5. 主要目的 | data-based 產品 | 內部決策及服務 |

## 15-2 大數據統計有 22 種應用技術

大數據較重要的統計分析有 22 個，如下所示：

1. 醫學影像分析（medical image analysis）。
2. 多變量分析（multivariate statistics）。詳情見作者在五南出版《多變量統計之線性代數基礎：應用 **STaTa** 分析》、《多變量統計之線性代數基礎：應用

**SPSS 分析》**二本書。

3. 自然語言處理（natural language processing, NLP）。

4. 官方統計 & 調查方法論（official statistics and survey methodology）。

5. 優化規劃及數學規劃（optimization and mathematical programming）。

6. 藥物代謝動力學之數據分析（analysis of pharmacokineric data）。詳情見作者在五南出版《多層次模型（**HLM**）及重複測量：使用 **STaTa**》、《**Panel-data 迴歸模型：STaTa 在廣義時間序列的應用**》二本書。

7. 系統發生學（phylogenetics）。

8. 貝葉斯推論（Bayesian inference）。詳情見作者在五南出版《人工智慧（**AI**）與貝葉斯（**Bayesian**）迴歸的整合：應用 **STaTa** 分析》一書。

9. 化學計量學及計算物理學（chemometrics and computational physics）。

10. 臨床試驗設計，監測及分析（clinical trial design, monitoring and analysis）。

11. 聚類分析（cluster analysis）。詳情見作者在五南出版《多變量統計之線性代數基礎：應用 **STaTa** 分析》、《多變量統計之線性代數基礎：應用 **SPSS** 分析》二本書。

12. 有限混合模型（finite mixture models）。詳情見作者在五南出版《**有限混合模型（FMM）：STaTa** 分析（以 **EM algorithm** 做潛在分類再迴歸分析）》一書。

13. 概率分布（probability distributions）。詳情見作者在五南出版《人工智慧（**AI**）與貝葉斯（**Bayesian**）迴歸的整合：應用 **STaTa** 分析》之 2-3 節「常見的分布有 15 種」。

14. 計量經濟學（computational econometrics）。詳情請見作者在五南出版《**STaTa 在總體經濟與財務金融分析的應用**》、《**Panel-data 迴歸模型：STaTa 在廣義時間序列的應用**》二本書。

15. 生態及環境數據分析（analysis of ecological and environmental data）。

16. 實驗設計及實驗數據分析（design of experiments and analysis of experimental data）。

17. 實證財金（empirical finance）。詳情請見作者在五南出版《**STaTa 在總體經濟與財務金融分析的應用**》、《**Panel-data 迴歸模型：STaTa 在廣義時間序列**》二本書。

18. 統計遺傳學（statistics genetics）。詳情請見作者在五南出版《**邏輯斯迴歸及離散選擇模型：應用 STaTa 統計**》、《**邏輯輯迴歸分析及離散選擇模型：應**

用 **SPSS**》、《**STaTa 在生物醫學統計分析**》等書。

19. 圖形顯示，動態圖形，圖形設備及可視化（graphic display & dynamic graphics & graphic devices and visualization）。

20. R 語言的圖形模型（graphical models in R）。此外，STaTa v16 已整合機器學習法之 Python 套件，值得大家來學習。

21. 高性能及並行計算（high-performance and parallel computing）。

22. 機器學習及統計學習（machine learning and statistics learning）。詳情見作者在五南出版《人工智慧（**AI**）與貝葉斯（**Bayesian**）迴歸的整合：應用 **STaTa 分析**》。

chapter

# 16

參考文獻（references）
之格式

## 一、APA 第五版（文獻格式）

　　APA 是 American Psychological Association 的簡稱，其詳細網址爲：http://www.apastyle.org/elecref.html。APA 文獻格式的寫法如下：

**A. 作者的寫法**

(1) 單一作者

　　英文：先寫姓（last name），再寫名的首字母、年分、書名、地名、州名：出版社。如

Berger, A. A.(1995). *Cultural Criticism*. Thousand Oaks, Ca.:Sage.

　　中文：寫作者姓名，接著寫年出版年分。如

張紹勳（2004）。電子商務（第一版）。台中：滄海。

(2) 多位作者

　　英文：作者人數在 2-6 位時，須全部列出，並以 "," 分隔。若作者超過 6 位時，只須列出第一位作者，並在其後加上 "et al."。如

Kotler, P., & Armstrong, G. (1999). *Principles of Marketing*($8^{th}$ ed.). Englewood Cliffs, NJ: Prentice-Hall.

Roeder, K. et al.(1967).*Nerve cells and insect behavior*. Cambridge, Mass: Harvard University Press.

　　中文：

簡茂發、黃光雄（民 80），教育研究法。臺北：師大書苑。

(3) 作者爲團體或機構時

　　須列出團體或機構的全稱。如

Open Market (1996), *Commercial Sites Index. Menlo Park*, CA: Open Market.

政治大學統計研究所（課外活動組委託研究）（1982）。國立政治大學學生社團負責人工作對學業影響之研究。臺北：國立政治大學。

(4) 編輯

Higgins, J.(Ed.).(1988). *Psychology*, New York: Norton.

林震岩、林士傑主編（1999）。臺灣資訊管理個案（第四輯）。臺北：華泰文化。

(5) 翻譯

Freud, S.(1970). *An outline of psychoanalysis*.(J. Strachey, Trans.). New York: Norton. (Original work published 1940).

Morley, D.(1995)，電視、觀衆與文化研究（馮建三譯），臺北：遠流。

(6) 同一作者有二件以上文獻時

　　以出版先後順序列出。若出版年代相同，則以文章標題首字排序。

Erikson, E. H.(1959). *Identity and life cycle*. NY: International Universities.

Erikson, E. H.(1968). *Identity : youth and crisis*. N.Y. : Norton.

(7) 沒有作者

　　沒有作者時，以文章標題開始敘寫，並加斜體。如

*Experimental psychology*. (1938). New York: Holt.

CSC Index(1994). State of Reengineering report, CSC Index.

## B. 參考文獻 (references) 的寫法

(1) 一般書籍

　　先寫作者及出版年代，如前所述。再寫書名，書名須加底線或以斜體字書寫。英文書名只有第一個字母大寫（副標題的第一個字母亦須大寫）。接著在括號 "( )" 內寫書籍的相關訊息，如第三版、第四冊。最後則寫出版訊息，包括「出版地名，州名：出版社」。

Cohen, J., & Cohen, P. (1988). *Applied multiple regression/ correlation analysis of the behavior Science* ($2^{nd}$ ed.). Hillsdate, New York: Lawrence Erbaum Associates.

Arnheim, R. (1971). *Art and visual perception*. Berkeley, CA: University of California Press.

Okuda, M., & Okuda, D. (1993). *Star Trek chronology*: *The history of the future*. New York: Pocket Books.

楊朝祥（1985）。技術職業教育理論與實務。臺北：三民書局。

(2) 多人合輯的書中某一章

　　直接在文章中引註，如：(James,1988, Chap. 4).

James, N. E. (1988). Two sides of paradise: The Eden myth according to Kirk and Spock. In D. Palumbo (Ed.), *Spectrum of the fantastic* (pp. 219-223). Westport, CT: Greenwood.

Bloom, P. N., Adler, R., & Milne, G. R. (1994). *Identifying the legal and ethical risks and costs of using new information technologies to support marketing programs, the marketing information revolution*. In R.C. Blattberg, R. Glazer, & J. D. C. Little(Eds) (pp.289-305). MA: Harvard Business School Press.

(3) 重新出版（重印）書籍

Freud, S.(1961). *The ego and the id*. In J. Strachey (Ed. And Trans.), The standard edition of the complete psychological works of Sigmund Freud (Vol.19, pp.3-16). London: Hogarth Press. (Original work published 1923).

在本文中則引註爲 "Freud (1923/1961)"。

(4) 報紙（Newspaper Article）

Di Rado, A. (1995, March 15). Trekking through college: Classesexplore modern society using the world of Star Trek. *Los Angeles Times*, p. A3.

(5) 引用網站上資料庫（Internet database）

Mershon, D. H. (1998, November-December). Star Trek on the brain: Alien minds, human minds. *American Scientist*, 86, 585. Retrieved July 29, 1999, from Expanded Academic ASAP database.

(6) 百科（Encyclopedia）的文章

Sturgeon, T. (1995). Science fiction. In *The encyclopedia Americana* (Vol. 24, pp. 390-392). Danbury, CT: Grolier.

(7) ERIC 文章

Fuss-Reineck, M. (1993). *Sibling communication in Star Trek: The Next Generation: Conflicts between brothers*. Miami, FL: Annual Meeting of the Speech Communication Association. (ERIC Document Reproduction Service No. ED 364932)

(8) 引用網站（Website）

Lynch, T. (1996). *DS9 trials and tribble-ations review*. Retrieved October 8, 1997, from Psi Phi: Bradley's Science Fiction Club Web site: http://www.bradley.edu/campusorg/psiphi/DS9/ep/503r.html

(9) 學術期刊／雜誌（Journal or Magazine Article）

文章標題不須加底線，也不要有引註（quotation），英文標題只有第一個字母要大寫，子標題的第一個字母也要大寫。期刊名稱須加底線或用斜體字書寫，英文期刊每一單字開頭字母均需大寫。卷數需爲斜體字，若每卷還分期重新編頁，則在卷數之後以括號加上期數。最後加上此文章的始末頁，不須寫「pp.」。

如下例（use for journals that start each issue with page one）

Wilcox, R. V. (1991). Shifting roles and synthetic women in Star Trek: The Next

Generation. *Studies in Popular Culture*, 13(2), 53-65.

如下例 (use for journals where the page numbering continues from issue to issue)

**Dubeck, L. (1990). Science fiction aids science teaching. *Physics Teacher, 28,* 316-318.**

Myers, J. H., & Thomas, S. R. (1972). Dimensions of opinion leadership. *Journal of Marketing Research*, 9(February), 41-46.

(10) 刊物文章的評論

Greenberg, K.L. (1993). [Review of *Portfolios in the writing classroom*: *An introduction*]. *College Composition and Communication*, 44, 266-268.

(11) 未公開發表「博碩士論文」

張紹勳（2002）。*電子商店之關係品質模式——融合交易成本理論及科技接受模式的觀點*。政治大學資管研究所博士論文。

Goette, T. (1995). *Determining factors in the successful use of adaptive technology by individuals with disabilities*: *A field study*. Unpublished doctoral dissertation, Georgia State University.

Davis, F. D. (1986). T*echnology acceptance model for empirically testing new end-user information systems*: *Theory and results*. Unpublished doctoral dissertation, Massachusetts Institute of Technology.

Lin, C.C.(1982). *Forecasting of computer innovations relevant to computer literacy education at the secondary school level in Taiwan*, R.O.C.1981-2000. Unpublished doctoral dissertation, Texas A&M University/College Station.

(12) 研討會論文

張紹勳（1999）。組織內電子郵件之溝通模式——以社會性影響理論、科技接受理論的角度來探討，*1999 臺灣科技管理研討會* (III)，453-466 頁。

Bui, T. & Sivasankaran, T.R.(1990). Relation between GDSS use and group task complexity, Proceeding of 23[th] Hawaii International Conference on System Science, pp.69-78.

Bloch, M., & Segev, A. (1997). The impact of electronic commerce on the travel industry: An analysis methodology and case study. Proceedings of the 30th Hawaii International Conference on System Sciences (HICSS), January.

## 二、APA（American Psychological Association）第六版（參考文獻範例）

條列**參考文獻**（reference list）及文章中之**文獻引用**（reference citations），中文文獻應置於英文文獻之前。中文文獻應依作者姓氏筆劃順序排列、英文文獻則依作者姓氏字母順序排列（若作者姓氏、字母相同時，則依序比較後列之字元）。

### 1. 定期期刊

格式 作者姓名（姓在先）（西元出版年）‧標題‧*期刊名稱，卷*（期），起訖頁數。

蔡淑鳳（2011）‧護理專業發展之機會與挑戰──臺灣護理精彩一百‧*護理雜誌，58*（3），5-11。

　　※ 期刊名、卷數需以**斜體**字體呈現，若該期刊無卷數時，則僅列期數且不需斜體。

Chu, W., & Hsu, L. L. (2011). Developing practical knowledge content of emergency nursing professionals. *The Journal of Nursing Research*, 19(2), 112-118. doi: 10.1097/JNR. 0b013 e31821aa0eb

　　※ 期刊若有「數位物件識別碼（digital object identifier, DOI）」，則列於文獻末。

Briscoe, R. (in press). Egocentric spatial representation in action and perception. *Philosophy and Phenomenological Research*. Retrieved from http://cogprints.org /5780/ 1/ECSRAP.F07.pdf

　　※ 付梓中的文章，因尚未正式出版，必須提供精確之網址。

### 2. 一本書、書的一章、翻譯書

格式1 作者姓名（西元出版年）‧*書名*‧出版地：出版商。

格式2 原著作者（西元出版年）‧標題‧編者姓名，*書名*（起訖頁數）‧出版地：出版商。

格式3 原著作者（翻譯出版年）‧*翻譯名稱*（譯者）‧出版地：出版商。（原著出版年）

陳美燕、黃世惠、張淑紅、簡欣怡、阮玉梅、張彩秀……萬國華等（2011）‧*公共衛生護理學*（再版）‧臺北市：啓英文化。

　　※ 若有詳細參考頁數可加列。

Ackley, B., Swan, B. A., Ladwig, G. B., & Tucker, S. J. (2008). *Evidence-based nursing care guideline*s: Medical-surgical interventions. St. Louis, MO: Elsevier.

林元淑、黃靜微（2008）·新生兒及其護理·陳月枝總校閱，*實用兒科護理*（五版，38-112 頁）·臺北市：華杏。[Lin, Y. S., & Huang, C. W. (2008).

Doyle, E. B., & Grey, M. (2010). Diabetes mellitus (type 1 and type 2). In P. J. Allen & J. A. Vessey (Eds.), *Primary care of the child with a chronic condition* (5th ed., pp. 427-446). St. Louis, MO: Mosby.

　　※ 書名以斜體字體呈現，若有版次亦可列於書名之後。

American Psychological Association. (2011)·*美國心理學會出版手冊：論文寫作格式六版*（陳玉玲、王明傑譯）·臺北市：雙葉書廊。（原著出版於 2010）

　　※ 於內文引用之寫法為「（原著作者，原著出版年／翻譯出版年）」，如（American Psychological Association, 2010/2011）。

## 三、政府部門、機構、其他組織的網路資料

格式 作者姓名（西元年，月日）·題目名稱·取得網址

疾病管制局（2011）·98 傳染病統計暨監視年報·取自 http://www.cdc.gov.tw/public/Data/ 111911421871.pdf

中央健康保險局（2011）·醫療費用執行報告：173 次業務報告。取自 http://www.nhi.gov.tw/ Resource/webdata/19406_2_173 次業務報告 .pdf

　　※ 取自時間不需列出，除非該網路資料經常變動，如：Wikipedia 。括弧內日期為文章登錄於網站上的日期，如無日期可查，中文文獻則在括弧內註明為（無日期），英文文獻註明為（n.d.）。

## 四、碩、博士論文

格式 1 作者姓名（西元年）·*論文名稱*（未發表的博／碩士論文）·城市：學校系所。

格式 2 作者姓名（西元年）·*論文名稱*（博／碩士論文）·取自商業資料庫名稱。（編號）

格式 3 作者姓名（西元年）·*論文名稱*（博／碩士論文）·取自機構資料庫網址。

林麗梅（2010）·*加護病房胃酸抑制藥物使用與發生院內感染型肺炎危險之相關性探討*（未發表的碩士論文）·臺北醫學大學藥學研究所。

※ 若學校名稱已出現城市名，則將城市名除略。

陳惠君（2010）·*中文版重症照護疼痛觀察工具之效度檢定*（碩士論文）·取自華藝線上圖書館。

　　※ 若無編號，則不列。

江文忍（2010）·*護理之家住民之自我照顧行為及其相關因素探討*（碩士論文）·取自 http://ndltd.ncl.edu.tw/cgi-bin/gs32/gsweb.cgi/login?o=dnclcdr&s=id=%22098CSMU5563010%22.&searchmode=basic

Jen, W. (2010). *Explore the self-care behavior and related factors from the resident living in nursing home* (Master's thesis). Retrieved from http://ndltd.ncl.edu.tw/cgi-bin/gs32/gsweb.cgi/login?o=dnclcdr&s=id=%22098CSMU5563010%22.&searchmode=basic

Lin, Z. C. (2008). *Effects of a tailored web-based educational intervention on Taiwanese women's mammography-related perceptions and intention* (Unpublished doctoral dissertation). University of Arizona.

　　※ 若美國學校名稱中已經出現州名，則將州名除略；非美國地區，須加列國名。

McNiel, D. S. (2006). *Meaning through narrative*: *A personal narrative discussing growing up with an alcoholic mother* (Master's thesis). Available from ProQuest Dissertations and Theses databases. (UMI No. 1434728)

Adams, R. J. (1973). *Building a foundation for evaluation of instruction in higher education and continuing education* (Doctoral dissertation). Retrieved from http://www.ohiolink.edu/etd/

## 五、未出版的論文發表、海報發表及研習會之文章

格式1 作者（西元年，月）·*題目*·論文／海報發表於主辦單位名稱之研習會名稱·城市、國家：主辦地點。

格式2 作者（西元年，月）·題目·於某單位主辦或主持人，*研習會名稱*·城市、國家：主辦地點。

張聿仁、江琳盈、白玉珠（2011，9月）·*耳穴按壓改善護理人員睡眠品質之效益分析*·海報發表於臺灣護理學會主辦之第二十七次護理研究論文發表會暨兩岸護理學術交流·臺北市：國立臺北護理健康大學。

Wu, W. W. (2011, July). *Cancer symptom distress and quality of life in adolescent patients with cancer*. Paper session presented at the 22nd International Nursing Research Congress of Sigma Theta Tau International, Cancun, Mexico.

王志嘉（2011，7月）·末期病人 DNR 執行情境與相關問題·於臺灣護理學會主辦，*護理倫理與法律研習會*·臺北市：臺灣護理學會國際會議廳。

Muellbauer, J. (2007, September). Housing, credit, and consumer expenditure. In S. C. Ludvigson (Chair), *Housing and consumer behavior*. Symposium conducted at the meeting of the Federal Reserve Bank of Kansas City, Jackson Hole, WY

## 六、研究計畫

格式 作者姓名（含計畫主持人及研究人員）（西元年）·*計畫題目名稱*（計畫所屬單位及編號）·城市：出版或製作此報告的單位。

※ 若單位名稱已出現城市名，則將城市名除略

黃璉華（2010）·*護理正向執業環境的探討與改善效果*（研究計畫編號 TWNA-0991002）·臺北市：臺灣護理學會。

Mazzeo, J., Druesne, B., Raffeld, P. C., Checketts, K. T., & Muhlstein, A. (1991). *Comparability of computer and paper-and-pencil scores for two CLEP general examinations* (College Board Rep. No. 91-95). Princeton, NJ: Educational Testing Service.

註：1. 如果作者小於等於七位，則全部列出，如果大於等於八位，則列出前六位作者與最後一位作者，中間加入……（中文用……）。

2. 引用期刊之文章，請提供卷數與期數，以利讀者查詢文獻。

3. 中文稿件若引用翻譯書時，參考文獻請列於中文文獻之後、英文文獻之前，若引用多篇翻譯書時，請依作者姓氏字母順序排列。

4. 內文文獻引用，僅需列作者姓氏＋西元年分（如：李，2011），若作者大於等於三位而小於等於五位時，於內文第一次出現，需列出全部作者之姓，第二次以後則可以「等」（英文則以 et al.）代之。若作者大於等於六位時，則只需列第一位作者，其他作者以「等」（et al.）代替。

# 參考文獻

Alavi, Maryam & Carlson, Patricia (1992) A Review of MIS Research and Disciplinary Development, Journal of Management Information System, 8(4), 45-62.

Algag, M. & Stearns, T.M. (1988). Issue in research methodology, Journal of Management, Vol.14, No.2, pp.253-276.

Anderson, C. N. (1977). Comparative Education: Over a Quarter Century: Maturity and New Challenges in Comp. Educ. Rev. 21, 405-416.

Aronson, E. (1973). The Rationalizing Animal, Psychology Today, May.

Ary, D., Jacobs, C., & Sorensen, C. (2010). Introduction to research in education (8th ed.). Belmont, CA: Wadsworth, Cengage Learning.

Benbasat, I., Goldstein, D. and Mead M. (1987). The Case Research Strategy in Studies of Information system. MIS Quarterly, vol.11, NO3, Sept, pp.369-386.

Benbasat, I.; Dexter, A.S.; and Masulis, P.S., (1981). An experimental study of the human/computer interface, Communications of the ACM, 24, 11, November, pp.752-762.

Blumer, H., (1969). Symbolic Interactionism: Perspective and Method. Englewood Cliffs, NJ: Prentice-Hall.

Bogdan, R. & Biklen, S. K. (2007). Qualitative Research for Education: An Introduction to Theories and Methods, 5th Edition.

Bogdan, R. & Biklen, S. K. (2007). Qualitative Research for Education: An Introduction to Theories and Methods, 5th Edition.

Buckley, J.W., Buckley, M.H., & Chang, H.F. (1976). Research methodology and business decision, The Society of Management Accountants of Canada.

Burrell, G., & Morgan, G. (1979). Sociological paradigms and organizational analysis. London: Heinemann.

Champbell, D.T. & Fiske, D.W. (1959). Convergent and discriminant validation by the multitraits-multimethods matrix, Psychological Bulletin, Vol.56, No.2, pp.81-105.

Christians, C. G., and James W. Carey. (1981). The Logic and Aims of Qualitative Research, in Stempel et.al. (eds) Research Methods in Mass Communication. Englewood, NJ: Prentice-hall.

Christians, Clifford G., and James W. Carey (1981). The Logic and Aims of Qualitative Research, in Stempel et.al. (eds) Research Methods in Mass Communication. Englewood, NJ, Prentice-hall.

Cohen, L. Lawrence Manion and Keith Morrison (2007). research methods in education (6ed). Taylor & Francis e-Library.

Cooper, D.R. & Emory, C.W. (1995). Business research methods, 5th. ed., Richard D. Irwin, Inc.

Cooper, H.M. (1984). The integrative research review: A systematic approach, Sage Publication.

Corbin, J., & Strauss, A. (2008). Basics of qualitative research (3rd ed.). London: SAGE.

Creswell, John W. (2014). Research design: qualitative, quantitative, and mixed methods approaches (4th ed.). Thousand Oaks: SAGE Publications. ISBN 978-1-4522-2609-5.

Cronbach, Lee J. (1986). Social inquiry by abd for earthlings. In Fiske and Shweder, pp.83-107.

Dabbs, J.M. (1982). Making things visible in varieties of qualitative research, John Van Maanan, J.M. Dabbs, Jr., and Robert R.Faulker, eds. 1982, Beverly Hills, CA: Sage Publications, pp.31-64.

Denzin, N. (1978). Sociological Methods: Sourcebook. NY: McGraw!Hill.

Denzin, Norman K. (1978). The Research Act, A Theoretical Introduction to Sociological Methods (2nd ed.). N.Y., MaGraw-Hill.

Dey, I. (1993). Qualitative data analysis: A user-friendly guide for social scientists. London: Routledge.

Easton, D. (1966). Alternative strategies in theoretical research, Varieties of political theory, Englewood Cliffs, NJ: Prentice-Hall, pp.1-13.

Eisenhardt, K. (1989). Building theories from case study Research. Academy of Management Review, 14(4), 532-550.

Emory, C.W. & Cooper, D.R. (1991). Business research methods, 4th Ed. IRWIN.

Eric Holtzman (1981). Science, philosophy, and society: Some recent books. International Journal of Health Services. 11 (1): 123-49. doi:10.2190/l5eu-e7pc-hxg6-euml. PMID 7016767.

Erickson, E. (1973). What makes school ethnography "ethnographic?" Anthropology and Education Quarterly, 9, 58-69.

Evidenced-based practice: bringing evidenceto the point of care. Research and Theory for Nursing Practice: An International Journal, 22(4), 225-227.

Fairclough, N. (1995). Critical discourse analysis: The critical study of language, London and New York: Longman.

Fink, Edward J. & Gantz, Walter. 1996. Mass communication research traditions: Social science, interpretive studies, and critical analysis. J & M Quarterly, 73:1, 114-134.

Fisher, R. A. (1955), "Statistical methods and scientific induction", Journal of the Royal Statistical Society, Series B, 17, 69-78. (criticism of statistical theories of Jerzy Neyman and 沃德‧亞伯拉罕)

Fiske, Donald W. (1986). Specificity of method and knowledge in social science. In Fiske and Shweder, pp.42-60.

Fiske, J. (1990). Introduction to communication studies. New York: Routledge.

Flower, F.J. (1984). Survey research methods, Applied Social Research Methods Series, Vol.1, Beverly Hills: Sage Publication.

Freedman, D. A. (2010). Statistical Models and Causal Inferences: A Dialogue with the Social Sciences (Edited by David Collier, Jasjeet S. Sekhon, and Philip B. Stark), Cambridge University Press.

Freedman, D. A. Statistical Models: Theory and practice revised. Cambridge University Press. 2009: xiv+442 pp. ISBN 978-0-521-74385-3. MR 2489600.

Gable, G. (1994). Integrating case study and survey research methods: An example in information system, European Journal of Information system, 3(2), 112-126.

Galliers, R.D., (1992). Choosing information systems research approaches, In R. Galliers, ed., Information systems research: Issues, methods and practical guidelines, Blakwell Scientific Publications, pp.144-162.

Garfinker, H. (1967). Studies in ethno methodology. Englewood Cliff, NJ: Prentice-Hall.

Gay, L. R., Mills, G. E., & Airasian, P. (2009). Educational research: Competencies for analysis and applications (9th ed.). Upper Saddle River, NJ: Merrill/Prentice Hall.

George, J. F. Easton, G. K., Nunamaker, J. F. Jr. & Northcraft, G.B. (1990). A study of collaborative group work with and without computer-based support, Information System Research, 1(4), 394-415.

George, W. (1956). Snedecor, Statistical Methods, Ames, Iowa: Iowa State College

Glaser, B. & Strauss, A.L. (1967). The discovery of grounded theory. NY. Aldine.

Glaser, B. G. & Strauss, A. (1967). The discovery of grounded theory and applying grounded theory. In N. K. Denzin & Y. S. Lincoln (Eds.), The American tradition in qualitative research (Vol. 2.). Sage publications.

Glaser, Barhey G., and Anselm L. Stranss (1967). The Discovery of Grounded Theory, Strategies for Qualitative Research. N.Y., Aldine

Goldenberg, Sheldon. (1992). Thinking Methodologically. New York: HarperCollins,

Goode, W. J., & Hatt, P. K. (1952). Methods in social research. New York: McGraw-Hill Book Co.

Grover, V., Lee, C.C., and Durand, D. (1993). Analyzing methodological rigor of MIS survey research from 1980-1989. Information & Management, 24, 305-317.

Guba, E. G. (1981). Criteria for assessing the trustworthiness of naturalistic inquiries. Educational Communication and Technology, 29(2), 75-91.

Habermas, J. (1968). Knowledge and human interests. Boston: Beacon.

Habermas, Jurgen (1972). Knowledge and Human Intrest; Jeremy J. Shapiro (ed.). London, Heinemann

Hammersley, M. (2007). The issue of quality in qualitative research. International Journal of Research & Method in Education, 30(3), 287-305. doi:10.1080/17437270701614782.

Hammersley, M. (2007). The issue of quality in qualitative research. International Journal of Research & Method in Education, 30(3), 287-305. doi:10.1080/17437270701614782.

Hedges, L.V. & Olkin, I. (1985). Statistical methods for meta-anslysis, Academic Press.

Hefstede, G. (1980). Culture's consequence: international differences in work-ralated values. Beverly Hills, Calif.: Sage Publications.

Helmer, O. E. (1975). The Delphi method, techniques and applications. In H.A. Linstone & M. Turoff (Ed.). Reading, MA: Addison-Wesley.

Holmes, B. (1965). Problems in education: a comparative approach (London: Routledge & Kegan Paul).

Hunter, J. E. & Schmidt, F. L. (1990). Methods of meta-analysis: Correcting error and bias in research findings, Sage Publications.

Husserl, E. (1927). Phenomenology, Encyclopaedia Britannica, 14th ed. pp.699-702

*Image Courtesy: "The Scientific Method" By CK-12 Foundation -File:High_School_Chemistry.pdf, page 23 (CC BY-SA 3.0) via* Commons Wikimedia

Jick, T.D. (1983). Mixing qualitative and quantitative methods: Triangulation in action in qualitative methodology, van Maanen (ed)Sage Publications, Beverly Hills, CA, pp.135-148.

Johnson, B., & Christensen, L. (2008). Educational research: Quantitative, qualitative, and mixed approaches (3rd ed.). Thousand Oaks, CA: Sage.

Kerlinger, F. (1973). Foundations of Behavioral Research. New York: Holt, Rinehart, and Winton.

Kuhn, Thomas S. (1970). The structure of scientific revolution, Chicago: The University of Chicago Press.

Le Cam, Lucian. (1986) Asymptotic Methods of Statistical Decision Theory, Springer. ISBN 0-387-96307-3

Leonard-Barton, D. (1990). Implementing structured software methodologies: A case of innovation in process technology interfaces, 17(May-June), 6-17.

library.qut.edu.au (2019). Evidence explained. https://www.library.qut.edu.au/search/getstarted/howtofind/evidencebased/evidenceexplained.jsp

Lincoln, Y. S., & Guba, E. (1985). Naturalistic inquiry. Beverly Hills, CA: Sage.

Linston, H.A., & Turoff, M. (1975). The Delphi method, techniques and applications. Reading, MA:Addison-Wesley.

Lucas, H. C., Ju., (1981). Methodological Issues in Information System Survey Research, In the Information System Research Challenge, Survey Research Methods, Vol.3, Harvard Business School.

Lucas, H. C., Ju., (1991). Methodological Issues in Information System Survey Research, In the Information System Research Challenge, Survey Research Methods, Vol.3, Harvard Business School.

Manson, J. (1996). Qualitative researching. Thousand Oaks, CA: Sage.

March J.G., Sproull, L.S. & Tamuz, M. (1991). Learning from samples of one or fewer. Organization Science, 2(1), 1-13.

March, R.M.& Mannari, H. (1981) Divergence an convergence in industrial organization: The Japanese case, In Management under differing value systems, ed. By Dlugos, G. & Weiermair, K.N.Y.: Walter de Gruyter, pp.447-460.

Marshall, C., & Marshall, C. (2006). Designing qualitative research (4th ed.). Thousand Oaks, CA: Sage.

Maykut, P. & Morehouse, R. (1994). Beginning qualitative research-A philosophpic and practical guide. PA: The Falmer Press.

McBurney, Donald H. (1994). Research Method, Brooks/Cole Publishing Company, 3rd ed.

McKenna, H. (1997). Nursing theories and models. London: Routledge.

McMillan, J. H. (2008). Educational research: Fundamental for the consumer (5th ed.). Boston: Allyn and Bacon.

McNemar, & Q. McNemar (Eds.), Annual Review of Psychology, 15, pp.115-142.

Meleis, A. I. (2007). Theoretical nursing: development & progress. (4 th ed.). Philadelphia: Lippincott Williams & Wilkins.

Miles, M.B. (1979). Qualitative data as an attractive nuisance: The problem of analysis, Administrative Science Quarterly, 24, pp.590-601.

Miller, W.L. & Crabtree, B.F. (1992). Primary care research: A Multimethod typology and qualtative road map, p24.

Mitroff, I.M (1974). The subjective side of science. New York: Elsevier.

Morgan, D. L. (1997). Focus groups as qualitative research. Qualitative Research Methods Series, 16(2).

Morgan, D.L (1988). Focus group as qualitative research, Sage.

Morrow, Raymond A. (1994). Critical Theory and Methodology. Thousand Oaks, CA: Sage, Part III, Critical theory and empirical research, pp.199-301.

Mouly, G. J. (1978). Educational research: the art and science of investigation. Boston: Allyn and Bacon.

Murdick, Robert F., (1969). Business Research: Concept and Practice, Scranton, Pennsylvania: International Textbook Company, pp.8.

Murphy, K. R. (1989). Dimensions of job performance. In R. Dillon & J. Pellingrino (Eds.), Testing: Applied and theoretical perspectives (pp. 218-247). New York: Praege.

Nachmias, C.F. & Nachmias, D. (1996). Research Methods in the social Science, 5th ed., Scientific American/St. Martin's College Publishing Group Inc.

Nazel, Ernest (1959). Methodological Issues in Psychoanalytic Theory, in Hook, S. (ed.) Psychoanalysis, Scientific Method, and Philosophy N.Y., Free Press.

Nederhof, Anton J. (1985). Methods of coping with social desirability bias: A review. European Journal of Social Psychology. 15 (3): 263-280.

Parahoo, K. (2006). Nursing research: principle, process and issues. (2nd ed). London: Pllgrave macmillan.

Pickell, Devin (2019). 50 Best Open Data Sources Ready to be Used Right Now. https://learn.g2.com/open-data-sources.

Pinsonnealt, A. and Kraemer, K.L. (1993). Survey research methodology in mangement information system: An assessment. Journal of Management Information System,10(2),75-105.

Pinsonneault, A. (1993). Survey Research Methodology in management, J. of Management System. 10: 2, Fall, pp.75-105.

Popper, K.R. (1980). The Logic of Scientific discovery, 4th ed. London: Hutchinson, p.31.

Popper, Karl (1962). The Logic of Scientific Discovery. London: Hutchinson.

Questionnaire Design (2019). http://www.fao.org/3/w3241e/w3241e05.htm

researchgate.net (2019). Positivity by age and gender, NCSP: year 5 (2007/2008). https://www.researchgate.net/figure/Positivity-by-age-and-gender-NCSP-year-5-2007-2008_fig2_24439685

researchgate.net (2019). Relationship of comparative research design to methods. https://www.researchgate.net/figure/Relationship-of-comparative-research-design-to-methods_fig1_236580290.

Robert, A. (1999). The Cambridge Dictionary of Philosophy 2nd. Cambridge: Cambridge University Press. 377. ISBN 0521637228.

Robson, C. (1993). Real-world research: A resource for social scientists and practitioner-researchers. Malden: Blackwell Publishing.

Rogers, M. E. (1994). The science of unitary human beings. Nursing Science Quarterly, 7, 33-35

Schultz, T. W. (1961). Investment in human capital, American Economic Review, 51, 1-17.

Schuman, Howard and Stanley Presser. (1996). Questions & Answers in Attitude Survey: Experiments on Question Form, Wording, and Context，London: Sage Publications.

Shyu, Y. I. L. (1998). Finding a balance point: a process central to understanding family caregiving in Taiwanese families. Research in Nursing & Health 21, 261-270.

Skurvydas, A. (2005). New methodology in biomedical science: Methodological errors in classical science. Medicina. 41 (1): 7-16. PMID 15687745.

Slevin, O. (2003). Theory, practice and research. In: L. Basford & O. Slevin Theory and practice of nursing (pp.255-280). Cheltenham: Nelson Thornes.

Smith, B. O., William, O. S., & Shores, I. H. (1957). Fundamentals of Curriculum Development, Rev. ed. New York: Harcourt, Brace Jovanovish.

Smith, H.W. (1975). Strategies of social research: The methodological imagination, England. Cliffs, N.J. Prentice-Hall, p180.

Smith, M. Brewster. (1976). Social psychology, science, and history: So what? Journal of Personality and Social Psychology, 2, 438-44.

Stempel, Guido H., II, and Bruce H. Westley (eds.)(1981). Research Methods in Mass Communication. Englewood, N.J., Prentice-Hall.

Strauss, A., & Corbin, J. (1997). Grounded theory in practice: A collection of readings.London: SAGE.

Strauss, A., & Corbin, J. (1998). Basics of qualitative research: Techniques and procedures for developing grounded theory. London: SAGE.

study.com (2019). The Secular Trend in Growth and Puberty Development. https://study.com/academy/lesson/the-secular-trend-in-growth-and-puberty-development.html Adèr, H. J., Mellenbergh, G. J., & Hand, D. J. (2008). Advising on research methods: a consultant's companion. Huizen: Johannes van Kessel Publishing. ISBN 978-90-79418-01-5

Survey Methodology (2019). https://cmapspublic3.ihmc.us/rid=1HWFCYXN2-LCRS0T-16BL/Survey%20Methodology.cmap

Thomas, J. & Bouchard, J R., Field Research Method: Interviewing, Questionnaires, Participant Observation, Systematic Observation, Unobtrusive Measures, The University of Minnesota.

Vandenbroucke J.P, von Elm E, Altman D.G, et al. Strengthening the Reporting of Observational Studies in Epidemiology (STROBE): explanation and elaboration. PLoS Med 2007;4:e297.

Weber, Max. (1994). Objectivity in social science. From The Methodology of the Social Sciences. New York: The Free Press.

Whiting, J.W.M. (1968). Methods and Problems in Cross-Cultural Research, in Handbook of Social Psychology, 2nd ed., Vol.2, ed. By Lindzey & Aronson, reading, Ma.: Addison Wesley, pp.693-728.

William G. Zikmund (2003), Business Research Methods, 7E. ISBN 0-03-035084-0.

Wolf, F.M. (1986). Meta-analysis: Quantitative methods for research synthesis, Sage Publication.

Worral, P.S. Randolph, C., & Levin, R.F. (2008).

Wylie, Alison. (1994). Reasoning about ourselves: Feminist methodology in the social sciences. In Martin and McIntype, pp.611-624.

Yin, R, (1989). Case study Research: Design and Methods. Newburry Park Calif., Sag Publications.

Yin, R. K. (1994). Case Study Research-design and Methods Applied Social Research Methods Series, 5, London: Sage Pub.

Yin, R. K. (2009). Case study research: Design and methods (4th ed.). Thousand Oaks, CA: Sage.

Yin, R. K. (1984). Case study research: Design and methods, Sage, Beverly Hills, CA.

Yin, R. (1981). The case study crisis: Some answers. Administrative Science Quarterly, Vol.26, pp.58-65.

Yin, Robert K. (1985). CASE STUDY RESEARCH Design and Methods, SAGE Publications, Inc..

Zalewski, A. (Mar 1999). Importance of philosophy of science to the history of medical thinking. Croatian Medical Journal. 40 (1): 8-13. PMID 9933889.

Zmud, R.W., Boyton, A.C. (1995). Survey measures and instruments in MIS: Inventory and appraisal, In the information systems research challenge survey methods, Vol.3, K.L. Kraemer (eds.) Boston: Harvard Business School.

尤克強（民 86），資訊管理個案研究方法評論，資訊管理學報，4 卷，第 1 期，頁 18-20。

文崇一（民 71），經驗研究與歷史研究，方法和推論的比較，在翟海源等（編）社會學理論與方法，研討會論文集。臺北，中研院。

王文科 & 王智弘（民 99），彰化師大教育學報，第 17 輯，29-50 頁。

吳文侃、楊漢青（1989）。比較教育學。中國：人民教育出版社。

吳統雄（民 73），如何決定抽樣調查中的樣本數，新聞學研究，34，395-413。

吳琮璠（民 86），資訊管理個案研究方法，資訊管理學報，4 卷，第 1 期，頁 7-17。

吳錦波、蔡崇盛（民 86），資管領域研究方法之比較研究，第八屆國際資訊管理學術研討會，頁 405-412。

李隆盛（民 80），德菲爾預測術在技職教育上的應用。工職雙月刊，七卷一期。

杜光宇（民 87），人類學傳統參與觀察法的理論基礎──兼論建立現象學的參與觀察法的可能性，臺灣大學人類學研究所碩士論文。

周文欽、高薰芳、王俊明（民 85），研究方法概論，臺北：國立空中大學。

林本炫、何明修（編）（2004）。質性研究方法及其超越。嘉義縣：南華大學教社所。

林秀碧、林美珍、楊仁壽（2006）。扎根理論探討醫院常規的形成與演化機制。醫護科技學

刊，259-276

林東清、許孟祥（民 86），資訊管理調查研究方法探討，資訊管理學報，4 卷，第 1 期，頁 21-40。

林信惠（民 86），資訊管理實驗研究方法評論，資訊管理學報，4 卷，第 1 期，頁 52-53。

洪志成、楊家瑜（民 102）。教育行政領域應用扎根理論研究方法之分析，國立臺南大學，教育研究學報。第 47 卷第 2 期，1～20。

胡幼慧（民 85），質性研究，臺北：巨流。

胡湘玲譯，Tony Bennett 原著（民 81），歷史的文本，陳光興，陽明敏編，內爆麥當奴，頁 167-180。臺北：島嶼邊緣雜誌社。

風傳媒（2019）。茲卡病毒疫情無解 WHO 史無前例建議：高風險地區女性請延遲生育。https://www.storm.mg/article/128377

張虹雯（民 87），父母爭吵時的三角關係運作與兒童行為問題之相關研究，彰化師範大學輔導所碩士論文。

張紹勳（民 85），專校資管科學生疏離感及其相關因素之研究，第十一屆全國技術及職業教育研討會論文集（一般技職及人文教育類），397-406 頁。

張紹勳（民 87），技職院校資管科學生生涯發展、自我統整、工作價值觀、升學就業意願及其相關因素之研究，人力資源學報，vol.10, pp.1-16。

張曉婷、陳曾基、黃信彰（2018）。臨床醫學：第八十二卷第六期，734-737。

梁定澎（民 86），資訊管理研究方法總論，資訊管理學報，4 卷，第 1 期，頁 1-6。

梁定澎、洪新原（民 86），資訊管理之彙總研究方法，資訊管理學報，4 卷，第 1 期，頁 54-67。

莊懷義等（民國 76 年 1 月）。教育問題研究，臺北，國立空中大學，頁 178。

許士軍（民 73），中國時報主辦「中國式管理研討會論文」，頁 101-124。

許士軍（民 85），定性研究在管理研究上的重要性，Chang Yuan Journal, Vol.24, No.2, pp.1-3.

陳文賢（民 86），資訊管理的研究主題之分析，資訊管理學報，4 卷，第 1 期，頁 74-82。

陳娟娟（民 73），學前兒童遊戲行為與社會互動──混齡與同齡編班之比較，中國文化大學兒童福利研究所碩士。

陳筱瑀（2008），超連結系統理論在脊髓損傷復健期之臨床應用，護理雜誌，55（2），86-92。

陳筱瑀（2010），建構護理理論、研究與實務之橋樑，慈濟護理雜誌，9（2），63-70。

曾崇賢、段曉林、靳知勤（2011）。探究教學的專業成長歷程──以十位國中科學教師的觀點為例。科學教育學刊，19（2），143-168。

游美惠（民 87），內容分析、文本分析與論述分析在社會研究的運用，第二屆調查研究方法與應用研討會，頁 203-216。

馮正民、林禎家、邱裕鈞（民 91），運輸與區域規劃之研究方法，都市與計畫第二十九卷第二期。

楊國樞、文崇一、吳聰賢、李亦園（民 79），社會及行為科學研究法，東華書局。

楊智雄（2019），比較教育重要觀點及趨勢剖析，志聖電子報（No.19）。http://www.easy-win.com.tw/epaper/99/1210/index.htm。

葉莉莉、陳清惠（2008），後現代主義與護理知識建構，護理雜誌，55（4），73-80。

雷國鼎（民國 68 年 11 月），比較教育的學理研究，中山學術文化集刊，集 24，頁 425、426。

劉世閔、吳璟（2001），NVivo：新世紀的質性研究電腦輔助軟體，慈濟大學人文社會科學學刊，1，135-152。

鄭宇君（民 87），從科學到新聞──由基因新聞看科學與新聞的差距，國立政治大學新聞學系碩士論文。

賴世培（民 87），問卷設計中常見錯誤及其辨正之探討，第 2 屆調查研究方法與應用研討會，pp.50-71

謝介銘（民 86），現階段防制貪污瀆職之研究（1949 年至 1998 年），中山大學中山學術研究所碩士論文。

謝文全（民國73年），教育行政制度比較研究，高雄，復文圖書出版社，修訂初版，真 5～6。

謝仙進（2019）。比較法之研究。http://mail.tku.edu.tw/113922/Res100_1.htm

賽明成、陳建維（2010），扎根理論與質性研究：調和觀點。問題與研究，49（1），1-27。

簡茂發、黃光雄（民 80），教育研究法，臺北：師大書苑。

顏若映（民 77），影響大學生校園疏離感變項之研究。國立政治大學教育研究所碩士論文。

# 五南研究方法書系 STaTa 系列

張紹勳 博士 著

**1H0U**

多變量統計之線性代數基礎：
應用STaTa分析

**1H0R**

有限混合模型(FMM)：STaTa分析
（以EM algorithm做潛在分類再迴歸分析）
（附光碟）

**1H0Q**

邏輯斯迴歸及離散選擇模型：
應用STaTa統計（附光碟）

**1H0P**

多層次模型（HLM）及
重複測量 —— 使用STaTa（附光碟）

**1HA8**

STaTa在財務金融
與經濟分析的應用（附光碟）

**1H0C**

STaTa在結構方程模型
及試題反應理論的應用（附光碟）

**H0F**

生物醫學統計：
使用STaTa分析（附光碟）

**1H99**

STaTa與高等統計
分析（附光碟）

**1HA1**

Panel-data迴歸模型：STaTa在
廣義時間序列的應用（附光碟）

**1H1P**

人工智慧（AI）與貝葉斯
（Bayesian）迴歸的整合：
應用STaTa分析（附光碟）

五南文化事業機構
WU-NAN CULTURE ENTERPRISE

五南財經異想世界

106臺北市和平東路二段339號4樓
Tel：02-27055066 轉824、889 林小姐

# 五南研究方法書系 SPSS系列與其他

張紹勳 博士 著

**1H1H**

邏輯斯迴歸分析及離散選擇
模型：應用SPSS（附光碟）

**1H1A**

多變量統計之線性代數基礎：
應用SPSS分析（附光碟）

**1H1J**

多層次模型（HLM）及重複
測量：使用SPSS分析（附光碟）

**1H1G**

高等統計：應用SPSS分析
（附光碟）

**1H1K**

存活分析及ROC：應用SPSS
（附光碟）

**1H89**

Meta分析實作：
使用Excel與CMA程式（附光碟）

**1H74**

糊多準則評估法及統計
（附光碟）

**1H76**

計量經濟及高等研究法
（附光碟）

  五南文化事業機構 WU-NAN CULTURE ENTERPRISE

  f 五南財經異想世界

106臺北市和平東路二段339號4樓
Tel：02-27055066 轉824、889 林小姐

國家圖書館出版品預行編目資料

研究方法：社會科學與生醫方法論（附光碟）
／張紹勳著.－－初版.－－臺北市：五南，
2020.08
　　面；　公分
ISBN 978-957-763-830-4（平裝）

1.社會科學　2.研究方法　3.統計分析

501.2　　　　　　　　　　　108022640

1H2N

# 研究方法
## 社會科學與生醫方法論（附光碟）

作　　者 — 張紹勳

發 行 人 — 楊榮川

總 經 理 — 楊士清

總 編 輯 — 楊秀麗

主　　編 — 侯家嵐

責任編輯 — 李貞錚、趙婕安

文字校對 — 黃志誠、鐘秀雲

封面設計 — 王麗娟

出 版 者 — 五南圖書出版股份有限公司

地　　址：106台北市大安區和平東路二段339號4樓

電　　話：(02)2705-5066　　傳　　真：(02)2706-6100

網　　址：http://www.wunan.com.tw

電子郵件：wunan@wunan.com.tw

劃撥帳號：01068953

戶　　名：五南圖書出版股份有限公司

法律顧問　林勝安律師事務所　林勝安律師

出版日期　2020年8月初版一刷

定　　價　新臺幣780元

# 經典永恆・名著常在

## 五十週年的獻禮 —— 經典名著文庫

五南,五十年了,半個世紀,人生旅程的一大半,走過來了。

思索著,邁向百年的未來歷程,能為知識界、文化學術界作些什麼?

在速食文化的生態下,有什麼值得讓人雋永品味的?

歷代經典・當今名著,經過時間的洗禮,千錘百鍊,流傳至今,光芒耀人;

不僅使我們能領悟前人的智慧,同時也增深加廣我們思考的深度與視野。

我們決心投入巨資,有計畫的系統梳選,成立「經典名著文庫」,

希望收入古今中外思想性的、充滿睿智與獨見的經典、名著。

這是一項理想性的、永續性的巨大出版工程。

不在意讀者的眾寡,只考慮它的學術價值,力求完整展現先哲思想的軌跡;

為知識界開啟一片智慧之窗,營造一座百花綻放的世界文明公園,

任君遨遊、取菁吸蜜、嘉惠學子!